《王亚南全集》编纂委员会

顾　问： 王洛林　吴宣恭

主　任： 张　彦　张　荣

副主任： 李建发　杨　斌　邓朝晖　庄宗明

委　员：（按姓氏笔画为序）

邓朝晖　庄宗明　李建发　杨　斌　宋文艳

张　荣　张　彦　高和荣　黄鸿德

《王亚南全集》编辑部

主　任： 庄宗明

成　员：（按姓氏笔画为序）

庄宗明　刘心舜　刘连支　许红兵

邱士杰　宋文艳　林　坚　林金忠

王亚南全集

第五卷

图书在版编目(CIP)数据

王亚南全集.第五卷/《王亚南全集》编纂委员会编.—厦门：厦门大学出版社，2021.1
ISBN 978-7-5615-8038-7

Ⅰ.①王… Ⅱ.①王… Ⅲ.①王亚南(1901—1969)—全集 Ⅳ.①C52

中国版本图书馆 CIP 数据核字(2021)第 011644 号

出 版 人	郑文礼
出版策划	宋文艳
责任编辑	许红兵
责任校对	英　瑛
装帧设计	李夏凌　蔡炜荣
技术编辑	朱　楷

出版发行　厦门大学出版社

社　　址	厦门市软件园二期望海路 39 号
邮政编码	361008
总　　机	0592-2181111　0592-2181406(传真)
营销中心	0592-2184458　0592-2181365
网　　址	http://www.xmupress.com
邮　　箱	xmup@xmupress.com
印　　刷	厦门集大印刷厂

开本　720 mm×1 000 mm　1/16
印张　32
插页　3
字数　496 千字
版次　2021 年 1 月第 1 版
印次　2021 年 1 月第 1 次印刷
定价　148.00 元

本书如有印装质量问题请直接寄承印厂调换

厦门大学出版社
微信二维码

厦门大学出版社
微博二维码

编纂体例

1.编校基本原则:尊重与保持原著面貌,同时兼顾现行学术规范和读者阅读习惯。

2.版式:原为竖排者均改为横排,繁体字均改为简体字。

3.古体字、异体字改动而于原意无损者,改为今体字和通用字,并按新版《现代汉语词典》规范。

4.对明显的文字排校差错,包括衍(多余)、脱(减少)、倒(倒置)、错(错讹)进行校改。添加的字用六角号及楷体标示,其他径行改正。漫漶不清、无法辨认的,用方框"□□"标示。

5.生僻或明显有碍于读者理解的旧词,改为常用或便于理解的新词。

6.标点符号原则上不作改动;个别影响阅读或容易引起歧义的,采用现行国家标准予以改正。

7.著作(译作)、文章原则上采用原有标题;个别无标题或标题有改动的,由编者酌加或修改,并用"﹡"号注明,加"编者注"说明。

8.原作中的夹注、篇后注、章后注等,原则上改为脚注,文献出版年份和页码统一为阿拉伯数字。

9.编者所加注释均注明"编者注",并根据情况采用脚注或夹注形式。

10.引文均不复核,个别明显错引处径行代为改正。

11.原文中人名、地名、国名已成音译定例的,按定例予以改正和统一;未成音译定例者,仍循其旧。卷末根据需要附"人名译名对照表"等。

12.统计数字按现行规范统一。年代表述仍循原著写法。

13.内容涉及对外或民族、宗教政策的,亦保留原样,必要时加"编者注"说明。

14.早期原著中个别提法不合现行规定的,径行作省略处理。

《王亚南全集》编辑部

本卷编者说明

本卷收录王亚南经济学说史著作《政治经济学史大纲》一书。

王亚南生前长期从事经济学说史教学与研究工作，为我们留下了数量可观的学术著作、论文和讲稿。1933年上海民智书局曾出版王亚南著作《经济学史》，原计划分上卷、下卷编写，但上卷出版之后，作者却未曾接着撰写该书下卷，据作者自己所述，乃因他对该书的诸多方面还不甚满意。收录本卷的是1949年7月由中华书局初版的《政治经济学史大纲》一书，它并非之前的《经济学史》（上卷）一书的续篇，而是"编制与系统"皆与前著不同的一部新著。

纵观王亚南在经济学说史领域的著述，《政治经济学史大纲》一书最能体现他在这一领域的主要学术成就，堪称其最具代表性的重要著述之一。在学术层面上，该书最为显著的贡献在于作者明确地将唯物史观作为方法论基础，因而也就使得经济学说史研究有了他所说的"科学的历史方法论"。正因为有了"科学的历史方法论"，整部经济学说史才有了一以贯之的内在逻辑及真正的内在体系，文本叙述也才有了秩序、层次和条理。在王亚南看来，作为政治经济学史研究对象的政治经济学是以资本主义经济为研究对象的，因此之故，基于唯物史观的基本原理，政治经济学的发生和发展的历史无非只是资本主义生产方式发生和发展历史的反映而已。以此认识为基础，资本主义生产方式的历史上升阶段与走向衰落阶段也就在政治经济学诸学派的历史流变方面得到相应的反映。这一点，体现在《政治经济学史大纲》的主体结构安排上，该书的主体内容是第三、四、五篇，分别题为"说明的经济理论体系"、"辩护的经济理论体系"和"批判的经济理论体系"，三个"体系"的相继出现所反映的正是资本主义生产方式由上升到衰落的历史过程;这一点,也体现在王亚南对各个学派的产生和发展过程的分析上。在他看来,政治经济学史上每一个学派的产生和发展,都有其特定的社会历史条件和既有的思想渊源,《政治经济学史大纲》一书对此均有精彩分析。

鉴于《政治经济学史大纲》一书涉及外国人名颇多,而且存在着一个外国人名有两个或两个以上的中文译名的情况,为避免混淆和方便读者阅读,我们编写了一份"外国人名译名对照表",附在本卷末尾,供读者参考。此外,为了最大限度保持原书原貌,我们在本卷编纂中仅更改三个人名译名(即"马克斯"改为"马克思","亚丹斯密"改为"亚当·斯密","里嘉图"改为"李嘉图"),其余人名译名均保持原样并编入"人名译名对照表"。此外,凡是书中正文所提及之外文书名和人物原名因排印而出现的拼写错误,校勘中有发现的,均直接予以修正。因修正之处颇多,不再另作说明。

目 录

政治经济学史大纲

序言 ·· 3

第一篇 政治经济学史研究绪论

第一章 政治经济学和政治经济学史 ·· 17
    第一节 政治经济学史的研究对象 ·· 17
    第二节 政治经济学的观点与政治经济学史的观点 ······················· 19
    第三节 政治经济学史的功能 ··· 23

第二章 政治经济学说在历史发展过程中表现的基本规律 ················· 26
    第一节 普行于经济思想史上的两种不健全认识 ·························· 26
    第二节 现代经济学说之特质的把握 ··· 27
    第三节 表现在经济学说发展过程中的倾向与规律 ······················· 30

第三章 政治经济学史研究方法问题 ··· 33
    第一节 体系问题 ··· 33
    第二节 派属问题 ··· 37
    第三节 学说的焦点或核心问题 ·· 39

第二篇 政治经济学前史

第一章 古代希腊社会的经济思想 ··· 41
    第一节 概说 ··· 41

第二节　柏拉图的经济思想 ……………………………… 43
　　第三节　亚里士多德的经济思想 …………………………… 46
　　第四节　色诺芬的经济政策观 ……………………………… 50

第二章　古代罗马社会的经济思想 ……………………………… 53
　　第一节　概说 ………………………………………………… 53
　　第二节　哲学者的经济思想 ………………………………… 54
　　第三节　农学者的经济思想 ………………………………… 55
　　第四节　法学者的经济思想 ………………………………… 56

第三章　中世社会的经济思想 …………………………………… 60
　　第一节　概说 ………………………………………………… 60
　　第二节　论利息 ……………………………………………… 62
　　第三节　论正价 ……………………………………………… 64
　　第四节　论商业 ……………………………………………… 66

第四章　近代社会初期的重商主义思想 ………………………… 69
　　第一节　概说 ………………………………………………… 69
　　第二节　重商主义的意义及其中心思想 …………………… 71
　　第三节　各国重商实际之比较观察 ………………………… 74
　　第四节　各国重商主义者之文献与学说 …………………… 77

第三篇　说明的经济理论体系

第一章　由重商主义过渡到重农学说的演变历程 ……………… 85
　　第一节　重商主义的成就及其衰落 ………………………… 85
　　第二节　启蒙思想运动与反重商主义 ……………………… 88
　　第三节　现代经济科学的曙光 ……………………………… 90

第二章　魁奈及重农诸子的经济学说 …………………………… 100
　　第一节　重农主义的意义及其派系 ………………………… 100
　　第二节　重农主义之理论体系 ……………………………… 104
　　第三节　魁奈的《经济表》 ………………………………… 113
　　第四节　重农学派的经济政策 ……………………………… 121
　　第五节　"半重农学者"杜尔阁 ……………………………… 131

第三章　亚当·斯密的经济学说　140
第一节　以亚当·斯密为开山祖的正统学派　140
第二节　斯密的时代背景及其思想渊源　144
第三节　斯密的社会哲学及其科学的研究方法　154
第四节　论分工与社会劳动生产力的发展　159
第五节　论价值与价格　162
第六节　论分配　167
第七节　论生产劳动与生产资本　173
第八节　论自由主义经济政策与政府　178
第九节　结论　182

第四章　马尔萨斯的经济学说　184
第一节　由十八世纪末叶至十九世纪初叶的英国社会经济状况　184
第二节　马尔萨斯的生涯及其著述　190
第三节　人口理论　194
第四节　地租理论　199
第五节　庸俗价值理论　204

第五章　李嘉图的经济学说　207
第一节　李嘉图的生涯及其根本思想　207
第二节　李嘉图的演绎法与其大著《经济学及赋税之原理》　212
第三节　价值论　215
第四节　地租论　221
第五节　论工资与利润　227
第六节　论国际贸易　235

第六章　李嘉图以后经济学界的分野　239
第一节　英国社会各阶级势力之消长及经济学说的变化　239
第二节　杰姆士·穆勒与马克洛克　244
第三节　萨伊与西斯孟第　248
第四节　汤姆生与浩斯金　254
第五节　西尼尔　258
第六节　屠能　262

第七章　约翰·穆勒的经济学说 ………………………………… 269
第一节　约翰所受教育与其时代思潮之抵触 ………………… 269
第二节　《政治经济学原理与其在社会哲学上的应用》 …… 272
第三节　过渡思想之表现 ………………………………………… 274
第四节　在经济学上的地位 ……………………………………… 279

第四篇　辩护的经济理论体系

第一章　经济科学的支离与蜕变 …………………………………… 283
第一节　阶级冲突的激化与消泯阶级利害关系的主观努力 …… 283
第二节　加雷的"利益一致论" ………………………………… 285
第三节　巴西夏的经济调和论 …………………………………… 289
第二章　历史学派的经济学说 ……………………………………… 293
第一节　历史学派的发生 ………………………………………… 293
第二节　旧历史学派 ……………………………………………… 296
第三节　新历史学派 ……………………………………………… 300
第四节　历史学派经济学总评 …………………………………… 307
第三章　奥地利学派的经济学说 …………………………………… 311
第一节　奥地利学派的发生 ……………………………………… 311
第二节　前驱者及主观价值学说的历史回顾 …………………… 313
第三节　奥地利学派经济学的总体系 …………………………… 318
第四节　"谬种"的传播 ………………………………………… 326

第五篇　批判的经济理论体系

第一章　前驱者及其未成熟的批判理论 …………………………… 329
第一节　有关批判理论的基本认识 ……………………………… 329
第二节　空想的社会主义派 ……………………………………… 330
第三节　小生产者社会主义派 …………………………………… 335
第四节　国家社会主义派 ………………………………………… 340

第二章　马、恩的时代其生世及其思想体系 …… 346
第一节　马、恩的时代及其生世 …… 346
第二节　马、恩的全思想体系 …… 354

第三章　政治经济学 …… 359
第一节　马、恩政治经济学的方法论及其诸特征 …… 359
第二节　由劳动价值学说到剩余价值学说 …… 363
第三节　资本蓄积理论 …… 372

第四章　社会主义的经济思想 …… 391
第一节　生产力与生产关系的新矛盾 …… 391
第二节　新社会形态之物质的基础 …… 395
第三节　转形与突变 …… 398
第四节　预见 …… 402

第六篇　当代三大经济思潮

第一章　个人主义经济思潮 …… 407
第一节　旧个人主义经济研究的没落和新个人主义经济研究的兴起 …… 407
第二节　奥地利学派向英美的进出——马夏尔与克拉克的学说 …… 414
第三节　晚近个人主义经济理论上的末流与变种——沈伯达、里夫曼、卡塞尔、斐雪、凯因斯等的学说 …… 423

第二章　国家主义经济思潮 …… 447
第一节　当作个人主义经济思潮反动而出现的国家主义经济思潮 …… 447
第二节　德国国家主义经济思潮之浪漫主义的特质及其演变历程 …… 449
第三节　法西斯主义经济思潮之正体 …… 455

第三章　社会主义经济思潮 …… 462
第一节　理论与现实 …… 462

第二节　批判者与修正者流 …………………………………… 464
第三节　正统社会主义经济理论的发展 ………………………… 473

人名译名对照表 …………………………………………………… 483

政治经济学史大纲

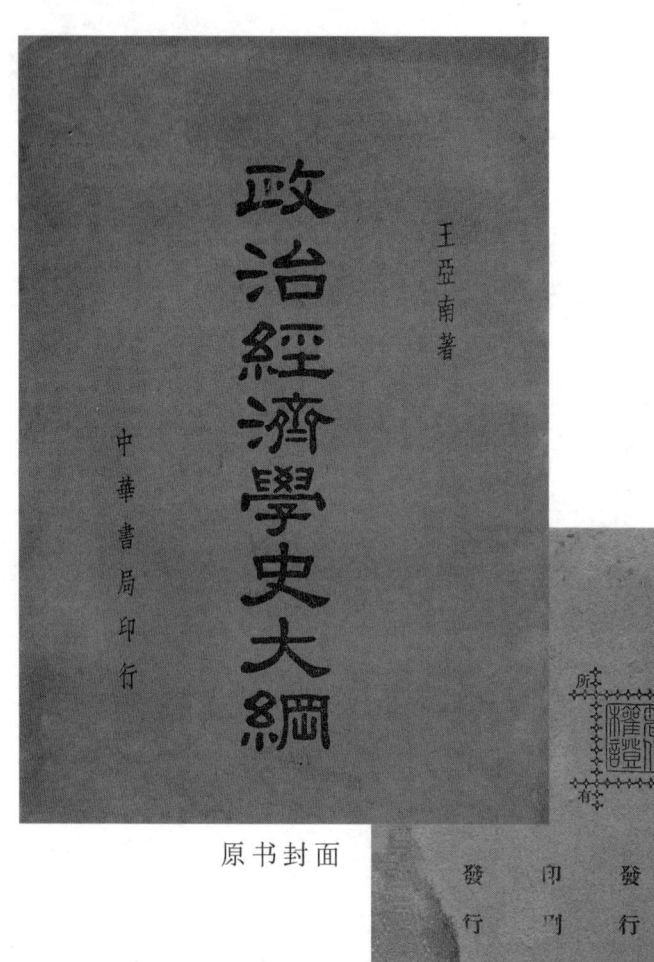

原书封面

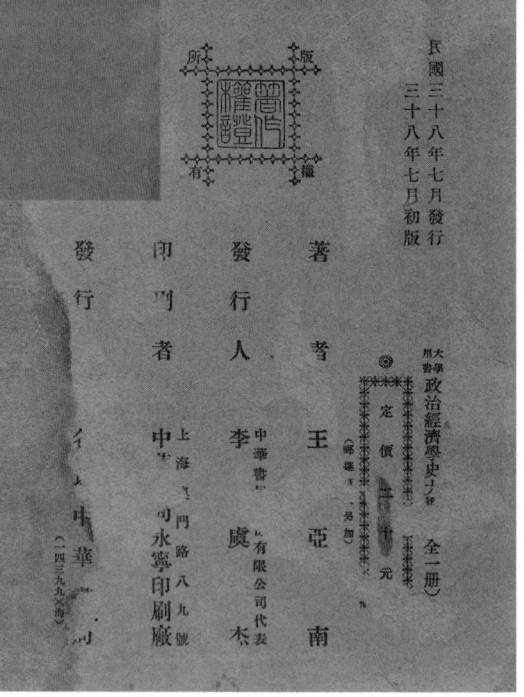

原书版权页

序　言

一

　　直到现在为止,用"经济思想史",用"政治经济学史"这类名色出版的著述,虽然不算十分稀少,可是依据这门史学,依据科学的历史方法论来写作的经济思想史或政治经济学史,却竟是凤毛麟角,不易多见了。原来经济学史这门学问,也如同其他社会科学史乃至一般文化史一样,单把已有的现成材料,依照一定的方式,将其搜集、拼凑、编列起来,原是一件轻而易举的事。用一位英国名文化史学家的话说:"任何一个著作家,不论其思想如何落后,天资如何鲁钝……只须在数年中,稍事涉猎相当的书籍,即可妄列于史家之林,而撰述一部伟大民族的历史。"① 可是,如其历史不只看为是叙述事实,编排史料,而同时更着重在发现那些事实中的定律,或发现那些意识之流中的形成演变定律,则那种历史的撰述,就真是谈何容易了。

　　有关经济思想或经济学说之历史的研究,曾被分别采行了各种的方式,为了解说或批评的便利,我打算在不十分妥当的指出下列三个研究方式的时候,附带把我手边可以找到的国外有关著述,例举出来。

　　第一是选集的研究方式。这有两部书可以作为例解:其一是查理士·布洛克(Charles J. Bullock)的 Selected Readings in Economics② (1907),其中所选论文或小著,系把每个有关问题下的不同意见,分别原原本本的选载出来。例如关于人口原理,集有罗姆林和马尔萨斯的论著;

---

① 见(Buckle)著《英国文化史》上册胡译本第3页。
② 可译为《经济学文献选读》。——编者注

关于分工原理,集有亚当·斯密和杰芬斯的相反见解;关于资本蓄积原理,集有穆勒、巴斯夏及霍布生的不同意见……。这书的主旨,也许是当作经济学的补充读物,但却显然大有助于经济学史的理解。又其一是帕特生(S. Haward Patterson)的 Readings in the History of Economic Thought①(1932)。与前书比较起来,这部书更采取了经济学说之历史展开的形式。由亚当·斯密及其前后直接有关人物如曼德维尔、哈其生及萨伊等的著作选起,顺次经经济学史上各派以至美国亨利·乔治及帕腾等的著作止。可是如著者所声明,他比较多选大著作家的小著作,或次等经济学家的著作,或经济学上异端的著作。这种选择,也许是别出心裁的。

第二是部分的研究方式。这是就经济学说史或经济思想史上某一分段或分野加以研究,就中又可大别为四个类型:(一)断代的——如翁肯(Oncken)的《国民经济学史》(Geschichte der Nationalökonomie),系讲亚当·斯密以前的学说,高桥诚一郎的《经济学前史》(国内已有熊子骏译本),希莫娄(Schmoller)的《重商主义及其历史意义》(Das Merkantilsystem in seiner historischen Bedeutung——国内有郑学稼译本),穆尔顿(Nod D. Monlton)由德文译出之昂格尔(Surange Unger②)的《二十世纪的经济学说》(Economics in the Twentieth Century——国内已有宋家修译本)等,特前两者皆叙述现代经济学成立以前的经济思想,于研究严格的经济学史,只在探源上有所益助。(二)国别的——如罗雪尔(Roscher)的《德国国民经济学史》(Geschichte der National-Oekonomik in Deutschland),阚南(Cannan)的《英国经济学史上的生产理论与分配理论》(A History of the Theory of Production and Distribution in English Political Economy from 1776 to 1848),及加田哲二的《德意志经济思想史》(国内有周承福译本)等。(三)部门的——如卡尔·马克思的《剩余价值理论》(Theorien Uber den Mehr Wert——国内有郭大力译本在印刷中),如里卜克内西(Liebknacht)、鲁彬(Rubin)等分写,为孙寒冰、林一新合译之《劳动价值学说史》,如庞巴卫克(Böhm-Bäwerk)著《资本及资本利息》(Kapital und

---

① 可译为《经济思想史选读》。——编者注
② 全名应为 Theo Surányi-Unger。——编者注

Kapitalzins)中第一卷《资本利息学说史及其批判》(Geschichte und Kritik der Kapitalzins-Theorien),如波多野鼎的《价值学说史》,高畠素之著拙译的《地租思想史》,谷口吉彦著陈敦常译的《古典学派的恐慌学说》,又如苏联 G.加兹罗夫编汪耀三译《货币信用论教程》等。(四)代表的——如鲁彬著严灵峰译《近代西方经济学家及其理论》,波多野鼎著彭迪先译《现代经济学论》,霍门(P. T. Homan)著于树生译《现代经济思潮》(Coutemporary Economic Thought)等,均系选定现代,特别是当代著名经济学者的经济学说,分别予以较详细的评介,但同时还在相当范围内注意其发展的线索。

第三是通体的研究方式。这是就采取了经济学说史之通例研究形式的著述而言,但虽如此,有的著述虽已不受部分研究式中之断代研究的拘束,但却未把经济学史上各重要派别全般论到,所以为了参阅的方便,这里又就其包括范围的形式上分作以次两方面来说:(一)不完全的——如因格拉姆(Ingram)著胡译《经济学史》,仅由古代、中世讲到现代自由主义经济学派,而中止于历史学派,其中,奥地利学派还是后来由斯各特(William A. Scott)替他续上的,且根本就不曾涉及社会主义学派及其他。如鲁彬著李韵琴译《经济思想史》,乃由重商主义的没落讲到古典学派的没落,而对于其他奥地利学派、历史学派、社会主义学派又未论到。河上肇著林植夫译的《资本主义经济学说之史的发展》,只写到约翰·穆勒(John S. Mill)就结束了。住谷怡治著熊得山译的《物观经济学史》,更只写到李嘉图。而佩兰著杨心秋译的《十九二十世纪经济学说史》,则是从李嘉图写到心理学派,并简论及数学派、美国学派为止。(二)比较完全的——如基德(Gide)和理斯特(Rist)合著英译本的 History of Economic Doctrines(有陈汉平于锡来的中译本①),韩讷(Haney)的 History of Economic Thonght(有藏启芳的中译本),斯各特的 Development of Economics(有李炳焕的中译本②),以及史盘(Othmar Spann)著陈清华译《经济学说史》,罗森堡(D. Rosenberg)的《政治经济学史》(国内有两个不完全的译本)等。

关于国外政治经济学史研究的成果,上面举述的当然只是一部分,而

---

① 指中译本《欧美经济学说史》,神州国光社1932年版。——编者注
② 指中译本《经济思想史》,黎明书局1936年版。——编者注

我将它归纳在上述三个研究方式中提举出来,乃是要借此说明那种种研究,并不能从形式体裁上判定其真实价值。对于一般青年研究者来说,较有分寸的选集读物,比之不正确没有原则的编著,也许还更有益处;而部分的研究方式,有的表现得比通体的全般研究方式,还有更大的史学意义;涉及范围上不完全的著述,比之包罗详尽的著述,有的还更有价值。

本来,经济学说之历史的研究,也如其他一般历史一样,要经历搜集资料,编排资料及依一定史学原则处理资料的三个阶段。但这三个阶段,不但不同前述三研究方式相照应,且须破除一般极形式的认识。比如在部分研究方式中的昂格尔的《二十世纪的经济学说》,和在通体研究方式中的韩讷的《经济思想史》,至多也只有对我们提供一些零片史料的贡献。至于把已有的学说思想,或者按照时间的顺序,或者按照国别,或者按照派别,分别编列出来,在形式上讲求整齐,而全没有一个基本原则,将其系统贯串起来的著作,无论是部分的或是全般的,都不曾超越编排的研究阶段。桑巴特(Sombart)批评路易·柯沙(L. Cossa)所著《经济学说史》(Histoire Des Doctrines Economiques)谓其所定系统(一)零简时期,(二)理论及经验的学说,(三)科学式的学说时期,虽极整备,但其申论,则杂乱无章,终而完全以年代及地域为准,将十九世纪中之一切学说,均先就国而为之区分,更在每国之内,各按学说发生之年代前后加以论列(见王译《经济学解》第 13 页)。其实桑巴特对柯沙的评语,可以完全应用到上述史盘、斯各特,乃至因格拉姆和基德、理斯特的著作。史盘的学说史,乃完全由其浪漫主义的奇特成见所编织而成。因格拉姆的著作,尚不失为精审,但历史学派的错误见解,随在可见;而其所采行之分国研究法,更失之支离破碎。基德与理斯特的合著,一般似较有好评,但全书各部分,仍没有一个一以贯之的基本原则;而对卡尔·马克思的评论部份,不但简略,且似全未涉猎其被评论者之著作,致在基本概念上错误百出。至于斯各特那部"完全"大著,实极教科书庸俗肤浅之能事。凡此种种,都说明诸如此类的著述,即使在应用经济学史或经济思想史的名目,而迄未包括的系统的进入学史的研究阶段。

二

把政治经济学当作对象而研究其发展的历史,要由形式的编述阶段,进到科学的系统的研究阶段,那不仅是关系研究者学力或其经济学修养的问题,同时还更是关系研究者社会立场或其研究出发点的问题。一个研究出发点或其社会立场极其正确的学者,虽然不一定就可写出一部很好的政治经济学史,但一个对各家学说分别都有相当造诣的学者,如其他为社会立场所限制,对于某一侧面研究,即对于某一家某一派某一方面的说明;即使可能有所成就,可是他决无法写出一部科学的系统的经济学史。为什么呢?

政治经济学史是以政治经济学为研究对象;政治经济学是以资本主义经济为研究对象。在一切社会科学中,也许可以说,政治经济学是最容易表现阶级偏见,或最容易表现资本主义社会的偏狭性的。如其说,一个站在拥护资本主义立场的经济学者或资产阶级的经济学者,很不易认清资本主义的社会经济本质,从而,极难澈底的把握资本主义的运动法则。那末,站在拥护资本主义经济立场的经济学史研究者或撰述者,他对各家各派的学说,根本就不可能有一个明确的理解,若进一步要他依据正确的历史方法,很客观很科学的把各家各派的学说系统组织在一个学史形式的大全体中,那不是难上加难么?

不论哪一位资产阶级的经济学者,即使是在资本主义的发生发展期,即使是处在较有科学研究自由的历史阶段,且即使是他的理论,已经被一般誉称为"经典",他也很不易具有一种明确而透澈的历史观。像亚当·斯密、李嘉图一流经济学大师,他们对于资本主义制度由封建制转化来的史实,虽然也在某些场合提论到了;特别如斯密,他甚至强调那种转化的必要,但正如卡尔·马克思所说,资产"经济学者有一种特别的方法。在他们看来,只有两种制度,一种是人为的,一种是自然的。……历史,以前是有的,但现在不再有了。"[①]把资本主义制度看为自然的、理性的、永恒的东西,仿佛历史就到资本主义时代终止了。不错,在资本制发展的后

---

① 见《哲学的贫困》,转引自郭王译《资本论》第1卷第42页。

期,虽然在资产者经济学阵营内出现了一个历史学派,可是,正因为他们也是资产者的,他们就只能照应着落后德国的保护要求,提出各种各色的皮相阶段论,玩弄着历史名词,实在不曾接近何等历史法则;到后来,他们甚且为了对付德国跃起的劳动阶级运动,为了对付德国劳动阶级所由激励奋发起来的唯物历史理论,而企图以心理学、伦理学乃至文化学为藻饰经济史料的研究,来曲解历史,并提出各种不三不四的社会政策,冀以阻遏历史的必然。然而,在阶级斗争的威胁之前,强调历史和承认资本主义宿命的缺陷,实不啻予社会主义派学者以口实与便利。所以,在差不多与历史学派同时出现的奥地利学派,他们就适应着后期世界资本主义的比较一般的要求,而再回过头来强调前期古典经济学者们的普遍主义和永恒主义。如其说,在资本主义向上发展期,不明了资本制也有它的没落历史命运,是有些近乎天真;而在资本主义后期,在资本主义已由它内在发展的矛盾,暴露出致命危机的阶段,尚不怀疑其永生,那就确有些近乎矫饰。也许就因此故,同是主张经济学的绝对妥当性,在面对着封建传统行使理论斗争的古典学者,确还有他们进步的历史意义,而在面对着新兴劳动阶级行使理论斗争的奥地利学派,他们就极不易自圆其说的在扮演着保守的反历史的角色了。我们由此知道:(一)在严格的经济科学上,只有古典经济学才是它的主体,历史派、奥地利派经济学,都不过是末流或派生的傍枝。(二)到今日为止,资产的经济学者,大体不属于古典学派,就是属于历史学派,或奥地利学派,或其更进一步的变种。(三)如其说经济学史学者,同时必得是一个经济学者,是一个属于上述诸派系的学者,而在时间的限制上,更可能不是古典学者(因为严格的政治经济学史,不能产生在经济学发生发展期,而必得在经济学的没落期)或更可能是历史学派、奥地利派学者。比如,在我们上面举述的几部有关经济学史的著作的作者,如写《英国经济学史》的罗雪尔,写《重商主义》的希莫娄,写《政治经济学史》的因格拉姆,就是属于历史学派的;又如写《经济学说史》的基德和理斯特,写《经济思想发展史》的斯各特,就是奥地利学派的共鸣者。(四)他们既然误解历史歪曲历史,既然有意无意把资本制度本身看成不能由其他制度代置的东西,要他们对于他们以前的、他们周围的,乃至他们自己一派的经济学说的发生发展历程,有一个允当的系统的安排,那是可能的么?

不但此也，缺乏正确的历史观，并不止于写不出系统的学史，就是对于某家某派学说分别的研究，也大有问题。比如，我们如其把资本制也看成封建制或其他社会制度一样，是一个历史过程，我们就必然会去探索历史发展演变的基本动因，或者就必然会在以往经济学研究中去发现去体认何者为历史发展演变的基本动因，因而乃可很客观的在一家一派学说中，或在诸家学说中，断定其孰为正确、孰为背谬，孰为重要、孰为次要，孰为主流、孰为傍流。能这样，各家各派学说，乃在一个大的体系中，各有其适当的应得地位。反之，如不从这种历史的观点去研究，即不把社会发展的基本因果法则作为衡量各家各派学说的准绳，那就显然不免要用主观臆断去代替客观评价，即使费毕生精力，专攻一家一派之理论，如所谓亚当·斯密研究专家，李嘉图研究专家，或重农派研究专家之流，他们尽管对所研究的对象，有了通透的熟识，但却极可能始终把握不到其中的重点或核心。引申来说罢，资本主义经济，是以商品生产的经济组织为其最本质的特征，在这种经济组织中，把劳动力当作商品买卖的事实，和劳资双方利害对立的事实，一直在发生支配作用。从而，劳动价值学说，以及依劳动价值学说展开的利润学说与工资学说，使成为经济学上最关重要的核心部分。商品生产愈发展，劳动力买卖愈成为普遍的无可避免的事象，劳资间的对立关系，也就因为劳动价值法则与利润工资诸法则的作用，而变得更尖锐，更多矛盾冲突。可是，资本社会初期的经济学者们，尽管在劳资对立尚未尖锐化的阶段，即在劳动阶级尚不曾从正面威胁资本家阶级的阶段，为了反对封建传统束缚，而从生产关系里面，从生产过程里面，发现出了劳动力买卖的事实，发现了劳资利害冲突的事实，并由是揭发出劳动价值法则，和古典的工资利润诸法则，可是，他们仍因研究上或者更因阶级利害上的限制，而不曾很透澈的把劳动价值学说发展到剩余价值学说的田地，以至蒙糊利润的来源，而在劳动价值学说上，从而在分配学说上，留下了不少漏洞。其后继者甚且多方撷拾一些皮相的流俗的见解，去加以遮饰或弥缝。在十九世纪中叶前后，站在社会主义立场的批判经济学体系出现了。马克思、恩格斯一方面指证出古典经济学的诸般缺陷，但同时却把它在价值学说分配学说上的合理部分，分别发挥发展成为有利于劳动阶级的精神武器。这一来，原已随着资本主义经济发展而逐渐茁壮起来的劳动者阶级，就如虎附翼的变为更大的社会威胁。结局，资产阶级的惊恐,立即反映为资产经济学者的张皇。历史学派不敢从正面接近古典学者的劳动价值学说,而一味反对其方法论;奥地利学派却又利用古典学者的方法论来反对其价值论。为了对抗劳动阶级的威胁,为了阻遏社会主义思想的传播,他们竟不惜把资产阶级在前期当作理论武装的诸种古典学说,全盘斥为谬误。于是,经济学不仅是被"改造"了,简直是被"代替"了,生产者经济学,被代替以消费者经济学了。劳动价值学说,被代替以限界效用价值学说了;依劳动价值学说展开的分配理论,被代替以依主观价值学说编造成的分配理论了。像这样远离了科学研究立场的庸俗经济学者流,他们对于一切批判理论,他们能够理解、能够在经济学史上,给予公正的评价么?无怪像在斯各特一流人物的经济学说史中,竟把它自己所从属的奥地利派的经济学,当作是"经济学的再生",而在当代许多有名的经济学著述中,亦都毫无分寸地把经济学的末流,当作是经济学的正体了。

三

但我们得把论点折回来:资产经济学者或资产经济学史家,因为社会立场的限制,不独不能全面的理解一般经济理论的发展,且也无法分别理解各家各派乃至自家自派学说及其历史地位,然则站在同情或代表劳动阶级社会立场的经济学者或学史家,他们不也会因了同一的阶级利害关系的局限,以至在其研究或认识上发生一些不正确的评判么?事实上,许多资产经济学者,早就准备好了,或早就在重复着一套意见,说卡尔·马克思的全般理论,是为了支持劳动阶级利益而"编造"出来的,即把他的经济学,当作是为了达成社会主义目的的手段,而不是把他的社会主义,看成经济学研究的结论。因此,在资产者的经济学者看来,以阶级偏见妨碍经济学或经济学史学研究的,倒不是他们自己,而是一般社会主义经济学家了。

然而,不管聪明的资产学者怎样会歪曲的反唇相讥,如其我们能明了政治经济学研究的社会立场的限制,对于后期资产经济学者,比之对于前期资产经济学者更为厉害,我们就有理由相信:站在资产阶级立场,就比之站在劳动阶级立场,更为发生不良影响。在本质上,劳动阶级的社会运动社会意识,根本就是反自私自利的,反观念主义的;他们的阶级性,是从反资本主义的意识上取得的,一旦资本主义制度覆亡,资产阶级不复存在,他们就不再是当作一个社会阶级出现,而是当作更包罗的社会全体出现,或者是以真正的人类姿态出现。我们即使把这些关系阶级历史性的问题,抛开不讲,在劳动阶级还是当作一个社会阶级与资产阶级对立的场合,特别是当作一个进取的新兴的社会阶级向着资产阶级既成统治搏斗的场合,他们的要求,或者体现他们要求的社会意识,已经必然带有革新的、客观的、历史批判的精神,而这几种正好与后期资产者的保守主义、主观主义、非历史的无批判主义相对照的精神,对于科学的政治经济学的研究,特别是对于科学的政治经济学史的研究,是非常重要的。

  一切历史,都是在不绝除旧布新的过程中形成的。对于历史的认识与重视,只有期之于站在革新立场的人。当资产者或市民阶级尚处在被支配者的地位时,代表他们意识的所谓启蒙学者,都为了打破形上的不变的神权观念或既成权威,而从哲学及各种自然、社会科学方面,提出了包含有否定、质变诸变革命题的发展理念;他们各别对封建社会传统意识所作的无情批判,使一个锢蔽在那些旧传统中的超历史认识,毫无躲闪余地的变为陈旧而与现实生活极不相干的东西。可是,当市民学者伴随着市民阶级得意的奏着革新胜利凯歌的时候,他们就把这"历史"忘得干干净净了。他们由革新的地位移到了保守的地位,他们也同封建社会的学者一样,总想历史运行到他们的时代就停顿下来。不过他们绝不肯承认他们也会像封建时代的学者那样愚昧,那样顽固,那样没有理性。事实上,我们无论如何,也得承认他们对以前神学者玄学者表示的距离,他们都在以哲学者、科学者自居呢!也许正因了他们这种进步性,他们的蒙蔽性就更大了,而要批判他们,要清除他们的观念翳障,单靠前此启蒙学者批判封建意识的那一套自然主义的历史法宝,是颇嫌不够的。于是对照现实,利用并发挥前此启蒙学者古典学者的研究成果,而完成的唯物历史理论,便被运用来作为清算资产者哲学和科学的有力武器。赖有这武器,一切哲学与科学的历史,始能被纲维被安置在最坚实健全的理论基础之上。而依据这种历史观来检证资产学者掩饰在科学名义下的诸种学说的健全性,就能和前此依据启蒙学者的自然主义历史观来检证各种披着神学外衣的封建意识的封建意识的健全性一样明明白白的,而不让其有何等隐避的余地。如其说,封建意识是比较落后的,批判封建意识,只须自然主义的历史观就行,那么,对付比较进步的资本主义意识,就非有较进步的唯物历史观不可。在这种限度内,只有站在劳动阶级社会立场的学者,始感到唯物历史观的必要,亦只有站在这种社会立场的学者,始能运用唯物历史观来考察各种社会意识的发展——在我们这里论究的范围内,就是来考察各种经济学说的发展。

唯物历史观的最显著特征,就是它对于任何社会意识,都要从社会实际状态中去探求它的根据,换言之,都不从社会意识本身,或我们的头脑中去探求它的根据。在阶级社会的实际状态,特别是其经济状态,始终在受着阶级利害关系的纲维和支配的限内,社会经济意识的变动及其发展,当然需要从社会阶级利害关系的演变去加以说明。可是任何站在支配社会地位的阶级,正因为它随时随地在依着阶级的榨取而得到滋养,它就最不能强调社会阶级或者最怕阶级理论,因而就惯于把他们的意见,安置在远离阶级、远离历史的形而上的观念尘雾中,现实的阶级冲突愈厉害,他们这种非阶级非历史的要求也愈强烈。反之,在其对极的被榨取阶级方面,他们的要求恰好是相反的。就因这种原因,资产经济学者,在劳资对立关系愈趋激烈的时候,他们就"先天的"不能客观的处理经济问题或经济理论,而在其对极的社会主义经济学者,却又几乎是"先天的"非采取客观主义的研究态度不可。

最后,我们还得指明,设依据客观主义的唯物历史观的研究,则一种经济学说,是否能释明所在社会的基本生产方法,或能否体现出所在社会的基本运动法则,就可作为其历史评价或批判的客观标准?资产者社会的资本运动,或其资本价值增殖运动,显然贯彻有我们前面已经解述过了的劳动价值法则,和包括有利润、工资、地租诸形态的分配法则在其中作用着。这诸般法则解析得愈透彻,劳资的对立关系,劳动者阶级代替资产阶级的必然倾向,就越发显得清楚明白。古典经济学派之所以受到尊重,就是因为他们分别具体而微的提出了那些法则;他们之所以仍不免受到批判,就是因为他们对于那些法则的说明,还留下了不少需要补充的罅隙和连接不起的关节。而历史学派和奥地利学派,也正好是依他们回避或曲解那些法则的旁趋斜出的程度,而被视为经济科学上的下品和末流。并且我已在前面讲过,同情或代表劳动阶级立场的学者,虽然因此促成其依据较正确历史观来处理经济问题或经济学说发展问题,但并不是一采取了这样的立场,就可很轻易的成为健全的经济学者或经济学史学者。在有些场合,许多以社会主义为号召的思想家,他们还往往因为对上述资本社会的诸基本经济运动及其法则,不能有透澈的理解,以至回过头来修正原来的社会立场,或者不克坚持住原来的社会立场。所谓空想社会主义派、小资产的社会主义派乃至所谓国家社会主义派,都可作为例证。而他们在政治经济学史上所应得的地位,也不因为他们曾经以社会主义相号召,就可占得多少便宜。一言以蔽之,各家各派学说在政治经济学史上的评价,是看他们对于那些关系资本主义经济命脉的资本运动法则、劳动价值法则、分配法则等等,是否有所贡献,或者有多少贡献。然而,像这样一个客观的准则,是只有站在劳动阶级社会立场的史学者才必需依据,或者才可能依据的。像我们前面提举过的河上肇、鲁彬乃至罗森堡诸家的著述,尽管各有缺点,如河上肇的《资本主义经济学说发展史》,太注意各经济学家的生活和每一论据的繁琐考证;如鲁彬的《经济思想史》,有不少论点失之支离;如罗森堡的《政治经济学史》,在全般体系安排上还缺欠匀整,但把任何一个资产经济学者的自命杰作来与他们的著述相比,马上就要显出是没有原则,没有史学意义的任意编列的杂货摊。

  总之,在阶级社会还待清除的阶段,站在劳动者立场的经济学史家,和站在资产者立场的经济学史家,虽然同是持有阶级的"偏见",但因为劳动者阶级是处在求革新的地位,他们的要求,便注定是要依据辩证的唯物历史观,依据资本主义社会经济组织内在矛盾冲突,去说明其经济学发生发展的历史过程,而在对劳动者阶级采取保守防御地位的资产者的史学家,却正好是要回避这种历史观,反对这种历史研究方法。他们各别对于阶级利益维护的决心愈坚定,他们的政治经济学史的撰述,便愈是两个面目。新史学原来是无产阶级求真理求解放的一种学问。在十九世纪中叶前后,这种学问虽然已由马克思、恩格斯第一次明确而系统的向人类贡献出来,成为此后人类社会研究历史科学的锁钥,但在阶级利害障碍之前,资产阶级的学者,愈来愈不敢接近它,愈来愈需要回避它,所以到结局,这学问、这锁钥,便愈来愈成为社会主义学者的专用品。在这种限度内,一切有科学性的学说史,就只能期之于社会主义史学家了。政治经济学史是更容易表现阶级意识的学问,因之,这门学问的研究,虽然在某些场合、特别在各家专门的论究上,颇有负于那些比较客观的资产学者的钻研成果,可是它的系统的科学性的撰述,就更不能不期之于阶级意识较强烈的史学者了。

四

在中国,政治经济学是当作舶来品输入的,政治经济学史,自然更是当作舶来品输入的。对于一个产业不发达,资本主义经济不发达的国家,研究政治经济学已经有些隔膜、研究政治经济学史,就更加隔膜了,而在帝国主义文化侵略政策之下,那隔膜显然会便于任何观念尘雾的散布。可是,在另一方面,落后国对先进国所处的被压迫被剥削的地位,所处的求解放求真理的地位,却又显示一切新科学新历史学,将特别容易为它们有时代敏感的学术人士所接受。这两方面的现实,必然会在我们这种国家的学术界,或我们这里关联到的经济学界,造成两个思想对立的体系。由于中国资本主义经济在发生发展过程中受尽蹉跎,并歪曲成为买办官僚的特殊经济体系,中国资产阶级的力量,就格外显得脆弱而不正常。由是,中国资产学者就不但对于传统社会意识,无力作着澈底的清算,即对于新兴的科学史学思想,也没有能力摆出堂堂正正的斗争气魄;甚且在和前者相角逐的时候,必须借助于新兴思想,始能立住脚跟,而受到后者攻击的时候,又乞灵于各种封建意识,以资招架。也许就因此故,中国特殊的资本主义体系愈来愈买办官僚化,中国资产者的思想界也一步一趋的恶俗化,他们连真正体现着资本主义精神的较有科学性的古典著述,都很少去接近,甚至不知道如何去接近,而一味把经济学上的末流下品,当作了不起的教义来传扬。在这种情形下,能希望他们来研究政治经济学史么?

即在进步的学术界,因为新科学新史学介绍进来的二十余年中,正好是中国社会政治斗争正激越的阶段,大家的注意力被集注到实践上去了,就因此故,在同实践有较切近关系的经济史学、社会史学的领域内,虽曾掀起过相当热烈的中国社会性质论战与中国社会史性质论战,而对于较具一般性,同时也似较远于实践的政治经济学史领域,就比较有些荒寂之感了。

我现在拿来就正于中国学术界的这部《政治经济学史大纲》，多少是希望在这个冷门的研究上，增添几许热意。但我得极坦白的表明它的一部分为我自己清楚意识到了的缺点，是被我个人对它的研究历史所决定了的。第一，在一九三三年，我曾应上海民智书局之约，写一部《经济学史》，但这书的上卷出版后不久，书店关门了，存在堆栈的书也被火焚了，我因此没有把下卷写下去。到后来，我虽然很庆幸那部书的遭遇，以为赖有那种遭遇，我已经在上卷中披露了的缺憾，以及在下卷写作中可能弄出的错误，就给消除了。可是，社会的过去传统，总容易给后来发展以莫大的影响，同样，个人过去的既成写作，也会使它往后的研究，受到不易克服的烦累。一半因了理论上的惰性，一半也因了学力的局限，那半部《经济学史》中的有些部分，特别是有关重农学派的那些章节，差不多都移植到现在的新著中了，虽然编制与系统，完全换了一个面目。第二，在将近十年来，我差不多都在大学中教授经济思想史这门学科，这当然是使我不绝继续钻研的好机会，但同时，讲坛的发表方式，在我，总觉得对于一个著作的生命，有不少桎梏的作用。以学生为对象，牵强限制讲出来的东西，和自己在没有受到那种限制而畅快写出来的东西，无论就文体讲，抑就思想讲，总是不可同日而语的。本书有不少部分，是利用多年络续增补的讲义稿编成的结果，这又无异为它注定了一些不易补救的缺憾。况加第三，近十年来的中国社会，一直在对外对内的战乱过程中。这种社会所给予研究者的学术自由，真是过于有限了。特别在国立的所谓"官学"中，往往竟可因了一个碍眼的名词，叫教者学者受到意想不到的政治灾害。就因此故，比如，我在本书第一篇中论究经济学说发展之物观的辩证的过程时，只好特别创造一套表达方式，以所谓学说发展的适应、保守、反拨、综合诸倾向，来代替常习的说法。可是，这种表达方式既经在讲坛讲义中固定下来了，我也就因陋就简的让它去。第四，写经济学说史，除了我上文所讲到的新史学修养外，还得要通读一切所涉及的著作的原书，但一因我的学力与语文工具的限制，同时也因图书设备的限制，除了重要诸家著述外，其余殆无法不诉之于第二次第三次的介绍读物，这缺点，我自己知道，就是再给我十年八年的努力，也是无法完全补救的。

至若本书的体裁，读者一看就知道有些破除了新旧传统的编制，其理由书中讲到了，我除了应声明，我采行这种体制，曾由友人郭大力参加了不少意见外,我只期待大家予以不客气的评正。书在讲授写作过程中,显然从国立中山大学、国立厦门大学同学们的质疑论难中得到了不少益处。这是值得在此附志谢意的。最后一篇"当代三大经济思潮"曾在国立厦门大学当作高等经济学这门学科的讲授题材,其中"个人主义经济思潮"与"国家主义经济思潮"那两章,还有一些地方,是依当时过庚吉君讲堂上的笔记整理成功的;所以过君及对本书在抄校上费过不少精力的孙越生君、陈克俭君、王圻君、罗云程君,都算是本书的共同产出者,得衷心表示感谢。

一九四九年一月于厦门海畔野马轩　王亚南

第一篇　政治经济学史研究绪论

第一章　政治经济学和政治经济学史

第一节　政治经济学史的研究对象

政治经济学史这门科学，是把政治经济学领域内所有一切的学说、思想、法则、概念等等，作为其研究对象，所以有的经济学史家如卢逊堡（Rosenberg）就认定政治经济学史的研究对象，是政治经济学本身[①]；那正如同政治经济学的研究对象，是"政治的"经济或经济本身一样。

政治经济学史家把政治经济学上的各种学说、思想、概念当作其待处理的材料或史料，本来同政治经济学家把经济上的各种事象、各种形态、各种运动，当作其待处理的材料没有两样。如其说，后者是在那些经济事象、经济形态或经济运动中去发现其规律，前者就是要从那些经济学说、经济思想或经济思潮中去发现其迁流演变的迹象或发展规律。然而它们之间，毕竟有一大差别在，就是，政治经济学所研究的对象，我们说它是"政治的"经济事象也好，说它是经济事象也好，终归是第一次的；若政治经济学史所研究的对象，因为它是那些经济事象，通过经济学者的体认，或由经济学者脑子"再生产"的结果，所以是第二次的；至于经济学史本身，又更进一层，把那些通过经济学者"再生产"的结果，如学说、思潮等等，加以再组织，结局，它便成为第三次的了。从这里，我们知道，政治经济学史，就是更深进一层的意识形态的科学；对于它的研究，当然更多一

[①]　李译《政治经济学说史》第1页。

些曲折,或者对于我们要求更深更多的理解。

特我们研究政治经济学史,既然是把政治经济学作为对象,那就无异说,政治经济学史是被限定在把政治经济学成立当时的经济学说,作为其研究的起点。然则政治经济学是在何时才"正式"成立的呢?这是所谓政治经济学的年龄问题。关于这个问题,学者们因立场不同,颇多相异之主张,如亚朵尔夫·布兰基(Adolphe Blanqui)说:"政治的经济学,那是比大家所设想的要早得多的时代产物,希腊人罗马人都有他们的经济学。"①他这种议论,并非全无根据,亚里士多德(Aristotle)不是有过"经济学"②的著作么?但是社会主义者恩格斯(Engels)却说:"至今日为止,举凡我们所有的经济学,几乎全都局限于资本主义生产方法之发生及其发展……"③两相对照起来,不是非常矛盾吗?有的人为调和此两种不同主张起见,曾勉强称前者为广义经济学,后者为狭义经济学。其实严格讲起来,前者只能称为经济思想,而不能称为经济学。近代严格意义经济学之产生,那在一方面固然是应资本主义社会的种种要求,但是,不到资本主义社会,经济事实、经济关系,亦绝没有成为科学研究的必要。

在资本主义社会以前之封锁的自给自足经济下,人类经济生活简单,统治者与人民的经济关系,仅仅地租或赋税的收纳关系罢了。人民几乎全都是自耕而食,自织而衣;他们彼此除了单纯物物交换关系、小买卖关系、借贷关系外,在经济上全都是自给自足的。迨后经济发达,社会之经济事象虽较为复杂,但除了很少数的城市手工业者及小商人,大部分人民仍是过着老式的自给自足生活。在当时那种社会,固然不要求经济学之产生,而这样简单的经济事象,这样贫乏的经济内容,又哪有构成经济学之可能与必要呢!

到了资本主义社会,情势就为之丕变了。在这种社会中,一切的人,几乎都为经济问题而总动员了。几乎都在随经济重心的车轮而转动了。统治阶级不再像从前那样坐吃租税,他们要忙着为其支持者——制造业者商人——决定经济政策,订立种种色色的经济法规条例,并且随时都要

---

① 亚朵尔夫·布兰基著:《经济发达史》第一章首段。
② 署名为亚里士多德所著之《经济学》,其中第一篇系出提奥佛刺斯塔(Theophrastus),或其他学者之手,而第三篇则是迟至纪元前二百五十年至前二百年,为逍遥派学者所写成。
③ 见吴译恩格斯著《反杜林论》第182~183页。

安排保障市场,争夺市场的军备。人民与人民的关系呢,那更不像从前那样简单而自由了。以前自由活动的手工业者,一部分农业劳动者,都变成了商品,出卖于他们的工厂主人,任主人鞭策摆布了;就是留在农村的农人,他们亦不像从前那样自耕而食,自织而衣,他们成了都市制造业者的原料食料供给人,同时又成了都市制造业者之商品的消费者。在这种种情形下,聪明的都市人,自然是日以欺诈剥削那些朴实的农人为事呵!在一般制造业者商人呢,他们已经不是本来的人,而变成为"经济人"(Economic man)了,钩心斗角,惟利是图:如何大量生产哪,如何增加生产力哪,如何推销产品哪,如何竞胜其他同业者哪,如何缩减劳动工资,增加劳动时间哪。这一切,已够成为他们日常繁难的功课。况且,物价的变动,不一定决于市场的竞争,有时又直接蒙受金银价值的影响,金银价值又直接蒙受矿山丰歉及采掘难易的影响。无论就哪一件经济事实推阐下去,其变迁复杂,殆难于究诘。诚所谓经济的人生了。经济现象之复杂如此,经济关系之丛错如此,哪有成为科学研究之可能,固不待言,且也确有成为科学研究之必要哩!

要之,经济事实之复杂性,虽非经济学成立唯一的条件,但是必不可少的条件之一,否则,像中世纪那种简单的经济生活,如果一直延续下来,我们现在依旧只有一些零碎的经济思想,而决没有这整然成为一种社会科学的政治经济学。因此,科学的政治经济学史的时间范围,是限于现代,如果把现代以前的经济思想也包括进去,那就只算是较包容的经济思想史,而不宜称为政治经济学史。

第二节　政治经济学的观点与政治经济学史的观点

政治经济学史虽然是以政治经济学为研究对象,但一般在学的研究与学史的研究上所发生的绝对性与相对性的差别观的问题,也同时发生于政治经济学家与政治经济学史家之间。

所以,无论对于哪种学说,经济学家有一种看法,经济学史家可以有另一种看法。即是说,经济学家大抵认为经济学的学说,具有普遍的妥当性,经济学史家却说那只具有有限制的相对性。这种差别观,或者这种对立见解,可就我们后面要论述到的几个经济学派的相异观点,即他们对于经济学的不同认识,而得到说明。正统派的经济学者,大都认为他们的经济学说,不是属于某一国、某一地,或某一时期,而是具有永恒的普遍的适用性的,这个学派的创建者亚当·斯密,他在其大著《国富论》中,就惯用"一切时间一切地方"(All the time and all the places)的语辞。其后继者如西尼尔(Senior)等,他们更把先辈的学说的普遍妥当性,吹得过火。他们主张:工资、利润、地租,及其他诸经济现象,乃受支配于和地心吸力法则相差不多的不变法则。德·金萨(De Quincey)对李嘉图称扬说:"以前诸作家,已为事实、细目、例外所攻击所责难了。李嘉图先生却先天的,从悟性本身出发,演绎若干法则,那对于材料之黑暗的混沌,还是第一次放射透澈的光明,从而,在先不过是一种尝试的讨论集,现在却就成了一种真正的科学,第一次立在永恒的法则上。"①

与正统派经济学者同调的,还有此后属于限界效用学派的诸经济学者。杰芬斯(Jevons)对于其效用变动法则的考语说:"经济学的第一原理,是如此真确适用,所以我们正可以说,这种原理,与人性相关而言,乃是一般的真理。"又说:"这种科学的理论,乃由如此单纯、如此深深根据人身组织及外部世界的普遍法则所构成,所以,在我们所讨究的一切时代内,那都是同一不变的。"②

以上两派,都是要求经济学说,成为一种不论时间、不论地域的超绝真理。至若这种真理究在实际上,能适用到什么程度?能延续到什么时期?他们一些也不要考虑,因为,他们是根据先天的认识,根据人身组织及外部世界之普遍法则而立论的。这正是所谓理论之绝对主义。无疑的,他们都是取的经济学家的见地。

但是,与他们这种见地正相反对的,就是经济学上的历史学派。在他们看来,各民族各时代都各有其特殊的经济学。经济学说相对的观念,乃从经济生活表现为一种连续有机的概念出发,而这种概念,又是历史研究的自然结果。因此,前面为德·金萨推崇备至的李嘉图的经济学说,他们

---

① 《一个吃雅片烟者的自由》1856年版第255页。
② 凯因斯(J.N.Keynes)著:《经济学之方法与范围》第九章之注释。

只认为在特殊范围内有其妥当性。就空间上讲,李嘉图以个人所有权及竞争自由的假定为基础之地租法则,不能适用于东方的社会状况,因为在东方社会内,联合所有权是常规,而地租亦由习俗支配;就时间上讲,那法则决不能适用于中世的经济状况,因为在中世纪,土地有许多是公有的,地主与耕作者的关系,亦非受支配于自由竞争①。然而对于这种意义,表现得最简明有力的,要算历史学派之建立者克尼斯(Knies),他说:"经济学之学说,无论形式若何,都和经济生活一样是历史发展的产物……经济学法则,应该成为历史的说明和真理之逐渐的表现;那只能代表一个时代的真理,在实质上形式上,都不能说是绝对完全;学说的绝对主义,即会在历史发展的某一时期被人们确认,亦只能当作是时代的产物,不过代表了经济学史的发展的一个阶段。"②

认定经济学说,是"历史发展的产物",是"经济学史的发展的一个阶段",那与正统学派、限界效用学派的绝对主义独断主义,要进步多了。但是,经济学说为什么和经济生活同为历史发展的产物,经济生活变动了,经济学说为何随同改变,对于这点,他们都没有根本的说明。他们只是在形式上、表面上知道任何经济学说,没有超时空的普遍适用性;他们要借此反对当时德国采用英国的自由主义学说罢了。他们算不得澈底的经济学史家。

最后,我要讲到马克思主义学派的经济学史观了,这个学派的创建者卡尔·马克思,在他的《政治经济学批判》序文中说:"物质的生活资料的生产样式,决定社会的政治和精神的生活过程之一般性质,决定人类生存的,不是人类的意识,反之,人类社会的生存,决定他们的意识。"这是从唯物史观的见地,来说明人类各种意识形态之如何形成。又在《哲学的贫困》中说:"适应他们的物质的生产样式而构成社会关系的人们,同时又适应他们的社会关系,而构成原则、观念、范畴。那么,这些观念、范畴,同他们所表现的关系,同样不是永久的。那些,都是历史的、一时的产物。"这是从唯物史观的见地,来说明人类各种意识形态之如何发展。

在上述这两个基本观念之下,一切视为不磨不朽的学说,一切所谓关

---

① 凯因斯(J.N.Keynes)著:《经济学之方法与范围》第九章之注释。
② 克尼斯著:《历史观的经济学》1883年版第24、25页。

于人性的、先天的法则,都有其历史的命运。而适应近代资本主义社会生产关系,构成的关于价值、货币、地租、工资、利润等经济形态的学理与法则,概言之,近代的经济学,必然的,是"历史的、一时的产物"。

可是,尊重这种唯物史观精神的马克思主义者,他们并不辩护马克思学说,说它有超越时空的妥当性,反之,他们甚且指证那种学说必然要归于没落的命运。罗撒·卢森堡(Rosa Luxemburg)说:"依马克思所说明的资本主义的无秩序,与其将来没落的法则,确是有产阶级学者所创始的经济学的继续,可是在最后结果,与有产阶级经济学的出发点,成为判然相反的继续。马克思的学说是有产阶级经济学的儿,并且是母亲以生命换来的儿。经济学是完成于马克思的理论中,但是同时经济学这门科学,也就告终了。"①为什么呢?因为"……经济学既是作为关于资本家的生产样式之特殊法则的一科学,其存在与职能,明明是与资本家的生产样式的存在相连接的,一旦那生产样式停止,它立刻就失了基础。"②这就是说,马克思主义的经济学,即有关资本批判的那部分经济学说,只适用于说明"资本主义的无秩序,与其将来没落的法则",只能在资本家的生产样式存续的限内,显其作用,换言之,它也是"历史的、一时的产物"。

资本家社会的生产关系,是否就一直崩溃没落下去;即使那种生产关系全归没落了,是否经济学照应新的环境,以一个新的形式呈现出来,那现在还有许多经济学者在断断争辩。但是,对于这个问题,我在这里没有讨论的余裕,不过,我敢断言的是:社会的生产样式掉换了一个样子,不论是资本主义的经济学说,抑是批判资本主义的经济学说,一定都要成为历史上的陈迹。然而,不根据这种见地,或者,不根据经济学史家的见地,就很容易囿于成见,看不出这种道理来。

我们由此知道,经济学家的独断主义或绝对性,是要从史学的观点去研究,才得消解的。这同时也暗示了我们经济学史研究的重要。

---

① 参照陈译《新经济学》第 81 页。
② 参照陈译《新经济学》第 76 页。

第三节　政治经济学史的功能

这所谓政治经济学史的功能,就是说,政治经济学史对于我们有些什么帮助,或者,我们由研究政治经济学史可受到哪些益处。

本来,每部经济学史的内容,或其所暗示我们的意义,可因经济学史家或经济学史之叙述者的立场、态度与学力,而极不相同。例如,同是经济学史,由因格拉姆(Ingram)叙述的是一个样式,由昂肯(Oncken)叙述的是一个样式,由斯盘(Othmar Spann)叙述的又是另一个样式。读过这三部经济学史的人,他一定有三种不同的观感;而且,一个独断主义的经济学者,他要歪曲的、矫揉的、随他自己的好恶取舍来着手一部经济学史的叙述,把过去乃至现在反乎他自己或自派的学说,都描写得一文不值,那亦大有可能。而且,事实上特别如上所述斯盘的著作①,就恰好是一个标本。我们如读到这样一部经济学史,那就不但不能受到益处,甚且会加深我们的成见,予我们以极坏的影响。这样,经济学史的功能云云,不就很可怀疑么?

然而,我所要论及的,是经济学史这门学问本身,是根本原则的问题,而不是特指某某经济学史的著作。即就经济学史家来说,那亦是着重在精神,而不在形式。写一部经济学史的,不必就算得真正的经济学史家,反之,真正的经济学史家,也不必就要写出一部经济学史。问题是在于他对于经济学理的研究态度、研究方法如何。

经济学史的功能,我以为有几点值得注意。第一,经济学史是具有批判性质的,惟其如此,我们乃可因此化除成见,对于各种经济学说,予以公平的评价,和正确的理解;第二,经济学史是具有客观的性质的,即是说,学说之史的展开,与其认识对象之史实的发展过程,有紧密的关联,因此,经济学说之史的研究,可以帮助我们理解各学说所由发生的当时的经济环境;第三,经济学史是具有阶级的性质的,在各种经济学说发生的社会

---

① 按佗伦斯于1815年出版《外国谷物贸易论》,同年威斯特出版《资本投入土地论》,马尔萨斯则出版《地租之性质及其进步》。

经济的背景上，我们不但可以由此窥见其所代表的阶级利害关系，还可由此认识，把经济学史本身，当作一种思想斗争上的有力武器。以次，我想就这三点，作一个简括的解述。

就第一点讲，经济学的观点与经济学史观点之不同，我在前节已经解述过了，但那还是置重在学者方面而言，其实在读者或研究者方面，亦很容易因此两者性质之不同，而受到相异的影响。试单就地租学说一项来说吧，如其我们对于这种学说没有相当的素养，同时，我们所研究的，又仅是某一家的地租学说，例如亚当·斯密的、李嘉图的、罗贝尔图（Rodbertus）的，或者马克思的，那么，我们无论研究哪一家的主张，一定容易盲目的以他的主张为主张，而无法辩识其具有如何的正确性。但，如果我们就经济学史来研究地租学说，即对于各种地租思想，加以史的考究，我们就知道：亚当·斯密的地租说固然缺陷甚多，即地租理论建立者李嘉图的主张，亦未能尽满人意，至若集地租学说之大成的马克思的理论，究竟还有不有需要补充说明的地方呢？设从正确的史学的观点把各家学说依其本来面目叙述出来，任何有问题的理论，都要无形受到批判了。这样，我们才不致囿于一家之说，同时，我们还可由此认清每种学说在历史上的评价。

就第二点讲，任何时代的学说，都特别适于那个时代的实际情形，如其我们要理解那种学说，并适当评定它的妥当性，我们就不能不参照当时惹人注意，且薰染人们见解的实际现象。试仍以地租学说为例来说吧！地租学说建立者李嘉图的大著《经济学及赋税之原理》，出版于一八一七年，在这前两年，马尔萨斯、威斯特（West）及佗伦斯（Torrens）都有关于地租学理的著作出版①。研究地租之风所以大盛，就是因为英国由一七九三年至一八一四年的二十年间，谷价暴腾，结果，劳动阶级益陷于贫乏的深渊，同时地主阶级却获得了空前未有的所得，因之，社会各方面皆高叫地租所得之不当，于是乎有土地改革论者，有地主放逐论者。李嘉图、马尔萨斯等的地租学说，就是发生于这种经济环境中。我们要正确理解他们的学说，既有探究其所由发生的环境之必要，那么，全部经济学说史研究了的结果，我们对于那些学说之研究对象的发展过程，一定能够认知

---

① 原书此处为"注十一"，佚失。——编者注

一个轮廓。况且,学说史的研究,往往可以使我们得到一个新观点,来观察事实,得一个新枢纽,来完全了解事象之现实的过程。

最后就第三点讲,任何一种经济学说,显然都有它的社会出发点;一个经济学者尽管在主观上说他的意见,如何公平,没有偏袒,而在客观上终归有他的阶级立场。如亚当·斯密在他的《国富论》中,即使讲了不少同情工人,责难资本家的高见,然而谁都无法否认他是初期资本主义的最有力发言人。仍就上例地租理论来说吧!重农学者们的地租论或农业纯收益论,无疑还在为地主阶级立论,亚当·斯密就比较倾重地租上的商工阶级的利益,马尔萨斯与李嘉图,则显然站在尖锐的对立地位,一拥护地主,一拥护商工业者。我们能分别把握他们的阶级意识,认清他们的社会实践的意义,在消极方面,始不致受其蒙蔽,且反可运用来增进我们社会变革上的积极理解。

然而,经济学史的研究,如其要获得上面所述的利益,那却不是一件容易的事,那必须依着正确的研究方法,去发现经济学说的发展法则或规律;能把经济学史安置在健全的科学基础上,然后始可真正显出它的功能。

第二章　政治经济学说在历史发展过程中表现的基本规律

第一节　普行于经济思想史上的两种不健全认识

把各种经济学说、经济思想作为研究对象,最先会要求研究者说明的,也许就是那些学说、思想之间,究有如何的相互关系,或者从纵的方面讲,看它们是如何演变发展下来。关于这点,一般经济学者或经济学史研究者,曾分别提出了两个对立的见解:其一是连续说,其二是照观说。兹分别解述如下:

(一)连续说

所谓连续说,是说经济思想史的演进,是一直连续着的,后起的思想,对于以前的思想并非重新来过,只不过加以订正补正罢了。持此说的学者甚多,但以马雪尔(Marshall)提倡最力,他在其大著《经济学原理》序言中表示:诸种新学说,只是补充、敷衍、展开诸种旧学说,时或加以修正,或改换其要点,变化其音调,而很少把旧学说完全推翻了的。他的经济中心理论,是所谓"连续原理"(Principles of continuity)。一切学说思想,都有它的渊源,不是凭空飞跃来的,单在这种意义上,这种说法不独为常识所允许,且为常识所要求。但其根本错误,却在于把经济学说看为自己连续的东西,后者居上,后来更多,两者只有量上的差别,没有质的变异。

(二)照观说

这是说,经济学说或经济思想是照应着客观环境而产生的东西,其实现的论据是各别不同的时代,都有其不同的学说思想。这种说法无疑是比前一主张还易为人接受,但主张最力的,还当数及德国历史学派诸子,而其集大成者克尼斯。前面所谓:"经济学之学说,无论形式若何,都和经济生活一样,是历史发展的产物……经济学法则应该成为历史的说法,和真理之逐渐的表现"云云,正可视为环境决定论的代表。乍然一看,简直像无法怀疑他或他们这一派是唯物史观论者,但其间有一个最大的差别,就是他们认定思想是环境的反映,环境中许多社会因素乃至自然因素,都被他们混同看为同样作用于思想与学说,至若学说思想的能动作用,至少是无法从他们那种表象的多因多元的理论中逻辑出来的。

要之,这两种说法,差不多是一般流俗思想史的通说。连续说太重视思想渊源,而忽略思想环境;照观说太重视了环境,而忽略了思想渊源。然则是不是两面兼顾得到就算恰到好处呢?不是的。随便检取一例来看罢,韩讷(L.H.Haney)在其所著《经济思想史》之结论中,曾用"环境与薪传"的子目,作这样不着边际的说明:"环境对人之影响甚深,人对环境之反动亦大,能给吾人以极多证据者为经济思想史。观于经济思想史之进化,物理法则与心理法则,均有决定经济情势、社会制度及智能工具之功能,而经济制度及智能工具,又一方能决定人所遭遇之问题,一方虽不能决定人之观察,亦可以变更人之观察。"① 像这样一种非驴非马的模糊影响的讲法,决不能使任何人得到一点有关经济学说或经济思想演变发展的清晰观念。

然而,关于这种关系方法论的问题,我们是不能对于这类形式主义的资产学者,作着任何期待的。

第二节 现代经济学说之特质的把握

讲到经济学说或现代经济思想的演变,首先须对现代经济思想本身,作一本质的考察;一定要这步工作做到了,然后始容易把握其演变发展的究竟。

一提到现代经济思想,我们很容易联想到以次几个问题,那就是:第一,现代经济思想,究与过去的经济思想,表现了怎样的分野;第二,经济

---

① 见臧译本第759页。(指臧启芳译本,商务印书馆1925年版。——编者注)

思想,究与其他社会意识或社会法律、政治、宗教、哲学思想,有怎样的不同;第三,经济思想与经济现实,究有怎样密切的关系。这三个问题,很可以把现代经济思想的本质、特征及其形成的基础显示出来,所以这里且就这三点分别予以解释。

一、现代经济思想对过去经济思想显示的分野

在经济思想上冠以"现代"二字,那就立即可使它同过去的经济思想,在质上,在量上,都显出了极大的区别。在现代社会以前,一切有关经济的观念,都是出于直感或肤浅的观察;各部族间或者一国各领域间的相互隔离的孤立状态,自然无法把当时各地分别表现的单纯而支离的经济观念,有效的交流汇合乃至累积起来,而宗教规律的权威,更加妨碍了经济思想的展拓。但一到现代,一切孤立的状态,逐渐解消了。日益复杂的经济事象,不但提供了科学研究的充分材料,且还提起了科学研究的实际要求,于是,现代经济思想,就包含有系统的经济学说的意义,或者,应理解为现代的经济学或经济科学。惟其如此,这所谓现代经济思想的演变,和以前不相交流汇合,且不易累积的零碎支离的经济思想的演变,就具有完全不同的实质了。

二、经济思想对于其他社会意识显示的特征

在一般社会意识中,包含有政治、经济、法律、宗教、艺术、哲学等等方面的思想。设把这种思想,对它们所反映的现实社会的物质关系的接近程度,加以比较的考察,立即会使我们达出这样的结论:宗教、哲学思想为最高级的意识形态,法律、政治思想次之,经济思想则最为具体接近。如其允许我们使用不十分贴切的成语,那经济思想与其他的社会意识比较起来,实带有最明显的"形而下学"的特征。如其把哲学上的思维与存在问题,社会学上的斗争与互助问题,和经济学上的生产与分配问题,拿来作一较量,我们也不难发现经济思想的那种较为具体的性质。我们知道:过去的经济问题,多半没有成为研究对象的必要,未来的经济问题,也多半没有成为研究对象的可能。一般所讨论的经济问题,大体是它的解决条件业已形成,且还继续存在着的那些问题。这原因,就是由于经济思想的性质,比较更不容易离开它的现实基础,从这里,我们也能得到一些有

关现代经济思想演变的认识了。

三、经济思想对现实经济保持的关联

关于这个问题,需要我们把论点扩展一点来考察。

首先,我们要问:经济是否决定一切?

提论到这里,我们很容易回忆起前面提过的一段古典:"人们适应他们的生产方式,而构成社会关系,又适应他们的社会关系而构成原则、观念、范畴。"这段话,曾被人误解为经济关系决定一切思维、决定一切社会意识的依据,最有具体性的经济思想,自然是受决定于其所直接反映的经济现实。但我们如其过细体察一下这段话的意旨,却并不曾硬化到没有伸缩的余地。即使是"社会存在决定社会意识"的命题,也应在作者立论的用意和其整段文字的联系上去理解;断章取义,乃至超过妥当性以上的强调,都不免失之歪曲。因此,对于"经济决定论"的妥当性,我想就它对于经济思想的关系,曲加以次的限界:

(一)对于一切社会思想或社会意识,经济并没有完全的绝对的决定作用,对于经济思想,亦是如此。

(二)每种经济思想,都不免蒙受当时经济以外的其他一切社会事象及其思想的影响。但是

(三)经济利害关系,确为左右我们一般社会意识,特别是经济意识的有力因素和重心,此在现代社会尤属如此。

把经济是否决定一切的问题解答了,接着,我们就可很便利的很不费力的解答下面这个问题了,那就是:经济思想的演变是否完全与现实经济相平行。

对于这个问题,我们在下面解答的机会还多,这里暂且作这样的说明:经济既不能决定一切,经济思想既不完全是当前经济事象的机械反映。那就说明了,经济思想的发展,会对经济现实表示或大或小的偏差。我们在承认一部经济思想史和一部经济史大体保持着平行关系的前提下,应当不要忘记,对经济思想演变发生相当影响的,除了各种社会制度、社会意识外,还有它自己的渊源,还有同时代相存并在的各种经济思想的相互联系。引论到这里,似乎就迫着我们要来答复下面这问题了:经济思想有没有它自己发展的规律?

第三节　表现在经济学说发展过程中的倾向与规律

关于经济思想有没有它自己发展的规律问题，我的解答是肯定的，但须附加两点限制性的说明：

第一，承认经济思想有它自己发展的规律，就不能不注意到它那种思想发生作用的前提条件。即思想本身的内容，要相当复杂；其散播范围要相当广阔；其相互交流关系，要相当密切。过于简单，过于窄狭，过于隔绝，根本就只是各别时代各别地域的经济事象的观念反映，而谈不到甚么发展的规律。这就是说，经济思想是愈到现代，才愈能表现它发展的规律性的。

第二，承认经济思想有它自己发展的规律，并不是说，它可以完全脱离经济发展的轨道，而自由自在的发展；事实上，现实的经济，随时随地都在把经济思想拉向它的轨道，叫它不要离远了它所提示的路标。而且，照我们前面说明了的经济思想的特征来说，其他社会意识发展和社会存在发展，尽管有较大较多偏差的可能，但在经济思想的发展上，那种可能性，是更受限制的。

为了说明的便利起见，我们且指出经济思想形成过程上表现的几种倾向，借以窥知经济思想自己发展规律的一般轮廓。

(一) 适应的倾向

以现代经济思想而论，它的适应的倾向，由它所表现的社会性与民族性两方面看得非常清楚。现实经济的变动或发展，对于社会各集团各阶层间的利害关系，是颇不一致的。对于同一经济问题，以各别利害关系出发的人们的看法说法，自有不同。凡属有利于自己立场的意见，不管是过去的，或者是同时代的，他尽可利用或据以构成自己的思想系统，但由此构成的经济思想，却显然表现了适应现实经济的倾向。不过，这还是就社会的观点来说，而经济思想的民族性或国民性，亦可说明此点。各国间的经济发展，因自然条件与历史条件不同，在时间上互有先后，在程度上互有参差，由是各国的经济思想，就比照着各国相互间的利害关系，分别构成其不同的经济思想体系,英国有便利自国经济利益的自由主义思想体系,德国亦有便利自国经济利益的保护主义思想体系。然而从世界的观念来看,这两个不同的经济思想体系,无非是从不同的立场,来说明整个现实经济的不同方面。也可以说,是以不同的理解,对现实经济作分途的适应。

(二)保守的倾向

人们尽管是以现实社会的或民族的经济利害为重心而构成其经济思想,但某种经济思想一经取得了社会的确认,一经成为社会的经济思想,它很快就会硬化或定型化起来。特别是某种应时产生的有力的经济主张或经济思想,由普遍化乃至立法制度化,它在人们的心目中,便愈加执拗化,视为神圣不可侵犯的典则。甚至,那种思想所由取得合理存在的经济环境改变了,它原来对于某种经济制度有利的,已经变为不利了,在客观事实上,对于拥护保守者的经济利益,亦成为不利了,依旧可能被人们视为不可逾越的教义或圭臬。自然哪,这被执拗保守的经济思想,与特定社会集团或某些人的现实利益,至少在主观上是相调和的。大约一种经济思想在现实经济制度上,作用的范围愈广,持续的时间愈长,它的这种硬化的定型化的倾向,也就愈为显著。单就这一点来说,经济思想的发展,有时就不免要落在现实经济发展的后面。

(三)反拨的倾向

当某种经济思想由合理化、定型化以至顽执化的过程中,往往会引起与它正相反对的另一种经济思想。在每个时代,我们总不难发现两个正相对立的或相排斥的经济思想潮流的存在。在这里,似乎经济思想发展的规律,有了更大的作用。但一考察实际,就知道当这两种经济思想,以保守的和进步的对立姿态表现着的时候,这所谓进步的经济思想,已早在现实经济发展中,取得了存在的依据。这时在经济思想对经济思想批判的里面,早有经济现实在实行着批判的任务。因此,反对的经济思想的发生,在某种限度内,我们虽然否认思想本身的反拨作用,但我们同时也不能否认反拨的经济思想,正是把逐渐转化和发展的经济现实,作为它立论的张本。不过,在它对传统的思想争取领导的场合,它可能而且必要把现实经济发展上还不曾显露或实现的某种经济思想,作为其宣传的目标。单就这一点说,经济思想的发展,又往往不免要走在现实经济发展的前面。

（四）综合的倾向

经济思想既然有时不免落在现实经济发展的后面，有时又不免走在现实经济发展的前面，同时，在两种对立思想争取领导上，又总不免各别过分强调，各走极端，以致加大其离开现实的偏差程度，于是，在此种场合，往往发现一种带有综合性的第三经济思想体系出现。但这第三者的综合，并不是对于其先行的"过犹不及"的两种思想的调合，而是对照现实批判前两者，舍去其不合实际部分，抽出其合理部分，而达出更高级性的、更有包容性或现实性的思想体系。举一个非常明显的例吧，在现代初期，由重商主义思想体系与重农主义思想体系的对立，终于引出了亚当·斯密一派的经济思想体系，这个体系，当然不单是把重商重农两理论，加以调合就完事的。虽然我们不否认斯密学说中的重商主义重农主义因素，但他都曾依据当时现实经济要求，分别予以批判，予以选择，然后再综合己见，构成一个更高级的思想系统。

总之，经济思想的发展，在它对现实经济的发展，表示或前或后，或大或小的偏差的场合，在它不完全是与现实经济的变动采取同一步调的场合，我们无疑可以看出它自己发展的规律；但在这规律作用着的过程中，我们却又发现现实的经济的演变，随时都在把经济思想拉着一同前进。

所以，政治经济学史，归根结底，就是"从社会经济的发展中，从生产方式和交换方式的变易中，从社会由此产生的社会阶层的分化中"[①]，来说明反映那些分化了的社会阶层利害关系的经济意识的展开。

---

① 吴译恩格斯（F.Engels）著《反杜林论》。

第三章　政治经济学史研究方法问题

　　从上面的研究,我们已知道现代政治经济学说,是依着如何的历史规律,逐渐形成,逐渐发展开来。但明了那种规律,只不过是知道了研究经济学史的原则,或所谓经济学史方法论,而如何运用那原则或方法论,来处理史料,处理实际先后发生的许许多多的学说,把它们系统的加以组织部署,使其不但无背于那种原则,且能把那种原则充分而明确的显示出来,那显然是属于技术性的方法问题。当作一门史学或科学来研究的政治经济学史,如其关于其选述,从头到尾,没有一个基本原则或历史方法论,将其贯串着,规制着,如像一般的流俗的经济学史或经济思想史教本,仅在时间的顺序上或派别国别的分野上,作着形式的编列,那将变成毫无生命、毫无生气的思想史料的堆积。

　　可是,把握了史学的原则,如其对于原则的运用,对于史料的处理,不肯留意属于技术性的方法问题,那在结局,也可能流于公式主义,弄得顾此失彼,漏洞百出,以致原来强调的史学原则,也不易顾到。那当然是很可惋惜的。

　　因此,我们在讲述过经济学史的原则以后,不能不进而讨论到它的史料的技术处理问题。大体上,那可从三方面来讨论:第一是体系问题,第二是派属问题,第三是焦点或核心问题。分论如次。

第一节　体系问题

　　一般的说来,现代经济学的全领域,完全是由两个不同的,或者正相背离的学说所占据,其一是拥护资本主义的学说,其一是反对资本主义的学说。对于前者,我们称它为资本主义体系,对于后者,我们称它为社会主义经济体系,或马克思主义经济体系。这两个体系的对立,复化了,或者说,丰富了现代经济学的内容,从而,增大了现代经济学史的重要性。

然而,在一般的经济学史中,大抵只论到资本主义经济学体系,而把马克思主义经济学体系存而不论了,即或论到,亦不过断章取义,或轻描淡写的点缀而已。这有种种理由,其最要者莫若格于学统的成见,和规避研究的繁难,同时这两者又互相影响。因为,仅就马克思主义经济学的核心,即马克思那部洋洋大观咄咄逼人的《资本论》说,那一方面固颇费我们钻研,而他那全书中加诸异己者的无情批判与尖刻讥嘲,更令一般对于资本主义感染有素的学者,不能平心静气的研究了。但是,站在学问的立场上,特别是站在学史的立场上,我们不但要克服困难,我们尤且要克服成见。

无论就学理讲,抑就其影响讲,我们都没有理由忽视马克思学说在经济学史中的地位;像德国诺巴·里夫曼教授(Prof. Robert Liefmann)所说:"马克思主义之在今日,与其说是可以阐明经济现象的学问体系,宁不如说它是一个信条,一种信仰。"① 这位学者的议论,在我看,决不会丝毫贬屈其所论对象的声价,反之,实足以铸成学问研究的障碍,并曝露其缺欠学者公正的精神。

然而现在赞同里夫曼教授之意见的,依旧大有人在。

但在另一方面,我们又会听到另一种说法了。据罗沙·卢森堡(Rosa Luxemburg)所说:"经济学的任务与对象,如果是在说明资本家的生产样式之发生、发展、扩张的法则,则其不可避免的结论,就是经济学在结局上,不能不发现资本主义没落的法则。"② 她又说:"法国、英国的古典经济学者,是发现资本主义生存发展的法则,而马克思是在半世纪后,恰从他们中止了的地方,开始其工作。"③ 开始"曝露资本家社会之经济运动法则"的工作,开始"发现资本主义没落法则"的工作。惟其如此,所以,"由马克思说明了的资本主义无秩序,及其将来没落的法则,确是资产阶级学者创始的经济学的继续。但在终局的结果上,这继续却正是同资产阶级经济学相反的。"④ 把马克思主义经济学,解作是对于资产阶级经济

---

① 见里氏所著《国民经济原论》第六章第五节。
② 见日本佐野文夫所译《经济学入门》第118页。
③ 见日本佐野文夫所译《经济学入门》第124页。
④ 见日本佐野文夫所译《经济学入门》第125页。

学的继续，相反的继续。我觉得，这是既未贬屈前者，亦未高扬后者的公允之论，而且事实也确是如此。

资产者经济学与反资产者经济学，均以资本主义经济为研究对象。在学史的叙述上，先讲资产者经济体系，然后再讲反资产者或社会主义经济学体系，原来是非常顺理成章的，但为了说明技术上的方便，也为了打破一般太过形式的对立的分划，我将在本书中，讲到以次三个理论体系：

（一）说明的经济理论体系；

（二）辩护的经济理论体系；

（三）批判的经济理论体系。

前两者，都是属于资产者范畴的，但它们之间，有一个极显明的区别，就是所谓说明的经济理论体系，包括有重农学派和正统学派的经济学说在内。它们是发生在资本主义初期乃至向上发展期，当时劳动阶级的势力尚未抬头，反资本的见解，虽然已经在流布着，但大都不是从资本主义经济组织、经济运动中研究出来，而是更一般的站在人类道德文化的立场，指摘出资本主义的缺点。因此，那些见解，虽然再激越，再能引起人们对于资本主义制度的反感，但因为不曾搔着资本主义的痛处，经不起理论的驳斥，所以资产阶级的经济学者，仍可冷静的去"说明资本家的生产方法之发生、发展、扩张的法则"。而且，在传统社会生产关系，还多少在此处彼处，对资本主义生产方法发生着束缚作用的情形下，他们无论从消极方面讲，抑就积极方面讲，都需要把自己的论据，安置在科学的基础上。亦就因此之故，所谓古典派经济学者的经济理论，尽管留下了不少漏洞，为此后反资产者的经济学家所指正与批评，可是，他们毕竟在客观经济现实许可的条件下，在就事论事的作着科学的说明。所以，我依着这样的认识，称他们的学说为说明的经济理论体系。

至若另一个站在资产者立场的经济学说体系，其中包括了所谓调和学派、历史学派、奥地利学派的各种学说，我之所以要另立一个体系，与前一体系相区别，并不是认为他们的理论，足与前者相颉颃，倒反而是因为他们在理论上既与前者大相径庭，而在实际上的影响，又颇不容忽视，所以才依照"物以类聚"的原则，把它们放在一起，恰好它们发生的时间顺序，又允许我们或便于我们这样做。至若我把他们提称为辩护体系的理由，就因为这全个体系，大体是发生在十九世纪中叶前后，当时"无论从实际方面说,抑从理论方面说,阶级斗争都益采取公开的威吓的形态。科学的资产阶级的经济学的丧钟,敲起来了。从此以往,成为问题的,不是真理与非真理的问题,只是于资本有益抑有害,便利抑不便利,违背警章抑不违背警章的问题。超利害的研究没有了,代替的东西,是领津贴的论难攻击;真正的科学考察没有了,代替的东西,是辩护者(Apologetik)的歪曲的良心和邪恶的意图。"①我在其他场合②曾就它与前一体系作着以次的比论:"亚当·斯密的全部经济学说,虽然粗枝大叶的为资产阶级经济学定下了相当的基础,但他在消极方面的功绩,却是在对于封建时代的生产方式及交换形态的残遗,作了全面的批判。马尔萨斯、李嘉图、萨伊、约翰·穆勒乃至其他古典学者,显然是从正面阐述资本主义生产方式与交换形态的法则。但由他们所阐明的法则,有一个共同的缺点,就是把资本主义的社会秩序,当作绝对的永恒的秩序,当作永远不会没落的自然秩序。他们虽都认定社会劳动生产力日益向前发展,但社会生产关系,则被定型化为自然现象。结局,在资本主义的生产关系尚有允许其劳动生产力发展的限内,他们的理论,大体还持有相当的妥当性,一到生产力的发展,不但不能由生产关系得到保育护持,且反而受其压制拘束的时候,他们的经济理论的狭隘性和偏颇性,就充分曝露出来。此后历史学派、奥地利学派乃至晚近新正统学派的经济学者,虽然对于这些古典学者的学说,从正面、从反面做了一点订正、疏解、补充的功夫,但由于他们所处的时代,比其先辈学者更没有科学的研究的自由,于是,他们最大的成就,也许就是把经济的研究,引到非现实的境地,引到掩饰现实的境地。这说明,现实经济运动法则的发现,只有期之于站在批判资本,批判资本主义立场的经济学者。"

最后,关于批判的经济理论体系,那把一切站在反资本立场的学说,都包括在里面。它们不但批判了古典的理论,也在相当范围内批判到流俗的辩护理论;至若它们本身的理论的性质,显然是用不着在这里说明的。

---

① 郭王译《资本论》第一卷著者第二版序言。
② 拙著《经济科学论丛》第107～108页。

第二节 派属问题

政治经济学史上的派属问题，也许没有体系问题那样需要较多的解释。具体的讲，以次几个方向，似乎特别应当注意到，而且值得加以解述：

第一，上述三大体系里面包括的各派，就根本没有一个定说。我在说明的体系当中，只括进重农学派和正统学派，重商主义是除外了。因为在我的理解上，广义的重商主义者当中，如其把威廉·培第（William Petty）、休谟（David Hume）等放在里面，其理论造就，原亦不可忽略，但一般重商主义者与其当作一个学派，毋宁看作是政策论者，他们的研究，多半停止在交换关系中，而迄未深入到生产组织里层去。这不只是经济学上的准备知识限制了他们，更基本的还是当时客观的经济发展程序限制了他们。所以，我除了把他们中间的若干优秀者，编列作后来重农学派和正统学派的先驱者以外，其余重商者的理论或见解，我都概述在近代初期的过渡思想中。

在辩护经济理论体系下的派系，把历史学派与奥地利学派相并列入，在一般过于重视奥地利学派经济学，而特别把它夸称为"经济学之复兴"的那些流俗经济学史家（如著述《经济思想发展史》的美国威廉·斯各特（William A. Scott，一流学者）看来，也许觉得有些委屈了；但在另一方面，我们还不难发现过分重视历史学派的人物［如英国经济学史家因格拉姆（J.K.Ingram）辈］，真是见仁见智，太不一样了。但大家最感咋异的，也许还是因为我在它们两派之前，安置一个调和学派，其理由，书中是有说明的，在这里简单解释一句，就是我所着眼的，是它们研究出发点或研究立场的一致，至若研究方法或若干论点的出入，那是无须斤斤较量的。

关于批判的经济学体系，虽然提论到了空想社会主义者、科学社会主义者以及介在他们之间或他们以外的许多澈底的、不澈底的学说，但在那里，我是采取的另一叙述方式，即以科学的社会主义经济学作为主体，其他则看作是他们的先行者或前驱。

第二，包括在上述各派别中的经济学者，虽然学史上已大体有所确定，但不属于那些派别中的经济学者，确实不在少数，也许就因此故，许多经济学史的著述,如意大利学者柯沙(L.Cossa)的《经济学说史》,如因格拉姆的《经济学史》,如翁格尔(Theo Surányi-Unger)的《二十世纪的经济学说史》,或者完全采取国别分类叙述法,或者部分采取国别分类叙述法,此法之不当,已有人指出。德国经济学者桑巴特(Werner Sombart)曾对柯沙将经济学说史分为三大时期:(一)零简时间,(二)各论及经验学说时期,(三)科学或学说时期,认为所定时期极佳;但谓"其申论,则杂乱无章。终而完全以年代及地域为准,将十九世纪之一切经济学说,均先就国而为之区分;更在每国之内,各按学说发生之年代前后加以论列。"①为什么如此呢?桑氏提出他的高见了,他接着说:"夫以头脑清晰如柯氏者,举措尚复如此,则不得不谓杂乱之罪,确在对象本身矣。"在另一场合,他还说:"苟吾人试一翻阅一般关于经济学史之著作,则知其中之最佳者,内容亦无秩序之可言。此则不能归罪于著者,诚以原无正当之区分原则在乎期间,故结果常为杂乱无章。"②研究之对象有罪,倒是一个"新说",任何学科的著作者,都可将其内容"杂乱无章"之过错,归之于对象过于复杂,不易理出头绪。经济学者太多,见解又参差,难得完全依类分派,已有派系又不够包括,确系事实,但当作一个科学来研究,我们所当注意的,宁是将重要派系中之有名经济学者的主要诸学说,循其系统,究其根源,详加解述,至若其余比较不重要学者或其断片理论,有时不但不妨存置,甚且应当割爱。因为一部经济学史的著作,究竟是无须要像"经济学家辞典"一样,让一切学者都有机会入选的。在这种认识下,我以为经济学史的叙述,与其采用国别法,把大大小小的经济学者全都网罗出来,以混乱经济学的系统,就宁不如明其派属,辩其重轻,把小经济学者归属在大经济学者底下叙述,把支派位置在主流底下叙述,把无所属而又不便割爱的经济学者的较不重要的见解,放在有关重要学说方面叙述,那样得体多了。虽然在选择的权衡上,我们应极力减少流于武断的毛病。

---

① 王译《经济学解》第 13 页。
② 王译《经济学解》第 11 页。

第三节　学说的焦点或核心问题

最后，我要谈到各家学说之焦点或核心问题。这个问题，对于经济学史的叙述上非常重要，但非常不容易讨论。就经济学上主要各派的经济学大师讲，他们的学说，当然都有一个核心，我们在解述其学说时，如其不抓住那核心，那就真是不知道从何说起。比如，重农学派主导者魁奈氏的伟大作品，就是他那由五行线联结六个出发点与六个回归点构成的《经济表》，反之，正统学派主导者亚当·斯密的大著，却是他那牵涉极广，多所包容的七八十万言的《国富论》。后者固然是太繁难了，前者却又是太简单了；但我们如其把握住了他们整个学说的核心，繁难与简单都不成问题。

不过一家学说之核心的认识，却又不是如我们偶然想像的那样容易。第一，那须具有辨认一家学说的充分学力，其次，还须剔除任意取舍的主观成见。兹仅就后一点来说吧。任凭哪家的学说，只要由两个观点不同的人加以论述，一定会得出彼此不同或全然相反的结果。同是魁奈的经济学说，亚当·斯密所注意的是自由贸易理论，马克思所注意的则是总再生产理论；同是亚当·斯密的经济学说，历史学派所批难的是方法论，奥地利学派所批难的则是价值论。每个经济学者都多少不免带有几分成见，从而，各家经济学说就似乎不只一个核心了。

但读者的眼睛无论是近视、远视，抑是乱视，事物终归是有其本色的。历史学派尽管重视亚当·斯密的方法论，奥地利学派尽管重视其价值论，而在亚当·斯密学说本身，究有其根本的核心，有其执一驭万的焦点。他那大著《国富论》，是广泛的涉及了各种经济原理、经济政策，但贯透于这各种原理、政策中的，却是他的个人主义思想，以及企图实现那种思想的自由主义政策。他的中心主张确定了，然后就容易判别其分工论、货币论、价值论、地租论等等，在全学说中所占的地位，然后就容易批隙导窾的加以论列了。在亚当·斯密的学说是如此。对于其他经济学者的经济学说，亦没有两样。

可是，论到这里，我们还须注意一点，即，关于各家学说的介绍，我们首先固当把握其中心思想,但这中心思想确定了,同时,其全学说中各种原理原则,亦经抉别过了之后,我们更须就某派各家学说,做一番精审统筹乘除损益的工夫。比如,关于价值、地租、利润、工资等主要经济形态,那几乎是每个经济学者都要论到的,单就正统派诸经济学大师说,亚当·斯密、马尔萨斯、李嘉图、约翰·穆勒等,都颇努力于这诸般经济形态的分析,但我们介绍这各家的学说,却不宜一一刻板论列,而要权其轻重,计其精粗,使有伸缩增减的余地。例如,地租论在斯密学说中是较为疏懈的,我们不妨归属在李嘉图地租学说中连带介绍,价值论在马尔萨斯学说中是较为肤浅的,我们不妨归属在论述杰姆斯·穆勒与马克洛克的价值学说时连带介绍;至若约翰·穆勒关于价值、地租、利润的努力钻研,我们认为他没有令人满意,甚至没有令他自己满意的新的发现,所以我们介绍他的学说,顶好是不要论及这些,而把有用的篇幅,去解述他那崭新的分配论与半截的社会主义思想。

对于各家各派的学说,能如上面这样权宜精审的安排介绍,那不独可以避免机械刻板之嫌,且能增进我们对于经济学史的理解,增加我们研究经济学史的兴趣。然而我还想在这里进一步把整个经济学史中的最基本的焦点或核心指明出来,以为我们论衡或评价一切经济学说的最后标准。

我一再指明过:政治经济学所研究的对象,是资本主义经济,是资本运动法则,所以,在这种理解的限内,政治经济学殆可视为是资本学或资本的学说。又因为资本运动或资本活动的最后目的,就在增加价值,也就是说,在企图借劳动来增加剩余价值,所以,看作资本学或资本学说的政治经济学,必然会把价值学说或剩余价值学说当作其基本构成部分。而由资本运动、由剩余价值增殖所显示的社会劳动生产力的增进,更说明政治经济自始就是在资本主义社会生产关系下,来探究其生产如何遵行,生产力如何发达的科学。一个经济学者,不论他是拥护资本主义,抑是反对资本主义,如其他的论点,他的学说,未触到资本主义经济本身的上述三个中心焦点,那就证示他对于其所研究的对象,根本没有理解;他的一切其他高见,即使再讲得头头是道,自我满足,也是不着边际。所以,本书中关于各家学说之焦点或重心的探究,特别着意于政治经济学本身所具有的这三大特质。

第二篇　政治经济学前史

第一章　古代希腊社会的经济思想

第一节　概说

当作科学看的政治经济学,我在前面已指称是起于说明的经济学说体系中之重农学派经济学。在思想领域内,这个学派大体是当作重商主义之反动而产生的,因此,所谓政治经济学前史,就是终结于重商主义,或以重商主义为由中世到现代的过渡。由重商主义思想,上溯至中世神学者的经济思想,再上溯至古代希腊、罗马的经济思想,这就是我所要叙述的政治经济学前史的轮廓。本来,在希腊、罗马社会以前,在欧洲,尤其是在亚洲,还有不少可供参证的经济思想,但就欧洲而言,那已是微乎其微了;亚洲如中国、印度、希伯来古代的经济思想,虽确有许多值得注意的地方,但我们后面所叙述的经济学史的范围,只限于欧美的经济学说,而古代亚洲诸国的经济思想,又于欧美经济学说没有何等直接的影响[1],所以

---

[1]　日本最近有一位经济学者泷本诚一氏,著有一部《欧洲经济学史》,在这部书后面,他附一篇题名为《重农学派之根本思想的探源》的附录。这篇附录的主旨,在反覆说明重农学派之思想的根源,完全出自我国古代的"四书""五经";他最后总结这篇翻案文章的大意说:"要之,构成魁奈学说的基础的根本思想,完全吻合'书经'及其他经典上所表现的中国太古的王制,及其学说的旨趣,不同的地方,丝毫没有。这种论断,我想不会不正当吧。在现在一般人,都认为近代的经济学,是发祥于法国或苏格兰,竟把其重要的母家中国完全置之于不顾,这实在是我们东洋人的一大憾事呵!"(他这篇文章,已由健伯君译登《读书杂志》第一卷第六期,读者可以参照。)泷本诚一氏的这种议论,确实非常新奇,但究竟真确到什么程度,却还有待于证实。

这里只好搁置不提了。

一切现代科学的前史,都是造端于希腊社会,政治经济学前史亦然。尽管历史家把希腊人描写得如何不重视物质生活,认为"他们的物质的获得,和经济的成就,比之在他们之前的民族都有逊色。他们采取了腓尼基人的商业贸易、殖民等观念,并加以改良。可是他们在制成艺术方面,殊少重要原则贡献;在农业方面,也没有何等成就。希腊人的兴趣,显然是在文化方面,他们不是唯物主义的。"①我在这里没有追问希腊人为什么"不是唯物主义的"余裕,但他们如其不是生存在精神的氛围气中,而仍是生存在物质的环境里,他们就没有理由不关心到所在社会的经济问题;事实上,一切希腊的哲学家,差不多都对照他们当前的经济现实,而抒发其观感了。

然则希腊当时的经济现实究竟是怎样呢?

一般历史家都认定希腊的文化史,是开始于公元前八世纪,或公元前七七六年的第一次奥林匹亚特(Olympiad)。这时在希腊的各城邦,已渐破坏了传统氏族的纽带,而向着国家的形态发展;在这种过程中,父权制、财产私有制、财产由儿子继承制,分别逐渐形成,充分显示出国家的阶级性格。所谓"因世袭的贵族及王政之最初萌芽的形成,而使〔贫〕富的差别,影响于制度;奴隶制的奴隶,当初只限于战争的俘虏,但已作了役使部落员及氏族员的准备。部落间的旧的斗争,已因为获得家畜、奴隶、财宝,而向陆上、海上作着有组织的掠夺,而堕落为一种正常营生的方法。"②所以,由雅典政治文化史发生以至公元前六百年的梭伦时代,由贵族选出的执政官(Archons),已占有国家至高的地位,贵族的权力继续增大,他们位在雅典及其附近,那里的海上贸易,乃至一时当作生利事业的海盗行为,都是使他们成为更富有的重要手段。土地是早经被分配被再分配了的,那无疑是贵族所由发生的最初凭借。等到贸易、货币、高利贷等现象发生,社会各阶层间当然起着分化。但"为社会制度及政治制度之基础的阶级对立,已不复是贵族与平民,而是奴隶与自由民,保护民与市民。在全盛时代,全雅典的自由市民,连子女及儿童在内,总数为90000人,男女

---

① 见沈译 J.E.Swain 著《世界文化史》上卷 144 页。
② F.Engels 著《家族私有财产及国家之起源》明华社译本第 146~147 页。

奴隶为 365000 人，还有保护民——外国人及被解放的奴隶——45000 人。故对于一个成年的男子市民，至少有 18 个奴隶与 2 个以上的保护民。奴隶人数之多，乃因多数奴隶是在大工作场中被监督工作。然商工业发达的结果，财富愈益累积并集中于少数人手中，自由市民大体趋于贫困。他们所能走的路只有两条：一是靠自己的手工劳动，以与奴隶劳动竞争，一是破灭。"①

由上面简括的说明，我们知道：

（一）希腊是以阶级社会登上历史舞台的。约在公元前八世纪，掌握着雅典政权的特权阶级，领有了土地的大部份，而由人民勒取苛重的税额。

（二）作为希腊社会特质表现出来的奴隶制度，它虽是氏族制度崩溃、土地集中到特权者手中的产物，但其发达、其被正式公认为社会的体制，都显然受到了对外扩张与征服的促进。被征服者被看作是当然的奴隶。

（三）奴隶新殖民地的获得，使希腊在公元前五世纪的商工业，达到了非常发达的程度，亦就因此之故，商工业者与土地所有者表现在政治上的尖锐矛盾，就使希腊社会显出极大的危机，并由是招来外部的威胁。

希腊诸大哲学家关于经济的认识，是把这种社会经济史实作为基础的。

第二节　柏拉图的经济思想

柏拉图（Plato，公元前四二七—前三四七年）的经济思想，散见于他所著《共和国》（Republic）及《法律论》（Laws）两书中。他是当时社会统治阶级的代言人，所以他的议论，完全是顺应着前述那种社会的倾向。他论道德、论教育，不是以经济为根据，反之，他的经济观，却是建立在道德的、教育的基础上。又，对于一切问题的讨论，他不是由个人的利害关系出发，而是由统治阶级所派生的增进国家福利的见地出发。他这种种经济观的特征，就决定了他的经济思想的内容和性质。现在，且就以次几点，

---

① F.Engels 著《家族私有财产及国家之起源》明华社译本第 162 页。

来概述他的主要部分的经济思想。

(一)论分工

柏拉图的着意分工,那并不是由于他的天才,而是由于他的环境。恩格斯曾说过:"奴隶制度,使农业与工业间,有大规模的分工之可能。因了大规模的分工,古代社会乃有昌大之可能。"柏拉图根据当时这种社会倾向,加以引申,以为构成社会的个人,各有其欲望观念。要满足其欲望,孤立是不行的,必得各个人就其所能,用在适当地方,协同生产,有无相通,然后乃能相互满足其欲望,他在《共和国》中说:"各人在适当的时候,从事于最适宜的事,而以其他的事,委之于别人,这么做来,较之不是这么做的场合,会有更多量的、更容易的,而且更良质的生产。"①

分工既是基于各个人差异的性能,其结果,乃有多种多样的职业发生;不过,在一切职业中,柏拉图只看重农业,而以农业为真实的生产事业;至若贸业、小贩业,他是比较轻视的。这一点,正可证明他毫没有脱却当时社会看贱工商业务的风习。

至若分工的大利益,他认为是增进全般社会的福利的,而不是为个人,乃至为国家,增积过多之财富的,所以他主张一国分工规模之大小,当视其范围及文化程度而不同。个人过富,必损害个人,国家过富,亦必因流于奢侈,减低生产效率,而无由增进国家的福祉。

就全体看去,他的分工理论,当然有许多矛盾的地方,但他基于个人性能的差异,而行分工之说,却不失为后来分工论者的先导。

(二)论共产主义

柏拉图时代,统治阶级内部已发生尖锐的冲突,为了缓和并消弭那种冲突,柏拉图乃强调国家全般福利,凡属有碍那种福利的动因,他都主张除去。他以为,财富无限制的私有,实足以助长个人的私利心,使流于不正不义,使社会贫富的差异悬殊,致一国内时起纠纷,而妨害国家的发展。所以为防止这些弊害,并增进个人之义务与公益的观念,他主张财产国有。而且,为要澈底实行这种主张,即澈底杜绝个人之私利心,他更进一步主张妻子共有。

不过对于柏拉图的共产主义思想,我们切不要想到那是维新,那实在

---

① 见佐维特(Jowett)英译本第50页。

是对于原始共产体组织的一种变相的复古。我们知道：希腊去古未远，原始时代的许多共有遗制，还在此处彼处残存着。他看到当前的许多不平与斗争现象，很容易使他憧憬过去。他所主张的共产主义，其目的不在生产物之平均分配，而在防止支配者，为满足私欲，而流于专横，流于堕落。从而，他的财产共有①，甚且妻子共有②的范围，只限于少数的上流阶级。

(三) 论奴隶制度及其他

在柏拉图所处的那种社会中，一切生产劳作，都是委之于奴隶。上流社会中人，尤其是支配者阶级、辅助者阶级，他们没有奴隶维持其生存，撑持其场面，简直就无法生活下去。柏拉图虽然也承认当时存在的奴隶制度的弊害，并且认定在理想社会中，没有奴隶那样的制度存在，但在现实社会里面，他却认为，那纵有弊害，仍不可缺少。因为从分工的见地来说，构成社会的分子，有的持有支配的职能，有的持有被支配的职能。市民阶级要忙于治理国家，捍御外侮，一切生产作业，就当然要奴隶去做。而且奴隶做奴隶的事，市民做市民的事，正可分别发展其性能，完成其性能。然则奴隶应该由谁来做呢！他以为现实社会的奴隶，应只限于恶人、蛮人或不适于比较高级生活者。他还表示：希腊各城邦断不能使希腊人为奴隶，因为形成城邦的主体如其失掉了自由，则希腊诸城邦就难免为夷人所征服。总之，柏拉图之奴隶制度说，完全是基于种族的阶级利害的偏见。

此外，关于人口、关于货币，他亦有主张与说明。他是一个国家权力万能论者，所有个人的行动，他都主张用国家的权力去统制干涉。就说对于人口吧，在他所著的《法律论》中，他就力言国家应采取适当手段，防止人口过少或过多。如其过少，当设法使其增加；如其过多，则宜于使用禁止早婚，或设定殖民地的方法，加以限制。不过，他的人口理论，正如同他的共产理论，其论点不是根据经济的立场，而是立脚于政治的道德的见地。

至于关于货币的观念，那是他由分工论自然会推得的结果。有了分工，当然要引起交换，也当然要诱致货币的存立；他认定货币的职能，在作

---

① 柏拉图把市民分割为支配者、辅助者及农工三阶级，他的共产主义，只适用于前二阶级，而这两阶级，又不过是占有市民的极小部分。

② 柏拉图于妻子共有，曾说："我们守护者（Guardians）的妻应共有，子女亦应共有；两亲不知其子女，子女亦不知其两亲。"（见佐维特英译本《共和国》106 页）

为交换的媒介物及其价值的尺度。并且,为要买卖手工业者的制品,为要对于被雇者(不问是奴隶,抑是居留外人)支给工资,他以为通货是必要的,从而,不可不有铸币的供给。不过在柏拉图看来,无论哪样的私人,决不得保有并使用金银;然则他所谓铸币究以何种材料铸造,在《共和国》中,在《法律论》中,他都没有明白提示我们。但是,我们把当时斯巴达的货币政策,和柏拉图的财富观比较观察起来,也就不难了然于他的货币政策的梗概。斯巴达是希腊各地产铁最富的地方,她没有越海建立殖民地,她国内的贵族阶级,拥有广大的土地。一味榨取那些附着于其土地的隶民的劳动;他们蔑视由铸币与商业所提供的利益,所以,为妨止富及权力集中计、为养成人民的质朴精神,且为抑制贪欲心、避免道德颓废计,他们严厉拒绝新货币的诱入。因此,至公元前四百年,斯巴达唯一的通货,就是重约 $1\frac{3}{4}$ 磅的铁条。凡属可以妨止过富,以及由过富所生的弊害的方法,一定为柏拉图所乐闻。他想像上的新货币政策,也许就是斯巴达式的铁条政策。

要之,柏拉图对于各种经济现象所表示的意见,不是就经济观点来说,而是就道德的政治的观点来说;不是以个人的利益为前提,而是以个人构成的国家利益为前提。

第三节　亚里士多德的经济思想

亚里士多德(Aristotle,公元前三八四—前三二二年)所处的社会环境,与其老师所处的社会环境,没有怎样的不同,所以他的经济观的特征,也与其老师的不相上下。不过,在经济思想的表现上,他要比较明透、比较精深,而且比较有条理。无论从哪方面讲,我们都得推称他为希腊经济思潮的代表者。

他的经济思想,散见于其所著《政治学》(Politics)及《伦理学》(Ethics)两书中,就其要者而言,可得以次诸点。

(一)论经济学与牟利学

关于人类的经济活动,亚里士多德大别为两种:一是属于经济学范围的,一是属于牟利学(Chreematistics)范围的。前者乃为满足人类欲望,而获得并消费外界自然物,属于这一部类的行为,就是狩猎、渔业、牧畜、农业等等,为人类生活上最必要的自然行为;若后者,则是交换生产物,并含有营利目的的经济行为。因此,所谓经济学,就在论充足欲望与财富消费之关系,以及充足欲望与财富生产之关系;而所谓牟利学者,则在论财富之取得。

据亚里士多德设想,人类由自行生产、自行消费,进而借货〔币〕为媒介,以生产物与他人交换,这是当然的进化行程,说不上什么毒害;不过,交换的目的,如不在以自己消费不了的生产物,去换取别人的剩余生产物来消费,而在进行大规模的交换,以遂其营利目的,则甚不当,而且弊害滋多。所以,同是交换,因目的的不同,而性质大异,即,借交换而满足消费欲望,乃大可尊重的行为;借交换而满足营利贪心,乃大可鄙视的行为。至若消费欲望转化为营利贪心的过程,亚里士多德在他的《政治学》中,曾这样描述过:

"于是,有人就似乎相信赚钱为家庭经济的目标,而他们全生涯的思想,仿佛就在无限制的增加金钱,或者至少不要丧失其金钱。人类这种倾向的原因,就是他们只想到谋生,而没有想到如何善生。并且因为他们的欲望无限制,他们似乎就相信满足欲望的方法,亦无限制。哪怕就是以善良生活为目标的人,他们亦在讲求享受肉体愉乐的手段。因其认定那些享受非财产莫办,他们遂把全幅精力倾注在赚钱术上。"①

日以赚钱为事的这种经济行为,在亚里士多德看来,是最可唾弃的、最不自然的行为。因此,他非常嫌恶小卖商人,尤其嫌恶那些买卖中间人。有如柏拉图一样,他认为最真实的业务,就是农业。惟有农业一类业务上的生产消费关系,才是经济学研究的范围,而商业一类业务上的交易买卖关系,则是牟利学研究的范围。他的经济学的概念,与我们今日的经济学的概念,实在大相径庭。

(二)论价值与货币

关于价值,柏拉图本也略为提过,不过他没有一种明确的观念,他只

---

① 见佐维特英译本18页。

知道：财物依特定比率而行交换，其本身必持有可以计量的品质，但这品质如何，他没有明白指出。

亚里士多德之价值论之根本观念，亦颇不容易捉摸，但他曾主张：欲望为量定一切生产物的共通标准。由是，我们知道，他是着重主观价值说，而以物之效用为基础的。

把价值区别为交换价值和使用价值，普通都承认那是亚当·斯密的创说。但亚里士多德对于价值，早就有过类似的分类，他曾说：

"我们所有的任何物件，都有两种使用法：其一为适当的使用法，又其一为不适当的或次等的使用法。例如鞋，它有时是为穿而使用，有时则是为交换而使用。穿也好，交换也好，通是使用。惟鞋之所有者，把鞋用以交换货币或食物时，事实上虽然不能说是使用，但那并不是鞋之适当的或主要的目的。因为鞋之制成，原非为了物物交换。"①

他像这样把鞋的用途，分为穿的使用和交换的使用，一见，就仿佛类似亚当·斯密所说使用价值和交换价值。不过，我们仔细分析起来，就知道他着重在物之使用，而并没有由此去解明物之价值。所以他认为：一个人以己之物，易他人之物，必两者相等而交换始得其平；不过这所谓相等，非就两物之价值言，乃就两人之欲望言。换言之，决定物之交换的标准，不存于物之本身的价值，乃存于我们对于物之欲望。无怪乎他说"欲望实为连结一切交易之绊，且为结合社会之绊了"。

要之，亚里士多德之价值说，乃是一种纯粹主观的价值说。

以次，我们就要论到他的货币主张了。

据他所见，货币的起因，乃基于必要的交换的发达。在货币不存在的时代，一切交换，皆为物物交换。迨后商业逐渐发达的结果，物物交换日益困难，于是有人才计虑出了作为交换之共通媒介物的货币。但这便利交换的货币，后来竟被人用作营利殖财的手段。关于这点，柏拉图曾表示非常痛惜，而在亚里士多德，他亦颇持异议。至于以货币贷借他人，征取利息，那尤为他所唾弃。因为他只承认货币有用作交换媒介的价值，而不承认其具有何等生产力；他否认货币能生出货币，他是一位货币不胎

---

① 见佐维特英译《政治学》15页。

论者。

至若对于货币本身的价值问题,亚里士多德却有比较满意的说明。他以为货币也是一种物件,货币的价值,也自不免与其他物件,依同一法则而变动。不过在比较上,货币的价值,要比其他物件的价值,安定得多,所以在实际上必要的限内,他承认货币很可作为共通的尺度。

(三)论私有财产与奴隶制

亚里士多德对于私有财产的认识,和柏拉图不同,所以柏拉图主张的财产共有、妻子共有,为他所不能赞许。

柏拉图认定当时社会所表现的一切罪恶的根源,就在于财产制度;亚里士多德不承认此说,他以为,这些罪恶不是因为没有实行财产共有,而是由于人类的惰性。至若财产共有了,那些伴随私产而发生的罪恶,是否仍旧存在,他没有明白指示我们。他不过申说了财产共有的种种缺陷。就土地而论,他提出了财产共有的三种形态:

第一,土地私有,其出产则公共蓄积,以供公共消费。

第二,土地公有,共同耕种,其出产则分归各个人,以供其私用。

第三,土地公有,出产共用。

在这财产共有的三种形态中,亚里士多德认为前两者尚可参酌施行,若如第三形态,土地公有,而又出产共用,则其结果恐不免惹起许多纠葛和弊端。因为在这种状况下,多劳而少获者有之,少劳而多获者亦有之,前者致怨于后者,而大鸣不平,那是常有的事。况私有观念,早形成为人类的天性;人人皆对自己所有某物,发生愉快之感,而对于同辈友人示其亲切之念,亦非持有某①种财产,不能表达出来。总之,某种程度的财产私有,那颇有助于人类同性心、宽大心,以及向上心的发展,若积有过多财产,其结果,致富者横暴,穷者困惫,那将于全社会福利,有极大危险。他曾痛说"贫困为革命与罪恶之母"。从这点来看,他并不绝对反对柏拉图的财产共有主张,他不过认为,有的财产应归公有,有的财产应归私有,在某种限度以外的财产应归公有,某种限度以内的财产,则应归私有罢了。像柏拉图所主张的绝对共产乃至共妻,实行起来,一定要使人民失去两种

---

① 原文为"或"。——编者注

德性,一是处理财产的自由,一是对于妇女的制欲①。

其实柏拉图主张的共产主义,只适用于支配者阶级(哲学家及政治家)和辅助者阶级(武士及军人),而与下流的工贾无关,所谓一种贵族的共产主义(Aristocratic communism)。亚里士多德对于这种主义所加的批评和修正,亦只是在为两个阶级设想,因为可恶的下流工贾阶级的事,那是用不着烦心的。而对于在下流工贾阶级以下的奴隶阶级,他更有一套有关奴隶制度的特殊意见。

我在前面已讲到柏拉图的奴隶观。他那一套理论太质朴,太干脆,也太简单,决不能对当时对奴隶制度表示异议者心服。亚里士多德大体接受其老师的意旨,但把他的说明系统化了。他的出发点是:下层社会阶级对于支配阶级,不在如何求协同,而在如何求征服;使奴隶好好的作奴隶,正所以使支配者阶级倾其全部精力于德之修养,有高洁品性与优秀的才能。这种奴隶与奴隶所有者的关系,当时非难者认为是强者加于弱者的人为的结果。亚里士多德提出他的解说,他以为奴隶制之于人类社会,是自然的必然的关系。"人是政治的动物",国家是政治共同的团体,这种团体需要支配者与被支配者共同维系之出于自然,正如同家之需要男人与女人共同维系之出于自然一样。

由此可见社会阶级的偏见,是贤者哲人所无法避免的。

第四节 色诺芬的经济政策观

色诺芬(Xenophon,公元前四三一——前三五四年)对于经济思想上的贡献,与其说是理论的,却毋宁说是实际的。因其注重实行,他的主张,就与尚空论的柏拉图和亚里士多德不同。

他著有两部关于经济的书,一是《雅典收入论》(Revenues of Athens),一是《经济论》(Oeconomicus)。后者所以表述他的经济思想,前者则是表述他的经济政策。

因为他是一位注重实行的人,所以在经济理论方面,没有什么了不起

---

① 以上参见佐维特英译《政治学》第33页以下。

的意见或主张,我们要在这里略略叙述的,只是他所提案的经济政策。

希腊雅典市民之不事生产事业,我在前面已经讲过了。市民既无所事事,遂习为偷惰,人人皆抱着国家收入要分配给他们,国家要培养他们的思想。这一来,雅典政治家所烦心的政治问题,就不是怎样依人民的勤俭,以充裕国家度支,而是怎样去增加公家收入,以维持多数民众。色诺芬的《雅典收入论》,即所谓雅典收入增加政策,就是应此需要而产生的。

他那个增加收入政策的眼目,可以概括为两点:一是对于外国人之温情主义的榨取,一是奴隶劳动之国家的利用。在前一项敛财的方术下,他提议了种种施行的步骤。为对于外国居留民大广招徕起见,他主张给以居留民以各种的利益:如从军的义务,使其与雅典人同样参加并享有相当的特权;特别设置居留外国人之保护官吏;港口及商场之建设公共旅馆;凡足以便利外国人,诱致外国人的方法,都尽力推行,外国居留民愈增多,则其由外人取得的赋税及其他收入,亦愈增多。

在后一项敛财的方术下,他主张以国有六万奴隶,贷与市民采掘银矿,由市民提供国家以适当的收入,这样,不独国帑赖以充实,即国家对于维持人民的负担,亦将因以轻减。况银矿采掘起来,矿坑附近居民一定大增,由是,国家因市场、国有房屋、镕矿炉及其他源泉,又可获取多额的所得。

由以上两方术,雅典收入之增加,已大可观了。

此外,色诺芬又主张振兴雅典的农业。在他的《经济论》中,他曾力说农业为最可尊贵的而且必需的业务。农业繁盛,则其余一切职业皆充满了活气;一旦土地荒废,其余的业务,无论是海上的,抑是陆上的,都要归于停顿。因此,他认为,农业应为其他诸技术之母,且为其保姆。不过,他虽重视农业,却不像柏拉图及亚里士多德那样反对工商业,甚且进而提倡工商业。他曾主张,雅典在通商上享有的利益,不仅是其有利的地位,其宏壮而安全的要港,且还有铸币的优越。因为在他看来,雅典的铸币,较其他任何国的铸币为优良,若因贸易关系而用之于国外,则其价值,一定较同量之他国铸币为大。为求贸易之发达,他有两种值得注意的提案:第一,凡对于贸易之一切诉讼,能裁判最迅速而且最公平之商事裁判所之判事,将与以褒赏;第二,凡属为雅典招致多数船舶,多量货物,而有贡献于雅典之商人及船主,则赐以特殊名誉,并使其受市民之飨宴。

总观上述数点,我们就知道色诺芬是一位不尚空谈的实际主义者,是一位少有道学气的功利主义者。他所计划的,提案的,主张的,虽不一定都能见诸实行,但他确已见到了,要解决经济问题,不能不于尊重农业之外,并力求发展商工业。在这点上,他确实要胜过柏拉图,胜过亚里士多德。

第二章 古代罗马社会的经济思想

第一节 概说

由希腊的经济思想,叙述到罗马的经济思想,这是一个当然的程序,因为希腊在自然科学、社会科学方面颇有成就的当时,罗马人的种种思想还非常幼稚。而且他们后来在思想方面仅有的表现,大体上还是受了希腊思想的影响。

罗马的历史颇长(由公元前八世纪到公元四六七年西罗马帝国灭亡止),我们在这里所要留意的,只是公元前后数百年,有关于其经济思想发达的那个时期。

这时期,在政治上是属于共和国制的后半期和帝制的前半期。当时的罗马社会,也还是建立在奴隶制度的基础上。罗马市民虽然也是坐吃奴隶劳动,但因罗马不断的以民兵从事战役,致小农沦于破产的结果;又因罗马不断战胜,致其上流阶级,由财宝、奴隶、土地的增加,而愈益富有、愈益流于骄奢淫逸的结果,罗马社会相,遂比希腊来得复杂多了。比如当共和制最后数年间,罗马的统治者,早已发明无顾惜的榨取被征服诸属领的方法。帝政没有取消这种榨取,反而把它加以规定。帝国愈趋于衰微,租税及赋役愈加增高,官吏的掠夺中饱愈加不堪。商业与工业从未成为支配者罗马人的着重点,只有高利贷上他们要比以前及以后的别国更优秀些。

但在整个旧世界最为卓著的生产部门之农业,如今再获得未曾有的重要,在意大利从共和制末期以来,差不多包括全领土的大领主制(Latifundium),正用二种方法来利用:或者当作牧场,那里只有牛羊,而无人民,用几个奴隶就可以胜任看守之事;或者当作田庄,那里用大群的奴隶,从事大规模的园圃耕作,半供所有者的奢侈享用,半向市场出售。大牧场一直保存着,有些地方还有扩充。惟田庄及园圃耕作,为了所有者的贫乏及都市的衰微,已难于维持。以奴隶劳动为基础的土地经济,再也不能获利了。然在当时,它仍是大农业唯一可能的形态。等到大土地经营不利了,小农经营又慢慢变为重要①。

本来,注重实际,倾向功利的罗马人,处在这种比较复杂的经济状况下,他们对于经济思想,应有令人相当满意的表现;然而,就因为他们过于重视功利,重视了实际,所以对于一切理论,都不能开展而深入,即在经济方面,亦是如此。

可是,就全般的影响来说,罗马人在经济发达的贡献上,亦正有其不可磨灭的功绩。他们因为注重实际功效的结果,对于法律制度方面,皆有极大的成就;而那些成就,又直接间接有关于后来经济的发达。

因此,我们要探索罗马人的经济观念,由其法学者所得的,一定要比由其哲学者所得的为多。因为,后者大抵是以希腊哲学者(尤其是柏拉图与亚里士多德)的意见为意见,而前者则有其独创的见解。

从来研究罗马经济思想的人,大都是标举这些法学者、哲学者乃至当时几位农学论者(Writers' De re rustica)的经济见解,作为代表。现在先就哲学者的简单经济观念讲起,次及农业论者,而以比较重要的法学者的经济思想,留在最后解述。

第二节 哲学者的经济思想

罗马当时的社会状况,我在前面已略略讲过了,战争胜利品及奴隶劳动增进了罗马社会的繁昌,同时也就造成了罗马上流阶级乃至一般市民的奢华、荒淫、颓废的风习,哲学者处在这种环境下,遂不期而抱着两种反感:第一,是反对当时社会的罪恶,鄙弃财货,因以形成其特殊的财富观;第二,是憧憬过去社会的简朴,因而趋重农业经济。

当时罗马代表的哲学者为西赛禄(Cicero)、色奈加(Seneca)及大小

---

① 以上参见前揭恩格斯著《家族私有财产及国家之起源》译本第 208~209 页。

普林尼（Gaius Plinius Secundus and Gains Plinius Caecilius Secundus），他们都多少受了禁欲的、严肃的斯图亚主义（Stoicism）的影响，故益使其坚持上述那两种意见。

比如，就他们的财富观来说吧。他们认为：惟有贤者，才具有正当使用外物的力量，因此，惟有贤者，才配称为富人，并且，他们这称人，哪怕是乞丐，亦不失为富；哪怕是奴隶，亦不失为贵。反之，在那些卑劣之流，他们纵然是富有，而其实最贫穷。西赛禄有一句概括这个意思的金言说："惟圣贤，斯为富有。"

这句话怎么讲呢？因为，在他们看来，困难、贫乏、苦痛等事，都不过是外表上的恶，全无妨碍。圣贤能脱出转变无常的命运的支配，能超越所谓烦劳，能由忧虑、恐怖及热情防护自己，使自己享有平静的福祉。

一般禁欲派的财富观是如此，而在主张不抑制感觉冲动、不禁止营富裕生活的伊壁鸠鲁（Epicurus），他说："我有了水与面包，我的幸福就在亚于神。"对于这些以水与面包自足，以贫乏、困苦自甘的哲学者，我们还能期望他们有什么差可人意的经济思想吗？

至若他们重视农业，亦并非积极发展农业，而是因为他们看不惯都市居民的奢侈淫逸生活，想在消极的意义上，把人拉向归真返朴的道路。西赛禄发了一篇议论，概括当时关于职业的意见，最后，他说：

"在一切获利的职业中，比较农业更好、更有利、更愉快、更适于自由民的职业，可说没有。"

要之，这般哲学者的鼓吹农业，并非有意改良农业，而是把农村生活当作逃脱社会罪恶的一个出路。

第三节 农学者的经济思想

农学论者的主要代表人物，有加托（Cato）、斐罗（Varro），及柯于麦拿（Columella）。他们都是受过斯图亚主义影响的哲学者、政治家。就动机上讲，他们之推重农业，亦与上述诸哲学者推重农业同，他们很可归并在前面一起叙述。但因他们都有关于农业的论著，而所论又都是侧重在技术方面——如农产物之制造，米谷收场之设备等等——，所以特别把他们分开。

不但如此,因为当时农业状态,渐由小农破产而形成所谓大土地所有(Latifundium),乃至酿成新式贵族之骄纵荒淫,他们遂反过来赞成小规模之农业,更依经济上的理由,反对奴隶制度。这一点,是颇值得注意的。

我们前面讲过,没有奴隶制度,即没有罗马帝国。奴隶制度之在当时,不独视为必要,而且视为当然。就在色奈加这样的哲学者,他亦只从道德方面立论,说购买奴隶,只能购买其身体,精神上依然平等。所以他劝告奴隶所有者,应以己之所欲,施诸奴隶①。若农学论者则不然,他们是先由经济立场,看到使用奴隶的不利,然后再进而指摘其伦理上的缺陷。斐罗曾就自由劳动优于奴隶劳动的理由,叫人不要使用奴隶。他说:"就农事而论,则雇佣之制,远胜于奴隶之制,因使役奴隶,不知节劳,且易引起时疫发生;虽在极清洁的地方,因农夫当收割时最为忙碌、最为劳苦,所以更不宜于使用奴隶。"②斐罗之论如此,柯于麦拿在他所著《农业论》(De re Rustica)中,更力言罗马农业之衰颓,强半由于使用奴隶所致。

关于奴隶制度之没落,一般人咸归功于基督教会,其实这是一种非常皮相的揣测。基督教在罗马灭亡的前一世纪时,即变为她的国教,变为她的统治意识的体现物。罗马在当时的大农业与工场手工业已渐趋于萎缩。而小农及小手工业,又没有可以收容多数奴隶的余裕。所以在奴隶制衰亡过程中,反对奴隶制,并不是罗马哲学、农学者,比希腊那些肯定奴隶必要的思想家进步,而宁是因为环境变了:前此强调奴隶制有利于统治者,现在却需要强调新的小农制或如我们后面所要述及的农奴制,才有利于新的统治者罢了。

第四节　法学者的经济思想

罗马法学者的经济思想,皆表现于他们所制定的法律、制度及关于工

---

① 参照色奈加关于奴隶之《利益论》(De los beneficios)二卷20页。
② 参照汉译汉纳著《经济思想史》77页。[此处应指韩纳著臧其芳译《经济思想史》商务印书馆(上海)1933年版。——编者注]

商业的条款中。他们都是当时的思想家,都受了斯图亚学派的影响。斯图亚学派之严肃主义、个人主义、自由主义精神,他们都禀承过来,更益以罗马人所固有的实际性与旧来的私有财产观念,所以就有这种种的成就。

在他们所定的立法制度中,我只想就以次几项来说:

(一)私有财产及自由契约

私有财产制度及自由契约制度两者,那是经济发达的前提条件,亦即近代资本主义的支柱。罗马法学者对于此两者之确定,实大有造于后代经济制度及经济思想之发展。

本来,罗马国家,是具有非常的强固性的,因着这种强固性,国家的权利早就把国内的氏族、种族的权利消灭了①。然而在罗马人间,却永远赡有雅利安关于财产之思考与习性。家长对家族中人的权力虽非常之大,可是他所管理的财产,他不是以个人的资格来管理,而是以家族代表者的资格来管理②;换言之,就是财产被看为是属于家族中各个人的了。由此可知罗马人早就具有狭义的个人私有财产之观念。迨法学者们受有斯图亚派哲学及其自然主义精神之鼓舞,遂公然不以家族为社会单位,而以个人为社会单位,且进而规定个人的财产权利。个人财产权利既经确定,则个人处理其财产之权,亦必相伴而确定,这就是自由契约制度,所以随私有财产制度一同成立的原因。

(二)关于利率之规定

货币利率的问题,在希腊时代,已经变得相当严重了。所以债务证书及不动产抵押(因押当权也被雅典人发明了)早已打破氏族及大氏族的限界。贵族由军事的支配到土地的支配,再到货币的支配。所以,在梭伦立法的当时,全雅典的耕地,皆竖满了抵当的牌子。土地抵偿不了债务的人,或者是出卖子女为奴隶,或者是自身变为奴隶。在罗马,这个问题变得更普遍更严重了。罗马在共和政体最盛时,适合于市民身份的业务,只有农业与军务,至若商业与工业,那是他们都不屑为的。但是自耕农一方

---

① 莫尔甘(Morgan)曾就罗马土地所有之演变,说及此点,他说:"罗马诸部族,从其初次建立时候起,便有一种'罗马公用土地'(Ager Romanus);此外,土地又有的为胞族所有,有的为各别的个人所有。自从这些社会的连合体消灭以后,为部族胞族氏族所共有的土地,渐次成为私有财产。"(见《古代社会》第四篇第二章第二节。)

② 原文此处注释缺失。——编者注

面因为不时参加战事,一方面又遭受那些利用占领土地及捕获奴隶而从事耕作的大农场主的竞争,于是生计日形困难,而着着促进贷金业者业务的发生。一般穷苦农民为购入种子,为取得生活费,有时甚至为缴纳赋税,而愈不得不向贷金业者借款,他们就愈加要屈服于苛酷的条件。农民一般的穷苦,高利贷乃成了一般的现象。

为救济高利的弊害,公元前四百五十一年及前四百五十年,乃有以12个铜标(Duodecim Tabulae)划定最高限度利率的办法。当时最高利率,定为10%或12%;后来更低减至5%,至公元前三百四十三年,乃全然废止。

但利息在法律上虽然禁止,然苦难行。而在实际,却反因法律的存在,致借款困难,利率因以提高。其后几经变革,至公元后五百五十三年鸠斯提(Justinius)①之法典编成,制定利率,依支付利息之假定能力为基础,使新率适合于阶级的区别:显要人物及农民4%,未从事企业之普通人6%,商人及企业者8%。海上贷款的利息,虽从来没有何等规定,但禁止重利,最高不过12%。这种种规定,在实际虽不一定照样施行,但以前闹到不可终日的高利贷问题,总算由此得了一个着落。

(三)关于货币及价格的见解

在第三世纪初期,罗马有一位大名鼎鼎的法学者包卢斯(Julius Paulus),曾叙述货币之起源及其职能说:"买卖由交易而生。古时没有今日这样的货币,或者没有一方称为货物,他方称为价格的事实成在;可是当着一方有多量之甲物,他方有多量之乙物,他们遂惯于依其必要,各以其缺乏效用之物,交换于其有效之物。不过,我持着你所要之物,同时你亦持着我所要之物的这种事,不必常有,不必即时就可发生,于是乃选定一种评价永续的公定的物质,由其一定数量中价格的平等,以救济这交易的困难。这种物质,因系印刻有公用的样式,其有用性及有效性之表示,与其说是由于内在价值,倒毋宁说是由于数量。自是,称为货物的,只有一方面,而他方面则呼为价格。"

后之学者对于包卢斯这种意见,有许许多多的解释。比如,就他所谓"与其说是由于内在价值,倒毋宁说是由于数量"言,他似暗示有货币价值

---

① 即罗马帝国的查士丁尼大帝。——编者注

之外铄的命令说,就其所谓"评价永续的公定的物质"言,则又暗示这物质有其自身的价值。而在他自己,他又尝主张价格有一般的效力,他引述皮底阿斯(Sextus Pedius)的话说:"物之价格,有其一般的效力,非依感情或对于单独个人之效用而定。"然事实上,罗马之习惯的价格时代既过,而他又备有那以私有财产制度为基础,而承认契约自由原则之法律。其结果,价格全由买卖当事者任意决定之观念以生。当时这学者西赛禄关于高价之铜像说:"对于这种物品评价的唯一限制,就是一切人对于它的欲望。我们如非对于欲望置有限界,则对于价格就难得加以限界。"他又说:"一定物品的价格,是一时的。你虽大吹特吹你的商品,它仅只值得可以卖到的价格。"他这种说法,就恰是罗马当时的一般观念。

第三章　中世社会的经济思想

第一节　概说

这所谓中世的始期，一般经济学者都承认是起于罗马帝国崩亡的四百七十六年，而对于其终期，则有两种不同的意见，如因格拉姆教授（Prof. Ingram）等，他们断言一千三百年为中世终期；如罗雪（Roscher）、柯沙（Cossa）、汉纳（Haney）等，则断言一千五百年为中世终期。前者的根据，是说中世到这时盛极而衰了，后者则谓这时以后，直到一千五百年，中世制度还未完全崩溃，近世制度亦未产生出来，所以中世不应止于一千三百年。

就实际情形而论，十五世纪下半期，实是结束旧社会，酝酿新势力的一个时期，一千四百五十三年的文艺复兴，一千四百九十二年的美洲发现，一千四百九十八年的印度航行成功，皆为历史上划时期的事件。虽然不能说有了那些事件，就算已具有新社会的机能，但总算是新社会的开端。所以中世纪时期，应该包括罗马覆亡至美洲发现之间的这一千多年的长期岁月。

中世纪的前半期，因民族的移动、蛮人的侵略、帝王权力与教会权力之倾轧、封建诸侯的斗争，当时的经济生活，已陷于极度的颓废与紊乱。在这种状态下，经济思想的停顿，那是势所必然的。

然至十二世纪的时候，此种动摇混乱的社会状态，乃渐就安定，渐趋改良。而一般人民，乃开始向各方面展开其经济的活动。加之十字军兴的结果，欧洲人民与其他国民接触，其实际知识增进，其活动范围扩大，更益以运输交运之便，于是生产事业的进步，乃一日千里。随着工商业的发达，外国贸易的兴隆，都市骤然勃兴，市民阶级因而崛起。市民阶级的势力日益扩大,而从来的贵族诸侯,逐渐非这新兴阶级之正敌。就在这阶级势力之消长推移的过程中,从来封锁的孤立的经济生活,早已转向了都市经济生活。

都会的中心势力,既系商人阶级,商人们仍在一切方面采取独占的手段。为要排除竞争者,他们遂进行一种基尔特(Guild)的组织。就基尔特发生的目的言,那原是为了全体社会的利益,而非为了满足他们营利心。即是说,那一方面是谋他们彼此相互保护的利益,另一方面则是想以公正的价格,贩卖良好物品于消费者,借谋生产与消费之调和。因此,基尔特的参加者,就在相互砥砺实业道德,磨练生产技术,同时并讨论其贩卖或生产物品之分量、品质、工资、价格、劳动条件等。除商人基尔特外,都市手工业者亦组织有职工基尔特,这两种特殊组织,在开始时都有好处,也都在经济发展上有其相当的贡献,然到后来,因着排外的、严酷的限度,于是就不期然而转化为经济发展之桎梏了。然而这是中世纪封建社会将要崩溃时的事。

说到这里,我们似乎已可论及这种经济环境所孕育的、反映的经济思想,但在中世社会生活上,从而在经济思想上,有过极大影响的基督教和基督教会,我们是不能不在此特别谈到的。

不错,当时的基督教是被贵族统治者们用为拑制农奴或下民的精神工具了,当时的基督教会本身,且为最有力的统治机构。由它所施行的许多消极的、禁戒的教义与规定,对于当时的经济活动,诚不免发生莫大的妨碍和阻滞,但同时在另一方面,我们却更应由此窥知当时的一般经济思想。因为中世纪经济活动的停滞,文化思想活动也是相当消沈的,人民99％都是目不识丁[①],甚至许多政治上的要人乃至国王,一字不识。当时的贵族诸侯们,甚至以读书和从事普通劳动一样为不名誉的事体,知识荒落的情形如此,我们还能从包办或垄断当时学问知识的僧侣以外去发现经济思想么?

事实上,基督教的输入罗马变为国教以后,罗马教会就曾梦想通过罗马向世界发展,企图在基督教的原理上统一人类社会的全生活,其表现在

---

① 见高译库斯聂《社会形式发展史》上卷第540页。(指库斯著高素明译《社会形式发展史大纲》,神州国光出版社1932年版。——编者注)

经济方面的,就是要发挥生活上的制欲精神。由是在中世纪前期,就只有禁利息、反货币、反商业诸倾向①,那显然是由当时战乱所造成的自然状态的必然结果。所以讲经济思想,就只好期待于中世后期了。

然而,就是在经济渐趋活跃的十三世纪,尽管当时的社会秩序安定,知识探究的机运复兴,研究柏拉图。特别是亚里士多德著述之风盛行,可是当时知识界的指导人物,仍为教会法典学者。他们一方面与研究希腊哲学,一方面表述他们自己关于当前紧要经济问题之见解;使自己的见解,融和于希腊哲学,更切当点说,就是使希腊哲学迁就他们自己的见解,这样,遂形成一个所谓经院学派(Scholar School)。这派的创导人物,就是汤玛士·阿奎那(Thomas Aquinas)。阿奎那及同派学者的主要经济思想,可就以次各节,分别叙述。

第二节　论利息

利息应否授受的问题,那是中世关于经济事象论争中,最为重要,最为普遍的问题;依着这个问题的紧张与疏懈,我们可以测知僧界对于俗界之势力的消长。伸言之,教会的势力愈伸张,对于废止利息的主张愈坚执,同时禁止利息适用的范围乃愈推广。

基督教教父们的非议利息,首先是援引《圣经》中的章句。《新约》《旧约》两书中视收取利息为不当的文字,举其切当者有以次几项:

"假若你以货币贷与我们的贫苦人民,切不要像放债那样,切不要取利。"(《出埃及记》第二十二章第二十五节。)

"你的兄弟零落而战栗的在你傍边,你扶助他,使他像旅客或寄

---

① 其实教会当时一般的倾向,虽然反利息、反货币并反商业,在特别的场合,它们自身且还是这几种活动或倾向的破坏者。在十一世纪之末,教会的监督官爵,就可以公开的买卖。自十一世纪至十三世纪,教会已逐渐把它所缴纳的什一税,自实物的形式,改为货币的形式。货币累积多了,要找出路,经商是太麻烦了,当然只好经营货币,放高利贷。当时的教会贷款的多是封主,他们以自己的财产收入,作为借债的保障。有时教会以取得各种特权和免费为借款的条件。神父及教会的高利贷者,不能亲身清查各项帐目,于是委托经验丰富的意大利银行家执行——参照高译库斯聂《社会形式发展史》中卷第250～251页。

居者一样，与你共居，保其生命……你，不要为取利而贷他以金，不要为获益而贷他以食物。"（《利未记》第二十五章第三十五节。）

"你不得由你的兄弟取得利息；金的利息、谷物的利息乃至一切可生利息之物的利息，都不得取。"（《申命记》第二十三章第十九节。）

此外在《路加传》第三十五节，甚且还有不要收回原本的字句。但在最初的宗规，只禁止僧侣经营贷金业，而对于俗人，则是到公元三百零五六年①所开之维尔费依拉地方法会议，才有所规定。那次会议所决定的明文是：

"无论怎样的僧侣，一察觉其有征利情事，即予以免职破门的惩处。若在俗人，纵令分明有贷金的不正行为，如其立誓悔改，则可以宥恕；使续行非义，亦当予以破门惩处。"

然在实际，不独俗人不受此规定拘束，就在僧侣，他们亦是阳奉阴违。以确然命令禁止僧侣征利，那是根据三百二十五年之尼额亚大法会议的条规。

此后基督教的势力渐在罗马帝国膨胀，教会益加发挥其关于征利问题的权威。七百八十九年僧会法规定："不但是基督教的僧侣，不得要求利息，即其他任何俗人，亦不得要求利息。"

不过，禁止利息的范围，虽日益扩大，而关于征利的教理，直到十世纪十一世纪，尚没有何等进展。在这方面露出一点曙光，那是十二世纪以后的事。至十三世纪汤玛士·阿奎那出，他才由比较深刻的经济议论，把那禁止征利的独断意见合理化。他曾就征利是否罪恶的问题解答说：

"对于贷与的货币而收取利息，其本身就是不正。因为这样做，即无异出卖没有存在的东西。这分明会助长不平等，不平等就反乎正义。为要明了此点，我们就不得不观察一件事，即某物的使用，乃存于它的消费。例如，我们把葡萄酒当作饮料而使用时，即是消费葡萄酒；把小麦当作食料而使用时，即是消费小麦。因此在类似的场合，我们不得设想，物之使用，乃离开该物本身而独立。让渡物之使用，即是让渡其物本身。所以，假若一个人想把葡萄酒离开其使用而出卖，那就无异一物出卖两度。一物出卖两度，或者出卖没有存在的

---

① 原书是"公元三百零五六年"，文意即公元305至306年。——编者注

东西,那显为不正,显为犯罪。同理,凡以葡萄酒或小麦贷人,而要求两重的偿还,即一方面要求原本,一方面又要求原本使用的价格或利息,那也就是不正,就是犯罪。……据哲学者亚里士多德所说,货币之发明,主要是为了交换的目的。从而,货币适当的主要的用途,就是由其消费或让渡而成就交换。对于贷与的货币之使用,而收得其称为利息的偿付,那就货币的本质讲是不法。有如获得其他不正的财货,负有返还的义务一样,当作利息征收的货币,亦负有返还的义务。"①

他这一大些论理,显明的,是根据亚里士多德的货币不胎论,和关于货币的起源与职能的意见。不过,他并非照样蹈袭,在这种议论的引申上和说明上,实显露出了这位经院大师的敏锐的卓识。

经院派学者非议征利的其他论据,就是说利息的支付,就在对于时间的支付。单纯的债务偿还的迟滞,不得据以为增加偿还额的理由。因为,时间为万人共有的财产,时间在本质上不能为人所有,那与本身不能生子的金属同,时间亦不能独自生产什么,因此,对于这时间,自没有支付何物的理由。

不过,基督教教会的征利禁止意见,因着生产的发达及信用必要的增加,而渐感到实行的困难了。所以阿奎那以后的经院派学者,就改变了口吻,如大僧正安东尼努斯(Antoninus)说:"货币在它本身,谈不到有利,它自己也不会增殖,那是要由商人把它使用起来,才能见到它的利益。"又,圣伯讷尔德伊诺(Bernardinus)说:"货币不但有货币的性质,它还有我们一般呼为资本的生产的性质。"货币既有生产的性质,借货币者就可依货币而受到利益,同时贷货币者亦就应当由贷出货币而分享其利益。由此推论起来,后期的经院派学者,已不再坚持禁止征利的意见了。

第三节 论正价

前面讲过,十二世纪以后,社会秩序安定,交易及商业日益发达,就在

---

① O'Brien, G. An Essay on Mediaeval Economic Teaching, 第 7 页。

这当中,关于买卖上的价格问题,遂惹起了当时经院派学者甚深的注意。为防止贱买贵卖的刁诈风习,他们主张由君主或地方当局或特定团体,公定价格,务使买者卖者两不相亏,这公定的价格,就是所谓公正价格或正价(Justum Pretium, Just Price)。至若关于价格公定的基础,他们大抵是根据或评释亚里士多德的价值论,而展开他们自己的理论。

这派学者之尚论正价基础,在创始者与后继者间,立论颇不一致。前者重在客观方面,后者则渐趋重主观方面。前者认定一切的货物,都有一种客观的、绝对的、由生产费之一概算而决定的某种真价。他们都相信公正的交易,乃基于一物件的价值,对于其他物件价值之比例。因为,当时工业资本未立于重要地位,基尔特制度下的师傅们(Masters),使用自己的工具,在自己工作场中从事劳作,这样,对生产货物投下的劳动,极关重要,所以生产费就可以说明恰当的价格。

阿尔柏塔斯·马格努斯(Albertus Magnus)评注亚里士多德之《伦理学》,有以次的一段话:

"劳动及费用(Labores et expansae)之同一的堆积,乃可互相交换。因为寝床制造者,如没有对其寝床受到相当于其所投费的数量与品质,将来就不能继续制造寝床,这一来,寝床制造业,就不免要归于灭绝。寝床制造业如此,其他职业亦莫不如此。"

根据这种意见,他认定"市民的存续,乃基于依比例而行报偿。"比例为报偿的基础。

然至其弟子汤玛士·阿奎那,他却不是就经济上的利害关系来论公正价格,而是从一般的正义观念来论公正价格。他说:

"关于欺诈以外的买卖的看法,有两个方面。第一,从买卖本身着想,因其是相互满足买卖当事者的要求,所以是为两当事者的共通利益而成立的。既为两当事者共同利益,则任何一方不应感到有超过于他方的负担,从而一切的契约,须得遵照物与物之平等。又,适于人类使用的物之品质,乃依对于该物所与的价格而测定,于是乎有货币的发明。因此,如果价格超过了该物价值之分量,或者反过来,物之价值超过其价格,那都谈不到正义上的平等。所以,超过物之价值而卖出,低于物之价值而买入,其本身皆属不正,而且不法。"①

阿奎那虽是像这样从正义的观念,来主张由国家或公共团体制定正价或公正价格,但如他所说的"价值之分量"云云,仍未放弃乃师之纯粹客观生产费说。不过,他后来没有坚持这种说法,而连带涉及物之效用、需要与供给了。

至阿奎那以后的经院派学者,他们更变本加厉,渐渐把生产费说抛置脑后了。如前述大僧正安东尼努斯所说,则价值之构成,是明确的由于三个要素的互相作用。第一,财货对于欲望满足之一般的有用性,这有用性他认为是价值的原因;第二,财货的稀少性,这稀少性他认是价值抬高的原因;第三,财货对于个人在种种程度上使其快适的性质,这性质他认为是特殊场合价格增加的原因。现实上,不悖良心,按照这个准则去支付,他以为,那种价格,就是公正价格。他这种说法,完全是以效用的见地立论,而没有把物之客观的生产条件放在心上。在圣伯讷德伊诺(Bernardinus),他虽不漠视生产费,但以为在影响物之价值的诸要素中,生产费不过是一个要素罢了。其他的要素,就是一般的效用,对于购买者的特殊效用,以及在利润上对于商人的特别效用,及至德意志最后的经院派学者比尔(Biel),他更主张:"立法者须得观察人人需要的程度,物之丰富稀少的程度,以及生产上之困难、努力与危险。要把这一切过细的考察过了之后,他才可以决定公正的价格。"②顺着经济事象的推移,同一学派,对于同一问题的认识,先后颇不相同。

第四节 论商业

经院派学者对于商业的意见,与他们对于公正价格的意见,是紧切关联的。因为价格是商业上的主要问题;经商者在当时之所以被人轻视,一大部分理由是由于他们的贱买贵卖,即由于他们在买卖上不肯依从公正

---

① O Brien, G. An Essay on Mediaeval Economic Teaching,第7页。
② 见罗雪(Roscher)著《德国国民经济史》,1874年版第6页。

价格。不过，他们①不赞许商业，也还有其他的理由；而且，他们关于商业的见解，与我们次节叙述的重商主义，是一个很好的对照，所以要把它提出来说说。

经院学者之论商业，一方面是准据教父哲学，一方面则是援引亚里士多德之交换理论。准据前者，则有如克利马斯·汤姆斯（Crymas Thomas）就《马太传》第二十章第十二节说："以利润为目的，买物进来，照原样贩卖出去，不加变更，这种人，就是应由神宫逐出的商人。"圣喜厄诺尼玛斯（Eusebius Hieronymus）警戒僧侣为商说："由贫困而变成了富贵，由卑卑不足道者变成了高名者的僧侣，我们要避之如疠疫。"若准据后者，即依照亚里士多德的交换意见，物之交换有两个方式。其一是自然的方式，即为满足生活上的需要而行交换。这种交换，与其说是属于商人，倒不如说是属于那为家族、为国家准备生活必需品的户主或官吏。至若第二种交换，那就不是为了生活上的必要，而是为了利得。前者在满足自然的要求，故值得推许，后者在满足无底止的利欲，故应当非难。

阿奎那调和上述两种主张，而有以次的说明。即，以利得为终局目的时，特别是对于照原样毫未变更之物，出卖较贵价格时，那种交易，便是罪恶。假若某物经过了改良，而贩卖高价，则那种利得，即可视为劳动报酬。又，为了必要，为了高尚的目的，即令图利，亦可行得。并且，一个人购入某物，不为贩卖，而为保有，往后因特种事故而出卖，而获有利润，那是因为该物之效用有增加，或者因其物搬动时，运费增加乃至有其他破损之虞，所以那种利润，不为非法。至若僧侣，不但是本来不善的事，应当回避，即看着不善的事，亦应当回避。在交易买卖上，因了俗世利得诱惑之故，因了商人难免口过之故，且因有陷于种种不善的顾虑之故，僧侣决不宜于经商。况且，勤于现在俗务，即不免怠于灵界的修行，使徒"务为神之兵卒者，不得以世事自累"。

要之，阿奎那依着实际经济生活上之推移，对于教父哲学及亚里士多德之交换理论，皆有所调和、修正，不过在大体上，仍不能脱却鄙弃商业之成见。约翰·布利登（Jean Buridan）定诸种取财术之位次，以包括牧畜、农耕、狩猎之农耕为第一位，以建筑术、营造术一类制造业为第二位，以行

---

① 此处"他们"应指经院派学者。——编者注

政的事务为第三位,最后,以商业为第四位。

可是,经院派学者无论怎样鄙夷商业,商业的范围,却在一天天的扩大,商人阶级的势力,却在一天天的抬头。这样,他们觉悟到徒然作贱商业,亦毫无用处,于是改变口吻,一方面推重商人,一方面告戒商人,叫他们不要把商业范围过于扩大。特利则米阿斯(Trithemius)说:"不仅是不图暴利,在一切交易上,皆当由神及人之法律所指导。对于穷迫者,欣然解囊相助的商人,与一切从事其他职业的人,同样值得尊敬。然而要在一切交易上,常常能够诚实而不图高利,那决不是容易的事。本来,在无论哪个社会,没有商业,是不能做通的,可是,过度的商业,养成人民对于利得及黄金的贪欲心,由快乐及奢侈的征逐,杀其国民元气,夺其国民精力,那就不免无利而有害。"[①]他这种议论,已较前述其他经院派学者的议论,和缓得多了。诚实商人既与从事其他职业的人同样值得尊敬,可见他对于商业已没有鄙视的念头,不过他言外还反对贪图高利。及至圣伯讷德伊诺,他简直把商人的利得合理化了。他以为影响物价的诸要素,除生产费外,就是一般的效用:对于购者的特殊效用,以及在利润上对于商人之特别效用。关于这属于商人之效用的利润,他明白称说,那是商人的勤勉、努力及才能的效果,所以不能说不正当。由他们轻视商业以至尊重商业这一串理论的推移,我们就知道当时的实际经济状况,已发展到了哪个程度。那事实,我们将在次章论述重商主义时再来说明。

---

① 参见简孙(L.Janssen)《德国人民通史》(History of the German People)英译本第二卷 97 页。

第四章　近代社会初期的重商主义思想

第一节　概说

　　重商主义精神弥满于欧洲社会的时期,那是由十六世纪初头至十八世纪末叶。在这个时期当中,欧洲的社会,起了根本的变革,换了新的局面。

　　一千四百九十二年的美洲发现,一千四百九十八年的印度航行成功,在货币上、在贸易上,对于这个新时代的经济发展,实有其决定的作用。由中世社会转向近世社会的基本事实,就是社会经济重心,由土地上转向货币上来。

　　美洲发现后,美洲的贵金属,乃通过西班牙而不断流注于欧洲社会。这一来,遂直接发生两种结果:第一,商品价格因货币的膨胀而暴腾,而益助长新式商品生产事业发达;第二,残存的庄园经济及都市经济因货币的流通、贸易的发达而破坏。由前一结果,因商业致富的资产阶级抬头;由后一结果,坐食地租,因身分家世取得社会地位的贵族领主阶级没落。贵族领主一向是轻侮商人阶级的,现在反而乞怜于商人阶级了。这种社会地位的倒置,于是连带着引起社会组织、政治制度、经济政策的变更。

　　在商业资本发展的过程上,自然会发生两种要求:对外,在贸易上要能够竞争乃至独占;对内,要社会安定,要能破除各地各自为政的障碍。这两种要求,只有一个统一的国家才能实现,这就是近代国家成立的前因。

　　在近代国家成立的条件下,充实国家实力的,不是从前那种采邑所属的骑士军,而是由国家征集的民兵(后渐采用常备兵制);行使国家职权的,不是封建领主或自治团体,而是由国家给俸的官吏;而国家的军事、行政、信用及赋税制度,又都不是建立在自足的、自然的经济基础上,而是建立在货币经济基础上。总之,商业要赖国家的实力才能发展,同时,国家亦要赖商人的财力才能维持。近代国家的本质如此,机能如此,我们由此可窥知它所取的经济政策,并由此可以了解重商主义的意义。

不过,为了使读者对于我们前面所说的有一个联系,且为了显示其不同的特质起见,我想在这里附带解说重商主义当时的商业,和前此实现于古代及中世的商业,是完全两样的。重商主义时代,一般又称为商业资本主义时代。所谓资本主义,只有在经常和普遍的商品生产、商品赎卖及商品分配的地方始可找到,一切未曾加入经济总行程中的贷借关系,当从资本主义的概念中分离出来。在一种不过是负债的和自给的经济组织基地上来谈资本主义是没有意思的;但把那对于经济的日常生活行程未尝发生影响的公债制度和公共经济等算作资本主义,也不切实际;即在手工业者依赖任何高利贷者——即使此等货币出借者是购买他们商品的商人——的地方去找资本主义,也同样流于错误①。这就是说,古代希腊罗马和小亚细亚的商业资本时代,与欧洲的商业资本时代不同,那些地方的商业没有发展到近代欧洲的程度,其殖民地制度仅在萌芽期间,也没有大规模发展的手工业生产②。要之,重商主义时代的商工业现象,已经不像过去,仅是在自然经济或土地经济孔隙中,偶然的、局部的存在,而是在破坏自然经济与土地经济基础上经常的大规模的存在现象。以此种经济现象为研究对象的重商主义,当然与过去的经济思想完全不同。

此外,我们还得述及与近世经济思想有关的宗教势力。

前面讲过,中世罗马教会的大企图,就是要在基督教的原理下,统一人类社会的全生活,而对于这大企图之一部分的经济方面,则是发挥生活上之制欲精神,以成就其关于人类行为之理想的指导。当时经院派学者之禁止征利、主张正价、厌弃商业,不外是那整个企图之局部的意识表现。在最大经院派哲学者圣汤玛士·阿奎那时代,中世基督教教会权威达于顶点,法王主宰灵俗两界的一切事物,基督教之包括的世界观,理想的统

---

① 参见 Sombart 著《现代资本主义》李译本第二卷第一分册第 1~2 页。
② 同上《社会形式发展史大纲》中卷第 362 页。(此处所引《社会形式发展史大纲》,应指库斯聂著、高素明译,神州国光社 1932 年版,并非前一注释提及的桑巴特著作。——编者注)

一,都得到了实现。然就在这伟大的十三世纪终末,新的叛变、混乱、异端发生了。民族国家的争霸战,不断表演,神之和平的幻境,在人们不和的现实之前消失了;由古典研究而复活的异教精神,由美洲贵金属发现而诱起的贪婪欲念,连同作用起来,使人们渐渐抛弃其对于法王的忠顺,拒绝其励行基督教伦理的权威,社会的行为,越发没有遵循制欲的理想指导的准则,大家都是顺着功名心、利得欲的活动而行动着,就在这种思想转变的过程当中,基于商业资本主义要求的近代国家形成了。生活上的制欲精神,被人本主义、商业主义、国家主义所粉碎,经济思想,乃开始取一个新的形态。

第二节　重商主义的意义及其中心思想

重商主义(Mercantilism)一语,有时或别称为重商体系(Mercantile system),或商业制度(Commercial system),或重商学说(Mercantile theory),意大利政论家门果提(Mengotti)甚至呼之为柯尔柏主义(Colbertism)。名色繁歧若此,一方面虽示这种思想或主张的内容,难于确切把握,但除柯尔柏主义一辞外,其余显明都是置重在商业方面。

把十六世纪至十八世纪重商主义者(Mercantilist)的理论与实际,包括的当作一种体系来研究,且在"经济学诸体系"的总标题下,称之为"重商体系"(Mercantile system)者,是始于通称为"经济学之父"的亚当·斯密[①],而所谓重商"学说"、"主义"云云,都是根于他这所谓"体系"之转称。

首先对于斯密这种称说表示反对的,为德之里斯特(Friedrich List)。就"重商"而论,他认为当时的那一般倾向,并不仅鼓励商业,同时且鼓励工业;其次,就"体系"而论,他认为当时那种注重工业商业的种种主张,并不是出于任何特定个人的思考,那在理论上,无特定的创建者,亦无特定的继承者,简直不能算是一种封锁的学说,换言之,不成为一个体系。

不过,我认为,"重商"的概念可以成立,体系的概念,亦可以成立。当

[①] 参照《国富论》第四篇。

时一般政论家,于鼓励商业之外,固曾同时鼓励工业①,乃至农业,但我们要知道,在那般人眼光中,发展工业、农业不过是发展商业的一个手段,工业、农业是辅助商业,依属于商业的。虽然重商主义的言外含义,是在国家用政治权力,督促社会经济的发展,而与所谓干涉限制主义相接近,我们只要知道此种含义就行了。至若不能指定谁是创建者、谁是继承者的一串主张,本来谈不上是一个严密的体系,但就大体的趋势讲,就一般的意识讲,实在不妨当作一个体系来研究。切当的说吧,这全是为了研究的便利,而权把当时具有同一倾向的主张或实际规定,作为一个"假设的体系"。

对于这个"假设的体系",德国经济学者昂肯(Oncken)名之为"王侯致富政策的体系",社会学者斯盘(Othmar Spann)称为"有利于资产阶级及〔活〕动的资本,但不利于贵族及领主之政治的专制主义的体系",而桑巴特(Werner Sombart)则称之为"初期资本主义之国民经济学"。这一切的称谓,都是从他们各自的见地,假定有这么一种"体系",有这么一种"主义",有这么一种"学",为了说明或研究的便利,都有其用处,而且在大体上,亦都有其是处。不过,就包括的、确切的程度说,那都不会比"重商主义"或"重商体系",来得妥当。因为在商业资本统制的社会里面,国家的成立,政治的设施,都是为了发展商业,为了尊重并保护商人的利益。王侯或国家的致富条件,是商人致富,若把主从先后的命题倒置起来,我们就无从理解近世国家所由成立的意义。

若进一步站在社会的立场来说,我倒宁可接受那位以阶级利害偏见见称的德国学者斯盘的意见。他对重商主义所下的那个定义——"有利于资产阶级及〔活〕动的资本而不利于贵族领主之专制主义体系",虽然像太重视它的政治的功用,事实上,重商主义与执行重商政策之专制官僚主义不可分,正如近代专制国家,近代君主,仿佛是为要推行重商政策,并且确实是在推行重商政策过程中产生的一样。

总之,所谓重商主义,那是十六、十七、十八世纪经济生活上,为各国政论家、事业家及商人所共通具有的思想的总体。当时一般政论家、事业家及商人所具的经济思想,虽可因国而不同,因时而不同,但我们概括在

---

① 鼓励工业,是被看作鼓励商业的前提条件。

重商主义这个假设的体系之下来研究,自然只能论及其共同的中心思想。

他们的中心思想,大体可就下列四个要点来叙述:

(一)重视贵金属

重商主义时代一般人的重视贵金属,那是由于几种原因:第一,美洲金矿发现的刺激;第二,西班牙、葡萄牙由美洲输入金银而致富;第三,日益扩张的商业贸易上,需要更多的货币流通;第四,为维持奢华的宫庭生活,以及为开支吃俸的官吏与领饷的兵士,皆非在国库存中增积金银,无以加厚国家实力。因了这诸种原因的作用,热望金银,就几乎是当时一般人的共通心理了。不过,同是重视金银,因重视的程度不同,或者因诱致金银的方法不同,分有两个派别:一是旧来的所谓通货主义者(Bullionist),一是新起的商业主义者(Mercantilist)。前者着重在诱入金银,并直接注意国内金银的移动,即禁止金银输出;后者则是着重在由货物输出入的统制上,间接取得金银。在第十六世纪,金银通货主义者禁止金银输出政策,尚犹通行,自此以后,则渐趋向于商业主义者即重商主义者的主张。

(二)实现有利贸易差额

增加金银的途径有二:其一为采掘国内的金矿银矿,其一是以货物由外国换入。在没有金银矿山的国家,自然只有采取后一办法。不过在我,虽企图以货物换取外国的金银,同时,外国亦不免以货物来换去我的金银,金银通货主义者有见于此,所以主张禁止外货输入,因以禁止金银输出。商业主义者不同,他们认为禁止金银输出,不独干涉监督过于烦琐,且大有碍于贸易的发展。在他们看来,金银不患其输出,问题在如何使其输入,使其有更多的输入,这即是他们所主张的有利贸易差额论(Balance of trade)。例如,甲国以 100 万元的货物输往乙国,乙国同时亦以 50 万元货物输入甲国,其结果,甲乙两国的贸易差额为 50 万元,这 50 万元,是乙国必得以金块输送到甲国的,所以这种贸易,于甲国有利。甲国之利,是以乙国的不利为前提。

(三)奖励国内工业

一国要想输出超过输入,那在一方面是抬高关税,防堵外货的输入;一方面是奖励国内工业,增加本国制造品的输出。不过,依前一办法,甲国抬高关税,乙国亦必抬高关税,过高的关税封锁政策,简直无异杜绝交易,那于商业发展上必多障碍。于是各国就在奖励国内工业的前提上,妥为利用关税政策,即是,对于制造品,虽尽量使国内的多多输出,使外国的少量输入;而对于原料品则采取相反的方策,限制国内原料的输出,诱致外国原料的输入,这一来,工业制品成本减低,价格低廉,在外国市场上,乃能与他国货物竞争,乃能使输出超过输入,而实现有利的贸易差额。

(四)规制国民经济活动

各国既认定自国之利,即他国之不利,他国之利益,即自国之损失,于是对外纯取敌对的态度,而对内则尽量发挥国家的权力,使全国民的经济活动,向竞胜外国的唯一目标做去。凡不利于①这个目标的行动,则严格禁制。所以当时国家的干涉,不仅行于产业活动,即一切国民经济生活上的琐事末节,皆有所规定。举其荦荦大者,如谷物条例,通航条例,奖农规条,崇俭法令,商事法规及食物定价（Assize of Bread and Ale②）等皆是。而法国柯尔柏（Colbert）所行之禁制政策（Restrictive policy）,尤为繁密严酷。那不独是以国家无限权力监督工业,举凡何人当劳动,何人当制造,当用何种原料,当取何种手续,皆有法律规定,不遵守法律,即毁其机器,焚其制品。诸如此类的禁规,不一而足。所以重商主义,几与政府干涉成了同义的语辞,同时又可呼为产业万能的国家主义。

第三节　各国重商实际之比较观察

重商主义的中心思想,前面已讲述其梗概了。现在我想进而比较观察各国重商实际的形态和设施。因为地理的关系,时代的关系,以及过去历史的关系,各国重商主义的根本形态,互有不同,但在大体上,仍不能反乎上述几个共同原则。

翁肯（August Oncken）在其所著《国民经济学说史》中,曾概括表示各国重商主义之实践的分野说:"在法国重商主义的主要表现,便是手工业作坊,在西班牙和葡萄牙是殖民地贸易,在荷兰是航海和中间人的贸

---

① 此处原书为"有利于"。——编者注
② 指"面包和麦酒法令"。——编者注

易,在英国,这运动是更进一步了,那里连农业都包括在里面了,原来还有农业的重商主义哩。"①在这里,他如其把注重财政的德国重商主义也包括进去,就更完全了。现在分别就英、德、法诸国讲一个大概。

在英国,议会制度是慢慢演变的结果,地主阶级到了十八世纪末十九世纪初,还占有很大的政治势力,他们的利益是不能漠视的,所以除了奖励贸易及工业外,还要奖励农业。不过,就全般看去,英国重商主义的贸易政策,比较其他任何国家,都来得根本而实在。一六五一年由克林威尔(Cromwell)制定的《航海条例》,那是极度重商主义思想的表现。据那种条例的规定:(甲)外国船舶不得在英国沿岸取鱼运货。(乙)船主、船长、船员,至少没有四分之三为英国臣民,则那种船舶,禁止与英领诸殖民地从事贸易,否则没收其船舶与积货。(丙)无论是外国商人,抑是本国商人,其所输入的外国商品,一律课以两倍的关税。上列三项,不过就其著者而言。这种条例实施的结果,促成了荷兰国家的衰微,保证了英国航海的独占,从而奠定了后来英国海上霸权的基础。特英国对殖民贸易加以上述的管制,其主要目的,不外以母国利益为中心,那就是说,殖民地只能将其生产物供给于母国;一切殖民产物,亦只能由母国船舶输送;同时殖民地所需要的原料、器具及其他制品,均由母国供给。其他所定一切制度,皆以保护母国产业为宗旨。在此种母国利益、母国产业第一原则下,势不能不对殖民地及国内有关产业,加以种种限制或奖助,而与一切产业有密切关系的劳工训练与劳工移动,又非分别加以规定不可。所以体现英国重商主义的实际措施,除了航海条例、保护税、奖助金、特许专利证之外,还有救贫法、定值法、营业法、学徒制等,而闹到十九世纪中叶才撤废的《谷物条例》,大体亦是重商规制的转化物。

论到法国,我们就要由此窥知重商主义别称柯尔柏主义的究竟了。法国当路易十四秉政时,行政上财政上皆陷于极度紊乱,而其工业,不但较英国为劣,且部分的较德国为劣。柯尔柏适于此时充当财政大臣,为要谋行财政上的整理,和工业的振兴,他于是首先依罗马教权,抑压专横放恣的僧侣阶级,没收寺院领地为国有。其次,更缩小贵族阶级的权力,而专于努力使资产阶级向上发展。依着许多内地关税的撤废,运河的开设,

---

① 转引自李译卢逊堡《政治经济学说史》第一卷第49～50页。

以及对于各国最优秀劳动者、技师等的招聘；依着特权、奖励金及国家补助金的设置；依着有利的保护关税政策的运用；更依着技艺学校、工科大学的设立，法兰西的国民经济，乃迅速进于繁昌，在不久期间，几乎驾英国而上之。

可是我在前面已讲到法国的重商政策，倾重在手工业工场，或制造业方面，它所奖励保护的工业，乃是关于罗纱、毛毡、丝、布、皮鞋一类制造品。柯尔柏在他执政的初年，即为罗纱等物品的制作，颁布了 150 个条例。而在一六七一年的一项命令中，就包括有 317 个项目，规定毛织物的颜色、花纹，并研究所使用的染料之药色和成分。并且，为要督促这些条规的执行，又特为手工工厂设有监察官，在工厂中，在市场中，都有人检查商品，违反或破坏条规的人，且定有种种严酷的惩罚。这诸般条规和设施，原在改良商品的质量，增进对外竞争的效能，而其结果，竟限制了制造业者的企业精神，阻碍了竞争，妨害了发明，以至大大的桎梏了技术的改良进步。特别是柯尔柏死后，其继起者对于工业生产所定的条规，更形复杂，更加严厉，这一来，法国制品在国外市场上的竞争效能，就益发减少了。重商政策之诸种条规的"作茧自缚"，那是这种政策实行至一定阶段的必然归趋。

再次，且看德国关于重商主义的特异表现了。在西欧各国，德意志统一的民族的国家出现较迟，因之施行经济政策的主体，不是皇帝及帝国，而是分别拥有领地的王侯或主权者，其经济目的不在获得殖民地，以对他国经济的独立，不在商业交通的独立及工业生产品的处理，而在王侯确立起一定领域中之政治的支配，而在邻近市场的征服，而在对其领有地域中占有重要意义的农业的保护和奖励。特别在人口因三十年战争（由一六一八——六四八年）过度缩减，财力过度损耗以后，作为德国重商主义特质而表现出来的经济措施，就是借警察以增固权力，借奖励人口以充实生产力，借处理王侯财产增进王侯收入，以稳定财产基础①。迨他国工商业突飞猛进的发达起来，他又不把保护关税当作自卫的武器，以期本国幼稚的手工业制造业能受到保育了。因此，把德国的这诸种经济措施理解为重商主义，那显然是在较广泛的意义上去理解它的政治干涉的特质。

---

① 参见加田哲二著《德意志经济思想史》周译本第 3～4 页。

第四节　各国重商主义者之文献与学说

学说是先于实际措施，或者实际措施是先于学说，尝为学者间所断断争辩，但我觉得这是没有多大意义的问题。我已在前面讲到，思想有时落在现实后面，有时也会走在现实前面。而就重商主义来说，它的思想或学说，往往要在实施过程上去体认；以严格施行重商主义见称的法国，就根本不曾出现一个像英国汤姆斯·曼（Thomas Mun）一流的重商理论家，或重要的重商主义文献。

比较有组织的说明重商主义的文献，首先当数到意大利经济学者安东尼阿·舍拉（Antonio Serra），于一千六百十三年出版的《略论无矿山国诱致丰富金银的诸原因》。他在这部书中提到了关于国民富裕的三个条件：（一）有产生过剩农产物的肥沃土地；（二）一国之地位，居于世界交通中枢，因而使其国外贸易兴盛；（三）工业特别是技术发达，在这种状况中，即令本国没有产出金银的矿山，亦不难诱致丰富的金银。

英国施行重商主义最久，而一切重商主义的理论，差不多都集中在英国。当作一个过渡的经济时代来看的重商主义时代，实际就是以英国的重商文献及学说为其意识方面的代表。

远在一五四九年，一位名叫约翰·海尔思（John Hales）的作者，曾在其题名为《英国共同福利的对话集》（A Discourse of the Common Weal of This Realm of England）①中，将职业分为三种：第一，如外国织物商、酒商、外国品商等，贩入外国品，输出国内财宝的职业；第二，如面包店、酿造业，得于国内，销于国内，毫不输出财宝的职业；第三，如织物业、毛丝制造业，贩卖其制造品产生财宝的国内的职业。而他以为第一种职业应当避免，第三种职业应当使其繁昌。这样的主张，就已经是企图多输出、少输入的重商思想②。

英国重商主义的代表者为汤姆士·曼（Thomas Mun，一五七一——一

---

① 该书的初版应为1581年。——编者注
② 参见萨孟武等译石滨知行等著《各国经济史》第147页。

六四一年)于一六一二年出版了一部《英印贸易论》,又于一六六四年出版了他的《英国由国外贸易致富论》(England's Treasure by Foreign Trade),后者于重商主义,特别于贸易差额论,多所发挥。据他的见解,一国富裕之道,就在安排复杂的商业交易上,使特定时期之一切输入品的价值,少于一切输出品的价值。这个差额,就可招致现金,而成为增加统治者国库收入的源泉。他曾强调的说:"国外贸易是我们增进财宝的普通手段,在对外贸易中,我们应当牢记下面这个原则,即我们每年卖给外国人的货物总额,应当超过我们向外国买进的货物总额。"①当时金银通货主义者,主张禁止贵金属输出,他极端反对,以为:以贵金属去换得的输入商品,如在国内加工制造,可再作为更高价的商品,而输往他国。这一来,本国的金银,不独不会减少,且可因此增加。金银通货主义者不知此理,他曾借农夫播种收获之区别,加以揶揄的解明。他说:"如其我们只看到农夫播种时,把一些好谷粒抛在地面,我们将不认为他是农夫,简直要把他看成疯子,但是,当我们考察目的的收获时,我们乃知道其行为的价值和倍增的成果了。"这就是说,禁止金银输出,实无异反对农夫播种。

汤姆士·曼以后之英国重商主义者有柴尔德(Josiah Child)、诺司等。柴尔德于一六六八年出版了《关于贸易并利息的考察》,一六九〇年出版了《贸易论》。他在前一书中,大要是论荷兰在外国贸易上占有优势地位,其原因在于国内利息甚低,所以他极力主张低减利息,以期发展海外贸易。至若海外贸易之可贵,在于需要海运,因海运之所得,甚至要超过商品之所值。在《贸易论》序言中,他说:"商船运输,非取运费不可,运费一项之收入,往往曾超过商品之所得,故大利于国家。"一国对外贸易是否能达到有利差额的目的,那就要看贸易及海运的情形而定。他论贸易差额之意义说:"贸易均衡之严格意义,乃一国输出之价值,足以抵其输入之价值。使输出超过输入,则于一国贸易有利。输出超过之差额,通常皆可输入金银。金银入口,国富必增,因金银为一国富力之标准。"

达德勒·诺斯(Dudley North,一六四一——一六九二年)之《贸易论》(Discourse Upon Trade),出版于一六九一年。他是比较在重商主义后期问世的,老式重商主义的许多不合理的规定,他更清楚明白的感验到了,

---

① 转引自前揭李译卢逊堡著《政治经济学说史》上卷第 62~63 页。

因为他自己就是一个从事国际贸易的商人。他在《贸易论》这部书中所讨论的,不单是贸易,同时并论到了利息问题及货币铸造问题。他反对金银通货主义者禁止金银出入的傻办法。他认为货币是要流通的,商业不振,并不一定是由于货币不足。"货币是买卖的普通尺度。因此,有东西卖,但不能找到购买的人,会以为,他的商品所以不能脱售,是因为国内或本地的货币缺乏;所以,货币缺乏,成了一个沸腾的怨声。这是一个大错误。……要求货币增加的人,究竟需要什么呢?……农民诉苦……他以为,如果国内有较多的货币,他的生产物便能有好价钱。……这样,他想望的,不是货币,而是谷物家畜(那是他要卖而不能卖掉的)的好价钱了。……为什么他不能得到好价钱呢?……(1)或是国内的谷物家畜太多了,因此,市场上来的人,要卖的居大多数,要买的居少数;(2)或是因为出口的通路缺乏;(3)或是因为消费减退,当人民因贫穷而减少家庭支出时,便是这样。如此,能增进农民货物贩卖的,并不是货币的增加,只是这三个压迫市场的原因扫除了。……商人和小店主,也在同样意义上,需要货币。那就是,他们需要货物的销场,因为市场是停滞着。……一个国家,当财货不能迅速由一人转到他人时,是决不会十分繁荣的。"①

关于货币价格,他认定那与普通商品同,乃随供给与需要的变动而变动。他以为"任何政府的法令,都不能够确定商业中的价格,价格是自己确定的,如果有这样的法令存在,那么,这法令一定成为商业的障碍,这样的法令是应当非难的。"②商品既不能由政府确定价格,作为货币价格的利息,也当然是应听其自然的。借手多于贷手,利率抬高,反之,则利率减低。所以在借贷关系上,应由当事者按当前情况自行决定,强制减低或完全禁止,那都是滥用国家权力,无益而有害。他说:"从科学的见地说,利息废止,就无异一切贷借终减。贷借终减的结果,以某种关系而招致窘迫的大地主,遂不得不变卖其土地,且抵借无门。更不得不以低价变卖其土地。其在商人,无论他如何老练,没有资本,就只好空坐起来,要不然,就是赊买,赊买不过是利息的别名罢了。贫困者仍然是贫困,我们将不免要沉沦于一千年以前的状态。"从上述这几点而论,诺司确算是自由主义者

---

① 见《贸易论》第2页起,转引自《资本论》郭王译本第一卷第76～77页注解。
② 转引自前揭书《政治经济学说史》李译本上卷第109页。

的先驱了。

再次,我们应数到与诺司同时的重商主义〔者〕达芬南(Charles Davenant)了。他著有几部常为人引用的书,一是一六九七年出版的《东印度贸易论》,一是一六九八年出版的《英国公共收入和贸易论》,一是一六九九年出版的《论可能使人民在贸易差额上成为胜利者的方法》。他的中心论点有三:其一是国内的贸易,不会增加财富;其二是,要确实有所获,必定要由国外贸易,从外国去取。关于这两点,他有这样一段话明确表示出来:"在国内消费品的交易上,一个人的所失,仅为他人的所得,国民一般是不会更富的;但在一切供外国消费的物品上,却有一个更显明更确实的利润。"①这"确实的利润"是什么东西呢?是不是金银呢?但如其这样肯定,他就是旧的重金主义者了。也许当时英国的贸易实况,已经启发他向较深的关系中去认识问题。他的第三中心论点,使他更接近重农主义者,那就是剩余生产物的增加,所以他说:"金与银,实际是商业的尺度,但商品的源泉和起源,在一切国家,都是该国自然的或人工的生产物,那就是该国土地生产的东西,和该国劳动和工业生产的东西,……一国真正的有效的富,便是本国的生产物。""金与银决不是国民贮藏或财富所依以成就的唯一物,所以实在说来,货币不外是人们交易上习常使用来计算的筹码。"②关于对外贸易和货币数量论的高见,已可从达芬南的说明中找到一些渊源了。

最后,我想提举几位德国重商主义者的文献,作为结束。

德国由十六世纪至十八世纪初叶,君主的财政与国家的财政,尚没有区别。为营求管理君主财政,增进君主财政,特为设有一门学问,这就是所谓官房学(Kameralwissenschaften)。官房学总括有国民经济学、财政学及行政学;有时,包括有工业及矿山管理技术的土木工学,亦包括在内。以此等学问为研究对象的官房学者,他们怀抱有重商主义者的同一国家致富策,同样以贵金属的蓄积,为富国之唯一门径,所以德国的重商主义者,就是一般官房学者。我们在这里应该举述的,有柏赫尔(Becher)、霍尔林赤(Hornick)、约斯起(Justi)、松勒福尔斯(Sonnenfels)。

---

① 《东印度贸易论》第31页,转引自马克思著郭译《剩余价值学说史》第一卷第14~15页。

② 同上述《英国公共收入和贸易论》第15~16页,转引自马克思著郭译《剩余价值学说史》第一卷第15页。

柏赫尔之《政治论》(Politischer Discurs)刊于一六六八年。在这部大著的卷头，他说，农民阶级，为第一的、最大的，而且最必要的阶级。为什么是第一的阶级呢？因为它提供商人所处理的原料；为什么是最大的阶级呢？因为百个农夫所提供的原料，一个手工业者就制作得来；为什么是最必要的阶级呢？因为没有农民的劳动，手工业者没有制作的对象物。这两阶级不存在，商业便有无从进行了。不过，他之推重农业，是就农业对于商业的重要性而言的。在骨子里，他还是重视商业。他曾说："我所视为社会有用之人，乃正当之商人，因为他能保存原料于国内，而供本国工人之所需，能阻止外国制品之输入及本国货币之流出，且能由发展外国贸易，以取得外国之财富。"

也如其他官房学者一样，他的经济思想，是以人口论开始。他主张，一国要商业繁盛，人口稠密，一方面固然要发展国外贸易，同时还得在国内废除独占、竞争等现象。因为独占使一个人占有其他多数人之生活品，而引起物价抬高及食养机会减少；竞争又使过多的人拥挤在某一职业上，致令有些人得不到食物。这两者，皆足促成经济生活上之恐慌，而减少一国人口的拥抱力。沿着这个理想线索下去，他后来的著述，遂带着非常浓厚的共产主义的色彩。

霍尔林赤之主著为《奥国至上论》(Österreich über alles, wenn es nur will)。这本书出版于一六八四年。在出版后的百年间，重印至15版，其影响德意志的经济思想之大，当可想见。就这部书的性质而论，政治的意味，要比经济的意味来得浓厚；国内开发的意味，要比向外扩展的意味来得浓厚。因为他反对当时的法兰西王，而他的这部经济著述，也就显露有同一思想。并且，他认为对抗法国，必须使自国自给自足，必得开发国内的富源，所以他对于国民经济提出的九个原则是：

(1) 一国国民，当尽力开发自国之产物，以供国用。对于金银之取得，当不惜任何劳苦。

(2) 奖励制造工业。

(3) 奖励增加人口。

(4) 流入之货币当保留国内，但不是死藏，而是要使其流通。

(5) 使用国货，抵制外品。

(6) 有输入外国品之必要，当以商品抵价，不能付以金银。

(7)输入品当为原料,由本国加工制造。

(8)过剩物当制成精制品,输往他国。

(9)国内有过剩物品,纵令外货较廉,在原则上亦不许其输入。

上列九点,就是由官房学与重商主义揉合而成的基本原则,后之论国民经济的,都多少受其影响。

德国后期官房学著述家之巨擘,当推约斯起(Justi),他关于经济的著述,有一七五五年出版的《国家经济》(Staatswirtschaft),有一七六六年出版的《财政制度体系》(System des Finanzwesen)。依着这两部书,他成了德国国家学与财政学的最初体系建设者。他主张一种普遍主义的国家观,而认定国家的权力超越一切;体现国家权力的,就是支配者,为了臣民的幸福,支配者可以为所欲为。他说:"王侯为国家之创造者。他关于国家发现了何等正当的方策,他就可以匠心独运的做去。"总之,他在极力表明国家对于经济及社会的优越性。而他的理想,就是国家经济的自立。为要达到这种目的,即使有牺牲外国贸易的必要,亦事在必行。

最后,我要述及松勒福尔斯的文献了。松勒福尔斯是德国后期官房学者间之最大的奥地利官房学者。他的主著为《警察商业及财政的原理》(Grundsätze der Polizey, Handung und Finanz),早由一七六三年刊行起,至一七六七年才全部出齐的。在这部书中,他对于人口论,有一个体系的说明。国内经济的发展,外国贸易的利益,他都是从人口论的见地去看。他视人口为一切价值与财富的源泉。他说:"人口数愈大,对于外敌侵攻的抵抗力量愈大。……人口数愈大,则欲望愈多,内部食养之道亦愈多。人口愈多,则外国贸易的原料,即耕作与勤劳的成果,愈益丰饶,十个人,就有十个欲望。一个人的欲望,对于他的职业,是营利的手段,生活的手段。从而,十个人,就有十种营业。增加了十个人,同时就增加了十个欲望,增加十种营利之业。"这就是说,人口增加,国家政治权力增加,社会生产力增加。至若有利的贸易差额,他认为,那与其说是由货币流出流入的数量来判断,倒不如说是由于有多数人口使用在生产业上。他把生产问题看成了最重要的问题,而人口又是生产之必要的手段。

综观上述各国重商主义者的文献,我们发现了,在大体上,他们都没有违反前述重商主义的几个共通原则,或中心思想。而最能一致的,则是重视贵金属的那一项。若分别观察起来,大抵英国重商主义者比较着重外国贸易的扩张,德奥重商主义者比较注意国内产业的开发。惟其如此,所以前者倾向拓地殖民,后者则鼓吹增加人口。至若在实现这种种主张的方法上,各国重商主义者似乎一致同意采行国家的统制,或国家的经济专制主义。其结果,遂酿起种种弊端,而产生了与之对抗的重农主义体系,及自由主义——个人主义的体系。然而,单就这种关系来说,我们同时也应认知:重商政策的实施,那为近代资本主义立定了经济的基础;重商学说的出现,亦为近代经济学提供了相当的理论基础咧!

第三篇　说明的经济理论体系

第一章　由重商主义过渡到重农学说的演变历程

第一节　重商主义的成就及其衰落

一般的讲，在重商政策的保育下，商业资本立即取得了社会统治的地位；手工业农业者对于它的依赖，国内生产者与海外生产者对于它的依赖，使它依流通过程的扩大，而呈现了空前的威力。但正因为流通范围扩大，由以前的对外周转，深入到对内周转，打破残余庄园经济及都市经济之壁垒，由是国内交换关系扩增，各种生产者得自行加入流通过程中，致使商业资本的中介操纵作用，渐形减弱。商业活动者变成工业资本家，一部小手工业者兼任商业经营，在都市农村间活动的人，不仅是商人，且有工业者。于是，以前的分离生产过程与流通过程渐渐统一起来。商业不但不能离生产作独立活动，且进而变成生产过程的一个附庸。这一种经济史的转换，使重商主义的各种理论基点，根本发生动摇，由是从各方面受到修正和攻击。

可是，在讲到重商主义由各方受到攻击之前，我得在这里先特别把法国当时实施重商政策所引起的弊害加以说明。因为法国不仅是实施重商政策最激底的国家，同时还是由重商政策激起了最大反动或出现了重农体系的国家。

重商主义一般遵守的原则，是重视贵金属，是实现有利的贸易差额，是奖励国内工业，是统制国民的经济活动，这诸点，我在前面已经讲述过了。法国根据这诸般原则而实施重商政策的，是路易十四的执政大臣柯尔柏（Colbert）。柯尔柏是一位有才干兼有毅力的政治家，为救济当时法国的困难，他遂毅然利用国家权力，实行培植法国的商工业，期由外国获得充实国库的财源。他的发展商业，奖励工业的方法与步骤，我在前篇已述其梗概了，这里所要解说的，只是他那整个政策所酿成的弊害，即那整个政策所加于法国全国民经济上的不利影响。

我们首先就商工业本身说吧，重商主义制度的特质，就在以国家的权力，来限制国民的经济活动。所以有人称这种制度，为"限制的制度"（Restrictive system）。就商业上讲，如原料输出的限制哪，制造品输入的限制哪，不一而足，而在工业生产上，则其限制尤为严密繁琐。那诸般条规和设施，原在改良商品的质量，增进对外竞争的效能，而其结果，竟限制了制造业者的企业精神，阻碍了竞争，妨害了发明，以至大大的桎梏了技术的改良进步。

但是，重商政策在结局上，虽变成了商工业发展的桎梏，而在其实施之始，确实大有助于幼稚的商工业之成长，且毕竟为商工业奠定了初步的基础。至若他对于农业，那却始终没有一点好处，反之，在重商主义政策下，商工业的发展，恰好是以牺牲农业利益为前提。

重商政策之大不利于农业，那可从种种方面来说。

第一，实施重商政策之根本要求，就在多多输出本国制品，多多输入外国金银。要做到这层，顶稳妥的方法，当然是对殖民地贸易独占，其次就是要以品质良好、成本轻微的商品，去竞胜他国。单就后者而论，前述种种条规的制定，即是求品质的良好；至若低减成本之法，除了给予创业家以补助费，以制造的独占权，以无利息的借款，且免收其赋税外，更以最有效的方法，保证工业生产上有贱价的劳动力和贱价的原料的供给，即禁止面包和原料输出。在这种输出限制上，商工业所受到的利益，恰好是农业上所蒙到的损失。

第二，法国自柯尔柏厉行重商政策后，不但禁止面包输出，即对于国内的面包，在各城市间，在城市与乡村间，亦有低减面包价格的种种严格规定；例如市场以外，禁售面包；既入市场的面包，不准运回农村等等。这在一方面虽使面包商大感不便，而实际大吃其亏的，却依然是穷苦的农民。

第三，为发展海外贸易计，于是有开拓殖民地，独占殖民地的要求；而在实现这种要求上，又不得不扩充军备，从事战争。法国于柯尔柏当政时，在美洲及印度获有的殖民地与市场，至殖民地七年战争（由一七五六年至一七六三年）失败后，遂全为英国所占领了。殖民地和市场的失陷，那固然于对外贸易上是一个致命的打击，但在维持此等殖民地，并为保障殖民地，以致出于战争的损失费，却全然加担在农民身上了。

不过，说到这里，我们应当检查一下法国当时国库收入的来源。法国在实施重商政策的当时，对其所扶植的工业，显然的，那是一种负担，而不是一种财源。因为工厂工业不但蠲免赋税，且还给有补助金、奖励金，乃至无息贷金。这样看来，国家的主要收入，除了少额关税外，其余就是土地的赋税了。不幸，法国国土 2/3，都是为贵族及僧侣所占有，他们对于其所占有的土地，一向无须乎从怀中掏出半文直接赋税。因为"贵族是由血统报国，僧侣是由祈祷报国，只有庶民才是由输纳货币报国"的。这是当时尚占有势力的一般的思想，同时，也正是非常确凿的事实。不消说，那占有全国 1/3 的土地的贫苦农民，要提供奖励商工业的补助金，要提供保障市场的维持费，要提供对外作战的战费，此外，奢侈的宫廷生活，以及专制王权下的官僚与军队的薪俸与给养，在在皆须这些小民出卖其原料与食料来支持。而且，他们的原料与食料，又限定只许在国内廉价出卖，不准输往外国。贫苦农民的困状，已可见一斑了，然而尚不止此。

法国直到十八世纪的下半期，大部分农民还没有完全的土地所有权；他们领有的土地，须为贵族的封建法律所限制，每个采邑，都有最高的领主或贵族。当农民把他们领有的土地出卖，或死后转给别人时，那土地的承继人，须得向其采邑领主缴纳相当数额的货币；而在平时，农民且得把他们的收获所得，向领主缴纳一定的谷物地租。这地租视各地习惯而定，有时为其总收获量 1/10，有时为 1/3，有时且为 1/2。大部分农民由其收获中扣除这项地租额，其余就是充当国家的赋税，自己家属的生活费，及来年培植生产物的生产费。赋税随国帑空虚而益加繁重，固不待言，而征税的方法，又是弊窦丛生。例如，国家为要多得赋税，且为要速得赋税起见，例把赋税委之于征收包揽人，使他们用一定的金额，由上面承包下来，承包额以外的征收，则属于包征人的所得。因为这样，这般包征人就行使一些巧妙的方法，不独把下层农民来年栽培的生产费剥夺去了，就连他们最低的生活费亦剥夺去了。一七〇四年，一位马赛的主教说："我们乡村的人们，是处在可怜的困苦状态中。没有居室，也没有家具，大部分半年当中都是吃着大麦燕麦，这些东西成了他们唯一的食料，并且还要从自己和小孩子的口里，夺得一部分出来完纳赋税。"这般没有居室，没有家具的农民，对于他们耕锄的田地，当然没有下过肥料。他们所使用的，是瘦弱得可怜的牲畜和破旧得难堪的木犁，他们往往连播种的种子也没有。农民生计困迫到这个地步，所以他们大都站不住脚，相率离开乡井，或则投入工业都市，或则迫而增补贫穷的队伍，以致在一七六〇年代，"好的耕地多半都是荒芜着，每走一步，皆可见到农民抛弃的田地。"

农村经济演成这种破产的现象，国家唯一收入的财源涸竭了。于是，宫廷的奢侈生活，和专制王权赖以支持的阔大排场，都要仰给于外债，同时，国家惨淡经营的商工业，又因着美洲和印度殖民地市场的失陷，因着农村购买力的减弱，以及因着其他种种原因，而无形地陷入一种萎缩不振的状况中了。商工业与农业交互影响，结局，遂使全社会充满了朝不保夕的险象。朝廷的借债度日，商工都市的倒产歇业，农村的荒废，农民的饥饿流离，那都是直接间接由重商制度造成的恶果，同时我们亦就可以由此看得出法国十八世纪中叶之经济状况的轮廓。

第二节　启蒙思想运动与反重商主义

如我们前节所解述的，整个的法国社会，俨然是一座饥饿苦难的地狱。可是，在这地狱建筑的最上几层，却又是备极奢靡淫逸的享乐天堂，从那里发出专制王权的严威命令，从那里也发出王室贵族、封建领主的快乐欢声。中层的商工资产阶级，他们全是过的抑郁愁闷的生活，他们知道在挨苦挨饿的农民层上面，树立不了自己未来的繁荣，他们亦知道在那些专务享乐不知治国救民的专制君王和贵族领主脚下，展拓不开一点希望的门径。但他们只是这样觉得，究不知怎样才能改换一个局面。可是，就在这上面传来淫荡的酣歌，下层发出饥饿的怪叫，使他们感到不安，然而无可如何的当中，他们得着觉醒者或代言人了，那就是作着启蒙思想运动的一群哲学者与政论家，即所谓启蒙学派（The Enlightened School）。

法国启蒙学派的代表者，是卢梭（Jean Jacques Rousseau）、孟德斯鸠（Montesquieu）、福禄特尔（Voltaire）等，他们都是进步的城市资产阶级的思想家。他们受了英国霍布士（Hobbes），特别是洛克（Locke）的自由思想的影响，认定法国社会的腐败，人民的疾苦，产业状况的萎靡不振，都是由于专制君主统治酿成的恶果。所以，他们很严厉的批评专制统治，并指责专制贵族的无能、奢侈与放荡，只能引导国家走向灭亡的道路。他们有的主张分权的君主立宪政治，如孟德斯鸠是；有的主张人民元首之德谟克拉西①政治，如卢梭是。可是，他们的主张虽互有不同，大体上，都是要计划一种新的政治组织方案，并向资产阶级提示一种革命式的夺取政权的任务。因此，如克鲁泡特金（Kropotkin）所说："法国资产阶级在走入一七八九年的革命时代，他们已很知道自己要些什么。……他们再不愿国王有独断的权力，他们拒绝受亲王和宫庭的统治，他们不承认贵族夺取政府中最好的位置，而不知治理国家，他们不愿贵族掠夺得巨量的财富，而不知使其变为价值。……他们倾向于思想自由，却不是无神主义者。他们并不憎恶天主教。他们所最憎恶的，是教堂，以及它的各层等级的主教、牧师等人，这些人，都和亲王一致，是贵族的恭顺的工具。

"一七八九年的资产阶级，明了当时的法国，是和一百四十年以前的英国一样，到了第三阶级从王室手中取得政权的时候了，他们知道他们应该怎样使用这政权。"②

法国的大革命，是在一七八九年爆发的。这时的法国资产阶级，何以就知道他们要些什么？何以就知道怎样使用政权呢？很显明的，那是因为在革命爆发前好久，土地、工厂所有者，或自由职业者，应如何统治国家，如何实行中央集权，如何把真正权力授予资产阶级占优势的国会的一类思想，已经在许多书籍和小册子中讨论过了。即是说，已经由那些启蒙思想家指示给他们了。启蒙思想运动，确在法国革命史上，扮演了一种决定的、有力的作用。我在前面已讲到专制主义与重商主义的密切关系了。在实际上，如其说，专制主义是重商主义在政治上的表现，重商主义就是

---

① 即民主。——编者注
② 见刘译《法国大革命史》上卷第三章。

专制主义在经济上的表现。所以在反专制主义政治的启蒙运动过程中,同时必然会连带的招致反重商主义的经济思想运动出现。所以,从经济的立场,来指证当时经济制度种种恶害的学说,在所谓重商主义体系正式形成以前,已经在当时英、法两国的经济论坛上或政治上,前后相继出现了。我们可以把他们启蒙思想同样大有影响于重农学派之产生的反重商主义者的理论,或者说,重农学派的先驱者,在次节分别予以叙述。

第三节 现代经济科学的曙光

正如同现代资本主义经济,是在商业资本主义时期,或重商政策实施过程中逐渐确立起根基一样,现代科学的经济学说,也确有不少已在重商主义思想体系中,透露出了新的萌芽。

我已在前面(见本书第一篇末尾)明确表示过,现代经济学上最基本的学说,是劳动生产力学说,是资本学说,是剩余价值学说。这种种方面的研究,原来只可期之于现实经济活动,至少已经在流通上,特别在生产上,采取了资本主义形态的场合,才有可能。英、法两国是现代型经济出现较早的国家,因之,新经济学说的曙光,亦大体是产生在这两国。就这两国加以比较观察,法国的经济发展,又是落在英国之后,于是英国现代性的经济理论,主要是出自开明的重商主义者的著作中,而法国的同一性质的理论,则主要是出自反重商主义者的著作中。所以,在早期的阶段,当英国学者甚至重商主义者,从正面来积极的提示现代资本主义法则之片断的时候,法国学者却仍只是从反面消极的指示商业资本主义的不合理。两者显然殊途同归的。所以,我想在这里打破从来有关当时英、法学者的派属关系,即不管他们是重商主义者抑是反重商主义者,只要他们对于上面述及的诸种基本学说,有了一些理解,或者有助于此后科学的经济理论的展开,就大体按照其著作出现的先后顺序,分别予以简括的介绍。自然,我希望我的抉择,不过于失之武断。

一、威廉·配第(William Petty,一六二三——一六八七年)

一个经济学者在学史上的地位,原可说是由他的著作或理论决定的。

但是他的著作或理论,却并不常能得到正确的评价。配第及以后《经济表》著者魁奈一般人之被人重视,主要宁可说是由于卡尔·马克思的特别"吹嘘"。魁奈且不忙说,他①对于配第这个人,为他的生世,刻画出这样一幅怪脸说:"头脑虽敏锐,但却是一位无聊军医;借着克伦威尔的威风,要去掠夺爱尔兰,对于掠夺者所必要的男爵的称号,又向查理二世去跪求……加之,在他生前所发现的大多数著作中,努力想证明英国黄金时代是在查理二世当时,这对于光荣革命之传统的赞扬者,也是一种异端的见解罢。"②话虽如此,马克思是并不"以人废言"的,而一再表扬他是"政治经济学之父"③。为什么呢?因为他的研究方法,他的劳动价值理论,他有关工资与地租的理论,值得这样称呼。

关于研究的方法,配第也自己认定,"不是传统的",而是独创一格。马克思对他的新方法,讲了以次的话:"他没有揉杂着一长串比较级和最高比较级的形容词以及思辩的理论来徒作空论;他是企图要'用文字、重量或尺度'来说话,要专一的感官的经验来立论,要只把'那在自然界中有可见的根据的'诸种因素来考察。至若依存于'特殊人们之变易的心理、意求、欲求与热情等等'的那些原因,他让给别人去推考。"④这就是说,他所采取的不同于他人,不同于一般重商主义者的研究方法,是:

(一)不重视思辩的空论,而着重经验的事实;

(二)不为欲求、情感与变易的心理状态所左右,而注意经济事实里面的自然因果关系;

(三)利用数学或统计数字,把那些因果关系较明确的表达出来。

简言之,他是想把自然科学的或科学的方法,拿来研究社会经济现象。他有关经济方面的主要著作,共有三部,一是一六六二年出版的《课税论》,一是一六七二年出版的《爱尔兰的政治解剖》,一是一六九九年出版的《政治算术》。在这几部书中,他所研究考察的对象和方法,与一般重商主义者所不同的,究在什么地方呢?

一般重商主义者所考察的对象,是流通过程,是显现在流通过程的商

---

① 此处"他",应指马克思。——编者注
② 见郭译《政治经济学批判》第40页。
③ 见郭译《政治经济学批判》第40页。
④ 见郭译《政治经济学批判》第39页。

品运动与货币运动的表象。但配第要透过那些表象,去发现支配着或规制着商品运动和货币运动的定律,所以,他对于以一定量货币来表现的商品价格的分析,就是依照他自己所强调的"决定的现实的非幻想的方法"①。他首先把商品价格分成价格与政治价格两种,后者是指着真正的市场价格,而前者则是指着价值。商品运动与货币运动,单从交换中的价格方面去考察,是非现实而且不免带有幻想的,一定得从生产过程中去看商品或货币,是依怎样的条件生产出来。换言之,即看它们具有如何的价值,并如何决定其价值。"如果有人从秘鲁采掘一两银子运到伦敦去,其所需的时间,正和一斗谷米所需时间相等,则前者便是后者的自然价格。"我们已知道他的自然价格,就是价值。采掘银子的时间或劳动,与生产米的时间或劳动相等,其自然价格或价值也相等,可见价值是由劳动决定了。但"价值之一般尺度,不是按日计算的劳动,而是按日计算的成年人维持生存所需要的平均食粮,此等成年人所需要的平均食粮,其分量之正确和固定,不下于银之价值。"②然则劳动者是否在一日的劳动中,仅生产足够维持其一日生活所需食粮,或者能生产出较多的东西呢?这一问就要迫着他提出剩余劳动,剩余劳动生产物,剩余劳动的价值问题了。他曾依此论到代表剩余价值的地租与工资间的关系。关于地租与工资,他表示:"劳动是财富之父和主要的原因,而土地则为财富之母。""一切物品的评价,可以用两个自然的分母——土地和劳动来通约。我可以说,一只船和一件裪子的价值,因为两者——船和裪子——都是土地和人类劳动生产出来的。"在他的理解,一件生产物,归属于劳动的价值部分是工资,归属于土地价值部分是地租,也就是剩余价值。他说:"假使有谁以他自己的双手,可以把一定面积的土地耕耘收获好,把谷物搬进,打脱簸净,把种种必要工作做好,……而且假定他有充分的种子,可以簸在地里,这个人,从收获物中,除去用于播种的谷粒和他自己所消费的以及为着换取衣服和其他需要的满足而分给别人之后,那么剩余的谷物,就形成了那一年的自然真正的地租。"③在他设想,"地租就是剩余价值一般,不过当作剩余

---

① 见前揭郭译本《剩余价值学说史》第 4 页。
② 见前揭郭译本《剩余价值学说史》第 5 页。
③ 见前揭郭译本《剩余价值学说史》第 6 页。

生产物的地租的价值化或货币化,是依照这样一个曲折途径:在总收获物中减去工资和谷种,就是剩余生产物,就是地租。如要进一步问:这种剩余谷物地租,能够值多少英国货币呢?我答道:他能够值多少货币,就看在相等时间内,另有一个从这里,从事银生产的人,能够在费用之上,剩下多少货币来。"①就知道当作一般等价物的货币形态,还不曾在他的认识上形成,而现代利润一类所得,也还只是依附在地租上。因此,在总生产物内,除去地租,剩下就是工资,除去工资,剩下就是地租。这一来,他就有理由主张:"政治经济学上的主要问题,乃是确立土地与劳动间的平等与均衡。"尽管资本及资本利润的诸概念,没有由他明白提论到,但有关劳动价值与剩余价值学说的深刻提论,却已够支持他的现代"政治经济学之父"的光荣地位了。

二、布哇基伯(Boisguilebert,一六四六——一七一四年)

如其说威廉·配第在政治经济学的地位,是由于卡尔·马克思特别对他宣扬的结果,布哇基伯在经济学上的地位,也是由马克思把他与配第相提并论的结果。卡尔认定古典学派经济学,在英国是始于威廉·配第,在法国是始于布哇基伯;在英国是终于李嘉图,在法国是终于西斯孟底;而其间立在承先启后地位加以发挥的,显然是亚当·斯密和魁奈。英国经济学者与法国经济学者的这种反复比照,卡尔曾以极大的兴趣予以描述,而对于人格的欣赏上,他似乎还比较向往于商人市侩性格较少的法国学者。就是把布哇基伯来同配第相较量,他表示:"配第是一位轻浮的、好打劫的、无性格的冒险家,而布哇基伯虽然是路易十四的顾问之一,对于被压迫阶级却有大胆同情。"②可是关于资本主义经济的理论,商人性格的英国学者,似乎又一直走在前面了。

布氏曾于一七○七年出版的《法兰西小论》中,即曾指摘农民的贫乏,乃由于柯尔柏禁止谷物出口的错误政策的结果。他向政府建议废止农产物输出税,与实行分配的平衡。而在他所著的《财富本质论》中,他并攻击重商主义者不能分辨国民经济上的财富,与贵金属的区别,从而,过于重

---

① 见前揭郭译本《剩余价值学说史》第 6 页。
② 见郭译《政治经济学批判》第 42 页。

视金属，忽略了农业生产的重要。他以"真正的财富……全部的享乐，不仅是生活之需要品，并还包含一切奢侈品和愉悦感官的物品。"①此外，他反对政府干涉个人的行动，他说：政府的干涉，只能得到有害的结果。然而他终于被放逐了。

货币是当时社会各阶层，特别是大消费阶层欲得而甘心的东西，他拼命反对，以为由于货币的介在，遂使商品交换之自然的均衡或调和破坏了。在他设想，商品的交换价值，可以分解为劳动时间，而"公平的价值"，乃由特定产业部门诸劳动者之劳动时间，依正确比例规定了的。货币作用其间，将使那种公平的价值，不易分解出来。把议论向这方面突进，势将达出物物交易，始得其平的结论。而这正是素朴社会主义思想的萌芽，也是以后法国式社会主义者如蒲鲁东辈之交易银行创设主张的传统。用这种反货币的态度去分析资本主义经济，那是南辕北辙的。

三、洛克（John Locke，一六三二——一七〇四年）

以哲学家、政治学家见称的洛克，他对于作为现代经济学之基石的劳动价值的概念，也有一些深澈的发挥。在一六九〇年，他的有名大著《政府论》刊行了。他在这部书中，力主立宪政治，而猛烈攻击当时尚颇流行的君权神授论。为要破除不合理的君权神权，而主张人权，他知道在消极方面非向贵族君主僧侣特权所依托的物质基础——土地所有权——挑衅不可。而在积极方面，更极力强调劳动所有权，把土地所有量与劳动量关联起来，而由是揭开封建的秘密黑幕，连带把资本社会的真相也在剩余价值或利息和地租上给它暴露出来。

他论所有权，先从一个人对于自己所有讲起，认定"每一个人对于他自己的人身，有一种所有权；对于自己的人身，除自己以外，任谁也不能有什么权利"。由于自己人身为自己所有，"自己的肉体劳动和他的手的工作，也当然是他自己的"。"他在自然所创造所安置的状态中做出来的东西，是和他的劳动分不开的，并且会和那少许属于他的东西结合在一起，并依这个方法，使它成为自己的所有。"他是这样使土地上的果实成为自己的，也使土地本身成为自己的。"他能所有怎样大的面积，就看他个人

---

① 见郭译《政治经济学批判》第 42 页。

能够开垦,能够耕耘,能够改良,能够栽种,能够收获怎样大的土地面积。他又是由他的劳动,由共有物中,划出一部分来,成为他的所有物。"由是人身权、劳动权、劳动作物全收权,"便取得所有物的巨大基础"。这是实实在在的,不假借任何幻想、任何煊染的经验事实。"依据此种经验事实,所有权只有两种限制:一是个人自己的劳动的限制;一是他个人所能使用的使用量的限制。但是每个人都有这种自然权,都得依自身的劳动,向自然界创造一份为自己所有的东西。为什么发生了地租,发生了利息呢?因为后一种限制即使用量的限制,由货币或金银这些耐久性的东西的出现而破除了。把生产出来使用不了但不免腐烂的东西,拿去与耐久的东西交换,于是就可以有超过一个人的使用量而蓄积,而财产不平等的根本原因,就横在这种事实中。于是,当土地所有,比你愿意耕作或能够耕作的土地更多,别人所有的土地却比他愿意耕作或能够耕作的土地更少时,这种不平等的土地分配,就会为你的土地引起一种租借人;同样,不等的货币分配……也或为我,为我的货币,引起一种租借人(Tenant)。这样,我的货币,就由借者的勤劳,得到一种可以为借生产六厘以上的东西的能力;好比,你的土地,由租者的勤劳,生产出地租额以上的生产物一样。"这段话,说明了三个意思:

第一,土地所有权并没有什么神圣,那同旧社会所非难的货币所有权,是同一性质的东西;如其说土地的尊严因此丧失了,货币的威风,却因此增大了。

第二,从其本质来讲,土地所有和货币所有,同样是由于劳动的结果。

第三,借出土地而得地租,和借出货币而得利息,都是因为生产手段分配不平等,都是利用人家的劳动,而获取其结实。用洛克的话,就是土地与货币,会"从一个人手里,把那当作他的劳动报酬的利益,移转到别人的钱袋中"。

此外,他还接着表示:有如地租率的高低,是受着土地量的限制一样,利息率的高低,是受着货币量或资本量的限制,我们不肯制定法律,压制租率,也没有理由制定法律,压低利率。

四、大卫·休谟(David Hume,一七一一—一七七六年)

大卫·休谟在哲学上是与洛克齐名的;在政治经济学上,他亦有不下于洛克的贡献。他在《道德政治文学论文集》第三卷（Essays，Moral，Political and Literary-Works Vol，Ⅲ）①第二部中所收的论文，大半皆系关于经济方面的。他对于商业比重问题、货币问题，皆从批驳重商学说入手。他的利息理论，尽管从洛克那里得到了不少的启示，但更进一步了。

重商学派认为对外贸易的任务，是一国以商业去分占别一国的利润，在休谟，他却认为那是"土地、气候、特性"不同的各国家所产生的自然生产品之相互交换。"如果我们的邻国没有任何技术，任何文化，那末，他们一点也不能买我们的东西，因此不能给我们任何报偿。"所以他说："任何国家财富与商业的增加，不独没有害处，甚且是一般的帮助她的一切邻国的财富与商业的发展。"他更说："我虽为英国人，亦愿德意志、西班牙，甚至法兰西的商业日臻隆盛。"他这些议论，都是与重商学说针锋相对的。

至关于货币问题，他亦在反对重商学说的立场上，提出了他有名的"货币数量论"。即是说，货币的价值（或购买力）受决定于货币的总量。在他看来，"货币在实质上，只是劳动和商品的代表，且只是计算和估量商品的手段"，亦即"人们共同认为帮助商品交换的手段"。货币的功能如此，那末，在货币计量商品的场合，其本身数量的多寡，便会对商品价格发生相对的影响。显言之，"一切商品的价格，是依存于商品与货币之间的比例，并且，商品数量或货币数量每有一次的变动，总有其价格提高或降低的结果发生。如果货币数量增加，商品就贱；如果货币数量减少，商品就贵"。反之亦然。因此，一国货币数量增加，不过是依一定比例提高了商品名义价格罢了，于国富于民生，都没有何等利益。由外国贸易吸收回过多的货币，"其唯一结果，就是使每个人为了衣服、器具和马车，支付更多数量的光亮的金属货币"，并且这人簿记上，多写一些阿剌伯的或罗马的数目字，弄出更多的数目符号。

最后关于利润利息，他把洛克的利息理论扩大了；洛克把货币利息与土地地租等量齐观的讨论，休谟简直就把地租称为土地利息。洛克以为利息率定于货币量，他却以为货币量只表现贷者的供给，事实上，那同时

---

① 这里所提文献系指 Eugene F. Miller 编的两卷本 Essays and Treatises on Several Subjects，其中第一卷才是此处所引的 Essays，Moral，Political，and Literary 一书。——编者注

还取决于借者的需要。不仅此也,休谟又知道地租、利息以外的另外一种所得,那就是利润。利润的多少,同利息有莫大关系。所以他说:"假使把资本贷给人,要求高的利息,谁也不会以低的利润为满足。假使把资本拿来运用了以得高的利润,谁也不会以低的利息为满足。"①不过,后来亚当·斯密的利息理论虽然可说〔在〕他这里找到一些渊源,他②的利润,仍是"由商业发生的"。"所以,商业的增进,引起了大量的货币可以贷放,并由此引起一个低的利息率。"③惟其他看到了利息和商业利润的这种关系,遂不期而认为"劳动和商品有怎样大的存量呢?这件事对于利息必定有很大的影响,因为当我们出利息去借货币时,我们实际上是借这些东西"。④

五、杰姆斯·斯图亚特(James Steuart,一七一二——一七八〇年)

最后,我要讲到一位被称为英国重商主义者殿将的斯图亚特了。他是一个重商主义者,但他关于剩余价值的见解,特别是关于资本利润的见解,值得我们另眼相觑的把他放在这里叙述,而在时间的顺序上,放在这里叙述,还有一些便利。他的著作为《政治经济学原理之研究》(An Inquiry into the Principles of Political Economy),一名"论自由国家之国内政策,特别着意人口、农业、贸易、工业、货币、铸币、利息、流通、银行、交换、公债及租税",于一七六七年出版。这部书,是他流寓大陆,定居在法兰西、德意志、意大利、荷兰时,把见闻的材料,汇集而成的。材料虽然丰富,而内容则殊少理论的组织,在他自己亦认为这"不过是原料的搜集"。

可是,这样一种未经洗练的著作,却仍能使他成为十八世纪经济思想上的一个特出人物。因为,当时一般的倾向,都在奖励制造业,并为增加关税收入而施行种种统制。就英国而论,一方面奖励美洲铣铁的输入,一方面禁止羊毛的输出。这,对于工业阶级虽有利,对于地主阶级则不利,而国策的重要目的,又是要使土地阶级与工业阶级交受其利。于是,为调和并均衡这两阶级的利益,我们必定有一定的理想或模范,以期在现社会

---

① 见郭译《政治经济学批判》第 27 页。
② 指休谟。——编者注
③ 见郭译《政治经济学批判》第 28 页。
④ 见郭译《政治经济学批判》第 27 页。

组织体制下,除去他们之间的利害冲突。斯图亚特在他这部书中,就是要努力构成这样一种理想。他之所谓"模范国"(Model State),不外是要借此说明:在奖励商工业的前提下,同时须得重视农业上之剩余。

然而,从他凌杂著述中闪现出的一丝经济科学的曙光,却宁是在有关剩余价值,有关利润的片断说明上面。

把地租看为剩余价值一般移到把产业利润看为剩余价值一般,其间横着一个实际社会的变革。在变革过渡中,要明确认知利息、商业利润、地租等等对产业利润的关系,那是极其困难的。所以,由配第到洛克、休谟,虽然慢慢把它们之间的关系,分别依着英国现实经济的发展,而不完全、不明确的显露出来一些,但如卡尔所指明的,在他们之间,谁也不曾把剩余价值当作纯粹的剩余价值来考察,而都只是在剩余价值之诸特定现象形态如地租、利息、利润等上面,讲来讲去。那是难怪的,在亚当·斯密《国富论》出现以前的英国,产业资本根本还不曾对商业资本、高利贷资本等等立在支配的地位。

休谟关于利息、利润的认识,我们已知道他是比较洛克进了一步的。但就在休谟发表其议论的当时,或稍早一些时,一个不大为人知道的匿名著者马希(J. Massie)曾于一七五〇年出版了一部批判配第和洛克的著述《论自然利息率的支配原因》,在其中,他指出:"自然利息率是由借贷经营业务的利润决定的",即"借钱支付的利息,是所借的钱所能生产的利润的一部分,所以这个利息,常须由那种利润规定。"[①]坚决指出利息是从利润分出,在认识上又算跨进了一步。但归根结底,他又把那种利润,局限在商业利润上。即是剩余价值"由交换,由商品在其价值以上售卖这一件事去说明"。到了斯图亚特,他把问题推向更深的视野去考察了。他分利润为积极的利润与相对的利润。前者是"由劳动、勤劳,或熟练的逐渐增进发生的,并会引起一般福利的增大或增进"。那不会是对于任何人的损失。若相对的利润,则是指示财富在各当事人间的平衡的变动,一方的利得,即他方的损失。所以这又称之为"让渡的利润"。商品让渡时发生的利润,是商品在它的现实价值以上出卖所得的报酬。他表示:"一个商品的现实价值,是(一)由该国一个劳动者平均能在一周一日一月内生产的

---

① 见郭译《政治经济学批判》第32页。

该种商品的量决定的;(二)是由该劳动者为满足自身需要,并生产他职业上所用工具所需要的生活资料的价值及种种必要支出决定的(这一点,和上面讲的一点,都平均计算);(三)由原料的价值决定的。"他以为"认识了这三个部分,便形成工业家的利润。它常和需要成比例,并且和这种比例一同变化"①。由这段话中,我们已知道:

(一)他对现实价值的构成部分,从生产过程去找说明了,虽然那种说明是非常含混不清的;

(二)他对利润,表示是现实价值以上的东西,是剩余价值的转化物,但却不理解那也要从生产过程去说明,而把重商主义从流通过程获得利得的观念,揉合在这里;

(三)他对现实价值以上的利润的获得者,不讲商人,而讲制造业者、工业家了,这是"产业利润"形态的"发现",虽然他到底不曾把所谓积极利润与相对利润明白解说出来。

因此,在此后不到十年,亚当·斯密的《国富论》一经问世,斯图亚特爵士及其《政治经济学原理之研究》,便被掩晦不彰了。自然,我们在学史的研究上,并不能因此就忽视他对后来古典学者们的深厚影响。

---

① 见郭译《政治经济学批判》第34～35页。

第二章 魁奈及重农诸子的经济学说

第一节 重农主义的意义及其派系

一、重农主义

所谓"重农主义"或"重农学说",乃是 Physiocratie 一语之意译。Physiocratie 的语源,系由希腊语 Vois(自然)与 Kratos(主宰)二辞合成,含有"自然摄理"、"自然支配"或"自然力"的意味。引申其义,就是主张遵从自然则律,则可获得最高乐利。所以,勉强可以译成自然统摄主义。日本经济学者在对抗重商主义的意义上,把它译作重农主义,更把主张这种主义者,称为重农学派(Physiocratie school)。自是在中国亦照样沿称下来。Physiocratie 一语之使用,据重农学说的权威研究者雪勒(G. Schelle)所称,那是始于杜邦·德·奈穆尔[Du Pout de Nemours——即一七六七年所刊行的《重农主义》(Physiocratie)一名《人类最有利的政治组织》之著者],但依经济学史家昂肯(Oncken)的考证,杜邦·德·奈穆尔这部书出版的前六月,波多僧正(Abbé Baudeau)已在其发表于 Ephémérides 杂志上之《诸政治原理》论文中使用过;并且,在更前数月,魁奈诸论文纂成的单行本第一卷及第二卷的合订本,就是以"重农主义"(Physiocratie)这个题目刊行的。可见 Physiocratie 这一术语,决非奈穆尔所特创。不过,我在这里引述这种考证的意旨,并不是要分辨谁是这个语辞的始创者,而是要由此示证那是一般重农学者习用而共用的语辞。

在顾名思义上,把这样一个语辞译作"重农主义",我觉得,那较之把 Mercantilism 译作重商主义,犹为确切。因为这不是名辞本身的问题,而是它表达的内容或意义的问题。由十六世纪至十八世纪,在理论上,或在实际上,重视贵金属,重视有利贸易差额,从而主张奖励并规制国内工业的一般倾向,概括称之为商业体系,那是始于亚当·斯密;另一方面,把反对这诸般倾向的理论或学说,概括称为农业体系(Agricultural system),那亦是始于亚当·斯密①。亚当·斯密对于这两者的概称,虽然同是为了便利起见,但在许多学者看来,以"商业体系"一语去包括那许多无关商业的诸般议论或方策,终有名不副实之感。而且,严格讲来,把一些彼此全无系属关系,而又意见相互参差的政论家、事业家、商人的片断主张,假说为一个体系,那极其限,不过是"假设的体系"罢了;谁是这个体系的建立者、继承者,即在亚当·斯密,他亦没有指明出来。

然在重农主义,就不是如此。它的主旨,显明的,是尊重农业。对于农业如何应当尊重,并如何尊重,这种主义的主张者,构成了一个一贯的整秩的理论体系。而且,亚当·斯密在《国富论》第四篇,"论政治经济学上诸体系"的序论中,虽然把重农主义与重商主义相提并论的说:"不同时代不同国民的不同富裕程度,曾在政治经济学上引出两个不同的富民的主张,其一,可称为商业主义,其他,可称为农业主义。"但是,就学理方面讲,重农学说,究与重商主义大相径庭。斯密在同篇第九章论过重农学说之一般原理及其缺点后,他毕竟有这样一段另眼相觑的赞词:"这学说虽有许多缺点,但在政治经济学这个题目下发表的那许多学说中,又要以这学说最近于真理了,即因此故,凡愿细心检讨此种极重要的科学的原理的,都得十分对它留意。"但斯密赞扬的话仍说得太拢统了,把关键明确指明出来的,还是卡尔·马克思。现代性经济的研究,一定得对资本有明澈的了解,对剩余价值有基本的认识。关于前者,卡尔是这样恭维重农学派,他说:"重农主义实际比任何体系都早的,分析了资本主义的生产,……"②关于后者,他又说:"重农主义派把剩余价值起源的研究,由流通领域推移到直接的生产领域,并由此立下了资本主义生产的分析的基础。"③要之,就理论上讲,就科学的立场来讲,只有重农体系,才算是一个"如实的"(与"假设的"相对待而言)体系;亦只有重农学派,才是经济学上

---

① 见《国富论》第四篇第二章。
② 见郭译《剩余价值学说史》第43页。
③ 见郭译《剩余价值学说史》第37页。

最初出现的一个学派。

二、重农诸子

重农学派的创设者,现在大家都公认是佛兰苏亚·魁奈。其实首先主张此说的,亦是亚当·斯密。他不但在同上第九章中称说"这学说之最聪明最深奥的创设者魁奈氏"云云,他并且描述重农学派诸子,如何心悦诚服的信仰其主导者。他说:"这个学派,有无数的著作,不仅讨论真正所谓政治经济学,即讨论国民之富的性质与原因,且讨论国家行政组织其他各部门。这无数著作,都默从的,无何等大修正的,追随魁奈氏的主张。……这整个学派,对于他们主师的称扬,殆不下于古代任何哲学派,对于各自学派建立者的称扬。"不过,集结在魁奈所代表的重农学派旗帜下的学者,普通曾就重农学说之广狭两义的解释,而加以区别。所谓广义的重农学说,就是反抗柯尔柏主义(Colbertism),极力主张自由放任政策;若从狭义方面解释,则当顾及其尊重纯生产,与遵从自然秩序的信念。就前者而论,应归入重农学派范围的,一定要多;设就后者而论,即杜尔阁(Turgot),亦只能算是"半重农主义者"。但我们现在不论这区别,把一般称为重农学者,而以魁奈为中心的人物及著述列举出来。

首先应提到的,是德·米拉波侯爵[①](Marquis de Mirabeau 1715—1789)。他的主著为《人类之友》(Ami des Hommes,1756),《农业哲学》(La Philosophie Rurale,1763)[②],前者是为注释阚梯龙所著《一般商业性质论》而作,他力说农业的重要性,并主张减轻农民的负担。他与魁奈是在一七五七年会见的。关于这部书的内容,他们会见时还有所争论[③]。不过,自此次结为友情的师弟关系以来,他就成了重农学派的一个要角。

其次,我要数到利味拉(Mercier de la Riviére,1720—1767)了,他著有《政治的社会之自然的根本的秩序》(L'Ordre naturel et essentiel des

---

① 原书是"马古斯·德·米拉波"。——编者注

② 该书的书名是 Philosophie rurale ouéconomie générale et politique de l'agriculture (1763)。——编者注

③ 他们的争论是:米拉波认定人口构成每个国家的财富,人口增殖在先,有人口而后有财富,魁奈则认定财富增殖先于人口增殖。论争结果,米拉波屈伏了,他变成了魁奈的信徒。

sociétés politiques，1767）。关于这部书，亚当·斯密曾大为激赏，说这是重农学派之最明确而包括的著作。

再其次，就是前面讲过的杜邦·德·奈穆尔（1739—1817）。他的那部《重农主义或人类最有利的政治组织》（Physiocratie，ou Constitution naturelle du gouvernement le plus avantageux au genre humain，1761）的著述，大体上，可以说是指示了这个学派的一定方针。

此外，波多僧正（1730—1794）的《经济哲学序论》（Première introduction à la philosophie économique，1771），那可视为魁奈学说的解说著作。澈底的自由贸易论者顾尔奈（Gournay，1712—1759），他亦〔被〕视为重农的一个相当重要的角色，但他没有遗下何等著述。最后，我们当然要数该派的压阵大将杜尔阁氏，可是，关于他的理论与著作，我想留在后面专节论述。

以上所说的，都是法国重农学派中比较重要的人物。重农学派虽然产生在法国，他们的理论，却也在欧洲各国（英国为例外）得到了不少的遵奉者。就德国说吧，有名的政治学者、经济学者希勒特外因（Johann August Schlettwein，1731—1809），他就是一位澈头澈尾的重农主义者。他曾帮助侯爵巴腾（Karl Friedrich von Patten），实地试行重农学派的赋税政策，结局虽然失败了，但那种影响却非常之大。希勒特外因以外，德国还有其他的重农主义者，例如《人类之发达》的著者以色林（Isaak Iselin，1728—1782）及所谓半法兰西人摩维伦（Jacob Mauvillon，1743—1794）等都是，后者且有关于重农主义之著述（如《论多摩教授之重农主义的记述》）。其在俄国，加萨林二世（Catherine Ⅱ）及其他许多启蒙君主，都很尊奉重农学派的理论。在意大利，在波兰，在瑞典，乃至在其他欧洲诸国，我们亦都可以找到重农学说的共鸣者、信奉者和实验者。虽然亚当·斯密说，据他所知，视土地生产物为各国收入及财富之唯一资源或主要资源的学说，从未为任何国所采用，但，那也许是他着手写他的大著《国富论》时，重农学说还不曾在上述各国发生相当的影响。

不过，重农学派是法国应时的产物，他们在实际发生的影响，或者说，在实际收到的功效，亦以法国为最大。这，亚当·斯密是知道得很清楚的。他说他们在法国出版界发行刊物，把许多向来不曾有人好好研究过的题目，提到大众面前讨论，因此，颇惹人注意，并且在相当程度上，使国家行政赞助农业。他们鼓吹的结果，一向法律限定不许变动的租期，竟由 9 年延长到 27 年了；国内各省间的谷物运输限制，至是已完全废除；就是谷物输往外国的自由，亦在王国普通法律中，得到了确认。他们对于法国农民乃至国家的贡献，可以说是不小了。后来重农主义的政策，虽因杜尔阁的塌台而受到了打击，以致重农学派的学说，亦几乎许久许久为人所忘记，但经济史上的重农学派，到百余年后的今日，却反而更为人所注意了。这原因，就是因为这派学说的价值，不在于它直接影响经济实际，而在其直接间接影响于经济学理，这就是说，它对于实际的大贡献，是间接的。曾有人说，欧洲曾有一个时代，是为拿破仑及亚当·斯密所支配，但亚当·斯密的主要诸学说，却就有一大部分可从重农学者的著作中，探得其渊源。关于这点，我们在下面把重农学派的全般理论解述过了，并顺序叙述到了斯密的学说时，即可得知其究竟。

第二节　重农主义之理论体系

一、科学与玄学

所谓重农学说，归根结底一句话，就是以土地生产物，为各国收入及财富之唯一资源或主要资源的学说。重农学派的创设者魁奈氏及其信徒们，是怎样得到这个根本概念的呢？换言之，他们对于这个根本概念，是怎样得到合理的说明的呢？在解答这种疑问中，就可展开他们全般的理论体系。

不过，我们怎样去解述他们的理论体系是一件事，他们是怎样展开其理论体系为又一件事。比方，认土地生产物为各国收入及财富之主要的或唯一的资源这个概念，究是他们推理的前提，抑是他们推理的结论呢？他们主张遵从自然法，不违反自然秩序；并认定：受到福利，就是遵从自然法、自然秩序的证明，受到恶害，即是违反自然法、自然秩序的证明。怎样才能受到福利而避免恶害呢？那就是顺着自然所示的法则做去，好好尊重能给予人类更多利益的产业，即能提供纯收益的产业，这种产业就是农业。农业能提供纯收益，能给人类更多的福利，所以，"土地生产物，为各国收入及财富之唯一资源或主要资源",这就是重农学说全理论体系的轮廓。可是,说到这里,我们又要回头再问了。重农学派,特别是其主师魁奈,是先有了自然法观,然后再顺着理论的程序,结论到农业纯收益说的呢?抑是他们先有了农业纯收益的前提概念,然后再假托所谓自然法、自然秩序,来达到其尊重农业的主张呢?大概着重学说之思想渊源的人,倾向前一说法;着重时代环境影响的人,则倾向后一说法。而对于这思想渊源,或环境影响的议论,又各异其论。

据英国经济学者勒斯里(Leslie)在其《论文集》(第 30 页)中所说,重农学派的自然法规,是由那基于罗马神权的法理,经过法国法学家之手,而传到他们的;据因格拉姆教授(Prof. Ingram)在其《政治经济学史》(1915 年版第 59 页)中所说,那是远由希腊的学说,经过《罗马法》的学者而传到他们的;据波纳尔德(Bonald)①在其《哲学与经济学》(第 139 页)中所说,那又是渊源于格洛秀士(Grotius)及洛克(Locke)的思想;而据最近日本经济学者龙本诚一在其所著《欧洲经济学史》之附录(《重农学派之根本思想的探源》)中,却博引旁征的,说魁奈之自然法思想,大部分是根源于中国往古的学说。在这里,我们无须,并也无从判定各家意见的正确程度。不过,一种学说的成立,它对于过去相类似或相反对的学说,一定要直接或间接受到或深或浅的影响。魁奈的自然法观,如求其远的渊源,自不能不数到希腊、罗马的哲学法学,乃至中国古代的玄学思想,但是,影响他最大的,或者促成他去研究希腊、罗马之自然哲学自然法学,以及中国之"天意"、"天命"、"天叙"、"天罚"之"天"学,或"天则之学"的,我以为,那还是由于霍布士、洛克、卢梭等的思想。不错,霍布士的自然观,卢梭的自然状态说,都与魁奈的自然法、自然秩序,大相异趣,但是,他们不满意于现状,因而引论到反乎现状的境界,且思所以改革现状的用意,却似没有两样。而且,一种学说所受其他学说影响的深浅,与其就相同的成分来判断,倒毋宁从其相异的成分来判断。人们,特别是学者们,都愿意在他人意见里面,翻论出自己的创见。

至若魁奈之重视农业,亦有种种解说:他是农家子弟哪,他对重商政策抱有反感哪,他怜惜当时农民的悲惨状况哪,他鉴于国家财政状况的支

---

① 从著述来看,应是"波纳尔(James Bonar)"。——编者注

绌哪！这种种说法，我觉得没有什么谁对谁不对。一个敏感的思想家，当然会由各种方面受到刺激，我们无须机械的去指出哪一点是引起他重视农业的唯一动机。我们所要问的，仍是前面问过的，重农学说之理论体系问题，即是他们全般理论体系如何展开的问题，亦即理论研究上之方法论的问题。

关于这点，我觉得，那是魁奈氏想借重自然法的说教，来拥护其农业纯收益的主张。即是说，他研究的路线，不是由自然法引论到纯收益论等等，反之，却是因为他有了重视农业，轻视商工业的主见，再推论出为什么尊重农业，要如何尊重农业的一些道理来。这，我们可从种种方面来说明。第一，外科医学者、经济学者魁奈，他对于形而上学式的自然法观，一定不大感兴趣，而且，在当时那种环境下，那样的思想潮流下，这位最聪明的学者，决不肯埋头去研究玄学；第二，他在一七五三年（后五年，其杰作《经济表》刊行）以前，只发表过医学的著作，一七五六年才发表《农夫论》，一七五七年发表《谷物论》。像这样注重实际经济问题的人，乃把他的理论根据建筑在玄学上，这当然有他的苦衷。因为，他是由路易十五的侍医，因功列为贵族的，他要反对当时政府的种种设施，怎么不抬出"自然的"大帽子，借自掩护咧！所以，第三，当重农学说已经在社会上引起了时人的注意，且为政府相当采用了的时候，即到杜尔阁的时候，他就可任意发表重农意见，而无需戴"大帽子"掩护了。因此，他的理论，遂完全除去了一切的玄想。总之，无论就哪方面说，重农学派的自然法观、自然权说，都是为要烘托尊重农业这个根本的前提观念，推阐出来的。虽然我们同时也不能完全忽视，他或他们想不变动现存社会经济基础而改革农业的矛盾，所必然会发生的方法论上的谬误。

不论如何，我们在下面叙述其理论体系时，仍不能不追随他们那个矫揉的理论线索，即是说，由其自然法的观念，论到农业纯收益的观念，更进而论到由这纯收益观念展开的诸般理论。

二、自然法与自然权

魁奈之自然法与其自然权的观念，在他所著《自然权论》(Le Droit Naturel)及《中国专制政治》(Despotisme de la Chine)两书中，解述颇详。他这两部书出版后，其信奉者如杜邦·德·奈穆尔等，亦于此种观念有所发挥。他们这派重农学者的自然权的意义，是由其自然法观念引论而出的，所以我们先当解说其自然法。

不过，这所谓自然法，本来参杂有几分玄学意味。而魁奈在申论其自然法的意义时，又引入一些相类而又不尽同的语辞，比如，与自然相对称的，有实定法；相当于实定法的，有所谓人为的秩序；相当于自然法的，有所谓自然的秩序，这诸种语辞的含义，又都有相同相似相异的关联，不把这些关联弄个明白，引述愈多，就愈足以增加自然法观的暧昧。现在，先来解析其自然的秩序与人为的秩序。

所谓自然的秩序（Ordre naturel），即基于神意的秩序。这种秩序与人类社会的盛衰兴废无关，它是根本的、永恒的存在。至若人为的秩序（Ordre positif），或人类社会的秩序，那是一时的、暂局的、随实际社会状态而规制而成立的。正义与伦理，是前者的发露；法律则是后者的具体化。不过，人为的秩序，要以自然的秩序为基础，自然的秩序，又须由人为的秩序来体现。因此，正当的人为秩序，必得是把自然秩序做理想标准的秩序，必得是体现自然秩序的秩序。自然秩序，虽不强制人类、束缚人类使其遵从，但人们违反此自然秩序而活动，一定要视其违反的程度，而受到相当的恶果。反之，他们如其了解此自然秩序，并知道此种秩序可以增进社会的利益，给予人人以幸福，则在这种观念下组织的政府，一定是最完全的政府，在这最完全政府设施下的经济政策，一定是扩大年年财富之再生产的政策。但是，人民怎样会了解此自然秩序呢？据魁奈所说，那就是由于睿智，亦即由于受其有关于此类知识的教育。

然则自然法与自然的秩序的关系是怎样呢？在重农学派看来，那不过是有范围之广狭不同罢了。因为，自然的秩序，包括有物理的意味上之自然现象的秩序，而自然法，则只以规制人类相互关系者为限，常常与权利义务的观念相伴。它们两者的关系，正有类于两个同心的圆，即是说，自然法在自然秩序中所占的部分，就是自然秩序中关于人类社会关系的那一部分。所以，解释自然法的定义，同时就算解释了自然的秩序之一部分的意义。

至若实定法（Lois positives）与自然法（Lois naturel）的关系，那亦如人为的秩序与自然的秩序相同，前者是一时的、局限的，后者是永久的、普遍的。前者以后者为理想的模范，后者则赖前者而体现。因此，真能体现自然法的实定法，同时，亦就算是体现了自然的秩序之人为的秩序。

自然法有两方面的意义，一是物理的，一是精神的。物理的自然法，就是指着自然世界中，最有利于人类之物理事象之秩序的则律；精神的自然法，就是指着那些适合于人类最有利的物理秩序之人类行为的规则，此两者结合起来，即形成吾人所谓自然法。"一切的人，以及一切人类的权力，都不能不服从这个像是由最高主宰者所树立的最高法。这种法，是不变的，不磨灭的，最完全的。所以最完全的政治的基础，是一切实定法之根本原则。因为，实定法的作用，原来就在维持最有利于人类的自然秩序。"①

实定法既"在维持最有利于人类的'自然的秩序'"，同时，实定法又是以自然法为根本原则，所以，自然法就是规制人类社会关系的，就"常常与权利义务的观念相伴"。这样，自然法就可说是关于人类之自然的主权的法则了，转言之，岂不是基于自然法而有的权利，就是所谓自然权（Le droit naturel）么？然则这样一种自然权，究将怎样解释呢？

据魁奈说："如其要为自然权下个漠然的定义，那就是人类使用那些适于自己享乐之物的权利"，不过，这"适于自己享受之物"，在实际上，要是由他自己的劳动或其他努力所获得的，他才有使用的权利。因为，权利与义务是相对待的，各人有主张自己生存的权利，同时，亦有不侵害他人生存的义务。重农学派的标语是："没有无义务的权利，亦没有无权利的义务。"因此，在重农学派看来，所谓自然的权利，即含有自然的义务在里面。他们并不主张各取所需的天赋人权说，反之，他们甚且力说一切社会状况下的财产不平等。

据魁奈的意见，在国家社会状态下，固然不会除去财产上的不平等，就在原始社会下的自然权，亦不过是由劳动或其他努力获得生活资料的权利，而决非对于同量财物的权利。人类精神的肉体的能力，以及其他的手段有差异，其劳动或努力，亦不能不有差异，结果，在原始的状态下，人们对于其自然权的享受，也就不免要生出大大的不平等来。在他看来，这种不平等，正是各人维持其自己生存权利之成果，亦即是各人在不侵害自己及他人之条件下，自由行使其所赋与能力之成果。在这种关联上，魁奈

---

① 魁奈在这里所说的"人类的'自然的秩序'"，就是指着由人类社会所体现的"自然的秩序"的意思。

及同派诸学者所主张的自然权,就不但含有维持物质生活的财产权,同时亦连带含有发展精神人格的自由权。因为,没有自由使用其所赋与的能力的权利,亦就无从取得获有生活资料的权利。所以,一方面承认财产权,他方面必然要承认自由权。自由权与财产权,是一个楯的两面,照利味拉(Le Mercier de la Rivière)所说:"财产为自由的标准,自由为财产的标准。"

因此,这派学者虽承认自然的权利,但他们却并不承认所有的财产都是正当的。如像封建领主由剥削掠夺获有的财产,那不独非自然权所许可,且还是破坏自然权的结果,即侵害他人自然享有权利之结果。正当而合理的财产,是要由使用各人自然赋与的能力而取得,是要各人凭其能力,在自由竞争的状况下而取得。所以,他们主张保护私有财产,一面又标榜自由放任(laissez faire, laissez passer)。

总之,重农学派所理想的一种社会,就是与他们当前社会正相反对的社会。在那种社会中,政府不干涉人民的经济利益活动,反之,努力除去那些足以妨害人民经济利益活动的障碍,却正是政府的主要任务。政府果能不巧立法规,限制个人的活动,各个人自知趋向最有利益的生产事业。国民大部分都从事最有利的生产事业,结果,国富着着增加,社会幸福增进。像那样的社会秩序,才算是没有违反自然法,才算是体现了自然的秩序。

然则社会最有利的事业是什么,不消说,那就是他们所主张的提供纯生产物的农业,为国家收入之唯一资源或主要资源的农业。

三、纯收益理论

纯收益(Net product)说,或农业特别生产率说,那是重农学派的中心思想,亦即他们贱视商工业,尊重农业的前提概念。

农业上有纯收益,或有特别的生产率,那是与其他产业比较而言的。所以要解说重农学派的这种纯收益论,须就他们所分划的三个社会阶级来讲。

那三个阶级,大体上,正是他们按照能否生产纯收益的标准来区划的:第一,土地所有者阶级,包括有领主,什一税的收得者及地主;第二,农耕者阶级,包括农业家,农村劳动者;第三,商工阶级,包括有工匠,制造家,商人。第二阶级,被他们赠以生产阶级的尊号,以示敬意;第三阶级则被他们赠以不生产阶级的称号，以示屈辱。至若第一阶级，他们不认为是不生产阶级，亦不全认为是生产阶级，所以，在他们看来，那只算是半生产阶级。

土地所有者是半生产阶级的理由，因为他们有时会把他们所收得的地租的一部分，投在土地改良上，投在建筑物、排水沟、围墙及其他诸种改良上——他们这种投资，有时是用以建筑，有时是用以修补。他们在土地上投下了这些建筑、修补费之后，农耕者就能以同一的劳动，生产较大量的生产物，从而，支付较大量的地租。这种追加的地租，可视为地主用费或投资改良其土地应得之利息或利润。他们称此费用为土地费用。土地所有者的这种土地费用，被尊称为生产的费用。也许就因土地所有者能提供这种土地费用，他们有时又把土地所有者称为"真正资本家"。因为，在良好状态下，此等土地费用，除了再生产它自身价值的全部，并能在若干时以后，引起一个纯收益的再生产。

农耕者阶级是生产阶级的理由，就是因农耕者把他们先前投下来生产总生产物或生产物所必要的一切费用，完完全全付清之后，尚残下有若干用以提供地租的纯生产物，这纯生产物，他们称为纯收益。农耕者耕作土地的一切费用，被他们称之为本原费用（Depeness Primitives）及年次费用（Depeness Annuelles）。本原费用中，包含农业用具、家畜、种子，及农业家家族、雇工和家族，至少在耕作第一年度大部分时间，或在土地有若干收获以前所需的维持费。年次费用中，包含种子、农业用具的磨损，农业家的雇工、家畜及其家族（在家族中某一部分人员，得被视为农工的限内），每年的维持费。这两种费用，除了补偿它们自身的价值，尚能引起前面所说的那种纯收益，所以亦被尊称为生产的费用。

土地所有者用以改良土地的那一部分土地费用，以及农耕者用以耕作土地的本原费用和年次费用，都是神圣不可侵犯的农耕的基金。假使土地费用的全部及其普通利润，未在土地的追加地租上，完完全全给土地所有者以前，即课以赋税，结果，必致沮害土地改良，从而，损及国王未来赋税之增加。假使农耕者的本原费用及年次费用，被地主不当的过酷地租所侵害了，则他们这两种费用，在补偿其自身价值后，所提供的纯收益，必因而减少，其结果，地主的地租、国家的赋税，乃至社会上种种产业部门、文化部门，都要受到或大或小的影响。米拉波在其所著《人类之友》中，极力主张减轻农业负担说："国家为树木，农业为根，人口为干，艺术及商业为叶。根由土地吸收滋养，与树木以生气。树木上最清新的叶，即是耐久力最弱的东西，一经暴风雨，就要残毁的。但在根的精力未竭的限内，它还能再繁茂起来。设根为害虫所侵，则叶枯而干萎，待阳光没有用处，待雨露亦没有用处，求其恢复，只有疗根，否则树木行将枯死。"米拉波这种议论，概括的讲，不过说是要好好维持农业生产费用罢了。

至若工匠、制造家乃至商人都包括在不生产阶级的那种理由，是如下面这样的，即，就工匠与制造家说，他们的劳动，只抵偿他们的资本及其普通利润。这所谓资本，即他们雇主垫付给他们的材料、工具与工资，被决定用来雇用他们、维持他们的基金，其利润即被决定用来维持他们雇主的基金。他们的雇主，垫付他们以他们工作所需的材料、工具及工资，亦同样垫付他自身以维持他自身所需的费用。这种维持费，按照比例于他在出品价格上所可希冀的利润。倘若出品价格不足以偿还他所为自身而垫付的维持费，及为劳动者而垫付的材料、工具与工资，那所偿还的，就显然不是他投下费用的全部。所以，制造业资本的利润，并非像土地的地租一样，是还清全部费用（为求取得纯收益而投下的全部费用）以后留下的纯生产物或纯收益、农业家的资本，像制造业家的资本一样，可供资本所有者以利润，但农业家能供他们以地租，制造家却不能够。所以，用来雇用并维持工匠及制造业工人的费用，不过可以延续它自身价值的存在，并不能生产任何新的价值。所以，那种费用，全然是无生产或不能生产的费用。反之，用来雇用农业家或农村劳动者的费用，却除了延续其本身价值的存在，还可以生产一个新价值，即纯收益，亦即地主的地租。所以，那种费用，就是生产的费用了。更就商人说吧，商业资本和制造业的资本，同样是无生产或不生产的。它只能延续它自身价值的存在，不能生产任何新价值，不能供国家任何新财富。因为他们认为，在完全自由竞争的情形下，一切特别的独占和限制废除了，商业就只能以一种自然生产品，交换另一种等价的生产品。"商业只是等价的物品之交换，在这种场合，是不生产的；当交换的时候，在任何情况下，双方都是有利益的。实际上，可以永远这样来假定，商业是双方都有利益的，因为双方都是保证自己的财富与享乐，这些财富能够取得，只有借交换的帮助。"如其一种价值的财富，对另一种价值的财富，行着等价的交换，那还能说是什么实际的价值的增加吗？所以，在他们看来，商业的资本，也是无生产或不生产的。

不过，商业资本和制造业资本，虽然都不能生产新价值，但就全般的利益讲，或就分业的利益讲，这派学者却认定那都有助于新价值、新财富的产生。因为，以商人、工匠、制造业工人的勤劳为媒介，生产阶级的耕作者，乃至地主，始得以比较遥为小量（比较不得不在拙笨而不熟练的情状下，亲自输入或亲自制作的场合）的自身的劳动生产物、购得他们所需的外国货品及本国制造品。并且，以不生产阶级为媒介，耕作者得专心耕作土地，不致为其他事务分心。专心的结果，耕作者所得而生产的物品，更为优越了。所以，商人、工匠、制造业工人的劳动，就其本身性质说，虽全然是不生产的，但可如此间接有助于土地生产物之增进。

上面这一大堆议论，是重农学派之全理论体系的核心。他们的生产与不生产的区别，就是以是否有纯生产物或纯收益来判定。农业资本于收回本身价值及资本普通利润以外，还有一部分生产物提供地租；商工业资本，虽亦可收回其本身价值，并得到资本普通利润，但它没有残留下供地租的任何部分。两两比较起来，所以，后者就不是生产的了。他们这种生产的定义，或不生产的定义，与普通的解释是不同的。照普通的说法，能收回其本身价值，且可得到资本之普通利润的那种资本，决不能说是不生产的资本，至多，与其他于本身价值及利润外，尚可提供地租的资本比较，不过生产较少罢了。然而魁奈及其后继者，偏要把农业称为生产的，把商工业称为不生产的，这原因，分明是他们因为当时过于看重商工业，过于看轻农业，于是矫枉过正，反过来，特别推重农业，特别贬屈商工业，而纯生产物或纯收益的发现，就恰好构成了他们的尊重农业、轻视商工业之理论上的中心枢纽。

农业既为特别生产的，所以，在理想的社会中，即在那依照自然法、自然秩序而按排的社会中，农业当然应居于主位，至若商工业，那不过农业之副业或辅业罢了。这各阶级在理想社会中之经济的分配与流通，以及社会总资本之连续反覆，再生产行程的进动，魁奈曾以图表明示出来，那就是有名的、耐人探索的《经济表》。

魁奈在这《经济表》中提示的流通分配等大道理，当然是以纯生产物、纯收益理论为中心而展开，而推阐出来的，从而，当然应该归属在他们之理论体系的这一章里面讨论，但因其特别重要，而且特别要费篇幅解述，所以，我勉强把它分列在次节，用一全节来阐明其究竟。

第三节　魁奈的《经济表》

一、所谓经济表

在说明魁奈的《经济表》(Tableau Économique)之前,我觉得应该顺便把他的生涯,作一个简括的介绍。他是一个农家子,一六九四年生于威尔沙爱①附近之麦那。他因 8 岁丧父,不能享受正规的学校教育,据说,至 12 岁时,尚目不识丁。但他意志坚决,刻苦自学,卒于一七一七年得到了外科医生的许可证,定居伦特。一七三二年,被选为外科医师会书记,迁往巴黎。一七四九年由坡姆巴特尔侯爵家聘为医师,乃赴威尔沙爱。此后,因为充当路易十五世的侍医,治愈了王子的疾病的功绩,遂列为贵族,永住在威尔沙爱宫殿中。一七七四年十二月殁于威尔沙爱。

魁奈在前虽有关于医学的著述发表,但至一七五三年以后,始专门从事经济学的研究。一七五六年,他以题作《农夫论》(Fermiers)及翌年题作《谷物论》(On Grains)的文稿,投寄迪德罗(Diderot)及阿勒贝(D. Alembert)所编纂的《百科辞典》(Encyclopédie)。至一七五八年,有名的《经济表》乃出现于世。此外他于一七六五年九月,还在《农商业及财政杂志》(Journal de L'agriculture du Commerce et des Finance)上,发表了一篇《自然权》的论文,次年在杂志上发表《经济表解析》,此后又在 Éphéméride 刊物上,发表了一篇长约 100 页的叙事体的中国专制政治论文。在这一些著作中,使魁奈在经济思想史上占有空前地位的,当然是他由这六个出发点、六个回归点联合五行线结成的《经济表》(参见后面修正的经济表略表)。

《经济表》的主旨,原在调解法国当时地主阶级、商工阶级及农民阶级之间的经济抗争,并企图以农民阶级为中心,而根本的改造国家社会。在这个图表中,他以数学的或几何的精密科学方法,处理其所理想的社会之财富分配和流通的关系。所以,那是一种纯理经济学的"假想图"。

《经济表》虽于一七五八年问世,但那次只是在威尔沙爱宫殿附属的印刷

---

① 指凡尔赛(Versailles)。——编者注

所印刷了四部,所以流行于世的,不是那个原本,而是由魁奈的信徒米拉波及波多僧正所刊行的本子。一八〇九年,斯帝芬·保维尔(Stephan Bauer)在米拉波遗稿中发现了初次原本的第二版,至一八九四年,由英国经济学会,把这第二版本重行印刷,以纪念魁奈二百年的诞辰。此本行世最广,卡兰(Cannan)曾录入其所作亚当·斯密之《国富论》的序文中。此外,还有一种为昂肯(Oncken)在米拉波遗稿中发现的魁奈亲笔草稿第一版,现由他复制出来,发表于其所著《国民经济学史》里面。因此,行世的《经济表》,共有三种:(一)昂肯复制的,(二)英国经济学会重印的,(三)米拉波及波多僧正刊行的。后面这一种表,载在米拉波的农业哲学中,即一般所知的魁奈《经济表》。

这三种表在字数上,以及其他点上,虽互有差异之点,但大体都是所谓"经济秩序的基本表",都不外抽出流通各过程上所发生的障碍,而表示一般流通的均衡状态。

除此《经济表》外,魁奈自己又制有一种"经济表范式"(Formule de Tableau Économique),附于其所著《经济表解析》(Analyse de Tableau Économique)中,故普通把前表称原表,这种"经济表范式"称略表。"略表"比较复杂的原表容易了解。不过,原表的侧重点,在于个人所得的关系,而略表所示,则为国民总收入支出或总生产消费的关系。

现在,先说明"原表",次说明"略表",最后,更就保维尔的"略表修正表"一加说明。

(一)原表

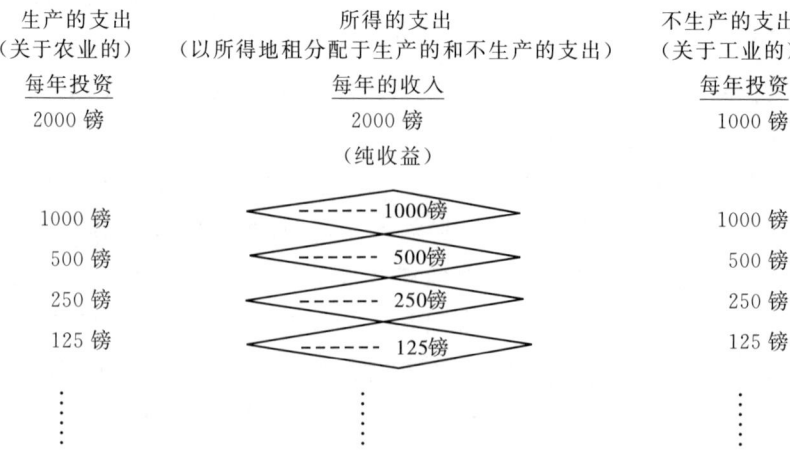

上边这个"原表"，是昂肯由魁奈草稿中复写而成的。依昂肯的说明，则中央 2000 镑（原文为里佛尔[①]，兹改称镑，后仿此），为地主一年的纯收入，即农业者在一年生产过程上所得的纯收益，地主把纯收入 2000 镑的一半，向生产的农业者购买食料品，另一半，则向不生产的工业者购买工业品（表中由中央移向两方）。

生产的农业者由地主支给的 1000 镑，用作生产的消费，由是生出 2000 镑的总生产物。他把总生产物的一半（1000 镑），即剩余或纯收益，再提供地主（移向中央，如点线所示）。残下之 1000 镑，则由自己消费一半（500 镑），以一半向工业者购买工业品（由左方经长线移向右方）。工业者用这 500 镑，作了不生产的支出，即不能生出任何纯收益的再生产。也就是说，500 镑依旧生产 500 镑的生产品。他把这 500 镑，一半（250 镑）充当工业消费，一半为购买农产物支给农业者（由右方经长斜线移向左方）。农业者用他这 250 镑，再生产 500 镑总生产物，以一半（250 镑）提供地主（由点线移向中央）以其余半额之半（125 镑）自己消费，另一半（125 镑），流入工业方面。工业方面又复以这 125 镑的一半，逆流入农业方面，如是循环往复，一直继续反覆到一文不存的最后行程。

工业者由地主支给的 1000 镑，是依着同一流通顺序，以 500 镑供工业上不生产的消费，以 500 镑向农业者购买原料品及食料，农业者又由此产出倍额（1000 镑）的总收获，半供地主，其余半额之半（250 镑）流入工业方面，工业方面又折半逆流入农业方面，一直继续下去。

结局，地主支付农业者、工业者的 2000 镑，就由这样继续相互周流，而形成了一个整然的再生产行程的图表。

(二) 略表

如前所讲的，魁奈的"略表"，是附载在他所著《经济表解述》里面。在那里面，他先假定一个农业极度发达，每年总再生产有 50 亿镑的大王国。关于其中流通分配的秩序，他曾概述如次："原先分配于地主阶级及生产阶级间的五〇亿镑的总额，乃是依着一定的秩序，保证年年继续相等的再生产而消费的。不过，其中地主阶级由生产阶级提供的二〇亿，一半为购

[①] 里佛尔（或译利佛尔），法国货币单位。——编者注

买食品支付了生产阶级,一半购买工业品,支付了不生产阶级。生产阶级以其手中生产物出卖的三〇亿,把二〇亿提供了地主,一〇亿购买工业品支给了不生产阶级。不生产阶级由这两方面得到的二〇亿,又因为要购入全阶级的生活资料和工作原料,依然支给了生产阶级。因之,生产阶级就算是为每年五〇亿的总再生产的费用或消费,而自己消费了值二〇亿的生产物。这就是生产阶级前支二〇亿,而再生产值二〇亿镑生产物之支出分配的秩序。"

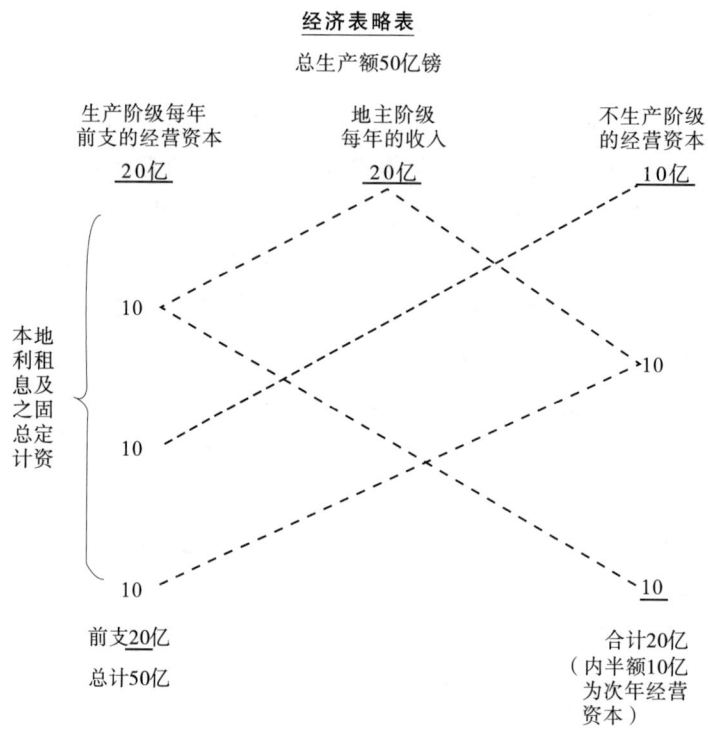

(注)上表所谓固定资本利息,即固定资本或魁奈所谓"本原费用"每年损费之填补,这个填补额,占总生产额的 1/5,即 10 亿镑。

魁奈更按表解释说:"现在,我把这支出分配之数学的表示,提示于读者之前。在表之左侧上方,为生产阶级为本年生产,而在前年度支出的预支额,其下,为他由其他阶级受取的额数。右方,则为不生产阶级受取的额数。

中央上方,为所得的额数(即地主阶级的收入),这额数分配于左右两阶级。支用的分配,用点线表示,由中央地主阶级的收入出发,分途斜向左右两阶级。此两线终点,为地主以收入向各阶级购物费去的额数。左右两阶级相互交易的支出,亦以点线表示,由购买方面斜行,而各线之终点,则为一方向他方依交易取得的额数。最后,此计算以左右两阶级各各收入的总计终结。"

魁奈这个"略表"及其解释,仍不免有若干暧昧难明之点,至今犹为经济学者断断争讼,现在,更就保维尔修正的经济表略表,来说明一下。

(三)修正的经济表略表

下面这个表的流通行程,是以生产阶级付纳地主的 20 亿的货币地租开始。

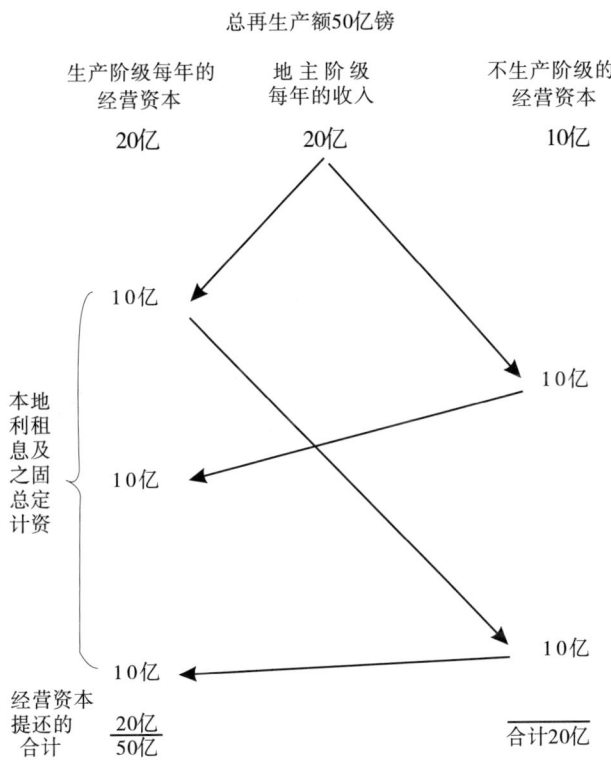

地主阶级把这宗货币,以 10 亿向生产阶级购买食料品,由是,这 10 亿货币,就复归了生产阶级,而总再生产额的 1/5,入了消费界。

地主阶级残下的货币 10 亿,又用工业品的消费,支给不生产阶级,再用以向生产阶级购买食料品,由是生产阶级又间接收回了他付纳地主阶级的第二个10亿,同时,总再生产额,就有第二个1/5,移入了消费界;而不生产阶级总再生产额20亿中,有10亿变成了食料品。

生产阶级由这两方面收回的货币20亿,其中有10亿要为偿补前年度消费了的固定资本即机械等工业品,而支付不生产阶级,不生产阶级又以这项货币,转向生产阶级购买原料。于是生产阶级支出的10亿货币,又算收回了。同时,其再生产额的第三个1/5,入了消费界,而不生产阶级残下的总再生产额10亿就变换了原料。

结局,生产阶级乃有20亿的货币值、10亿的工业品,再加值20亿的农产物,这值20亿的农产物,不入流通界,直接留作弥补垫支之用。同时,不生产阶级则存有值10亿的原料和值10亿的食品,以为来年再生产之手段。

二、经济表的意义

《经济表》的"原表"、"略表"及"修正的略表",上面已说明其机构了,现在要进而探究其中所含的意义。

不过,如我在前面讲过的,魁奈的《经济表》,原是一种纯理经济学的"假想图",我们要了解其含义,当然应该知道他所假定的几个前提条件。(一)他假定那个社会已普行着佃租制及大农业制;(二)社会三个主要阶级以外的下层阶级(Bas peuple),他搁置不提了;(三)那个社会的买卖价格是划一的,固定的;(四)那是行着单纯的再生产,即按照从前范围的再生产;(五)关于财货的流通,他所着意到的,只是三大阶级之间的流通,而没有把各阶级内部的流通,加入考虑。在这种种条件之下构成的"假想图",或理想图案,对于现实的社会,当然是枘凿不入;但这个"图表"的重要性,不在它是否能完全印证于实际社会,而在它本身所包含的或暗示的重大意义。这,我们可就种种方面来考察。

第一,魁奈在这个"表"中,企图把资本的全生产过程,解作再生产过程,并把社会全部再生产过程,流通、分配以及生产品的消费,表现成为一个整然的系列。这样,不但指明了全社会生产过程之不断定期重复的可能条件,且指明整个社会的经济生活,全是循环流通的生活。他的"表",是从生产全社会生产品的收获期开始,收获期一经告终,生产品便由许多交换行为,介入这些交换行为所构成的流通行程。

第二,在流通行程里面,在各阶级相互间,表示出了两种运动,一是生产品运动,一是货币的运动。原料、食料品由生产阶级流入不生产阶级,则不生产阶级手中的货币就流入生产阶级;生产阶级要购买工业品,他们手中的货币亦流入不生产阶级。这两个运动,是恰好正相反对的进行着。不过,就"修正表略表"来讲,50亿镑的总再生产,有了20亿镑的货币,就够周转流通,这,不但否定了从来单把流通看作是货币流通的皮相观察,同时且表示货币的流通,不过是生产品流通的一个关节,前者仅供后者的鞭策奔走罢了,重商主义的整个货币理论,全在这种暗示的意义下或真理上消解了,所以,在魁奈一派看来:"造币没有别的意义,只是帮助商品交换,它仅仅是在买者与卖者之间尽了一个媒介作用。"惟其如此,"所以国家之富强,不在货币的蓄积,而在财富的增长"。"真的财富,是要不绝的需要再生产。"

第三,魁奈又指示了,真正的财富的增加,就在于地主所得的增加,亦即在纯生产物或纯收益的增加。纯收益如何能增加呢?显明的,那是要增加生产阶级的生产总资本,即"修正表略表"上所说的经营资本与固定资本利息,或者如魁奈所说,年次费用及本原费用之填补。从上面解说的原表上,我们知道:农业者由地主支付的资金,他即用以再生产倍额的总再生产物,这总再生产物,除以一半供自己消费外,还可以一半提供地主,每次都是如此。所以,"我们能获得大报酬,能使土地产出许多收入,不外就是依赖很大的预垫费(Avances)"。这所谓预垫费,即指着本原费用与年次费用,简言之,就是资本。资本的概念,我们今日虽然听得很熟,但在当时,却是一个大发现。《经济学之建设者》(The Founders of Political Economy)的著作者列温斯基(Levinski)说:"最为重农学派体系上独创的一部分,就是资本理论。把社会分为三个阶级的,虽然阚梯龙的《论集》中也看得出,虽然在他那初期的论著中,也有货币不是财富,单是交换媒介的说法,但是资本理论,却完全是重农学派的发现。"

第四,社会的财富,社会的纯收益的增加,既有赖于生产资本的增加,那么,从反面看,生产资本减少,亦必然要生出相反的结果。如前面"原表"所示,农业者由地主支给的1000镑,虽可用以再生产倍额的总生产物2000镑,再以一半1000镑提供地主,但同时工业者由地主支给的1000

镑,却不能生产出 1000 镑的价值,而不能获有何等纯收益。所以,地主阶级把他们由生产阶级取得的收入或地租,支给工业乃至商业方面的比例愈大,即因社会奢侈、宫殿浪费而支付城市不生产者的比例愈大,则支付生产农业者的比例必愈小;农业者的生产支费减少,其产出之纯收益,必按比额减少。这种反常状态继续下去,势必致耗尽生产费,使纯收益没有着落。结局,全社会的经济状态,将不免于颠危。所以,一国政府如预知国民经济的繁荣或枯竭,完全是靠农业生产资本之扩大与缩小为转移,则在立定国家大计上,就要设计去增加或扩大农业资本。在这里,亦就暗示出了重农学派所采的经济政策。那是我在次节要讲到的。

除上述几点外,《经济表》中把社会各阶级间的经济关系,就每个阶级全体出发来解明,那不独在当时为一种创见,且为一大胆而含有革命意义的创见。含有这种重大意义,或重要真理的《经济表》,无怪其热心信从者德·米拉波〔侯爵〕,有一段被亚当·斯密嫌其称扬过火的赞辞。他说:"从有世界以来,只有三个大发明,与其他许多仅是政治社会装饰润泽的发明无关,单独的给政治社会以安定性。第一,是书写的发明,只有它可给人类本性以传达(毫无更动的传达)其法律,其契约,其历史及其发现之能力。第二,是货币的发明,那使诸文明社会的全部关系,得互相联络。第三,是《经济表》,那是其他两种发明的结果,但可完成它们两者的目标,从而使它们两者完成;那是我们这个时代的大发现,我们的子孙将永远收获其利益。"

然而,这样伟大的发明的《经济表》出版后,有许久许久没有多少人特别注意它,这一方面,虽如因格拉姆所说,因其形式枯燥而抽象,所以不大受到一般的欢迎,但同时重农主义因杜尔阁塌台而失势,因亚当·斯密学说风行而更失势,那却是《经济表》湮没不彰的主因。可是,历史车轮回转的结果,终究到达了一个重新估价一切学说的时期。在哲学领域内,数千年来振破了人们耳鼓的"亚里士多德的骚音,与柏拉图的法螺",现在渐渐有人厌烦其嘈杂了,而同时一向被人们看作无足轻重的赫拉克里特士(Heraclitus)、勃洛大哥拉斯(Protagoras)及德谟克利特士(Democritus)的三大体系,却反而成了希腊哲学史上之希世的清音。同样,在经济学领域内,英国正统派特别是亚当·斯密的学说,那比哲学界的亚里士多德与柏拉图还要有更实际、更大得多的权威,在他这一派学说支配欧洲(如其可以这么说)的全盛时期,《经济表》亦受到了希腊那三大哲学体系的寂无所闻的命运。然而,自经马克思根究亚当·斯密学说之渊源,并解明了《经济表》中所含之"谜"以后,《经济表》在历史上的评价,亦是大改旧观了。马克思在其所著《资本论》、《剩余价值学说史》里面,都有关于《经济表》的赞词,而在《哲学之贫困》里面,他更说魁奈是"法国第一个经济学者",说他"成功了一种科学的经济学。而这经济学,全概括在他的《经济表》中"。"(无论如何,经济表总是一个极有天才的创见),这种尝试,要把资本的全部生产过程,表现为再生产过程,把流通过程仅表现为这种生产过程的形态,货币流通仅表现为资本流通的要素;同时,还在这种再生产过程中,确定了所得的起源,资本和所得间的交换,再生产的消费和断然的消费(definitive Konsumtion)之关系,并在资本的流通中,包入了消费者和生产者(实际就是资本和所得)间的流通,最后,还把生产劳动两大部门——原生产与工业——间的流通,视为再生产过程的要素。这个表,实际不过五根线,把六个出发点和复归点联起来罢了。这个表,是十八世纪初叶,在经济学的幼稚时期出现的。一直到现在,政治经济学还无疑要感谢这个最天才的创作。"①

在次节,我将根据《经济表》上所暗示的原则,来考察重农学派的经济政策。

第四节 重农学派的经济政策

一、大农经济政策

如其说纯收益理论,是重农学派之一切理论的中心理论,则大农经济政策,就是重农学派之一切经济政策的中心政策。

由这政策,我们可以窥知重农学说之根本精神;由这政策,我们可以看出重农学派所要求的政治制度;由这政策,我们还可以推知其他经济政策之一般进向。

---

① 见郭译《剩余价值学说史》第一卷第93～94页。

重农学说之尊重农业,那是我们在前面反复讲明过了的。但这种学说对于农业之差别观,我们却未提到。重农学派对于农业,只重大农,不重小农,只重富农,不重贫农;不但如此,他们甚且主张牺牲小农贫农,来成全大农富农。单就这点而论,所谓"重农主义"这语辞,就不免要减少几分妥当性,而当改称为"大农主义"或"富农主义"了。

重农学派之尊重大农,那有几种理由。第一,法国当时的农村状况,我们在前面已经讲述过了。以没有居室,没有家具的农民,在没有施过肥料的土地上,使用瘦弱的牲畜和破旧的木犁,那种收获所得,当然是有限极了;同时,第二,海峡对岸的英国,那里早就是行着大的富农经济和农村经济的合理化,其结果,英国社会富庶而繁荣,那与当时法国的贫乏和衰萎状态,恰好是一个对照;重农学者魁奈把这两国的实况比较观察起来。于是,第三,归结到他的纯收益理论上面来了。在他看来,小农除了生存手段所必需之外,差不多得不到任何生产品或纯收益。有时,甚且难说定他们的收获,能够满足他们生存的需要。重农学派之尊重农业,那是因为农业能产生纯生产物或纯收益,小农既然除生产手段必需以外,得不到何等生产品或纯收入,那就同不生产的商人工匠没有区别了;如果有时竟至不能满足他们生存的需要,那更连商人工匠都不如,所以,他们主张以大的富农经济,来代替小农经济。

为什么大农经济就能生产纯收益呢?

依魁奈及他这一派的意见,要提高农村经济的生产率,必须采取每年耕种制(按法国当时大抵为三年耕种制,即每三年休耕一年),改良牲畜的房舍,增进牲畜的营养,发展农耕技术,广施有效肥料。这种种,都非投下巨额的资本不可,换言之,都非富农不能办到。杜尔阁在其《富之形成及其分配之考察》中说:"人们就是以自己的手耕作土地,在收获之前,有播种的必要,到收获之后,又有生活之必要。土地的耕作,越是完全,而且越繁荣的时候,这房屋的费用就越发多。贮藏家具、农具,并饲养家畜的生产物的房屋,也有建立的必要;因事业之规模,有支付工资于多数的人们,使他们的生活有维持到收获之必要。"所以,"我们能获得大的报酬,能由土地产出许多收入,不外是依赖很大的预垫费(Avances)"。这所谓"预垫费",就是资本。在他们看来:土地上的生产物,是与投在土地上的资本为比例。支付愈小,人民和土地所提供国家的利益也愈小,即是说:投资总额愈小,则消耗在生产品单位里面的成本费总额愈大。所以魁奈在其《农夫论》中说:"大的农企业与小的农企业比较时,大的农企业的成本费和修理费要少多了,支付更低,纯收益的数量也要比较更大。"

波多僧正在其《农业哲学》中,更从技术及其他的见地,来发挥这个道理。他以为:设有孤立的小农100人,各自独立经营农业,其所产出的农产物,只勉能维持110人的生活,即,极其限,能获有养活10人的剩余罢了。设同一面积,由大农制50人的劳动经营,则可生产养活200人的生产物。这原因,就因小农每日躬亲耕作,没有使其天赋理性活动的余地,没有功夫讲求技术改良;而在一人指导许多农业劳动者的大农经营的场合,指导者有专门讲究技术改良的余暇,并得以精巧机械来替代简单农具,两相比较起来,大农的生产力是要大多了。生产力增加,收获量亦按比例增加;所以由小农经营,虽不过生产养活十人的剩余或纯收益,由大农经营,却可产生养活150人的剩余或纯收益。

总之,要想土地产生多量纯收益,就要采行大农的经营,换言之,就是要使土地资本化。所以,重农学派所谓"富国兼且富民的农业",那是指着资本主义的农业;所谓"富之唯一源泉的土地",那是指着资本化了的土地;而他们主张的这种大农经济政策,亦就是资本主义的农业政策了。

然则这种政策将怎样施展呢?很明白的,那是要大批的资本由都市移向农村。而资本肯向农村移动,那至少要做到以下几层:第一,在都市方面,要废除商工业的种种特权,否则,资本一定会贪图这些特权的保育,而不肯向农村移动;第二,即令都市特权废除了,如其农村方面残留一些封建的束缚,并且,土地又散布在一些小自耕农、半佃农、小佃农手里,那资本也一定无从移到农村。所以在重农学派看来,这里一定要推行一种土地改良,一方面,使采邑领主的贡税,代以地主与佃户之间的自由契约,同时,使那些小自耕农、半佃农、小佃农,都无产阶级化,都变为无所有的农村雇工,这样,富农乃得向大地主租好巨块的土地,雇佣那些农村雇工,而开始其大农业经营。然而,做到了上面这两层,还不够鼓舞富农向农村投下资本,此外,更当解除一向加在农业上的种种负担与束缚,且反过来,予富农以各种可能的方便,即保障他们的资本,使他们豁免个人的义务和土地税等等。

可是,这些大农政策的纲领,叫谁来执行呢?现在"付与工商阶级种种特权的无知政府"，还在"对农业施行财政上的榨取，并且剥夺农村中的财富"，希望他们，那是显然没有用处的。当时法国启蒙学者主张的分权君主立宪政治，或人民元首的德谟克拉西①政治，在魁奈一派的经济学者看来，那都不能满足他们的要求。因为，当时尚未由都市资产阶级分化出来的富农或农村资产阶级，他们没有形成一个集体的势力，当然不能起来把握政权。那么，君主政权没落后，国家政权有两个前途，一是掌握在现在还有政治势力的贵族阶级手中，否则，就是掌握在都市的资产阶级手中。贵族阶级掌有政权，土地改良、赋税改良都做不通；都市资产阶级掌握政权，取消商工特权，解除农业束缚，都做不通。所以，照他们的想法，还是拥护专制君主好。这专制君主，要开明，要不违反"自然的秩序"，要不任意颁布一些非"自然权"所许可的法律。显言之，他们所理想的君主，恰好与当前拥护封建势力和重商主义的国王相反，那是拥护农业主义的，是奖励农村资产阶级的。因为尊重农业利益，正是实现自然的秩序。

这样的君主，对于经济上的任务，在消极方面，就是不干涉个人的经济活动，并除去阻碍个人经济活动的障碍；在积极方面，就是励行产生纯收入或纯收益的产业的产业政策，即所谓大农经济政策。如兴建公共事业(Travaux public)，如疏凿运河，如便利农产物运输，如贷借农业用资金等等，都是他们认为国家或君主直接奖励大农富农应行的事体。

至若重农学派所主张的自由贸易政策、单一税政策，那不过是由整个大农经济政策派生的政策，或者以大农经济政策为中心所形成的政策。因为，这两种政策的究局目的，皆不外使资本由都市向农村流动，使农村资产阶级有更大的发展农村经济的实力。不过，在重农学派的理论上与实际上，这两种政策都是非常重要，并且，都大有影响于后世，所以我想在下面分别予以说明。

二、自由贸易政策

重农学派的自由贸易政策，可以分两方面来讲，一是关于商工业的，一是关于农业的。在一般人看来，尊重农业，轻视商工业的重农主义，它的自由贸易政策，一定只限行于农业上的农产物贸易，而对于工业制成品

---

① 即"民主"。——编者注

的贸易，必多所限制，但实际殊不如此。重农学派所标榜的"自由放任"，在贸易上是非常澈底的；对于农业，对于商工业，不论在国外市场，抑在国内市场，他们都主张听其自由竞争。不过，其间仅有的差别，就是他们主张的商工业上的自由贸易，那不是为了发展商工业，而仍是为了发展农业。即是说，他们认定商工业是农业的附属物，把商工业的发展，当作了农业发展的手段。

兹先述其关于商工业方面的自由贸易的主张。

前面讲过，重农学派虽斥工匠、制造业者、商人为不生产阶级，但却承认他们的劳动，间接有助于生产物的增进。所以，他们以为，无论就哪点说，限制或沮害商人、工匠及制造业者的产业，都不是地主及耕作者的利益。这不生产阶级越是自由，则他们间各种职业的竞争越是激烈，而其他两阶级所需的外国货品及本国制造品，就将越以低廉的价格，得到供给。

在一国内，商工阶级对生产阶级的关系如此，在国际间，商业国对农业国的关系亦是如此。主要由商人、工匠、制造业工人构成的商业国，不但对于其他各国居民有用，而且大大有用。因为，其他诸国的居民，本应在国内寻得商人、工匠及制造业工人，但因其国政策上的某种缺点，又不能寻得他们，这种极其重要的缺陷，乃得在某程度上，赖这种国家而得填补。

设以高率赋税课加在此等商业的贸易或所供商品上，从而，沮害抑制此等商业国的产业，决不是农业国的利益。这种赋税，因可提供此等商品的价格，其结果，不过减低他们自己的剩余土地生产物——用以购买商业国商品的，就是这种物品或这种物品的价格——真实价值，这种赋税的作用，不过是妨害此等剩余生产物的增加，从而，妨害他们自己的土地改良与耕作。

反之，如准许一切此等商业国的贸易享有最完全的自由，乃是提高这剩余生产物价值，奖励这剩余生产物增加，并从而奖励其国内土地改良及耕作的最有效的方策。

不但如此，这种完全的贸易自由，又是在适当期间，供他们以国内所缺少的工匠、制造业工人及商人，使他们在国内感到的那个最重要的缺陷，得在最适当最有利的情况上，得到补充的方策。

因为土地剩余生产物的增加，到了相当时期，所能创造的资本，必有有剩余部分，不能以普通利润率用来改良土地或耕作土地。剩余部分，自然会自行转过来，在国内，雇用工匠与制造业工人。国内制造业工人，因可在国内寻得他们工作的材料和他们生活资料的基金，即使技术熟练稍逊，亦得以那与商业国同样低廉的价格，作成他们的出品。而且，因技术和熟练增进的关系，又因商业国货物须由远道运往农业国的关系，不久，商业国的工匠与制造业工人，即将在农业国的市场上遇着竞争的人，再不久，就不得不贱卖，而被逐于这市场之外了。后来，技术与熟练的逐渐改良的结果，此等农业国的制品，将在适当时期，推广其售卖至国内市场之外，即推销于许多国外市场；并照同样的方法，再在这里，逐渐把此等商业国的制造品，排挤出去不少。

总之，依照重农学派的主张，农业国能给一切其他国的工匠、制造业工人与商人以最完全的贸易自由，那不但可因以提高本国剩余生产物的价值，并可由此价值之继续增加，而培育本国的制造业和对外贸易。设所见不远，以高率关税和禁令压迫诸外国国民的贸易，那么，在结局上，就一定会妨害它本身的利益。妨害之途有二：其一，因可提高一切外国货品及各种制造品的价格，必致于减落本国剩余土地生产物——用以购买外国货品及制造品的，就是这种物品或这种物品的价格——真实价值。其二，因将给本国商人、工匠、制造业工人以国内市场的独占，会提高工商业的利润率，使较高于农业的利润率，从而，把原已投在农业上的资本，或者，对于原要投在农业上的资本，拦阻其一部分，使不能投到农业上来。这两种妨害，都会逼着资本由农村移向都市，恰与前面所述的大农经济政策的期待相反。所以，为发展农村经济计，为使农村资本利润超过工商业资本利润，至少，亦不得低于工商业资本利润计，重农学派主张对于商工业，树立完全的自由贸易政策。至若在当时横受束缚限制的农业本身，那对于这种政策的要求，就更为迫切，而且，农业物之自由贸易，正是他们整个自由贸易政策主张之骨干。

在本篇第一章讲过，法国农业因重商主义实施而直接受到的最大恶害，就是因要减低工业制造品的成本，而对面包、对原料所加的种种限制。谷物与面包不但禁止出口，不但设定价格的限制，而且在国内州与州间，城市与乡村间，都设有一些不合理的条例，其主旨则不外使这些食料乃至原料的价格减低，使商工业阶级得到低廉的农产物的供给。

农产所受到的这些压迫和限制,那就是造成法国农村经济破产的最直接而且最主要的原因。

重农学派要使农业从这诸般桎梏解放出来,这当然是他主张自由放任说之有力的冲动。因此,有人说,重农学派的自由贸易,其含义就是自由输送面包到外国去,自由输送原料的外国去。他们作这种主张,并非单纯的、意气的反抗现实状况,同时还出于他们理论的根据。

前面讲过,重农学派的中心理论,就是那种纯生产物和纯收益的理论。一国之繁荣或衰败,一视此纯收益之增加或缩减为转移。纯收益增加,国家的财富及收入源泉充裕,纯收益减少,国家的财富及收入源泉涸竭。法国当时民穷财匮的实况,正是纯收益日益缩减的表征。纯收益缩减的途径有三:其一,浪费了生产的费用,即浪费了魁奈所说的本原费用、年次费用及土地费用;其二,增大了农产物的生产成本费;其三,削减了农产物应分受到的合理价格。如奢侈的宫殿生活,无意义的战费支出,那都是浪费生产的费用;如以高率关税压迫外国制品,使本国制品在国内享有独占,从而,高抬物价,加重一般消费者的负担,那即是增大农产物的成本;如禁止原料、面包输出,并限制面包任意发卖,任意贩运,那都是削减农产物的价格。现在仅就最后第三点,来申诉其对于纯收益的影响吧。

每件制品都少不了原料,每件制品的制造者、贩卖者,都少不了食物,这就是说,农产物是用得最普遍而且最基本的。按照事物自然的顺序,农产物的价格,应该随商工业的发达,而愈益增加。现在,不但不任其增加,却反限定其减低,这种违反自然的矫揉限制,虽然暂时会收到减低制造品成本的益处,在相当期间内,一定要受到非常不利的恶果。因为,工业制造品的成本缩减,同时,这种缩减又是以牺牲农业利益为前提,那么,工商业的资本利润,一定要高过农业的利润,结果,唯利是图的资本,便会由农村向都市移动,即是说,由生产事业方面向不生产事业方面移动;这样的反常移动,势必引起一般生产行程的缩减,而社会的纯收益,则按照这一般生产行程缩减的程度而减落。纯收入减落的意思,即是社会全般财富减落的意思。那一来,直接蒙受其害的虽是农业,而间接受其不利影响的,实不只于农业。法国当时的农业实况,固然是凋敝不堪,但法国当时的工业情况,不也是萎靡不振么?

所以,在重农学派看来,社会全般产业颓废的根本救济,就在运用一种方策,使农业资本利润,超过工业资本利润,使资本由都市移向农村;换言之,就是要树立一种有利于农业的自由贸易政策。在这种政策下,所有关于原料,特别是关于面包的诸般限制,概行废除。这样,面包及其他原料品,乃能售得其应分售得的价格,农业资本乃能有较高的利润率;结果,集注于都市方面的资本,乃能流向农村;农村方面的富农大农增多,合理化的大农业经营增多,而社会再生产的纯收益,亦因而增多。这一来,社会全般的财富,将大大的增加,而在这种富庶社会里面的商工业,当然是会非常发达的。

总之,救济社会全般经济的凋敝,就是要扶植农业,解除一向对于农业所加的种种束缚。这一点,不但是重农学派的自由贸易政策的真正要求,亦就是他们整个学说的中心主张。

不过,重农学派的自由贸易论,亦并不是绝对的。例如,对于谷物,他们虽极力申论自由输出的利益,但谷物的自由输入,他们却主张要在荒年才行,这样,他们的自由贸易论,就单是一种半截的输出自由论了。就理论上讲,这原是不澈底,可是,为了更有效地达到其所预期的目的,他们却不能不这样主张了。

三、单一税政策

重农学派的单一税政策,亦正如他们的自由贸易政策,归根结底,保育大农富农的经济政策罢了。他们这种政策的原则或理论根据,亦是由其主导者魁奈所建立。

魁奈的土地单一税的论旨,在其最初的经济著述,如《农夫论》、《谷物论》中,都没有明白表示出来。后来,他写有一篇《赋税论》(Impôt)的论文,准备投寄迪德罗及阿勒贝合编的《百科辞典》,但一七五七年以后,《百科辞典》因官宪的禁阻,中止发行,于是他这篇论文的原稿,就不知下落。

往后,这已失的原稿,幸而发现于霍特·维纳(Haute Vienne)[①]州的州立文库中。杜尔阁曾在该州充当知事多年,他这稿中的空白处,还由杜尔阁附加了一些按语。后由雪勒(Schelle)将原稿批露于《经济及社会学说杂志》第一卷第二号。他的单一税的主张,大抵载在那篇论文里面。此

---

① 指法国上维埃纳省(Haute-Vienne)。——编者注

外，在他与米拉波共著的《赋税理论》(Theorie del Impôt，1760)中，亦曾述及此种论旨。

土地单一税的意思，就是说，把一切的赋税，都课加在土地纯收益或土地地租上。这种主张的理论根据在哪里呢？照魁奈所说，一国每年的总再生产，可分作两个部分，其一是资本返还的部分，其他是剩余的部分。这剩余的部分，就是纯收益，就是地租。地租当中，除了地主用以改良土地的那一部分，即所谓"土地费用部分"外，其余都是"自由的"资金。所以不妨分出一部分来，作为赋税。至若资本返还的部分，那是来年再生产的基本金，是神圣不可侵犯的；设对此加以侵蚀，不但地主的收入受影响，国家的收入受影响，即全社会的财富与福利，亦将比例于此基金的侵蚀的限制，而蒙到恶害。所以，魁奈说："在任何情形下，不应向开辟土地的富农课加赋税；国家应重视农业的神圣不可侵犯的基金，为了一切的公民，为了能取得赋税、收入和生存手段，都必须注意保护富农，否则，赋税变为掠夺的手段，国家很快的要遭受疲绝和破坏。"

赋税不应当加在农业基金上，特别是加在富农的农耕资本上，那是重农学派尊重农业，保育大农富农的一贯主张。但一国赋税的负担，为什么规定要课加于地租上面，而不令商工业分摊呢？

据魁奈的意见，工业及商业，均不能产出何等剩余。工业仅只变换财物的形态，其所作出的价值，等于其所消费的价值。至若商业，那不过变更财物存在的场所罢了。商业上行着等价物的交换，决没有产生纯收益的余地。由交换所生的利得，不外是在不自由的场面上，即在独占等场面下，因牺牲他人而取得的好处；从全社会的观点看来，那当然不是什么纯收益。设对于这实际上不能产生纯收益的商工业课税，即把赋税课加在工资或商品上，那税额虽像直接是由工商阶级拿出，而在实际，却仍要转嫁到农业资本上面。因为商业和工业既不能创造超过它们投入资本以上的任何新财富，赋税加到工资上，则工资按照赋税比例而提高；赋税加到商品上，商品价格亦按照赋税比例而提高。工资提高，那是生产成本增加，那与商品税同样会发生提高商品价格的结果，亦同样会发生增加商品消费者的负担的结果。商品的主要消费者，就是农耕者，所以，加在商工业上的赋税，即无异加担在农业上的赋税。不但如此，商工阶级如不按照赋税比例，而以较大的比例提高工资和商品〔价格〕，则农耕者阶级由商工业课税所受到的损害,比较他们直接课税所受到的损害还大得多。魁奈一方面轻视商业,一方面却不主张把赋税课加在商业上面的理由,就在此。同时,我们还可说,正惟其轻视商工业,所以就认定商工业不配担负赋税。在魁奈心目中,国家之收入及财富之主要资源,只有土地。

把赋税加在土地纯收益上,那是最直接、最经济的方法。据魁奈所说,普通课税的对象,可大别为六种,即土地、生产物、人口、劳动、商品及为人服务的动物。这种种,表面上虽得各各成为课税的对象,但仔细考察起来,除土地外,其他五种对象之所得的发生,结局殆莫不出于土地。例如,仅就为人服务的动物牛马来说罢,牛马耕作土地,由土地生产纯收益,设对牛马课税,结局仍是由那种纯收益支出。所以,赋税不加在其他五种对象上,统一起来,仅加在土地上,那么,六种税,就变成了一种税,不但直截了当,而且征税费用,也只要 1/6 了。这就是魁奈所主张的土地单一税论的要旨。

关于赋税率与赋税的用途,魁奈及其后继者,亦有所论述。地主阶级由农民取得的纯收益或地租,魁奈认为要提起 2/7 作为赋税,付纳国家。他的这种税率标准,系根据法国的岁出总额及纯收益总额而决定。他在《经济表解析》中,曾假定法国全国的纯收益总额为 20 亿佛郎,以 2/7 计,则赋税收入为 5 亿 7200 万佛郎,这个数目,与法国一七八一年的 6 亿 1000 万佛郎的岁出额,亦相差不远。

至若赋税收入的用途,他以为不当虚靡浪费。在同《经济表解析》中,他说:"对于不生产阶级的过分的支出,即是有害于国民之财富与繁荣的奢侈的支出。凡于农业无利益的事体,于国民于国家,皆无利益;于农业有利的事体,亦必有利于全国民,有利于国家。土地所有的安全,乃一国政治之自然秩序的本质的条件,所以地主必须支出赋税,所以地主支出的赋税,必须要为了他们财富的增进,和社会一般的公共福利。"然则哪些事是有利于农业,并且是可以增进地主收入与一般公共福利的呢?这,可以就魁奈一派的国家观来说明。

据他们的意见,专制的国家的干涉,虽当猛烈反对,但国家必需有其应行的任务。国家的任务有三:第一,防卫自然秩序之基础的私有财产;第二,促进人民赖以认识自然秩序的教育;第三,经营道路运河一类公共的事业。这三者,是国家应行的义务,亦就是国家赋税收入的正常用途。

若问到：何以这些任务是应行的？何以这些用途是正当的？重农学派的简明答覆，就说它们直接间接有利于农业，特别是有利于大农经济的发展。

第五节　"半重农学者"杜尔阁

一、杜尔阁与其《富之形成与分配之考察》

杜尔阁在重农学派中的地位，有些学者把他看得过于重要了，有些学者又把他看得过于不重要了。看得过于重要的原因，是就他异于魁奈主义的地方着眼，魁奈有许多不澈底的理论，由他得到了修正和补充；看得过于不重要的原因，是就他同于魁奈主义的地方着眼，所以以魁奈主义为中心而尚论重农学说，就没有特别提到他，把他看成其他重农学者，如米拉波，如杜邦·德·奈穆尔一流的人物了。

其实，杜尔阁的重要性，就在他尊奉魁奈主义，而不苟同于魁奈主义。这样，他才能从魁奈主义的整个理论中，探究出一些为魁奈所忽略了的、所认识不到的明确的经济法则来。

由前面研究的结果，我们知道，所谓重农主义，就是一种农业资本主义学说体系。在这一种体系下，当然不容易看出近代工业资本主义社会的许多经济法则。杜尔阁于一七六九年出版的大著《富之形成与分配之考察》虽然与魁奈一七五八年出版的《经济表》，相去只有 11 年的光景，但因为下面几种原因，他却能注意到魁奈所理解不到的许多论点了：第一，魁奈的诸种经济著述，特别是《经济表》出世后，重农主义的理论体系，已经发展到无可进一步的发展了，所以如波多僧正之《经济哲学序论》一类著作，都不过是魁奈主义之流俗化的注疏。杜尔阁处在这种情形下，要想不完全重复魁奈的说教，当然会去体验考察魁奈所疏略的地方。加之，第二，魁奈制作他的《经济表》，是在威尔沙爱宫殿中，杜尔阁写他的《富之形成与分配之考察》，却是在他充当里摩约总督的任中。前者倾向思辨，后者趋重实际，那是势所必然的。所以，魁奈凭思辨演绎的许多理论，杜尔阁就依实际经验来限制其妥当性了。第三，《富之形成与分配之考察》的出版,虽仅后于《经济表》十余年,但这十余年间的实际经济状况的变化推移,却已够刺激杜尔阁,使不要拘拘于魁奈的理论体系了。

不过,这时法国社会的封建势力,未经过大革命,是不许可工业资本主义势力抬头的。杜尔阁一方面虽知道农业资本主义学说体系,解释不了许多已露其端倪的,或将要形成的工业资本主义社会的经济法则,但同时他所处的环境,却又限制了他,使他不能脱却这个体系,而另有所树立。正惟其如此,他遂成功为一个"半重农主义者"了。杜尔阁往往表示他的理论,与魁奈所主张的不同,当杜邦·德·奈穆尔根据魁奈主义,对于其脱线理论加以修正时,他甚且宣称不欲属于重农学派,然而在究局上,他依旧没有脱却重农学说的窠臼。他所具的这种徘徊的半截的性质,原因就在他所处的是一个过渡时代。经济学史上的杜尔阁的重要的地位,显然是由于他的主著《富之形成与分配之考察》。不过,我们还得顾及他的实际方面,因为他是重农学派中,企图把他们的政纲见诸实行的唯一人物。他于一七六九年在里摩约总督任中公刊其主著《富之形成与分配之考察》后,至一七七四年,再三辞去总督,不久,又被任为海军大臣,参划路易十六的政治设施。但五周后,再转为财政大臣,担当紊乱达于极点的财政整理任务。就在这时候,他企图实现许多重要的改良。他恢复国内面包贸易的自由,颁布行会和工业自由的条例,变更那压在农民身上的过重的物纳赋税,而把那改作货币支付,加担于全地主阶级——其中包含有贵族——身上。他的这种改良,惹起了宫臣贵族等的反对,结局,他被免职了,同时,重农主义政策实现的一线希望,消失了,而整个重农学说在法国的势力,亦就随着杜尔阁的塌台而沉没下去了。

杜尔阁这部《富之形成与分配之考察》(Reflexions Sur la Formation et Distribution Techesses),原为应两个中国留法学生归国时,要请赠言而执笔。全书共101节,于一七六六年写成。他最先并不打算把它发表,后来因主编重农学派的机关杂志(Éphéméride)的杜邦·德·奈穆尔再三要请,始于一七六九年在同志继续刊登出来。

他在前提观念上,与魁奈表示不同的地方,就是他只重视人为的秩序,而不承认有什么基于神之摄理的自然秩序。关于这一点,我在前面已经讲过,那也许是由于杜尔阁所处的时代,以及他所处的地位,已无须要假托什么神摄的自然秩序、自然法理。因为,他写这部书时,由正面反对当时政治设施、经济设施的重农学说,已经成为一种很为人所注意的社会势力了;而且,他的地位,是里摩约地方的总督,与恩赐贵族、定居于威尔沙爱宫殿中的魁奈比较起来,当然更有自由发表言论的可能。因此,他在他的《富之形成与分配之考察》中,就不要言神,不要言神所摄理的自然秩序了。例如,在原书第十七节中,他有"确保地主(即最初土地所有者及其相续人)之土地所有的人类的契约与人人的法律"一句话,这句话中的人类的与人人的语辞,就表示他由神本的立场,移到人本的立场了。主编者杜邦·德·奈穆尔禀承魁奈主义,把他这种语辞删去了,并在同节中还插入一些附加的按语,那使他非常愤慨,他不但把原文另行印刷,甚且宣言要脱离重农学派了。

不过,杜尔阁这部名著的伟大和重要性,不仅是因为它脱去了种种思辨的玄想,同时还因为它备具有科学的内容。举凡魁奈略而不言,或语焉不详的种种经济上的观念形态,或经济法则,到了他手里,都有相当差可人意的说明,有时,那种说明,且非常合于谨严的科学则律。所以,柯沙(Cossa)在其《政治经济学导论》中(第 264 页)称赞他这部书说:"社会经济学中合于科学的论著,当以此书为最早,故此书可视为社会经济学之经典。"又,芬谢尔(Von Schell)于亚当·斯密和重农学派的诸基本理论之间,窥出了各种关系之后,曾说:"这个新的科学的发生,可说不是始于亚当·斯密的著作发表的时候,那基本的各种原理,已概见于杜尔阁所著《富之形成与分配之考察》中了。"然则哪些基本原理,已概见于他这部著作中了呢?我们在这里,顶好不要重复申论他那同于魁奈学说的地方,只把他那异于魁奈学说,或为魁奈所理解不到的基本原理,如地租论、工资论以及资本与货币论等等,分别作一个概括的叙述。以次,我将从他全书的基本概念即地租法则论起。

二、论地租

魁奈主义的中心理论,就是纯收益理论,就是地租理论,换一个表现方式,亦就是剩余价值理论。这是我在前面不惮反覆讲过的。生产者阶级把他们每年总再生产中的纯收益,当作地租,提供地主。地主阶级的生活,就全靠这纯收益或地租维持。但是,生产阶级为什么要把他们的收益,提供地主呢?换言之,地租是怎样发生的呢?对于这点,魁奈没有深深考察。他不过想像：土地最初是由地主阶级导入耕作状态，农民是由地主那里租得土地，所以按照自然的秩序言，后者必得以地租提供前者。这种解释，当然没有触到边际。可是，魁奈残下的这个"地租发生的问题"，却由杜尔阁给予了一个明确的体系。

杜尔阁从土地所有制度发展的过程中，去寻求地租发生的原因。依他所见，在古代社会中，人人皆为农夫，没有土地所有者与农夫的区别。迨后社会进步，土地渐次私有财产化，土地所有者，遂雇佣那些没有获得自己所需土地的农夫从事耕作，于是，土地所有权与农业劳动，判然分离了，即是直接劳动者离开土地这种生产手段，于是土地所有上的不平等，不久就形成了地主阶级和劳动阶级。杜尔阁很明确的表示："土地的所有权，必定会自耕作土地的劳动分离开来，这种分离不久就开始了。土地所有者发觉：他们可以把耕作土地的劳动，转在工资劳动者身上。"

至关于土地所有其所以惹起不平等的原因，他在同书第二十节中，曾提出了以次四点：第一，勤勉而顾及将来的人，比之只顾目前的懒惰者，占有较多的土地；第二，拥有大家族的人，因生活上的必要与劳动关系，占有较多的土地；第三，土地肥瘠不一，所收获的生产物，亦有多少的差别；第四，遗产分配的差等。因为这几种原因，所以有的人就拥有自己能耕限度以上的土地。结局，这有了多余土地的人，就自然而然的会以土地给他人辛勤劳动，自己则安稳坐享其报酬。这报酬，就是所谓地租；而享有这报酬的，就是所谓地主阶级。所以，杜尔阁在同书第十节说：地主阶级的出现——同时，"土地的生产物，就分成了两个部分：其一，为农耕者的生活资料及资本利润，即他们在必要条件上，对于从事耕作所得的报酬；又其一，为这条件以外，得自由处分的部分，这一部分，就是经营土地，于换回其前支资本及利润以外的自然赐物，也就是地主的所得或纯收入，靠了这纯收入，地主阶级便可不劳而生活，并且随其所欲而保有"。

特在杜尔阁看来，这所谓"自然赐物"，与其说是土地耕作者利用了土地自然力的结果，毋宁说是土地所有者利用了他人劳动力的结果。"土地所有者就因有农民的劳动，所以能受得一些归属于他自己的东西。"[①]而利用土地的耕作者，其所以得把他的劳动剩余，当作地租提供地主，就是

---

① 见郭译《剩余价值学说史》第一卷第56页。

土地所有制度强迫他非如此作不可。所以他接着说："农业劳动者必须有土地所有者,纯然是契约和法律的结果。"

原来地租当中有所谓绝对地租即一般地租,和相对地租即对差地租的区别。杜尔阁所主张的是一般地租,抑是对差地租呢?不消说,他是主张前者的。因为他的地租说,全由魁奈继承下来,魁奈视地租为一般的所得,所以他也当然是主张一般地租的。不过,由他的说明中,我们还可以看到关于对差地租见解的萌芽。在同书第十节里面,他说:"土地随人口增加,而渐次开垦。结局,一切最良土地,皆被占有,而对那些最后的新垦殖的,就只残有前人所放弃的不毛之地。"他这种见解,与后来李嘉图的主张,颇相吻合。因为李嘉图的对差地租观,就建立在最高丰度土地,先被占有,以次才渐及于劣等土地的这个过程上。而且,他在第十二节里面,还说:"一切土地,并非同样丰饶。两个农夫在同面积的土地上,使用同程度的劳动,其所得生产物,也许各不相同。"他这些议论,无疑都是解说对差地租很好的见解。但他在当时,是决不会意识到对差地租的。不过,就大体而论,杜尔阁对于地租发生的原因,总算有了一个合理的解释,而后之地租论者,曾在他这里得到不少的启示,那是毫无疑义的。

三、论工资

要了解杜尔阁的工资理论,须先知道他的社会阶级观。因为他是先肯定了社会各阶级本质上的区别,然后再来解明工资的意义的。

魁奈把社会全体人民,从经济的观点,区别为三个主要阶级,即地主阶级、生产阶级、不生产阶级。至若既无土地坐收地租,又无资本经营农业,乃至商工业的下层阶级,在他是视为无足轻重的。所以,他的《经济表》中,简直把这一阶级搁置不提了。

杜尔阁对于阶级的区划,大体上亦尚是蹈袭魁奈的陈说,除地主阶级外,他也尊称农耕者为生产阶级。因为在他看来,农耕者依着自然的保障,他的生产,往往超过其欲望及劳动时间之契约价格以上。"农民生产他自己的工资,在此以外,还生产那种所得,赖有此,工业者(Artisans)及其他受工资劳动者(Stipendiés)全阶级,得以领他的工资,土地所有者就因有农民的劳动,所以能受得一切归属于他自己的东西。"①他既生产了这超过自己需要的部分,所以能"购买社会其他成员的劳动"。他与手工劳动者以工作的材料,使其建筑房屋,制造方便品装饰品,更使一部分人为他贩运生产品,贩运方便品装饰品。而这两种人,即工人商人,则由他取得相当于生活费的工资。商人工人既是由农夫或生产阶级取得其生活费,所以杜尔阁就加他们以侮辱的名称,呼之为被佣者阶级(Stipendiés)。由是,杜尔阁所区划的三阶级,就是地主阶级、生产者阶级、被佣者阶级。单从这点看来,他的社会阶级观,比之魁奈的阶级观,并没有什么了不起的改进。

不过,杜尔阁在社会阶级观上最大贡献,或最大发现,是他指出了生产者阶级与被佣者阶级,实际上又各各分划出了两个不同的阶级或集团,即企业家和雇佣工人。他曾就前一阶级说:"为工业生产所特别准备的整个阶级,可以分作两个集团:第一个集团,是手工工厂的企业家和厂主,他们有大量的资本,这些资本,是他们征逐利润所需要的,同时也是用以偿付劳动的。第二个集团,是由简单的手工业者所组成,他们除了赤手空拳以外,什么东西都没有,他们由企业家那里取得自己每日劳动的报酬,他们创造出一切利润,然而归到他们的,只有工资。"对于后一阶级即生产阶级,他说那也是分化为两种性质的人们:"能支付的农企业家或资本家,领受工资的简单工人。"无论在工业的领域,抑在农业的领域,资本家与工资劳动者,都明确的分划为两个集团,就我所知,这是始于杜尔阁。并且,从他这"他们创造出一切利润,然而归到他们的,只有工资"的辞句,玩味起来,他不但是明确的把资本家与劳动者分划为两个集团,在言外,他还暗示了这两集团是利害相反的,而且,前者还是剥削后者的劳动的。然则工业劳动者、农业劳动者,为什么"创造出了一切利润,而归到他们的,只有工资",只有相当于生活费的工资呢?在这里,就提示出了他的工资理论。

据他所说,除了腕力与勤勉外,全没有一点什么的劳动者,他们如非出卖其勤苦(Peine),就找不到任何生活的方法。他们原非不欲抬高其劳动价格,但决定这价格的,不单是他们自己,同时还须取得劳动购买者的许可,并须与劳动购买者订定契约。劳动者虽想高抬劳动价格,劳动购买

---

① 见郭译《剩余价值学说史》第一卷第56页。

者却想低减劳动价格。如其劳动者因过多而发生竞争,则后者一定要选择价格最低廉的。所以,他说:"劳动者的工资,将由劳动者间之竞争,而拘限于维持生活的限度,劳动者只能取得其生活费。"他又说:"劳动者相互竞争的结果,其价格自不得不趋于低下。因之,劳动者工资仅拘限于维持生活必要的限度,那就是当然会发生的事体了。"

他这种工资拘限于维持生活必要限度的理论,后来经过李嘉图的发挥,就成功为拉萨尔(Ferdinand Lassalle)的所谓"工资铁则"了。仅就这点说,我们亦不能不叹服这位学者的卓识。

四、论货币与资本

一国富裕的程度,恰与其保有的金银量为比例,这是重商主义的信条。但是重农学者反对此说。他们眼光中的国富,不是从外国运回的金银,而是由土地产出的纯收益。纯收益愈多,生产阶级借以再生产的资本额亦愈大,而继续循回再生出来的国富,必按比例增加。若货币,那不过是资本流通行程中的一个关节。这种概念,魁奈在《经济表》中,已显示得非常明白。但货币的作用,货币与资本的关系,资本的功能,投资的形态等等问题,那却是到了杜尔阁才一一加以解说的。

据杜尔阁的意见,任何商品,皆得为货币,任何货币,亦还是商品。商品与货币间,并没有判然的区别。不过,与一切其他商品较,金银的性质,最适于为货币,由是货币的主要任务,就专由金银担当了。

货币一经使用,各个人乃得依交换的便利,而专心致力从事他选定的职务;并且,各个人乃开始打算怎样才能获得多的货币。这样,社会进步途上,遂凭添了一个推动力。人人都知道把土地生产物的剩余或其他产业上所生的利润,蓄积起来以为将来之用。蓄积的冲动,一方面可教人勤勉,另一方面更教人把勤劳得来的东西节约。于是,不论是地主,是劳动者,抑是企业家,他们所收入的地租、工资或利润,就至少可于维持家计外,保有若干余剩。这余剩部分,以动产或其他形式蓄积起来,就是所谓资本。因之,货币的功用,就在促进资本的蓄积。他以为资本是"蓄积的可动的价值"(Valeurs mobilières accumules)[①]。特任何蓄积,虽然也可

[①] 见郭译《剩余价值学说史》第一卷第59页。

由地租以外的工资利润形成,可是结局都不外由土地产出。即"资本虽然有一部分是由劳动阶级的利润加以节约而成,但因为这种利润,总是土地生产的,总是由所得或由这种所得的生产费用支付的,所以很明白,资本和所得,一样是由土地生出的;或者说,资本不外是土地所生产的价值一个部分的蓄积。"[①]

魁奈说:"你们试观察一下农庄和作坊,你们将看到这些贵重费用的基金何在。你们可以在那里找得着建筑、牲畜、种子、原料、材料、物产和各种生产工具。所以这一切,毫无疑义的,都是值钱的,这里没有一件东西是货币。"他说这些话的意思,就在表明资本不是货币自身,而是货币所买的生产手段。杜尔阁亦师承魁奈这意思,在他的《考察》[②]最后一节中说:"不待说,货币是有很大的功用的,但企业家徒有点货币,能够成就些什么呢?货币虽然是节约的把柄,是资本形成的一个材料,但在资本总额中,它不过只占有最小的部分。"可是,承认货币在资本总额中占有最小的部分,那已表示他对于货币有进一步认识了。

不但此也,照魁奈的意见,只有资本生产资本,货币决不会生产货币,货币不过是帮助商品交换,在买与卖之间,尽一种媒介的作用。杜尔阁不赞成此说,他以为货币是有产生货币的功能的。关于这点,他在论各种投资形态中,有很好的说明。他把投资的形态,分为五种:第一,购买土地;第二,制造企业上的垫支;第三,农业上的垫支;第四,商业上的垫支;第五,行息的贷金。前四者无须解说,关于最后一项行息的贷金,杜尔阁非常注意。照他说,资本既为一切企业经营所不可少的要素,而同时货币又为蓄积之有用手段,所以,贷人以金,必取利息,从而贷金也算是一种投资形态。他并依此见地,驳斥当时禁止取利的烦琐神学者的思想。他以为,利率的高低,一决于需要供给关系,借金者多,利率必高;贷金者多,利率必低;完全禁止,固为失当,要加干涉,亦属多事。而且照自然的趋势,五种投资形态中,投资取息所得的利益,还要比投资购买土地所得的利益为多。因为后者较稳定,较确实,而前者则不免有多少危险。贷金的利益,如不较大于购买土地,人必不肯以金贷人。至若其他商工业上投资的利

---

① 见郭译《剩余价值学说史》第一卷第 60 页。
② 即前文提及的《富之形成与分配之考察》一书。——编者注

益,亦皆视其确定性或危险性的大小而定。要之,杜尔阁这种投资理论,第一表明了,资本投在农业上、土地上固有利益,资本投在商业上,亦有其利益;其次表明了,货币不但可以生产货币,货币且应生产货币。仅就这两种认识言,他已表示与盲从魁奈主义者,迥然各别了。

五、结论

就以上诸点说,杜尔阁确是修正了、增补了甚且改变了魁奈主义的论旨,但我们如其从大的视野看去,就知道这位学者,实在没有跳出魁奈的掌心。例如,他论投资形态时,虽表示商工业上的投资,亦有利益,但在其所著《考察》末节中,却说:"农工商各产业部门内的总资本,归根结底,都是出于土地的创造,土地最初把利益提供耕作者。所有一切资本,都是人类由开始耕作土地,经过长期岁月,渐渐节约积蓄下来的。节约虽然不限定是土地所有者的收入,也同样生于一切勤劳阶级的产业利润,但结局,依旧不外土地所生产的价值之贮蓄。要之,土地收入以外,即无所谓纯收益。"他一方面承认投资商工业上的利益,并且又说:"财富得由土地所有及耕作以外的方法构成……那种方法,就是成于所谓货币的所得,或贷金的利息。"但在这里,却硬要说,"土地收益以外,即无所谓纯收益",这不是显明的矛盾吗?

然而,我们从经济学史的观点来讲,这矛盾,并不算是杜尔阁的缺陷,反之,却毋宁说是他的特色。他不能完全脱却魁奈主义的支配,那是当时客观环境使然;他不肯完全接受魁奈主义者的传统,那亦是当时客观环境使然。当时客观环境正是当着由封建社会向资本主义社会推移的转形期中,所以,他的理论就带有极其浓厚的过渡色彩。基得与利斯特(Gide et Rist)在其合著的《经济学说史》(Histoire des doctrines Economiques)中,呼杜尔阁为"半重农学者",我觉得那是非常允当的。

第三章　亚当·斯密的经济学说

第一节　以亚当·斯密为开山祖的正统学派

一、正统学派与资本主义经济

经济学上所谓正统学派,是以亚当·斯密为先导者,所以在叙述斯密学说以前,将整个正统学派的发生发展诸关键讲个明白,是大有助于研究者的理解的。

如亚当·斯密所说:政治经济学上的诸体系,有重商主义体系、重农主义体系,这两个体系,虽然论旨正相反对,然在适用上,后者没有前者那样普遍而有力,而在理论上,前者又不若后者之完整,但它们都算是分途成就了时代所要求的任务。

把亚当·斯密创建的正统学派经济学,与上述两个体系比较论列起来,在一方面,那可说是两个体系的综合、修正与光大;在另一方面,它亦有其独特的时代意义,即是说,这所谓正统学派经济学,乃是应工业资本主义社会的要求而产生。所以它在比较的意义上,是一个工业资本主义的学说体系。

现代意义的资本主义,是完成于工业资本主义形态中。资本主义一定要发展到这个阶段,才能把它的特征完全显现出来。"资本主义时代的特征是:劳动力成为劳动者自己所有的商品,从而,他的劳动,也成为工资劳动。他方面,劳动生产物的商品形态,也就是从这时起普遍化的。"①

自工业资本主义学说体系,即正统派经济学出世以来,重商主义体

---

① 见郭王合译《资本论》第一卷第 120 页。

系、重农主义体系,遂都不大为人所注意了。这一方面虽然是因为社会形态的转变推移,把那些学说的妥当性限制了,同时在那些学说本身,亦正存有其不能不让后来者居上的症结。

如我们前面讲过的,重商学说所注意所探讨的问题,都是一些个别的、零碎的、实际的问题,就在那些最有权威的重商学者,他们亦不大从社会全般的意义上,把诸般经济形态,作过综合的、抽象的考察。所以,严格的讲,与其说重商主义是一种学说体系,却无宁说那是当时一般倾向的实际政策。这个体系所以被摈斥在经济学领域之外,其原因就在此。

反之,重农学说是能够综合的、抽象的来考察社会诸般经济形态的,但也许是受了社会环境的限制吧,即在重农学说的创导者魁奈氏,他也只算是描出了社会全般经济运动的轮廓,而不曾把各种主要经济形态,加以科学的分析。其后继者杜尔阁氏,虽然在其《富之形成与分配之考察》中,在魁奈没有注意到的这方面,下过一番研究工夫,但结果,仍只局部的、粗略的提示了那些经济形态的初步概念。

二、正统学派一名英国学派

为社会全般经济生活以及各种主要经济形态,如资本、利润、地租、工资、货币、价值等等,明确定立了普遍的抽象的法则的,那只有正统学派经济学。这种经济学所以能成就如此大业的理由,一方面虽然不能否认重商学说、重农学说对于它所准备所提供的基础理论,另一方面却要归因于产生这种学说的英国社会环境。英国是现代资本主义或工业资本主义发达最早的国家。"英国根据许多原因,已经在世界上确立了她的支配权;她不惧怯任何竞争者,也无须要为确保竞争者的胜利,而采取何等人为的立法手段。……因之,英国资产阶级的理论家们,就无须为了英国资本主义的特异性,而特别烦心。他们虽然是代表英国资本家的利益,可是,他们却在纵论着经济发展的一般法则。"[①]关于英国正统学派讨论一般的、抽象的法则的论据,威廉·罗雪尔(Wilhelm Roscher)亦有归因于英国社会环境的说明。不过他是从另一个观点来解说的,他说:"这个学派(按指英国正统学派),是很有世界性的,……因为他们对于最普遍、最抽象的理

---

① 布哈林(Bukharin)著:《有闲阶级经济学》序论。

论,主张颇力。但同时,这个学派,亦是很有国民性的。他们那几位(按指上文所说的休谟、亚当·斯密、李嘉图、马尔萨斯),都是澈头澈尾的英国人。他们的原理,他们的例证,都是根据自国国民的政策与历史,而其见闻,亦只限于这个范围。……他们为自己的目的,巧于利用英国的文学,乃至自然科学,而收到了可惊的成功。"[①]总之,从社会发生的立场看去,正统学派经济学,是由历史及地域限制而发生的产物;从理论的立场看去,则是一般的世界主义的。我们把上述两种观察综合的说:就是英国经济学者,因了英国产业的特殊性,并因了英国国民的特殊性,乃能把经济学当作一种科学来研究,乃能成就一般的科学的经济学。这一点,是正统学派经济学最大的特色,同时也是这派经济学最大的贡献。

三、正统学派与古典学派

英国这个学派,其所以称为"正统学派"(Orthodox school)的,据查理士·基得(Charles Gide)所说,那是因为他们这些学者,对于自己的主张,带有几分独断性,同时并极端蔑视异己者,所以反对他们的人,就讥诮他们,加他们以"正统学派"的这些称号。其实,每种学说,都不免带有几分独断性;每种学说的主张者,都不免轻视与自己意见不同的人。我认为,在近代资本主义制度下,就代表资本家的利益说,就阐明资本主义的生产法则说,就拥护资本主义的社会组织说,他们已算是规规矩矩的正统学派了。此外,就目标上说,他们主张自由放任,主张以个人利益为经济活动前提,所以普通又称为"自由主义学派"、"个人主义学派"。就方法上说,他们对于学理的阐述,大都采用演绎法,所以又有"演绎学派"之称。但我在这里想简略述及其别称"古典学派"的含义。据我所知,首先把一部分正统学派学者包含在内,而称为"古典学派"的,乃始于卡尔·马克思。他曾称古典学派始于英国的配第,法国的波斯基内伯,终于英国的李嘉图,法国的西斯孟第,所有这些学者,都是主张劳动价值学说的;至于不主张劳动价值学说,但却强调自由主义、个人主义的,就统被归属在正统学派范围中。这就是说,正统学派比古典学派的范围更广,后者显然比较严格。

---

① 罗雪尔著:《英国经济学史》序论。

这个学派的经济学说的产生,本来与资本主义的产生紧相关联。因之,在资本主义发展乃至没落的次第上,前者亦循序的保持着同一的步骤。即是说,资本主义大体上分有发生期、正盛期、没落期的三个阶段,而反映着这诸般实际经济变动状况的经济学,亦在那每个阶段,显示了同一的倾向。正统学派的经济学,恰好是与近代资本主义成平衡线的发展者。

正统学派经济学的创建者为亚当·斯密,他所处的时代,正当着资本主义黎明期或发生期。正统学派经济学的完成者为大卫·李嘉图,他所处的时代,正当资本主义的正盛期。李嘉图以后,典型的资本主义固登上了转型的道程,资本主义的拥护者的经济学家,亦同样显得颓敝无力。迨至约翰·穆勒,他已察觉资本主义制度非改弦更张不可了,所以他的理论,就颇带有革命的社会主义的情调。他是资本主义向社会主义推移的转形期中的过渡人物,他亦是正统学派在资本主义没落期的一位代表的经济学大师。

因此,论述正统学派经济学,就自然可以亚当·斯密、李嘉图、约翰·穆勒三位经济学大师的理论,作为纲领,这样,我们于理解这派经济学发展演化的过程外,同时且可征知资本变化推移的次第,并逆料到其将来的归宿。

四、英国以外的正统学者

不过,属于正统学派的经济学者,并不限定是英国人,在欧美各国,他们都找到了许多有力的拥护者、共鸣者。最著的,如法国的萨伊(J. Say)、巴斯夏(Bastiat),德国的屠能(Thünen),美国的加雷(Carey)、亨利·乔治(H. George)等。他们一方面虽接受着英国经济学者的学理,另一方面还提示了英国学者未注意到的种种特见。那是说,他们不但是信从正统派经济学,他们甚且大有造于正统派经济学。关于这些学者的理论的介绍,我以为应分别归属在上述三个系统之下。因为我们所论述的,是整个正统学派的经济学,而非各国经济学家的经济思想。整个正统学派经济学,主要是由英国乃至其他各国大大小小的许多经济学者,共同成就的事绩。要把所有这些学者全般的学说,包括无遗的、系属分明的叙述出来,那本来是一件不大容易的事。但是,我们如按照这个学派全般发展的自然程序,提纲挈领,把小的经济学者,归在大的经济学者系统下叙述,把派生的理论，归属在本源的、主要的学说体系下叙述，那亦就不算是怎样了不起的困难事体了。

不过，我们在这里还应当注意一点，即正统学派经济学，是一个牵涉颇广的学说体系。由斯密的大著《国富论》发表的一七七六年，至约翰·穆勒的大著《经济学原论》发表的一八四八年，其间经历有半世纪以上的岁月，几乎包括有由资本主义发生、发展以至渐形为内部矛盾所困厄的三个阶段。在这个长期内，反映着那么复杂，那么变化的实际现象的学说体系，我们当然不能期望其内容能像重农主义那样单纯，我们更不能期望其后继者对于主导者，能像重农诸子（除"半重农学者"杜尔阁外）对于魁奈主义那样不加修正的容认。况且，"发展"的意思，就是复杂化、变革化的意思。在"一致的"条件下，决无所谓"发展"。所以，我们下面所叙述的正统学派诸家学说，在若干根本的前提条件下，虽然彼此无大出入，但它们的置重点，乃至它们的理论，却就不独不能保持一致，甚且相互背离了。然而，这无害于这个学说体系的完整，反之，我们倒宁可由此证示这个体系的伟大。

第二节　斯密的时代背景及其思想渊源

一、时代背景

亚当·斯密所处的时代，正是英国产业革命将要发动的时代，亦正是英国工业资本主义渐露萌芽的时代。他的大著《国富论》，于一七六四年执笔，于一七七六年出版。就在这前后不久，种种重要的机械，都在英国发明了。

一七六四年，北兰开夏郡（North Lancashire）①之布拉克榜（Blackburn）附近的斯坦德昔尔地方，有一个织工名杰姆斯·哈格利夫（James Hagreaves）发明了多轴纺织机，即所谓捷尼纺绩机（Spinning Jenny）。普通的手纺车只有一个纺锤，这个纺绩机，却有十六个乃至十八个纺锤，而且只

---

① 原书为"北·南克夏"，下同。——编者注

需要一个劳动者，便可使这全部机械活动起来。

一七六九年，北兰开夏郡之布列斯登(Preston)地方的理发匠亚克莱特(Richard Arkwright)发明了水车纺绩机(Waterframe spinning machine)。这个机械，系用四对旋筒，借水力运转。所以在私人住宅设置不来，须另备工场。这可说是近代工场制度之滥觞。

一七七九年，北兰开夏郡人克朗登(Samuel Crompton)把哈格利夫和亚克莱特两种机器的特点，连结起来，成功为著名的"骡机"(Mule Jenny)。这个机器后来改良到每架可带两千个纺锤，而且只需一个人便可运转几架。

一七八五年，北兰开夏郡肯特(Kent)地方的牧师嘉特莱特(Edmund Cartwright)，考究出了第一个水力织布机的原理，这种机器发明的结果，织布业也从农家移向工场中去了。

一七六九年，杰姆斯·瓦特(James Watt)发明了他的有名的蒸汽机——矿山抽水机。这个机器曾于一七〇五年顷，由留康门(Thomas Newcomen)推究出了旋轴及活塞的原理，且造成一个引擎(engine)实用于抽水筒上。瓦特充当格拉斯哥大学之理化职工时，乃改正其不完全之点，而成了他的新发明。此种发明，不久即被应用于曼彻斯特、格拉斯哥等处的纺织工场及铁工场方面，在产业革命的进程上，顿添了一个极其重要的推动力。

要之，上述诸种发明，都是出现在斯密《国富论》出版的前后。机械发明这件事，一方面，虽然表示那是产业革命开始，和工业资本抬头的征候，在另一方面，我们却又可由此见到英国社会要求产业革命，要求工业资本主义的一般倾向。因为，机械的发明，不是由于个人偶然的兴趣与机智，而是由于社会的需要迫着他，提醒他，使他有此兴趣，使他利用此机智。那成为近代产业革命之动力，并成为近代工业资本主义之机轴的诸种重要发明，不出现于欧洲大陆诸国，而偏出于英国的原因，即可说明此点。

十八世纪英国的社会状况，无论就哪一点说，都较大陆方面德、法诸国为顺适。英国传统的议会政治，比较他国的专制政治开明，从而，束缚国民经济活动的政令，亦比较和缓；英国内地的关税，是早经废除了的，所以内地的商业，亦比较大陆诸国自由；加之，英国的贵族地主，颇有修养节制，他们能住在农村，设计改进其农场，而在同时的法国贵族地主，却骄奢淫逸，迷醉于宫廷生活，对于自己的农地状况，全不措意。所以，同在重商主义影响下，英国的农业，就没有法国那样荒废了。因为这种种理由，英国社会可资利用的资本，就较为充裕，同时，市场的推广（以一七六〇年为最甚），又使英国货物的需要大增。所以，在一七五〇年以后，英国不但在农业方面，进行种种改革，在工商业方面，亦呈露着勃兴繁荣的趋向。前述种种，要非应这种经济状况下的要求，莫由出现。

不过，亚当·斯密的经济学，是负着两重使命而产生的，一方面，他固然要阐明资本主义社会的生产法则，另一方面，他还要曝露封建社会的生产法则。即是说，他不但是极力鼓吹将要兴起的资本主义，他并且要极力攻击将就崩溃的封建制度。借恩格斯的话说吧："那是以批判封建的生产形态及交换形态的遗骸开始，然后证明那种遗骸，应由资本主义代替的必然性；更论述资本主义之生产方法，及与此生产方法相应的交换形态诸法则的积极方面，即此诸法则促进一般社会目的的方面……"①

不错，英国由中世残留下的封建组织，是渐就崩溃了，而且与其他任何国家类似性质的组织比较，它的崩溃，还要来得迅速。然而我们一检阅斯密在《国富论》第十章"基因于欧洲政策的不平等"那一节中所论，我们就可征知英国当时有不少限制资本限制劳动的规定。试就学徒条例来说吧，斯密曾这样告诉我们：

> "伊丽沙伯治世第五年，颁布学徒条例。这条例规定无论何人，未完了七年学徒义务，即不许从事当时英格兰已有的一切职业手艺或技艺。因此，以前英格兰各地的特殊组合的规约，现在竟成了各通商都市一切职业上的公法。该条例的用语，极为广泛，显然包括英国全土。但在解释上，其适用范围，却只能限于通商都市。……
>
> 再就条例的用语，加以严格解释，则其适用范围，又只限于伊利沙伯治世的第五年以前，已在英格兰境内确立的职业，决没有扩大至以后新立的职业上去。这种限制，引起了几种无聊的区别。例如，依当时法令的裁判，马车制造人，不得自行制造车轮，亦不得自行雇人制造，他必须向车轮匠购买。因马车轮制造业，是伊利沙伯第五年以前英格兰已有的职业，但车轮匠纵令没有在马车制造家门下学过徒

---

① 参见恩格斯著：《反杜林论》吴译本第 182～183 页。

弟，却不妨制造马车，或雇人制造。因为马车制造业，是学徒条例制定以后英格兰始有的职业，所以，不受该条例的限制。"①

即此一端，已可概见英国残有封建组织及那种组织规定的弊害了。此外，斯密还举述了其他妨害资本、劳动移动的种种旧时法规。他说：

"同业组合法妨碍劳动的自由移动，我相信，那是欧洲各地的共通现象。但济贫法妨碍劳动的自由移动，据我所知，却是英格兰独有的现象。自有济贫法以来，贫民除了在所属教区内，就不易找到住所，甚且不易找到工作的机会。济贫法的妨害，即包含在两种事实中。同业组合法所妨害的，单是匠人和制造工人，使他们的劳动，不能自由移动。获得住所的困难，却不免妨害普通劳动的自由移动。英格兰漫无秩序的政策，恐以此为最大。"②

我们知道，资本的自由移动，就某点说，是以劳动的自由移动为前提。劳动自由移动，特别是普通劳动自由移动受到限制，那末，资本要想依着自然趋势，投在有利事业上，就全不可能了。所以拥护资本家利益的斯密，乃不得不申言"英格兰漫无秩序的政策，恐以此为最大"。

再，英国因为种种原因，其所受重商主义之毒害，远不若法国之甚，那是上面已经讲过的，但是，这种事实，只限于英国本国，在她的殖民地方面，特别是美洲殖民地方面，却是厉行着重商主义政策，而其扼要之点是：

第一，殖民地对于母国，须供给母国所不能生产的物品。

第二，殖民地不能援助为母国竞争者的其他商业国，殖民地全境内所有的工业，不能与母国的工业竞争。

第三，殖民地不可不负担母国的政治及海陆军的用费。

此外，根据克林威尔实施的航海条例，美国人除了英国的船舶之外，不能运送输出入的货物。美洲殖民地的各种产业，一方面受了这种种严酷的限制，同时并还要担负过于繁重的赋税。这一来，那里将待勃兴的农工商业，就横受这种重商主义政策的摧残了。斯密《国富论》出版的一七七六年，正是美洲发表《独立宣言》的那一年，重商主义在美洲酿成的种种弊害，以及那边不断由重商政策惹起的骚扰，斯密是完全知道的。他对于

---

① 见郭王合译《国富论》上卷第 143～144 页。
② 见郭王合译《国富论》上卷第 161 页。

重商主义政策所加的犀利的批判,和无情的攻击,虽然与其所受重农学说的影响大有关系,但主要原因,也许是他由美洲殖民地发觉了重商主义拘束产业发达政策失败的证据。

总之,斯密的经济学说,单就时代背景讲,亦是由于两方面的影响:一是当时产业渐趋发达的光明之面,一是当时产业尚受束缚限制的黑暗之面。仅有前者,他的《国富论》不会产生;仅有后者,他的《国富论》亦不会产生。《国富论》的伟大性,就在它一方面定立资本社会的生产法则,另一方面批难封建社会的生产法则,而这两者,又恰好是那光明之面与黑暗之面的反映。

然而,一个大思想家的学说之形成,除了归因于他的时代背景之外,还须探究他的身世和他的思想渊源。

二、斯密的生涯及其思想渊源

亚当·斯密(Adam Smith)于一七二三年六月生于苏格兰克尔克底(Kirkaldy)①地方一个小关税吏家中。在他出世之前二月,他的父亲老亚当·斯密就死去了。母为地主之女,极其贤明。她活有 90 岁的高龄,其死期仅先于斯密六载。斯密一生无兄弟姊妹,又从未结婚,所以母亲是他唯一的亲人。一位为他作传的朋友说:"他的母亲,他的朋友,他的书籍——那是他的三大享乐。"(His mother, his friends, his books—there were Smith's three great enjoys.)

斯密于一七三七年入格拉斯哥大学。一七〇四年②,因得有奖学资金的特典,转入牛津大学,学习数学、自然科学及文学等。一七四六年退归克尔克底乡村,在老母膝下继续研究。一七四八年至一七五一年,公开讲修辞学及美文学于爱丁堡大学。

---

① 斯密出生的苏格兰,我们不要以为是处在僻远的地方,没有受到英国当时商工业日渐勃兴的影响,恰恰相反,那里不但在十八世纪上半期就开始培育工业资本主义,并且,那里大的手工工厂的数目,甚且比英国还多。五金工业在当时的苏格兰尤其有更速的发展。

② 应为"一七四〇年"。——编者注

一七五一年为格拉斯哥大学论理学教授,自翌年起,始担任伦理学及哲学①。他的讲稿分四部:第一部自然神学,第二部伦理学,第三部自然法学,第四部则是检讨以国家利益为究局目的之政治规制,并论究国家商业、财政、宗教及军事设备等。由这第四部讲稿发展完成的劳作,即此后出版的《国富论》。

一七五九年,他的《道德情操论》(The Theory of Moral Sentiments)出版。他由这部书得到了很好的评价,由是一跃而为第一流学者。

至一七六四年,他已在格拉斯哥大学充当14年教授了。他除去教授职,以巴克尔公爵(Duke of Buccleuch)私人教师的资格,伴同游历外国。

在他的外游生活中,多半是寄居在巴黎及租尔旨。因为巴克尔公爵的地位颇高,因为他自己是有名学者,又因其为休谟的好友,所以他得与当时法国哲学上、政治上、文学上有名的学者交游,他能结识杜尔阁、魁奈等,亦就是因为这个缘故。

据说,《国富论》开始着笔,就是在一七六四年的租尔旨旅行中。一七六七年,他归还英国,在伦敦住到翌年五月,再返克尔克底故乡,潜心于《国富论》的劳作。至一七七三年,因《国富论》草稿大体完成,复移居伦敦,努力推敲修正,卒于一七七六年刊行出来。

一七七七年,被任为苏格兰海关税务司长,定居爱丁堡。一七八七年,被推为格拉斯哥大学校长。至一七八九年十一月解除校长职务,翌年七月十七日乃与世长辞。

现在,我要进而叙述他的思想渊源,或他所受当时思想的影响。在斯密全思想生活上与以最大影响的,首推格拉斯哥大学学生时代的教授哈其生(Hutcheson,1694—1741),其次是他的挚友休谟(David Hume,1711—1776),再是重农学派诸子,而《蜜蜂寓言》(the Fable of Bees)的作者曼德维(Bernard Mandeville,1670?—1733)也与他的思想大有关系。

---

① 斯密在格拉斯哥讲学的这时候,当地的商工业,在迅速的发展,例如,大的手工工厂的设立,银行的创办,航海条例的改良等等,都可表示此种勃兴的趋势。因为商工业如此发达,格拉斯哥的知识分子,乃把格拉斯哥当作全国最大的中心之一,他们由是颇注意这里的经济问题。在十八世纪四十年代,格拉斯哥已经成立了一个经济学会(Economic Society)。斯密为该会会员之一,他常在那里与会,未到巴黎以前,他虽自己承认是一个哲学者,但还打算做一个经济学者。

先述哈其生教授对于他的影响吧。就渊源上讲,哈其生为雪佛特伯尔(Shaftesbury,1671—1713)的门人,对于其师的伦理哲学,曾加以扩充组织而成为著名的伦理学者。雪佛特伯尔又是洛克(Locke,1632—1704)的门人,他曾把社会性的本能,看作人性之根本特质的倍根(Bacon,1561—1621)及格洛秀士(Grotius,1583—1645)的思想综合起来,而论证道德意识,为人性中固有的东西,从而,受了哈其生感化的亚当·斯密,同时便通澈了倍根、格洛秀士及洛克等的思想。

哈其生标榜功利主义,所谓"最大多数的最大幸福"一语,就是由他所首创。他的一贯伦理学说,即以"功利"(Utility)为"德之标准"(Criterion of virtue)。在他所著《道德哲学体系》(System of Moral Philosophy)中,他曾宣称人各有追求自身目的,使用自身能力的自然权。而当他平时讲授道德哲学之一个部门的法学(Jurisprudence)时,亦往往论及经济上之问题,力说各个人都有为自己经济利益,而自由活动的权利。斯密之自由经济学说,盖胎源于此。又,哈其生于分工、价值、货币及赋税的纯理观念,皆颇有研究。所以卡南(Cannan)在《国富论》序言上说:"斯密关于经济问题的选定上,分明受了讲座传统的极大影响,哈其生体系的问题顺序,往往可以发现于斯密的讲义中。"这所谓讲义,就是斯密在格拉斯哥大学主讲伦理学及哲学时编述的,其中一部分,即此后发展成为《国富论》的底本。斯密所受哈其生影响之大,盖可想见。

斯密之得与休谟结识,乃是由于哈其生的介绍。那时他还在格拉斯哥大学受业,年方16岁。可是他们成为亲密的朋友,则是始于斯密充当格拉斯哥大学教授的时代(一七五二年)。休谟于一七四〇年,即他结识斯密的次年,出版其大著《人性论》(A Treatise of Human Nature)。在这部书中,他不仅发展了倍根、洛克的伦理哲学,且与以确定的基础。他并进一步照倍根所期望的,把伦理哲学应用到一切知识的领域。他主张道德性的根本,不在理性,应当求之于感情。斯密关于他这部书,曾作过一篇《提要》,他所受休谟的影响,是不难想见的。一七五一年,即休谟与斯密交好弥笃的前一年,前者又出版其《道德原理之研究》(An Enquiry Concerning the Principles of Morals)。在这部书里面,他说明了道德之标准,当求之于行为之结果即功利,而功利,乃至吾人成德之动机,则皆当归之于快乐(Pleasure)。他这种功利的伦理说,亦大有影响于斯密,所以伦理学者的斯密，实是休谟的最大后继者。他依着这种伦理观念，遂在其经济学说上，导出人各自利，斯可利他、利社会的结论。至于休谟关于经济方面的见解，前面已经解述过了，那对于斯密经济学说，当有直接而较为决定的影响。

至若重农学派对于斯密的关系，早为学者们所断断争论，有的学者把那影响说得太大了，有的学者又把那影响说得太小了。斯卡尔贞斯基博士(Dr. Witold von Skazynski)说："斯密未离开英国国境以前，他是受了哈其生及休谟影响的唯心主义者，自从接触了法国正盛的唯物主义三年之后，他遂变为唯物主义者而转回英国了。法国旅行前所著《道德情操论》，与由法国归来后执笔的《国富论》之间所存的矛盾，就可由这极单纯的方法而征知。"① 关于这两种差别的意见，巴克尔(Henry Thomas Buckle)亦表示同一的主张，说斯密在伦理学上，全然是以人类为基于仁爱心而活动，而在其经济学上，则又说人类是全然基于自利心而活动，在这两者间，也发现斯密意见的突变，并探求这突变原因于斯密之法国旅行。② 此外，如罗斯(J. H. Rose)其人，他更力说斯密在《国富论》中体现的诸种观念，特别是自然秩序观、自由放任说等，乃由于斯密滞在法国，与法国当时有名经济学者魁奈、杜尔阁等接触的结果。③ 但是，对于《道德情操论》与《国富论》之间存有根本矛盾之说，提出抗议的，有经济学史家昂肯(August Oncken)，他根据斯密《道德情操论》第六版序言，说明此两著通为同一体系之一部，而没有对立的关系，从而，否认法国学者所与斯密突变的影响。至斯密之自由贸易等观念，依其他许多学者考证，那在未赴法国以前，即显露于其法学及政治学的讲义中了。但是，我们现在无须评判任一方面的考证的确凿程度，我们所可断言的，是斯密受了重农学派诸子的不少影响。单就自由贸易一点说吧，他在格拉斯哥教授时代，虽早有这种倾向，但有此倾向，并不能证明他未受重农学派的影响；反之，惟其

---

① 见博士著：Adam Smith als moral philosopher und schoepfer der national Oekonomie，p.183.

② 参见巴克尔著：《英国文明史》(History of Civilization in England，Vol.Ⅱ 1973)第344页。

③ 参见罗斯著：《威廉庇特与国民再生》(William Pitt and National Revival, 1911)第323页。

早就具有这个倾向,他所受那种学说的影响乃更大。其实,斯密所受重农学派的影响,应从资本及剩余价值诸基本经济概念上去看。卡尔·马克思在他所著《剩余价值学说史》第一卷中,且明确提出"亚当·斯密的重农主义"的标题,①而在其中表示,亚当·斯密的地租思想,全系重农学派的纯收益的翻版。因为斯密在《国富论》第三篇第五章说:"地租是自然的产物,是人类扣除一切,赔偿一切被视为人生产的生产物以后,剩下来的,那不当少于总生产物的四分之一,而往往更多于其三分之一。工业上,等量的生产劳动,无论如何,不能引起这样大的新创造(Reproduction)。在工业方面,自然不做什么,人做了一切,但新创造和引起这种新创造的因素的力量,是常成比例的。"此外,卡尔还强调的说:"重农主义派既然把资本在劳动过程内的物质要素分析了,又规定了资本在流通内采取的形态(固定资本、流动资本,虽然他们所给与的名称不是如此),并规定资本流通过程与再生产过程间的关联,……在这两点上,斯密继承了重农学派的遗产。就这关系说,他的功绩,不过定立了若干抽象的范畴,使重农主义派分析过的差别,取得更稳固的名称。"②

最后,我要简略的说到《蜜蜂寓言》的作者曼德维了。曼德维原是一位荷兰的医生,后来移居英国,于一七一四年出版他那被柏克莱(Berkeley)斥为"空前未有的坏书"(The wickedest book that ever was)《蜜蜂寓言》这部书,又名《私的恶德即公的福利》(Private Vice Public Benefits)。在序文上,这位学者大胆的揭示了他全书的主旨:"如果把艺术教育放在一边,来考察人类的本性,那末,我们便可以知道,使人类成为社会动物的,不是友情,不是善性,不是恻隐心,不是装模作样的殷勤厚意,却是他的最卑贱,最可恶的品性,这品性,就是他适应最繁荣、最幸福社会的必要的条件。"他这部书,是由诗、诗之注释及论文合组而成,在他的诗文、论文中,都毫无忌惮的表露了这种思想。原书第三版时,他附入了两篇论文,一即《慈善及慈善学论》,一为《社会性质论》,在后面这篇论文中,他说:"我们的欲求与情欲,于一切商工业的繁荣,有怎样的必要,全书已十分证明了。这等性情是属于人类的恶性,至少是造出恶性的东西,

---

① 注见郭译本第 63 页。
② 见郭王合译《资本论》第一卷第 37 页。

谁都不会否认。"他这所谓"恶性",所谓"最卑贱最可恶的品性",一到斯密手里,便成了最动听的自爱心、自利心。据卡南所说,斯密这种自利利他的思想,一部分是受了曼德维的暗示。此外,斯密不时强调的劳动神圣权,亦显然是由他从曼德维那里获得了贫民是富之源泉的印象。因为曼氏曾说:"在所有权确有保障的地方,没有货币还可,没有贫民简直不行。贫民没有了,叫谁劳动呢?……对于贫民,是应该使他免于饥饿的,可是不应该让他获得任何值得贮蓄的东西。不管哪里,哪怕是一个属于最低阶级的人,如果凭他非常的勤勉,节省到不吃的程度,想由此把自己的地位提高,那是谁也不能妨阻他的。不仅此也,无论就社会各个人说,或就各家族说,节俭都不可否认是最贤明的方法。然而,对一切富裕国家有利的事体,却是最大部分的贫民,从来不懒惰,但常须支用其全部收入。……每天借劳动而营生计的人,除缺乏外,没有何等可以刺激他勤劳的原因。缓和此种缺乏,虽属贤明,若加以治疗,则失之愚笨。能促使劳动者勤勉的唯一手段,就是适度的工资。工资太少,劳动者将依其不同的气质,或者变为垂头丧气,或者陷于自暴自弃。但如工资过多,又将使其傲慢而怠惰。……由以上的说明,足征在不许奴隶存在的自由国中,确实的富,乃系于劳动贫民的众多。因为此等贫民,不但是供给海陆军的无限的源泉,并且没有他们,任何的享乐,都不能存在,一国任何的生产物,都无从利用。要求社会(当然是指劳动以外的人的社会)幸福,要使人民安于最贫贱的环境,就得以多数人的贫困与无知为必要条件。"[①]

上述种种,不过是斯密直接受其熏染的最大而且最近的思想潮流,其他如当时风靡全欧的法国启蒙学者,特别是孟德斯鸠、卢梭等的创意,乃至希腊罗马哲学者法学者的思想,当然亦对这位渊博的学者,有其或深或浅的影响。

---

① 见郭王合译《资本论》第一卷第516页。

第三节　斯密的社会哲学及其科学的研究方法

一、社会哲学

在前述那样的环境下,同时又浸染在那样的思潮中的亚当·斯密,他的根本思想,或者表现于他全般学说中的他的社会哲学,就要被决定的采取一个新的理路了。

封建制度下的基尔特组织,那是限制社会各个人之经济活动的一种组织,被称为"限制主义"的重商主义制度,那亦算是限制社会各个人之经济活动的一种制度;前者是以各特定职业团体的利益为本位,后者是以各特定国家的利益为本位,在社会经济发展的特定阶段,它们都是演过相当重要的作用的。但时代推移的结果,由它培育扶植起来的社会生产力,已经不能在他们那种生产关系下施展,即是说,那诸般生产关系,反过来桎梏其向所培育起来的生产力之发展了。于是这里就发生了一种变更,而要求一种以个人利益为本位的资本主义制度。

斯密时代的英国工业资本主义渐就勃兴,前面已经讲过了;上述两种体制在当时尚有其阻碍资本主义发展的作用,前面亦经讲过了。博识与敏感的斯密,处在这种时代,又加染受了一些功利主义者、自利主义者的思潮,自无怪其极力主张个人主义,而以个人主义为资本主义制度的核心。

个人主义之理论根据,就是说人类的本性,是追求自己的利益,人生来就是为自己的利益而活动,社会分工的进步,交易的形成,在在是基于这种自利的本性。斯密曾就后一点说:

"人类不能像动物那样独自生活,他不能不取得同胞的协助,所以,假使他仅仅依赖他人的恩惠,一定不行。他如果能刺激他们的自爱心,使有利于他,并告诉他们,替他作事,是为他们自己的利益,他要达到目的,就更容易多了。不论是谁,如果他要与旁人作买卖,他首先就要这样提议,请给我以我所要的东西吧!同时你也可以获得你所要的东西。这句话,是交易的通义。我们日常必要的东西,几乎全是依照这个方法,从他人手上取得。我们每天所需的食料饮料,不是出自屠户、酿酒家、烙面师的恩惠,那仅是出自他们自利的打算。我们不要对他的爱他心说话,只对他们的自爱心说话。我们不要说自己必需,只要说于他们有利。"①

人们在这样露骨的自利的活动上,对于社会全般的福利,不是大有妨碍么?但斯密的解释,恰恰相反。照他说,社会各个人的活动,或者各个人的自利性向。虽然不会顾虑到全般的利益,可是,顺着他自利性向活动去的结果,社会全体亦将蒙其福利。斯密就各种资本用途,来解释这个道理说:

"私人利润的打算,是决定资本用途的唯一动机。投在农业上呢,投在制造业上呢,投在批发商业上呢,抑是投在零星商业上呢?那须看什么用途的利润最大。至若什么用途所能推动的生产劳动量最大,什么用途所能附加的社会土地劳动年产物价值最多,他自来不会想到。在农业最有利润,耕作者最利致富的富家,个人的资本,自然会投在农业上来。于是,于个人有利,于社会有利。"②

这就是说,"个人的利害关系与情欲,自然会使他们投资于通常最有利于社会的用途"。关于这点,就可以说是他的自利主义的或个人主义的社会哲学的神髓。

不过,单就投资这点来论吧,个人的私利害关系,虽然会使他努力去发现最有利益的用途,但是那种最有利益的用途被发现了,他如因为种种规约或法令的限制束缚,不能顺着意向去使用其资本,那末,他个人的利益,固然要受到侵害,同时,社会的资本,不能用在社会最有利的用途,一般的利益,亦不免要受到侵害。在资本使用或移动上是如此,在劳动的使用或移动上亦是如此。资本与劳动不得自由,资本主义制度就根本不会成立。所以斯密在这种关键上,又搬出了他的自由主义说,就这种意义来讲,他的自由主义说,就是达成他那个人主义主张的一种手段。他所以极力攻击封建基尔特,极力攻击重商主义制度,就是为了在那般制度下,个人没有经济活动的自由。关于此点,我在后面还要详加讨论。

---

① 见郭王译《国富论》上卷第 16 页。
② 见郭王译《国富论》上卷第 419 页。

斯密既把个人主义学说的理论基础,建立在人类利己的天性上,所以他在述明这种道理的时候,每每好用"自然的"的字样。个人追求自己利益,是出于"自然的",个人会把他的资本或劳动,移向最有利于自己的用途,亦是出于"自然的";由是,资本或劳动在全社会各产业部门的配布,就有一个"自然的"比例,而资本劳动之成果在全社会各阶级间的分配,亦有一个"自然的"比例。他的《国富论》第一篇的标题,就是"论劳动生产力改良的原因,并论劳动生产物分配给各阶级人民的'自然的'顺序"。然则这"自然的比例","自然的顺序",将怎样使其保持呢?不待说,那是要采取一种自由制度,在这种意义上,他并把这制度亦自然化了,而称之为"'自然的'自由制度"(System of Natural Liberty)。因此,在斯密看来,或者从他的理论上的结果看来,资本主义制度,资本主义社会秩序,就是"自然的"了。而且,这制度,这秩序,既是以人类"自然的"本性为前提,那就自然可以推行到其他一切社会,于是斯密的主义,就被称为一种永恒的世界主义了。

现在,我不想在这里批评他这种学说在时空限制上的妥当性,我所要讲明的,只是他在《国富论》中所采取的科学的研究方法。因为一个思想家的学问研究方法,与他的根本思想,保持着非常密切的,不可分离的关系。

二、研究方法

关于斯密所采取的研究方法,学者们争论不一,有说他是纯粹采取演绎法的,有说他是偏重演绎法,而兼采归纳法的,有说他既不置重演绎法,亦不置重归纳法,而是两者并重的。主张前一说最力的要算亨利·汤姆斯·巴克尔,主张后一说最力的,要算约翰·勒维尔·克赖士(John Neville Keynes),因格拉姆大抵是采取中间一说。

据巴克尔的意见,苏格兰的学者,一向不知道归纳法。亚当·斯密虽在青年时代定居过归纳法盛行的英国,并且涉猎了哲学上不少的文献,但他仍然采用苏格兰惯用的演绎法。以苏格兰重演绎法,就断定斯密是纯粹采用演绎法,这实在是过于皮相的解释。在斯密自己,他虽然没有明白宣示他的研究方法,但他阐明理论,建设系统的知识范畴,往往是运用广泛的实识考察,并参正于历史的事例。即此看来,我们当然不能说他绝未采用到归纳法。

克赖士博士对于亚当·斯密的研究方法,曾另作一种解说,他以为,研究经济之正当方法的问题,亚当·斯密并未把它当作问题讨论过,从而,我们要知道他对于研究方法的见解,就得从他讨论实际问题的途径上去推求。实在说来,演绎派与归纳派都支持他的权威。有人说,他是树立经济学,使成为一演绎科学的首倡者。但有人又视他为经济学之历史方法的建立者。关于这种矛盾的理由,索证并不在远。斯密一方面既不看重先验的(a priori)推理,他方面又不过分重视后天的(a posteriori)推理。凡能帮助他研究财富现象的一切方法,他都是兼容并蓄的。在讨论上,在叙述上,他有时觉得要仰赖人类本性之单原事实,他就仰助这类单原事实,有时觉得要仰助产业生活上之复杂事实,他就仰助这类复杂事实。他相信事物有"自然的"秩序,那秩序,可由一般的思考,演绎而为"先验的"。但对于这信念,他又不断借历史之实际的进程,来限制其结果,他殚精竭虑的,由抽象研究到他生活的经济世界之复杂的实在。所以一方面,他把工资趋于平衡的理由,建树在演绎的推理上,同时,对于限制那种趋势的诸原因,他又是采取归纳的研究。一方面,他虽宣称富裕之"自然的"进步,同时,对于富裕之实际的进步,他却又是根据历史上的事实来说明。总之,在克赖士博士看来,斯密是演绎归纳两方法并重的。①

最后,我要论到因格拉姆的主张了。他认定斯密的方法论的立场,是受了两种影响的结果,一是倾向演绎的重农学派,一是注重归纳的孟德斯鸠,所以他说:"我们在斯密的大作里面,见得出这两种方法的合并——一面是归纳的研究,他面是假定自然的演绎方法。"②就这点看,因格拉姆似乎与克赖士所主张的两法并用说相通;但在实际,他毕竟认定斯密是偏重演绎方法的。他说:"斯密大部分是采用演绎方法,那是一定的。演绎所根据的前提,如都是关于人性和物理的已知的普遍事实,那末,这个方法,就是十分合理了。"③斯密的理论根据,乃是建立在人类自然追求自己利益,并"自然"知道改良自身状况的"人性和物理的已知的普遍事实上",所

---

① 参照拙译克赖士博士著《经济学绪论》第7～8页。
② 《政治经济学史》1919年版第9页。
③ 《政治经济学史》1919年版第89页。

以他采取的研究方法,当然是演绎法。不过,从另一方面看,他又是一个注重实际的人,凡在抽象的阐述其理论的场合,他随时都没有忘记把他的理论与实际事实相比照。因格拉姆说得好:"他的实事求是的天性,使他不落于极端。"即是说,他虽是采取演绎法,但在有些场合,他又兼用归纳法。

这些学者关于斯密的方法论,讲来讲去,像是都有道理,但都不曾把握问题的核心。卡尔·马克思对于这一问题,也有他独到的见解,他说"斯密在一方面研究各种经济范畴内部的联系——即研究布尔乔亚经济体系内部隐藏着的机构;在另一方面,他把外表上在竞争的诸现象中表现出来了的联系排列了出来,即是说,把不懂科学者所见到的联系以及实际参加布尔乔亚的生活过程,并且对于那过程发生利害关系的人所见到的联系,完全同样的排列了起来。在这两种理解方法中,有一种是侵入了内部的联系,即是说,侵入到布尔乔亚体系的生理上去了;而另一种只不过是把表面上在生活过程中显露出来的事物,照它所显露和表现的形态,加以描述、分类、讲解,并且把它归纳在一个多少系统化的观念定义之下。在斯密的著作中,这两种理解方法,不仅是非常强迫的相互并行着的,而且是相互交错着相互矛盾着的。"①

斯密的科学的研究方法,既如上述,在这里,我还想附带简略说到他这部大著《国富论》组织的轮廓。

这部书的全题为 An Inquiry into the Nature and Causes of the Wealth of Nations,当译为《诸国民之富的性质及其原因之研究》,《国富论》是其简名 The Wealth of Nations 之简译。

关于这部书的内容组织,许多学者都訾其没有系统,说它全书的篇与篇间,章与章间,皆未十分显示出一定的系属和关联。在我们今日机械的弄惯了三分主义(即生产、分配、交换)、四分主义(即于上述三者外,加入消费一项)的学者们看来,斯密所取的篇别和章别,当然比较缺乏严整;但对于这大规模的一部著述,同时又几乎是经济学上最先出现的一部合于科学则律的著述,我们似乎不应苛求,而况他"全书都实在的,澈头澈尾的

---

① 转引自李译卢逊堡著《政治经济学史》第一卷第 258 页。

有一致的原则和同样的一种思想方式,并且全没有题旨不消化所生的矛盾"①呢!

他全书共分五篇:第一篇,"论劳动生产力改良的原因,并论劳动生产物分配给各阶级人民的自然顺序";第二篇,"论资财之性质、蓄积与使用";第三篇,"论诸国民之富的进步";第四篇,"论政治经济学上的诸体系";第五篇,"论君主或国家之收入"。就中,第一、第二篇,主要在论究经济理论,第三、第四篇,在论究经济政策,最后,第五篇,则是讨论财政问题。

斯密整个经济学说中的独创部分,或者,他最能把握住近代工业资本主义之神髓的部分,就是他的分工论。他在《国富论》中由分工论开始,我现在亦从此论起。

第四节　论分工与社会劳动生产力的发展

《国富论》在所标附题上,已表示它所要研究的对象,是国民之富,而其目的,则是要探究出如何才可致富。他很敏锐而科学的一开头就探索到社会生产力增进的原因了。

他在"序论及全书设计"中,冒头就说:"一国国民每年的劳动,原本就是供给这国民每年消费一切生活必需品方便品的资源。"劳动既为提供生活必需品方便品的资源,所以一国劳动通常运用上的熟练、技巧和判断力的程度,以及生产劳动人数对不生产人数所占比例的大小,就可决定这一国国民全体贫富的命运,特在这两种事实当中,取决于前一事实的,似乎较多。换言之,决定一国的贫富状态,与其说是生产劳动者人数的多寡,倒毋宁说是劳动生产力的大小。野蛮社会几乎人人从事劳动,犹不免穷困;文明社会几乎大多数人不事生产劳动,犹非常富裕,这原因,就是由于前者的劳动生产力没有改良增进。

然则劳动生产力改良的原因究在哪里呢?据斯密的意见,首在于分工。他在《国富论》第一篇第一章"分工论"中开头说:"劳动生产力最大的

---

① 转引自李译卢逊堡著《政治经济学史》第一卷第91页。

改良,以及劳动运用劳动指导上的熟练、技巧和判断力,大部分都不外是分工的结果。"特他对于一个工厂内的分工,和社会各经济部门乃至各职业间的分业,是同一看待的,并且认定社会分业的利益,由工厂分工的利益看得最清楚。他曾就针的制造,说明此种道理。"按照现在的方法,不但这种针作业全体,已经成了一特殊职业,并且在这种职业当中,还分成了若干部门,而有大多数的部门,亦同样成功了特殊的职业。计抽铁线者一人,直者一人,截者一人,磋锋者一人,钻鼻者又一人。但要钻鼻,已须有二三种不同的工作。搓之使利,擦之使白,乃至以针刺于纸上,纳于匣中,皆须一人分任。综全体作业,可依此分为十八种业务。有些工厂,这十八种业务,是分途由十八个特殊的职工担任,固然,亦有时一人兼任二三门。我看见一个小工厂,只雇用十个工人,各种业务,遂由彼等兼任。像这样一个小工厂的必需机械设备,虽不甚完全,但他们如果勤勉努力,一日也能成针十二磅。以每磅中等针四千枚计,这十个工人,每日就可成针四万八千枚,即一人一日,可成针四千八百。如果他们各自独立工作,不专习一种特殊业务,那末,他们不论是谁,漫说一日制造二十针,就连一针,也不易制成。他们不独不能制出今日由适当分工合作而制成的数量的二百四十分之一,就连这数量的四千八百分之一,也恐制造不成。"①在针如此,"凡能采取分工制的业务,一经采用分工制,其结果总可按照比例,增加劳动生产力"。所以,他以为,"一国产业如果达到了最高程度,各种职业的分工,亦必达到最高程度,未开化社会一人独任的工作,在进步开化的社会里,都会成为几个人分任的工作"。

从此看来,分工不但是决定一国贫富的要键,亦且是决定一国野蛮文明的指标。因为分工的结果,劳动者的技业,可因业专而日进;通常由一种工作转到他种工作浪费的时间,可以节省起来;加之,许多机械的发明,将使劳动更趋于简易。有此种种效用,所以,同数的劳动者,便能成就更多量的作业,生产更多量的财富,因而促成更高度的文明。

农业的性质,②是不像工业那样严密分工的,从而,农业国的富裕程

---

① 见郭王译《国富论》上卷第6页。
② 斯密在同篇中说:"纺人织匠,通常尽管是各别而个人,但锄耕、锹掘、播种、刈取,却由一人兼任。农业上种种劳动,随季节推移而巡回,要指定一个人只从事一种劳动,事实上,绝不可能。"见郭王合译本上卷第7页。

度、文明程度，也就不能跟上工业国。

其实，分工不但在产业上有这样大的效果，即对于学术上亦是如此。斯密在同章中说："随社会的进步，哲学与玄学，也同其他各种事务一样，成了特殊阶级人民主要的业务，专门工作。更进一步，这种业务或工作，又像各种业务一般，分成了许多部门，每个部门，又各自成了一种哲学家的行业。哲学上的这种分工，和实业上的分工一样，可以增进技巧，节省时间。各人专长各人的工作，可以增进全体的成就，从而大大增进科学的内容。"①

然则分工是怎样发生的呢？斯密接着在第二章，就讲分工的理由。他在这章冒头说："引出上述那许多利益的分工，原来不是人类智慧的结果。分工虽是一般富裕的原因，但分工的原因，不是人类想求一般富裕的智慧。那对于人类中互通有无、物物交换、互相交易的倾向，可以说是必然的，但极缓慢极逐渐的成果。这种倾向，决不会顾到普遍的福利。"②如果我们要进一步追问：这交换的自然倾向，又是因何而形成的呢？据斯密说：那就是人类的自利心使然。人人发觉他仅仅从事一种业务，比较从事多种业务，能从他人换得更多的劳动生产物，所以他就自然的会专一艺。制弓矢者专制弓矢，造房屋者专造房屋，推而至于其他业务者，于是分工之局面成。

但分工之起，既由于交换，分工的范围，就不得不受交换范围，即市场范围之限制。因为一个人如果在狭隘的市场中专务一业，他所生产出来的剩余生产物，就无从随意换得自己需要别人生产的物品。所以斯密接着在第三章，论分工受制于市场范围的情形。他以为，市场即令广阔，设商业在在受法规的限制，那分工依旧无从发达。市场之广阔，和商业自由之确立，盖为促进分工之两个外部的条件。此外部条件齐备了，更须集中资本，确立职业自由制度，否则分工亦难望其发达；资本增殖和职业自由，盖为促进分工之两个内部的条件。

因此，一国国民之富的源泉，在于劳动，劳动生产力之改进，在于分工，而分工之发达，则有赖于大都市之商业自由、职业自由。换言之，一国

---

① 见郭王译《国富论》上卷第11页。
② 见郭王译《国富论》上卷第15页。

国富的增进，首在破除一切旧来人为法制之障碍，一任资本劳动自由竞争。这一点，可以说是对于他的自由主义竞争说，立下了一个坚实的理论基础。但是，单从这一方面讲，我们虽然很佩服他的观察的深澈和说明的系统，然亦留下了不少应当指责的漏洞：他向以注重历史事实见称，可是关于分工的叙述，仿佛历史只是从现代初期开头，而他所见的现代初期的所谓国民，又是代表着整个人类。换言之，特定社会的分工，和一般的分工之间的差别，在他是不存在的。当着现代社会初期之特殊产物的制造业工作坊里面的分工，和限制或规定着那种分工形态的社会分业之间的差别，在他亦是不存在的。惟其社会经济发展形态或社会分业水准所决定的制造业分工程度的事实，被他看落了，他遂不期然而然的把分工的原因归之于人类自然的性向。至于工业内部分工，如何得由同一经济主体予以规划，而在资本社会的社会分业，则是由无数经济主体所造成的无政府状态，那更是他所不能意识到的。他的这种社会的狭隘性，全书到处表现得非常明白。

第五节　论价值与价格

分工之局面既经确立，则社会中每个人一己的劳动生产物，就只能满足自身欲望的极小部分，他有大部分欲望，须用自己消费不了的剩余劳动生产物，交换自己所需要的别人劳动所生产的剩余物品来满足。于是，一切人都依交换而生活，或者说，在相当限度内，一切人都成了商人，同时，社会本身亦成了所谓商业社会。

社会发展到了这个阶段，于是在日常交换上，就有发生一种媒介的特殊商品之必要，这特殊商品，要交换其他一切生产物，并且要不会为任何人所拒绝。

在先，对于这媒介的特殊商品，有的社会用家畜，有的社会用盐，有的社会用砂糖，还有用烟草、干鱼等等的。但最后，据斯密所说，任何社会，皆因几种不可抵抗的理由，在一切商品中，选定金属来充当这个任务。因为，第一，金属不易磨损，第二，有强大的耐久性，第三，可以任意分割而无损失，第四，分割之后，又可再镕成原形。

特最初用作交换媒介物的金属,都是粗形的条块,后来因为秤量的麻烦,和品质试验的麻烦,乃渐次考究铸造成一定的形态,附以刻印,而成功了所谓铸币。

斯密在这样讨究了货币发生之必然性及其效能以后,乃进而探求人们以货币交换货物,或以货物交换货物所遵循的诸种法则,即决定商品之相对价值或交换价值的法则,亦即所谓价值法则。

他说价值一辞,有两种不同的意义:它有时表示特定物的效用,有时又表示因占其物而取得的对于他种货物之购买力。前者被他称为使用价值,后者称为交换价值。使用价值很大的东西,其交换价值往往极小,甚或绝无,例如水;交换价值很大的东西,其使用价值往往很小,甚或绝无,例如金钢钻。特斯密虽把商品价值分为这两种,他所讨论的,却只限于其交换价值。

关于这点,我们首先要问到的是,交换价值由何决定呢？即,什么是交换价值的尺度呢？斯密在第一篇第五章解答这个问题说:"劳动是一切商品交换价值的尺度。"又说:"只有劳动本身的价值绝对不变动,只有劳动可以随时随地较量各种商品,只有劳动是真实的价值标准。"这样,他的价值说,就是以劳动为根据的一种劳动价值说了。

不过,斯密的这种劳动价值说,是很不澈底的,在他的说明上,很有些矛盾混淆之嫌。他一方面主张交换价值,决于生产时投下的劳动量,但同时又说,价值的尺度,是交换时所可支配的劳动量。例如,他就前一点说:

"无资本蓄积亦无土地私有制度的初期野蛮社会,获取各种物品所必要的各种劳动量间的比例,就是这各种物品相互交换的唯一标准。例如,狩猎民族杀海狸一头,所需劳动,若二倍于杀野鹿一头所需,海狸一头,当然换野鹿二头。通例,二日劳动生产物的价值,当然二倍于一日劳动生产物;两点钟劳动生产物的价值,当二倍于一点钟劳动生产物。"①

很显明的,他是主张投在商品内的劳动量,支配着商品的价值;劳动量增加,商品价值增大,劳动量减少,商品价值减低。可是斯密虽然如此确凿的决定交换价值的本源,如此断言价值的大小,须比例于生产时投下

---

① 见郭王合译本上卷第55页。

的劳动量,但同时却又树立别种价值标准的尺度,说价值的大小,就看它能换得那种标准尺度物若干。他说:

"一个人占有某物,但他不愿自己消费,而愿以之交换他物,这物究有多少价值呢? 那等于他所能购买所能交换的劳动量。"①

他更就财产引申其义说:

"……财产对他直接提供的权力,是购买力,是对于当时市场上各种劳动,各种劳动生产物的支配权。他的财产的大小与这支配权的大小,恰成比例。换言之,财产愈大,他所能购买所能支配的他人的劳动量,或他人的劳动生产物量,亦按比例愈大;反之,亦必按比例愈小。一种商品的交换价值,等于这物对于其所有者所提供的劳动支配权。"②

依他这种说法,一物价值的决定,就不是决于生产该物时投下的劳动量,而是交换该物时所能支配的劳动量。所支配的劳动量增加,则价值加大;所支配的劳动量减少,则价值低减。与前两两对照起来,那不是很显明的矛盾么?

但在斯密,这不是无可辩解的。交换价值由生产时投下的劳动量决定,那只限于原初社会,在那种社会中,劳动的全面产物,都属于劳动者,所以独立劳动者所生产的物品,得按照他们生产时所费的劳动交换。即这时"一种物品通常可购换支配的劳动量如何,只取决于生产这物品一般所需的劳动量"。

但自资本蓄积,土地私有之局面既成,劳动生产物就不全是属于劳动者自身,从而,生产商品所费的劳动量,就不是规定该商品价值的唯一基准。因为

"土地一旦成为私有财产,劳动者想由土地生产或采集物品,就不能不在所产物品中,以一定分额,分给地主,而称为地租。因之,曾使用土地的劳动生产物,就不得不第一次,扣下一部分来,作为地租。

"一般农耕者,大都没有维持生活至收获终了的资料。他们的生活费,通例是由雇主(即使役他们的农业家)的资本项下垫支。这般

---

① 见郭王合译本上卷第 35 页。
② 见郭王合译本上卷第 36 页。

雇主,如果对于劳动者生产物,不能享受一定分额,换言之,投下资本,假若得不到相当的利润,他们当然会不愿投资,不愿雇用劳动者。因之,曾使用土地的劳动生产物,又不得不第二次,扣下一部分来,作为利润。"①

惟在如此,所以他说:"文明国内,交换价值单由劳动②构成的商品,极不常见。大部分商品,都含有多量的利润和地租。"③于是他就这样肯定的说:"工资、利润、地租,对于一切交换价值,可以说是三个根本源泉。"④然而在其他的地方,他的论调可又大不相同了。他说:

"……地租与工资、利润,同为商品价格的构成部分,但其构成的方法不同。工资及利润的高低,为价格高低的原因;地租的高低,则为价格高低的结果。因为同一件商品上市必须支付的工资利润,有高有低,这商品的价格亦有高有低。但这商品有时能提供高地租,有时只能提供低地租,有时全无地租,却是因为商品价格有高有低。换言之,因这商品价格,在支付工资及利润后,有时甚有余剩,有时略有余剩,有时全无余剩。"⑤

这样一来,他又算把交换价值的根本,归之于工资和利润两者了。

要之,不论他主张交换价值的根源,为工资、利润、地租三者,抑为工资、利润两者,终不免蹈袭了流俗的谬见,把价值法则破坏无遗了。商品价值既由生产时投下的劳动量决定,这所决定的价值,就断乎不是由工资、利润、地租所合成。且不但利润、地租,就是工资,亦不能算是交换的根本源泉;因为决定价值的,只有劳动。(我们在下面论分配的那一节,还有批评的机会。)由此,我们知道,斯密的价值说,在本质上是二元的。即,在原初社会,他采取劳动价值说;在文明社会,他却是采取生产费价值说。无怪他全书中关于阐明价值法则的地方,表现出了不少的矛盾和混乱。

论到这里,我要进而探究他以生产费价值说为中心,而阐明的价格理论了。

---

① 见郭王合译本上卷第78页。
② 这里所谓"劳动"即是指着工资。斯密往往这样混用。
③ 见郭王译本第63页。
④ 见郭王译本第61~62页。
⑤ 见郭王译本第137页。

他说：每种商品都有其自然价格及市场价格，这两种价格的形成，皆视其构成部分而定。价格的诸构成部分，如上所述，有工资、利润、地租。"各社会各邻近地域，各种用途的劳动工资和资本利润，都有一种普遍率或平均率。……地租亦同样有个平均率。"据他所说，"此等普遍率或平均率，颇宜称为当时当地一般通行的自然工资率、自然利润率或自然地租率。一种商品价格，对于这商品制造乃至上市所曾使用的土地、劳动、资本，如果不多不少，恰是依照此种自然率而支给地租、工资、利润，这商品便可以说是以自然价格出售。"①这价格就可说是自然价格。

至所谓市场价格，就是商品通常出卖的实际价格。这种价格因系实际受支配于这商品的供求比例，所以有时在其自然价格以上，有时在其自然价格以下，有时恰与自然价格一致。

在斯密看来，商品的市场价格，皆有倾向自然价格的趋势。因为上市商品量，超过了它的有效需要（即愿支付商品自然价格者的需要），那在价格诸构成部分中，就有某部分不得不降到自然率以下；地租下降了，地主会撤回一部分土地，工资或利润下降了，劳动者或资本主亦会为其劳动（力）、资本另觅用途。结果，市上商品量，就会减少到恰够供应有效需要限度。于是那种商品价格，便会趋向自然价格。

从反面来说，市上商品量不够有效需要，那在价格诸构成部分中，必有地租，或工资，或利润超过其利润率以上，于是从事某种生产物生产的土地或劳动或资本加多了；结果，市上商品量，乃增到恰够有效需要的限度，那种商品价格，又会趋向自然价格。

因之，这所谓自然价格，就成了一种不断吸引商品价格的中心价格。不过，商品价格归向自然价格的趋势，必以劳动（力）、资本、土地能自由转动，彼此间能自由竞争为前提。设给某个人或商业公司以独占，或者设为类似独占的同业组合的排外特权，学徒制度，以及限制特殊职业上竞争人数的各种法规，那末，这些独占者，或类似独占者，便会不断使市场存货缺乏，使有效需要永不能得到充分供给；因而，使他们的商品，常能以超过自然价格的市场价格出售。这种价格，就是斯密所谓独占价格。

独占价格原有两种，一是自然的，一是人为的。如土地处有特殊地

---

① 见郭王译本上卷第65页。

位,或具有特殊品质(例如葡萄园),其所生产的生产物,就会出卖大价格,即自然的独占价格。至若上述的独占价格,则为人为的独占价格。

具有自然独占价格的物品,种类不多,故其影响极为有限;至若依那些人为独占,或类似独占的诸种特权、诸种法规而生产制造或贩卖的商品,其种类既多且广,其影响亦遂非同小可了。这种独占价格普行的结果,社会劳动生产物的生产,不独会因此大受限制,社会劳动生产物在各阶级间的分配,亦将因此乱其自然顺序。我们试看看次节待述及的斯密的自然分配观,便可得到此种原因的一个反证。

第六节　论分配

由价值论到分配,本来是非常合于科学逻辑的顺序。但因他的价值学说,尽管在自己主观上,以为澈头澈尾是劳动的:即在前资本社会,商品〔价值〕由生产所费劳动量决定;在资本社会,由交换所获劳动量决定。事实上,商品价值的大小,如其要取决于其换得的生产物所包含的劳动量,它本身就没有确定的价值。无怪他一开头就把使用价值与交换价值来对称,而不使其与价值来对称。交换价值是价值的一种表现形态,一定要它在生产过程中已获有价值,然后始能取得交换价值的表现形态,而不是倒过来,由交换得到价值。

斯密之所以陷在这种价值二元论的矛盾中的原因,就是由于他把价值学说应用到分配上,始终碰到一个障碍,那就是利润的来源问题,或者更本质的说,是剩余价值的来源问题。关于这个问题,以前的学者多半是就商品在价值以上售卖去解释。但斯密始终坚持劳动的立场,认定"资本所有者使用勤劳的人民,'预期由他们的生产物的售卖,或由他们加在原料价值内的东西,取得一个利润'"[①],即如"斯密所接着说的:'劳动者加到原料里面去的价值,在这场合,是分成两个部分,其中一部分支付工资,别一部分,支付企业家垫支在原料和工资上面的资本全额的利润。'"[②]如

[①]　转引自郭译《剩余价值学说史》第一卷第139页。
[②]　转引自郭译《剩余价值学说史》第一卷第140页。

其照着这种见解贯澈下去,他就对了。即"完成品售卖上赚得的利润,不是由于售卖,不是由于商品在其价值以上售卖,不是'让渡利润'(Profit upon alienation)。劳动者加到原料的价值或劳动量,会分成两部分。一部分支付他们的工资,并且是在工资形态上支付的。他们由此领回的劳动量,只等于他们在工资形态上得到的劳动量。别一个部分,形成资本家的利润。这是他没有买但可以由他拿去卖的劳动量。如果他是依照商品的价值来售卖商品,换言之,如果他是依照商品包含的劳动时间售卖商品,换言之,如果他是依照价值法则来和别种商品交换,他的利润只能这样成立了,即,商品内包含的劳动的一部分虽然是没有给付的,但依然可以卖出。这样,亚当·斯密就把他曾经主张过的主张攻破了。他曾主张,劳动的生产物,不复全部属于劳动者。劳动者多分要以生产或其价值的一部分归资本所有者的事情,废止了这个法则,即废止了商品交换比例,或交换价值由商品内对象化的劳动时间的量决定的法则。"①如其照着这个论点推究下去,他将明白一般商品可以假定是依照价值大小而买卖,而被当作特殊商品的劳动(力),却并非是依照其所费或所消费生活资料价值大小而买卖,而是以较多的活劳动,换得较少的对象化了的劳动,以较大的价值换得较小的价值。这种不等价交换,是资本主义的交换的前提;这种不等价的价值交换法则,是资本主义价值交换法则中的一个特殊而基本的部分。斯密不能明确把握这一点,所以,他虽很正确的否认了利润的来源,是"由于商品在价值以上售卖",是监督劳动指挥劳动(Labour of inspection and direction)的工资,但却不能不在坚持一切等同的依照其所含价值大小而行交换的原则下,把利润的来源,把剩余价值发生的门径,给堵塞住了,以致回过头来,以商品价值取决于交换时所获的劳动量,来代替生产所费去的劳动量了。

因此,斯密在剩余价值的理解上,虽有两点胜过重农学派的地方:(一)在重农学派看来,只有实在劳动,即农业劳动,创造剩余价值。劳动在他们还不曾一般化、社会化。惟其如此,他们就无法确认价值的源泉为劳动,只不过表示那种凭借土地或自然的特殊劳动,产出了较消费为多的有机物质罢了。而在亚当·斯密,劳动已经社会化了,一般化了,由生产

---

① 转引自郭译《剩余价值学说史》第一卷第 140 页。

所费的劳动,和新生产物所包含的劳动,已可较量而发现其剩余,而发现其剩余价值了。(二)又因为重农学派没有明了社会劳动或一般劳动,他们所强调的纯收益(Net production),就不易从物的原形解脱出来,就不易从代表纯收益的地租形态解脱出来,即是说,剩余价值只能表现在地租形态上;而在斯密,那就不止表现在地租形态上,同时还可表现在利息、利润形态上①。

可是斯密对重农诸子所表示的上述优点,又迫使他走向另一矛盾中。他以为商品的价值,既然除了工资外,还包含有地租、利润、利息诸项所得,或其代表的形态——利润,就很可以把商品的价值看为由工资与利润所决定,或者反过来,把工资、利润乃至地租,作为是商品价值的三个构成部分。在这种推理中,他更进一步,以利润、地租、工资为价值的来源。这是混乱一团。把商品价值看为是由工资与利润所决定,那已表示他放弃了劳动价值说,而是采取生产费说了。商品价值分解成为工资、利润、地租诸所得,并不能直接倒转过来,说那诸种所得,构成商品价值。所以卡尔说:"斯密在经济学上遗下荒唐无稽的教理是:商品的价格,系由工资、利润(利息)及地租构成;换言之,即是仅由工资与剩余价值构成。"②这教理荒谬的所在,"即各个资本,虽分割为不变部分与可变部分,但社会资本,却只化为可变资本,只支出在工资的支付上。"③关于这点,卡尔又曾在《剩余价值学说史》中进一步予以指责:假定特定商品的五先令的"价值或自然价格,将分解为工资四先令,剩余价值一先令(我们且照斯密的样,把它叫作利润吧。)说这个与工资相独立的一定的商品价值量或其自然价格,分解为工资四先令(劳动的价格)和利润一先令(利润的价格),那是对的;但说商品的价值,是由那种和商品价值相独立的工资价格和利润价格相加或相合而成,却是不对的。在后一场合,为什么商品的总价值,不会是八先令,十先令(假设工资等于五先令,利润等于三先令等等)就全然没有理由可言了。"④至斯密所谓:"工资、利润、地租是所得的三个原始源泉,也是交换价值的三个源泉"(见《国富论》第一篇第六章)云云,卡尔是

---

① 转引自郭译《剩余价值学说史》第一卷第 148 页。
② 见郭王合译《资本论》第一卷第 493～494 页。
③ 见郭王合译《资本论》第一卷第 493 页。
④ 见郭译本《剩余价值学说史》第一卷第 160～161 页。

这样予以驳斥的:"说'它们是所得的三个源泉',却是错误的。因为一个商品的价值全然是由商品内含的劳动时间决定的,斯密既经把地租和利润看作是单纯的扣除(deduction),是劳动者加在原料上面的价值或劳动的扣除,他怎么又可以把它们叫做交换价值的原始源泉呢?"①

要之,斯密的分配学说,是由价值学说导来的。惟其他的价值学说中,有了正确的一面,即强调生产物价值,由其生产时所费劳动量决定的一面,故他在一面能确认资本利润及土地地租等等,通是由劳动生产物价值中扣除出来的,可是由于他的价值学说中还有不正确的一面,即生产费说或强调生产物价值,由其交换所获生产物中所含劳动量决定的一面,故由这一面往前发展的分配理论,就处处显出一些瑕瑜互见的地方,甚至不把分配论建立在价值说基础上,却反过来,把价值论建立在分配论基础上。他上面把价值的源泉,求之于工资、利润、地租诸所得形态,就是一个明证。

然而,在分配论的社会阶级关系上,斯密毕竟有其超越先辈经济学者的独到地方。他所处的时代,因为还是属于资本主义前期,还是属于要求解放生产,而不是要求合理分配的时期,于是,为一种乐观情绪所支配的"自然合理"的主张,就使他无法深入到资本社会的根本矛盾中去,而只是在他当时所表现的诸社会表象上,去说明这个问题。

他的自然分配观,可从两方面观察。第一是各阶级全体相互间的自然分配,第二是每个阶级各成员间的自然分配。

先就第一点说明:

在原始社会中,劳动的全生产物,皆属于劳动者自身。迨资本蓄积起来,土地成为私有,这生产物,或这生产物的价格,就要分配给三种人:劳动者从其中取去工资,雇主从其中取去利润,地主从其中取去地租。所以斯密说:

"不论是谁,只要自己的收入,出自地主的源泉,他的收入,就一定是出自这三个源泉:劳动、资本或土地。出自劳动的收入,称为工

---

① 见郭译本《剩余价值学说史》第一卷第159页。

资,出自资本的收入,称为利润……专由土地生出的收入,通常称为地租。"①

一个劳动者,一个雇主,一个地主的收入源泉,分言之,是如此,就全国人民说,亦是如此。斯密阐述此种关系说:

"分开来说,一件商品的价格或交换价值,既可分为三部分,全体看去,构成一个劳动年产物全部的一切商品价格,同样可以分为三个构成部分,那必须当作劳动工资、土地地租及资本利润,而配分给国内各居民。社会上,年年由劳动采集生产的全部商品,或者说,他们的全部价格,原本就是按照这个程序,配分于社会各个人。"②

他更就这构成价格的三个部分,把全国人民分成三个阶级的次第说:

"一国每年土地劳动生产物的全价格,自然分为劳动工资、资本利润、土地地租这三个部分,对于三个不同阶级的人民——依地租为生、依利润为生及依工资为生的人民——构成各个不同的收入。"

不过,一国每年的劳动生产物,虽是如此分配给各阶级,但各阶级间分配的关系,怎样才能公平呢?据斯密所说,那是自然会趋于公平的。就雇主与劳动者缔结契约的关系而言,雇主在团结上,在法律保障上,虽立于有利地位,但劳动者的工资,决不能低到水准以下。况且,一国国富增加,对于劳动者的需要必增大,从而,其工资必会抬高。工资抬高到某种限度以下,又会因劳动者的竞争而低减。若利润的大小,那恰与工资立于相反的地位,仍由供求律所限制,不会常常过大,也不会常常过小。而在特定土地劳动生产物的普通价格中,要有了超过相当劳动工资及资本利润的部分,才得成立地租;所以地主阶级的所得,更不会侵越其他依利润生活及依工资生活两阶级的利益。

总之,一国每年劳动生产给这三阶级,皆有自然的顺序,自然的节制,听其自然相竞互助,利益必跻于平。在各阶级全体间的分配是如此,然则每个阶级各成员间的分配又是怎样呢?

次就第二点说明。

---

① 见郭王译《国富论》第一卷第61页。(此注及以下几处注释中的"第一卷"应指"上卷"。——编者注)

② 见郭王译《国富论》第一卷第60页。

关于这一点,斯密曾就劳动、资本两者详加说明。同是劳动,报酬互有大小,同是投资,利益各有多寡,这不是显然的不均等吗?但自斯密看来,这有两种误解:其一是,看似不均,实在是均等;又其一是,由人为制度形成的不均等。前者可就职业本身的性质说明,后者可就欧洲各国限制资本劳动的政策说明。

职业本身的性质,有五种不同。

第一,职业有愉快有不愉快,

第二,职业学习有难有易,学习费有多有寡,

第三,工作有安定有不安定,

第四,职业担负的责任有轻有重,

第五,营业成功希望有大有小。①

职业性质上既有这种种不同,所以在一般想像上,某种职业的货币利得虽少,但有其他的好处足以相偿;另一种职业的货币利得虽多,但有其他的坏处足以相杀。货币利得的不均等,却正是自然调剂,使趋于平等的结果。所以斯密说:"上述五种情形,虽可使劳动工资、资本利润发生颇大的不均等,但各种职业在实际上想像上的利与不利,都不能由上述五种情形而发生大体上的利与不利。上述诸情形,乃所以使金钱利得少的职业,得到补偿,金钱利得多的职业,有所抵杀。"②

可是,由人为政策所生的不均等,那可真是不均等了。欧洲促成这种不均等的政策,约有三个方式:

第一,限制某种职业上的人数,使愿加入者不能加入。

第二,增进某种职业上的自由竞争,使超越自然的限度。

第三,妨害劳动及资本的自由活动,使不能由一职业转移到其他职业,由一场所转到其他场所。③

有了这种限制,劳动资本,就不能顺其自然趋势流转,不能顺其自然趋势竞争;从而,在各劳动者间的工资分配,在各资本家间的利润分配,就不能得其平了,就不是按照自然的分配了。

---

① 见郭王译《国富论》第一卷第 118 页。
② 见郭王译《国富论》第一卷第 135 页。
③ 见郭王译《国富论》第一卷第 141 页。

然则什么是资本有利用途或最有利的用途呢？他由这一视野,把问题转到生产劳动、生产资本研究上去了。

第七节　论生产劳动与生产资本

前面讲过,亚当·斯密的劳动价值说是二元的,或者是两面的,踏着正确的那一面下去,或贯串到其他各经济形态,他对于生产劳动与生产资本,有一个正确的认识;沿着不正确的一面下去,讲法就不同了。现在把说明的程序倒过来,先讲生产资本。

关于生产的资本,重商主义有一个讲法,在他们设想,在全国的财富中,只有用在从国外带回较多金银或贵金属的事业上的那一部分资财,才是生产的。重农主义者又有一个讲法,在他们设想,在全国财富中,只有用在能通过生产而带回一个纯收益的那种事业上的一部分资财,才是生产的。换言之,即在重商主义者心目中,商业资本是生产资本,在重农主义者心目中,农业资本是生产资本。他们的讲法,在某一点上,即在有所获益,或除收回成本,还带回一个余额事业上的投资,才算是生产资本这一点上,也许是对的。但从狭隘的直观的观点解放过来,对于资本概念之比较科学的确定,那却是斯密的功绩。

《国富论》第二篇,即是"论资财之性质、蓄积与使用",他之所谓"资财"(Stock)的意义,较"资本"(Capital)的意义为广,但不必有严密的区别。例如,一个人如积有可维持生活数月或数年之久的资本,他就只会留一部分充当消费,其余大部分用以获得收入。这用以获得收入的部分,就称为资本。如果他不作获得收入的打算,全留着充当消费,那这称为资本的部分,依旧是资财。总之,资本的范围,较资财为狭,资本是资财中用以获取利得的一部分。

依斯密所见,一个国家,一个社会总资财,即居民全体的资财,可分为三个部分,这三个部分,各有各的作用。

第一部分为支费,留供目前消费,其特性为不提供何项收入或利润。已为真正消费购买,但尚未完全消费掉的食品、衣服、家具等物,属于这一类。国内仅供居住,不作租赁的房屋,亦属于这一部分。

第二部分为固定资本,其特性为不流通不更换主人,已可提供收入或利润。其中包含有四项:(一)职业上一切便利劳动缩减劳动的机械工具;(二)一切有利润可图的建筑物,如商场、堆栈、工场、农屋、厩舍、谷仓等;(三)为开垦、排水、围墙、施肥等投下,使土地最适于耕作的土地改良费;(四)社会上一切人民习得的有用才能。

第三部分为流动资本,其特性为易主而后生利润,流通而后生收入。亦包括四项:(一)货币,赖有货币,下述三项,始得移转而分配给真正消费者;(二)屠户、牧畜家、农业家、谷物商、酿酒家等人所有的食料,这些食料的出售,可以希图利润;(三)衣服、家具、房屋三者的材料,尚归耕作家、制造家、布匹商、木材商、木匠、瓦匠等人保有者;(四)已经制成,但仍在制造商人手中,未曾分配给消费者的物品。①

就上面资财分割的三个部分而言,固定资本、流动资本两者的唯一目的,不外是求目前消费的支费,不致匮乏,且能增加。吾人日常食衣住三者,均仰给支费这部分资财。所以,人民的贫富,亦即取决这两个资本能提供的支费,究是丰饶,抑是吝啬。

斯密关于资财与资本的上述区别,特别是关于固定资本与流动资本所下的定义,原是颇有问题的,但撇开枝节论点,而把握其问题的核心,他已显明消除了重商主义者、重农主义者,对资本对生产资本所作的狭隘的限界。在他,无论哪种事业上的投资,只要提供收入或利润,它就是生产资本。换言之,能获得利润的资本即是生产资本。到此为止,他还没有怎样超过重商、重农者的看法,而使他与这两者大大区别的,却是他进一步用生产劳动的概念来支持他的生产资本的见解。

他说劳动有两种:一种劳动附加在物上,能增加物的价值,另一种劳动,却不能增加价值。产业工人的劳动,属于前者,称为生产的;家仆的劳动,属于后者,称为不生产的。生产劳动者和不生产劳动者,均仰食于土地劳动生产物。用以维持不生产者的部分愈大,用以维持生产者的部分,必按比例愈小,从而,次年度的生产物,亦必按比例愈小。反之,次年度的生产物,必按比例愈大。因此,要生产物加多,要资本蓄积加多,当然是尽可能的多维持生产劳动。

---

① 见郭王译《国富论》第一卷第 319 页以上。

在这里，他把生产资本、生产劳动的概念，从剩余价值的意义上去加以说明了。生产的资本，既然是就一种资本，除了收回原有价值，并还带回一个附加价值而言的，它那种新加价值，从何得来的呢？在斯密，那是由它使用生产劳动得来的。在这限度内，所谓生产资本，就是用它去交换或购买生产劳动的资本，而反过来，生产劳动就"被定义为生产资本的劳动"。

"在资本主义生产的意义上，生产劳动是指这种工资劳动，在它和可变资本部分的交换上，它不仅须再生产这个资本部分（即它自身的劳动力的价值），并且要在此外，为资本家生产一个剩余价值。只因如此，所以商品或货币会转化为资本，会当作资本来生产。只有工资劳动是生产的，会生产资本。那就是，它会把那投在它自身上的价值额，依更大的分量，再生产出来；或者说，它所酬还的劳动，会比它在工资形态上受得的劳动更多。只有价值增殖较大于其自身价值的劳动力，是生产的。资本阶级，从而资本的存在，是以劳动的生产力为基础，但不是以它的绝对生产力为基础，而是以它的相对的生产力为基础。比方说，如果一劳动日刚好维持一个劳动者的生活，那就是，刚好够把它的劳动力再生产出来。绝对的说，劳动也是生产的，因为它是再生产的，那就是，会不断把它所消费的价值（等于它自身的劳动力的价值）代置。但在资本主义的意义下，它不生产任何的剩余价值。"①

亚当·斯密是用下面这样坚定的文句，来反覆加强上述论点的：

"制造业工人的劳动，通常会把自身生活所需和雇主利润上应有的价值，加在制造业的原料上。"②

"制造业工人的工资，虽由雇主垫付，但事实上，雇主是毫无所费。劳动投在物上，物的价值必增加。这样增加的价值，通常，可以补还工资的价值，兼供利润。"③

"把资财一部分当作资本而投下的人，莫不望资本偿还，兼取利

---

① 见郭译本《国富论》第一卷第241～242页。
② 见郭王合译《国富论》上卷第371页。
③ 见郭王合译《国富论》上卷第371页。

润。他投资,只雇用生产劳动者。"①

所以这类文句,都只表示:惟有雇用生产劳动的资财,才是增殖价值的资本。那些生产劳动的工资,可以用货币支付,亦可以用货物支付,在这限内,货物或商品与货币也资本化了。至若投用在工厂、农场设备及机械上的资财,因为它的目标,在于增加劳动生产力,换言之,在于使同人数的工人能够遂行更多得多的作业,所以,它们也在成就生产劳动的意义上,变为生产的了,变为增殖价值的补助手段了。

卡尔曾就此点,非常赞扬斯密,说"他在学问上最大功绩之一是:他把生产劳动定义为直接与资本交换的劳动:也就因为有这种交换,所以劳动的生产手段和价值一般,货币或商品,才在科学的意义上转化成为资本,劳动才在科学的意义上成为工资劳动。"②

从这里,我们可以知道:生产劳动或不生产劳动云云,是就其社会立场立论的,是就特定资产者的社会生产关系立论的,而无关于劳动本身的实质的性质。同是一个厨子,他在家中为主人满足消费的要求,他的劳动便是不生产的;他在酒馆饭店中为老板满足殖利的要求,他的劳动便是生产的。

可是,斯密一方面尽管这样去理解劳动,但同时因为他的价值学说中的不正确的因素作祟,使他又提出另外一种生产劳动与不生产劳动的区别标准,那就是说:当作生产劳动看的"制造业工人的劳动,可以固着并且实现在特殊的可卖的商品上","反之",看作不生产劳动的"家仆的劳动,却不固着亦不实现在特殊物品或可卖商品之上。家仆劳动,随起随灭,要把价值保存起来,供后日雇用等量劳动之用,是万分困难的"。这一来,是生产劳动与否,就不是看它是否加大价值,提供利润,而是看它是否被固着被保留在特定可卖的商品上。即,厨子劳动,尽管在为酒店饭馆老板实现了莫大利润,但因它不曾"固着"保留在特定"可卖商品"上,而在用膳人

---

① 见郭王合译《国富论》上卷第 373 页。
② 前述《剩余价值学说史》第一卷第 247 页。

狂吞大嚼中消灭了,所以又不是生产劳动了。①

不但如此,他的生产劳动说,不仅没有完全从"物"上得到解放,且还在某种限度"没有从重农学者自然的观点解放出来"。他以为一切资本,虽皆用以维持生产劳动,但等量资本,因用途不同,其所推动的劳动量,极不相等,从而,对于土地劳动所附加的价值,亦极不相等。据他所说:资本的用途,有以次四种:

第一,用以获取社会上每年所须使用所须消费的原生产物,如渔业、矿业、农业。

第二,用以制造原生产物,使适于使用消费,如制造业。

第三,用以周转原生产物制造品,使有无相通,如批发商业。

第四,用以分散原生产物制造品,使适于需要者临时的需要,如零售商业。②

以上这四种资本用途,有相互密切的关系,少了一种,其他不能独存;即令独存,亦无从发达。

不过,在斯密看来,这四种用途中,以第一用途,即投在农业上者,为最有利益。因为,农业家资本所能推动的劳动量最大。他的劳役工人,固然是生产劳动者,他的代劳牲畜,亦是生产劳动者。在农业上,自然与人同劳动;自然的劳动,虽无需代价;它的生产物,却和最昂贵的工人的生产物一样,有它的价值。若在制造业上,自然没有作业,人作了一切。所以,和投在制造业上的等量资本比较,投在农业上的资本,不仅可以推动较大量的生产劳动,而且,按照比例于它所雇用的生产劳动量,它对于一国土

---

① 往后洛窦德尔(Lauderdale)及萨伊(Say)曾无视斯密关于生产劳动与不生产劳动的前一正确分别,而肤浅的把握这后一不正确的分别,予以指责。洛窦德尔说:"这种奇妙的区别,是以所供服务不能耐久这一点做根据,这种区别把那些在社会上担任最重要职务的人,归到不生产的劳动者里面去。因之,一切在宗教上、政治上、军事上服务的人,一切保卫国民健康的人,一切教育国民精神的人,都视为是不生产的劳动者。"(见《剩余价值学说史》中译本第 339 页)萨伊也觉得这样分类,像太使这些重要人物难堪,于是凭了他庸俗的小聪明,把这些人物"尊称为""非物质的生产物的生产者"(同上第 342 页)。再后,被称为"俗物标本"的西尼耳(Senior),他也对斯密把社会很多重要人物看为不劳动的生产者,而大肆咆叫:"照斯密看来,希伯来的立法者也是一个不生产劳动者。""受委托在医治一个病孩,并使他活许多年数的医生,不会生产耐久的结果么?"(同上第 370 页)

② 《国富论》郭王合译本上卷第 403 页。

地劳动年产物所附加的价值,既然更大得多,对于国内居民的实富与收入所增加的价值,亦是更大得多。在各种资本用途中,农业投资,最有利于社会。除了农业,当推制造业;投在零售商业的资本,报酬最小,最不生产。"

从这段话看来,斯密对于生产阶级不生产阶级的区别,也显然没有维持他原来所坚持的以次的主张,即生产劳动、生产资本,是取决于它是否提供剩余价值或利润。与制造业商业比,农业也许能提供较大剩余价值,但在平均利润的竞争作用下,它所造出的更多剩余价值,却并不一定能对农业资本家实现更多的利润,从而对于农业资本家,它就不能说是更生产的了。往后李嘉图还对于他这种见解有所指摘。

第八节　论自由主义经济政策与政府

我在前面讲述,《国富论》第一、二篇大体是论究经济理论,第三、四篇则是论究经济政策,而且,他在论究学理时,亦在在没有忘记解述某种经济政策的合理。社会各阶级,怎样才能把劳动和资本,用到最有利的用途呢?照他前章所说,怎样才便于把社会财富或资财,尽可能用以维持生产劳动,变成生产资本呢?贯澈他全书的自由主义的要求,就在答复这些问题。我们知道,他的时代,有阻害经济发展的种种规定、种种法令存在:通常条例哪,谷物条例哪,保护关税哪,同业组合哪,排他的独占权哪,奖励金哪,济贫法哪,凡此种种,皆足为产业发达的束缚,要打破这些束缚,由这些束缚解放出来,恰好是主张自由主义的经济政策。无论是农业,是工业,抑是商业,都得使其自由发展。曲加限制,固利少害多,多方奖励,亦属顾此失彼;欲利民便民,莫善于任民自养,听民自动。所以斯密说:

"一切特惠的限制的制度,一经完全废除,最明白最单纯的自然的自由制度,将自然而然,自己树立起来。每一个人,在他不违正义的法律时,都应任其完全自由,在自己的方法下,追求他自己的利益,而以其勤劳及资本,加入对任何其他人或其他阶级竞争。"①

---

① 《国富论》郭王合译本上卷第九章末段。

自然哪,斯密是拥护资本主义组织,代表产业资本家的利益的。表面看来,他似乎只会主张资本自由,而对于劳动则曲加限制。但在实际,至少在某种限度内,恰恰相反,正惟其拥护资本家利益,不得不要求一般劳动者也有自由。因为产业资本家的资本自由里面,原本就含有劳动者的劳动自由的意味。在奴隶经济制度下,有奴隶存在之必要,在自由主义经济制度下,亦有自由劳动者存在之必要。劳动者没有自由出卖其劳动的自由,资本家就无从取得竞相投资的自由。因为,"妨害劳动者自由流动的障碍物,也同样妨害资本的自由流动"。① 劳动者把自己的劳动力,当作商品出卖于资本家了,资本家的生产,才得施展。所以,斯密一方面极力主张,资本家应有从心所欲,经营产业的自由,应有随意变动其生产物价格的自由,应有自行处分其财产的自由,但同时,他并未忽略,劳动者亦应有自由处分其劳动的自由。他说:

"劳动的所有权,是其他各种所有权的根本基础。所以,这种所有权,是神圣不可侵犯的。贫家所有的世袭财产,就是他们的体力与技巧,在他没有加害邻人,以正当方法从事劳作的限内,妨害他们体力、技巧的使用,即是侵害他这最神圣的财产。而且,这不但明明侵害了这劳动者的正当自由,同时,还侵害了劳动雇用者的正当自由。妨害这个人使不能在自认为适当的用途上劳动,就是妨害别一个人使不能雇用自认为适当的人。"

从这里,我们不但知道他主张劳动神圣的自由权,同时,还知道,在这劳动自由权里面,也含有资本神圣的自由权的意味。

在资本主义的社会组织下,各个人经济的生存,都得自由负责。自己有了这种经济上生存的责任,自不能不取得经济上活动的自由。但是,不要政府指导督责,人人都知道自己的利益么?人人都能勤勉努力么?关于前一点,斯密曾作这样的解答:

"资本应使用在国内哪种事业上呢?哪种事业能生产最大价值呢?关于这个问题,各个人自己依当地情形来下判断,分明要比政治家或立法家代他判断的,高明得多。"②

---

① 《国富论》郭王合译本上卷第160页。
② 《国富论》郭王合译本下卷第四篇第五章。

立法当局要处理干涉私人的这类事,那不但是自讨烦恼,劳而无功,设或他们自己愚昧无能,而又乱作主张,那就不知道要闹出多少弊病和危险。至若各个人的勤惰问题,那更用不着立法者烦心。依斯密所见,社会每个人,都有改良自身状况的希望。这希望虽然平淡,但他由出胎一直到死,不会一刻把它放弃。人由出生到死,对于自身地位,总有一种不足的感觉,总想进步,总想改良。① 这样,只要是在自由竞争的状况下,谁都会为自己的利益,勤勉努力。若繁其法令,设奖励金去奖励,设济贫税去救济,又用种种法规去限制取缔,那只能得到相反的结果,不会有什么裨益。

总之,斯密的经济政策,澈头澈尾是自由主义的。他虽着眼在商工业方面,主张自由贸易、自由竞争,但对于束缚农业的法律,他亦是大声疾呼的主张废止。他说:

"禁止制造家兼营小卖业的法律,加紧了资本用途的这种分割。强迫农业家兼营谷物商人职业的法律,却显然侵犯了自然的自由,所以都是不正当的;因为不正当,所以都是愚笨。为了任何社会的利益,这一类的事情,都是不应加紧,亦不应妨碍的。……法律应该以人民各自利益,委托于人民自己。人民处在当事者地位,所以比较立法官,定然更能了解他自己的利益。但在这两种法律中,最有害的,又是强迫农业家兼营谷物商人职业的法律。"②

重农学派尊重农业,但他们同时并不忽视商工业上的自由,因为商工业受到阻害,其影响将涉及农业。在同样的意味上,斯密重视商工业,但他同时亦不忘怀于农业上的自由。他知道,农业不能自由发展,工商业的活动,就不免要大受限制。所以他主张一切产业自由。他的整个经济政策,为一种自由主义政策。

不过,斯密的自由主义,亦并不是全无限制的。我们试就他主张银行发行纸币,只可通行于商人彼此间的理由一加考察,便知分晓。他说:

"或谓,银行信用券无论微巨,只要私人愿受,就在许可之列。政府从而禁止其领受,取缔其发行,实在是侵犯自然的自由,不是法律应有的。因为法律不应妨害自然的自由,只应扶助。从某观点说,这

---

① 《国富论》郭王合译本上卷第 383 页。
② 见第四篇第五章。(指郭王合译本《国富论》。——编者注)

限制诚然是侵害自然的自由；但于少数人为自然的自由，而于全体社会为安全的危害，却要受而且应受法律的制裁的。这样绝对的自由，无异极端的专制。"①

从这点看来，斯密主张的自由主义，是相对的，就是要不违反社会公共利益公共安全的。单就这点而言，社会各个人的经济活动，已有不能不仰赖政府或立法者的地方了。况且，在一社会与其他社会对立，一国家与其他国家对立的限内，各个人要想任意自由活动，不受外侮的威胁和压迫，亦不能不仰赖政府。此外，还有私人举办不了的社会事业、公共设施，均非政府之力莫办。因之，斯密认定：按照自然的自由制度，则君主或政府应尽之义务，只有三点：

第一，保护社会，使不受其他独立社会的扰害侵犯。

第二，尽其所能，保护社会各个人，使不受社会上任何其他个人的虐待压迫，即设立严正的立法机关。

第三，建设并维持一定的公共土木事业及一定的公共设施。②

君主或政府既为人民担当了这三种任务，人民就不得不为君主或政府提供费用，换言之，就不得不分担一国的国防费、司法费和公共建设费。于是这里就发生了赋税的问题，关于这个问题，我想在本节附带讲明一下。

重农学派视商工业阶级为不生产阶级，所以他们主张土地单一税；因为把赋税纯粹加在土地地租上，那不但可以减少许多征收费用，且可避免转嫁在生产阶级方面，致侵蚀社会总再生产的生产资本。但斯密所见不同，他认为社会上的商工阶级，同样是生产阶级；并且，一国从事经济活动的国民，同样叨国防的庇护，同样受法律的保障，同样享受公共事业的利益，自不得不同样分担国家的赋税。不过，政府在赋税的征收上，须得遵循一定准则，那就是斯密有名的四大赋税原则，即：

第一，一国国民，各须在可能范围内，按照比例于各自的资力，即按照比例于各自在国家保护下享得的收入，提供国赋，维持政府。

第二，各国民应当完纳的赋税，须是确定的，不得随意变更。

---

① 郭王译本下卷第四篇第九章末段。
② 郭王译本下卷第四篇第九章。

第三,各种赋税完纳的日期及完纳的方法,须予纳税者以最大的便利。

第四,一切赋税的征收,须设法使民之所出,尽可能的,等于国之所入。

上述四者之第一原则,后之学者称为公平原则,第二,称为确实原则,第三,称为便利原则,第四,称为经济原则。此四大原则,迄今犹为赋税学上不刊之定理。

由上面的说明,我们应有这样一种概念,就是现代国家和政府,根本就是为保障或增进资本家阶级的利益而存在的。国家或政府在支费项下所担当的任务,对外国防,对内秩序,固不必说,就是有关公共事业文化事业等等设备,劳动的训练,科学技术推进的讲求,都无非是为了资本家阶级怎样增进其利得。经济学之"政治的""社会的"意义,从这里证示得非常明白了,虽然在斯密设想,那一切也有助于社会其他阶级特别是劳动阶级的生活的改善。

第九节　结论

斯密的整个经济学说,我在前面已经叙述一个梗概了,虽然在叙述上,难免有许多缺欠匀整、缺欠谨严的地方。

他这学说对于实际的影响,可于普尔忒奈(Pulteney)所说的,"斯密说服现代并支配次代"一语尽之,普尔忒奈讲这句话,是在《国富论》出版后之 20 年即一七九六年,我们在百余年后的今日看来,他这句恭维话,实在并不过火。不过,斯密学说是怎样影响于当时后世,在后还有说到的机会。我在这里所述及的,只有他这学说在经济学史上的贡献。

经济学这名辞,是斯密以前就有了的,但"经济学"这名辞的正确意义,却是到了斯密才弄明白。在斯密以前,自命为"经济学者"的重农学派诸子,乃至威廉·配第,他们确曾对于经济学有了很大的贡献,而且近代意义旳经济学,也确是由他们开其端绪;不过,他们讨论经济问题,大抵是为了政治上的目的,是研究为政者要怎样统制生产交换,才算便当,才有利益,这样一来,经济学就算是一种统治之术了。

至于斯密的议论,当然没有完全脱却"术"的范围,且带有浓厚的策士的意味。有人还说,他写《国富论》,正是对于政府当局的"献策"。可是,他的时代,他的主张,把他这种倾向矫正了。关于英国当时产业状况,促成他不为英国资本主义的特殊烦心,而径行研究一般法则的究竟,我在前面已经讲过了,现在要说的,只是他的主张影响于他的学说性质这一点。

　　斯密所主张的,是个人主义,是自由放任主义,即是,要求个人的经济活动,完全脱去一切政令干涉,因而,他的"献策"的意向,却反而是叫政府当局不要干涉经济活动。不从为政者的统治观点上,讨论经济学理,而站在所谓"经济人"(economic man)的求利观点上,讨论经济学理,所以他就能基于现存的事实和分析,把经济学当作一种科学来研究。结果,经济学已不是一种统治之术,[①]而是人类社会科学的一部分了。斯密对于经济学的伟大贡献在此,他成为经济学建立者的原因,亦在此。

　　就前面解述过的诸点来看,他的劳动价值说,似乎过于混淆,他的自然分配说,亦是过于乐观,但是,他的伟大贡献,固然受了时代之赐,他所残下的缺陷,亦是时代使然。他心中刻不容缓的问题,是怎样破坏旧来一切人为的不合理的法规的障碍,怎样扶植将要勃兴起来的产业;换言之,就是怎样才得使新兴产业痛痛快快的大量生产。至若生产出来以后的分配问题,时代未要求他注意,所以他就看得格外乐观了。他的价值说的混淆,正与其自然分配说相关联,分配既是自然而然的会趋于公平,他就不必要探究资本家对于劳动者的榨取关系,从而就认不清资本主义社会的商品性质,结局,他的价值论,就不得不彷徨于劳动价值说和生产费价值说之间了。

　　总之,时代造就了斯密之伟大,时代也同时铸成了他的若干缺陷。成全他这伟大,补正他这缺陷,则有待于他的后继者。

[①] 不过斯密自己,他并未意识科学或学与术的严格区别,如克赖士博士(Dr. Keynes)所说:"……亚当·斯密与其同时代的人,乃至近代的经济学者,对于科学一语的使用,通未关涉到科学与上面述及的术的区别。他们意想上的科学,就是知识之系统的集体,那包含有理论的命题,也包含有行为上之实际的法规。可是,最近这国最优秀的权威学者,却能把这一辞用在比较窄狭的意义上。"(参见王译《经济学绪论》第二章第一节)

第四章 马尔萨斯的经济学说

第一节 由十八世纪末叶至十九世纪初叶的英国社会经济状况

斯密的《国富论》是在一七七六年出版的,在这以后的英国社会经济状况,已逐渐登上了近代资本主义的旅程。十八世纪最后的 20 年,以至十九世纪最初的 20 年间,英国在产业上成就了两种革命,一是工业的革命,一是农业的革命。这两种重大的革命事实之展开,几乎是相互关联着,齐头并进的,为了说明上的便利,我先从工业革命讲起。

一、工业革命

产业革命的主要推动力,是各种机械的发明。英国各种机械的发明,我在前面已经说明那是呈现于一七七六年《国富论》出版前后,因之,英国的工业革命,亦当然是从十八世纪七十年代八十年代就开始了的。

机械发明对于工业革命,乃至对于近代资本主义者如何的重要,曾经有两位著者这样的说了:"机械的发明,就表示我们现今所处的世界,有熙熙攘攘的城市,有布满了复杂机器的大工场,有商业和绝大的资财,有职工组合和工党,有扰攘不息为多数人求幸福的各种计划。奇妙的纺纱机和飞快的键子,代替旧日的纺纱竿;机关车和海洋汽船的发达,把地球上相距最远的地方连成一气;完美的印字机一点钟印十万张新闻纸,电报电话的神妙,种种故事无不新奇——这个机器发明故事的重要和魔力,实在不亚于君主、国会、战争条约和宪法的历史。"[①]不过,我们虽然这样承认机械发明,对于工业革命的决定性,但是,如非在英国那种社会里面,不仅这诸般重要机械莫由发明,即发明了,亦不会迅速的利用在各种产业上去。关于诸种重要机械发明于英国社会的理由,我在前章已经讲述过了。这里,我只要说明那些帮助机械达成工业革命的因素。

工业革命的简括意义,就是以工厂工业来代替手工工业。要完成这种革命的转变,除了诸种机械的发明外,还须备有使工厂工业广泛发展所必需的其他社会经济条件,即,在一方面,要破除旧时阻碍资本、劳动移转的基尔特组织的残骸,另一方面,要有备置工厂、机械、原料,乃至雇用工人的充分资本,且还要备有那种资本所必需的各种各式的人才。当亚当·斯密时代,英国社会尚残存有种种封建组织,以及由重商制度所给予各种商业公司的特权,我在前面已经讲过了;但至十八世纪之末,因为实际经济状况的推移,又加上斯密学说所生的影响,于是这些桎梏资本主义发展的势力,乃相继崩溃。塔克尔(Tucker)表述当时这种趋势说:"城市中的基尔特和商业公司所享有的特权,到现在已经没有大的力量了,它们再也不会有像从前那样伤害人们的可能。"资本主义向前推进的种种人为限制破除了,同时,英国因了政治方面,乃至商业方面的顺适境况,在商业资本时代,他在商人、财政家、工业家手里,已经有了巨大资本的积累。而在另一方面,顺着工业发展路线所造成的农民失业,和手工业者家庭工业者的破产,工业资本所需求的劳动人才,又可取之无尽,而用之不竭。工厂工业的社会条件经济条件齐备了,所以在当时,"无论是谁,只要他有资本,即使很少,他都想把它投入到这种事业上面,——店主、房主、商品转运者,都变为厂主"。这些"新兴的工厂主,到处都建立他们的工厂,只要那里有可能。他们开始是把一些旧屋破舍加以修理,黑暗的地方,开以窗户,使之适合于织机的建筑"。从一七八八年到一八〇三年的那个时期,叫做棉织生产的"黄金世纪",在这个时期中,棉织生产增加了三倍。

棉织业而外,发展最速的,要算金属工业。一七八八年,英国的铁产

---

① 鲁滨生、毕尔德(Robinson and Beard)合著的《近世欧洲发达史》第二卷第31页,参见李译奥格(Ogg)著《近代欧洲发达史》第143页。(指李光忠译《近世欧洲经济发达史》,商务印书馆1933年版。——编者注)

量，虽已增至 68000 吨，到一七九六年一年间，其产量竟达到 12.5 万吨。一八〇三年，英格兰、威尔士有 144 个炼铁厂，苏格兰有 24 个，这时铁已成为输出品了。一八〇六年铁产额达 25 万吨，至一八一五年，输出额亦增长到 9.1 万吨，随着铁产增加，铁价低廉，又有企业家需要更好的机器，于是机器铸造业逐渐扩大起来。在一八〇〇年，英国规模较好的机器厂虽只三个，但此后则迅速增加。

工厂工业生产急剧增进的结果，英国的国民经济，乃起了非常大的变动。这时的经济重心，已由农村转向都市了。人口开始向都市迅速的移动。在工业革命前夜的一七七〇年，英国配布在城市与乡村之间的人口，将近平均；迨至一八二一年，农村人口，只占全国人口 33％了。从一七六〇年至一八一六年，曼彻斯特人口，由 4000 增到 14 万，伯明翰由 3000 增加到 9 万，利物浦由 3.5 万增加到 12 万。人口的增加，工厂工业的发达，英国乃开始成为"世界的厂主"。这厂主的生产，全是为世界各国。在一七六〇年，英国输入为 1000000 英镑，至一八一五年，已达 3000000 英镑；至其输出，则由 15000000 英镑而增至 95000000 英镑。

工业革命在一方面虽然这样增进了英国的财富和繁荣，另一方面却也暴露它无可避免的缺陷。工厂制度成立，以前雇主与职工学徒共同生活、共同操作的温情关系破除了。在工厂制度下，资本主与劳动所有者间的区划，严格分明，资本主只出资本购买原料，设备机械工厂，并雇用劳动者，劳动者则仅由劳动作工挣取工资。于是贪图利润的资本家，与挣取工资的劳动者，利害正相反对。劳动者竞争的人数愈多，资本家就愈好延长工作时间，低减劳动价格。所以，当农业革命伴随工业革命发生，农村失业劳动者，像洪水般的向都市奔涌的时候，都市工厂劳动者的状况，就更加恶劣不堪了。况且，当时加入劳动者竞争队伍的，不仅是农村失业者、旧式手工业者，还有儿童和妇女；因为机器的使用，这些儿童和妇女，几乎成就强壮男工同样的作业。劳动者拥挤的结果，劳动者每天工作的时间，遂延长到 15 小时甚至 18 小时；7 岁小孩在地穴下做 12 小时的工作，并不算稀罕的事。加之，当时的工厂，有的是旧房屋改造的，有的是设备不完全，且不卫生的；男子、儿童、妇女，连同挤在这地狱般的工厂里面，作长时期的劳作，其所得报酬是怎样呢？在解答这个问题时，我们还要知道，当时一般的工资，都是货币工资。在十八世纪末叶，这货币工资是提高了,然而因为面包及其他食料品如牛肉、鸡蛋等价格的飞涨,劳动者的真实工资,却减低了。据巴尔敦氏所说,劳动者在一七九〇年一个星期的工资,可换购169品脱(Pint)面包,至一八〇〇年一个星期的工资,却只能换得83品脱面包,两相比较,面包减少一半,真实工资也减少一半了。劳动者处在这种残酷状况下,他们总应该认清资本家是他们正面的敌人吧,但在一八二〇年以前,他们不独未同资本家作正面的冲突,却反而与资产阶级联合起来,去对抗高抬面包价格乃至其他食料品价格的地主阶级了。说到这里,我要转而叙述一下英国当时的农业革命。

二、农业革命

十八世纪上半期的英国,尚是一个小农业国家。就是到了中叶以后许久,耕田仍为劳力者之正业。当时的田地,多为小业主所有,耕种的方法,大部分仍是采取二耕制乃至三耕制。务农虽为农耕者的本业,但与家族工业保持有密切的关联。乡村居住的人家,通常是以耕田、纺织、制肥皂以及其他手工业来维持生活。

在这种情况下,农民的生活并不十分恶劣,就他们本身说,他们并不要求革命,然而社会实际事务之推移,革命却自然的自动的发作了。

据奥格在前书中所说,英国的农业革命,是由各方面所促成的,而其中最重要因素,则为:(一)农业投资,(二)农业机器的创用及农业技术的改良,(三)圈地法之施行,(四)土地集中于大地产。这四种因素,实有其一贯的联属关系。

英国地主把巨额资本用之于改良土壤,试种新品,及改革耕作方法,那是发端于十八世纪开幕以后。至十八世纪中叶,手头宽裕点的制造家,忙着筹集款项,用之于建工厂,购置机器原料;而富足的地主,亦兴奋起来,用他们一部分资财来增购田产,设备新式农具,创办新而省费的耕作方法。而这时因为商业工业繁兴,人口财富增加,以致农产物价日益高涨,其结果,农业资本利润,遂益能鼓舞有进取心的业主,他们为了出产更多,生产费更少,乃更从各种方面改进农业:采用适当的耕作方法哪,考究畜养牛羊的法术哪,购置大规模的农业机器哪,至一八〇〇年,新式的犁头、荷车及其他农具,均相继出现了。然而当时采用的范围并不普遍;因为当时一般的田地,大部分尚是一再分析的敝地条地。条地过窄,不便于横耕或横耙，无数的田塍，通到各处，把可资利用的土地，都割裂了缩小了。这不但减少了田地进项的实得，同时且大妨碍了科学方法之采用。所谓圈地法，就在这种情形下应运而生了。

圈地（enclosure）作成的办法，有种种不同，照例，多半是按照圈地章程施行。圈地章程大抵由大地主与教区有权势者拟定，其中规定有测量地面，赔偿损失，划分地段等办法。圈地的主要时期，自一七六〇年延至一八四九年，但这个变动，以在一八〇〇年至一八一九年为达于最高限度。那时被圈之地，在三百万英亩以上。圈地实行的结果，大地主乃得应用资本于农业方面，采取有效的科学的耕种方法。同时，无资本采行同样耕种的小农人，遂在农业上处于极不利的地位。他们感到自己不能在小圈地里面生活下去，乃相续把这小圈地变卖于当时急欲由土地取得社会上、政治上地位的一般新进实业家，而他自己则以所售得的少额货币，或移住美洲，或参加城市工资劳动者的竞争，或者留居本地，流落为贫苦的短工。在小农没落的过程上，土地都集中于大地主。由是侃宁汉（Cuningham）说："农业改良的进行，竟留了严划农村社会阶级的证候。"即是说，英国经过农业的革命，农村中发生了利害相反的三个阶级：地主阶级、农企业家阶级、农业劳动者阶级。地主是土地所有者，农企业家则由地主那里租借土地，雇用农业劳动者，使从事劳动。因此，经过工业革命，英国形成了典型的资本主义国家，经过农业革命，英国亦算是典型的农业资本主义国家了。

不过，我这里主要的不是要知道英国工业革命、农业革命如何形成，而是要知道：在这两种革命形成中或形成后，资产阶级与地主阶级之间所演成的斗争，并且由此斗争的性质上，去理解当时各种经济学说所由产生的究竟。

三、地主阶级与资产阶级间的斗争

论到地主阶级与资产阶级之间的斗争，我们先得明了地主在英国当时社会上、政治上的地位。

在十八世纪，甚至十八世纪中叶以前，"英国尚以执掌田地为在社会上取得重要地位之唯一可靠方法。商人和制造家，无论多聪明，多富足，总以为不及大地主那样名贵。被人知道是一个工匠或一个商人，或者这种人的嫡派子孙,都是在社会上的玷辱。"①迨后随着资本的社会势力和政治势力的发展,资本家在社会上虽已挣到与地主相等的地位,但到十九世纪之初,富足的工场主人或铁厂主人,犹不能在政治上占到势力。直至一八三二年国会改革条例施行之后,下议院议员五分之四,仍属于地主阶级。

地主阶级既在社会上,特别是在政治上占有这样大的势力,所以在同阶级与资产阶级之间的利害关系的立法上,前者就不免大占便利,后者就不免大吃其亏了。然而我现在所欲论到的,只是它们相互争持最烈的所谓谷物条例或面包法。

英国在工业革命开始的十八世纪七十年代,面包价格为每卡德② 45 先令,至一七九〇年还只 56 先令,至十九世纪最初十年,提高到 82 先令,由一八一〇年至一八一三年,却竟增到 106 先令了。面包价格这样迅速提高的原因:第一是,英国城市人民增多,从而增大了对于面包的需要;第二是,面包需要增大,而前此弃之不顾的荒芜土地,亦开始进于耕作,耕作这种不良土地的生产成本费提高,于是全般的面包价格亦因而提高;第三是,富农用货币的形态缴纳地主的租金,迅速增高,由十八世纪七十年代至十九世纪初年,货币地租平均增加了一倍,有的增加四倍,有的甚至增加五倍。可是上述这三种原因,虽皆足增高面包价格,但国外如能输入廉价面包,则英国城市增加的人口,就不患不能得到充分供给,那一来,多费的荒地,就不致进于耕作,而地主的货币地租,亦无从增加了。所以面包价格之提高,归根结底,还是由于普鲁士、波兰等国的面包输入受了限制。拿破仑战争和拿破仑的大陆封锁,在当时虽直接给予面包输入以妨阻,然而较永久的决定的障碍,究系由于英国政府为顾全贵族地主利益,在高度关税协力之下,完全排除外国面包的输入。所以,简单的说,面包价格之提高,乃是由于地主凭借政治势力,利用了保护关税。

至若面包价格提高所给予城市工业资产阶级的不利影响,第一,就是他们不能购得廉价的工人劳动,即不能低减劳动者的货币价格;其次,劳动者、城市小资阶级用在面包上的支费加多,对于制品的购买力,一定会

---

① 同上第 127 页。(指前述所引奥格的著作。——编者注)
② 现多译为"夸特"(quarter)。——编者注

按比例减少。因之，一遇到面包价格过高的荒年，往往就不可避免的招致商业上的恐慌。

工业资产阶级既然受到高度面包价格这样不利的威胁，所以在反面包征税运动或反谷物条例运动中，这一阶级便做了先锋。在一八一五年，英国农业上还积极的维持了高度的面包保护税。一八二○年，伦敦商人乃向国会请愿，要求采行自由贸易。一八二二年，曼彻斯特的商人亦同样的请愿，在他们的请愿书中说，"如不立即取消面包税，工厂工业定然要陷于倒闭；并且，惟有采行极自由的自由贸易制，才能保证工业未来的兴旺和全国的和平。"在他们这种反面包税的运动中，小资产阶级不必说，就是处在极度艰苦状况下的劳动者，他们亦暂时抛弃了他们正面的敌人——资本家阶级，且反而与资本家阶级立在同一战线上，反抗贵族地主。这是当时阶级斗争的实际情形。这种实际情形，反映在亚当·斯密以后，从不同立场，分别发挥斯密学说两面性之一的两位经济学者的思想中。这两位经济学者，就是汤姆斯·马尔萨斯和大卫·李嘉图。前者沿着斯密学说流俗的一面，后者则沿着斯密学说古典的一面；前者是地主阶级的辩护人，后者则是资产阶级的拥护者。不过，单就马尔萨斯说，在资产阶级与地主阶级斗争的场合，他虽是为地主的利益辩护，在资产阶级与劳动阶级斗争的场合，他却又是为资本家的利益辩护。因此，从社会阶级方面去看，马尔萨斯的保守性格，就非常明白了。如其说过于保守的阶级成见，会限制理论的发挥，马尔萨斯学说在经济学史上的地位，就和其所享有的名声，不大相称了。也许正因此故，一般站在社会主义立场的学史著作，例皆把马尔萨斯的叙述，贬落在流俗经济学中。我这里仍依旧的传统，把他放在李嘉图以前叙述，乃因李嘉图关于地租、工资等方面的理论，有许多同马尔萨斯学说发生了关联，而李嘉图经济学的阶级性，要同马尔萨斯对立起来，才容易明白。

第二节　马尔萨斯的生涯及其著述

汤姆斯·诺巴特·马尔萨斯（Thomas Robert Malthus）于一七六六年二月十四日，生于伦敦郊外之塞尔雷（Surrey）。他的父亲达尼尔·马尔萨斯（Daniel Malthus）为一有相当资产，且于古典及哲学有相当研究的乡绅。马尔萨斯少时，在家庭受了父亲不少的薰陶（但他后来著《人口论》，即是由于辩驳其父亲之赞同高德文的主张）。稍长，即就学格拉佛斯（Graves）及威克斐尔德（Wakefield），19 岁入剑桥大学，习哲学及神学。大学卒业后，安居父家，嗣后又往剑桥继续研究。一七九八年，入英国教会僧籍，充当候补牧师。他的有名著作《人口论》，就是这年匿名初版的。

翌年为更详细探究此问题计，乃旅行德意志、瑞典、挪威、芬兰及俄罗斯等国。至一八〇三年，乃改正前此标题（详后），变更内容，刊行再版。是书至一八二六年，已刊行至第六版。

一八〇四年，彼年 39 岁，始与赫里特·欧克雪尔（Harriet Eckershall）结婚。翌年，充当东印度公司所设立之东印度公司专门学校的历史及经济学教授。他继续这个位置，垂 30 年之久。至一八三四年，始以 69 岁之高龄而死去。

马尔萨斯的著述，除《人口论》外，尚有一八一四年刊行的《关于谷物条例及谷价腾落所及于农业及国富上之影响》，一八一五年刊行的《地租之性质及其进步之研究》及《外国谷物输入限制之见解的根据》，一八二〇年刊行的《政治经济学》等等。

马尔萨斯所处的时代，与亚当·斯密所处的时代，各不相同，从而，他们所着眼的经济问题，亦完全两样。在《国富论》出版的当时，一般人都忙于为致富打算，所以斯密的经济理论，就从生产问题出发，他的《国富论》，别题为《诸国民之富的性质及其原因之研究》；在《人口论》出版的当时，社会既已造出了大富，社会亦造出了大贫，在贫富不得平衡的当中，所以马尔萨斯的经济理论，就从分配问题出发，他的《人口论》殆可别题为《诸国民之贫的性质及其原因之研究》。

在理论的出发点上，马尔萨斯虽与亚当·斯密表示了这样的不同，但他们对于拥护资本主义制度，对于代表资产阶级的利益，却是后先辉映，站在同一立场上。所不同的，不过是时代要求各异，所以应时而起的理论，也不得不另辟一个途径罢了。

由农业革命造成了农村小农的普遍失业与流离，由工业革命造成了都市一般劳动者的贫困与罪恶，这些反映在一般人道主义者眼里，他们早已不能默然坐视，而要起来向资本主义的私有财产制度清算了。适会一七八九年法国革命的凶报,由大陆传播过来,这更给予人道主义者不少的鼓舞。一七九三年,高德文(William Godwin)的《政治正义论》(An Enquiry Concerning Political Justice, and its Influence on general Virtue and Happiness)出版了。他以为,社会的大多数人穷而无告,少数人却拥有大宗土地,大量财富,大享其乐。这种过于不平的现象,都由私有财产制度造成。私有财产制度,是罪恶贫困的要因,是人类理性的翳障,把这种私有财产制度废除了,贫富者的区别没有了,人各尽所能各取所需,涵养其理性力,以谋社会的发展,则一切贫困与罪恶都可灭迹。虽人类增殖,难免不为理想社会实现的障碍,但智能发达的人类,届时自知节制生殖,适可而止。高德文所著《政治正义论》主旨如此。

《政治正义论》出版之翌年,法国康多塞(Condorcet)之《人类精神发达的历史观察》(Esquisse d'un tableau historique des progrès de l'esprit humain)出版。该书的性质,与前者略同。出版后一年,即被译成英文。两者在当时苦闷阴沉的空气中,皆给予了时人以不少的兴奋,尤其是高德文的《政治正义论》,那简直在欧洲各国造出了一个恐怖的感情。

但是风靡一时的《政治正义论》出版后5年(即一七九八年),马尔萨斯批评上述两著的《人口论》(An Essay on the Principle of Population)公表了,他这书的附题是《由高德文、康多塞及其他诸氏的研究论到社会将来改善的影响》(As it Affects the Future Improvement of Society with Remarks on the Speculations of Mr. Godwin, M.Condorcet, and Other Writers)。当时一般人被理想社会迷醉住了的心理,只须马尔萨斯捧出薄薄不满300页的《人口论》咒语,大家重又清醒过来了,重又安贫知命的,屈服在他们的压迫者之前。他真不愧为资本主义的救星,资产阶级的辩护者。卡尔曾对此有一段极有意义的提示:"如其读者记起一七九八年刊行《人口论》的马尔萨斯,我就要以下面的事实,提醒读者。就那部书最初刊行的内容来说,它也不过是对于德福(Defoe)、斯杜亚、汤生德(Townsend)、富兰克林、瓦拉斯(Wallace)一辈人的言论,加以小学生样浅薄的,僧侣样改头换面的剽窃。那里面没有包含一个独创的命题。至于那部小书所以会名噪一时,全是由于党派利害的关系。在当时,法兰西的革命,已经在不列颠联合王国,找到了热心的拥护者。'人口的原理',是在十八世纪慢慢演成的;嗣后,便在一个大社会危机当中,大擂大鼓的,被吹得像是康多塞等等学说有效的消毒剂；英国的寡头政治,也把它看作是一切渴望人类进步的热望的大铲除器,报以欢呼。马尔萨斯对于他自己的这种成功,也大为惊愕,他于是进而着手改编他的《人口论》,把各种皮毛搜集的材料,塞进旧的构造中,并追加一些非由他发现,不过由他拼凑的新材料进去。"①

不过,我们论究马尔萨斯的经济思想,不能单就他的《人口论》来说,《人口论》只能代表他的思想的一方面,即拥护资产阶级利益的一方面；在另一方面,他又是拥护地主阶级利益的,关于这点,他不但表示与亚当·斯密异趣,且与斯密以后的其他任何英国经济学者不同。所以他在正统学派中,占有一个特殊地位,同时也就是正统学派里面,最反动、最保守的一位经济学大师。

在马尔萨斯那个时代,地主阶级不但为农村小农、农村劳动者乃至农企业家所咒骂攻击,同时且为都市资产阶级、小资产阶级,以及工厂劳动者一般失业者所咒骂攻击。社会各方面把贫困、罪恶、产业状况、失业种种现象,都归因于谷价腾贵,归罪于贵族地主享有不当的过分的利益。所以土地改革的议论,地主放逐的议论,就与前此主张政治正义,主张废除私有财产的议论,同样高唱入云,且在实际掀起种种骚乱不稳的举动了。马尔萨斯临到这种关头,他不拥护资产阶级了。不但如此,他甚且转过来,去拥护那与资产阶级从事斗争的地主阶级。仅就这点说,这不是引起他理论上的矛盾么？可是在马尔萨斯自己,他却以为那正可显示他的保守主义的始终的一致。在他的心目中,社会大体上是由财富关系区划成了两种人,一是有产者,一是无产者。在劳动阶级与资产阶级斗争的场合,他固然拥护资产阶级,在无产大众以资产阶级为前锋来与地主阶级斗争的场合,他知道,这时如直接拥护资产阶级,即是间接拥护了无产大众,所以他干脆的站在地主阶级方面了。在前面举述的几种著作中,除了《人口论》,其余差不多都是表述他这种思想。因之,我们论究马尔萨斯的经济学说,一方面固要注意他的人口理论,同时亦要注意他的地租理论。我们甚至说,他的地租理论,比他的人口理论更为重要亦无不可。然而使马尔萨斯闻名的,究是他的《人口论》。"人口论"几致与马尔萨斯的名字分

---

① 郭王合译《资本论》第 518 页脚注。

离不开了。就这样,地租论者马尔萨斯,终乃为"人口论"者马尔萨斯所压倒,所隐蔽。除了人口论、地租论,马尔萨斯还有他的一套价值论——或者由斯密价值学说中极流俗的那一面展开的价值论。马尔萨斯全学说中有一个非常奇异的特征,就是他的人口论与地租论,都不是由价值论引出,而他的价值论倒反而是由粗浅的人口论、地租论导出。所以我们这里从其人口理论讲起。

第三节　人口理论

马尔萨斯的人口理论,全载在他的《人口论》中。《人口论》在他生前重过了六版,每版皆有修正,尤其第二版对第一版的修正为最大。从此,我们亦就可以窥知他的理论变迁的趋向。

《人口论》是马尔萨斯为批难高德文及康多塞等的著述而执笔,我在前面已经讲过。高德文、康多塞理论之要点,就在把人类社会的罪恶与贫困的原因,归之于私有财产制度。在他们看来,私有财产制度废除了,没有贫困,没有罪恶的理想社会,当然可以实现。马尔萨斯反对此说,他以为,社会的贫困罪恶,不是由于人为的私有财产制度,而是人口与食物关系上生出的必然结果。要确定他这个前提,所以他在原书第一章就关于人类天性,定立了以次两个基准法则。

（一）食物是人类生存所必要的。

（二）两性间的情欲是必要的,并且,大体上总会像现在这样。

他设想,这两个法则,自古迄今,常是关于我们人类固定的法则,今后如非宇宙组织有何等变化和改造,任谁都不能断言这两个法则上,将会发生什么变化。他在同章就情欲一点,反驳高德文说：

"高德文推定两性间的情欲,将来也许有消灭的可能,但事实上向着消灭的情形,迄无所见,而且那件事,现在依旧与两三千年前,四千年前,同样有力的存在。"

要之,有了两性,就必然有两性间的情欲关系,也就必然要增殖人口。人口增殖起来,随着就会发生食物问题。食物的增加,与人口的增加,究是哪一方来得有力呢？并且,它们两者间,又是保有怎样一种比例呢？在

马尔萨斯,他是肯定人口增加,较之食物增加遥遥迅速的。他说:

"人口任其增殖,不加妨阻时,是按几何级数的比例增加,若生活资料,那不过是按算术级数的比例增加。略有数学知识的人,大概都知道前者的增加力,远较后者为大。"(见第一章)

这所谓几何级数的比例,就是1,2,4,8,16,32,64的比例;所谓算术级数的比例,就是1,2,3,4,5,6,7的比例。两相对照,其速率之悬殊是不难想见的。

就生活资料丰富,人民风俗纯朴的美国而论,那里人口的增加,是远较欧洲各国迅速的。那里的人口,曾于二十五年间增加一倍。马尔萨斯根据此推定:

"人口若是没有妨阻其增殖的原因存在,每二十五年必加一倍,或以几何级数的比例增加。"(见第二章)

至于食物,他认为,在最初二十五年,虽可因开拓土地,奖励农业等种种方法,增加一倍,但到第二个二十五年,就不行了。尽地之利,穷人之力,能做到算术级数比例的增加,还算万幸。食物既为人类生存上所不可少,人口的增加,就势必要与食物的增加保持均衡;如果食物方面增之无可增,人口方面就无从增殖了,换言之,人口增殖,就不能不受到限制。

据马尔萨斯说:由食物而生的限制有两种:一是预防的限制,如杀儿、堕胎等等;一是积极的限制,如饥馑、战争、疫疠、贫困、过度劳动等等。有了这两种限制,人口增加,乃得与食物增加保持均衡。所以他在第七章末尾,揭出了人口原理的三个命题:

第一,人口增加,必然要受生活资料的限制。

第二,生活资料增加,人口也常随着增加。

第三,人口增加力的优势,常为贫困与罪恶所抑制,因之,现实的人口,得与生活资料保持均衡。

依着这三个命题,他反对高德文、康多塞两氏所谓贫困罪恶生于私有财产制度之说。他以为,贫困罪恶是一种自然倾向,是调节人口、食物的必然结果。人类性与食的两大自然要求,自然法则没有改变,人类社会的贫困罪恶,也就是一种自然现象,实无可如何,理想社会云云,那是决没有实现之可能的。他曾说:

"人口繁殖与土地生产力间的自然不均等,和人类天性又不绝要求其保持均衡的法则,实为社会完成途上横着的困难,我认为无法克服……此等支配着全生物的法则,我看人类没有摆脱的可能……因之,要想社会各个人,都安乐的幸福的过着比较闲暇的生活,对于他自身及其家族的生活资料供给,都不用焦心;像那种社会,到底是没有实现的希望的。"(见第一章末段)

总而言之,人类的贫困罪恶,是人口与食物调节关系上的必然现象,人类食欲要求没有变动,限制人口的贫困罪恶,就无法避免,人人善良,人人康乐的社会,也就无从实现。这是他第一版《人口论》全书的论旨。

但至第二版,他的主张不是这样绝望了。他于限制人口增加的贫困与罪恶两者之外,又提出了一个道德的限制。他之所谓道德限制,就是"一个人没有维持家族能力时,不许结婚;并且在那个时间,还须保持道德行为,不得有不正当的情欲满足"。这种限制,对于他原来的主张,可以说是一个大大的修正。人类既能依道德行为,即依他的理性,限制人口,那末,由贫困由罪恶限制的人口,便要减少;换言之,人类理性多增一分,人类的贫困与罪恶,便要减少一分。依此推论下去,高德文主张由人类理性改良的理想社会,马尔萨斯不也承认其有实现之可能么?

但是,马尔萨斯一方面虽然这样缓和了修正了他原来的主张,同时,对于贫困和罪恶的根本原因,却依旧是存于人口原理之自然的物理的原则上,不但此也,他甚且在这第二版中,把贫困的原因,说得与社会政府全无关系,应由贫困者自己负责。他说:

"他们贫民自己,就是他们自身贫困的原因。救济的手段,把握在他们自己手里,他们所在的社会,统治他们的政府都没有救济他们的能力,……他们的劳动工资,不够赡养家室……偏偏要从事结婚,那决不是对于社会履行义务,却是加重社会无用的负担,同时并使自身陷于贫困。"

依马尔萨斯的意见,政府社会不独无力救济贫困,并且不应救济贫困。贫困是对于贫困者自身的一种自然的惩罚,同时又是对于其他人的一种警告。贫困得了救济,那直无异奖励人任意结婚,也就是无形扩大社会贫困的范围,从而,扩大社会罪恶的范围。可是,在这种场合,这样强调劳动者需要以谨慎、少结婚来逃脱其不幸命运的马尔萨斯,在其他场合(见所著《政治经济学》第252页、第319页、第320页),却又唯恐劳动者阶级真的谨慎节欲起来,于资本家生产大有不利,他说:"对于结婚持慎重态度的习惯,如相当的通行于劳动者阶级之间,则在一个主要依存于商工业的国家,将受到损害,……从人口的性质上说,如要在有特殊需要的场合,对市场追加劳动者,势非经过十六年乃至十八年不行,然由蓄积而以所得化为资本的过程,却可以进行得遥为急速。"①这一来,不是劳动者阶级节欲谨慎也不行了么?然而这是他以后反乎他原来掩饰企图的推论;劳动者阶级既要对自己的贫困负起责任,当时资产阶级对于社会贫困罪恶一切责任,就算脱卸得干干净净了。贫困既是一种警告,一种自然惩罚,然而反面的私有财产呢?不待说,那当然是一种鼓舞,一种自然报酬。他曾说:

"人们的状态,是不平等。这件事,对于善行提供了一种自然报酬。一个社会如充满了向上的希望和失足的恐惧空气,那无疑是最适于人类精神和才能的发展的,最适于人类德行之实现和改善的。"
(第二版第三编第三章)

惟其如此,他认为,"实行平等主义的社会,必因缺乏此种刺激,而陷于沉滞乃至灭亡。"

一个社会实行平等主义,就不免于沉滞灭亡,可见私有财产制度,以及伴随这制度而生的贫困罪恶,不但不应消除,在敦促社会进步上,且有拥护保存之必要。以温良和善见称的马尔萨斯,居然由人口原理推出了这样惨酷的结论。我们单就此点而论,第二版的主张,或者第二版人口原理的推论,实在不比第一版和缓,甚且还要冷酷,还要固执,还要带些悲观的情调。

要之,人口论与马尔萨斯的名字,简直达到了无法分开的程度,正因此故,经济学者马尔萨斯就无形为其人口论者的盛名所累了。他自以为是人口论发明了一个创见,结局终究露出了"贪人之功,以为己有"的马脚。食物的增加,恐怕赶不上人口增加的顾虑,首先是由孟德斯鸠在《法意》中提到的,接着佛兰克林对此作了进一步的说明,最后又由斯图亚特作着更详尽的阐述,马尔萨斯的剽窃大家的称号,就是从这里得来的。虽然是经过这样"剽窃手术"得来的创见,却并不能保证没有漏洞,首先,"食

---

① 郭王合译《资本论》第533页。

色性也"都是自然的,但是谁能满足此自然的要求,谁不能满足此自然的要求,却并不是自然的。其次,人口增加,食物增加,虽有自然作用存乎其间,但其增加的限度,却有更大的社会作用存乎其间。近一百年历史的证明,食物对人口的增加,并不曾表示落在后面,假使我们能把现社会已经生产出的生活资料,能按照合理的分配,人口对食物的比较,也许不会表现出像现在这样的"密度"。最后,在资本家的社会,是经常需要过剩的人口,使其生产活动得无滞碍的有利的进行的;而资本主义经济,由活动本身,又恰好因其机械化——资本构成高度化——而不绝造出大量产业后备军,以适合这一方面的胃口。因此,被马尔萨斯一般化了的资本主义的人口法则,并不是依照他所提的几何级数与算术级数的算法,而是按照另一种计算。"即在资本蓄积进行中,不变资本部分对可变资本部分的比率,将相伴发生变化。那种比率,如假定原先是 2∶1,3∶1,4∶1,5∶1,7∶1 等等,随着资本扩大,资本总价值中转化为劳动力的部分,将逐渐递减成 $\frac{1}{3}$,$\frac{1}{4}$,$\frac{1}{5}$,$\frac{1}{6}$,$\frac{1}{8}$ 等等,同时转化为生产手段的部分,则在总价值中,逐渐递加成 $\frac{2}{3}$,$\frac{3}{4}$,$\frac{4}{5}$,$\frac{5}{6}$,$\frac{7}{8}$ 等等。因为劳动的需要,不是取决于总资本量的大小,而是取决于可变资本量的大小,所以,它不像我们以前假定那样,与总资本为比例的增进,却是随总资本增大而累进地减少。就因为它对于总资本量是相对减少,故总资本量增大,它的减少将愈加速。不错,随着总资本增大,其可变部分,或并合在总资本中的劳动力,也增大,但其增大的比例是不断递减的,蓄积在一定技术基础上扩大生产的中间时期,是缩短了。为要吸收一定量的追加劳动者,甚且,为要在旧资本不断转变其形态时雇用既经雇用的劳动者,总资本有以累进增加的比例加速其蓄积之必要。但还不只此,这种增大的蓄积与集中,又会成为一个源泉,致引起资本构成上的新变化,并促使可变资本(比之不变资本)加速地趋于减少。可变资本部分的这种加速的、相对的减少——它随总资本的加速的增加而生,且较其增加为迅速——在另一方面,是采取这样一种相反的态度。在这形态中,劳动人口之表面的绝对的增殖,常常较劳动者雇用手段(即可变资本)的增加,更为迅速。资本主义的蓄积,会比例于其自动的力量与范围,不断产生相对过剩的超资本价值增殖平均所需的劳动人口。"①

第四节　地租理论

马尔萨斯关于地租理论的主要著述,是他的《地租之性质及其进步的研究》(An Inquiry into the Nature and Progress of Rent and the Principles by which it is Regulated),其他如《外国谷物输入限制之见解的根据》及《政治经济学》等,亦皆有关于其地租理论之发挥。

在马尔萨斯的《地租之性质及其进步的研究》出版之一八一五年,同时佗伦斯(Torrens 1780 — 1864)亦刊行其《外国谷物贸易论》,威斯特(Edward West,1782 — 1828)刊行其《土地投资论》,李嘉图刊行其《谷物低价对于资本利润的影响》。这在大体上,同是关于地租理论的四部著述的同时出版,我们就知道当时社会对于地租问题,该是如何的重视与注意。

马尔萨斯的《人口论》,是对于高德文等反对资产阶级所提出的抗议;而他的地租论,则是对于布卡南(Buchanan)等反对地主阶级所提出的抗议。布卡南于马尔萨斯发表其《地租之性质及其进步的研究》前一年,即一八一四年,发刊《国富论》版本,于注释《国富论》外,并加入占有全部四卷的大附录,以表述其自己对于地租的见解。②

据布卡南所见,地主所得的地租,是由于土地之自然的独占。因为,谷物价格的决定,与生产费无何等关系。在进步的国度里面,对于一切粗制生产物的需要甚大,而同时食物的供给,又为耕作地的分量所限制,所以通常谷物的价格,于支付工资及利润之外,还有一定的余剩。而当作地租贡献地主的,就是这种剩余。因此,布卡南说:所谓地租,就不外是由土地之自然的独占而生的利得,正如由人为的独占而生的利润一样。

地租既由土地之自然的独占而生,那地租这项收入,就不过是由一阶级的所得,转给他阶级,而并非重农学派所谓国家财富或赋税之唯一的主

---

① 郭王合译《资本论》第529页。
② 见拙译高畠素之著《地租思想史》第51页。

要的资源。课加于土地生产物上的赋税,豫先就存在土地生产物购买者的手中;如其土地生产物的价格低廉,那末,成为地租的部分,就要残留在消费者方面。价格提高了,这一部分的价值,便会转移到地主方面。转移在地主方面,可为国家赋税的资源,留在消费者方面,亦可为国家赋税的资源。

而且土地生产物的价格提高了,地主虽因土地之自然的独占而取得了地租,而受到了利益,但同时在支给地租的一般消费者,他们就要蒙受不利。正如因人为独占,由消费者支出的利润同,地主由自然独占获有地租,那究其实,不过是间接由土地生产物消费者荷包中掏出的罢了。马尔萨斯评述他这种意见说:"在最近由爱丁堡的布卡南氏刊行的极可珍贵的《国富论》版本中,对于独占的观念,确有更进一步的发展。即从来著述家们虽设想地租由独占的法则所支配,但他们还以为,就土地方面说,独占是必要的而且有利的。然而布卡南认为这是一种偏见,他甚且倡言:地租是掠自消费者而给与地主的东西。"①

布卡南这种见解,恰好是当时嚷着没收土地,放逐地主的那种空气中的产物。马尔萨斯反对此说,他以为,地租的直接原因,虽然是"基于原料生产物的市场价格,超过其生产费的那种事实上",但那不是由于自然的独占,而是由于以次的三种原因:

第一,土地的性质,土地有齎与耕作者维持生活必要以上的生活资料之性质。

第二,生活资料的特性,生活资料能创造它自身的需要,即是说,需要者的人数,会依生产出来的生活资料之量的比例而增加。

第三,土地的稀少性,肥沃土地稀少。

对于上述三者,马尔萨斯自己比较著重第二原因。因为这一点,是他人口论的骨干,亦是他地租论的骨干。也可以说,他的人口理论,就是他地租理论的前提。依他所见,人口增加,是耕作者产出了消费量以上的许多生活资料的结果。因之,人口增加多少,对于生活资料的需要,亦不得不以同一程度增加。即是说,生活资料的生产量无论大到若何程度,其价格总会有加无已,至若生活资料以外的普通商品,因此立于比较重要的地

---

① 马尔萨斯著:《地租之性质及其进步的研究》第16页,参照拙译《地租思想史》第52页。

位,所以那种商品生产量增加过多,其价格即将低落。要想提高其价格,那唯一有效的方法,就是依独占限制其供给量。不过,独占在这些普通商品上,虽然可以收到提高价格的功效,在生活资料方面,却不能够。生活资料如果限制供给,接着,它的需要即人口亦将受到限制。所以这种生产物的价格,亦不会因此提高。

总之,自马尔萨斯看来,地租之发生,非由于独占,而是由于生活资料的特性及土地具有一种能够赋与耕作者以消费以上的生产物的性质,即他之所谓"自然的恩惠"。一国人口到了某种密度,加之,一国财富达到了某种程度,而发生地租,那是"与地心吸力定律为同样不变的定律"。

至于当前地租之所以腾贵,他认为那与地租发生,同样是无可避免的倾向。他举出了以下四个原因:

第一,由资本蓄积,渐次利润低下。

第二,由人口增加,渐次工资低下。

第三,由农业改良,劳动生产力增进,结果,生产一定额数的劳动者的数目减少。

第四,由需要增加,而土地生产物的价格腾贵,更因土地生产物的价格腾贵,而生产费低落。

他提出的这四个原因的主要命题,就是地租是由土地生产物价格中,除去那包括有农业资本及其普通利润在内的一切生产费的残额。资本的普通利润率,是与存在的资本量的大小成反比例而上下;劳动的普遍工资率,是与劳动者人数的多寡成反比例而上下。社会愈进步,资本愈多蓄积,人口愈有增加,则利润与工资下落,而地租提高。他如劳动生产力增进,土地生产物价格腾贵,皆足惹起地租的提高,因为后者是显而易见的,而在前者,生产力增加的意思,即是生产成本减少的意思,其作用与利润工资低减同。

照此说来,社会不进步则已,否则利润工资必然要减少,地租必然要增加,这种增加和减少,亦算是"与地心吸力定律为同样不变的定律"。他这种宿命的分配观,不独把地主坐食高度地租的罪过脱卸个干净,同时且叫资产阶级劳动阶级,毋徒作违反自然法则的空嚷。

不但此也,地租既是随社会的进步,随资本增积,人口增加而提高,地租的增涨,就显示为国富增进,文明进步的表征。所以,

> "实在说来,没有地租,就不仅没有都市,没有海陆军,即艺术、学问、制成工业品、舶来便利品或奢侈品,所有一切,都不会存在。更进,设若地租不存在,那就不但不能使人向上而且具有威仪,同时在大多数人民全体上发生有益影响的文雅而优良的社会,也不会存在。"①

他这种议论,显明的,蹈袭了重农学派的偏见,把地租与国富看成了一个东西;并且,他又偏取了亚当·斯密的不澈底的主张,说地主阶级的利益与国家利益为一致。

然而,亚当·斯密主张撤废谷物输入的限制,他却力说限制谷物输入有哪些利益,哪些理由;亚当·斯密及其他正统学者,都主张加速的发展生产力和缩减不生产的消费,他却力说不生产消费之必要,并由此肯定贵族地主的必需存在。他以为,企业家与资本家生产的主要目的,就在贪图利润,积累资财,他们取得的利润,是出于他们的商品消费者,所以为了使这些工业资产阶级达成其生产目的计,那些消费生存手段,比之生产生存手段要多的许多阶级的存在,便是必然的了。在许多消费阶级中,又以地主阶级为首屈一指。根据这种推论的结果,他似乎是以拥护地主阶级,作为其拥护资产阶级的手段,生产者阶级与消费者阶级像是在从事巧妙的分工了。②

可是资产阶级的真正护拥者,却颇不同意他这似是而非的主张。李嘉图在其大著《经济学及赋税之原理》中,曾于最后一章,论到马尔萨斯的地租学说。他在这章的首段,把马尔萨斯的整个经济学说,作了一个概括的批评。他说:

> "本书前部,曾详论地租性质,这里,我又须指出一种错误的地租学说。提倡这种学说的,是现代伟大经济学家马尔萨斯。关于马尔萨斯的《人口论》,幸有机会表白赞同之意。反对者对于这部大著的攻讦,仅足证明他的伟大。我相信,他的正当名声,将随经济学发展

---

① 马尔萨斯著:《地租之性质及其进步的研究》第17页,参见拙译《地租思想史》第56页。
② 卡尔曾说:"为要祛除资本家胸中享乐冲动与致富冲动的可怕冲突,马尔萨斯在十九世纪二十年代初期,鼓吹这样一种分工,即在实际从事生产的资本家,担当起蓄积的任务,而参与剩余价值分配的人们,即地主贵族和由国家教会领受俸禄的一干人,则担当起消费的任务。他说,把支出情欲与蓄积情欲分开,无关重要。"(《资本论》中译本第一卷第499页)

而普及。这部伟著,确是经济学界的装饰啊。关于地租学说,马尔萨斯的说明,亦甚圆满。他指出了地租的腾落,按照比例于各种耕地的相对利益,而这所谓利益,又指其丰度位置言。关于地租问题,有许多难点,为昔人所完全不知或不大了解的,到他手上,都有了相当的理解。但在我看,亦不免有点错误。他是一个权威者,他的错误,更有指摘之必要。他特有性格上的淡泊,或不致怪我指谪吧。其中,有一个错误是:认地租为纯粹赢利和新富的创造。'

李嘉图对于马尔萨斯的敬佩,于这段话可以看得明白。但他所指出的错误,却要予马尔萨斯全地租说,以致命的打击。因为,"认地租为纯粹赢利和新富的创造",那是马尔萨斯拥护地主阶级,为地主阶级脱卸掠夺责任的唯一理论根据,这层否定了,地租就是"掠夺消费者而给与地主的东西"。所以李嘉图说他同意布卡南所谓地租不能增加社会资本,仅是由一阶级转移到他阶级的那种主张。此外,李嘉图关于马尔萨斯所指出的地租发生原因和地租腾贵原因,皆有批难,那可留在后面论李嘉图的地租论时,予以说明。这里所要顺便指出的,就是他的整个地租论,正和他的人口论一样都是从自然的观点出发,而不是从社会的观点出发。所以,地租的产生及其腾贵,均是在自然方面去说明,地租本身,根本就被视为"自然的恩惠"。其实原生产物及食物等等的需要,往往因为分配不平等种种社会关系,并不常是大的——人常常有食的需要,并不常常有食的有效需要。他蹈袭重农学派的成见,把地租看成国富的体现物,其实,社会生产的财富即不以地租的名义支给地主,而以其他名义保持在他种收入者手中,不依旧是财富么?况且,地租既是自然发生的,自然腾贵的,一切人为的促成地租的方式就应当一律取销,即保护谷物的条例,就没有支持的理由和必要了。

在人口论上成为资产阶级代言人的马尔萨斯,在地租论上,却作出了如此不利于工业资本家的结论,这对于他的整个经济学说的系统,就是一种致命的破绽了。

---

① 见郭王合译本第 315 页。(指郭王合译本李嘉图《经济学及赋税之原理》。——编者注)

第五节　庸俗价值理论

马尔萨斯的人口法则,不是由其价值理论引出,恰恰相反,竟由人口论、地租论归结到价值学说,这种说明关系的倒置,不但使他的人口理论、地租理论成为没有灵魂、没有根源的东西,同时也使他的价值理论,不得不去迁就他由人口论、地租论所提出的结论。这,我们一看他的著作顺序,就非常明白。

他于一七九八年公布《人口论》第一版,《人口论》对于他在一八一五年出版的《地租的性质与进步》的影响,我已在前面讲过。他正式提出价值问题来讨论,主要是见于他一八二〇年出版的《政治经济学》,及一八二七年出版的《经济学定义》中。为要维持他的理论的一贯,他对于价值问题的见解,显然不能不从以往诸先辈的价值学说中,挑选出最适合他人口、地租研究结论的讲法。甚至在以前人口论及地租论中断片表示的较健全的意见,也给取消了①。

亚当·斯密当然是影响他最大的经济学者。《人口论》第一版的发刊,只和《国富论》问世期,相差 22 年。斯密价值学说的二元性,我们是在前面讲明了的。他坚持价值是由生产时所费劳动量决定的一面,超越了他以前一切的经济学者;而他坚持价值在商业社会,只是由交换时所可支配的劳动量决定的一面,却就不但较之威廉·配第退步了,也较之重农诸子退步了。存在于斯密价值学说中的这两个面,站在工业资本家立场的李嘉图遂就其前一古典形态继续展开,而站在贵族地主教会立场(虽然在对付劳动者阶级的场合,他又是产业资本家的代言人)的马尔萨斯,因为他在地租理论上,强调纯粹消费者阶级的特别重要,强调需要,他就无法像李嘉图一样,着重生产,从生产过程去发现价值形成的秘密了。因此,尽管是很有交谊的朋友,马尔萨斯对于把商品从卖者、从提供者劳费立脚

---

① 比如,马尔萨斯在《地租的性质及其进步》中说:"如果一国通货不紊乱,又无其他偶然事件,谷物的比较价格腾贵,必发因于谷物的比较真实价格腾贵,必发因于生产谷物所必要的劳动量资本量增加。"又说:"谷物的真实价格,是生产最后追加国民产额所曾投下的真实劳动量资本量。"(参照郭王合译李嘉图著《经济学及赋税之原理》第 328~329 页)

点上去决定其价值的李嘉图的意见,乃不得不大肆攻击,而认定"价值是立脚在买者的费用上的"。价值既然是立脚在买者的费用上,斯密所错误主张的价值由换得商品所含劳动量决定的命题,就被马尔萨斯袭用过来了:"一个商品的价值,就是取决于它所支配的劳动";"一个商品通常所支配的劳动,正因为是表现着其生产上实际所加上去的劳动和所附加的利润,所以,把劳动看作价值的尺度,宁是正当的事情……"①显然的,他这所谓"把劳动看作价值的尺度",不是生产所费去的劳动,而是交换所支配的劳动,这是使劳动价值说移转到生产费说的关键。在马尔萨斯,这一转换,就可使他的价值理论与地租理论、人口理论连接得上了。商品价值,不只包括生产所费,还包括与这所费相适应的平均利润,"生产资本加平均利润构成的生产费,乃是购买者给予商品的评价"。谁是购买者呢?不是生产者资本家,在马尔萨斯的想法,他们照例是尽可能的使其所得,"使其蓄积资本化";亦不是从事直接生产的劳动者,他们是命定了只能把生活压低在最低水准之上的。然则是谁肯给予他们超过生产所费以上的价格呢?是消费者阶层,是地主,是教会,是国税分有者,是政府在海陆军等方面的大花费。没有这个阶层,在所费以上的售卖为不可能了,利润不可能了,生产资本增殖价值不可能了。结局,马尔萨斯就依照亚当·斯密为他画定的庸俗路线,一方面变为重农学说的俘虏,认定地租国税是社会财富的体现物;另一方面又逆转到重商体系的幻觉中,以为利润的来源,是由于售卖,由于交换,亦即由于"让渡"。换言之,利润在马尔萨斯,已毫无保留的回到重商主义的"让渡利润"了。

为了进一步完成他这种高见,他颇属意于生产与消费平衡的问题,他以为商品生产出来了,没有能够或肯出包含利润的价格购买者,势将引起生产过剩,引起价格跌落,引起生产停滞。在这一形式逻辑下,他关于价值与财富间的关系,是这样说的:"一国的财富,一方面是依存于由劳动所得的生产物的分量,他方面是依存于适合现存人口的欲望与资力的价值……财富的一定分量,没有一定的勤劳,则不能得到,而个人或社会的

---

① 见《经济学定义》,参照刘〔及辰〕编《近代资本主义经济思潮批判》第103页。

所得物的价值,如不能充分偿付得此的牺牲,这种财富在将来也不会生产。"①因此,财富的增加,并不常表示价值的增加,"生产物分量的增加,主要是依存于生产力;生产物的价值的增加,则主要是依存于分配。生产与分配,是财富的二大要素"②。他由生产与消费的问题,引到生产与分配的问题了。事实上,他之所谓分配,并非指一般的意思,而是理解为生产物的分散或配给;他认定增进生产或增进财富的有三大原因,即资本的蓄积、土地的丰饶和技术的进步。这三种原因连同作用,可能造出生产过剩现象,所以在这场合,必须伴以增进价值或促进分配的三大原因,那就是适当的财产的分割(使财产或购买力不集中在少数人手中,亦不碎分在最大多数人手中),商业的扩张,和不生产的消费阶层的存在。在促进生产的三大原因中,他特别强调资本的蓄积,而在促成分配的三大原因中,他又特别强调消费阶层的存在。这样转弯摸角,仍旧回到他的出发点了,即:拥护不劳而获的地主阶级。

可是,在这种兜圈子的过程中,他就连生产费说的价值理论也不能维持,而愈来愈流俗到支持单纯需供说的田地了。

我们回头再来看蹈袭着斯密价值学说之古典一面的李嘉图,是怎样矫正为同一斯密所遗留,而为马尔萨斯所发挥的庸俗见解的那一面。

---

① 《政治经济学》第 426 页——参照陈〔敦常〕译谷口吉彦著《古典学派的恐慌学说》第 340~341 页。

② 原书第 426 页,同上陈译本第 180 页。(此处"原书"应指上一处注释中提及的《政治经济学》。——编者注)

第五章　李嘉图的经济学说

第一节　李嘉图的生涯及其根本思想

大卫·李嘉图（David Ricardo），于一七七二年四月十九日生于伦敦。父名〔亚〕伯拉罕·李嘉图，为生于荷兰的犹太人，后移居伦敦，经营股票交易所。经济学者李嘉图，为他的第三个儿子，他受过几许商业教育后，亦于十四岁时，在交易所里出入。后来因为归依基督教触怒其父，为父所驱逐。他既被驱逐在外，遂凭其前此经营股票的经验，独立从事股票投机事业，因其态度冷静，计算明确，且有预察货币价格运动的特殊天才，所以在数年之内，即积有巨大财产，而在伦敦博得了万贯家财的银行家的称誉。

李嘉图是有极大的求知欲的，长久留在投机场里，当非其本意。所以当他 25 岁时，获有充分的资产之后，遂一转进路，而从事学问的研究。他开始是研究数学、化学、地质学。他并建立了自己的试验室，收集种种矿石。一七九九年，因与夫人旅行巴斯，偶然发现了亚当·斯密的《国富论》，便深感趣味，在深加研究以后，其注意遂倾向于全经济现象的探讨，最后始专心攻究经济学。

李嘉图是很谦恭很谨慎的，他继续研究经济问题十年了，还不敢相信他自己的力量。至一八〇九年，始公刊其题名为《金之价格》（The Price of Gold）的论文。这是他以经济学家出现于论坛的处女作。

由一八一〇年至一八一九年间，那是他的一个重要著作时期，他的诸种主要著作，全是在这个时期出版的。在一八一六年以前，他大体是论究货币问题、银行问题。可是他的经济学者的才能，早已见称于世，而他的交游范围亦渐渐扩大了。他与杰姆士·穆勒相识，是开始于一八〇七年。

后由穆勒的介绍,得与当时有名的功利主义者经济学者边沁交游。他与马尔萨斯结为良友的关系,亦系始于一八一六年以后。

一八一四年,他在格洛塞斯夏(Gloucestershire)购买广大的土地,一八一五年,移居于同州之格德柯姆(Cad Comb)地方。

一八一七年,彼从友人杰姆士·穆勒的敦劝,出版其大著《经济学及赋税之原理》(On the Principles of Political Economy and Taxation)。这部书全部三十余章中,虽只前面数章是关于理论性质的研究,但因他抓住了时代经济的重心,所以他使正统学派经济学达到了最高度的发展。而他的伟大的思维力和科学的真诚性,亦都在这寥寥数章里面表现出来。不错,他的性格是谦恭谨慎的,然而对于这部书,他却说英国能够了解的,不上25个人,由此,我们可以看得出这部书的艰深。

一八一九年,他由波特林墩(Portarlington)公选为下院议员,此后三四年间,是他以政论家活动于议会的时代。他平常虽不愿意登台讲演,但关于货币流通问题、议会改革问题,他一定要出台参加讨论。他不属于自由党,可是常和自由党一致投票。一八二三年,以重病故,辞去议员职,数月后,便与世长辞了。享年仅51岁。

李嘉图的著作,除前述主著《经济学及赋税之原理》外,还有下列各种:

(一)《金块高价论》   一八一〇年

(二)《论金融问题答波桑葵君》   一八一一年

(三)《谷物低价对于资本利润的影响》   一八一五年

(四)《通货调剂与稳定》   一八一六年

(五)《基金制度论》   公表于一八二〇年出版之《大英百科全书》附录中。

(六)《威斯特思之金融意见》   一八二一年

(七)《农业保护论》   一八二二年

(八)《国家银行计划》   李嘉图死后一八二四年出版。

(九)《马尔萨斯政治经济学之注释》   后单独出版。

李嘉图之专心研究经济学,是始于一八〇九年,距他死去的一八二三年,不过十二三年岁月,而且,在他研究经济学以前,他还是一个未受完全教育的商务人员。以一个于学问原无素养的人,在这样短的期间内,能有如此的成就,他的天才,和他对于研究学问的真诚态度,实在值得我们的崇敬。

经济学史上的李嘉图,系属于亚当·斯密学派。他大体上接受斯密的学说,且加以发展,并努力于其特殊部分之订正。不过,因为他所处的时代,与亚当·斯密的时代不同,从而在他的根本思想上,在他的理论出发点上,都与斯密区划了一个分野。

斯密的全部思想,差不多都带有一种调和的情调。在骨子里他虽是一个个人主义的经济学者,但他总注意到个人与社会间的协调关系。重农学派心目中的个人,那是借以实现他们理想的工具,单就这点讲,那与重商学者把个人看成实现他们富强国家的工具,实在没有什么了不起的区别。亚当·斯密是把个人由那般拘限的关系解放出来了,可是他还抬出自然的大法则,借助"自然的妙手",把个人利益与社会利益调和起来。到了李嘉图,他就不是这样了。他认定除了个人,社会是没有多大意义的抽象。所以社会利益,就是个人利益的体现,全社会之福利,乃寓于各个人之福利中。他虽亦不时提示"个人利益之追求,与社会利益为一致",可是他不像斯密那样,把社会与个人放在平等地位上,在他看来,个人是超越社会的。

正惟其如此,正统学派经济学者著作中流行的一种重要观念,即所谓"经济人"(Economic man)的假设,在斯密的大著《国富论》中,虽亦显示了这种"人"的性质,但尚不是马夏尔教授(Professor Marshall)所说的"全然不受伦理影响,细心的、拼命的、机械的、利己的、惟金钱利得是求的人"。[①] 可是到了李嘉图,这种"经济人",就是如实的经济人了。他在社会中只有一种活动,即谋利的活动;只有一种要求,即生利的要求;只有一个目的,即成为富人的目的。他被假定为没有道德,没有艺术,没有真理。其理想不是善,不是真,不是美,只是富。[②] 这种纯经济人活动所在的社会,就完全成为一个露骨逐利的市场了。在李嘉图的大著中,我们找不到几个关于精神文化的字样,因为在他假定的那种社会,那种市场里面,是用不着那些字样的。因之,这位以抽象见长的经济大师,却不免为人砧称

---

① 《经济学原理》第一版序。
② 见郭王合译《经济学及赋税之原理》第 13～14 页。

为不道德的唯物论者了。

最后,我要论到他的阶级观了。生产论者亚当·斯密,虽与分配论者李嘉图,同为资产阶级的代言人,同为资本主义组织的拥护者,但是我们要在《国富论》中发现斯密对于工商资产阶级表同情的论调,那却是一件不容易的事。无论在何处,只要他把工商资产阶级,与其他劳动阶级地主阶级相提并论的时候,就他的论调判断,那与其说他是倾向前一阶级,倒毋宁说他是辩护后两阶级[①]。这原因,就因为他那时代的工商资产阶级,只受到旧来种种封建残余的束缚,而尚没有与地主阶级劳动阶级引起正面的冲突,也就是说,后面这两阶级,尚不足为前一阶级利益发展的妨阻,所以在这种场合,他也就用不着为工商资产阶级辩护了。加之,他是受了重农学说影响颇深的,同时,重商制度包庇下的商人阶级的跋扈与狡猾,也是使他不满意这般人的一部分理由。

到了李嘉图的时代,情形便大不相同了。那时旧来的势力,已渐归消泯,他早无须像斯密那样集中力量,去批判那些阻碍工业发达的封建残骸了。可是旧的障碍虽去,新的障碍复生,前此不足为商工资产阶级利益发展阻害的劳动阶级,以及承袭有不少旧时贵族传统的新地主阶级,现在都随着资本主义的发展,而抬起头来了。特别是地主阶级,它凭借政治势力,凭借谷物保护条例,作了商工资产阶级的死对头。如前面所讲过的,十九世纪初叶的英国社会史,就是资本家阶级与地主阶级的斗争史,这个斗争,到了明令废止谷物条例的一八四六年,才告结束。在这两阶级正面冲突的当时,为地主阶级辩护的,是前面讲过的马尔萨斯,而同时为资产

[①] 在这里,我且略举斯密不满意商工阶级的若干论调,例如,他说:"下层阶级生活的改善,究竟是社会的利,抑是社会的不利呢?一看,就知道这个问题的解决,极难明了。各种仆役、劳动者、职工,在任何大政治社会中,都占最大部分。社会最大部分境遇的改善,决不能视为社会全体的不利;居民有大部分陷于贫乏悲惨的状态,决不能说是繁荣幸福的社会。而且,供给社会全体以衣食住的人,在自身劳动生产物中,享有自身所需的衣食住的分额,决不能算是非分。"(见郭王合译《国富论》上卷第 92~93 页)

"议会的条令,只取缔为提高劳动价格而结合的团体,不取缔为低减劳动价格而结合的组织。"(见郭王合译《国富论》上卷第 79 页)

"我国商人、制造家,对于高率工资之提高物价,从而减少国内外销路的恶果,常发不平之鸣。但对于高率利润的恶果,他们却三缄其口,关于因自己利得而生的恶果,他们保持沉默。关于因他人利得而生的恶果,他们却大鸣不平。"(见郭王合译《国富论》上卷第 115 页)

阶级辩护的，则是他的亲密朋友李嘉图。从而在正统学派的这几位经济学大师中，只有李嘉图才是十足的资产阶级利益的代言人，所以季尔德批难他，说他的学说，"只是货币资产阶级憎恶地主阶级的简单的记录"。

然而李嘉图学说的伟大性，究不是一两句刻毒话就可以抹煞得了的。无疑的他是有他的阶级偏见，但这种偏见，乃为他的时代所造成。展布在他眼前的，是资本主义经济技术飞快的发展，全国到处的工业化。从他的著作中，我们几乎看不到手工业者、家庭工业者、小农民渐归消灭的残影。社会整个的舞台，全为资本家（包括富农）、工资劳动者和资本主义式的地主所占有。这时的资本主义形态，已经脱去了资本主义以前的经济残骸，而成为纯粹的独立的形态。在这种纯粹的经济形态之下，施行更严密的分工，运用更精巧的机械，行使更大规模的组织，所生产出来的空前庞大的劳动产品，使他认识了，这种生产制度，是保证个人福利的最好手段，且是保证生产力高度发展的最好手段。

从这种认识，或这种确信上，他开始把资本主义经济，当作一个庞大的有机体，来进行他锐利的描述。他知道这个大有机体运动的底力，就是各个人追求利益的欲望，更恰巧的说，就是各个资本所有者追求更大利润的倾向。所以，依着这种欲望，这种倾向的活动，如受到了某种限制，即无异妨害了保证个人利益，并保证生产力高度发展的最好手段。由是，他主张纯任个人自由活动的澈底的自由主义，他主张废除一切人为的立法的限制。在当时，最有这种妨害作用的人为的限制，就是全社会闹得不可终日的谷物条例。于是，在他那部《经济学及赋税之原理》大著中，我们虽难得发现他怎样非难地主阶级的论调，但由他所研究的成果，或者由他理论的推断上，他竟成为反谷物条例，及地主阶级的急先锋了。

总之，单就经济阶级的立场说，亚当·斯密是比较包容，比较调和的，他虽是新资产阶级的拥护者，但同时，他并不忽视其他两阶级——劳动阶级、地主阶级——的利益；至于马尔萨斯，他是侧重地主阶级利益的；李嘉图是代表资产阶级利益的。在经济阶级观念上，这三个经济学大师，固保有这样不同的趋势，而在他们的经济方法论上，亦殆保有与此类似的不同趋势。亚当·斯密的研究方法，虽然比较倾重于演绎的，大体上，尚是演绎归纳综合运用。至其后继者，遂各趋一端了，即：马尔萨斯所取的是归纳法，李嘉图所取的是演绎法。经济学方法论上的马尔萨斯的地位，那是比较不甚重要的,所以我略过未提。至于为李嘉图运用的演绎法,那却非常重要,我们如其对他的方法论的概念,没有明确的理解,我们就根本无从理解其经济学。而且我已讲过,正统学派经济学体系,是到李嘉图始达到最高度的发展的;同时,正统学派之被称为演绎学派,那与其说是由于亚当·斯密比较侧重演绎法,倒毋宁是由于李嘉图擅于驱使演绎法,尽可能的发挥了演绎法的功能。

第二节　李嘉图的演绎法与其大著《经济学及赋税之原理》

一个学说体系,愈达到圆满完善的境地,它的理论的各部分,就愈要为坚强的理论纽带所纲维,所结系。这所谓理论的纽带,就是那种学说所由建立的方法论。所以,要研究一种学说,批评一种学说,首先须把握住它的根底的方法。

可是学者们,特别是经济学者们,对于其方法的选定,往往要为其观察,乃至他所研究的对象所局限。李嘉图所运用的演绎法,或者,他其所以运用演绎法,正可说明此点。"李嘉图时代的资本主义的经济,是'扫除了'资本主义以前的残余的,是所谓资本家占中心的'纯'资本主义。李嘉图研究资本主义经济各倾向,是在'纯粹的''孤立的'形态上来研究,他假定,资本主义的经济倾向,是有绝大的活动能力,且不致为相反的倾向所减弱的,这就是李嘉图引起他的反对者极力攻击的抽象方法(历史学派经济学者特别攻击这一点)。……正是这种抽象的研究方法,才使李嘉图的理论思维能大大的展开,才使他有力量去追究经济各倾向到底。"[①]从此,我们知道了李嘉图其所以采用抽象法或演绎法的要因,我们还知道了他的演绎法与其经济学的关系。

李嘉图的主要经济学说,皆载在其大著《经济学及赋税之原理》中。这部著作的透澈与精通,就因它运用了最严整、最光辉的演绎推理方法。

---

① 参见沈译鲁滨著《经济思想史》第273页。

"它往往被称为经济学上运用演绎法之典型的代表的实例。"①这种方法在李嘉图著作中有如此重要性,"所以,无论是反对他的方法,抑是反对他的结论,都无异于反对演绎法"②。

可是,李嘉图在演绎法的运用上,虽然收到了极大的成功,并使他享有抽象经济学之真正创设者的荣誉,但他所运用的方式和步骤,亦殊有不能令人十分满意的地方。因为,他要借演绎推理,达出某种结论,须得对于任何推理所基的假说,应有明白而确定的说明。有时,除了细心解释那推理所得的结果,将适用于何种条件之外,更宜指示这些结果在条件变易时会改变的方向。而讨论经济变动的结果,尤须标明时期之短长,把直接结果与究局结果区划明白。然而李嘉图对于他由抽象方法得来的结论,就往往要读者自己补充一些说明和限制,才得理解。并且,他在推理上,惯于不加解说,由一个假定,转到另一个假定,时间的要素,他是不放在心下的。可是这种种缺点,就某一方面说,虽不免有损李嘉图经济学说的价值,而从其他方面说,却又正所成全其学说的价值。把亚当·斯密比较来说吧,斯密对于他的每种假说,每种结论,都是不厌其详的加以例解,然而他的理论研究过程,就动不动为丰富的例证和历史材料所中断了。李嘉图斩去一切枝节,一往无前的,集中力量去描述那展布在他眼前的经济有机体。他凭着抽象方法或孤立方法,在复杂的社会现象中,抉发出经济现象之规律与倾向。诚然,他的观察,是没有斯密那样广远,或者说,只局限于他所经营过的股票交易所那种狭窄的范围。股票交易所的小天地里,在不断行着自由竞争,不断为需要供给的作用所支配,从而,他的全经济理论的展开,亦是基于一种全无拘束的自由竞争的假定。但是,这种偏狭的观察,不就是使他的理论更能深入,更能精到的要因吗?

至若说到他这部大著《经济学及赋税之原理》的体裁,那是受到许多人的非难的。我们一浏览他全书的章目,定然觉得那是乱七八糟的一个经济论文集,而不能算是整然成为体系的著作。克赖士博士说:"李嘉图的主著,也没有满足一种完全的演绎体系的要求。一种科学,愈是演绎的,它各部分理论上的排列,以及某部分对于其他部分之相当的隶属关

---

① 克赖士博士著:《经济学之范围及其方法》1930年版第227页。
② 克赖士博士著:《经济学之范围及其方法》1930年版第227页。

系，就愈要加以研究。然而李嘉图对于他的原理间之正确关系，乃至他们彼此相互依存的样式，却从未充分的弄明白。"①可是，形式上的体裁问题，就一种著作的本身说，虽然非常重要，但李嘉图的精辟理论，究不致因此大损其价值；而且，我们如进一步把他留下这个缺陷的原由一一加以解述，那就更当为这位著者原谅了。

前面讲过李嘉图的性格，是颇为谦谨的。他是否立意要为经济科学成就一个完全有系统的叙述，我们把他一八一五年给友人信中的一段话看了，就非常明白。他说："我研究经济学，除了这门科学能使我快乐外，我是说不出别的动机的。因为我的观点无论怎样正确，我永远不会有这种幸福——我的书能给我以光荣。"他写这封信后，不到两年，他的《经济学及赋税之原理》就出版了。由此，我们应当可以相信以次的推测，即，他这部主著的写成，原非为了刊行问世，只不过是把他自己对于各种经济问题的意见，写述出来，供他熟识朋友们的参阅。后来经杰姆士·穆勒的赞扬与敦劝，他才勉强出版的。照这种说法，他那部书的系列，以及其中由严格理论观点看出的许多不完全之点，就大体得到说明了。因为，一个人为熟识其一般态度的人而写作，且为对于经济学理有相当素养的人而写作，他自然会省去其假定与限制的详述说明。

然而如波纳尔博士（Dr. Bonar）所说，"生在李嘉图以后的两世代，'兼有其主见一切的，乃至较多许智慧'的人，他是不难在李嘉图所著《经济学及赋税之原理》中，指出许多不适当的假定，许多暧昧的言辞，甚至许多反覆不定的语调"②的。至若百余年后的我们，那就更有"智慧"更有理由来指摘这位资产阶级的经济学大师了。可是，李嘉图持着这部大著，在经济学史上取得的光荣尊严的地位，我们依旧动弹不得。

李嘉图的整个经济学说，不外就是分配的学说。他的这部大著，就很可题称为"分配论"。在第一版序文上，他说：

"劳动、机械、资本，联合使用在土地上面，所生产的一切土地生产物，分归社会上三个阶级，即地主、资本家与劳动者……

"全土地生产物，在地租、利润、工资的名义下，分归各阶级……

---

① 克赖士博士著：《经济学之范围及其方法》1930年版第238页。
② 见《哲学与经济学》第188页。

"这种分配,受支配于一定法则。确定这种法则,是经济学上的主要问题。"

读到他序文上的这几句话,我们就不难推知他全书是论说的什么了。

第三节 价值论

注意分配的李嘉图,在他理论研究的过程上,是不能不探究价值问题的。因为价值论是分配论的根底;我们一言分配,或者,一言土地劳动生产物,究依怎样的方法分配于地主、资本家及劳动者,首先就要牵涉到价值问题。所以李嘉图的大著第一章,就是价值论。

他的价值学说,大体上虽是追踪亚当·斯密,但增补修正的结果,他另树一个旗帜了。

说到这里,我又想回味到亚当·斯密、马尔萨斯及李嘉图这三位大经济学者关于价值论的关联了。斯密的价值学说,徘徊于生产时所投下的劳动量,和交换时所支配的劳动量这两说之间,前者是所谓劳动价值说,后者则是生产费价值说;然而至其两位主要的后继者,又是分道扬镳,各执一端了。据马尔萨斯的意见,商品的价值,是由需要与供给来调节,不过在经常的条件下,则系取决于其生产成本费——即工资、利润(和地租),显明的,他是主张生产费价值说。李嘉图在阶级观上,在方法论上,都与马尔萨斯表示不同,或正相反对,而他的价值学说,亦是取的另一个途径。他认定,斯密主张价值决于生产时投下的劳动量,那是对的,斯密的错误,就在他同时又主张价值决于交换时所支配的劳动量。因此,他努力纠正斯密这矛盾,并由是树立了他的一元的劳动价值说。

他依据斯密所说,首先区别价值为使用价值与交换价值。也如斯密一样,他所论究的,只是交换价值。

凡属发生交换价值的物品,皆系对于我们有若干效用,能满足我们某种欲望的物品。

在一切有用商品中,"有些商品的价值,单由稀少而定。劳动既不能增加它的数量,它的价值亦不能由供给增加而减低"。稀有的雕像、图画、书籍、古钱,皆属此类。但据李嘉图所说,在市场上,此类商品极其有限。

人类所欲得的最大部分货品,都是由劳动而生。所以,当讨论商品、商品的交换价值,和商品相对价格时,他所指的商品,是"既可由人力增加总量,又允许生产上自由竞争"的商品。①

商品的性质和范围确定了,他于是始论到商品的交换价值。他说:

"如果把不能由人类劳力增加的物品除外,则交换价值的基础,确乎是人类的劳动。"(同上译本第 3 页)

"在原始社会,这类商品的交换价值,全受支配于各自费去的比较劳动量。"(第 2 页)

他这种论调,完全是根据亚当·斯密所说的。投在商品内的劳动量,支配商品的交换价值:劳动量增加,商品价值加大;劳动量减少,商品价值低减。但斯密主张此说,仅就原始社会立论,原始社会的劳动生产物,全属于劳动者自身,没有地主分配,也没有资本家坐享。故"狩猎民族捕杀海狸一头,所费若二倍于捕杀野鹿一头,海狸一头,即可交换野鹿二头……二日劳动生产物的价值,当然二倍于一日劳动生产物……"②迨社会进步,土地私有了,资本蓄积起来了,于是有土地有资本的地主资本家,就不让劳动者独有其生产物,要求劳动者对于使用了的他们的土地和资本,分别与以报酬;由是,商品的交换价值,就不单是由生产时所投下的劳动量决定,从而,交换价值的大小,就是取决于它交换时所支配的劳动量。

李嘉图对于斯密这后半截的主张,大加非难。他以为,不论在何时代、何社会,商品的交换价值,是一样取决于其生产时所投下的劳动量。他说:

"在原始社会,猎人捕杀野兽,已需若干资本,不过这种资本,可由猎人自己蓄积而得。没有武器,海狸野鹿都不得而捕杀。"③

"捕杀野鹿所必要的一切器具,属于一个阶级,捕杀所必要的劳动,可属于别一阶级。但海狸与野鹿的比较价格,仍与投入的实际劳动(制造武器与捕杀野兽的总劳动量)成比例……

"假设社会的投资范围扩大,供给木舟绳索以捕鱼者有人,供给

---

① 以上见郭王合译《经济学及赋税之原理》第 2 页。
② 见郭王合译《国富论》上卷第 55 页。
③ 见郭王合译前述《原理》第 10 页。(《原理》即《经济学及赋税之原理》。——编者注)

种子农具以耕作者有人，上述那个原理——商品的交换价值，与其生产时投下的劳动量为比例——依然正确……

"在商工业繁盛的进步社会又是怎样呢？在进步社会的状况下，诸商品的价值变更，亦须依照这个原理。"①

总之，无论是在原始社会、农业社会，抑在工业社会，商品的交换价值，通通是受支配于其生产时投下的劳动量（直接投在商品内的劳动，和间接投在工具建筑物内的劳动的总量）。劳动量没有增减，商品的交换价值亦不会有高低。一件商品对别一件商品的交换价值有了变动，那就是因为这两种商品，或两者之一的生产劳动量增加了，或减少了，与利润的腾落，工资的涨跌无关。因为工资利润的变动，会平均影响各种商品，所以对这两种商品的相对价值，不能有所增减。

这样看来，李嘉图的价值学说，就比亚当·斯密的价值学说进步多了，完整多了。不过，他一方面虽克服了斯密价值理论的矛盾，同时却又造出了他自己价值理论的两道难关。

第一难关，是由劳动品质不同上生出来的：劳动既为价值的一切基础，相对劳动量，既然单独决定商品的交换价值，那末，劳动品质上的差异这件事，不是全无关涉吗？李嘉图是注意到了这一点的，但他的解释，不能令我们满意。他说：

"要参照劳动者的比较的熟练与强度，评定劳动的品质，在市场上决不是难事。为实际目的，市场上的评价，亦够正确。这种评价表一经确立，即不易变动。宝石匠的一日劳动，在昔较贵于普通劳动一日的劳动，今仍较贵。在评价表上，它们各有适当的位置。"②

各时代的劳动在评价表上，既各有其适当位置，那我们比较不同时代的同一商品的价值时，就无庸顾虑劳动之比较上的熟练与强度了。因为，劳动品质虽有不齐，各时代的劳动作用则等。其变异颇为有限，对诸商品相对价值的影响必甚微。况且，他说：

"我愿读者诸君注意的，仅是关于商品相对价值的变动，而不是

---

① 见郭王合译《经济学及赋税之原理》第11页。

② 见郭王合译《经济学及赋税之原理》第8页。

关于其绝对价值的变动,所以这里无须考察劳动品质的比较表。"①

这个难关就这样应付过去了。卡尔曾在有关的场合,指出"李嘉图对于价值量的分析,虽在现在还是很好的,但有不充分的地方"。他以为,这不充分的地方,就在"古典学派经济学,关于价值一般,从未明白的、充分意识的,把表现为价值的劳动,和表现为生产物使用价值的同一个劳动,加以区别"。② 换言之,劳动二重性在他们古典学者,还是没有明白意识到的。

第二个难关,是由资本性质不同上生出来的。李嘉图认定资本为劳动的累积、劳动的结果,所以,资本虽为一生产要素,商品的交换价值,依旧是受支配于其生产时投下的劳动量。不过,资本有固定资本和流动资本之别,同一固定资本,其耐久力,从而,其循环速力,又各不相同。社会上各种职业上使用的工具、房屋、机械的耐久力,可极不相等,维持劳动的资本,和投在房屋、工具、机械内的资本,又可按不同的比例结合。因为这两种资本结合的比例不同,因为固定资本的耐久力不同,所以,李嘉图说,在这场合,除了生产商品所必要的劳动量,尚有一个原因,可以惹起商品相对价值的变动。这原因,就是劳动价值的腾落。③ 为什么呢? 因为两资本量虽相等,其结合的比例不等;如果固定资本大于维持劳动的资本,其交换价值所受劳动价值腾落的影响必小,反之,则其影响必大;又,因为固定资本的耐久力不等,那耐久力愈小的固定资本,即愈近于流动资本,耐久力强的固定资本占有重要地位的制造业,其生产物价值,定会因工资腾贵而相对跌落;耐久力弱的固定资本占有重要地位的制造业,其生产物价值,定会因工资腾贵而相对的提高。他曾说:

"太古社会,不常用机械与耐久资本,由等量资本生产的商品,亦几乎有相等价值。商品相对价值要发生变动,只有增减它们的必要劳动。但自有昂贵耐久的工具以来,即使投下等量的资本,其产品价值已极不相等。它们虽仍按照生产时必要劳动量的增减,而发生相对价值上的变动,但工资与利润的涨落,亦可影响它们的相对价

---

① 见郭王合译《经济学及赋税之原理》第 9 页。
② 见郭王合译《资本论》第一卷第 40 页脚注。
③ 见郭王合译《资本论》第一卷第 15 页。

值——虽则影响微小。卖五〇〇〇镑的货物，和卖一〇〇〇〇镑的货物，既为等量资本的生产物，其利润必等。但若货物价格不随利润涨跌而涨跌，利润就不能相等。"①

惟其如此，他在第一章"价值论"第四节的标题，就是"生产商品的劳动量，支配商品的交换价值。但因采用机械及固定耐久资本，这个原则的运用，遂大受修正"（The principle that the quantity of labour bestowed on the production of commodities regulates their relative value considerably modified by the employment of machinery and other fixed and durable capital）；并且第五节的标题是："价值不因工资腾落而变动。但因资本耐久力及循环速度不等，这个原则，亦受修正"（Principle that value does not vary with the rise or fall of wage modified also by the unequal durability of capital, and by the unequal rapidity with which it is returned to its employer）。

经过这两大修正，李嘉图的劳动价值说，亦就曝露了无可弥缝的缺陷。在前面，他以为，工资利润的变动，会平均影响各种用途，所以对于商品的相对价值，不能有所增减；现在，他又发现了，工资的腾落，利润的昂跌，不一定是平均影响各种职业上的等量资本，由这所生的必然的结论，就是承认工资利润亦参加价值的构成。

虽然如此，李嘉图的价值理论，较之亚当·斯密仍进步多了。恩格斯曾说："与亚当·斯密比较，李嘉图是进步许多了。李嘉图的剩余价值概念，是建立在一种新价值学说的基础上。这种新价值学说——这种价值学说，虽在亚当·斯密那里也萌芽地存在着，但一临到应用，他就把它全忘记了——成了他以后一切经济科学的出发点。他认定商品的价值，取决于商品内实现的劳动量；他从这个见地出发推论到：劳动附加在原料上的价值量，乃配分于劳动者及资本家之间，换言之，即分裂而为工资与利润（意即剩余价值）。他并证明：这两个部分的比例不论如何变动，商品的价值仍不变。这种法则，他认为只有极少的例外存在。他的叙述，虽然是过于概括的，但支给工资和剩余价值（意即利润）的相互关系的若干根本

---

① 见郭王合译《经济学及赋税之原理》第 24～25 页。

法则,毕竟由他确立了。"①虽然他亦承认他希望建立的一贯的劳动价值学说有种种难关,同时并承认要"大受修正"(Considerably modifies),但究不像斯密那样公然采用价值二元论。至若他的理论的精辟透澈,那就更非其先觉所能企及了。劳动价值学说,被李嘉图进一步引入了科学分析的境界,对于固定资本与流动资本的比较确定的把握,对于各种资本结合比例不同,其生产物价值亦相应发生变动的认识,那对于此后卡尔的不变资本与可变资本结合形成的资本有机构成概念,提供了极有暗示性的参证。但因为他不曾探出剩余价值或利润的源泉(不曾明显区别出资本家支给劳动者的价值,和劳动者为资本家成就的价值,其间有一个距离,换言之,累积的死劳动或资本与活劳动,不是像一般商品一样,依等价交换,而是依不等价交换的关系,他还不十分明白)。而在现实上,等量资本,要求获得同多利润的平均利润化的现象,又在压迫他,使他对于平均利润法则与劳动价值法则的矛盾,无法解决;于是,他不得不回过头来,把他自己坚决主张的价值法则予以修正了。

以工资名义投在劳动者方面的资本的可变性,即剩余价值的来源既未被发现,于是投用在工具及原料方面的死的劳动,和投在劳动方面的活的劳动的本质的差异,就被混淆起来。死的劳动可以支配活的劳动,从而变成活的劳动的榨取手段的事实,他无从明确的把握。结局,他愈坚持劳动价值学说,他就愈感到劳动价值学说上理论的循环,即商品〔的价值〕由其生产时所费劳动量决定,其劳动价值由劳动者所消费的生活资料的价值决定,那种生活资料的价值,又由其生产时所费劳动量决定。李嘉图除了不能明确理解剩余价值来源,和可变资本对不变资本的差异性外,抽象劳动和一般社会化劳动的概念,也不曾在他意识中呈现出一个明显的轮廓。因此,一种商品生产所需的社会的必要劳动,和投在商品中的实际劳动或具体劳动,就被混淆起来;结局,个别具体劳动,或高于或低于或等于社会必要抽象劳动的事实,以及这种事实在价值构成上的影响,就无从说明了。

李嘉图以这种价值理论为根底,而树立其分配论。在他分配论中占有特殊地位的,就是他的地租论。

---

① 见郭王合译《资本论》第二卷编者序第9页。

第四节　地租论

地租论是李嘉图分配论中最有创建特色的一部分,而他自己亦承认地租学说最关重要。他在他前书序文中说"亚当·斯密和上述数名家——按指杜尔阁、斯图亚特、萨伊、西斯曼底等——因不曾了解正确的地租原理,所以,在我看,都忽视了许多重要的真理。在地租问题尚未看透以前,要想发现这种真理,殆不可能"。他这里所说"许多重要真理",就是"关于利润法则、工资法则和赋税作用的意见"。惟其他把地租原理看得这样重要,所以原书第二章,他就论地租。在这章的首段,他把研究地租的目的标举出了,他说:

"我现在待考察的,是土地的占有与地租的发生,能不能单独惹起商品相对价值的变动。为求问题这一部分的理解,我们必须研究地租的性质,和地租腾落的法则。"①

前面讲过,李嘉图的时代,谷价极度昂贵,一般人的生活,皆陷于非常的困迫中。但是谷价腾贵,在一方面虽使一般劳动大众堕入贫困的深渊,同时地主阶级却获得了空前未有高额所得。因之,社会各方面皆高呼地租所得的不当。即在商工资产阶级,他们亦因生产成本的加高,和一般购买力的缩减,而憎恶地主阶级,而成为反地主阶级的先锋。李嘉图是资产阶级的拥护者,他对此该取怎样的态度呢？他已表明研究地租的目的,是要问地租之发生,能不能单独惹起商品相对价值的变动,申言之,就是要问地主取得了高额地租,能不能单独惹起谷物价格的提高。照理,他的回答应该是肯定的,然而,他的全部讨论,几乎都在迫着答出一个"否定"的结论。这,很容易使我们把他看作一个地主阶级的拥护者②。但归根结底,毕竟叫我们知道他的欲抑先扬的高妙手段了。

---

①　见郭王合译《经济学及赋税之原理》第33页。

②　我在十余年前介绍李嘉图的《经济学及赋税之原理》时(见神州国光社出版《读书杂志》第一卷第三期拙作《世界经济名著讲座》第三讲)就曾弄出了这样的错误,虽然随即把它改正过来了。

现在,先看他对于地租所下的定义吧。他说:

"使用了原有不可灭的土壤力,必须给地主一部分生产物,这即所谓地租。"①

他之所谓"原有不可灭的土壤力",就是与投资改良土地、围砌垣篱、建筑贮藏所等人为力,相对待而言的。对于这人为力的报酬,只能说是利息利润,唯有对于原有土壤力的报酬,才是地租,二者不能相混。

关于地租的发生原因,李嘉图固然不同意马尔萨斯的主张,他并也不同意亚当·斯密的主张。依斯密所见,地租乃由具有特殊需要功能的食物特性而成立,哪怕丰度至低,位置至不便利的土地,只要它在从事食物(谷物、蔬菜、肉类)生产的限内,必然会生产地租。为什么呢?因为食物常有强大的需要,所以任何劣等地的产出量,必能售得一种抵偿投下资本及劳动工资以外,尚有若干剩余的价格。反之,在其他土地的生产物,就不必定有产生地租的那种需要,所以它们的剩余利润之有无,是取决于当前的情形。因为如此,所以食物以外的其他土地生产物,有时或发生地租,有时或不发生地租。

李嘉图否认斯密这种说法,他以为食物与其他土地生产物间,不宜设定任何区别,并且,谷物也好,其他土地生产物也好,都可随需要的增加,而增投生产资本,增辟较劣等土地,所以都无独占价格可言。

此外,李嘉图对于斯密另一种地租发生的原因说,即农业上利用更多自然而发生地租的说法,他也反对。斯密以为:"农业上,自然与人共同劳动。自然的劳动虽无须代价,但其生产物与人工劳动生产物,同样有价值";"……地租的额数,定于自然力的假设程度,换言之,在决定地租时,我们往往虚拟土地的自然丰度及人造丰度。地租若干,须按照虚假的丰度。在生产物中,减出人力造成的部分,余额须是自然的造就,在全生产物中,不常在四分之一以下,它每每在三分之一以上。但以等量劳动投在制造业上,决不能引起偌大的再生产。制造业上人做了一切,自然没有做一点。"②这说法,李嘉图更反对,他反问:"在制造业上自然就不肯帮助我们吗?那些推动机械,帮助航运的风力、水力,是什么?那些推动重机械

---

① 见郭王合译《经济学及赋税之原理》第33页。
② 见郭王合译《国富论》第一卷第407~408页。

的空气压力与蒸汽涨力，不是自然的赠赐么？至关于揉冶金属融解金属的热，染色过程发酵过程的空气分解作用，又不待说了。一切制造业，都曾获得自然帮助，那是宽大的，不须代价的帮助。"所以他强调的说："说农业提供生产物和地租的原因，是自然与人合作，全然是幻想。地租的来源不是生产物，而是生产物售得的价格。"①

他这样指责斯密，都是对的。照斯密说，地租是出于自然力，那就与他所说的地租与利润，通是对于土地劳动生产物的价值理论，连接不来。把地租理论倒退到重农学派的论点了，无怪斯密那样看重农业的生产。

然则地租是怎样发生的呢？据他②说，地租的发生，须有两个前提条件：

第一是，土地之量有限，而其质又不均一；

第二是，土地收获递减法则的作用。

一国在最初殖民时，地广人稀，人皆可选择优良地耕作，故使用土地，无须支付代价。迨人口日繁，最优良土地又复有限，于是品质较劣地位较差土地，亦须取而耕作。这第二等地取而耕作，第一等最优地的地租，立即开始。地租额，取决于这两种土地生产力之差。人口更增加，第三等地取而耕作，第二等的地租，又立即开始，地租额亦由二者生产力之差而定。这时，第一等的地租，将要抬高。以同量资本劳动，投在第一等地和第二等地，所获常有一个差额；第一等地的地租，即按照这个差额，而更多于第二等地的地租。

例如，投下同量资本劳动，第一等地之纯收获为谷物100卡德，第二等地为90卡德，第三等地为80卡德。那末，最后第三等地不纳地租，第二等地的地租为10卡德，第一等地的地租为20卡德，结局，同量的劳动资本，始得为同多的报酬。设人口增加更甚，降而耕作第四等地，其谷物纯收获为70卡德，那末，第三等地亦发生10卡德的地租，同时，第一等地第二等地的地租，又各腾高10卡德，即，第一等地的地租为30卡德，第二等地的地租为20卡德。它们同量的劳动资本，所得依旧为同多的报酬。总之，地租的发生是因土地之量有限，而其质又各异，致人口增加，不得不

---

① 李嘉图《经济学及赋税之原理》郭王合译本第40～41页。
② 指李嘉图。——编者注

耕作劣等地的结果。

但是，人口虽日增，设优等地所产食物已足维持人口增殖而有余，或者，投在旧地上的资本累加，又可不递减收获，地租便不能腾贵。地租发生的又一原因，是投下追加劳动量，收获必按比例递减。土地收获如其不递减，人皆乐于在旧地上累投资本，劣等地无人过问，那一来，地租既不会发生，更自无从腾贵。

李嘉图主张地租是起于土地的丰度，或投下资本的对差性。在他们所假定的经济阶段，地租必然是对差地租。他之所以被称为地租理论之整统者、建立者，就因他阐发了这种对差性，并开始对于对差地租有了科学的系统的说明。他的地租学说之特色，是他认定从耕作限界的土地上，及最不利的土地投资上，不得提供地租的一点。但是，作这种主张，还得以两件事实为前提：其一是丰度最低的土地，尚得自由占有，则此种土地的利用，不会形成谷物的独占价格；其次是，纵令一切土地皆被占有，在同一土地上追加新的资本，仍可获得上算的收获。

如其到了占有劣等地成为不可能，追投资本获得上算收获亦成为不可能的时候，事实上的土地独占性就要表露出来，而土地的生产物，乃得享受独占价格。因而，在这时候的任何土地，都会发生当作独占所得的地租。由是，我们知道，李嘉图并不是如一般人所说的，否认任何情形下的绝对地租的成立，他不过认定那非最近将来的事，而且，就是在那种情形下的地租的大小，仍旧是与收获的差异为比例。他曾说：

"一国的谷物及原生产物，是暂时能以独占价格而发卖的。但这种现象，只有在资本已经不能有利的投在土地上，从而生产物不会增加的情形下，才得永久继续下去。而且在那种情形下，从事耕作的土地的各部分，以及在土地上投下资本的各部分，一律都提供地租；不过那种地租，是与收获的差异为比例的。"

李嘉图既认定一切土地成为独占所有物，最劣等土地亦得发生地租，于是又进而申述此种情形下的地租，亦存有对差的特性。即，最低丰度土地的地租额，一定等于此等土地生产物的交换价值，除去生产资本普通利润及劳动普通工资的残额。更优良土地的地租，常超过最劣等土地的地租。因此，李嘉图主张：地租在任何情形下，皆具有对差的特性。

地租的性质知道了，地租发生的原因亦知道了，现在再来论到地租与谷价的关系。

依他所见，物品的交换价值，乃受支配于其生产时投下的劳动量，或劳动生产费。假若对于同一物品，投下了不同的劳动生产费，则由其中最大的劳动生产费决定，即是说，在这种场合，物品的交换价值，不决于最有利的生产条件所投下的劳动生产费，而是取决于最不利的生产条件下所投下的劳动生产费。

就前例来说吧。以同量资本劳动，耕作第一等地，获谷物 100 卡德，耕二等地，获 90 卡德，耕三等地，获 80 卡德。所获收获愈少，即其所费愈大。第三等地的耕作者，不取得普通利润，又不会从事耕作，所以，市场上决定谷物价格的，只是第三等地的劳动生产费，第一等地、第二等地则各各以其超过第三等地普通利润的部分，提供地租。设当时情形需要耕作产生谷物 70 卡德的第四等地，则决定谷物的价格的，为第四等地的劳动生产费。第四等地的劳动生产费，较第三等地劳动生产费加大了，谷价也就要按比例加高。这时，第三等〔地〕发生地租，第一、第二等地又各依其对四等地的生产额，提供地租。地租加多了，谷物价格加大了，地主无疑是受到了两重利益。但这两重利益，都是人口增加，相因而必须耕作更劣等地的必然结果。单就这场合说，地租之增加，咎不在地主作祟，谷价的腾贵，更不因支付地租。地租不是谷物腾贵的原因，倒反而是谷价腾贵的结果。所以，李嘉图说：

"支配谷物价值的，是投在不纳租土地上生产谷物所必要的劳动量，或者说是凭借不纳租资本部分生产谷物所必要的劳动量。谷物腾贵的原因，不是支付地租；反之，支付地租的原因，是谷物腾贵。地主放弃全盘地租，谷物价格亦不会低落下来。"[①]

照此看来，谷价腾贵也好，地租增加也好，地主总是可告无罪于天下的，商工资产阶级拥护者李嘉图，在这种推论上，不是恰好做了地主阶级的代言人么？但是对于地租问题的讨论，他没有至此终结。他一方面虽然这样论证谷物腾贵地租增加之必然性，可是他认定这种必然性，是在特殊情形之下发生的。

英国奖励谷物输出，禁止谷物输入的谷物法、谷物条例，实际上，就是

---

① 李嘉图《经济学及赋税之原理》郭王合译本第 39 页。

造成这种特殊情形的主要原因。不错,社会进步,人口增加,势不能不惹起谷物需要的增加,不能不招致谷价的腾贵,从而,不能不促成地租的增加;但是,英国如不奖励谷物输出,那种需要一定要缓和许多,设更允许外国廉价谷物的输入,那国内有效的谷物需要,就恐怕大部分的能够得到充分的供给,结果,更劣等更多费的土地,既不致进于耕作,谷物至少是不会像当时那样腾贵,地租亦至少不会像当时那样加多。

根据这种理由,所以李嘉图极力反对谷物贸易限额政策。他认为,谷物自由输入,与农业技术改良,有同样的效果,所以阻止谷物输入,就无异阻止农业技术改良。因为农业上的改良,与廉价谷物的输入,同样会招致谷价下落与地租减少的结果。设使农业技术改良,在国民经济发达上是值得欢迎的事体,那末,外国谷物的输入,就没有理由去禁止了。固然,外国廉价谷物输入了,势将不免阻止英国更劣等土地的进于耕作,但在李嘉图看来,这种趋势,不值得顾虑,那极其限,不过是国民中极少数的地主阶级受到损害;而且,一国如能把劳动投在工业方面,由工业制造品换得他国的谷物,那国民的财富,一定会大大增加。由此看来,地主阶级的利益,是与全国其他国民的利益相反的。所以他说:

"除了地主,一切阶级都不利于谷物腾贵。地主和社会上各阶级的关系,不类似于贸易上的关系,却是一方面全然损失,一方面全然得利,在外国谷物低廉时,禁止谷物输入,于一方面的损失,且远甚于别一方面的利得。"①

他这种研究的结果,恰恰是当时社会各阶级——资产阶级、小资产阶级、劳动阶级——联合反对谷物条例的事实的反映;同时也恰好达成了他那站在资产阶级利益立场上,反对地主阶级的原来企图。

由上面的说明,我们可以综合的来论列李嘉图地租说的缺点与优点。

就优点而论,他首先对地租本身,给予了科学的限界,这正如同他论价值时,把商品范畴加以明确的规定一样。他把地租分为法律上的经济上的两个范畴,而认定后者只限定在使用土地土壤力所给予的报酬,研究对象,就被限制在最单纯的因素,而将一般性的土地上的建筑、施肥及其

---

① 李嘉图《经济学及赋税之原理》郭王合译本第 261~262 页。

他设备等等,都被排除去了。特别是土地地租乃至矿山地租①等等,通由劳动价值说加以解析(即农业生产物需要因人口增加而增大,必须耕作需要较多劳动的劣等地,由是农产物腾贵,地租因以发生或增加,反之,则发生相反的结果)。这不但使劳动价值说本身得到更大范围的应用,同时且使地租学说得到更健全的科学依据。此外,他还明确指出,地租是普通利润以上的超过量,那在剩余价值问题的说明上,可以说是一大启示。

而他的地租理论的缺点,第一,就在对于对差地租认识的不够——他以土地进于耕作的程序,是优等地到劣等地,但后来加雷(Carey)反对他,从技术发展的见地,论证那种程序是由劣等地渐及于优等地。两者都失之形式,而现实则是优劣土地参差进于耕作,而且不论哪种土地上生产收获量有差异,地租即可发生。而且,对于对差地租的第三形态,即位置对差形态,他是没有论及的。其次是对一般地租认识的不够——他是意识到了一般地租或绝对地租的,但关于一般地租的说明,又脱出了劳动价值学说的轨道。他只知道农业领域内,各种资本要求同一利润的结果,享有超额利润的较优等土地上的投资,会以其平均利润以上的利得转化为差等地租。但他不知道,在工农两领域内,农业资本与工业资本竞争的结果,农业资本由其较低有机构成所获得的超额利润,一定会转化为一般地租或绝对地租。

第五节 论工资与利润

李嘉图在他那部大著中,关于工资及利润,虽是分作两章讨论,但他随时都在注意它们之间的密切关联。在他看来,工资及利润两者,永远是在相互对立的关系上,保持增减消长的作用。因为,根据他价值论地租论研究的结果,或者蹈袭斯密那一部极不科学的说明,构成商品价值的,只是工资与利润:工资加多,则利润减少,工资减少,则利润加多。他曾说:

---

① 关于矿山地租,他是这样予以说明的:"矿山地租,亦是矿产物价格腾贵的结果,不是原因。若矿山甚夥,丰度相等,任人占有,地租即无从发生。矿产物价值,取决于采矿及矿产物上市所必要的劳动量。"(见《经济学及赋税之原理》郭王译本第49页)

"不纳租土地的耕作者,各种货品的制作家,都无须牺牲一部分生产物来支付地租。他们商品的全部价值,仅分成两部分,一为资本利润,一为劳动工资。"①

至若这两个部分是怎样变动,那就要看他下面所阐述的工资法则和利润法则。

这里先从工资法则论起。

工资是对于劳动的报酬。这报酬的大小,是怎样规定出来的呢?据李嘉图说,那要受支配于一定的工资法则,申言之,那要看劳动的需要供给状况若何。

在他看来,一切可以买卖可以增减数量的物品,都有自然价格与市场价格之别。劳动力是可以买卖,亦可以增减数量的,所以它有其自然价格与市场价格。"劳动的自然价格,是维持劳动者自身及其族类所必要的价格。"劳动的市场价格,是"依供求比例的自然作用,实际付给劳动者的价格。"②

至若劳动工资、劳动市场价格,是在自然价格以上,在自然价格以下,抑与自然价格相一致,那要看劳动人数,是超过需要,是不够需要,抑是恰够需要。因此,劳动者要想改善现状,增加工资,只有两种方法,一是增加其需要,即增加生产资本;一是减少其供给,即减少劳动者人数。然而,在实际上,这两者又是相互乘除的。

生产资本加多,劳动需要加大,劳动市价即将超过自然价格;劳动者的景况,就繁荣而幸福,他有力在生活必需品享乐上,支配一个较大的比例,有力供养一个健全的大家庭。但高率的工资,必然要成为人口增加的奖励。人口加多,劳动者人数加多,工资又将降止于自然价格,有时,由于一种反动,甚多会低落在自然价格以下。

劳动市场价格低在自然价格以下了,劳动者的景况,就非常困迫而难堪,而习惯上的诸种享乐品,势将因贫困而被剥夺。到了这种情形下,劳动者人数,将逐渐迫而减少,劳动的需要,又昂提起来,结局,劳动市场价格,复回到自然价格的限度。

---

① 李嘉图《经济学及赋税之原理》郭王译本第71页。
② 李嘉图《经济学及赋税之原理》郭王译本第58页。

不过,这所谓自然价格,即"维持劳动者自身及其族类所必要的价格",并没有十分确定的标准,那要看各国民的文化程度如何。李嘉图亦解述过:

"劳动的自然价格,非绝对不变的。国相同,可因时而不同;国不同,差异就更大了。国民的习惯与风尚,关系至大。英国工人工资,若仅能购买马铃薯,居住泥壁小屋,他会嫌工资太低了,在自然工资率以下了,不够赡养家庭了。但在'人间生活低廉'国,亦就以此满足。他的欲望,很容易满足。今日英国农民在小屋中享受的那许多享乐品,在我们前代人看来,也许是奢侈品吧。"①

就在亚当·斯密,他关于这种意见,亦有所说明。他曾说:"劳动需要状态,不论是进步的、停止的或退步的,劳动者仍可按照那状态所要求的程度,购买他应有的一定量必需品。在必需品中,我的解释,不但包括那些按照自然要求成为最低阶级人民所必需的物品。"②他这对于必需品的解释,后人引申而为经济学上关于工资的两种学说:仅按照自然要求所必需,那就是所谓"生理的最低限度说",兼按照礼节上之规律所必需,那就是所谓"文化的最低限度说"。两相比较,后者的标准和范围,当然高多了,广多了。就李嘉图所说的"劳动自然价格,乃取决于劳动者维持一身维系一家所必要的食品必需品习惯享乐品的价格"③一语而论,他无疑是主张"文化的最低限度说"的,但在理论的阐述上,他却又是倾向"生理的最低限度说"。

而且,自他看来,就一般进步的社会说,"由供求比例支配的工资,常不免有低落倾向"。为什么呢？在答覆这个问题时,他重覆着马尔萨斯的人口论:

"情形顺适,人口二十五年增加一倍,一国资本总额,也许不要二十五年,就可增加一倍。在这场合,劳动需要的增加,较速于劳动供给的增加,工资常有腾贵趋势。

"以文化先进国的技术知识,输入新殖民地,其地资本的增加,往

---

① 李嘉图《经济学及赋税之原理》郭王译本第60页。
② 郭王合译《国富论》下卷第73页。
③ 郭王合译《经济学及赋税之原理》第57页。

往会较速于人口的增加。若不能由人口稠密国移入劳动者,劳动价格将大涨。此后,人口会稠密,劣等土地愈有耕作必要,资本增加的趋势,亦愈减退。现人口的欲望满足以后,社会上究能有若干的剩余生产物,那须看生产的便利程度如何,生产上所需雇用的人数,究曾减到什么程度。这时,景况若佳,生产力或仍可较大于生殖力。但可惜这种情形,不能长久继续下去。土地量既有限,质又不等,把资本逐次加投下去,生产率亦必递减下去,人口增殖力,却不易变动。"①

他这段话开始所说的"情形顺适",就是指着"新殖民地"的情形,亦即是指着美国初辟时的情形。因为马尔萨斯主张人口每二十五年增加一倍,生活资料第一个二十五年亦增加一倍,通是就美国开始输入文化先进国之技术知识时期而言的。李嘉图略变此说,以为第一个二十五年人口虽增加一倍,生活资料却不到二十五年就可增加一倍,所以劳动需要大于供给,工资常有腾贵趋势。但他以为"可惜这种情形,不能继续下去",其理由,就是他前面标举的地租发生的原因,即,土地之量有限,质又不等,同时,逐次增投资本之收获,又复递减。在这点上,他又算为马尔萨斯主张第二个二十五年,生活资料不能再增加一倍的见解,加了一个注脚。而他所谓"人口增殖力,却不易变动"云云,这又不是暗示,到了第二个二十五年,尚可增加一倍么?无怪他肯定:"由供求比例支配的工资,常不免有低落倾向。"

不但如此,在他原书第三版所插入的"机械论"一章中,他更提出了劳动需要逐渐减少,劳动工资逐渐低落的另一论据。那就是:

"跟着资本与人口的增加,食物亦将因生产困难而一般的腾贵。食物腾贵,结果是工资腾贵。工资腾贵的结果,制造家愿以大部分的资本蓄积,投在机械上,机械与劳动,常在竞争中,劳动未腾贵以前,机械往往无人采用。

"……资本增加一次,投在机械上的资本亦增加一次,劳动的需要,虽因资本增加而继续增加,但增加的比率不同。劳动需要的增加率,是递减的。"②

---

① 郭王合译《经济学及赋税之原理》第61~62页。
② 郭王合译《经济学及赋税之原理》第312页。

"无论何业采用机械,结果都会减少对劳动的需要。"①

"现在我相信,以机械代替人类劳动的结果,常常有害于劳动阶级。"②

劳动的工资,是由上述的诸种法则所支配。这些法则死死的束缚着劳动阶级,劳动阶级的生活,是难改良的。

"人道爱护者,希望世界各国劳动阶级的生活,都安适愉快,并愿以各种法律手段,鼓励他们去获得这种生活。然而,这毕竟是一种希望罢了。"③

他这里所说的"各种法律手段",就是指着救贫法一类人为的反乎自由竞争的法律限制。他认为,想用这种方法改善贫民状况,其结果,虽不能使贫者富有,却将使富者贫困。

可是,这位冷酷的学者,亦并不是绝对不主张法律,也并不是说劳动阶级的生活,绝对没有一点改善的余地,看他以下的提案吧。

"欲长保人民安乐福利,不能不在贫民方面立法方面着想,以限制他们人口的增加,减少他们不谨慎的早婚。救贫法的作用,恰与此相反,它忘记了抑制人口方法的必要,反而,扣取慎重勤勉者方面应有的工资,以招致不谨慎。

"弊害的性质,指示了救济的方法,只是逐渐缩小救贫法的范围,同时,开导人民,使知自立价值,教导贫民,使能自给;告诉他们,慎重远虑,乃是必要的有利的德行。这样,才能逐渐达到比较健全的状况。"④

就这点而论,他又算是蹈袭了马尔萨斯的成说,减少不谨慎的早婚哪,讲求抑制人口方法的必要哪,通通是马尔萨斯旧文章的重抄。

要之,李嘉图的工资论,主要是利用马尔萨斯人口原理写成的。他的工资的特色或其创意主张,就在肯定工资因财富与人口的增减作用,而不断倾向于他之所谓劳动自然价格。他这种主张,一方面固然减轻了资产阶级的剥削责任,同时亦就十分曝露了资本主义制度的弱点。因为一种

---

① 郭王合译《经济学及赋税之原理》第 30 页。
② 郭王合译《经济学及赋税之原理》第 306 页。
③ 郭王合译《经济学及赋税之原理》第 62 页。
④ 郭王合译《经济学及赋税之原理》第 68~69 页。

必然使社会大多数人陷于贫苦深渊的制度,那是应该遭到有识者的攻击的。无怪他这主张会到了拉赛尔手里,就锻炼成了一种攻击资本主义之武器的"工资铁则"。

现在,我要论述到与劳动工资相因而变动的资本利润。

在土地生产物中,既以一部分付给了地主和劳动者,余额必归农业家作为资本利润。关于利润本身,他是当作一个既明的事实,而不曾像斯密那样,反覆说明它是什么?在他设想,作为商品价值构成的两个要素,在某种场合,利润完全是与工资相待而变动的:工资提高,利润低落,利润提高,工资低落。李嘉图曾反覆说明此理:

"谷物与制造品的售价若不变,利润之高或低,即按照比例于工资之高或低……倘若工资不变,制造家的利润,亦可不变。"①

"劳动者领得工资,用一部分购买食物,一部分购买别种必需品。这类必需品价格的腾贵,可同样影响于利润。购买这类必需品,既须增加支出,劳动者自然会要求增加工资。工资增加,必致减低利润……。"②

"……我们的学说是,利润高低由工资高低而定,工资高低,由必需品价格腾落而定,必需价格腾落,又主要由食物价格腾落而定。"③

"工资不下落,利润决不会增加,工人必需品不低廉,工资又决不会下落,这正是我全书所要说明的……。"④

由上面这几段话,利润与工资,从而,资本家与劳动者的对立关系,已表示得十分明白了。在前,亚当·斯密本也主张劳资两方面的利害,全不一致,他并说:"劳动者盼望多得,雇主盼望少给,劳动者为提高工资而团结,雇主为低减工资而联合。"⑤不过他这种说法,是按照习惯而言的,从科学的分析,来论证劳动者与资本家的对立,那却是始于李嘉图。李嘉图的利润论的特色,亦就在此。

利润之高低,既按照比例于工资之低或高,那末,限制劳动工资,使常

---

① 郭王合译《经济学及赋税之原理》第7页。
② 郭王合译《经济学及赋税之原理》第80页。
③ 郭王合译《经济学及赋税之原理》第81页。
④ 郭王合译《经济学及赋税之原理》第92页。
⑤ 《国富论》郭王译本上卷第79页。

降止于其自然价格的自然法则,同时就成了保证资本利润,使常维持其普通利润率的法则。

前面讲过,"社会进步,由供求比例支配的工资,常不免有低落倾向";因为,机械的采用以及其他土地资本生产上的种种关系,劳动需要的增加率将低减,而劳动供给的增加率却依旧。然而社会进步,利润的自然趋势,又是怎样呢?据李嘉图说,那也不免有低落的倾向。因为财富增加,获取必要的追加食物量,须费追加劳动;劳动量加大了,谷物的自然价格提高,从而,工资腾贵,乃是必然的结果。不过,工资低落的倾向,虽只有造成贫困,缩减人口(劳动者人数),才是暂时的转机;而利润的低落倾向,却随时可以得到补救。李嘉图说:

"……利润的自然趋势,乃是下降……幸而,生产必需品的机械,常有改良,农事科学常有发现,利润的这种趋势,方才屡次遏住;这种改良与发现,使我们能缩减一部分必要劳动,低减劳动者必需品价格。"①

并且,在他看来,利润不独不会低落,事实上,也不宜过于低落,因为:

"低得太过的利润率,已足停止一切蓄积。……"②

"劳动者没有工资,不能生活,农业家制造家没有利润,亦不能生活。他们蓄积的动机,将随利润减少而减少。利润低落,若不能抵偿投资的困难与危险,他们蓄积的动机,便会全然消灭。"③

资本的增殖,为社会经济发展之必然的条件,亦为劳动需要增加之唯一要图,蓄积的动机减少了,停止了,资本的增殖,亦必相应而减少,而停止。其结果,社会全体福利,固然蒙到致命的打击,而在劳动阶级自身,又能保不陷于更悲惨的境地吗?

要之,李嘉图对于劳资两阶级间的利害冲突,可以说是剖析得非常详尽,但以利润的高或低来说明工资之低或高,那就不但没有说明工资率所依以形成的原因,同时也没有说明利润率所依以形成的原因。表现在外面的、表现在现实上的劳资冲突现象,李嘉图像是很直感的拿来解述它们

---

① 见郭王合译《经济学及赋税之原理》第82页。
② 见郭王合译《经济学及赋税之原理》第82页。
③ 见郭王合译《经济学及赋税之原理》第84页。

之间的利害相互乘除的关系。事实上,作为劳动力之价格的工资,在其情形不变的假定下,虽可表现资本家对劳动者的榨取深度,但在资本家的社会,直接榨取诸条件,和榨取实现的条件是分开的;从劳动力的购买价格或工资上,资本家虽可能榨取很多,但其利润率,并不能因此就表明很高。因为据卡尔的提示:总生产物——那包括代置不变资本和可变资本的部分,也包含代表剩余价值的部分——是必须售卖的。如果没有实行售卖或仅实行一部分,或售卖的价格在生产价格之下,劳动者固然是一样受榨取,但对于资本家,这种榨取却会不能全部实现。所榨取的剩余价值,将完全不能实现或仅实现一部分,甚至使资本家受一部或全部的损失。直接榨取的条件和实现的条件,并不是相同的。它们不仅在时间和空间上分开,并且在概念上互相分开,前者仅受限制于社会生产力,后者则受限制于不同诸生产部门的均衡性与社会的消费力(Konsumtionskraft)。[①]
他又表示:"在资本主义生产方法发展进行中唤起商品低廉化的过程,将使商品生产上所使用的社会资本的有机构成发生变化,并由此引起利润率的下落……利润率之倾向的下落,会伴以剩余价值之倾向的提高,并伴以劳动榨取程度之倾向的提高。所以,由工资率提高而说明利润率下落的企图,真是再不合理没有,虽然在例外的场合,情形果然是这样。并且,只有先了解利润率所依以形成的各种关系,然后可以把统计应用在各时代各国家的工资率之现实的分析上。利润率的下落,并非由于劳动变为更不生产的,乃由于劳动变为更生产的。"[②]李嘉图因为是就马尔萨斯的人口论的论点,来说明工资,来证示劳动者的状况决无改善,而机械的采用,又加重劳动者的苦难,但对于资本家,他却以为一采用机械,就可使利润下降的倾向得到遏止。而事实上在某些场合恰是相反的,资本家的利润来源,如其说是得自总资本中的可变部分,用在机械一类设备上的不变资本加多,可变资本部分相对减少,他的利润就必然要依机械驱逐劳动的比例程度而逐渐降低。换言之,工资是可变资本,利润的来源是出自于可变资本,可变资本逐渐相对减少,不仅工资相对下落,利润亦相对下落。资本家社会的最大的致命的矛盾,就在资本家的不但需要劳动者为其生

---

① 见郭王合译《资本论》第三卷第 184 页。
② 见郭王合译《资本论》第三卷第 179～180 页。

产剩余价值,且需要劳动者为其实现剩余价值,实现利润。李嘉图只执着于劳资对立的一方面,而没有想到他们对立的致命点,却在他们的利益同一来源的可变资本部分,愈来愈相对的减少。在李嘉图总资本中的不变资本与可变资本的区别还是不存在的,换言之,剩余价值的根源,还是非常蒙糊的。惟其如此,他的工资理论,固然不能令人满意,他的利润理论,亦只是瑕瑜互见,在一些正确的说明中,夹入许多不澈底且极含混的成分。

第六节　论国际贸易

李嘉图在政治经济学史上的贡献,有的学者①甚至主张是他的国际贸易理论。"不过那是一般共认的真理,其正确性和发明者既没有人发生问题,所以他对李嘉图的声名,反较少帮助。"

在国际贸易理论上,李嘉图显然是重农诸子及亚当·斯密的追随者。不过,他的视野,像更广阔,他的表现,似更明确。他揭橥自由贸易的真谛说:

"在交易完全自由的制度下,按照自然趋势,各国都把资本劳动,投在最有利于本国的用途上。个人利益的贪图,极有关于全体幸福。勤勉的,得到鼓舞,熟练的,加以奖励。且按最有效的方法,利用自然赋与的特殊才力,则劳动分配的方法,将最有效,最经济。同时,一般生产额的增加,将普施福利于文明世界,在共同利害关系上,把世界结成一体,葡萄酒所以生产在法兰西、葡萄牙,谷物所以生产在美利坚、波兰,金物及其他制造品所以生产在英国,要不外遵守这个原则。"②

其实,何止把世界结成一体,要遵守这个原则,把各国国民经济结成一体,又何尝不是遵守这个原则。但李嘉图显然把国内分业与国外分业看得非常不同,以致他在论及国内商品生产与流通时,认定"支配一国诸

---

① 见 Gide 和 Rist 的《经济学史》陈于合译本上卷第 139 页。
② 见郭王合译《经济学及赋税之原理》第 93～94 页。

商品相对价值的规则,不能支配国际诸商品的相对价值。"①依他所解说的:"葡萄酒产在葡萄牙,罗纱产在英国,二物的交换比例如何,不取决于各国生产所必要的劳动量。这,显然和国内交换情形不同。"②惟其二国两种商品交换不是取决于各国生产所必要的劳动量,故英国可能以"百人劳动生产物,换葡萄牙八十人劳动生产物。这样的交换,在同国当然不会产生。一百英国人的劳动,不能以八十英国人劳动交换,但一百英国人的劳动生产物,却可交换八十葡萄牙人,六十俄罗斯人,或一百二十印度人的劳动生产物。"③在这里,李嘉图不曾由社会的立场,来说明各国间一般生产水准的差异,而单从自然的立场,来强调个别特殊生产物的生产条件的差异。事实上,就在一国之内,亦是存在着某特定地方特别适宜生产物与其他一般生产物间交换比例的差异关系的。问题是看在一国之内,一般商品是依据如何价值比例交换;同样,在各国之间,亦是要看英国的一般商品生产,和葡萄牙的一般商品生产,有怎样的社会差别条件在其交换内发生作用。李嘉图也看到问题不能从自然的观念去说明,所以,又认定一国得以较少量劳动,换取他国较大量劳动的原因,乃因:"在同国,资本可以随意转移,以企图较大利益,在诸国间,资本不易由一国移至他国。"④他由这一便桥,把论点转到资本利润的关系上了。

"大体说来,同国的利润率,往往相等。即令略有差异,亦只因资本用途,或则安定,或则不安定,或则适意,或则不适意。异国的利润率,却往往不等。投资约克州,利润若是格外高,资本迅将由伦敦撤回,而转投于约克州,结局,利润必趋于均等。但若英吉利人口增殖,资本增加,土地生产力减退,以致工资腾贵,利润下落,那就令荷兰、西班牙、俄罗斯的利润较高,英吉利所有的资本,所有的人口,不必就会向那里流去。"⑤

然则,在各国间,利润率不等,较低利润国能否由它与较高利润国交易,使他的一般利润水准抬高呢?换言之,较低利润国,是否可借落后的

---

① 见郭王合译《经济学及赋税之原理》第93页。
② 见郭王合译《经济学及赋税之原理》第94页。
③ 见郭王合译《经济学及赋税之原理》第95页。
④ 见郭王合译《经济学及赋税之原理》第95页。
⑤ 见郭王合译《经济学及赋税之原理》第94页。

国外市场的开拓,而使其国内利润下落倾向得到阻止呢? 在这个问题上,李嘉图与亚当·斯密的看法,是正相反对的。斯密认为资本发达的低利润的国家,可借落后国外市场的开拓,而使原来的一般利润率提高。李嘉图却认为,"各业利润有互相一致同时进退的倾向。关于这点,我们的见解一致。我们的争点,在于他认利润均等的原因,是一般利润上腾,我却以为,特惠事业的利润,迅将下降而止于普通水平线。"①

对于这种争辩,卡尔·马克思评断是:"亚当·斯密是对的,李嘉图是不对的。"②李嘉图不对的地方,依然是由于他看落了一般社会生产水准,而把一国与他国间的贸易,只看成彼此各别有特殊适宜生产物间的贸易。所以他论国外贸易的那一章第二段,先一般的提出"经营国外贸易的特大利润"的命题,随即将他特指为"特惠事业的利润"。这一来,不同国家各别的一般的生产条件问题,便被轻轻看落了。我想利用这机会,把卡尔关于这方面的批评,引述在下面,他是从劳动资本两方面来着眼的:

关于劳动方面,他说:"投在国外贸易上的资本,会提供更高的利润率;在这里,第一是因为,和它们竞争的商品,是在其国家用较小的生产费便能生产的,所以,较进步的国家,虽比竞争国以更便宜的价格售卖商品,它们的售卖仍然会是价值以上的售卖。如进步国家的劳动,在这里,是当作比重较高的劳动来利用,则在这限内,利润率将会提高;因为,未当作高级劳动被支付的劳动,会当作高级劳动来售卖。这种情形,对商品所从以输入和所向以输出的国家而言,也可以发生。这种国家,会在现物形态上,给予更多的对象化的劳动,而收受更少的对象化的劳动,虽然它所收受的商品,比较它本国的商品,也许会更便宜。好比一个工厂主,如果他在某种发明尚未普及之前就采用它,他虽然比别的竞争者,以更便宜的价格售卖,但仍能在他的个别价值之上,售卖他的商品;那就是,他所使用的劳动既有特别更高的生产力,他会把这种更高的生产力,作剩余劳动来利用,由此,他就实现了一个剩余利润了。"③

关于资本方面,他说:"第二,投在殖民地等处的资本所以能提供较高

---

① 见郭王合译《经济学及赋税之原理》第90页。
② 见郭王合译《资本论》第三卷第178页。
③ 见郭王合译《资本论》第三卷第178页。

的利润率，还因为在那里，发展程度较低，从而利润率更高，并因为在使用奴隶和苦力时，劳动的榨取程度会提高。我们不知有任何理由，可以说明，投在某部门的资本所实现的并送回到本国来的较高利润率，在无独占从中妨碍的限度内，为什么不会参加一般利润率的均衡过程，为什么不会相应的把一般利润率提高。"①

可是，如卡尔所指出的，用国外贸易缓和国内利润率低落的倾向，或缓和无利可图的危机，并不是永久可靠的方法。就把国外殖民地或后进国会逐渐由它与先进国家交往而变革其生产方法的关系抛开不讲，在先进国，"这个国外贸易，会在国内发展资本主义生产方法，并由此使可变资本（与不变资本相对待而言）减少，因而，从别一方面说，招致外国市场上的生产过剩。"②李嘉图，其所以根本否认一般恐慌，就在他原来用以贯串全般经济运动的价值法则或其理论，在剩余价值的来源问题上，留下了若干漏洞，以致对利润、工资，乃至对国际贸易上的劳动与资本的认识，在有些地方，不能好好从内部关联中去把握，虽然我们并不因此就怀疑他在这些方面的贡献。

---

① 见郭王合译《资本论》第三卷第178页。
② 见郭王合译《资本论》第三卷第179页。

第六章　李嘉图以后经济学界的分野

第一节　英国社会各阶级势力之消长及经济学说的变化

在十九世纪上半期，英国社会各阶级间发生了显明的斗争。在先，是资产阶级联合其他一切阶级，与地主阶级斗争；往后，地主阶级的敌人阵容内，又发生内讧，即，劳动阶级起而与资产阶级斗争。大体上，直到四十年代五十年代，前一斗争的胜负算判明了，新兴资产阶级领导的队伍，战胜了地主阶级；亦就是在这时代，劳动阶级开始成了资产阶级的唯一的正面的敌人。

前章讲过，资产阶级其所以联合劳动阶级，向地主阶级挑战的主因，就是为了地主阶级利用谷物保护法律，抬高地租，抬高谷价，予社会其他各阶级以极大的不利。但是地主阶级其所以能够利用谷物保护法律的，又是因为他们在选举上占有许多特权，从而，在政治上占有特殊势力。因此，聪明的资产阶级知道，要反对地主阶级，要取消谷物条例，首先就得改革选举法，取得政治上的地位。他们又知道，单凭自己羽翼未丰的力量，亦难动摇地主贵族们根深蒂固的势力，于是便鼓励、诱惑并拉拢劳动阶级。

原来在十九世纪初年，劳动阶级的结社，是有严厉法律禁止的。自后多方运动，始于一八二四年达到了撤废结社禁止法律的目的。劳动阶级能够团结，他们的势力，就不可轻侮了。正惟其如此，所以资产阶级在选举法改革的政治运动中，就想暂时利用他们。这时，劳动阶级中的理论家们，亦曾力说与资产阶级提携的危险，但结局，终竟与资产阶级提携了。

在选举法改革运动中，劳动阶级实在大卖了气力。一八三一年，奥文及其信奉者，曾组成"全国劳动者阶级同盟"（National Union of Working Class）。这个同盟揭橥了以次的目标：

"一、劳动者为确保其劳动的全价值，且确保其劳动生产物之自由处分，得利用社会上进步的一切机会。

二、在情形许可的限内，得用一切手段，保护劳动者，使不受雇主及制造家的横暴压迫。

三、为全国国民计，务必促成英国下院有效的改革，如议会每年开会，一切成年男子皆得有选举权，撤废秘密投票方法，特别是撤废那对于议员财产上的资格限制。"

上面列举的第三项，就是劳动阶级为了与资产阶级合同进行选举改革运动，所提出的纲领。资产阶级得到全国劳动者的协助，所以在一八三二年，就达成了选举法改正的期望，地主在选举上的特权废止了，议员被选的权利，扩张到工业都市去了。

然而这次运动的成功，于撤废谷物条例，并没有怎样了不起的帮助。工商资产阶级在政治上的势力，不过是在下议院添了几名议席，下议院五分之四的议员，还是出自地主阶级。所以，商工资产阶级一再请愿撤废对于谷物输入的关税，总没有一点差可人意的答覆。一八三八年，自由党内阁的首相梅尔本（Lord Melbourne）还说："要使全国农业团体毫无保护，我当作上帝宣言，我以为这是人类从来未有的幻想中最疯最野的政策。"总之，按当时的情势，要想在国会通过撤废谷物条例，那显然是不可能的。于是反谷物条例运动，仍只好在国会之外进行。一八三八年，曼彻斯特组成了一个"反谷物条例同盟会"（Anti-corn Law League），这个会在全国各地成立了许多分会。全会在理论及实际上的指导人物，是曼彻斯特的一位著名的政治家兼文章家柯柏登（Cobden），他的才识足以统辖同盟会全局，他终身亦是为这个运动而奋斗。宣传鼓吹的结果，对人民不肯让步的自由党的梅尔本内阁，于一八四一年的全国选举上失败了。接着，以皮尔（Sir Robert Peer）为首相的保守党内阁成立。就政党性质而论，保守党较其政敌自由党更要坚持保护政策，然而英国当时的大势，已不许可其坚持了。所以皮尔登台后，即努力修正税则，减轻并缓和一向苛刻的条例。一八四四年一八四五年，全国相继荒歉，延至一八四六年，爱尔兰又饥馑大作，于是在"同盟会"的宣传之下，全国都视为这是一个不可终日的问题。因此,几历半世纪的反谷物条例运动,竟在同年得到成功了。这是资产阶级对地主阶级的一个决定的胜利。

如前所说,资产阶级的选举改革运动、反谷物条例运动,都得到劳动阶级不少的帮助。一八三二年选举改革运动的成功,那不过是资产阶级要求的成功,而非劳动阶级要求的成功。因为,前者只期望把被选举权扩张到工业城市,而后者则期望普及到全国。所以,资产阶级参加了政治支配权之后,虽然为了酬劳劳动阶级,于一八三三年勉强促成了劳动"大宪章"即《工厂条例》(The Factory Act)①之实现,但劳动阶级仍大失所望。他们中间一部分转向奥文一流的空想的社会主义的思想和行动,一部分则采取产业革命主义(Syndicalism)②。两派都宣言与政治运动绝缘,并于一八三四年共同组成"全国合同劳动组合"(Grand and National Considerated Trades Union)。至一八三六年,奥文派的洛斐特(Lovett)等,又组织"伦敦劳动者同盟"(London Working Men's Association),即所谓"普选运动"(Chartism)③的母胎。他们宣言不依赖"卑劣的"保守党,也不依赖"暴虐的"自由党,只依赖自身的力量。他们提出了"普遍选举","撤废被选举权之财产限制"等六项要求,即所谓"人民宪章"(People's Charter)。他们对于进行这个运动,分有两种主张,其一是主张和平的请愿,其一是主张政治的罢业。一八三九年和平请愿失败了,随即在全国各地卷起了骚扰。警官、军队与民众到处发生冲突,后来虽经高压政策镇定下去了。一八四二年普选运动又重新活跃起来。普选运动者决行全国总同盟罢工,以要求其所提出的"人民宪章"之实现。适会连年荒歉,谷价腾贵,于是这种罢工势焰,遂愈益不可遏止了。可是,这次搅起全国不安的运动,并非与资产阶级有正面冲突,反之,聪明的资产阶级,却利用这机会,把社会扰乱的责任,全都加在坐享高地租、高谷价的地主阶级身上,而

---

① 这个条例规定:9岁以下的儿童,禁止雇用(蚕丝工厂除外),13岁以下儿童的最大工作时间,为每日九小时(一点半钟的用餐时间在内),18岁以下青年的最大工作时间,为每日十二小时(一点半钟的用餐时间在内);并且,晚八时以后,早五点以前,任何工厂,不得让18岁以下的青年儿童作业。此外,劳动儿童每日平均须有两小时入学,每年应有两天全日假和八天半日假。

② 现在常称为"工联主义"或"工团主义"。——编者注

③ 现在常称为"人民宪章运动"。——编者注

于一八四六年达到其撤废谷物条例的目的。地主阶级失败之余,乃于翌年在议会通过劳动十时法案,以报复资产阶级,这是一种微妙而有趣的事势的推移。

要之,十九世纪三十年代四十年代五十年代,那是英国社会各阶级斗争最热烈的时代。就在这个时代,被资产阶级所攻击的地主阶级失势了,同时,劳动阶级又开始抬起头来。可是,讲到这里,我们应注意一点:劳动阶级虽是到了这个时代,才开始与资产阶级作正面的冲突,但它们两者的对立性,却是与资本主义制度有生俱来的。资本主义在发生之始,其本身即伴有反资本主义因素。当资本主义发展到最高度阶段时,那种反资本主义因素,亦平行的、同速度的,发展到非常的高度。这所谓反资本主义因素,就是促成资本大量蓄积的劳动阶级之贫困的加深与扩大。资本家的利润,与劳动者的工资,是两个相反的、对立的经济形态。少数资本家的财富的无限量的增加,乃是以最大多数劳动者阶级的贫困为前提。这种情形,在李嘉图时代,已经显示得非常明白,所以在李嘉图大著出版(一八一七年)的前后,有识者早已见透了资本主义制度的缺陷,从而发生两大反资本主义学说,即空想的社会主义学说和小资产的浪漫主义经济学说。这两个学说,虽都大有影响于李嘉图以后的经济学者,但大体都是发生在英国国外,为了叙述上的便利,我拟留在本书"批判的经济理论体系"那一篇再详加评说,这里且先考察当时英国经济学界的变化。

我屡屡讲过,资本主义到了李嘉图时代,已有迅速的最高度的发展,反映着,资本主义经济学体系,亦是到了李嘉图,始有登峰造极的发展。可是一种学说在一种社会立场上,发展到了无可发展了,往后定会趋于流俗化,或者转向另一个途径。马克思曾说:"英国正统学派经济学,乃是阶级斗争尚未发达的时代的产物。然而它那最终的伟大的代表者李嘉图,却是素朴的,把阶级利害的对立,工资与利润,利润与地租的对立,看为自然法则,并在意识上,以此为其研究的出发点。可是,资产阶级经济学,至是已达到了难以超越的界限。它在李嘉图生前,既已受到了反对李嘉图的西斯曼底的批评。"① 李嘉图的大著《经济学及赋税之原理》,是于一八一七年出版的,所以马克思继续前文说:"由一八二〇年至一八三〇年,那

---

① 马克思《资本论》第二版序文。

是英国在经济学领域内,以科学活动为其特征的时期,亦是李嘉图学说对于旧派抗争的时期。"

李嘉图学说之流于俗化、普及化,那一方面固然是"资产阶级经济学,至是已达到了难以超越的界限"。同时,李嘉图以后的时势推移,亦要求他这种学说的俗化和普及化。如我在本章前面讲过的,成为十九世纪上半期资本主义发展障碍的谷物条例,是挨到一八四六年才明令撤废的,而在这个时期老早以前,劳动阶级又在或明或暗的向着商工资产阶级施行攻击;不但此也,一般同情劳动者的社会主义者经济学家,又从旁鼓吹怂恿,以助长劳动阶级的势焰。资产阶级的经济学者们,要在这种情形下,为资产阶级辩护,再好莫过于把李嘉图的学说,加以疏解,或者加以修正和变动。因为站在拥护资本主义利益的立场上,李嘉图学说算是降服地主阶级,且降服劳动阶级的最有力的武器。

但是,李嘉图学说究是具有两面性的,"读李嘉图的经济学,有一事最令我纳罕。他书中一字一句,都为资本主义辩护,但他书中一字一句,又可转用作反资本主义的武器。这种现象,在别个大经济学家的著作上,绝对没有。李嘉图经济学之所以有价值,这或许是一个小小的原因吧。但李嘉图经济学所以有这样大的影响,这就是最主要的原因了。"①后来为资本主义辩护的马克洛克、西尼尔、约翰·穆勒等的意见,大体上固属以李嘉图经济学说为根据,而在另一方面,马克思最有名的阶级斗争说,亦已在潜隐状态上,表现于李嘉图的学说中了。

李嘉图的价值说问世以后,首先表示反对的,就是他的亲密朋友马尔萨斯。马尔萨斯所主张的,是需要供给说、生产费说。因此,以李嘉图的直接继承者自命的杰姆斯·穆勒和马克洛克,就起来反抗马尔萨斯,拥护李嘉图的劳动价值学说。然在结局上,李嘉图的价值说,被他们破坏无余了。

差不多就在这同一个期间,还有从另一观点、另一立场来拥护李嘉图的劳动价值说,那就是所谓李嘉图派的社会主义者。他们的代表人物,是威廉·汤姆生和汤玛士·浩斯金。由他们研究的结果,劳动生产物,是应该全归劳动者所有的;地租不必说,就是利润亦是出于榨取。

---

① 见《经济学及赋税之原理》译序。

李嘉图派社会主义者的这种推论，就引起了资本主义拥护者西尼尔氏露骨的反对，他于是妙想天开的，想出了"利润节欲说"，想为资本家脱卸或减轻责任。往后，大陆方面有一位德国学者屠能，他更以较为调和的态度，推演出了他的自然工资说。

第二节　杰姆士·穆勒与马克洛克

李嘉图的主要经济学说，是他的分配论，而其分配论的根底，则是价值论。所以，对李嘉图学说表示反对，表示赞同，或曲加修改的经济学者，都是就他的价值论出发。李嘉图建立的劳动价值说，他自己亦认定在有些场合不能绝对适用。例如，在他的大著《原理》第一章价值论中，他那第四节的标题就是："生产商品的劳动量，支配商品的相对价值。但因采用机械及固定耐久资本，这个原则的运用，遂大受修正。"他所以认定这点要修正的，就是他没有把劳动价值法则与平均利润法则，弄成一致；从而，关于以次的问题，他就不能答覆了。即，资本通为劳动的积蓄，但是，如果一种资本里面所含固定成分较大，从而循环速率较慢，另一种资本里面所含固定成分较小，从而循环速率较快，那么，这两种资本所体现的纵为同量劳动，其所生产的生产品价值不等。为什么呢？李嘉图想破了脑子，亦求不出圆满的解释，结局，就不得不承认他的价值说，要大受修正。这是李嘉图价值理论的一个痛处。他的论敌马尔萨斯，以为，李嘉图承认这个修正，就无异把他那商品价值，取决于生产时所投下的劳动量的法则，破坏无余了。他断定：李嘉图那种价值法则，在五百次中，很难有一次可以适用。因为文明进步与技术发展的结果，势必要增大固定资本量，增大流通资本不同的时期，使生产品不能按其生产时所投下的劳动量决定价值。他这样推翻李嘉图的劳动价值之后，乃提出他的商品价值大小，取决于交换时所支配的劳动量法则，取决于其供求比例的法则。由是，固守李嘉图价值论立场，而反对马尔萨斯的杰姆斯·穆勒和马克洛克兴起了。他们都被称为李嘉图的直系，但李嘉图学说经他们拥护之后，不仅没有使那缺陷得到弥缝，却反使那缺陷更加显露了。现在先述杰姆士·穆勒的见解。

杰姆士·穆勒(James Mill)生于一七七三年，卒于一八三六年，约与李嘉图为同一时代。他是当世有名的功利主义者边沁(Bentham)的友人,亦是边沁最大的弟子。李嘉图之认识边沁,乃由于穆勒的介绍。在这个关联的络脉上,边沁的功利主义思想,全都被吸收在穆勒和李嘉图的学说中了。所以,波拉尔说:"在穆勒与李嘉图,经济学不但与功利主义为一致,且与边沁式的功利主义为一致。"①在边沁自己,他亦曾很不客气的说:"我为穆勒精神上之父,穆勒为李嘉图精神上之父,所以,李嘉图便是我的精神上之孙。"可是,单就穆勒与李嘉图说,哲学者穆勒虽为李嘉图之师,经济学者穆勒,却又是李嘉图的弟子。

穆勒的主要经济著述,为《经济学要义》(Elements of Political Economy),于一八二一年出版。他这部书的写成,是由于李嘉图的《经济学及赋税之原理》,艰深难解,不便初学,故特于携子约翰·穆勒散步时,择讲李嘉图书中精义,令其笔记,后将此笔记底本整理润色,成为此书。所以他这部书的主要部分,不过是把李嘉图的艰深理论,加以平易简明的解说而已。可是,就内容讲,这部书虽没有创新的意见,就体裁上讲,那却被认为是正统学派经济学的典型著作,经济学上的所谓"四分主义",就是以他这部书为滥觞。他的全书分四章,第一章,生产(Production),第二章,分配(Distribution),第三章,交易(Interchange),第四章,消费(Consumption)。而在第二章分配项下,又别分地租、工资、利润三节。这个整的体系,迄今尚为一般经济学者所宗法,虽然后来马克思在其《经济学批判》绪言中,斥其机械的分类之不当,但那究不失为一种有力的主张。

穆勒在出版《经济学要义》之前,还有一部《商业拥护论》(Commerce Defended)问世,该书的主要论旨,在反驳当时忧虑生产过份扩张,定引起过剩危机者的见解。他依下节待述及的萨伊的贩路理论,而展开他的"供给即是需要"的命题。他以为"在一定时间,在一定国家,使购买增加的财产份量的增加,常在同瞬间,正确造出与此相等的代价,因之,决没有使资本或商品变为过剩的"。这原也是李嘉图否认一般恐慌说的论据,但在这里,只想论列他关于李嘉图劳动价值学说的弥缝。

如前所述,李嘉图为他自己的价值学说造出的难关,他自己是一再声

---

① 见《拍尔格拉夫政治经济学辞典》(Palgrave's Dictionary of Political Economy)第一卷第 132 页。

明无法解决的。他以为,哪怕是以等量劳动生产的两种商品,如其一种商品由生产到上市所需时间较长,则这种商品的交换价值,就一定较大,这较大的价值,就是对于他经历了较长时间的报偿即利润。把利润算作决定价值的要素,所以自己认为这是他的劳动价值说的一种"修正"。

穆勒不满意李嘉图的这个"修正"。他以为,商品的价值,全由劳动量决定;也与李嘉图一样,他认资本为蓄藏的劳动(Hoarded Labour)。价值是取决于生产费。他之所谓生产费,乃是由资本及劳动结合而成的费用。资本既是蓄藏的劳动,或者说,既可还元为劳动,所以归根结底,一定的劳动量,即可决定商品之交换价值。

不过,他主张,商品的交换价值,有时亦受时间的影响。因为,资本非有利润不可,某种物品的生产,如较其他物品的生产,需要较多的时间,则对于前一物品,就不得不增加相当的利润额。例如,一桶葡萄酒与二十袋麦粉,如在同一时期,以同一劳动量产出,那末,两者在产出后,即可相互交换。但葡萄酒所有者,如把他这产出的葡萄酒,贮藏起来,延至两年后,始行变卖,则他那一桶葡萄酒的交换价值,就要比那时出售了的二十袋麦粉的价值较大。因为资本在这两年内,要产出利润,所以不得不添加一个相当的价值额。他这种主张,依旧是李嘉图的主张,即是说,依旧破坏了劳动价值的法则。

不过,他对于利润,有另一种解释。在他看来,利润是劳动量的真正尺度。一件当作固定资本的机械,如果是在同一时间内,以生产一捆丝织物同量劳动生产出来,这两者当然可以相互交换,从而,其价值当然是由劳动量决定。但机械所有者,如以机械能提供利润,而留着使用,则其机械的成本,便不克即时收回,而分期由利润及年金逐渐收回。是十年收回,二十年收回,可以不问;总之,机械的本源价值,要分期收回就是了。每年的年金或利润,对其本源价值,为 1/10 或 1/20,同时又是对于生产此机械的劳动量的 1/10 或 1/20。由是,利润就单是对于劳动的报酬,也可以称为工资。不过,他说的这种劳动,不是直接使用在商品上的劳动,而是间接由生产工具所使用的劳动。

总之,就穆勒所说,所谓利润,就是资本即蓄藏劳动每年消费部分的价值,换言之,即体现于资本中的劳动之一部分。果其如此,机械所有者,即时把机械出卖后得的报酬,就同他使用机械若干年所得的报酬,没有两样。这一来，资本的蓄积，固完全成为不可能，而机械所有者，不即时把机械售掉，而必留着机械使用，这亦成了全不可解的疑团了。

以次，再看与他同调的马克洛克是怎样解说。

马克洛克(John Ramsay Mc Culloch，1789—1864)与穆勒是亲密的朋友。我们如其说穆勒是李嘉图学说之通俗解说者，马克洛克就是穆勒学说之通俗解说者，他对于斯密的《国富论》，李嘉图的《经济学及赋税之原理》，曾分别附加传记及注释出版过。他的主要经济著述，是一八二五年出版的《经济学原理》(Principles of Political Economy)。从他与李嘉图往来的书信看来，他与李嘉图亦是有相当感情的朋友。可是，李嘉图的劳动价值说，经过他的修正，就更陷于支离破碎了。

李嘉图是一位谦恭谨慎的学者，他对于自己价值学说中难于自信的地方，往往出以稳和的、存疑的论调。但马克洛克不然，他以为，承认有"例外"，承认要"修正"，那就无异根本破坏价值法则，而予论敌以攻击的资料。所以他主张：商品的价值，纯由其生产时投下的劳动量决定，在一切场合，皆无例外。因此，李嘉图在一八二二年三月十九日给他的信中说："足下以物品价值决于其生产时投下的劳动量的主张，较余犹进一步，余常承认物品之相对价值的某种变化，得求诸生产必要劳动量以外的原因，而足下似不容许任何例外，任何限制。"

然而他对于李嘉图所容认的例外或限制，究作何解释呢？比如，李嘉图在一八二三年八月八日给他的信中说："三四年间在地窖中保藏的葡萄酒，或者就劳动而论，所费不及两先令，而竟值百镑的橄树，这都是无从解决的事件。"可是，李嘉图认为难决的事件，马克洛克却很容易的就把它解决了。他以为，其先辈对于这种问题难得解答的，根本就是由于他把劳动的定义，限得过于严格。在他看来，劳动并不限定是人类劳动力，举凡下等动物、机械或自然的作用，都可包括在劳动范围内。就这种新定义来解释窖中保存的葡萄酒吧，假令一桶值五十镑的新葡萄酒，藏置一年后，值五十五镑，这五镑附加的价值，是怎样生出来的呢？他在《经济学原理》中(1825年版第313页)，曾作以次的说明："如果我们要保存某种物品，例如保存一种葡萄酒吧，这葡萄酒在当时还不是已经成熟，因它里面还要生出相当的变化或作用来，因此，这物品保存一年，便应取得一年的价值，不会生出任何效用性或有希望的变化，那么，慢说保存一年，就是保存一百年,一千年,都是不会增加一点价值的。"显言之,贮藏一年的葡萄酒所增加的五镑附加价值,乃是由于那葡萄酒在贮藏期内,发生一种为我们所期望的自然的作用。自然作用既是一种劳动,所以结局,本源的价值也好,附加的价值也好,都不外取决于其生产必要的劳动量。

这样,马克洛克对于李嘉图的疑难之点,算是给予了一种"轻快的"解决,但把机械与自然作用包含在劳动里面,而承认那是价值的源泉,那对于劳动价值的根本法则,已算破坏无余了。这种歪曲的解释和愚妄的武断,实在在价值论上留下了一个大的笑柄。他们的论敌马尔萨斯嘲弄的说:"在这种新的定义帮助之下,任凭什么,都可拿来证明,例如最容易证明的是,如是你把石子看为是葡萄干,你可把石子与面粉、牛奶、脂肪一起做成布了。"

总之,杰姆士·穆勒和马克洛克,虽然自许是李嘉图的承继者,但李嘉图之劳动价值说的缺陷①,却被他们加深加大了,他们简直破坏了由李嘉图所建立的价值学说。不过,就拥护资产阶级的利益讲,他们仍不失为李嘉图的嫡系。李嘉图的分配学说,即有利于资产阶级的分配学说,乃是以他的价值论为根底,他们为要支持其分配论,于是乃进而弥缝其价值论。他们的企图虽然没有达到,他们以李嘉图主义为主义的存心,都是昭然若揭的。

第三节　萨伊与西斯孟第

在这一节里面,主要是要解述西斯孟第的学说,因西斯孟第在某些方面特别反对萨伊,所以,在研究的联系上,连带把萨伊的学说加以叙述。

关于西斯孟第(S. C. L. Sismondi)的学说,许多经济学史家都把他放在正统学派里面介绍,但显明的,他是最初站在经济学立场上来反对正统学派的一位经济学者。列宁在其所著《浪漫派经济学批判》序文上说:"西斯孟第,是立于经济学史上主要思潮的傍流。占有独自的地步,并且,他

---

① 诚如恩格斯在《资本论》第二卷编者序言所说,"李嘉图学派的崩溃,乃由李嘉图价值论中的矛盾所引起"。

是小生产者的热心主张者,他反对大生产的拥护者及其思想家。"从这段话里,我们可以看得出他的主张,亦可以看得出他与正统学派的关系。他与李嘉图同时,他的主要著作,略后于李嘉图的主著。

西斯孟第于一七七三年生于瑞士之日内瓦。其先世为意大利之名族。他曾充当立法院议员。后渡英小住,得悉英国当时的经济组织所及于贫弱者之悲惨影响。他原为亚当·斯密的信奉者,后乃一变其说,肆力攻击自由放任主义。他的大著《新经济学原理》或《论国民所得中之富》(les nouveaux principes d'économie Politique en de richesse dans ses Rapport avec la population),就可视为直接向正统学派经济学抗议的第一部抗议书。

这部书于一八一九年出版。在八年后的第二版序文上,他描述其对于英国资本主义的印象说:"我看清了这个令人惊惨的国度,她是一个伟大的试验,她对于一切落后的国家,恰好是一种教训,她表现出了生产数量的增加和幸福数量的减少。这里的国民群众和思想家,忘记了财富的增加不是政治经济的目的,而只是给全民幸福的手段。我想在一切阶级社会里面找出幸福来,然而我不知道在哪里才可找到着她。"①物质进步的结果,英国社会是产出了大量的财富。但是"这蓄积的莫大的富之果实是什么呢?那除了把忧患、缺乏、危险和完全没落传向一切阶级外,还有其他的作用么?"举凡资本主义的一切缺陷,如小经营的破产,农村人口的减少,中间阶级的无产阶级化,劳动者的贫困化,机械之驱逐劳动者,失业,信用制度的危险,社会阶级的对立,生存的不安,恐慌,无政府状态等等,他都曾加以痛烈的抨击。然而,他的学说的中心点,是恐慌理论,而其归着点,则是小生产者拥护论。他是恐慌学说的始祖,他亦是小资产阶级的浪漫主义者学说的先导。

特西斯孟第的恐慌理论,一方面虽是英国社会的实际情形的反映,同时却又是由他对正统派学者,特别是萨伊(J. B. Say)之贩路论与机械补偿论的反驳。所以我们在论述他的恐慌论之前,须把萨伊的学说解说一个大概。

萨伊的学说,大体皆载在他一八〇三年出版的《经济学——富之形成

---

① 参见沈译鲁滨〔著〕《经济思想史》第 379 页。

分配及消费的形态略说》(Traité d'Économie Politique — Simple Exposition de la Maniére Dont se Forment, se Distribuent et se Consomment les Richesses)。李嘉图关于这部著作的评语说:"对于萨伊的著作,亦当同样声明。在欧洲大陆诸作家,赏识斯密学说,应用斯密学说,介绍斯密学说于欧洲诸国,他是首先一个。经过他的手,这种学问的系统,是更合理更有意义了。他曾以新奇切实的研究,增加这种学问的内容……"对于这所谓"新奇切实的研究",李嘉图附了一个注释,说:"特别是十章第一节贩路论,其中,包含有几种极要的原理,我相信,首先解释这几种原理的,就是这位卓越的学者。"①

其实,不仅是李嘉图,就在萨伊自己,他亦认定贩路论(Théorie des débouchés)是他的最大发现。他尝极力称说贩路理论之重要。他以为:"把全然置于人类支配之下的,是热和杠杆和斜面的理论,而足使世界政策变动的,是交换及贩路的理论。"然则这变更世界政策的贩路理论是怎样一种理论呢?据他所说:资本愈蓄积,产业即愈扩张,产业愈扩张,即愈不会有一般生产过剩的危险。因为购买甲生产物的,必得是乙生产物的价值,货币不过居间的媒介罢了。甲生产物一经完全,马上便会举其全价值,为其他生产物开拓贩路,推而至于乙生产物,丙生产物,莫不如此。所以,他认为:对于生产物开拓贩路的,就是生产。各种生产事业间,皆有联带的利害关系,一部门繁荣,其他各部门亦将趋于繁荣。如其某种生产发生堆积过剩的现象,其原因就在其他生产物的不足,换言之,就在各生产物交换流转上发生了障碍。所以产业自由放任,乃全世界同趋于繁荣的关键:一人之繁荣,乃由一切其他人的繁荣所助成;城市的繁荣,乃乡村的繁荣所助成;一国的繁荣,乃一切其他邻国的繁荣所助成。外国品的输入,正可助成本国品的输出,如其禁止外国品输入,那就无异禁止本国品的输出,从而,断绝本国品的贩路。他由这种观察,归纳而得以下四种重要理论:

第一,在一切社会,生产者数量愈多,或者他们的生产物愈多,则对于这些生产物的市场,将愈益活跃、繁多而广大。

第二,各个人对于一般的繁荣,皆有利害关系;一部分产业的成功,可

---

① 参见郭王合译《经济学及赋税之原理》第3页。

以助成其他一切产业的成功。

第三，由外国输入货物，于国内产业无何等不利。即是说，无论何物，除了以自国产品购换外，便无法由外人手中输入。所以在这种对外交易上，正可找得自国产品的销路。

第四，纯然的消费，即不能唤起新生产物的消费，于贩路扩大上无何等贡献。

现在且看卡尔·马克思对于这高见是怎样批评的，他说："任一种科学都不像经济学那样，常常把基本的普通的事情，当作非常重要的道理。例如萨伊，他就以为，因为知道商品即是生产物，故自认为论恐慌的专家。"① 在讲述这段话之前，卡尔还把萨伊作范本，指出辩护经济学（ökonomistischen Apologetik）的二特征："第一，他们把商品流通，视为与直接的商品交换相同，单纯的，把两者的区别抽象；第二，他们要除去资本主义生产过程的矛盾，单纯的，把资本主义当事人间的关系，还元为以商品流通为基础的关系。"

不错，萨伊曾用机械论来支持他的贩路论。且进一步看看他在机械论上的意见。

当某种机械使用在某一产业部门的时候，这一部门的劳动者，就有一部分，或一大部分，甚或全部要被驱逐，关于这点，萨伊也承认。他以为，不但新的机械，就是何等比较迅速的作业方法，一经采用，则原来从事那种作业的劳动者，就要一时陷于无职状态。可是，在他看来，这种弊害，仅是"一时的"。因为，机械的制造，非有大量的劳动不可，为机械所驱逐的劳动者，不久即可由制造机械而得到职业。然则造机械所需的劳动，与由机械使用所节省下的劳动，究成怎样的比例呢？被机械所驱逐的劳动者，是否在不久以后，即可被雇用去制造机械呢？萨伊没有加以解说。

在下面，我要述及西斯孟第的恐慌理论。他的恐慌理论，就是由他批难萨伊的贩路论和机械论而展开的。

萨伊主张社会的生产者愈多，或其生产物愈多，则对于这些生产物的市场，将愈益活跃、繁多而广大；换言之，就是他认为生产本身能开拓生产物的贩路，也就是说，消费的限界，专由生产决定。但西斯孟第认为这是

---

① 《资本论》第一卷中译本第71页。

一种谬误主张。他力说消费不是由生产决定,而是由收入所限制。生产的尺度,应当从国民收入中去寻得,即是说:生产范围,受制于消费范围,消费范围又受制于社会收入总额。就个人言,他的消费应该与他的收入相一致;就社会言,亦是如此。社会各阶级今年的总收入为100万镑,他们来年的生产品需要总额,亦不能超过100万镑,所以社会来年的生产范围,乃是由今年的收入总额所限制;同时,今年的收入总额,又是预定用以供来年的消费。国民每年的生产,应与每年的收入保持均衡。如果收入只有100万镑,生产却提高到150万镑,那就有50万镑的生产品找不到顾客,其结果,恐慌现象因而发生。

然而实际的情形,又使社会的生产,不易与社会的消费、社会的收入保持均衡。这有几种原因:第一是市场的复杂化,第二是市场相对的缩小。就前一点而论,要使生产与消费成为一致,生产者必须具有市场的知识,即知道市场需要的限度。可是决定市场需要的,为消费者人数,其嗜好,其消费大小,其收入多寡,而这四者又各各有其独立的作用,使市场需要不断发生动摇;从而,要确定生产的供给,恰好不超过市场的需要,那就非常困难了。而且,生产者就令有确知市场需要限度的特殊本领,对于市场的适应,亦颇不易做通。如亚当·斯密、李嘉图所说:社会的劳动工资与资本利润,可因劳动、资本的自由移动,而使各种用途上的需求关系调匀,并使工资、利润平均化。但西斯孟第反对此说,他以为,劳动与资本不易自由移动,那不是社会的,而是本质的。某种企业上的劳动者,经过长期且费过高价学习得的熟练与精巧,就算是他的财产的一部分,设转向其他企业部门,他这财产就要失掉了。所以,社会对于某企业部门的生产物的需要,即令退减,这一部门的劳动者,将甘心接受更恶劣的条件,而不欲或无从移动。在劳动是如此,在资本亦具有不易移动的性质,特别是固定资本。设一个企业家在某种企业上投下了大宗固定资本,如备置机械、建筑工厂等,一旦该企业的生产物的需要减退,或生产过剩,他照理应该停机闭厂,另行从事生产不足或需要增加的生产物的生产;可是,这一来,他为机厂投下的固定资本愈多,他的损失就愈大,为他自己打算,他只好勉强维持下去,即令最后仍非闭厂不可,他投在这方面的资本,亦无法向他方面移动。资本与劳动既不能自由移动,想社会的供给与需要,或者生产与消费保持均衡,那亦就非常困难了。

更就后一点，即市场相对缩小一点来论罢。在资本自由竞争，从而，在资本主、制造业者竞拉顾客的场面下，大家必力求其生产品的廉卖而且多卖。要做到这层，首先就要注意如何节省劳动，即尽量采用新式机械，比如以前使用十个劳动者，现在也许一个劳动者就行；以前使用五个成年劳动者，现在也许一个童工就行，于是劳动者就要大批解雇了。但据西斯孟第所说，资本主、制造业者，是最贪得无厌的，他为要夺尽其他竞争者的顾客，他将把现有的劳动者维持下来，而从事更多的生产。同时，其他一切参加竞争的资本主、制造业者，亦采用同一办法，结果，劳动者终不免要为机械所驱逐。失业劳动者的激增，就等于说是社会购买力的激减，这样，生产就益发过剩，于是一般的恐慌危机降临了。——西斯孟第的机械论，又算与萨伊的机械论，乃至与李嘉图的机械论达出了一个不同的结论。

不错，在国内市场生出的生产过剩现象，原可由国外市场得到补救，或者恢复生产与消费的均衡，但在西斯孟第看来，这也是一条绝路。国外市场需要的限界，比国内市场还要不易测知。况且，一国因生产过剩而向国外寻求出路，或者因有外国市场而作过度生产，同时，其他各国遵循此一途径，其结果，恐慌的范围，将扩大至全世界，世界一般的恐慌，势必反而加重任何一国的商业上的危机。

由上面的说明，西斯孟第是在许多点上与其古典学者表示差异了。资本主义的经济组织，斯密、李嘉图从不怀疑它的永生，他怀疑了；资本家的生产，斯密同李嘉图从不怀疑它会没有市场，他同马尔萨斯开始怀疑了。他从资本主义内部组织探出他作着这类怀疑的根源，但他的说明，因为不是从那体现着资本主义本质的劳动价值理论入手，所以在生产与收入或所得的较量上，竟同斯密一样，忘记把不变资本的因素放在考察中，以为收入的资本支出，全是摆在可变资本或劳动力的购买上。因此，支持恐慌说的各别论点，虽然显得相对健全，但一个科学系统的恐慌学说，即依据劳动价值来一以贯之的恐慌学说，仍是要期之于后来者，虽然我们并不因此就忽视他在这一方面的伟大的功绩。

不过把问题考察由理论移到实践上，他的主张就有些脱离进步的轨迹了。比如说，资本主义生产上的上述宿命的恐慌，怎样才能得到挽救呢？西斯孟第论到这里，就归结出了他的根本主张，即，借国家的权利，抑制生产力的发展。机械的发明与采用,皆局限于一定限度;抑制大工厂制的工业,并限定生产者的人数,在这种前提下,他赞美基尔特的工业,和独立的小农。他"希望工业和农业一样,应该分为无数的独立的老板,而不该集中在管理成百成千劳动者的一个企业家手中。并且,希望工业资本应该分配在许多中等的资本家之间,而不应该集中在掌有千百万资本的一个人手中。"总之,西斯孟第所理想的社会,是由富裕农民、独立工业者以及小商人所组成的社会。当时瑞士的实际情形,恰是如此。他的整个经济思想,就可说是英国社会及瑞士社会的反映。

站在小生产阶级立场的浪漫主义者西斯孟第,他与后面待述及的站在全人类利益立场的空想社会主义者圣西门、奥文、富利叶,是显然不同的;不过,他们有一个相同之点,也许就是一个相同之点,即,肯定资本主义制度的弊害,和抉发资本主义组织的根本缺陷。就理论上讲,西斯孟第要比驱使热情的空想社会主义者完密多了,而且他的恐慌学说,至今更为一般人所推重,可是论到根治主张,他那开倒车的办法,就比那几位打建空中楼阁的社会主义者,更有逊色。至若对于当时后世的影响,西斯孟第后来虽被尊称为讲坛社会主义者的先道,但空想社会主义者的伟大人格和躬行实践的精神,在感情的刺激上,实在给予了被压迫者或同情于被压迫者不少的兴奋。而对于我们在本章要论及的李嘉图以后的经济学者,无论是共鸣也好,抑是反感也好,都是有不少影响的。

第四节　汤姆生与浩斯金

威廉·汤姆生(William Thompson,1785—1833)与汤玛斯·浩斯金(Thomas Hodgskin,1783—1869)是属于李嘉图派的社会主义者,他们在大体上,与其说是拥护李嘉图的劳动价值说,倒毋宁说是利用李嘉图的劳动价值说。他们由李嘉图的劳动价值说出发,而达出与李嘉图恰恰相反的结论。所以,他们的理论,与上述杰姆士·穆勒和麦克洛克的理论,是完全异趣的。利用资本主义经济学者的理论,来反对资本主义经济学,他们是首屈一指,所以有人称他们为李嘉图学派的社会主义者。恩格斯曾表示:"在十九世纪二十年代中,有许多文献,在为资产阶级利益而利用李嘉图的价值学说和剩余价值学说以攻击资本主义生产,即利用资产阶级自身的武器,与资产阶级相搏斗,在那全部文献中……欧文的共产主义,常作一种经济学上的论争,也是以李嘉图为基础。当时除欧文外,尚有其他许多著作者……例如爱德蒙兹(Edmonds)及汤姆生、浩斯金等等。"①

威廉·汤姆生的主著为《最有益于人类幸福的富之分配原理之研究》(An Inquiry into the Principles of the Distribution of Wealth, Most Conducive Human Happiness; Applied to the Newly Proposed System of Voluntary Equality of Wealth)。这部书于一八三四年出版。就他这个标题来分析,我们知道:他之所谓"富之分配原理",乃最有益于人类幸福的原理,亦即对于生产财富的社会,能提供最大可能的一般分配规律的诸原理。而把这种原理应用到平等的新制度上,那就是他这部书的主要目标。

就最大可能幸福一点言,他是受了功利主义者边沁的影响;就平等的新制度言,他又是直接受了后面待述及的奥文的"新协和的平等村"的暗示。所以从社会主义者的立场而论,他被归属奥文的那个系统。

他的全书的大部分,都是论分配的原理,他称他的理论为"自然的";他对"自然的"语辞的解释,不含有亚当·斯密、李嘉图一流所谓"必然的""无可避免的"意味,而是"应当的"意味。而他这"应当的"分配原理,在结局上,虽达到与李嘉图相反的结论,但在前提上,却是根源于李嘉图的劳动价值理论。

依他所见,一切的财富,都是由劳动生产出来,惟其如此,他便以为,我们的注意,不应集注在已有的财富或蓄积上,而应集注在生产蓄积财富的生产力上,而应研究如何得在合理分配上使生产力自由发展。他说:"我们考察现实的蓄积及分配,是就它们与生产力的关系,把它们放在生产力下位来考察的。但几乎一切其他的体系,都把这一点颠倒了。他们论生产力时,是就其与蓄积及分配的关系来考察,常常把生产力隶属在蓄积的下位,而以现存分配方法的永久维持为主。现存分配方法的维持,比什么都被看得重要;全人类不断发生的痛苦或幸福,反被视为不值一顾。

---

① 见郭王合译《资本论》第二卷编者序言第 11 页。

他们要把强权、欺骗与偶然之结果,永远维持着。他们便把这种情形叫作安全。为要维持这种虚伪的安全,人类的生产力,遂毫无怜惜地,被人当作牺牲了。"①所以,他认为要使财富增进,首先就得使那提供财富之生产的劳动,受到强有力的刺激,受到十分可靠的保证。他主张:"劳动生产物的生产者,须有能完全使用其生产物的保证(Security)。"从这里,他达出了他的劳动成果全归劳动者的结论,即所谓劳动成果全收论,亦即他之所谓"分配之自然的原理"。

他以为,在资本主义社会中,劳动生产物的最大部分,最良部分,都为资本家所占有了,资本家所得的,俨然是"狮子的分额"(按即最大部分,或几及全部之意)。把劳动生产物,强制的由劳动者那里窃取过来,那不独违反了功利主义,兼且背离了自然分配原理。

不过,汤姆生一方面虽主张劳动成果全收论,同时他并不十分坚持反对予资本以相当的报酬,特他之尚论资本报酬,仍是采取利润榨取说。他断定:"利润的根源,不外就是由那具有熟练与技巧劳动,附加在未制原料上的价值;材料、建筑物、工具,乃至工资,都不会在其自身价值上,附加一点什么。"换言之,利润全是取自劳动。可是,他认为,在资本主义社会中,由劳动生产物,割裂出一个利润额,那是无可避免的事。单就这点说,他又回归到李嘉图的理论立场了。但他与李嘉图不同的,就是他觉得,资本家由劳动生产物取得的部分,未免太大了,资本家所得利润,至少有一半是攫取自生产劳动者。这样,因为违反了"自然的"应当的分配原理,当然没有实现最大多数人之最大可能幸福的期望。

综上所述,汤姆生之分配上的自然的原理,在消极的批判的意义上,在特别重视生产力的意义上,虽然是相当健全的,但积极方面的说明,却仍未脱出传统的窠臼。并且,他论资本家所得的过分,论资本利润是出于榨取,都是语焉不详,没有把问题的焦点抓住。可是关于这点,我们或可由他同时代的浩斯金的解述,得到补充的说明。

浩斯金虽同是李嘉图派的社会主义者,但他的无政府主义色彩非常浓厚。他反对一切强权,他亦是劳动成果全收论者。可是他的理论,较汤姆生为透辟。他于一八二五年公刊其主著《由反对资本要求而拥护劳动》

---

① 见郭王合译《资本论》第二卷第257页。

或者《由各职工间现行的团结论证资本的不生产性》(Labour Defended Against the Claims of Capital, or the Unproductiveness of Capital Proved with Reference to the Present Combinations Amongst Journeymen)。本书的写成,恰当劳动者要求自由团结的时期,所以他宣称他写这部书的动机说:我国全土,通在演着资本与劳动间的重大的斗争,差不多一切产业的职工,皆为了提高工资而团结。他们的主顾,向立法当局请求保护。但这种斗争,不仅是物理的、耐久的问题。劳动者强制雇主,屈服雇主,是有可能的,不过,他们须得使公众确认他们的要求的正当。这个小著的发行,就是要向大众提出有利于劳动但不利于资本的若干理论的暗示。

他主张:"劳动的全生产物,须得归属于劳动者。"因为由他们的手,由他们的身体所生产出的生产物,是应当属于他们的。可是这个命题的成立,首先须论资本的不生产性,要资本之不生产性确定了,劳动者才能有全收劳动成果的理由。

他根据以前诸经济学者的说法,把资本分为流动资本与固定资本。就前一点而论,他以后,雇佣劳动者的资本家,他所保存的,并非劳动者的生活资料,他不过有了"货币",有了对其他资本家的"信用",且有了"对于奴隶后裔即劳动者的支配权"罢了。他仅以货币工资,付给劳动者,劳动者则由其他劳动者,即他之所谓共存劳动者,取得生活资料。要之,在关于劳动者的生活资料,即衣食资料的限内,任何种类的劳动者,都不是依赖预为准备的蓄财,各种劳动者所依赖的,"常为其他劳动者的共存劳动"。从而协助劳动者生产的,不是当作蓄积商品的流动资本,而是"共存劳动";资本家之得以雇用并供给劳动者的,不是因为他有贮积的商品,而是因为他有对于旁人的支配权。

至于对于固定资本,他亦有其独特理论。在他看来,所谓固定资本,不外就是由劳动者所使用的工具、机械乃至建筑物等。这种种,同为蓄积劳动的产物;因系"节约乃至贮积的东西,所以有要求利润的权利"。但这见解,他认为是非常谬误的。工具与机械一经作成,就得使用,机械的制造者,决不是为了贮藏;机械制成后,非有劳动者使用,即制费亦将无着,更何能生产"利润"。所以他说:"提供资本家的利润的,不是存于那些东西是既经形成的制造物那种事实上,我们就那些东西贮藏起来将减损其价值一点考察,即可明白。"总之,"固定资本的效用之源,不是存于过去蓄积的劳动,而是存于现存的劳动。对于固定资本所有者所提供的利润,不是因为他的贮蓄,而是因为他获得有对于劳动的支配权"。

浩斯金如上面这样否定资本的生产性之后,乃进而主张劳动成果全收论。不过,在分工之局大成的社会中,他亦并不忽视任何生产物,皆不外结合劳动的生产物的事实。他曾宣称:"需要技术及熟练的劳动生产物,皆属结合劳动(joint and combined labour)之结果。"在这种意义上,他把"劳动"的概念扩大了,他以为,"劳动"的概念,并不限定于"手的作业","头脑上的技巧,或者,指导劳动的样式",同样可视为劳动。这里,计划乃至配置生产作业的知识和技巧,均得视作劳动,而老板式的制造家(Master Manufacturer),就算是劳动者了。他尊重这类制造家,因为他虽是资本主,同时亦是劳动者。至若纯粹无所事事的资本家或其代理人,他们就与老板式的制造家不同了,他们仅是依其他劳动为生的一般劳动者的寄生虫或压迫者,他非常憎恶他们。他力说资本之不生产性,他高呼劳动成果全收,完全是对于这般人所施的攻击。

上述两位社会主义者的理论,特别是汤姆生的理论,虽然没有十分科学上的价值,但对于后来社会主义经济学,确亦具有非常的影响。况且,在资本主义盛极一时的十九世纪三十年代的英国社会中,居然放出这样坚决而沉重的反资本家,从而反资本主义的怒炮,这在一般拥护资本主义的经济学者看来,当然是一种过于刺耳的骚音。因此,十九世纪三十年代、四十年代乃至五十年代的正统派经济学者,都是多少对于他们这新奇学说,抱有反感的。

第五节　西尼尔

资本的生产性被否定了,从而,资本利润被否定了,于是代表资本家利益的经济学者,遂在愤愤不平之下,提出了他们的主张。就中,西尼尔(N.W.Senior)算是一个典型的代表人物。他的节欲利润说,迄今犹博得一般资产阶级学者的喝彩。

在阐述西尼尔这种学说之前,我想顺便论到杜伦斯(Torrens)的资本价值说,及他对于利润的意见。他于一八二一年发表其《富之生产论》(An Essay on the Producton of Wealth),在修正李嘉图之价值法则中,而展开其资本价值学说。他以为,劳动价值法则,只可适用于前资本家的社会,即只适用于资本家阶级和劳动阶级未经分裂,各个人各自劳动的时代。迨资本蓄积,劳动者为一种人,不事劳动生产作业,专以生活资料及原料供给他人而使其劳动的为又一种人。这种劳资分裂局面既成,于是决定商品交换价值的,就不是直接的劳动总量,而是"在生产上使用的资本或蓄积的劳动量"。所以,在利润竞争趋于平均化的场面下,诸种资本互等,其生产物价值亦等,直接所投劳动量的大小,不生关系;设诸种资本不等,其生产物价值亦不等,直接所投劳动量即令相同,亦不生关系。总之,资本家社会的商品价值,乃决定于其生产资本量或蓄积劳动量。

商品价值既取决于资本量,若杰姆斯·穆勒所说,商品即资本,那么,杜伦斯这种主张,就只能得出一种循环的结论。

至关于资本利润,他亦有其异乎一般的说法。他以为,利润不包含在生产费里面。因为农家以300卡德的预支费,生产400卡德的收获,这多余的100卡德,就是利润。在这场合,如把100卡德利润,也算作是生产费,他以为那是过于滑稽了。利润即非生产费的一部分,从而,非商品自然价格的一部分,那么,利润必然性,将从何处探求呢?在杜伦斯看来,商品的自然价格中,虽不包含有利润要素,商品的市场价格中,却非包含有利润要素不可。然而依照他的这种见解,商品的市场价格,就时常要超过其自然价格,否则资本的利润,就显然没有着落。

要之,就重视资本一点而论,杜伦斯的理论,虽大为资本家的经济学者张目,但他的利润说,毕竟过于肤浅了。以次,我将探讨到西尼尔氏关于利润之理论的"创意的"说明。

西尼尔不但对于经济学上的主要诸经济形态,有了详确的说明,他并且还论经济学本身的性质。当时经济学者认定的经济学对象,或对于经济学所下的定义,在他看来,有的侵入了一般立法者或从政者活动的领域,有的简直把社会普通的文化道德问题,都包括进去了。像这种研究,不独大大逾越了经济的范围,实际上,亦远非个人能力所及。所以,他以为,一切主义式的说教,一切社会改良的提案,一切受支配于道德的,或意识的关系,都当排除净尽,使经济学成为一"抽象的演绎的科学"。依照他的定义,经济学就是论究富之本质,生产及分配的科学。也如其他科学一样,经济学是一种学而非术;其结论,是事实的定义,而非悬有何种目标的教义。这种科学实际的应用,也正如其他科学一样,有搜集考察种种方面之事实的必要。不过,他说,成为斯学之一般基础原理的事实,实在只要几句话就可叙出来,那即他之所谓经济学所由建立的四个基本命题。

第一,以最少牺牲,期得最大财富,为人类之普遍欲求。

第二,世界人口,只有依道德的或肉体的罪恶,加以限制;或者说,全靠各阶级人民,惧其日常生活必需品之缺乏而自行限制。

第三,由劳动力及其他诸器械力所产生的物品,仍可用作未来之生产手段,故此等劳动力器械力,可以无限增加。

第四,农业技术不变,在一定面积土地上追加的劳动,其收益比例,比较以前为小。换言之,每追投一次劳动,虽可增加若干总收获额,但增加的收获,不能与增投的劳动量为比例。

以上这四个命题,就中,第三命题,系根据马尔萨斯的人口原理,第四命题,是根据李嘉图的收入递减法则,而其余两命题,则系根据普通经验。对于经济学,他虽然加过这样包整的说明,但他的四个基本命题的提出,却反而使经济学失却了抽象的演绎的性质。然而,经济学上的西尼尔的重要地位,不是因为他把经济学作为对象来论述,而是因为他关于资本利润,有了"创意的"主张。

他的主要经济著述,为《经济学纲要》(An Outline of Political Economy),初为《京都百科全书》(Encyclopedia Metropolitana)的一部分,于一八三六年出版。上述关于经济学的见解,载前原书前半部中。我在这里要特别论到的,就是他的利润说。不过,在阐述其利润说以前,须略略涉及他那关联于利润说的价值理论。

他是反对劳动价值说的,他以为,我们散步海岸,漫然拾得的珍珠,亦有重大价值,如依据劳动价值说,这种事实,就无从说明。由是,他主张,商品的价值,有三种根源:一是可让性,一是效用,一是供给上的限制。没有可以让渡性的物品,不会有交换价值,那是明明白白的。关于效用性,他不仅以价值的大小,与效用性的大小相关联,并指明"效用乃依存于货物的数量"。特在价值的三种根源中,他所着重的,是供求上的限制,所以他说,"供给上的限制,为价值之主要构成要素"。他这所谓供给上的限制,就是指着"节欲与劳动"的有限性,而这构成供给限制的"节欲与劳动",也就是他所特定的"生产费"。他的节欲利润说,正是由此推阐出来。

依他所见,生产之本源的要素,可分为劳动及自然动因两者,前者即以生产为目的之肉体的或精神的劳动,后者即非人力之自然的动因。但是,此两者没有第三要素的协助,则不能成为何等完全的效率。这第三生产要素,即他之所谓"节欲"(Abstinence)。

节欲是什么意义呢?他说:"我把那解作生产工具的'资本'一辞,易以节欲这个名辞。"这个名辞,"可以表示两种行为:其一,节省不生产的使用,又其一,为求得将来的生产物,而牺牲目前的享乐。"(见前述《经济学纲要》第58页)缓其即时享乐,和节其不生产使用,同为资本家之节欲行为。此种行为,与劳动者之劳力同。工资为对于劳力的报酬,利润则为对于节欲的报酬。在西尼尔氏看来,劳动者由劳力取得工资,不为过分,资本家由节欲取得利润,也就很合理了。总之一句话,所谓节欲说,不外就是使资本家的利润合理化。

节欲说的发端者,为霍布士(Hobbes),他曾以节欲为生产之一要素,不过语焉不详,此后,法之加尼尔(Garnier),德之拿本尼乌斯(Nebenius),更于此说有所发挥。但直接影响西尼尔的,当推英人斯克洛蒲(Scrope)。斯克洛蒲曾先于西尼尔三年,宣称利润为资本家暂时停止其财产一部分消费之节欲行为的报偿。若是,倡导此说者,固不始于西尼尔,不过西尼尔详加推阐解析,且使其成为他的利润说的中心主张罢了。

找出这种学说来拥护资本家的利润,亦可见资产阶级经济学者的计穷技极,并且心劳日拙了。社会主义者马克思曾称此为"流俗经济学上'发现'的无比的标本!"说是那"徒以阿谀者的辞句,来改换经济学上的范畴——此外一无所有了"。[①]

论到这里,我仍想引述马克思对于西尼尔之节欲利润说,所加的尖刻批判,他说:"在资本主义生产开始的初期……致富冲动与贪欲,为两个最力的欲求。但随资本主义生产进步,不仅造出了一个享乐的新世界,并在投机及信用制度上,开发了许许多多突如致富的源泉。当社会已经达到了一定发展阶段时,一向为显示富有,从而,借以获取信用的时派骄奢,而

---

① 见英译《资本论》1906年版第一卷第654页。

今竟成了'不幸的'资本家营业上的必要排场了。奢华已在资本家的代表费用中，占有一个部分。不但此也，在富之获得上，资本家与守财奴两样：守财奴致富，正与其自身的劳动，和自身节约下来的消费为比例；资本家致富，却宁可说是与吸取他人的劳动力，并强制劳动者使其节省一切生活享乐的程度为比例。因此，资本家的骄奢，就不像慷慨的封建君主那样，具有一种天真烂漫的性质。在他们的背后，常隐伏有最卑劣的贪欲，和最焦心的盘算。然而，他们的耗费虽增大了，他们的蓄积，也在一同增大——耗费自耗费，蓄积自蓄积……"①

由此，我们知道了，资本家的致富，不是与他们自身的节约消费为比例，而是与他们吸取他人的劳动，从而，强制劳动者，使他们节省日常的必要的消费为比例，所以，他们一方面尽管不断消费，同时却能不断蓄积。这样，要说资本家的利润，就无异酬报他们"节欲"的"工资"，那不是太滑稽了么？然而在否定资本的生产性，因而否定利润的议论流行的十九世纪三四十年代，资产阶级经济学者，却又是必然的要来这一下无力的反击。

第六节　屠能

由亚当·斯密建立的英国学派或正统学派，在大陆方面曾得到了不少的拥护者，就其著者而言，我们可以举称法国的萨伊和德国的屠能（Johann Heinrich von Thünen，1783—1850）。

法国的产业是较英国落后的，德国的产业，又是较法国落后的。这种实际状况反映在意识形态上，于是大陆方面的这两位正统学者，遂各呈现着不同的情调，而注意着不同的问题。

亚当·斯密的大著《国富论》，出版于一七七六年，萨伊的《经济学》，出版于一八〇三年，屠能的《孤立国》（第一卷）出版于一八二六年。以时势考之，萨伊著作发表的当时，英国资本主义正迈步向前发展，从而英国亚当·斯密的学说，亦如日之方中，于是萨伊就主张把斯密学说普行于法

---

① 　见英译《资本论》1906 年版第一卷第 651 页。

国,而他遂成功为"赏识斯密学说,应用斯密学说,介绍斯密学说"的唯一人物了。他的主著《经济学》,俨为《国富论》之注疏本,而其特有创意的贩路论,亦不过是在不违反斯密主旨的前提下,加以增补罢了。

至若在屠能《孤立国》发刊的十九世纪三十年代(其第二卷上篇发刊于五十年代),情形却就两样了。那时资本主义已发生了深刻的恶害,劳资阶级亦起了尖锐的冲突,反资本主义的学说,已在同拥护资本主义的学说,杂然并行。于是,屠能提出了缓和劳资冲突的自然工资说,可是使他著名的,却是他的位置地租论。

屠能曾从当时有名之农政学者台尔(Thaer)研究农业经济问题;又曾亲自购买土地,经营农业,依深邃的理论,辅以实际经验,遂成就其大著《孤立国》。特"孤立国"是由原文简译的。照原文全译,应为"关于农业经济及国民经济的孤立国"(Der isolierte Staat in Beziehung auf Landwirtschaft und Nationalökonomie)。言"农业经济",固显然知道那是偏重在农业方面的研究,言"国民经济",却大有耐人寻味的意义了。亚当·斯密所研究之富,是就一切国家一切国民立论,换言之,是一般的泛论世界各国之富的性质及其原因,即所谓世界经济学。屠能在《孤立国》上面,冠以"国民经济"的形容辞,那已表示他与斯密所见不尽相同,且反而对于后来反对正统学派之历史学派经济学者辈,有所提示了。但大体上,也终不失为正统学派的拥护者。

《孤立国》共分三卷,第一卷于一八二六年出版,第二卷上半部于一八五〇年出版,第二卷下半部及第三卷,则是于他既死之后,刊行于一八六三年。全书精华在第一卷及第二卷上半部,其所假定之孤立国中的农业配置研究,即为第一卷之主题,第二卷上半部,即是研究其所主张的特殊工资理论。为论究上的便利,姑就此两点解说,即(一)位置地租学说,(二)自然工资论。

一、位置地租学说

屠能当确定地租概念时,首先把土地本身产生的收益,与农地的收入,严加区别。一般农地,于土地以外,皆备有许多有价值的对象物,如建筑物及垣篱等等。因而,由农地所得的收入,并非全为土地生产力的赐物,其中有若干部分,实系此诸种价值对象物之固定资本报偿。从农地收入中，除去土地以外一切资本之报偿部分，其余下来的，就是屠能之所谓地租，或一般地租。

屠能反对斯密的地租学说。他以为，斯密因为把土地报酬及资本利润混为一谈，所以不得不陷于以次三种谬误，即认定：（一）用作食物生产的土地，通常皆生产地租；（二）比之工业劳动、农业劳动，更有利、更能生产；（三）自然力只能益助农业，而无补于制造工业。关于这三者，他曾顺次一一反驳：第一，假若我们不把工厂等建设物价值的利润除去，则工业亦会生出土地的报酬；第二，设不除去此种利息，则工业生产物中，于偿却普通工资、企业家之辛勤及对于建设物以外资本之普通利润外，还有余剩，换言之，劳动不拘在工业场合，抑在农业场合，是同样生产的；第三，工业与农业同，没有自然力的协助，决不能继续生产。

在上面这样反驳之后，屠能以为斯密之所以误解地租的本质，其根本原因，只有说是受了重农学派的影响。不错，斯密对于重农学派所标榜的"农耕劳动，为唯一生产劳动"的命题，曾加以调和订正，但他终不能离开这个命题，从而，就难得理解地租的本质。

不过，屠能虽不客气的驳斥斯密的地租概念，他究是非常尊重斯密的，他曾自谓信仰斯密与台尔，并说，斯密是深湛的思想家，在其《国富论》里面，给与了我们无尽藏的教训。他之所以驳斥斯密，也许正是李嘉图所说的：为了学问的缘故，必得有这种自由吧。

屠能在起草《孤立国》时，他还不知道李嘉图的地租学说，而他之驳斥斯密的地租理论，乃至他所提出的对答地租观，大体上竟与李嘉图一致了。不过，他们彼此相异的是：李嘉图主张农地收益的差异，乃基于土地的丰度；屠能则以为那是基于土地的位置，《孤立国》中之种种假定，即是为要达到他的位置地租观而展开的。

他所假定的孤立国，是四周围绕着未开辟的原野，且与其他文明国家没有何等关联的假想国。在这个国中，文明及土地的丰度，全国一律，没有差异，平野中央之一大都会，为国内之唯一市场。所有制造工业，皆在都会经营，就是采矿制盐，亦行于都会附近。全国没有可通船舶的河流或运河，一切搬运，皆使用车辆。各地道路或交通机关的发达程度相同。居民假定皆有同一的技术，皆受同一的教育。

屠能在《孤立国》里面假定的这种种条件之下，探究距离中央市场之远近，于农业上有何种关系。在这些条件下，重量大，容积大，由远处搬运对于价值比例不大上算的生产物，势必在市场附近产出。容易腐烂，或须新鲜服用如牛乳、蔬菜之类，也自会生产在都会的周围。由是，以都会为中心的生产物之环状线，乃自行成立。

在这第一环状线上，土地为最重要之要素，劳动则比较为重要的。牛乳的价格，会腾贵到那一种限度，那就是供牛乳生产之土地，恰好作这种用途，而不用以生产其他物品之最有利的限度。在这种情形下，牛乳价格之腾贵，决没有增投劳动量的意味。第一环状线以外，依同理推演，还有数层环状线。各环状线之生产物价格及生产用费，各各不同，从而，在这位置的差异上，就可看出对差地租的关系。

试以谷物为例。孤立国之土地，既假定为同一丰度，那么，在位置不同的土地上，投下同一劳动，其收益为何不等呢？换言之，在此情形下，谷价依何而决定呢？假定孤立国都会中石麦价格，每布奚①由一元半低到一元。在离都会三十一哩半的农地上，每布奚之生产费为四角七分。搬往都会所需运费为一元零三分。在此假定下，因为距离都会三十一哩半的农地，不够抵偿生产费及搬运费，石麦的运输，定会中止。且不限于三十一哩半之农地，凡属每布奚之生产费及搬运费在一元以上之诸地方，皆不得不停止运输。现在假定离都会二十三哩半的一切地方，以一元价格运输石麦为不可能，在人口及消费不变的限内，二十三哩半以内的农地生产额，不够供给农地之有效需要，那么，石麦的价格，必会腾贵起来。即是说，在此情形下，石麦每布奚之价一元，定难办到。

由是，我们知道，都会的谷物价格，是以供给都会需要所不可少的最远农地之谷物生产费及搬运费所决定。都会谷物需要，大到必得取给于距都会三十一哩半农地之石麦的程度。石麦每布奚的中间价格（由屠能所指称之自然价格），必为一元半，同时，其市场价格，也不能低到此限以下。

在谷物需要永续变化的情形下，谷价亦不免永续变化。例如，都会的需要退减到二十三哩半以内农地生产物足够供给的程度，则此种农地石麦每布奚一元之价，便可抵偿生产费及搬运费。由是，石麦的中间价格，

---

① 通常译为蒲式耳（bushel）。下同。——编者注

必为一元。反之,假若人口及消费增加,旧耕农地不够供应都会需要,则谷价腾贵。离都会更远地方之农地,乃进于耕作。

要之,屠能不惮力说的,是谷物价格,由最远距离农地产出谷物之生产费及搬运费所决定。最远地方产出的石麦,需一元五角的总费用(生产费及搬运费),则较近农地产出之石麦,不能不卖一元五角。较近距离农地所产谷物之总费用,不能决定谷物价格。自购买者看来,不拘谷物是产自近地,抑是产自远地,皆有同一价值。由是,近距离农地产出之谷物,乃有超过总费用以上的价格,乃年复一年的产生了纯粹的所得。依屠能所见,地租就不外此纯粹的所得,即是说,某农地的地租,是由该农地对于需要上必得生产之较远土地所具有之优越性而产生。距都会愈近的农地,此优越性即愈大,而其纯粹所得,从而,其地租乃愈多。若最远之农地,则全无地租。所得地租之多少有无,一视谷物需要之大小如何。谷物需要加大,耕地当向离都会更远的地方推广,于是旧来不生产地租之限界农地,亦生地租,而既生地租的诸农地,则各各依其优越性之大小比例,增加地租。设谷物需要减少,耕地当缩小范围,于是旧来产生地租之农地,乃立于不生产地租之限界地位,而尚生产地租之诸农地,则各各相应减少。

在屠能看来,由位置差异,发生对差地租的这种过程,并不限定见于孤立国,在其他一切情形下,皆得实现,不过在孤立国那种种假定下,更为确切不移罢了。

李嘉图认定:立于耕作限界的更劣等土地,不纳地租。屠能亦同样认定:立于耕作界限最远土地,不纳地租。前者由土地的丰度立论,后者由土地的位置立论,出发点不同,而所达到的结论,乃至达到结论前所取的推论程序,几全为一样。屠能写该书第一卷时,果真未见到李嘉图的地租学说,那就令人感到纳罕了。但无论如何,屠能之位置地租学说出,地租学说之内容,乃益充实丰富了。

二、自然工资论

前面讲过:在十九世纪三十年代、四十年代特别是五十年代,劳资两阶级的冲突,不独在英国闹得很凶,就在大陆方面,亦渐视为不可终日的问题了。这个问题没有妥善的解决,对于正统派的经济学说,当然不免要投下几分暗影,所以拥护正统派的经济学者,就不得不孜孜于这个问题的探讨了。

前述西尼尔所提出的节欲利润说,虽极力表明资本家所得利润之合理,从而,极力称说劳动者喧闹之失当,但屠能知道这样是无补于问题之解决的。关于资本与劳动的关系,他曾提出这样有意义的问题:"如果我们现在回到最初的研究,认资本本身不过是劳动的产物……人类为什么会陷在自己生产物(即资本)支配之下,甚至成为资本之隶属这件事,就似乎完全不能理解了。但因为在现实上,这种隶属是毫无疑问的存在,所以我们就不禁要提出以次的问题,即,劳动者怎样会以资本为支配者,变为资本的奴隶呢?"①他提出这样有暗示性的问题,但却只能给予极幼稚性的解答,他的解答大体是存于工资论中。

他的自然工资论,外表上,虽与亚当·斯密、李嘉图之劳动自然价格相当,但其内容甚有差异,因为,前者是由劳动者之生活必要费所决定,而后者则承认工资超过生活必要费以上。他的自然工资的公式是 $\sqrt{ap}$,a 为劳动者及其家属生活的必要费用,p 为劳动及资本之共同产物。在解析这种公式以前,我们应当知道他关于工资及利润关系所由决定的法则。他从四个观点来论究此点:

第一,以资本为劳动的结果。

第二,视劳动为资本的代用。

第三,资本之限界生产力。

第四,劳动之限界生产力。

就第一、二点而论,对一定资本所给的利润,是由该资本生产所必要的劳动量决定,即是说,资本之利润率,就是等于劳动者作为资本生产上之结果而获得的追加所得之工资率,所以,在资本之生产率变化的情形下,工资及利润亦当然发生变化。关于第三、第四点,他通以收获递减法则为前提,即,追投资本及劳动单位,只能较以前投下之单位,获得少额之收获。若单就资本之限界生产力而言,则继起加入之资本单位,其收获递减。换言之,追加资本,比之以前的部分,会使国民劳动生产率之增大率低落。但因既经利用之资本全部报酬,是由最后利用之资本报酬所决定,所以,最后利用以外之一切资本,便发生一种余剩,这余剩,即屠能所主张

---

① 转引自《资本论》第一卷第 522 页。

的劳动报酬。

最后，屠能更就第四观点，主张工资是由劳动限界生产力所决定。他设想，在一定马铃薯干田里面追投劳动时，其结果将显示收获递减的轮廓。根据此点，最后的劳动者，会获得那由他们自身追加收获的全部，并且，他们还可决定其他具有同等熟练与能力之一切劳动者的工资。

要之，屠能依$\sqrt{ap}$公式所主张之自然工资论，可以这样概括如次，即，当劳动及资本继续投下时，除最后的单位外，其余皆存有一定余额。这余剩的分配，首先对于劳动者，必与以随劳资两要素共同所产之平方根而变动的分额。这分额即自然工资，是超过生活资料以上，而不断增加的。对于劳动者能予以自然工资，则劳资两阶级之致命冲突可以避免，因之，给予劳动者以自然的工资，那是绝对必要的。

历来的劳动工资论者，不说工资与劳动者的生活资料为比例，便说工资随劳动之需给程度而定。屠能于此两者外，创为新说，其说之足恃与否，虽尚为学者们断断置辩之问题，然崭然不落窠臼，与其位置地租学说，俱不失为有价值之创见。

第七章　约翰·穆勒的经济学说

第一节　约翰所受教育与其时代思潮之抵触

约翰·穆勒(John Stuart Mill)生于一八〇六年,卒于一八七三年。在他的生存期中,他目击了英国资本主义的兴盛,同时,他亦目击了英国资本主义的困难情形。不如这样说吧,在他的青年时代,资本主义尚在迅速的发展,但临到他的壮年期,尤其是他的晚年期,那盛极一时的资本主义经济,已渐为其内在矛盾所造出的困难所苦了。同时,至李嘉图发挥尽致,由西尼尔作过矫揉的补充的经济学,已照应着资本主义制度之恶害的加深与加大,而分别表示无力,一天天的进于空疏化、流俗化、诡辩化了。所以约翰·穆勒在他早期生活中,虽思岸然保持正统学派的故垒,一加挣扎,但后来见势不佳,已觉非投降或叛变不可了。顺着他在某一个时期的意境做去,他很可斩钉截铁的揭起叛旗,与其他正统派经济学者,立于正相对立的地位,但也许是习染太深了的缘故吧,他竟不能完全由这派拔脱出来。虽然时代紧迫的要求,和其他方面的观摩感染,使他不甘于抱残守缺(他曾说:"斯密的《国富论》,就许多部分说是陈腐的,就全体说是不完全的。"——见他的大著《政治经济学原理》序文);虽然他动辄称亚当·斯密等为"旧派经济学者"(The political economists of the old school),隐然以"新经济学者"自命,但他终于是徘徊在那旧的壁垒上,想从古旧的树干,抽出新的枝条来。所以,结局,他遂成了英国正统学派经济学收场的一位大师,同时也就是资本主义经济学转形期间的唯一过渡人物。

不过,我们在解述他的经济学之前,须得略为详细的述及他所受的特殊教育,以及这种教育与时代思潮背离冲突的情形。

约翰·穆勒一生的唯一教师,就是他的父亲杰姆士·穆勒。我们已经知道,杰姆士·穆勒为当世有名的历史学家、哲学家及经济学家。他是李嘉图及功利主义者边沁的挚友,同时又是李嘉图学说及边沁主义的崇拜者。约翰·穆勒13岁时,即开始从父研究李嘉图所著《经济学及赋税之原理》,以次,更研究亚当·斯密之《国富论》及马尔萨斯之《人口论》等著,尽得正统学派之薪传。14岁赴法国,寓经济学者萨伊之家,与大陆方面同情自由主义、个人主义之经济学家过从甚密,由是对于亚当·斯密等之学说,益坚信不疑。15岁返英格兰,研究罗马法与英法,父命其读杜蒙(Dumont)所著之《立法论》,因得知边沁之法学原理。彼曾在其《自传》中述及其读此书后的感想说:

"……既读罢《立法论》末卷,我之前后殆判若两人;《立法论》中所谓功利原理,即边沁学说之主旨,我以前散漫的知识和不统一的信仰,至是始得联贯统一。而今而后,我乃有一种意见,一种信仰,一种学说,一种哲学,更有最善的意味上的一种宗教……"①

总之,在这时候,他是十足的边沁主义者了。

约翰·穆勒所受特殊教育虽如上述,但他所处的社会环境怎样呢?从而,一般社会思想的潮流怎样呢?一句话,那是与他所受的特殊教育,大不相容的。当时所谓个人主义、功利主义这个思想体系,几乎支配了英国全政界。凡属自由党的政治家、经济学者,不论是议会议员或非议员,殆莫不以自由放任主义相标榜。但是,实际上,这种极端自由放任的恶害,却在一天加大一天;资本家为其个人利益,往往任意延长劳动时间,并利用廉价的少年男女,从事劳动;这一来,他们的利益,无疑是加多了,无奈一般劳动者的境况,愈益陷于悲惨。从自利利他的经济原理出发的资本家的经济活动,结局竟是损人利己,所以一般同情劳动者的人,遂由嫉恶资本家的行动,而反自由主义者的经济学说:他们主张,要劳资两方交受其利,只有国家行使保护干涉政策才行。在当时,这已成了一般共同的意见,但使这种意见具体化的,却是英国的保守党。保守党主张由国家制定工场法,限制劳动时间,限制少年男女的使用。制定工场法运动约在一八三〇年已开始,此后虽经过了20年岁月,至一八五〇年才通过《十时劳动法案》(Ten Hours Bill)。但自由主义、个人主义经济学说之不见信于

---

① 见《自传》第66~67页。

人,却是在一般劳动者,特别少年劳动者的惨状曝露时,就早经开始了的。在英国当时的情形是如此,在大陆方面如法德各国,虽受到个人主义经济学说之利弊影响,各有不同,可是我们一考察法国十九世纪初年圣西门主义之出现,一八一九年西斯孟第之《新经济学原理》的发刊,以及此后产业落后之德国历史学派与社会主义思潮的兴起,我们就知道盛极一时的正统派经济学说,已经到处发现挑战者反抗者了。

约翰·穆勒以他所受的那种特殊教育,或者说,以他由家学渊源所形成的那种特殊理念,来应付他当前这样的时代潮流,如其他是顽固者,冷酷无情者,他也未始不可行所无事的坚持下去,无奈他当时的年纪还最轻,学问上的受容性最大,而其心情又最慈善热烈,所以他就极度感到思想上的矛盾冲突的痛苦了。他《自传》中第五章所描述的"精神发达上的危机",就是说明此点。他那时还只 20 岁,由一八二六年至一八二七年,是他极度悲痛的期间,此后算渐渐恢复过来了。他对于个人主义、自由主义及功利主义体系的怀疑,对于圣西门主义特别感到兴趣,通是思想危机经过后不久的事。一八三〇年法国七月革命发生,他当即驰赴巴黎,结识了许多革命志士。归来后,便执笔从事社会问题、政治问题的论争。至一八四五年始着手写他的大著《政治经济学原理》。一八四八年即行出版。

特约翰·穆勒的主要著述,除《政治经济学原理》外,还有一八三一年出版的《政治经济学上的未决诸问题》(Essays on Some Unsettled Questions of Political Economy),一八四三年出版的《论理学体系》(A System of Logic),一八五九年出版的《自由论》(On Liberty),由一八五九年至一八七五年出版的《论文集》(Dissertations and Discussions),一八六三年出版的《功利主义论》(Utilitarianism)。一八六五年出版的《孔德与实证论》(Auguste Comte and Positivism),一八六九年出版的《妇人隶属论》(On the Subjection of Women),以及一八七三年出版的《自传》(Autobiography)。

从上面这些著作看来,我们知道约翰·穆勒之思想活动,是多方面的,不但是经济学者,且是哲学家、政治学家。然而经济学者约翰,是比哲学家、政治学家约翰,更为出名的。这原因,就因为他的大著《政治经济学原理》,较之其他著述,更有力量,更有时代性。

我们研究经济学史上的约翰·穆勒,当然要根据他的《政治经济学原理》，这部书，在内容上，在其题名上，全般的结构上，乃至各版的差异上，均可显示出作者的根本思想。所以，为了便利解述起见，先得就他的《政治经济学原理》本身，加以说明。

第二节 《政治经济学原理与其在社会哲学上的应用》

本书题为《政治经济学原理》，盖取简括之意译，其全译名当为：《政治经济学原理与其在社会哲学上的应用》，因原名系 The Principles of Political Economy with Some of their Applications to Social Philosophy 故也。单就他所标举的这个原名，我们亦不难窥知其一般性质。

约翰·穆勒曾在法国会过圣西门，且受过圣西门不少影响的。有名的实证哲学者孔德（Auguste Comte），是圣西门的友人，后来亦是穆勒的朋友。他所受孔德的影响，比较还要大。这就是他的《政治经济学原理》，其所以要附加一个"与其在社会哲学上之应用"的子句的原因。

他曾写信给孔德说："我曾用一种真正求知的热情，一读再读足下之《讲义》（Course）——按即《实证哲学讲义》——……虽然我自己已有不少与足下思想相类似的地方，但许多极重要的事理，我还是从足下学来。我希望，我有机会渐渐向足下表示：我是实实在在学过它们的。……"在他所著《论理学体系》中，他已表示他从孔德学来的事理了。他说："……那是一定的，如其丢开了一切智慧的、道德的、政治的分析，社会上经济的产业的分析，就不能确实成就了；像这种不合理的分离，将会十足表示那种原理之形而上学的性质。"①

他写《论理学体系》是在一八三八年与一八四三年之间，后二年即着手写《政治经济学原理》，他在这部书里面，更十足表示他所受孔德的影响了。在序文的第三段，他说："本书的设计，是不同于亚当·斯密《国富论》以后之一切经济学论著的。斯密那部著作的特殊的性质，即最不同于其他专以一般经济原理见长之著述的地方，就是他从未忘记原理与其实际

---

① 见原书第六篇第六章第 10 页。（此处"原书"应指《论理学体系》一书。——编者注）

应用的关联。并且,他本身包罗的范围和题材,比普通视为抽象理论之一个分科的经济学所包括的,要广得多,多得多了。在实际的目的上,经济学与社会学、哲学其他许多部门,在不可分离的纽结着。……著者本书的目的及一般概念,与斯密那部著作相仿佛,不过依现在经济学上的要求,其知识范围较广,而其观念亦有所增加罢了。"

从上面这段话,我们知道:第一,他认定经济学是社会哲学的一个部门,与其他部门有不可分离的关系;第二,经济学原理须与其应用保持联络,否则空洞无物,将无以得事理之真相。依着孔德提供的意见,斯密暗示的榜样,所以他这部书,"就不仅是抽象科学的书,且是应用的书;不是把经济学本身做对象来讨论,而是把它视为更大全体中的一个部分来讨论。……"①至此,我们才知道著者对于书名的用意,及本书所具的性质。

不过,就讨论的范围及目的说,约翰·穆勒虽赞成斯密之主张,但全书之体裁或系列,却是强半取法于其父杰姆斯所著之《经济学要义》及法国萨伊所著之《经济学》。全书共分五篇,第一篇生产论,第二篇分配论,第三篇交换论,第四篇社会进步对于生产及分配之影响,第五篇对于政府之影响。各篇所论,大体皆纂集、调和、综合他之所谓旧派诸经济学家(即指亚当·斯密、马尔萨斯、李嘉图、西尼尔等)之学说,附加说明,并推论到实际应用上,此外实无何等特殊发现;要说有,那不过后面待解说之怀疑的过渡社会思想罢了。

他在生前,他的《政治经济学原理》重版过七次。第一版以后之各版,皆有补充订正,尤以一八四九年之第二版及一八五二年之第三版,变动最大。在第一版,他原是反对社会主义理论的,到了第三版,他简直反过来赞成那种理论了。他曾说:

"《政治经济学原理》中的这些意见,在第一版说得不大明白而且不大充分,第二版比较明白充分一点,第三版就全然没有暧昧的地方了。那种表现的不同,一部分是由于时代的变迁:第一版是一八四八年法国革命以前付印的,其后社会心理渐被新思想所展开,以前视为新奇耸听的学说,现在也觉得稳健了。在第一版,我力言社会主义的困难,因而大抵总不免带点反对的调子,此后一两年间,因研究大陆

---

① 见《自传》第 236 页。

一流社会主义学说,及关于社会主义论争中所含全般问题之思索和论究,结果,遂删去了第一版对该问题讨论的大部分,而代以比较进步的意见和考察。"①

此外,他寄给《政治经济学原理》德译本之译者索特柏尔(Dr. Adolph Soetbeer)的书中有云:

"……译文,好极了,不过我觉得惭愧的是:足下的时间与苦心,没有费在我现今印刷的版本——按指第三版——上。这次的改版,不但全体订正了一过,并且重要许多章,简直是改作的。就中关于'财产'及'劳动之将来'那最重要的两章,特别是如此……。"②

由上面两段话,我们很可以看出著者对于学问的开明态度,及其容受精神,而同时他这部大著的过渡性质,也就表现得十足了。

第三节　过渡思想之表现

约翰·穆勒过渡思想,可分两点来说明:第一,社会主义与个人主义间的徘徊;第二,自然的生产论与历史的分配论③。兹分别论述如次:

一、社会主义与个人主义间的徘徊

《政治经济学原理》每重版一次,其对于社会主义思想,即有进一步的认识,这,我们就前面所引的《自传》一般文字,便可征知了。不过依著者所说,他逐渐同情社会主义学说的原因,一部分虽由于时代变迁,乃至研究大陆方面这类思想的结果,但其所受泰勒尔夫人——初为泰勒尔氏夫人,泰勒尔死,乃与约翰·穆勒结婚——的影响则颇大。他说:

"在我的著作中,特别是在《政治经济学原理》中,举凡为社会主义所主张,为一般经济学所否认的问题,即在将来有实行可能性的部分,如非泰勒尔夫人,我就怕完全不会写下来,即不然,因了胆怯的缘

---

① 见《自传》第343～345页。
② 见《书简集》第二集第167页。
③ 参照河上肇著《资本主义经济学史》有关部分。

故，一定是不敢畅所欲言的。"①

他对于社会主义学说表示赞同，以及他自己提示的社会主义主张，散见于《自传》及其《书简集》中者，不一而足，因限于篇幅，不能多事旁引，故仅就《政治经济学原理》中所述，略举一二。在原书第二篇第一章第三节，他论过了私有财产制度所生的恶害以后，接着说：

> "所以，如果把伴着一切理想的共产主义，和伴着一切痛苦与不正的现在（一八五二年）社会状态一加比较；如果把私有财产制度必然会产生的恶害，即是，如我们现在所看见的，几乎把劳动生产物按照劳动的反比例分配——全不劳动的，得最大部分；名义上说是劳动的，得次多部分；愈困难愈不愉快的劳动，则得最小部分的报酬，致使一般精疲力竭的劳动者，连生活必需品亦难到手——的这种情形，同共产主义一加比较，然后再叫我们于这两者中任择其一，那后者会遇到的一切大小困难，就算不得一回什么了。"②

这就是说，要实行社会主义，是少不了困难的。但为了要摆脱这充满罪恶与痛苦的现状，受点困难也值不得什么。可是在他看来，社会主义的实行，或者说，私有财产制度的根本废弃，那并不是一蹴可几的。要做到这层，至少，

> "我们还得假定有两个条件要实现。否则共产主义也好，其他任何法律制度也好，想由堕落与悲惨，救出人类大众，那是万难做到的。这两个条件之一，是教育的普及，又其一，是对于社会人口加以适当的限制。"③

就他这实现社会主义的两个前提条件而论，普及教育，言外是说社会各阶级的人，都有知识，都能惊省，资产阶级当然不会过于剥削劳动大众，其结果，财产上将显出一种均平现象来；可是，财富增加是有限的，设人口繁殖过多，那大家只有穷可共，无财可共，依然无救于贫困，所以他的第二个条件，就是要适当限制人口。——前者为奥文、圣西门一流的空想，后者则是马尔萨斯冷酷的人口铁则。这一来，不但表示他的社会主义学说

---

① 见《自传》第 248 页。
② 原书亚希勒（Ashley）版本第 208 页。（此处及以下几处"原书"，指 W.J.Ashley 编的《政治经济学原理》一书。——编者注）
③ 原书亚希勒（Ashley）版本第 209 页。

之不澈底，一反掌间，又要投到个人主义资本制的怀中了。所以他继续前面那段话说：

> "这两个条件具备了，哪怕在现代的社会制度下，也不会有贫困现象发生；而且，既然有这种条件的假定，那如社会主义者一般所述说的社会主义问题，就不是一些使今日人类堕落的诸弊害，逃往唯一避难所去的问题，而单是一种比较便利的问题，这问题，是后世之人所必须决定的。个人主动（Individual Agency）之最善的成就为一种形态，社会主义之最善的成就为又一种形态；这两者，究以哪种为人类社会之究局的形态，我们是太无知了，没有资格决定。"

从上面这段话看来，谁也难得断定他是反对社会主义，抑是拥护社会主义。现代社会制度之待改革，正因其生出了不平现象，换言之，即富者太富，贫者太贫。既然把那两个条件做到了，"在现代社会制度下，也不会有贫困现象发生"。那现代社会制度的改革企图，即社会主义学说，便成为多事了。赞成社会主义的约翰·穆勒，竟推演出了拥护个人主义的结论，其原因就是由于他在这两者间彷徨。

他上文之"个人主动"云云，也许特有所指，或者至少，不同于"个人主义"这个观念形态，那末，让我再引述一段话来看看罢。原书第二篇第一章（论财产）的末尾，他一方面主张：社会主义者们，都不妨在不妨害他人范围内，尝试其学说，在另一方面，他却说：

> "同时，我们可以……断言，在未来的相当长时期内，经济学者的主要任务，仍将是计虑私有财产、私人竞争社会之存在与进步的情形；而在人类进化现阶段所企图达到的主要目的，不是个人财产制度的推翻，而是这种制度的改进，使社会一切人都得分享社会的利益。"①

经济学者"在相当长时期内"，还得为私有财产私人竞争社会的存在问题，进步问题烦心，可见这种社会的改革，实遥遥无期，所以他直截了当的揭出他的个人主义拥护论，说，"在人类进化现阶段所企图达到的主要目的，不是个人财产制度的推翻，而是这种制度的改进"。

---

① 原书亚希勒（Ashley）版本第 217 页。

二、自然的生产论与历史的分配论

经济学是一种研究富之性质,及富之生产法则及分配法则的科学。以前经济学者皆如此说,约翰·穆勒在《政治经济学原理》之开场白里面,亦有同样的主张。可是,他对于生产法则及分配法则的认识,却与从来的经济学者不同。在从来这般经济学者设想,资本主义制度是一种有永久性的制度,从而,这种制度下的生产法则和分配法则,也就会一成不变。如前面所讲过的,约翰虽不主张马上有推翻资本主义制度之可能,但那种制度的暂时的历史的性质,他是看清楚了的,从而,他对于这两种法则,就另是一种看法。他以为,生产的性质与分配的性质,根本不同,前者有几分是依据自然之物理的数理的法则,而后者则是依据社会之法律的习惯的关系;谓前者永久不变,尚犹可说,谓后者永久不变,则绝对不可。因此,他与其他旧派经济学者表示不同的,就只是分配法则了,对于生产法则仍是一鼻孔出气。他的生产论是自然的,他的分配论是历史的,他就是在这两极间徘徊着,充分表现其过渡的性质。

他一八四四年写给孔德的信中有云:"……我将特别费点气力,把那必然通用于一切产业社会的一般生产法则,和那必然要先行假定一个特定社会状态之富的分配与交换的原理,加以区别……。"

当一八四五年着手写《政治经济学原理》时,他是实行了他这种愿望的。在这部书中,他判然区分了生产法则与分配法则之不同的性质。

现在先考察其生产论。

他对于生产法则之永久性的意见,在第一篇生产论中,未显明的说及,而是讲到第二篇分配论时,才连带论到的。在这篇的冒头,他说:

"本书最初部分所述的诸原理,和我现在要进而考察的诸原理,在某几点上,当严加区别。关于富之生产的法则与条件,带有物理上之真理的性质,不是任意的、随便的。人类无论生产什么,总得依一定方法,在一定条件下进行。这方法,这条件,就是由外界之物的性质,和人类自身肉体上精神上之固定性质所形成的。人类的生产,总不免为其从来之蓄积的分量所限制,从而,总得与其精力、熟练、机械的完全性,乃至利用结合劳动之利益的妥当性为比例;如非耕作方法上有若干改良,在同一土地上,两倍劳动量,总不会产出两倍食物量。

而且，不生产的消费好多，社会就要穷好多，生产的消费好多，社会就要富好多，凡此种种，都是不能由我们人类的好恶所左右的。固然，我们关于自然法则的知识，将来更有扩张，因而有一天在产业上想出一种空前未有的新秩序，能在某种范围内，变更生产方法，或增加劳动力，那也是难得逆睹的。不过，在事物之性质限定了的限界内，我们虽有更多游刃的余地，但其中总是不免有所界限的。不论是物也好，是心也好，其穷极的性质，决无从变更，我们极其限，不过于成就那些与我们利害关系的事件上，多少能有效的利用这诸般性质罢了。"①

所谓"物理上之真理的性质"，所谓"其穷极性质，决无从变更"，所谓"不随我们人类的好恶所左右"，通是表示生产法则之永久不变性。现在且看他的分配论吧。他继续前面那段话说：

"关于富之分配就不同了，那单是关乎人为的制度的事情。即有某物存在那块，人类就能各别的或合同的，随其所欲，加以处理。不论以什么条件，他们把物交给谁，就交给谁。不特此也，在一定社会状态下，即在非完全孤立的一切社会状态下，生产物的处理，任凭怎样，总不能不得社会的同意，或者说，不能不得那为生产此生产物，费过了气力者的同意……所以富之分配，是受支配于社会的法律与习惯，而决定分配的规则，则是存于社会支配者之意见与感情；时代不同，地方不同，此规则亦因而大异。设人类愿意，其相异程度也许要更甚。"

然则基于人类意见及感情所发生的法则，是怎样呢？在约翰看来，那是关于人类一般进步理论的一部分，而不是他在本文要讨论的问题，所以无需乎进一步探究。总之，分配法则，是一种社会法则，可因时因地因人而不同。若生产法则，那却是一种自然法则，不得因时因地因人而有异。两者的性质，恰相反对。根据这种观察，他对于从来把这两者混为一谈的经济学者，遂多所非难。他说：

"……普通经济学者（The common run of political economists）——按约翰所谓'旧派经济学者'、'普通经济学者'，通是指亚当·斯密、

---

① 原书亚希勒（Ashley）版本第 199～200 页。

李嘉图等——把这生产法则和分配法则混同括在经济法则的名称下,以为都是不能由人力破坏或改变的;那就无异认定那受支配于人类在地上生存所不可变的诸条件之事物,和那只是特定社会制度必然的结果,从而与特定制度共存亡的事物,有同一的必然性。固然,在某种制度与习惯之下,工资、利润、地租,是由一定的原因所决定。可是,他们这班经济学者,竟弃去了那不可缺少的前提假定,而硬说当分配生产物时,这所谓一定的原因,将依其非人为方法所能回避的内在的必然性,去决定劳动者、资本家及地主各各的分额。"①

劳动者、资本家及地主各各的分额,既不是由那"非人为方法所能回避的内在的必然的去决定",所以"某物存在那块,人类就能各别的或合同的,随其所欲,加以处理"。于是,他对分配的主要各形态,如工资、利润及地租,就有各别不同的主张。例如,就工资说,他是袭取乃父杰姆斯·穆勒及马克洛克的工资基金论,就利润说,他是偏取西尼尔氏的节欲利润论,而对于地租,则是站在李嘉图之对差地租说的立场,而主张地租国有化。[此后美国经济学者亨利·乔治(Henry George)所提倡之单一税论,盖直接受了他这地租国有化之理论的影响。]而作为其分配论前提的价值论,他提出三种不同类型的商品,三种不同的决定价值的方式。他希望以这种分类法,去解决李嘉图所留下的矛盾,但结局,他把李嘉图的经济理论退步了,而走到亚当·斯密价值论不正确的那一面去,把生产费说去代替劳动价值说,而不是从劳动价值说去理解生产费的规律。

要之,约翰之生产论是自然的,其分配论是历史的。但从社会政策方面来观察他的分配诸形态,其工资论利润论是自然的,其地租论才是历史的。所有这些矛盾的理解,只有以次一点就可加以说明,即,他是生在自由主义与社会主义的过渡时代,他在这两者之间徘徊。

第四节　在经济学上的地位

亚当·斯密以后的经济学者,就著名的说,有马尔萨斯、李嘉图、西尼

---

① 见《自传》第 236 页。

尔等，马尔萨斯以"人口原理"见知于世，李嘉图以地租论见知于世，就在流俗的西尼尔，他的节欲利润说，也还能引起一部分人的共鸣。然则约翰·穆勒在经济学上，究有什么值得我们称许的独创的发现呢？这一问，恐怕在他自己也不好怎样回答。

可是，不论是谁，只要他提到英国正统派或古典派经济学者，他总不会忘记约翰·穆勒。卡尔·马克思对于约翰·穆勒有关价值等等方面的说明，虽然极度表示不满，但仍说："像约翰·穆勒一流人物，诚不免有一个缺点，即是一面守着经济学上的传统信条，一面却具有近世倾向，但若把他看作是庸俗经济学辩护者一流，那却是太不公平的。"①

在十九世纪四十年代前后，自由主义、个人主义的经济学说，已算在英国盛极一时了。不论是学术界、工商界抑是政界，处处都充满了自由主义的空气。自由主义这种学说体系，不能有更进一步的发展，那是我们早讲过的，而在当时那种情形下，实在也不要求它有所发展；所以生当其时的经济学者，不独在那种学说体系上，无独创理论之可能，且也感不到有独创理论之必要。约翰·穆勒所以不能在这方面与马尔萨斯、李嘉图抗衡的，其原因就在于此。

但是，一时代毕竟是有一时代的要求的。资本主义经济学说，一方面虽在英国大行其道，同时它所造出的恶害，却也一天天的曝露出来了。由某种学说体系铸成的大错，不能由同一学说体系出而纠正，那是十分明白的；一种学说体系行碰了壁，须有另一种学说体系起而代之，那也是十分明白的。然而一切改良修正的企图和尝试，是从资本主义出现恶害那天起就开始的，约翰想从资本主义经济的分配上，去挽救或者去保存它那生产的组织，在一切修正改良主义中，算是一大转弯。卡尔曾说："一八四八年大陆革命，在英吉利，也曾发生反应。不愿单为支配阶级辩护，不愿单向支配阶级献媚，仍相当要求科学意义的人，就尝试以资本主义的经济学和已不庸忽视的无产者的要求相调和，于是一个浅薄的折衷派发生了，约翰·穆勒就是一个著名的代表。这正是资产阶级破产的宣告。"②

是的，他是在社会主义与个人主义之间彷徨，是在自然的生产论与历

---

① 见郭王译《资本论》第一卷第512页。
② 《资本论》第二版序言第8页。

史的分配论之间,显示其不澈底的游离的态度。但是我们要知道,他是从十足的自由主义、个人主义乃至功利主义环境中教育出来的人,而且,他还是英国开始转向的第一位经济学者咧!

对于英国旧来的一切经济学说,约翰是知道得太多了,感染得太深了,他竟毅然思所以转换方向,那除了时代的要求外,其得力就在他那极易感染的容受性,和极其热烈的仁慈心。然而同是这两种性格,却又不免成为他转换方面的障碍;因为,我们知道:革命者的心情,是要一往直前的,是要冷酷一点的,容受性太大,则不免左顾右盼,以至屡进屡退;心地太仁慈,则不免以可怜被压迫者的心情,同样去爱惜压迫者。约翰思想之半转弯,这当然不无关系。

况且,英国人是怎样一种人呢?英国社会是怎样一种社会呢?他们遇事要凭经验,脚踏实地去做,法国人那种平地飞跃的精神,俄国人那种被逼着走极端的办法,他们颇不愿领教。(虽然我们应知道,英国人、英国社会的不走极端,同英国是一个可以转嫁其剥削,从而缓和其内部矛盾的殖民帝国的特殊社会经济组织有关。)无论在哲学上、政治上、宗教上以及其他方面,你能在英国找到一个澈底的革命者来么?经济学上的约翰,如其我们不用法国、俄国的革命尺度去测量,而用英国的革命尺度去测量,也许还会觉得他太露骨了哩!

总之,上面所说的这一切,通是使约翰成为过渡人物的原因。他不但是自由主义与社会主义之间的枢纽,同时还是正统学派经济学与历史学派经济学之间的路碑。当作一个转形学者,他还为我们在经济学史上作了这样一种证验,就是,到了或者过了十九世纪中叶那个时代,无论是谁,只要他还想"牢稳的"站在资本主义立场上,他就只有变成百分之百的辩护学者的路可走。

第四篇　辩护的经济理论体系

第一章　经济科学的支离与蜕变

第一节　阶级冲突的激化与消泯阶级利害关系的主观努力

　　由以上诸章的说明，我们已知道，经济上诸阶级利害的矛盾冲突，在英国李嘉图时代，已成了无容讳饰的事实，而关于那种矛盾冲突，亦是到了李嘉图手中，始有透辟而系统的说明。所以，自从李嘉图肯定阶级利害冲突，并加以科学的论证之后，其继起的学者，无论是从某种论点赞成或反对李嘉图，抑是从李嘉图研究的某一视野，或拥护资本家阶级，或拥护地主阶级，或拥护劳动者阶级，其前提观念，如其是在认定各阶级利益的不调和，他就难免在某种程度，被认为是中了李嘉图的毒。所以，前述李嘉图直属的派系，杰姆斯·穆勒、马克洛克，固不必说，李嘉图的社会主义派，汤姆生与浩斯金，李嘉图的反对者西斯孟第，乃至站在资本家立场的西尼尔，他们在某一点上，即在确认各社会阶级利益的不调和上，是相同的。在这一共通点上统一起来，殆可视为是不调和的体系（System of unharmony）。

　　资本主义经济利益在各社会阶级间分配的不调和，那在资本主义本身是一个决定的致命的缺陷。然而，这不调和却又是一件无可讳饰的事实。在十九世纪三十四十五十年代，地主阶级与资本家阶级间卷起的斗争风浪，虽然渐就平静下去了，但劳动者阶级与资本家阶级间的尖锐斗争,却就从这时开始严重起来。资产阶级的经济学者显然非常担心这种斗争,可是同时都又无法解决这个斗争。结局,在整个资本家的世界,经济学的研究,就被支离歪曲到采取以次三种不同的非科学的路线:

(一)硬不承认那种阶级利害冲突关系,并竭力强调各社会阶级间利益的协和;

(二)公然承认那种利害冲突,但主张用国家的统制力量,去调和或解消那种冲突;

(三)故意漠视那种冲突的严重性,用抽象而繁琐的思考方式,使人们把注意从那种冲突中移开;或把那种冲突的全部责任,加担在劳动者阶级身上。

走第一条路线的,是所谓调和学派;在现实的对照下,这个学派只是昙花一现的在经济学界虚幌了一下,就把它的命运结束了。接着,依着德国社会的特殊发展条件,第二条路线被所谓新旧历史学派采行了。他们的全部注意力,在企图用国家的政治力量去克服社会矛盾,由是,经济科学就在他们手上,变成经济术学,变成社会政策学了。

经济学歪曲到这种地步,并无补于社会阶级危机;反之,站在劳动阶级立场的批判经济学体系,却沿着古典经济学,沿着李嘉图有关阶级利害关系的正确认识,展开了对于古典学派错误论点,以及对于各种流俗经济理论的攻击。于是,在阶级任务的遂行上,奥地利学派起来追循上述第三路线,他们以主观主义代替客观主义,凡属为批判学派所反对者,他们就曲加赞成,而为批判学派所赞成者,则拼命反对。他们像是颇有计划的把现实的斗争情景,迷糊化在形而上学的抽象的说教中;如其说,以往西尼尔之流,是希望单凭"节欲利润说"、"最后一小时"之类的浅陋常识,来为资本家"祝福",而奥地利学派,却把诸如此类的浅陋常识,扩大起来,变为一个与现实完全脱节的,但却最有利于金利生活者的玄学体系。

诚如一位大经济学家所说:"经济学,在为资产阶级的经济学的限内,换言之,即不把资本主义秩序,视为历史上过渡的发展阶段,却把它视为社会生产之绝对的最后的形态的限内,只有在阶级斗争(按指资本家与劳动者间的阶级斗争)仍在潜伏状态中,或仍为间或发生的现象时,可仍为科学。以英国为例来说,英国古典经济学,是属于阶级斗争未发展时期的,其最后一位伟大的代表李嘉图,素朴地,承认阶级利害关系的对立(即工资与利润的对立,利润与地租的对立),是社会的自然法则,他还意识的,以这种对立为研究的出发点。"①

李嘉图死后不久,在英、法二国,无论从实际方面说,抑从理论方面说,阶级斗争都益益采取了公开的威吓的形态。资产阶级的经济学的丧钟,敲起来了。从此以往,成为问题的,不是真理与非真理的问题,只是于资本家有益抑有害,便利抑不便利,违背警章抑不违背警章的问题。超利害的研究没有了,代替的东西,是领津贴的论难攻击;真正的科学考察没有了,代替的东西,是辩护论者的(Apologetik)歪曲的良心和邪恶的意图。②

可是,同是辩护的理论,在阶级斗争愈来愈激烈的时候,干脆否认那种斗争存在的所谓调和理论,当然会显示得最无力量。就因此故,在辩护的经济学中,这个派系就在资产阶级眼光中,也被看得极不重要,而强调用政策克服斗争,尤其是强调用"理论"去解脱资本家阶级在那种斗争中的责任,并否定资本主义之致命危机的派系,就变成后期资本主义社会的骄子了。依据他们的主观价值学说,对需要者有最大最紧迫要求的对象物,就会被给予最高的评价;或者说,在他们所谓"公平交易"原则上,资本统治特别为他们所爱顾,无怪那种统治也特别爱顾他们了。这是在历史学派与奥地利学派中,后者又特别受到青睐的一个重要原因。

因此,为了在叙述上表示出一点轩轾,我打算把所谓调和学派两位大师的说教当作一种前哨,分别放在本章介绍,而把历史学派和奥地利学派看作是辩护理论的主体。

第二节　加雷的"利益一致论"

亨利·查理士·加雷(Henry Charles Carey)是"美国学派"经济学的建立者。在他以前,美国虽还有本吉明·佛兰克林(Benjamin Franklin)、哈密尔顿(Alexander Hamilton)及雷孟德(Danial Raymond)诸学者,发

---

① 《资本论》第一卷原著者第二版跋中译本第6～7页。
② 《资本论》第一卷原著者第二版跋中译本第7页。

表过关于经济的著述,但对于经济作系统的精密的解述,那却是始于加雷。加雷平生著作甚富,举其著者,如由一八三七年至一八四〇年发刊有《经济学原理》三卷(Principles of Political Economy),一八四〇年发刊有《过去现在及将来》(The Past, the Present, and the Future),一八五一年发刊有《农业工业及商业上之诸利益的调和》(The Harmony of Interest, Agricultural, Manufacturing and Commercial),此外,由一八五〇年至一八六〇年,还刊行有《社会科学原理》三卷(Principles of Social Science)。他的调和理论,于其所著《经济学原理》中,已露其端倪,而大成于其《农业工业及商业上之诸利益的调和》。他作这种主张,那与其所处时代环境,有密切的关联。

当欧洲各国特别是英国、法国正闹着经济恐慌的时候,海洋彼岸的美国,才开始走上资本主义的旅程。那里存着广阔的未开垦的土地,那里正有待于大量开发资源的资本,那里社会各经济阶级间的利害冲突,尚未显然表示出来,在这种情形下,加雷带着十分乐观的思想,而道出了他的社会利益调和论。

因为他主张社会各阶级利益的调和,所以他拼命反对李嘉图的阶级利益对抗说。他最讨厌李嘉图,他说:"李嘉图的书籍,是一般煽动家用农业法、战争与掠夺来推翻政权的真正指导者。"马克思在他致恩格斯信中说:"加雷是阶级利益一致论的信徒,他起初想证明劳动者与资本家之间没有矛盾存在,其次,他想证明地主与资本家间之利益一致。"现在,我要进而论述他是怎样从事这两种证明。

加雷的调和理论的中心,就是他的价值论。他是主张再生产费价值说的。他首先把价值与效用加以区别,他说:"效用是人类对于自然之支配力的尺度,价值是自然对于人类之支配力的尺度。"随着人类生产力的发达,支配自然之力的增大,"效用"即富之数量虽次第增大,而富之"价值"则次第缩小。他这种价值概念,乃依其价值由再生产费(Cost of Reproduction)所决定之命题而引出。即,据他所说,在原初社会中,简单之石斧作成,则以前生产的房屋、船舶及燃料,将直接变化其价值,因为这些物件,现在得以较少的劳动而"再生产"出来。设石斧的发明,燃料较前只需一半劳动,那么,在鱼之价值不受石斧影响的限内,等量之鱼,可以换得以前一倍之燃料。由此看来,生产费已经不是价值的尺度,决定价值的,是再生产费。加雷曾大吹大擂的认定这再生产费说是他的"发明",但卡尔·马克思却早把他的抄袭来源指证出来了:"一切新的发明,使从来在两点钟内所能生产的东西在一点钟内可以生产出来,于是使市场上一切同种的生产品都跌了价。竞争使生产者不得不以费两点钟所生产的东西与费一点钟所生产的东西以同样价值出售。(竞争使生产必要的劳动时间所决定的生产品的相对价值的法则实现了。用做贩卖价值尺度之劳动时间,于是变成劳动继续的跌价之法则。)我们还可以说,不仅搬到市场上的商品会跌价,而且生产手段与工厂全部都会跌价。李嘉图把这种事实指出来了,他说:'因为常常增加生产的便宜,则我们常常减少从前所生产的某几种物品之价值。'西斯孟第则更进步了,他从用劳动时间所'构成的价值'中看近代工业与商业的一切矛盾之根源。他说:'照最后的分析交易价值(la value mercantile)常常是由该物品所必要的劳动量而决定的:这不是由那件物品实际所花费的劳动量来决定,而是以后用或已改良的手段所花费的劳动量来决定;而这种分量虽然难于估计,但是常常由正确决定的……买主的需要与卖主的供给一样,都是根据这种基础而计算的。卖主或者认定:他为某件物品费了十劳动日;但是假设别人承认:某件物品当时用八劳动日可以完成,假设竞争使两个当事者给以证明,则物品的价值缩减到八劳动日,而成立市场的价格。诚然,两个当事者很有这种概念——物品是有用的,物品是需要的,没有需要则决不会有贩卖;但是价格的决定,与效用没有保存任何的关系。'"① 在价值学说之理解上,有一个基本的原则,就是我们应由价值所由决定的规律,去解说它对于生产费用的影响,而不能逆转过来,由生产费用的变动,去说明价值规律。现在且不深入的批判他的再生产费说,姑先看他是怎样应用这种发明,来调和各阶级的利益。再生产用具费因劳动的改良而下落,劳动用具徐徐改良,则财产价值与劳动价值,皆较为稳定,设那种改良非常迅速,则蓄积力亦迅速增加,其结果,与劳动比较,财产的价值,将急趋低落。换言之,随着劳动生产力的发达,货物的价值,将渐就下落,劳动的价值,将逐渐上腾。

他依着这种价值理论,来调和劳资阶级间的利害冲突。他以为,资本

---

① 《哲学的贫困》杜译本第 45~47 页。(指杜竹君译本,上海水沫书店 1929 年版。——编者注)

的报酬与劳动的报酬之间,并没有存着李嘉图所说的那种背离关系。社会进步,资本报酬虽绝对的增加,而相对的则减少,而同时劳动的报酬,则绝对的相对的均将增大。因为人类借以支配自然力的"资本"即工具,系过去之肉体及精神之劳动的产物,这种资本,因随劳动生产力之发展,而减少其再生产费,故其价值亦次第低落。例如,仅有石斧当作资本存在的场合,纵令石斧制成,所需劳动甚少,然一个人使用石斧于一日间所获取的木材量,如同其徒凭赤手于一月间所获取的木材量相等,则借用石斧者,固须支付高的价格,而使用石斧者之工资,也将非常腾高。推而至于使用铜斧,使用铁斧,乃至使用铜铁斧,生产力每经一度改进,再生产费,从而,那种资本的价值,将因而减少。不过,在这种场合,生产所需劳动虽然在减少,而劳动的价值,从而劳动的报酬,或者说,劳动在生产物中所取得的分额,不独不因以减少,却会因以增大。这,可就下表得到解释。

种 别	总 收 益	劳动者的分额	资本家的分额
石 斧	4	1.00	3.00
铜 斧	8	2.66	5.33
铁 斧	16	8.00	8.00
铜 铁 斧	32	19.20	12.80

就上表观察,劳动者的分额,是在不绝增加,而同时资本家的分额,却在比较的减少;不过,这种减少,是比率上的减少,而在数量上,则仍在显著的增加。所以,就大体看来,社会进步,劳资阶级将交受其利。他说:"因为有了改良,资本家与劳动者都取得很大的利益,改良趋向每进一步,接着便生出这样的结果:劳动生产力增加,便要加速社会各种成分收入的平均趋向。"他得出了这样的结论之后,遂傲然自诩的这样说了:"调解劳动生产品的分配,那是有其伟大的规律的;并且,这一切规律,都是由科学中推论出来,极其美满,因为它使各种社会的阶级的真实利益完全一致。"

加雷如上面这样调和资本家与劳动者的利益之后,更进而调和地主与其他各阶级的利益。李嘉图主张,社会愈进步,人口愈增加,则愈需要耕作劣等地,从而,地主的地租,将愈益增加,地主的利益,将使社会其他各阶级蒙受不利。简言之,李嘉图以先耕最良地而次及于劣等地的前提出发，而达到其地主利益，与其他各阶级利益背离的结论。加雷反对这种结论，由是乃首先反对其前提。

他以为：根据以往的经验，凡属瘠地，都是轻松而干燥的高地，在前生产技术幼稚，为耕作容易故，人们皆先占领这类土地，迨人口及人智增加，资本进于蓄积，生产技术逐渐进步，于是乃由枯竭的瘠地，而向河畔觅取丰沃的良田。在良田为地主所领有的限内，借用的农民，自不能不付纳地租，这地租，即是对于土地所有者或其先人事前在土地上所费资本及劳动之报偿。土地与其他生产机械一样，同是劳动生产品，土地的地租，等于资本的利息。从而，地主与资本家，是站在同一立场；而且，也与资本家一样，地主的利益，因耕作技术进步，其对于生产物相对的分额虽减少，而绝对的分额则增大。同时，在农业劳动者方面，其分额不但是绝对的增大，且会相对的增大。因此，地主的利益，不独不与资本家冲突，更不致与劳动者冲突。这样，就成就了他的阶级利益调和论。

加雷依着这种推论，他不但反对李嘉图，兼且反对了李嘉图的论敌马尔萨斯。他以为，在自然界及人类界之间，由神预定了一种秩序的调和，在这种秩序的调和下，人口是不会过剩的。在他看来，人口愈多愈好，因为，人口增加，从而，结合力的发达，人类对于自然的支配增进，其结果，财富益愈丰盈。所以，马尔萨斯的悲观论，他以为那不过是违反事实的无病呻吟罢了。

一切庸俗学者的特点，就在他们惯于把极简单极平常的事理，拿来当作真理主张。把地主看成资本家一样，他们的利益自然会调和起来。实则，加雷倒无需乎根据再生产费的大理论，来论证劳动者与资产阶级利益的调和，就干脆像他的思想伴侣巴西夏一样，先用假设说劳动者都会变成资本家，然后再去主张劳资利益一致，不更轻快么？就加雷所处的时代环境而论，他那种乐观的主张，实在不是出于偶然，可是与加雷作同一主张的巴西夏，他却就过于矫饰了。

第三节　巴西夏的经济调和论

佛列德利克·巴西夏（Frédéric Bastiat，1801—1850），他是法国当时

的一位很有名气的经济学者和政论家。他从事经济的著述,只限于最后最短的几年岁月,他是主张自由贸易的。一八四四年,他在《法国经济学杂志》(Journal des Économistes)上,发表了英法两国关税对于两国国民未来之影响(Sur l'influence des Tarifs Anglais et Francais sur L'avenir des Denx Peuples)的一篇论文,由这篇论文。他取得非常好的时誉。此后,他曾邀游英国,与英国当时"反谷物条例同盟"诸子相周旋,因而于一八四五年,发刊《柯柏登与同盟会》(Cobden et la ligue ou l'agitation anglaise pour la liberté des échanges)。此文专为表扬同盟运动之业绩。继是,他还在前述《杂志》上,刊登了不少同一性质的论文,集而成书,于一八四五年刊行第一辑,于一八四八年刊行第二辑,题名为"经济绪论"(Sophismes Économiques)。这样,他成了保护政策的强敌。

一八四八年的二月革命战后,他被推为选举会委员,往后,又被选为立法议员;由这时起,他因受过革命的强烈印象,他开始反对共产主义与社会主义了。为反对社会主义者勃朗(Jean Joseph Louis Blanc)建立国民工场之主张,他写有《财富与法律》(Propriété et Loi),为反对孔斯特兰(Considerant)所遵奉之傅利叶的学说,他写有《财产与攘夺》(Propriete et Ipolation),为反对圣西门派社会主义者勒鲁(Pierre Leronx)之平等论,他写有《正义与友爱》(Justice et Fraternite),为反对蒲鲁东(Proudhon)之无利贷借,他写有《资本与利息》(Capital et Rente)。他驳论保护论者,都满怀得意的自夸胜利了。然而上述种种小著,都不过是消极的批判,而非积极的建设。至一八五〇年,亦即他的生命最后的一年,他发表《经济学说之经济调和论》(Les Harmonies Économiques)第一卷出版了。这虽是一部未完全的著作,但已明白表示出了他的主要思想。他曾说:"本书的主要思想,是利益一致的见解。"

关于他这种见解,学者多有疑其系剽窃加雷之陈说,加雷自己亦与巴西夏之友人如杜林(Dühring)、兰格(Lange)等争辩此事。加雷的阶级利益一致论,虽大成于一八五一年,即巴西夏主著《经济调和论》出版后一年所出版之《农业工业及商业上诸利益之调和》中,但在其由一八三七年至一八四〇年出版之《经济学原理》,及一八四〇年出版之《过去现在将来》两书中,早已表明了这种思想。然而巴西夏在他的书中,不曾引述到加雷的学说,这在许多学者看来,却就成了他掩饰剽窃的一个反证。

也如加雷一样,巴西夏的利益一致论,乃建立在他的价值论上。不过,加雷主张的是再生产费价值说,巴西夏则是主张勤劳价值说。依他所见,所谓价值,不外就是"两个进行交换的勤劳间之比率"。只有人类双方的勤劳,才有价值,才要求报偿,至若自然在人类生产上所予的援助,那全是恩惠的,决不会列入价格之中;因此,价值的观念,要在交换的社会,才能取得,要在比较的场合,才能显示。一个人在孤独的状态下,对于某物所费勤劳即令再多,因无从交换,无从比较,从而,根本就谈不到什么价值。根据此点,他反对李嘉图一派的所谓劳动价值说。他以为,某物的价值,不是取决于一个人在生产中所用出的勤劳,而是取决于一个人在交换中所取得的勤劳。交换是价值的本原要素,生产物的交换,即是勤劳的交换,亦即是人类相互服务的表征——亚当·斯密价值学说中流俗的一面,算又在这里找到一位发挥者了。

这种价值规律,支配了人类的一切社会关系,而在资本主义社会中,尤能显出此种趋向。资本家与劳动者,地主与佃户,债权者与债务者,都是在相互服务,互相交换其勤劳。所以,"用不着什么粗浅的正义思想和理智的判断,人们都有服务和相互服务的权利,而且这种权利,都是为自由和愿意的原则来规定的。"这样,劳动者固有由资本家取得其勤劳之报酬的权利,同时,资本家亦有由劳动者所生产的生产物中,取得其由勤劳蓄积的资本之报酬的权利。资本家与劳动者之相互的权利关系是如此,地主与佃户,债权者与债务者,亦莫不如此。

上述这种种人的权利既是相互的、协作的,那末,于某一方面有利益的事体,于其他方面亦必有利。试就资本家与劳动者说吧,他变调的袭取加雷之说,以为生产技术进步,则所生产的财富愈益加多,由是资本的利率,就要相对的减少。不过,劳动总生产物中属于资本之相对的部分虽然低减,而其绝对的部分,却仍会增加。而同时"属于劳动之相对的部分固然增加,而其绝对的部分,更要增加"。不但此也,劳动者一方面是生产者,另一方面又是消费者,劳动生产力增加,定会引起货物价格的低廉,劳动者又将由此享到一种利益。总之,劳动者的利益,是与资本家的利益密切相关,而且协和一致的。他由此得出了安慰劳动者的两个结论:

"第一,劳动者的地位,必渐增高,以致与资本家及雇主相等。

第二,劳动者的工资必渐增加。"

根据这两个结论,劳资两方面可以和衷共济,相安无事的。然而,这位大经济学者出版其大著《经济调和论》的一八五〇年,却正是法国一八四八年革命的后两年,各阶级利害冲突所演的惨剧,应该历历在他心目中,而他竟这样歪曲事实,视若无睹,在一方面固然表证他是过于忠顺资本家了,另一方面也可以由此推知资产阶级的经济学者的本领,每况愈下,一个更比一个无力了。

显然的,资本家阶级对于睁大了眼,强颜自壮的把"斗争"看作是"协调"的高见,并不怎么感到兴趣,他们认为重要的,宁是如何去对付那斗争,换言之,即如何去压服那斗争的对方,和如何去说服那斗争的对方。历史学派为他们承担前一任务,而奥地利学派则为他们承担后一任务了。

第二章 历史学派的经济学说

第一节 历史学派的发生

经济学史已经有相当长的研究历史,从而,对于经济学史上之分派问题,亦像是用不着我们多费思索去斟酌,只要把前人传统的说法,照样蹈袭下来就行了似的。但在严格的科学研究的意义上,历史学派实在获得了一个与他们的科学贡献太不相称的地位。

经济科学是要研究并发现法则的,历史学派却把材料来代替法则;经济科学是要在研究过程上,舍去一切足以妨碍法则之发现与建立的经济以外的社会因素的,历史学派却特意的把许多非经济的社会因素或社会生活,拿来混淆科学的分析。经济科学是要就事论事,对现有经济事实,依一定的原理或法则来加以说明的,历史学派却不是把"是什么"作为其研究出发点,而是把"应怎么"作为研究出发点。

从上述二点看来,所谓"历史学派经济学"这个命题已经大有斟酌的余地。他们至多只算做了一点经济政策学的研究工作,实不够在经济学史上占一个比肩于正统学派,乃至重农学派的地位。他们的贡献,与其说是由于他们对于经济学的直接建树和阐发,由于在积极方面有何等了不起的成就,就宁不如是在激发其他学派之科学研究的影响上,在消极的、反普遍主义、反永恒法则的意义上,有了一些努力。

我们在上述的基本认识上来研述历史学派经济学,那不但大有助于我们对于该派的整个体系的理解,且可阻止我们对该派之学史意义上的高估与低评。

这里,我且先把德国十九世纪中叶以前的经济与经济思想,分别指出一个轮廓。

1. 就经济方面言,在西欧各国中,德国经济是落后的。展开现代经济史新页的新大陆发现与航行来印度的成功,使德国从中世末期的优越经济地位折倒下来,盛极一时的汉撒同盟,从此瓦解以后,德国即为不绝的战乱与国内各小邦的分崩离析所苦恼,以嫌妒与羡慕的眼注视着荷兰英法诸国走上资本主义世界的舞台。

由十八世纪末叶到十九世纪初叶,德国中世的封建的制度才渐次趋于解体,而近代市民社会成立诸要素,才继续在崩溃的旧社会母胎中酝酿成长,发育起来。在对拿破仑战争过程中,德国诸邦中,有许多已在十九世纪最初十数年内,实施农奴解放法令,规定了营业自由并还废止了妨害国内商品流通的保护关税和财政关税。

一八三四年包括德意志诸邦三分之二的国家,共同成立了划时期的关税同盟。关税同盟的结果,商工业上各种限制被撤废了。而在这以前数年,适逢英国颁布了允许机械及熟练工人外输外用的法令,于是德国萨克森诸邦,就得招聘英国的熟练职工,并输入英国发明的各种纺织机械,而渐渐奠下了初期产业革命的基础,也奠定了对丹、对奥、对法战争胜利的基础。

但英国机械及职工被允许向德国各邦输入之顷,英国的制品,也在大量的向德国输入。德国各邦分采保护主义,妨碍统一,妨害全面性的国民经济的实现,而要求自由主义,同时,又因对英处于劣势的经济地位,由英输入制品,适足以阻止自国经济发展,而要求保护主义。

这一切,是德国历史学派经济学产生的实际背景,但我们还得从经济思想领域去探索其渊源。

2. 再就经济思想方面言,当作德国土产的经济思想的所谓"官房学"(Kameralwissenschaften),是被视为近代重商主义的一个"亚种"或"变种"。为君主管理并增进财富,是这个学派的主要使命和命题。石铿多夫(Seckendorf,1626—1692)、莱普(Lieb,1670—1727)、加塞尔(Gassar,1676—1745)及约斯提(Justi,1741—1791)为斯派著名人物,但前三者——初期官房学,其研究范围未脱出小朝庭或邦侯府库财政领域,而后者——后期官房学,他的研究已把全国经济作为对象,但认定"王侯是国家的创造者。王侯在国家中,倘发现端正的方策,则可任意实行其所欲实行的事情"。

当英国的繁荣与兴盛,法国的大革命把德国人从分割的小天地、小朝庭的狭隘视野解脱出来之后,他们就对自由主义同革命感觉了浓厚的兴趣。不过,亚当·斯密的自由主义思想介绍到德国以前,康德一派的强调自由与理性的古典哲学,已经为它敷设了移植的思想上的基础。

斯密《国富论》出版之当年,即由一位住在伦敦的德国人把它翻译出来,但差不多经历了30年,德国现实的环境,还不能使斯密的学说在国内顺利通行。后来因着情势的改变,介绍、注疏、宣扬斯密的文献,始渐由嘉尔夫(Garve)、吕达(Lüder)及屠能等分别展开来,但他们的研究还止于学理方面,此后则渐转化为实践上所要求的思想运动了。以佛郎士·斯密斯(J.Prince Smith,1809—1874)为领导者而形成的所谓"德意志曼彻斯特派",在英国反谷物条例同盟达成目的的当时,明确宣言我们"自由贸易主义者对于国民经济幸福的要求,只晓得一条大道,这条大道,就是努力要求自己幸福之一切个人的自由"。就是希求把"国家活动的范围,缩减到不妨碍个人经济发展的限度"。他们开"德意志经济学者会议",发行机关杂志,编著经济教科书,在德意志十九世纪三十年代,经济学的研究,曾盛极一时,但那时的德国资本主义生产方法,还在未发展的阶段,因之,他们关于这方面研究兴趣,在某种程度,仍不免是肤受浅尝的,外铄的,所以卡尔指述当时经济研究的实情说:"直到现在,经济学在德意志还是一种外来的科学。古斯达夫·法·居利希(Gustav von Gülich)在其所著《工农商业之史的发展》,尤其是在一八三〇年刊行的同书第一第二册中,曾详细考察到:德国资本主义生产方法的发展,从而,近代资产阶级社会的树立,曾受到那几种历史事情的阻碍。经济学在德国发展的地盘依然没有。这种科学依然是当作完成品,从英、法二国输进来。德国的经济学教授,都还是学生。外国现实之理论的表现,在他们手上,成了若干教义的集成。他们周围的世界是小资产阶级的世界。从这个世界来解释,这种种理论是被误解了。他们觉得在科学上自己没有多大的力量。他们还感觉不安地知道,自己所讨究的问题,实际是自己所不熟习的问题。他们大都凭借学说史之博学的美装,或杂凑各种无关系的材料——即是由所谓官房学借来的,那是一种知识的混合物;德意志官僚的失意的候补者,没有一个不要通过这一个炼狱——来掩饰。"①

然则,是不是德意志资本主义于十九世纪七十年代发展起来以后,它的经济学就相应有好的成就呢?不,德意志的资本主义经济形态,在大体上,仍不免是英吉利式的、法兰西式的。资产者的经济学,既然在英法已经研究到了资本主义体制所允许的极限,同时,英法经济学界在一八四八年革命浪潮以后,又不许向前继续作着科学的分析,于是,在德国的经济学者,就一直没有好好从事科学研究的造化,前述那位大思想家爽直的告诉我们说:"在这情形下,德意志资产阶级经济学的辩护论者,分成了二组。一方面是聪明的、营利心重的、实际的人,他们集合在巴斯夏(Bastiat)(庸俗经济学辩护论者中最浅薄最成功的代表)的旗帜下。他方面是以经济学教授资望自负的人,他们追随在约翰·穆勒之后,企图调和那不能调和的东西。所以,德意志人在资产阶级经济学的古典时代,固然只是生徒,是盲从者,是摹仿者,是外国大商行的小贩子;在其没落时代,也是这样。"②

这就无异说,资本主义世界的,特别是资本主义在德国的现实发展条件,大体决定了德国资产者经济学必然走向流俗与辩护的历史道路。

第二节 旧历史学派

十九世纪初期以后的德国经济及其经济思想,照上面分别的叙述,已可概见其不相调适的症结。即德国当时经济状况的改进,虽为斯密自由主义受到支持的有力客观条件,但落后的德国经济,实不能在自由贸易场面下,与英国相竞争。由是古典经济学认为对一切社会、一切国家皆有妥当性的经济法则,就被视为忽略了历史发展的现实性,而古典经济学的世界主义与个人主义,也被视为忽略了个人与世界之间的桥梁——国家。李士特(F.List)是历史学派的前驱者,把他的主张,加以理论装饰的,则是有名的历史学派的大师罗雪尔(W.Roscher)、克尼斯(K.Knies)及喜尔

---

① 《资本论》第一卷原著者第二版跋郭王译本第6页。
② 《资本论》第一卷原著者第二版跋中译本第8页。

德布兰德(Hildebrand)。兹先分别介绍其学说概要如次：

一、李士特的学说

如果说李士特是历史学派的前驱,而李士特则还有他自己的前驱,那就是所谓"李士特以前之李士特"的浪漫主义者巴达(Franz von Baader)。他肆力攻击斯密,攻击德意志的曼彻斯特学派,昌言自由主义制为新的奴隶制,为经济优势国家,奴役落后国家的奴隶制。不过巴达的思想,只限于消极方面的攻击,并不曾使其顽强主张的国家积极政策,受到理论的支持。李氏在经济学中所解决的问题,亦是商业政策之改革的实际问题,不过,他能以冷静的实证主义、历史主义,支持他热烈的政论家式的雄辩。在他所著的《国民经济学体系》(Das Nationale System Der Politischen Oekonomie, 1841)中,他以为经济学是基于经验的科学,对经济现象加以历史的经验的叙述,便是经济学的任务。这是自然科学的历史观。在这种意义上的经济学,就不曾带有何等理想的目的论的因素。但他依照他的经济阶段论(狩猎时代、牧畜时代、农业时代、农工业时代、农工商业时代)而力言德国经济未发展到英国阶段,便不能采行英国所采行的政策。德国经济要想赶上英国,便不能堕入英国学派,特别是亚当·斯密所主张的物质主义与世界主义中。为对抗斯密的物质主义的生产力论,他提出制度、法律、宗教、教育、艺术等因素,作为生产力的源泉,并企图由国家利用或发挥这些源泉,由国家实施保护政策的法律,以加速赶上英国的经济发达水准。这在表面上,虽然像是把自然与理想调和起来,但在他所倡导的经验科学的经济学本身的每一个毛孔中,却已被注入了理想主义的血液。

二、罗雪尔的学说

认抽象理论为无价值的李士特,自然不能要求对经济学有何等大的贡献。罗雪尔企图在这方面弥补其先辈的缺点,在他的大著《历史方法观的国家经济学论纲》(Grundriss zu Vorlesungen über die Staatswirtschaft nach geschichtlicher Methode, 1843)中,曾简括的揭出了他的方法论的四个要点。

(一)国家经济学,不但是一种致富术,还是一个政治科学。它须记述诸国民有关经济的一切思考与努力。而且这记述还须和国民生活的其他诸科学特别是文化史、政治史相关联起来才有可能。

（二）研究国民经济，不能以今日之经济状态为满足，既往各文化阶段之经济及与经济相关的社会生活，均有研究必要。

（三）不易在诸多复杂现象中发现其本质的合法则的原理，则比较各国民的废兴存亡关键，在现代国民经济与过去相类似之倾向上有极大价值。

（四）历史的方法，不易对任何设施遽下有益或有害的判断，经济学的主要任务，宁在证明如何或为什么"合理的变为背理"，"恩惠变为灾害"。

从这四点看来，他的历史的方法，不外是叙述事实，并抽取出各国民发展过程中存在的相等的东西，使之统括在"发达的法则"的名称之下。在一八五四年出版的《国民经济原理》(Grundlagen der Nationalökonomie)中。他更强调此历史的方法，使与理想的方法相对立。在他看来，历史的方法，是探究"什么"或"已是什么"的生理的方法[①]，而不能是"必须是什么"的理想的方法，经济学的研究，不允许采用后一方法。在这一点上，他是纠正了李士特之方法论上之二元论的错误，但承认"发达的法则"，承认"国民经济之自然法则的可能性"，这不将在某种限度蹈袭了古典学派的巢臼，为其后继者希莫勒责难为对于亚当·斯密和解么？

三、喜尔德布兰德的学说

喜尔德布兰德于一八四八年出版其大著《现在及将来之国民经济学》(Die Nationalökonomie der Gegenwart und Zukunft)。在这部书第一卷中，完全是把注意集中在批判古典学派的自然法则的命题上，以为"斯密学派认定经济学为有关交换的自然科学，各个人是纯粹的利己的势力，且如自然力一样，常向同一方面而活动，常在同一事情之下，不绝地得到同一之结果。故不论在英国或德国，这些法则，都叫做自然法则，如其他的

---

① 他曾说："我们全盘拒绝把我们的理论，建立在理想的体系上面。我们的目的，简单的说来，是论述人的经济性质和经济欲望，探究适合于这些欲望之制度的法规与特征，以及该制度已获得之成功的数量之大小。所以，我们的任务，可以说是社会经济或民族经济之剖解学和生理学。"[参见郑译，胡洛斯基(L.Wolowski)、罗雪尔著《经济学历史方法论》第 96 页]（指郑学稼译本，商务印书馆 1936 年版。——编者注）

自然法则一样有永久的性质。"但他认定这种说法,是把自然生活与人的文化之间的差异性看落了。如其说自然科学是研究那支配无意识的现实界之法则,那末,经济学就非研究经济现象多样性中之不变的,在什么地方都是一样的那种法则,而宁是研究国民经济之经验的差异与变化中的发展与进步,研究各别民族之经济发展过程。他由此立场达出了今日尚为一般经济史学者所宗法的经济阶段说,即自然经济、货币经济、信用经济三个发展阶段,为一切国民一切民族经济发展必由的途径。这样,他虽是以历史的观点、发展的观点反对古典学派的历久不变的自然法则说,但他所提出的阶段理论,且不管其论据如何不可通,首先就已反对了他自己所强调的各国民经济所经验的差别、变异性,而去把握经济现象多样性中之不变的东西。

四、克尼斯的学说

克尼斯被誉称为历史学派之理论的完成者。他于一八五三年出版其大著《历史方法观的政治经济学》(Die Politische Oekonomie Vom Standpunkte der Geschichtlichen Methode),30 年后的一八八三年出第二版,因内容有所改变,改题为《历史观的政治经济学》。在这部著作中,他提出下面几个要点:

(一)确定经济学在科学中的地位,说它是精神科学与自然科学之间第三种性质的科学,它不仅观察人间内面的思维或观念的世界,还观察感觉能感知的世界。

(二)确定经济法则所依以建立的经济生活之内在关联。

(1)经济生活包含有物质的要素,人间的要素,所以经济现象是这两个要素结合的结果。

(2)经济生活和其他诸社会生活加政治的、法律的、宗教的、艺术的生活联成一体。

(3)经济生活在国民的历史发展上,乃是继续的变动者,没有一瞬间停歇;静态的考察,只有在被考察的那一瞬间,方使其考察结果,有暂时的妥当性。

(三)确定经济法则,非自然法则,而为类似的共通的发展的历史的法则。

(1) 经济生活的自然要素,虽允许我们得出自然法则的研究结果,但其人的要素,却会使经济行为引出颇为丰富的、极其不规则的、变动无常的现象。不过,

(2) 只要是经济现象同样的包含着自然要素和人的要素,即使不能由它那种现象中达出自然法则的因果的法则,毕竟可以由其大体类似的"共同发达现象",抽去其差别相,而求得类似的法则。

(3) 惟是此类似的法则,一定要从有关各国国民生活之历史材料中去探求,一定要成为"受人类历史的经验所领导的发展的法则",即历史的法则。他由是

(四) 确定经济学的性质及其任务。

(1) "经济生活的状态,经济学的理论,通是历史发达的产物。"

(2) "经济学并非以概念的联结为主要任务,也不是以普通的公理为基础;它的使命,乃在乎研究那表现在外界的日常生活的对象的叙述。"

以上诸点,是克尼斯学说的全貌,同时也是旧历史学派整个经济学说的最有建设性的部分。但它给予我们的总概念,却不过是着重材料的经济史,乃至文化的说教,而不曾接触到经济学的边缘。

第三节　新历史学派

新历史学派对旧历史学派的根本不同之点,即后者是以保护政策为其研究出发点,前者倒是以社会政策为其研究出发点。这种出发点不同的主要原因,就是因为在十九世纪七十年代以后,德国经济界表现了以次几种新事实:即普法战争结果所获得的大量赔款,补充了德国原始蓄积不够的缺憾;亚尔萨斯洛林的煤铁,更为其产业发展作了天然的杠杆,而全国性的国内市场,亦由统一局面得到实现。所以七十年代以后的德国经济,在以极迅速的速度,超越法国,追上英国。可是,如〔本书〕作者在其他场合(见《论国家资本主义经济形态与国家社会主义经济形态》一文中)所表述过的:"在资本主义的发展过程中,作为其发展之最基本条件的劳动力,从而劳动者阶级,也必然以相应的程度增长起来。这是每个资本主义国家都经验到了,且还在经验中的事实。但德国劳动者阶级在德国正式

踏上资本主义旅程以后不久,就对资本家阶级采取对敌的威吓的运动姿态,这原因,单从德国劳动者阶级甫一出现,就承袭了英法诸国劳动者阶级的许多战斗经验,知道如何为自己利益而组织起来,还是不够的;德国产业的集中化形态,当然大有助于他们的结合和组织,但当德国集中化产业开展之始,其他诸资本主义国家的产业,也在日渐加重这种倾向。因此,德国劳动者阶级比在其他诸资本主义国家特别表现得活跃而不可终日的理由,除上述原因外,一方面是由于德国社会落后性所导来的薄弱经济基础,殖民地的缺少,海外市场之遭受他国限制与有力竞争,以及资本主义开始成长在社会各方面引起的不适应的动荡关系,特别需要把劳动者阶级位置在比较安全而驯顺的状态下,以便使生产能在较有利的条件下进行,好借此加强对外的竞争力,而它这种要求,在另一方面,就变成一个弱点,一个容易诱致国外社会主义思想在德国繁殖,在德国试验的客观条件。十九世纪初期以至四十年代的德国素朴的观念的社会主义,差不多都受了法国傅立叶、圣西门的影响,此后马克思、恩格斯的社会主义理论,大体虽是把英国的产业发展状态作为其分析对象,但他们在国外研究的成果,很快就变成了国内劳动者阶级政治运动的有力武器。而由马克思和拉萨尔两派社会主义者合作所形成的政治活动,到了普法战争开始的一八七〇年,已极度活跃,翌年在帝国议会议员投票总数中 3892160 中社会主义者得票为 124665,选出议员二名;在一八七五年的 5190254 总投票数中,所得票数为 351952,选出议员九名;至一八七七年在 5411021 总投票数中得票 493288,选出议员十二名。

此种社会主义势力发展的趋势,诚然会使当时当政的俾斯麦震惊,同时也必然引起整个市民学者的隐忧。讲坛社会主义派或新历史学派在骨子里尽管是为反对社会主义而奋起,但因社会主义势力的抬头,正好是浮在议会政治的高潮中,从而是昂扬在自由主义与民主主义要求的喧嚷中,由是抨击自由主义经济思想,反对所谓德意志曼彻斯特学派,就有了间接借以打击社会主义的侧面作用,而打击代表新兴资产阶级的曼彻斯特学派及其所主张的自由主义经济学说,就更使他们这些讲坛社会主义者,取得了反资本主义或超越一切阶级利害的'外观'。甚至在这种限度内,显示了同社会主义者采取同一步调的可能的'假象'。

然而事实上,对于资本主义的拥护,是并不一定要采取自由主义立场的。特别是在满含有封建残余色调,而又以保护主义起家的德国,它在上述诸般客观条件规制下,要增进资本家特别是大资本家阶级的利益,确实需要借国家的力量,化除资本家阶级内部的竞争,缓和劳资阶级间的对立;能这么做,对于某些具有特别竞斗能力的资本家,即令会使其尽量取得特殊利益的贪求受到限制,而对于整个资本家阶级,却是异常必要的。因此,不论讲坛社会主义及其实践者们的主观意象如何,在客观上,他们却是想借国家权力来保证资本主义发展的国家资本主义的立案者。"①

从上面这种说明中,我们知道:所谓新历史学派,大体是由德国在十九世纪六七十年代的新社会经济环境下产生的。旧历史学派反对自由主义而强调保护主义,但迅速追踪先进国家而发展起来的德国资本主义,以及在其发展过程中抬起头来的劳动阶级势力,已使德国经济学的研究,不能以旧历史学派的那一套理论为满足。单就对于自由主义的态度说罢:在以前,它是在强调保护主义的立场来反对自由主义;到现在,它是在抵制社会主义的立场来反对自由主义了。反自由主义,反社会主义,归根结底,无非是为了抑制劳动阶级,或缓和劳动阶级对于资本家阶级的敌忾。在这种要求下,学者们如其干脆站在资本家阶级立场,当然不易收到预期的效果,于是他们,以"第三方面"的姿态出现,并且把政府也"第三方面化"为"超阶级"的东西,主张由政府干涉私人经济活动,改良劳动阶级的生活状态。在某种限度内,他们就不但"第三方面化"了,甚且"社会主义化"了。为了嘲弄他们,他们的论敌,自由主义者,奥本海玛(Oppenheimer)竟呼他们为"论坛社会主义者"(Kathedersozialist)②。在一八七二年,他们(还包括有几位旧历史学派的大师)召开了一个团结对抗自由主义及真正社会主义的大会,组成社会政策协会(Verein für Socialpolitik),翌年,更在爱因拉哈(Eisenach)开第一次年会,由新历史学派领导者希莫勒(G. Schmoller)主席,由主席的开会致词,揭橥他们共同努力的纲领。其中有以次值得注意的主张:

(1)"他们(大学中的经济、历史、法律科学的教授,而且是属于这次会议的委员),一致信奉一个国家观。这个国家观,不但和赞美个人及其意

---

① 见《中国建设》六卷一期第 42~43 页。
② 新历史学派的一批教授们,后来觉得这个名号很有意思,欣然接受了。

欲的自然法则不同,还和蚕食一切国家权力之绝对主义理论不同。……他们以为国家是教育人类的伟大的道义的制度。他们不愿意把立宪制度,委给互相斗争的经济支配阶级,而希望那种超越阶级利益,行公正法律和行政,保护弱者,使下层阶级向上起来的巩固的国家权力。……

(2)"他们以为大多数的劳动者和资产阶级、知识阶级之激烈的对立,并不是经济状态的对立,而是情感、教养、思想及理想上的罅隙,是危险的东西。

(3)"在社会主义意义上的均等化,不是他们的理想。他以为有种种生活阶段的等级,并且以为容易由一阶级移到他阶级的社会是很正当的,很健全的。……

(4)"他们虽然不满意于现社会的诸关系,痛感有改良的必要,但我们不能说,变革一切科学,打破一切现存诸关系。他们反对一切社会主义的实验……"①

显然的,他们这些学者,是想依赖"超阶级利害的"国家,来阻止自由主义与社会主义。他们根本不承认激烈的阶级利害冲突,是由于经济的原因;但在另一方面,他们却又行所无事的想用观念的伦理的说教,来缓和经济利害冲突。

他们中间的重要人物,除前述希莫勒以外,还有布伦塔诺(Brentano)、华格纳(A. Wagner)、布赫(K. Bücher)、逊堡格(Schönberg)等。兹先分别简述他们各别经济思想的轮廓,然后再综观共通论点。

一、华格纳

在一八七二年,华格纳即用"社会问题讲话"(Rede über die Soziale Frage)这个大题目,揭橥他们所提倡的新经济学,不只是要处理事实,同时是要处理理想。什么理想呢？就是关于社会的罪恶、不平等,不要像所谓曼彻斯特学派那样,把它们委之于自然法则作用上的必然无可避免的事体,而应当认那是可以纠正,而且必须去设法纠正的。他相信,我们如其肯关心劳动者阶级的生活问题,劳资间的冲突,贫富间的斗争,社会主义的传播,就可能得到阻止。他这种论调,不但可以代表整个德意志新经

---

① 参照加田哲二著《德意志经济思想史》周译本第387～390页。

济学的愿望，同时还是全资本世界任何一个国家的改良主义的企图。

二、布伦塔诺

与华格纳比，布伦塔诺具有较多自由主义成分。他的全部研究，都集中劳动组合一方面。由一八七一——一八七二年，公布其《现代劳动组合》（Die Arbeitergilden der Gegenwart）。其中主要论旨，在借英国劳动组合历史，说明劳动阶级生活的改善，还需要劳动者自己能在一定组织下起来争取。他根据英国劳动运动史实，说明工资基金说的不当。他并相信，劳动者不能过事期待政府，过事期待政府，他们的运命，就难免要为官僚所支配。所以，有关劳动者的各种保险，他以为由政府用强制的方法去推行，就不如让劳动组合担当的好。他以后所有的著作，差不多都在反覆解述他这种劳动组合的主张。显然的，他最后企图达到的目标，虽同华格纳及其他新历派学者没有两样，但达成那目标的方法，是颇不相同的。①

---

① 也许因为他在劳动上能比较采取自由主义立场的缘故，在其后期著作即一九一六年出版的《资本主义的起源》（Die Anfänge des modernen Kapitalismus）中，讲出了一段相当正确的描写资本主义的话，那是值得补述在这里的。他说："对于封建的经济组织，完全站在反对立场的，便是资本主义的经济组织。在这种制度之下，货币是代土地而起，担任重要的职分。于是货币这东西，成了主要的生产手段。资本和货币，不是同一的。然一般人，最早就绝对的不是单为自己的需要而生产，每每有人，对于满足自己需要的东西，反全不生产。有的是全部或一部分为贩卖而生产。同样的，一般人的消费，也不是单靠自己所生产的货物。因为他所消费的东西，都能用货币带来的原故。不但是为个人的目的财富及劳动，可以用货币换来，就连他继续生产上所必要的东西，也能用货币换来。因此对于财富这种东西，早已不必顾虑什么技术的特质，单把他当作货币价值之具体化了的东西及同样在生产上可以利用的生产手段来看待。这种事实，不但对于所用的财，可以适用，就是对于所使用的劳动力，也是适用的。一般人对于财这东西，早已不是自己一个人来作，纵就是作，也是计算他的货币价值。而且，关于获得必要的劳动力之支配，也是借购买自由劳动者的劳动力而获得。……所以关于生产上所必要的劳动力之购买，也是和生产上所必要的财之购买一样，无论卖者买者，都是看机会，凡在可能范围以内，务必想确保自己的利益。尤其是打算生产新生产物的，这种情形，特别显然。为什么道理呢？他的利益的多寡，便是看能否廉价的购买生产上所必要的要素，高价的贩卖，以此种要素所生产的生产物来决定的，所以他的努力，便倾注在务必想多得利益的方向去了。使他能够购买这种生产要素的，便是他的资本。"（参照陈邓合译石滨知行著《欧洲经济史纲》第298～299页）他这所谓资本，比之同派罗雪尔、布赫辈关于资本的认识，实在不知道要高明多少。

三、布赫

在新历史学派中,企图由史实,由社会政策方面,移到原则,移到学的方面的,比较的说,也许要推布赫,一八九三年为一般所称道的《国民经济形成论》(Die Entstehung der Volkswirtschaft)问世了。在这部书里面,他把现代国民经济所由形成的原因,归之于交换关系的发达,即生产物是否由生产者自己消费,或生产物由生产者移到消费者所必经历的道程的远近,来说明历史上有三个经济阶段——封锁的家内经济阶段、都市经济阶段、国民经济阶段。他对于成为他研究重点的国民经济,曾解释为是"满足一国国民全体欲望所需的设备、文物、行为等所构成的总体"。他还以为"国民经济又分为许多个别经济,各个别经济,以交通而互相结合"。他这种研究,除了以交换交通来代替社会关系,而将阶级社会的利害冲突,从根予以舍象外,就很难说是与他们这一派的社会政策目的,有何等本质的关联了。所以同派的主导者希莫勒,就特别强调那把个别经济结合起来的国家或政治的作用。

四、希莫勒

他是一个多产的作家,他的代表作是一九〇〇年到一九〇四年连续出版的《国民经济学原理》(Grundriss der Allgemeine Volkswirtschaftslehre)。然而他关于国民经济的认识,已载在康喇(Conrad)所编《国家学辞典》中的《国民经济、国民经济学及其方法》(Die Volkswirtschaft, die Volkswirtschaftslehre und ihre Methode)一文中。

那篇论文,虽是与布赫上述大著同年发表,但他关于国民经济及国民经济学的形成,采取了这样不同的说明:"数百年来,各个私经济的及社会经济的事实,曾为人所注意所记载,个个国民经济真理,亦为人所认识;由十七世纪到十九世纪,国民经济诸问题,在国家的统制及行政上,获得了从来预想不到的重大地位,以至多数著作家着手研究它,对于青年学生,也有教示这问题的必要;于是从来散漫的各部分,方才综合成一个特别的科学。同时,一般科学思想勃兴的结果,十八世纪的著作家,方将所集成的国民经济的命题及真理,用一种根本思想——如货币及交换、国家的经济政策、劳动与分工等等,结成一个独立的体系。从此,国民经济遂成了独立的科学。"对于他这种说明,罗沙·卢逊堡(Rosa Luxemburg)曾批评说:"简括言之,即是迫于国家统治及行政的必要,我们在大学就有了教授国家经济学的必要,在这场合,那长期间零星散漫的个个国民经济的观察,方才结成一门特殊的科学。……这么说来,国民经济学的发生,乃由于政府的嘱托……"①惟其他从政府的要求的立场,考察国民经济,他就必然要注意到国民经济结成的心理的伦理的要素。而这一切,只有从经济的发展的过程,或经济史的探究,才得明白。在这种限度内,他说,他们新经济学者,与旧历史学派不同的地方,就是后者对于经济史研究的不充分,同时,后者没有特别强调经济上的心理的伦理的作用。

自然,不从民族心理与伦理的视野去探讨,怎好在消除阶级斗争的隐忧上,叫资本家看在民族的面上少剥削一点,叫劳动者也看在民族的面上,多贡献一点呢?

因此,把新历史学派诸子的研究方法,概括起来,可以看出三个特点:

第一,历史的相对主义——历史的相对主义,到了新历史学派手中,却表现了这样的特点,即旧派主张由历史的方法观察现象,却不曾获得高深的经济史的知识,而他们则认定充分的以经验的方法建设经济学理论,必须用非常的努力,特别研究经济史。

第二,文化现象的伦理观——普通所谓国民经济,是指着经济学在国土这个自然的地理限制之下的经营,旧派也蹈袭此说,以为其经济和国家之不可分性,但他们认定经济在一方面是超国家的,而同时又是在同一国内表现着特殊性的。因此,在他们想,经济现象之所表现的主要特殊性的原因,决不能叫做领土的自然现象,乃是依着语言、伦理、历史、道德、性感及其他成为观念的东西所形成。文化现象的特异性,乃使其发生出经济的特异性。文化现象的伦理见解,在一切社会契约关系人之间,演着莫大的作用。他们由此出发,作出正当之分配原理。而此改良社会的分配原理,就是经济学的最重要部分。

第三,心理学的基础——经济学之一般理论,不能单靠归纳法达成,但在演绎法的应用中,古典学派的利己冲突,既为历史学派所反对,他们

---

① 参见卢逊堡女史著陈译《新经济学》第 5~6 页。[该书为罗沙·卢森堡著,陈寿僧译,中国新文社(上海)1927 年版《新经济学》。——编者注]

遂提出经济行为之原动力的问题。谓一定范围内之一段的情感、观念、行为倾向的研究,能帮助吾人理解社会的集团现象。所以国民经济现象之分析,不能不借助于社会心理学的研究。

总之,新历史学派心目中的经济学,不但是历史的、经济史的,直是伦理的、心理的。希莫勒自己就曾宣称经济学为心理学,为心理学的科学和伦理学的科学。他们不是由经济现象之科学的研究,而达出实践的改良主义的社会政策,反之,却是由社会政策上的主张,去摸索经济理论上的装饰。

第四节　历史学派经济学总评

在严格的意义上,我们殆难承认一般所谓历史学派经济学,在学史上有何等地位,虽然我们不妨退一步,把该派对古典学派或正统学派所倡言的绝对主义、永恒主义的攻击,看为是他们在消极方面的贡献。

特古典学派为现代资本社会定立的经济法则,有许多虽然还有补充与纠正的余地,但同样有许多是正确的,是在资本社会有其绝对妥当性的。历史学派,不论是旧的还是新的,几乎都不曾触到那种经济学的正体,举凡一般所重覆所遵循的价值、利润、地租、交易等经济法则,他们殆不约而同的是采取默认的态度①。这有两大原因:第一,他们社会经济或资本主义生产方法的不绝的向前发展,随在皆证示那种经济学,那些经济法则,已在当作一种明如观火的事实,摆在他们面前,并以不可抵抗的力量,在贯澈其作用;第二,即使有可批评的地方,他们也是无能为力的。正如卡尔所说:"德意志社会的特殊的发展,使德意志在资产阶级经济学上,

---

① 当然,在必要的场合,他们是不会忘记表示辩护意见的。例如,关于价值,博学的罗雪尔教授,在其所著《国民经济学原理》中曾说:"李嘉图学派习惯的把资本当作'蓄积的劳动',而把它包在劳动这个概念下面,这是一个错误。因为资本所有者,确还在单单生产和保存原物外,作别的事情,他还节制了自己的享受,这种节制,比方说,也是要有利息作报酬的。"卡尔在这句话后面补评说,这种经济学的解剖生理学方法,竟以"要有"来说明"价值",这是多么巧妙啊(参见《资本论》第一卷郭王译本第152页)!华格纳在其后期著作《政治经济学基础》中,也力说资本利润是正当而无可争议的问题,问题只不过是利润率的高低罢了。

不能有所独创的造就,但批判是不包括在内的。这批判如果可以代表一个阶级,那么,只能代表无产阶级。"①换言之,历史学派诸子是代表资产阶级的,他们自然没有资格批判。

惟是他们不能或无能从正面批判,所以,他们与现实要求结合起来的研究,就始终是在方法论上兜圈子。不错,如其说,每个学说体系都是有一定的方法论纲维着,从它的方法论批判起,是有许多方便的;但不是说,批判了它的方法论,就等于批判了它的整个体系。而且在事实上,历史学派所强调的历史方法,究不过是经验主义的东西,它在本身就包含有以次几种不健全的特征。

第一,它只能零碎的把握经济现象的外表,而不能透过外表去观察其本质;

第二,它只能见到历史演进的迹象,却不易认识其内部矛盾发展的法则;

第三,它只能一味搜集资料,在量上做排比分类工夫,而不知道偶然的类似的因素,会妨碍一般历史法则的建立。

经济主义的历史方法,必然会领导他们走向各种各色的经济阶段论。差不多每一个历史学派的经济学者,都有自己的一套阶段理论,由李士特的五阶段说——渔猎时代、畜牧时代、农业时代、农工业时代、农工商业时代,到希莫勒的五阶段说——村落经济时代、都市经济时代、领域经济时代、国民经济时代、世界经济时代,可以说是表象论的典型。且不管它们是否经济学范围内应当讨论的问题,即使照这派学者们所有意无意强调的,以经济史学来代替经济学,但我们能从那种表象的分类分期研究中,得到何等历史法则的认识么?李士特的农工业时期和农工商业时期,究是何所据而划分出来?历史上有一个工业已经发生,但没有商业的时代么?至若希莫勒的五阶段说,在类目上,是比布赫的三阶段说——封锁家内经济时代、都市经济时代、国民经济时代②,加多了一个领域经济时代,一个世界经济时代,但所谓国民经济,已经是当作诸国民经济或世界经济

---

① 《资本论》第一卷第二版跋中译本第8页。
② 在布赫,国民经济在历史上一系列的经济形态中,占最高而最后的发展阶段(参见卢逊堡女史著陈译《新经济学》第17页)。这一来,他的领导者希莫勒强调的"世界经济",就没有地位了。

中的一个单位来理解的,何所据而把国民经济与世界经济分划作两个不同的时代。但我这样说,并不承认布赫的分期法是对的,只不过表示希莫勒的说法较支离罢了。前述喜尔德布兰德的三阶段说——自然经济时代、货币经济时代、信用经济时代,其不合实际,不合逻辑,已非常明显;单从货币信用范围程度与方式的不同,来区分经济发展阶段,究有什么用处?不错,希莫勒曾这样告诉我们:"历史的经验材料,如一切妥当的观察和记述一样,确实证明理论的命题,指示特定真理的妥当限界,而且在归纳的获得新真理的场合,是很有用处的。同时在国民经济学复杂的范围内,只有在历史研究基础上,才能进步。例如,关于机械使用对工资的作用,贵金属生产对货币价值的作用,都是些抽象的议论,所以没有价值;但如其是关于国民经济设施及其理论的发展,那就不同了。把问题从其一般进步状态中去讨论,乃有妥当性。"[①]把一切国民经济现象,甚至整个资本主义经济,当作一个发展过程来考察,当然是非常合乎历史科学的,但那种考察,须从国民经济的、资本主义经济的内部,从那作为国民经济或资本主义经济的基本构成的生产与分配诸关系着眼,然后始能把握发展演变的基因;历史学派的任一经济学者,都不曾像他们所批评对象的古典经济学者,从资本社会的生产分配关系入手,所以,他们根本都不能把现代经济的特质指证出来。在他们设想,现代经济发展到了"国民的"、"世界的",或"信用的",或"农工商的"阶段,就已经到了尽头了。换言之,他们仿佛以为历史是属于过去的东西,到他们的时代,就停止了。

由于这样的支离的历史方法,以及由是导来的肤浅的经济阶段论,遂使他们在现实经济的研究上,不得不抛弃那作为历史主义、经验主义之特点而存在的客观主义,而把心理基础、伦理情操、政治策略一类表层的广义的文化因素,拿来作为胶合那些从经验主义观察所见到的各别经济单位、经济主体所表现的零散与分离,并进而缓和其间的冲突与矛盾。于是,历史学派大师希莫勒在其所著《国民经济学原理》中,又提出一种有关国民经济的解释了,即国民经济是被统一的民族精神并统一的物质原因所支配的一个民族经济的社会的过程与组织。他希望在"物质的"国民经济中,"渗入民族的精神"的血液,以为借此又可使经验主义与理想主义发

---

① 参照周译加田哲二著《德意志思想史》第399页。

生联系;这一来,当作科学的经济学,就不但如他所说的没有"鲜血和生命",且已被教授们玄博而繁冗的文字和术语,玩弄得"遍体鳞伤"了。

旧历史学派为了反对外国的资本家阶级而强调保护主义,他们对于"民族的精神"的鼓吹,还不曾过于损害经济之科学的的研究;新历史学派,特别是所谓"集大成者"希莫勒,为了反对或抑制本国的劳动者阶级,而强调社会政策,他们对于"民族的精神的"说教,就把经济科学,作了"为目的不择手段"的牺牲。

在德意志新旧历史学派手中,资产阶级经济学确实是蒙受到一次"被闷死"的浩劫,但它却显然不曾由维也纳大学的一批教授们得到"新生"。

第三章　奥地利学派的经济学说

第一节　奥地利学派的发生

在现代经济学史上，奥地利学派获得了较之历史学派还不相称得多的地位，历史学派仅在德国经济学界耀武扬威①，而奥地利学派却很快就向世界进出了。沈伯达（Schumpeter）曾这样傲然倡言其先辈学说，在各国传扬广播的盛事说："最近在各国唯一可以和应该得到一般承认的经济学说，就是限界效用说②。最近所有的理论经济学的著作，有十分之九，是在心理学派的思想圈里绕转着。"

奥地利学派不仅向世界进出了，甚且在资本主义世界的各国，占有经济学研究领域的极重要地位。各国的经济学研究者，几乎只承认奥地利派经济学才是经济学。直到今日，这一派的优势还不曾从他们在观念上所建立的空中楼阁中折塌下来。

但从经济学史的观点看来，奥地利学派所获得的世界地位，并不是由于他们的理论的正确性，却反而是由于其理论的歪曲性。他们这派学说的传播，正说明资本主义在末期所要求经济学的，不是正视现实，不是从一般现实经济现象中，研究出可以作为它向前发展指标的因果法则，却反而是避开现实，是缀拾诸般表面现象，来翳蔽一般经济发展倾向。如其说，资本主义在其向上的前进期，需要古典学派，它在其向下的没落期，或

---

① 在德国历史学派发生的前后，英国研究经济学的学者，已经有反对过分抽象的正统主义的趋势，由钟士（R.Jones）到英格拉姆（Ingram），以至亚胥勒（Ashley）等，均被目为英国系历史学派人物，但他们主要是侧重在历史研究方法上面，而并不像德国历史学派之企图由历史方法，达成其保护政策、社会政策的目的。

② 现在一般译为"边际效用说"。——编者注

者更需要奥地利学派，但同是需要，却不同种类，在真理的探究上，在学史的地位上，奥地利学派跟历史学派一样，至多只不过是一个"傍趋斜出"的支流而已。

历史学派在学史上的贡献，消极方面，在反对古典学派的超历史主义；积极方面，不过是为史学者提供了一些未曾消化的史料。而奥地利学派在学史上的贡献，消极方面，不过是强调一般法则的可能与必要，对理论经济学给予以侧面支援而已。他们想把"被闷死"在历史学派手中的经济学复兴起来的愿望，可惜为他们的另一更重要的愿望所牺牲了，那就是末期资本家世界对他们所期待的反社会主义思想的理论嘱托。

奥地利学派在经济学史上，是一个非常习见的称呼，但要了解它，仍须加一些说明。这个派别，一般又称为限界效用学派，更有把它里面包含的数理学派排挤出来，而称之为心理学派的；此外，更还有缩小范围，称为维也纳学派的。

当作一个学派，该派的经济学者，自不限于奥地利人，但同派中心主张的坚决拥护者、系统建立者，主要为奥地利经济学者门格（Karl Menger）、庞巴卫克（Böhm-Bäwerk）、威色（Friedrich von Wieser）及沙克斯（Emil Sax），英国的杰芬斯（W.S.Jevons）、美国的巴腾（Simon Patten）、法国的库诺（Cournot）、瑞士的华尔拉斯（Léon Walras）父子等，则是分别作为其前驱者或信奉者而登场的。

奥地利经济学派的建立，在其客观背景上，是要从世界的视野去观察的，虽然我们也不应忽视奥地利这个地域，对于其经济学者的"乡土关系"。维也纳会议（一八一五年）以后，奥地利成了欧洲反动势力的集注地，梅特涅（Metternich）宰相的活动（压迫民主运动与自由主义），虽由一八四八年二月巴黎革命的怒火，蔓延到奥国予以终结，但奥国直到一八六一年始制定了一种颇不完全的宪法。一八六六年对普战争失败，它已逐渐失去其在欧洲政治舞台上活动的实力，而变成了新兴德国的一个配角。在资本主义经济逐渐踏上金融资本发展的阶段，作为其社会特征的表现，是资产阶级内部，发生了一个站在生产活动的圈外，专讲享乐，专讲消费的金利生活者阶层。他们是现实经济的支配者，他们的经济意识亦成了支配的意识。维也纳在当时虽然失却了政治的地位，却还不失为各国金利生活者过豪华生活的乐园。——这是奥地利派经济学以维也纳为中心，而向整个资本主义世界辐射展开的现实背景。

当然，在这当中，我们不能忽视维也纳这个曾经扮演过大反动场面的首都的经济意识的背景。当作大德意志帝国之一构成部分的奥地利，它在经济意识形态方面，比之在经济方面，更加蒙受了德国的影响。德国经济学界的自由主义思想、社会主义思想及新旧历史学派经济思想之间的热闹的论争场面，对于维也纳大学的经济学者们也给予了非常的冲动，他们便依照维也纳当地的特殊环境，一面反对历史学派，一面为对抗古典学派及社会主义学派，而提出所谓"新的学说体系"。

第二节 前驱者及主观价值学说的历史回顾

奥地利学派经济学之研究重点，在它的主观价值学说，关于这种价值学说，在中世经院学者有关正价或所谓公平价格之评定的议论中，我们已在本书第二篇中简略提到了。此后，在十七世纪末，一个英国买空卖空的投机商人尼古拉·巴尔本（Nicholas Barbon）曾于一六九〇年出版的《商业研究》中，表示"任何商品没有正确的一定价格或价值"。他并还认定："一切商品的价值，都是从它的效用性（即它能满足人类的欲望与消费）生出来的，并且随着使用它的人们的心理与欲望的变更而变更。"再后，一个住在巴黎的意大利天主教僧院长加利安尼（F. Galiani），在他一七七〇年的《货币论》中，力言"商品的使用价值决定它的交换价值"。到了有名的法国教授康狄拉克（Condillac），他更于一七七六年出版的《商品与政府》一书中，把加利安尼的那种高见，公式化为"物品不是因为它值什么才有价值的，而是因为它有价值（按即使用价值）才值什么（劳动或货币）的"。① 所有这几位商人、僧院长、教授，通是重商主义说教者。重商主义的"贱买贵卖的欺骗哲学"，绝不肯承认价格构成现象中有什么规律性。但经济生活向前发展，或者成功了的重商主义，已完成了它为工业资本主义的铺道任务；特殊公司的独占已让位于自由竞争了，对于商品价值的偶然性的主观性的解释，实不能满足新资本家或工业家的要求。他们出卖

---

① 参照李译卢逊堡著《政治经济学史》第一卷第236页。

价格的最低限度,要能偿还他们的成本,还得加上多少盈余。结果,在资本主义经济的发生乃至发展期,整个经济学界,差不多完全是由生产成本费理论或劳动价值学说所独占。其间,就在正统学派诸子中,虽然也有涂抹上一些主观色调的,但通是当作对劳动价值学说把握不稳而滑脱到正轨以外所引起的错误。比如,被称为向法国、向欧洲大陆传播斯密学说的大师——萨伊,他就陷在斯密二元劳动价值学说的迷惑中,而使他的价值理论,摇摆在客观主义与主观主义或劳动价值学说与效用学说之间,李嘉图曾把他的《政治经济学》全书中有关的相互矛盾的意见,表列出来,兹选述其中尤其矛盾的几项,借资比照:

一、"在交换二物时,我们交换的,其实,只是生产它们的劳役"——原著504页。

二、"生产费是物价真正昂贵的唯一原因,昂贵物的生产费,一定很大。"——原著497页。

三、"构成一物生产费的,是生产时消费掉的各种生产劳役的价值。"——原著505页。

四、"价格是价值的尺度,价值是效用的尺度。"——原著二卷4页。

五、"生产就是创造价值,这将给物品以效用,或增加物品的效用,且因而确立它的需要,这是物品有价值的第一原因。"——原著二卷487页。

六、"构成生产物的,是效用。交换价值,只是这种效用的尺度,只是生产的尺度。"——原著490页。

七、"一个人如要发觉一种物的效用,只有参照所付价格来评定它。"——原著502页。

八、"这价格,是效用的尺度,是欲望满足力的尺度。为购买这种效用而付出的价格,改购他物,若更能令他满意,他就不情愿消费这种效用了。"——原著506页。

由上面这几项引文,我们会明了,前三点是表示价值由生产的劳费决定,而后五点,则又表示价值是由效用决定。他并进一步认定效用是"欲望满足力",显然是主观的。后之经济学者,特别是我们将在本书最后一篇要论述到的马夏尔,虽然从萨伊这里袭取了很重要的意见,但萨伊仍因大体还固执着亚当·斯密客观价值学说的立场,所以不能说,他与奥地利学派有何渊源。可以算作是对该派后来发展最有影响的直接前驱者的，第一应当数到德意志人高森（Gössen），其次就是英国名经济学者杰芬斯，而法国之《财富理论之数理研究》（Recherches sur les Principes Mathématiques de la Théorie des Richesses，1838）的著者库诺，曾被杰芬斯誉称为有意将数学导入经济学的第一人，他对于奥地利学派的影响，也许是间接的，而且只限于物品效用性质说明的诸论点。此外，瑞士人华尔拉斯父子，亦都是论奥地利学派渊源时不可忽视的人物；老华尔拉斯（Auguste Walras）与小华尔拉斯（Léon Walras）父子的著作，都在根据最小牺牲得到最大满足的避苦趋乐原则，而依数理来解说经济上的交换诸现象。自然，就小华尔拉斯说，他还是受了奥地利派的反影响的[①]，在某些方面，数理学派被当作是奥地利学派的一个分枝，一个变种，其原由就在此。但在这里，我只想把影响奥地利学派最大的高森与杰芬斯的主张，加以简括的介绍。

高森于一八五三年出版的《论人类交换诸法则的发展及人类行为的规范》（Entwickelung der Gesetze des Menschlichen Verkehrs, und der Daraus Fliessenden Regeln für Menschliches Handeln）一书，殆可视为享乐经济学说的教本。他以为人类就是为求享乐而生活，生活的目的，就在尽可能增大享乐程度。经济学的目的，则不外帮助我们获得最大可能的享乐量。换言之，我们是借着经济学，探究享乐过程的诸法理。有名的所谓"高森定律"，就是他从事这种研究的结果。"高森定律"告诉我们的是：（一）同一享乐的大小，若不断继续享受，即要逐渐低减，以至于达到饱和状态；（二）若我们重复以前经验之享乐，享乐的大小，亦会同样低减。这表示，不仅享乐在每次重复之后都比以前减少，就是原来的享受大小，也要减低，而且以前经验过的享乐之时间上的持久力，亦随重复而递减；重复之发生愈快，饱和状态愈早到来，最初的享乐大小及享乐时间的持久力之减低，便亦愈速。这种日常生活经验上的自明之理的反复，说来本极乏味，高森之所以被奥地利诸学者所奉承，也许是因为他还由此引论到物品交换的价值问题。他以为"在一般能有价值的物品中，只有其中的一定

[①] 他在《数学的交换理论》中，甚至得出了一个与奥地利学派不尽同格调的公式，那是说"价值之成立，不是由于货物之效用，而是由于它的稀少性"。换言之，即如他所说，他的体系，是"用商品数量来形成商品的（以价格为根据的）方程式的体系"。（参见孙林译《劳动价值学说史》第369页）

量,才有价值,物品最初的量,可以有最大的价值,以后量渐增,其价值也渐减"。这就是说,享乐的程度有大小,价值也有大小,对于我们享乐无所益助的东西,根本就没有价值。此后奥地利派的繁琐教义,有许多是从这种经验论中翻新出来的。比如,像庞巴卫克之流的脍炙人口的《财货分类学》,其"发明权"就应属之于高森。据崇拜高森的杰芬斯所说:"高森曾……把有用物品分成这几类:(一)自身能够给予快乐的物品,(二)与他物结合始能给予快乐的物品,(三)当作手段,以生产可以给与快乐的物品的物品。"①显然的,这第(一)种物品不就是所谓消费财货么?第(二)种物品不就是所谓补助财货么?第(三)种物品,不就是所谓生产财货么?高森有知,是定会以他后来竟拥有那样一些有名的信徒而骄傲的。

最后,我要讲到英国的斯坦勒·杰芬斯了。他在奥地利学派主导者门格出版其《国民经济学原理》的一八七一年,发刊其主著《经济学理论》(The Theory of Political Economy)。就内容说,他这部书到头来竟为门格那部书所掩蔽,只有一个理由,即他在英国没有有力的后继者,论研究的深刻,他是在门格之上的。

英国是古典经济学的故乡,由威廉·配第、亚当·斯密、李嘉图、约翰·穆勒在英国所建立起的权威,要动摇它,颇要一些识见与胆量。杰芬斯公然张起异端的旗帜,起来对"权威"宣战。在同书一八七九年第二版序言中,表示李嘉图同约翰·穆勒包办或独占了经济学界,以致他认为比较更了解真的学说的马尔萨斯、西尼尔都已"在李嘉图、穆勒学派的统一与势力下,被逐出了战场"。② 他希望把马尔萨斯、西尼尔"被束缚了的科学的片断拾起来再开始"。这显然表示,他的研究,恰好沿着古典经济学中被支离被流俗化的那个线索,去找寻——出发点。但他的最后目的或他借以达到最后目的方法,却与马尔萨斯、西尼尔不同,他干脆"把经济学视为快乐与痛苦的微积分学","为讨论量的科学",必须使其"成为数学的科学"。他以为"效用、财富、价值、商品、劳动、土地、资本是这门学问的元素"。③ 在他设想,这些元素,都是可以量计的。凡属一科学所研究的对

---

① 见郭译《经济学理论》原著者再版序言第 15 页。
② 见郭译《经济学理论》原著者再版序言第 27 页。
③ 见郭译《经济学理论》第 1 页。

象,"若其物是可大可小的,其事的发生,是可早可迟可近可远的,量的概念便加入了。无论我们叫它什么,它在本质上,总是数学的"。①

可是,把经济学变为"数学的科学",而这种科学,杰芬斯又认定是以价值问题与交换问题为其研究上的中心问题,那么,在一个主张客观劳动价值学说的人,也许有较多的便利,但杰芬斯却像为自己找麻烦一样,他是主张主观效用价值学说的。对于效用,他是采用边沁的界说:"所谓效用,是指任一物的性质,该物因有此性质,故对当事人有一种趋势,可以产生利益、快乐、善或幸福——它们在此有相同的意义,——或防止害恶或不幸的发生。"②换言之,效用非单存于物的本身,"直接当事人对于该物的意念或意向,是它在当时有用与否的唯一标准"。③ 而"有用与否"又可转释为"可给予经济主体以快乐与否",所以,快乐与痛苦,是经济学计算的究竟对象。经济学的问题,是以最小的努力,获得欲望的最大满足,以最小量的不欲物,获得最大量的可欲物,换言之,使快乐增至最高度④。特物所给予吾人的快乐程度,每与吾人对该物的保有或效用量有关;对满足一定欲望的物量愈增,其效用愈减,反之,则其效用愈增。物量或财货保有量对当事人满足需要或欲望感到缺乏,即发生价值,所以,价值是由效用与稀少性发生。这一切,虽很不容易准确计量,但都不难计量,而在杰芬斯看来,实际上已经在计量着。比如,我们日常市场的交换,通在依各交换当事人对于所换财货或商品的需要或满足欲望的强弱要求的打算而进行。不过,他虽这样强调主观价值,强调价值发生于效用及稀少性,正因同时从稀少性着眼,却把供给与生产费的要素拉进来,更进一步,认定"劳动虽非价值的原因,但在大多数的场合,是决定的条件",以至引出下面这一个奇特的系列。他说:"劳动影响供给,供给影响效用程度,效用程度支配价值或交换率。为要使这几种极重要关系,不致引起误会起见,我们且重述其意义如下:

生产费决定供给;

供给决定最后效用程度;

---

① 见郭译《经济学理论》第5页。
② 见郭译《经济学理论》第27页。
③ 见郭译《经济学理论》第27页。
④ 见郭译《经济学理论》第26页。

最后效用程度决定价值。"①

这殆无异说,最后效用程度直接决定价值,而生产费或劳动则间接决定价值。为什么不直接径由生产费或劳动来决定价值呢?他接着讲到"劳动本身的价值亦是不等的,劳动在性质上,效率上,有无限的差别"。这里且不管他是如何不懂得劳动的二重性的关系,然则各个经济主体的最后效用程度,是相等的,在性质上是一律的么?如其是为了这理由,舍弃客观劳动价值说,而采取主观效用价值说,恐怕李嘉图等的"权威",并不曾因此受到损害,而他自己的"权威",也并不曾因此建立起来。

然而,他对于后来奥地利学派乃至数理学派的影响,却是非常明白的。

第三节 奥地利学派经济学的总体系

属于奥地利学派的学者很多,也正如其他学派一样,他们同派中人之间的理论,并不完全一致。但把门格、威色及庞巴卫克作为他们主导者,把他们的理论,当作该派经济学的主体,却是为一般所公认的。

门格在杰芬斯出版其《经济学理论》的同一年(一八七一年),将其大著《国民经济学原理》(Grundsätze der Volkswirtschaftslehre)问世。这部书的内容,由第一章欲望论开始,以第九章货币论告终,举凡奥地利派后来得构成一个有力学派所共同主张的论点,他大体都讨论到了,特别是关于理论经济学研究的方法。他此后还为反对历史学派希莫勒,而于一八八三年出版《社会科学与经济学的方法研究》(Untersuchungen über die Methode der Socialwissenschaften, und der Politischen Oekonomie)。对于希莫勒的反驳,他再于翌年出版《德意志经济学上之历史主义的谬误》(Die Irrtümer des Historismus in der deutschen Nationalökonomie)。从此可知门格的研究,特别着重在方法方面。而他讲得不够周密的主观价值论,在一八八四年问世的威色的《经济价值起源及其主要法则》(Ursprung und die Hauptgesetze des Wirtschaftlichen Wertes)中,得到了进

---

① 见郭译《经济学理论》第 27 页。

一步的发展。此后,为使价值研究展开到分配问题上,威色又在一八八九年,著《自然价值论》(Der Natürlich Werth)一书。然而奥地利学派得成为一个有力的学派,却不能不说是由于庞巴卫克的几部集大成的著作。一八八四年,他的主著《论资本及资本利息》(Kapital und Kapitalzins)第一卷《资本利息学说的历史及其批评》(Geschichte und Kritik der Kapitalzins Theorie)问世,到一八八八年,第二卷《实证资本论》(Positive Theorie des Kapitales)问世。他在资产者经济学界中,是以这部论著确立其地位,虽然他还在一八八四年出版了《经济财货价值理论的特质》(Grundzüge der Theorie des Wirtschaftlichen Güter Wertes),此外,更还有直接批评卡尔·马克思,于1897年出版的《卡尔·马克思理论体系的批判》(Zum Abschluss des Marxschen Systems)等著作。在这三位奥地利学派学者中,如其说,门格比较注重方法论,威色比较注重价值论,庞巴卫克就是比较注重资本论了。显然的,后者的资本或资本利息论,是建立在门格、威色等所提出的方法论、价值论、欲望论和消费论上。为了篇幅限制,这里不能详细解述他们各别的学说,只好就他们的全体系作一综合介绍。

事实上,我们在这里,也不能有充分的篇幅来详述他们全理论体系,仅按照他们所着重的几个论点,批隙导窾的加以说明。他们是反对古典学派的,但在方法论上,却是从相反的观点,来抄袭古典学派所建立的逻辑程序。他们特别强调经济学方法论,强调价值论,强调分配论,把分配论的认识基础,建立在价值论上,把价值论的基本命题,安置在方法论上,这完全是从古典学派抄袭过来的。晚近各国,特别是在美国之奥地利学派的传习者们,所宣扬的"经济学的改造",[①]"经济学的(文艺)复兴"(Renaissance of economics),也许就是指着这种"抄袭",虽然他们会特别着意于"抄袭"中所采取的不同观点。

首先,就他们的方法论略加注释罢。

在他们看来,国民经济现象,可以从历史的、理论的及实际的三个见地来考察。当作"存在的科学"的理论经济学,是应当同那种当作"当为的

---

① 例如斯各特(William Scott)在所著《经济学说史》(The Development of Economics)第291页的标题中,就是把经济学的复兴或改造,期许那些奥地利派学者。

科学"的实际经济学,即财政学与经济政策分开的,但古典学派把它们混同起来了;统计的研究与历史的研究,原只对理论经济学提供实际的例证与材料,但历史学派却把它们拿来代替理论的认识。由于这两方面的关系,他们就以再造理论经济学的"十字军"的姿态而出现了。他们认为:理论经济学的研究,应该采取所谓"严密的方法"(die exakte Methode),使现实的经济现象,成为最简单最严密的考察分析的类型要素。作为经济学考察对象的现象形态,如像绝对的只追求经济目的的那种人,和那种人在从事经济活动时的心理状态,始终是最普遍的最重要的。把他们的这种经济的心理状态,孤立起来加以研究,作为经济学的起点(以上 Menger 语)。惟其如此,他们就认定真的经济理论,必须先"探究人类活动的大动脉——快乐与痛苦的感情"(Jevons 语)。为满足欲望,而不绝忍受牺牲,以及"由此发生的快乐与痛苦之关系,便是经济学研究的范围"(Jevons 语)。在此种限度内,经济学就差不多是一种"享乐学"(Gössen 语)。其于人类本能需求(享乐主义)的这种自然性质,使经济法则与自然科学和心理学不发生冲突。因为"有关经济学的问题的讨论,是须得在自然科学与心理学的原则上去进行"(Böhm-Bawerk 语)。"没有合于法则的动机,合于法则的行动是不可能的;然而,没有合于动机的知识,合于法则的行动之认识,是完全不可能的"(Böhm-Bawerk 语)。我们姑且问:"合于法则的动机"是从何而来的,没有合于法则的客观社会关系存在,一切相照应的所谓"合于法则的动机",是可能的么?但奥地利学派的后起之秀萨克斯(Emil Sax)是这样告诉我们,可以不要管社会关系的,他说:"体系的出发点及其基础,是在于'抽象地'的分析全部人类经济活动的基本现象,所以不顾及社会关系的特质。"①总之,正如桑巴特(W.Sombart)所讲的:在奥地利学派中,"随在都是以个人经济行为之动机为他们体系之中心"。②

然则经济学上的全般理论,何以能从心理的研究去达成呢?他们像很系统的把价值论当作经济学的枢纽。价值论能在心理学的基础上建立

---

① 《经济学的本质和任务》(Das Wesen und die Aufgaben der Nationalökonomie)第 68 页,参照前述孙林译《劳动价值学说史》第 365 页。

② 同上第 340 页。

起来,他们的整个学说,就算有了着落。限界效用价值论,可以说是他们全部经济学说的神经中枢。在他们看来,所谓价值,乃吾人在满足欲望上,对于财货所感到的一种重要程度的评价,即价值是由主观评价而发生的。此主观评价,虽然要通过财货的客观价值,如肉之滋养价值,煤之燃烧价值,然后始能评判其在何种程度满足吾人的欲望,但经济学的价值研究对象,却不是此客观价值,而宁是主观价值。

惟其如此,一切财货,即使都有客观价值,都有满足吾人欲望的效用,却并不是一切有效用的东西,都有价值(即主观评定的价值)。财货的价值,只是在吾人的欲望满足上,对它有了一定的需求关系,才能表现出来。所以,同一财货,可因使用的情形不同,或有价值,或无价值。水在一般情形下,仅有效用,在沙漠的旅行者,乃有价值。在这种认识下,价值的发生,遂必然要关联到财货的稀少性和它的效用性。效用性是价值的来源,而稀少性则是使财货在一定场合,具有价值的条件。从这点看来,一般人动辄称奥地利学派是效用学派,那是不妥的。他们虽认定效用是价值的来源,但却不主张财货价值的有无或其价值的大小,取决于效用的有无或效用的大小。因为,如其是这样,他们就是客观效用价值论者,而非主观价值论者了。

作为他们整个价值学说的核心部分,乃是限界效用的理论。然则什么是限界效用呢?要解答此一问题,须知道:"财货效用的大小,系取决于它对吾人欲望满足要求之重要性如何。"吾人的欲望有许多种类,同种类欲望又有各种不同程度,将欲望的种类与欲望的程度,联合参较,斯可确定效用的级次,而由是达出限界效用的说明。即同一财货,可满足吾人不同重要性的诸种欲望和不同迫切程度的同一欲望。某一财货的现在贮存量,能满足吾人欲望,达到饱和之点,吾人对该财货,即不发生经济问题,一旦因某种情形,致丧失其一部分,致吾人在诸种欲望中,在同一欲望的诸种迫切程度中,至少有一项得不到满足,吾人的避苦就乐本能,必让那少了它,只受到最少的不便或痛苦的那一部分的最后的最低级的欲望,不予满足,此最后的最低级的欲望,即限界欲望,由此限界欲望所感到的效用,即限界效用。为求满足此限界欲望,而对于该财货所给予的评价,即限界效用价值。为满足吾人欲望,所感到的缺乏程度或迫切程度愈高,其限界效用愈高,其限界价值亦相应愈高。

在由价值移到价格的说明中,奥地利学派也很巧妙的抄袭了古典学派的作法,把价值看为其本质的形态,而价格则是现象的形态。他们认为,各个人在参加交换过程中,是把自利和自己对所需财货之主观的评价,作为交换能否成立的前提。对同一财富,各人由其各别限界效用所引起的主观评价不同,各人之利害关系的打算不同,所以,交换成立,各得其所,各受其利。

然则各人的评价不同,何以能形成一定的市场价格呢?竞争在这里发生了决定的作用。他们像很合逻辑的,由孤立交换场合,单方竞争场合(其中包括买者单方竞争及卖者单方竞争),最后描述到双方竞争的场合。最后这种场合,正是现代市场的情形。在那里,对同一商品的买主和卖主,都有许多人在从事竞争。买方出价愈高,竞争者愈多,卖方索价愈高,竞争者愈少,相互竞争结果,必达到买卖双方之数趋于平衡。此时市场决定范围必定是以最后买者和被排出的最有贩卖力的卖者的主观评价为高限,以最后卖者和被排出的最有购买力的买者的主观评价为低限,此结局定价范围内之两买主两卖主,称为"限定对偶"(Marginal pair)。由此"限定对偶"所决定之价格,称为限界价格(Marginal price)。此限界价格,虽不一定与各个人之限界效用价值相符,但毕竟可由限界对偶,而决定其大体的变动范围,使它与限界效用价值,或各人之主观评价,一直都保持相当的联系。

财货的价格,既与主观限界效用,具有上述的关联,那末,财货当作商品来买卖,就与其生产时所投下的费用,没有何等直接联系了。换言之,就是商品价值的大小,不是取决于生产费的大小,而是取决于消费者对该商品在满足其欲望时,所感到的重要性如何,迫切性如何。为了"自圆其说",他们把财货区分为消费财货与生产财货,前者是直接满足吾人欲望的东西,如面包之类;后者能间接满足吾人欲望,如制成面包所用面粉、烤具等,更如制成面粉之小麦磨坊,推而至于栽培小麦之土地、劳动工具及农业劳动等等。他们把直接满足欲望的财货另称为第一级财货,其余则顺序称为第二级财货、第三级财货、第四级财货……

直接财货的价值,无疑是由直接消费者对该财货之限界效用决定。然则第二级及其以下的诸种财货的价值,将如何决定呢?即生产财货的价值将如何决定呢?他们认为生产财货与消费行为,有一连续过程。第一级财货,如面包的价值,系由消费者直接对该财货的限界效用决定,第二级财货如面包烤具的价值,则系由第一级财货之限界效用去测量,而第三级财货如小麦磨坊等的价值,则系由第二级财货的限界效用去测量……由是,无限的最后第任何级的财货的价值,都是以它的第一级财货具有的限界效用去决定。所以,威色认定生产财货的价值,是取决于它所制成的生产物的价值。在这种限度内,生产费用就凭借种种迂回的"便桥",和价值,从而,和价格发生了关系。

奥地利学派的这种"苦心孤诣"的价值论的"杰作",无疑是为了要把它应用到分配论上。

作为分配论中最基本部分的利息学说,是他们的限界效用价值说的更"踌躇满志"的应用。但在奥地利学派的一切经济学说中,惟有这一项的发明权,特别是属于庞巴卫克的"专利"。事实上,没有这项发明,整个奥地利学派经济学,便完全失去其现实的意义了。

他把财货在时间的观念上,区分为现在财货与将来财货,这种区分的意义,就是说:"现在财货因为技术上的原因,成为满足我们欲望之比较完全的手段,而且,它因此对于我们,比将来财货有更大的限界效用。"设对此加以进一步的说明,就是,由于技术的原因,早些把生产财投放在生产过程中,比之把它迟些放在周转中,会带给我们更多的东西。此外,我们现在如果有了充分的消费财货,我们就不会因为缺乏或欲望不能得到充分满足的缘故,在消费上,提高对于所需物品的限界效用,在生产上去从事那些比较少利益的生产用途。现在财货对将来财货,既有上述的优越性,借得现在财货,取得将来财货的贷金,自不能不在原本以外索取报酬。而借入现在财货偿还将来财货的借者,亦自愿于原本以外,支付报酬。借贷两方都有这种财货的时间差观念,这就是所谓利息存在之心理学的基础。本此原则,如果资本家为了生产,丢开那些现在可以满足欲望的消费财货,而去购买原料、机器等等高级财货,即生产财货,那也类似用现在财货去购买将来财货,他自然有理由在这将来财货收回时,附上一个增加额,即所谓企业利润或资本的收入。而其来源,则是生产财货的总价值,每少于其生产物之价值,而由是形成的生产价值超过其生产费用之剩余。在这里,庞巴卫克很怕人误解了他的意思,以为把财货搁着不用,也可因时间的推演而生较大的价值。他指出:"要使未来财货转变为现在财货,必须先把它投于生产过程中,然后始可使它转变为现成的消费品。"假如没有生产过程,资本便是死资本,生产工具的价值,就始终不会和成为现在财货的价值一律看待,利润和利息,也根本不会产生。资本家的可贵,就在他们节省当前的消费,把节省下来当作资本来使用的财货,投入生产过程;他们节省的愈多,投入生产过程的愈多,转化为现成消费品的愈多,利润和利息也就愈多了。

这是从心理上体验出来的时间差、价值差,不但可以解释利润利息,且可以解释工资。

庞巴卫克教授曾"很慷慨"的声言:劳动者有理由要求得到他的劳动生产物的全部价值,但他却认为那理由只是片面:"各个人都可以要求,在现在,按照他所卖的现在财货之全部价值支给他。但没有人可以要求,在现在,支给他那在将来才能出售的财货的全部价值。劳动者出卖给资本家以他那只有在将来才能给予有价值的生产品之劳动,他由此让渡给资本家以将来的财货。然而报酬他,却比较生产过程完结要早一些,那就是在现在。所以,资本家是从劳动者得到将来的财货,而付给他以现在的财货。而且,因为将来的财货和现在的财货是不等价的,后者要比较高,故对于劳动者所提供的同一数量的财货,按照公理,资本家只应支给他们以少些的比较有价值的财货。就因此故,劳动者即使没有得到他的劳动的将来生产品的全部价值,但这并没有破坏'公道',还应该说:这正是'公道'。"

上面已把奥地利学派的基本理论"和盘托出"了。从全体的表象看出,很像是条理井然的学说体系了。但稍一检点,就知道它和它所体现的资本主义体制本身,有同多的或更多的缺点和漏洞。

我们且不忙讲,用时间观念来说明利润的来源,说明劳动者应当舍去他应得的报酬部分,该是如何滑稽,单就其整个学说的体系而论,那亦是不通的。分配论的基本命题,被安置在价值论上,现竟又在限界效用大小,决定价值大小的命题之外,提出时间观念,以财货实现的未来,对现在的时间距离远近,来测知它的价值的大小,从而,来测定资本家应取得的利润的多少,和劳动者应得工资的多少。不错,他们在这里,曾把将来财货现在财货,只有较小限界效用,作为其间的桥梁,但满足欲望的限界效用的大小,和时间的长短,究有如何的联系呢?如其时间的长短,如一年一月之类，系以确实的时间经过为准，而非主观所感觉的时间距离，那又不啻在主观的评价上，参进了客观的因素。

其实，在现实商品市场上，不仅这里用时间观念区别出来的所谓现在财未来财，是一种多余（然在奥地利派学者当然是必要），而其他如第一级财第二级财的分类，也于实际毫无关系。而且在市场当作卖者的供给者，和当作买者的需要者，如其他们是以资本家的资格出现，他们对于其所买所卖的对象物，并不易同他们的消费欲望发生直接联系。即使像一般奥地利派学者所诡辩的，任何买卖对象物，至少会"迂回的"间接的同买卖者的消费相关联，但交换的必需性，特别是"为卖而买"的交换的必需性，定会使一切主观的评价，都被消灭，都被压平到一定的客观标准。而况，每个人的主观评价，在一开始，就已经是把一定的客观标准作为基础。

显然的，奥地利学派的这种支离的价值论，是在他们的方法论上注定了错误的根源的。在方法论上，他们把古典学派抽象化一般化了的经济人，更进一步予以超时代化、自然化。古典学派把握个人自利的心理状态，始而强调生产，往后则强调分配，尚不难与时代的一般要求相配合。奥地利学派把握个人自利的心理状态，却强调消费，认定"生产是为了消费"。他们把这妇孺皆知的自明道理，当作"真理"来发现，以为由此建立的经济学，就立在不可动摇的坚固基础上。但问题的要键，不在当作研究出发点的命题，有怎样的真实性，而在由它引导出的结论，有怎样的妥当性，换言之，就是看他们研究，是否依据当前经济现实，是否能用以说明当前的经济现实。在资本主义的商品生产社会，不论是资本家，抑是为资本家雇用的劳动者，都不是为了自己消费而生产，他们都是在生产交换价值，而非生产使用价值。如其他们真是为了消费而生产，由生产过剩，消费不足所引起的恐慌的事实，就无从得到理解了。

总之，奥地利学派在方法论上所研究的个人，是没有社会性的个人，是好像在一定社会生产关系以外活动的超人，像这种人的心理状态，当然与现实社会没有密切的联系。而一味把这种人的心理状态，特别是把他的消费欲望作为研究前提和对象的经济学，无疑是具有充分的形而上学的性质的。

第四节 "谬种"的传播

经济学的形而上学化,可以说是对于经济学本身的否定。但二十世纪的经济学界,却竟像是很自然的把这种否定其自身存在的形而上的经济学看作是经济学一般。简言之,就是奥地利学派经济学及其变种或亚种,却满布于各国经济学界(除了晚近苏联以外)。这事实,我已在前面述及沈伯达非常炫耀的话了:"最近在各国唯一可以并应当得到一般承认的经济学,就是限界效用说,最近所有的理论经济学的著作,有十分之九,是在心理学派的思想圈里绕着。"他的说法,显然近似傲慢。如其我们觉得它的拥护者的说法,难免失之夸张,再看它在美国方面的反对者,费伯伦(Veblen)的议论吧。费氏指奥地利学派经济学及其诸变种说:"这类经济学诱人入形而上学,它将来无疑的还要繁盛,但对于实际问题的解释,它还不曾做,而且也不能做。"像这样不能说明经济现实问题的经济学,为什么已经如此"繁盛","将来还要繁盛"呢?我们需要在这里说明它的原由。

首先,我们应当指出:奥地利学派的整个经济学,是从自然的观点出发。凡属从自然观点出发的学说,很容易给人以不易颠扑的印象。比如马尔萨斯的人口论,就是把人类最无可否认的两个要求:食欲与性欲,作为它的出发点。在当时及以后许久,人口论其所以那样被人称扬,那样淆惑人的视听,这是最重要原因之一。但科学的真理,并不是在解说自明的事实。愈是自明的事实,愈不需要科学。奥地利学派强调的消费欲望,尽管是谁都不能否认的事实,但经济科学实在用不着费篇幅来讲解它,并讲解人们在满足消费欲望时的心理状态。经济科学所需说明的,宁是满足消费欲望的物质条件,为什么有些人能够充分得到,有些人却不能够,和在它们之间的必然的因果关系。但奥地利学派极力回避这种说明,且借着强调无需解说的事体,来作为回避应当解说的事体的手段。

奥地利学派经济学向各国传扬的第二个原由,就是它的全学说内容,原本就渗杂进了已经被古典学派安置在极坚固基础上的诸般经济原理。如自由竞争,需要与供给,以及利润等经济形态的运动法则,它都局部的迂回的甚至是机诈的,用不同的方式,收编进来。特别是作为它全部学说之锁钥的主观价值论的论理形式，直到今日，还不曾被人发现，那正好是对它反对最烈的古典学派之劳动价值学说之理论方式的变相抄袭。最显而易见的一点，是古典学派把价值与价格的差别，理解为本质与现象的区别，并认定后者的变动，是以前者为中心，奥地利学派所强调的限界效用价值与限界价格间的关系，正是以此为摹本，而由是取得科学的外观。此外，如古典学派把商品生产所费的劳动看为其价值的来源，把它的效用或使用价值看为它取得交换价值的条件，套这个公式，奥地利学派却把商品满足吾人欲望时的效用看为其价值的来源，而把它的稀少性，看为它取得交换价值的条件。还有，古典学派所阐述的商品价值中，包含有资本价值以上的剩余价值，奥地利派学者亦谓生产财货的价值，每小于其生产物的价值。这一切，已够表演奥地利派学者的"抄袭技术"。但经济科学的可贵，并不是它的逻辑程序，而是在应用逻辑程序所表现的正确事实。

如其说奥地利学派盛行的第二个原因，是它变相抄袭了科学的研究形式，则第三个原因，就是在另一方面，把许多可以直接诉之于常识的肤浅见解，都吸收来充实它那研究形式的内容。比如，作为其研究起点的消费欲望，特别是关于欲望种类及其满足程度的说明，简直是常识以下的东西。至于用观念上的时间差所引起的价值差，即以现在财货对将来财货有较大价值的"大发现"，来解释资本利息及利润的来源，来解释劳动者之工资应少得的原因，那却不仅是依据常识，同时又"制造常识"。他如前面所说的第一级财第二级财第三级财，乃至无限级的价值，都是以它前一级财的限界效用决定，而逆推至第一级财的价值，则是由该第一级财对其消费者在满足欲望时所直感出的重要程度决定云云，那虽然在一般常识中也找不出来，却很显然要借常识去理解，稍有科学训练的人，就极容易把这些看成无从分析的呓语了。最后，如像我们前面还不曾提及但为奥地利学派信奉者目为极关重要之理论关节的代替财、补充财一类术语，殆莫不是从极一般常识中引导出来。

最后，奥地利学派是强调纯粹经济理论的。为了补充这种常识化的缺点，他们有意无意的把他们的理论与数学结合起来，借数学的一般性与不可动摇的科学性，使自己七颠八倒的经济学说，得到有力的支持。这很可以说是这个学派向世界传扬或展开的第四个理由。事实上，被算作奥地利学派前驱的诸学者，如法国的库诺、瑞士的华尔拉斯、英国的杰芬斯及德国的高森等等，原都是把数学的解析方式，作为其研究的最基本方法。而此后接受了奥地利学派诸基本命题的马夏尔（A. Marshall），其在德国的支持者里夫曼（R. Liefmann）、沈伯达，特别是所谓在美国的奥地利派学者如克拉克（Clark）、卡斐（Carver）、斐雪尔（Fisher）之流，殆莫不是应用数学的解析方式，来说明经济事象。甚至在价值论上极力非难奥地利学派的卡塞尔（Cassel），他在研究方法上，却更有数学的倾向。这种经济学之数理研究的作风，一方面使奥地利经济学说更容易传播，同时，也因为奥地利学派的所谓纯理的而同时又是表象的研究，更适于采用数学的方法。数学方法，原是可以应用而且应当应用的，但它被用来解释经济现象，却有一个限度。对于已经由其他方法论证出的经济运动法则，再借数字或数理的解析，予以更明确的说明，那是被容许的。但如一开始就诉之于数学的诸般概念，并把一切的经济命题，分别拘束在一些解析方程式中，其结局，便是以经济现象去迁就数学方式，而非以数学方式来解明经济现象。在这场合，数学方法排除了它以外的其他一切研究方法的应用。

然而，所有上面所提出的四个促使奥地利学派经济学向世界传播的理由，只有在我们现在所要提到的这最后一个理由存在的条件下，始能取得现实的意义，这个理由就是：资本主义经济的发展，到了十九世纪最后数十年乃至二十世纪初，已经把它的内在矛盾及其不可避免的命运，给批判经济理论，曝露得毫无躲闪余地了。为了对抗这经济意识上的"危机"，奥地利学派便以"卫道"的义侠武士的装束表演出来。由古典学派，至批判学派所一脉相承的客观主义，都在逼着人去正视现实，去抉发资本主义危机的根源。奥地利学派既是负有"特殊"的使命，自不能不从相反的立场，采取主观主义研究的方法。经济学之观念之形而上学化，并不能解释实际经济问题，虽然站在资本家立场的人，间尝也发出不满的议论，但在大体上，资本家的世界，特别是完全脱离生产领域，而一味在从事享乐的金融资本家的世界，毋宁是特别欢迎这种消费经济学。奥地利学派经济学向世界不胫而走的最基本原因就在此。

第五篇　批判的经济理论体系

第一章　前驱者及其未成熟的批判理论

第一节　有关批判理论的基本认识

这里所谓批判理论,是指着那些对于资本主义制度本身根本抱着怀疑或否定见解的经济学说而言。而市民学者内部的攻击、评判、修正,那是不包在这个范畴里面的。

对资本主义经济制度本身持着否定的见解,其积极的立场,是会倾向或必然归结到社会主义上去的,所以在这里限度内,批判经济理论体系,又被认为是社会主义经济理论。但严格的讲,把社会主义经济体制未出现以前的有关资本制度的批判理论,看为是社会主义经济学,显然是不妥当的,那至多,只能算是站在社会主义观点的理论罢了。

同是批判理论,有的是发生于资本主义经济正待全面展开的十九世纪初期,有的是发生于资本主义经济在若干国家已达于成熟阶段的十九世纪中叶前后。就把各别经济学者、社会学者的主观条件抛开不讲,客观的经济现实,亦无疑会使他们的批判理论,发生极大的本质的差别。科学的批判经济理论,是到卡尔·马克思与恩格斯才明确完成的,而在他们以前的所有关于资本主义经济的批判研究,都对照着未成熟的客观条件,而表现为未成熟的产物。

一切未成熟的批判的经济理论,在系统的说明上,大体是被看作后来科学的批判理论的前驱。而他们的演变历程,亦大体是依着较不成熟的渐进于较成熟的顺序。我这里且按照以往所给予它们的不同称呼，及其大体出现的先后，而顺次类别在以次三个派系——空想的社会主义派、小生产者的社会主义派及国家社会主义派——来介绍。

第二节　空想的社会主义派

照一般的讲法，空想的社会主义派，包括法国的圣西门（St. Simon）及其门徒所形成的一个小派，傅利叶（Charles Fourier）以及英国的奥文（R. Owen）。他们的言论，大体是发表在十九世纪初或三十年代以前。那时的资本主义经济，只有英国在迅速发展中，法德诸国还未脱却资本主义生产方法的准备阶段。"那时资本主义的生产方法以及其相联的资产阶级与无产阶级间的对立，还很少发展，刚在英国产生的大工业，在法国还完全不知道。"① 因此，奥文的立论，虽比较明确的触到了资本主义经济的破绽，及其所生的弊害，但仍无法深入。而在法国的圣西门及傅利叶，他们的批判，就比较是把法国大革命以后的那种过渡阶段表现的不平等现象，作为攻击目标了。

现在，先讲圣西门及圣西门主义者——圣西门是一位贵族出身的知识份子。由他一八〇二年出版的《日内瓦人通讯》到一八二五年临死前出版的《新基督教》，其间的思想，虽有不少的改变，但他的几个思想的重点，却是非常明显的：他极端重视知识，认定知识是社会进步的动力；也以为知识的发展是历史运动之主要原因。他并由此推论到工业的发展，是人类智力发展的结果。因他如此看重知识，遂不期而用知识或社会意识来说明社会的存在，用知识的大小，来说明社会的财产不平状态，这完全是唯心论的标本。可是他的唯心论，被他的另一思想重点冲淡了，那就是看重生产。他以为"生产是任何社会组织的目的"。以前的社会，是以农业生产为中心，而这种社会由贵族来领导，是当然的；若到了以工业生产为重心的社会，还由以前的统治者贵族、僧侣来领导，即由那些对于这种生产完全无知的人来领导，那是反常的。不过，他之所谓生产者阶级，除工

---

① 见吴译恩格斯著《反杜林论》第 347 页。

人外，还包括有厂主与金融业者，他以前还讲了一些生产应由知识较多的厂主资本家来领导，生产物应照知识贡献的多少来分配的议论，但到他临死的时候，却认定"世界将来是属于工人的"。此外，他理想的社会，是一个工业者或从事工业者的平等社会，即是在那个社会中，一切对工业生产，依其能力，依其生产工具提供有效力的人，都取得一分相当的报酬。凡是直接对工业生产无所益助的人，或者不劳动的懒惰者，都是不存在的。因此之故，贵族僧侣固没有存在的必要，就是普通性质的政府，也没有什么必要。他提议："法国应该改造成为一大工厂，国家应当依照一大工场形式组成。"如其说，这种社会需要政府的话，政府便变了一个只是保护工人使不受懒惰者侵害，并维护生产者的安全和自由的组织了。无怪他宣布政治是一种"生产的科学"，又认定，"政治将解消为经济"，这明白表示：政治上对于人的管理，应该转变成对于物的管理以及对于生产过程的领导。①

圣西门所理想实现的，原是反懒惰的工业资产者社会；但他的天才的预见，却进一步透视到更高级的社会了。

在圣西门死后，对他的学说予以传扬，予以补充的他的弟子，如安方丹（Enfantin），如巴扎尔（Bazard）等，被一般称为圣西门主义者或圣西门之徒。这些人在十九世纪二三十年代，曾用定期刊物，乃至用宗教的结合方式，用集会的讲演的方式，阐扬圣西门学说。当时由巴扎尔陆续讲演过的集印本《圣西门学说释义》，便成为他们这些人的代表意见。

他们这些弟子们，很显然的意识到了老师的说明过于含糊。他们明确指出生产者阶级之中，资本家与劳动者之间的关系，是不平等的。即使他们不平等的基本原因，就是私有财产制度的存在。工人或劳动者，凭他们的劳动或能力而得收入；资本家除了凭他们能力之外，还凭他们的财产而获得收入。在地主，是以土地所有不劳而获，在工业资本家，是以生产工具所有不劳而获。在这限度内，资本家同地主是一样的懒惰者，同时，劳动者则以缺乏生产工具，而不得不变为依赖资本家的新奴隶。因此，他们认定工业资本制度，是奴隶制度的变相的发展。

为了改正这种工业资本制度的致命的缺点，他们在消极方面提议绝

---

① 见吴译恩格斯著《反杜林论》第 347 页。

对废止：一切因出生、家世而享有的特权，他们认为，在一切特权中，最大的、最基本的而又最有害的，就是遗产制度。遗产制度不但使一般贫穷而无家世关系者，一出世就受到歧视，受到不平的待遇，并使那些从事工业生产活动者，只注意到他们家属亲人的利害，忽视一般生产关系，忽视大众福利。而且把社会的生产工具，放在那些没有知识、没有能力的人手中，一定会引起生产界的凌乱和不绝的恐慌。

由是，他们在积极方面，提倡集产主义，主张以国家为一切财富之遗产的继承者，所有工具和土地，都集中起来成为社会的基金，由许多人联合使用。为了达成这个目的，政府组织，就不像他们老师所强调的，为一个工厂，而是一个掌握有全国一切生产分配大权的大中央银行。

由上面说，圣西门之徒，把圣西门的学说社会主义化了，也更系统化了。但掌握全国生产分配大权的重任，将由谁来负担呢？关于这一点，他们所处的时代，还不能为他们提供合理的答案，于是他们不得不蹈袭老师的幻想，以为那当期之于有德行和有知识的人。他们复归到他们老师的知识万能论的起点了。

次述傅利叶——查理士·傅利叶是在圣西门死后两年，即一八二七年出版其代表作《产业的及社会的新世界》。但在一八〇八年，他已有表现其特殊思想的论著刊行。他对圣西门及其门徒的学说，表示非常鄙视，那种学说主张推行集产主义（Collectivism），而他则主张采行联合或协同主义（Associativism）。

他与出身贵族的圣西门不同，他是一个商人的儿子，他原来应继承父业，可是他在学习为商的当中，他深深体验到工商业的反社会性，他发誓不作这种活动了。他热心研究改造社会的计划。他一方面是一个透辟的批评家，同时又是一个不着边际的空想家，所以有人称他为天才与狂人的合体，称他为神经病者。他的理论中最光彩之部分，就是对所谓文明社会痛烈批判的部分。

他有一个独特的社会史观，他把从古到今的历史，分作四个发展的阶段：蒙昧时代、野蛮时代、宗法时代、文明时代。他认为文明社会的制度，使每种罪恶采取了复杂的、二义的、虚伪的形式。而在野蛮时代，这种罪恶都是简单明了的；比如我们不让劳动者有充分的面包，同时却倡言给他们以平等自由。与面包不发生关系的自由，在他看来，不过是饿死的自由罢了。他极有力的指出:"在文明社会中,贫穷是从过剩中产生出来。"整个的文明制度,是运行于这样的"罪恶循环"中,运行于矛盾中。

可是对于这种罪恶与矛盾,他不像圣西门及其徒弟们一样,攻击私有财产制度,他认为私有财产制度和贫富不均,乃是神的意旨,出于神的意旨的制度,值得一直保持下去。惟其如此,他对资本主义,也没有表示异议。他所攻击的,宁是商业同工业,特别是工资劳动制。不反对私有财产,不反对资本主义,却只反对资本主义之核心的工资劳动制,本来是异常矛盾,但他却以为工资劳动制,是可以在不违反私有,不违反资本主义原则下进行改造的。他的协同的共产的理想社会,即其模型组织佛伦基(Phalange),就是他改造文明社会的理想构图。

他主张理想社会的佛伦基,占有一定地域,建有一定房屋,其组合人员为八百人或其倍数,他们的标语是:"共同的生活,共同的住宅,共同的家计。""它是一个除友爱以外,没有任何纽结的自生的联合体。"这个联合体共同劳动所生产的物品,首先按其最低生活标准分配于各个人,有余则又按劳动、资本、才能三者分配,其比率是劳动 5/12,资本 4/12,才能 3/12。他以为,采行这种生产合作方式,工人就不会受资本家的压迫,他自己也是财产的所有者,也是资本家了。他是现代合作社的最初提倡者,在经过了一百余年以后的今日,我们还不难找到许多以合作组织来改造现代社会的共鸣者。

再次讲到奥文——在空想的三个社会主义者当中,奥文算是一个名符其实的社会主义者、共产主义者,虽然他自己还是一个产业资本家。他是最有创造性,最有活力,见到哪里,就想做到哪里的人。他在一八一三年就发刊他的《关于社会的新见解》。他在这部书中,力言人类社会生活的目的,在能使社会一切人得到最大的幸福。而"平等教育"、"充分物资"、"最大利益",便成为实现他那理想社会的三大目标。

他透视到了资本主义经济的神髓,他以为资本制度的一切恶害,是从利润发生的。他的这种认识,与其说是由于理论研究的结果,不如说,是出于实际的体认。他以前是曼彻斯特的有 500 纺织工人工厂的经理,以后又是苏格兰拿拉尔克 2500 工人的纺织工厂的经理兼股东。对于后一大工厂,他体验到了这 2500 人劳动所给予社会的真正财富,等于半世纪前 60 万人所勉能生产的数量。他质问自己:"这二千五百人所消费的财富与这六十万人所消费的财富二者中间的差数,到什么地方去了呢?"这个差数,就是用来支付工厂所有者的不变资本的 5 厘利息,还有 30 万英镑的赢余,作为他的利润。在他想,这利润不仅代表一种不公平,且是社会上一种永久的危害,而由生产过剩或消费不足所引起的经济危机,乃由无厌足的追求利润而起。

为了对利润斗争,他作了许多有创意的尝试。在他自己担任经理的工厂里,他作了许多提高工人待遇,减低利润的办法。他离开工厂,由一八二五年至一八二七年,在美组织新协和平等社会(New Harmony Community of Equality)。他由美洲失败返到欧洲,曾为了废除货币,在伦敦设立一个国民劳动公平交易所(National Equitable Labour Exchange),在这劳动公平交易所失败的头一年即一八三二年,世界上第一个合作社(Corporative Society)出现了。一八三三年他还出席曼彻斯特建筑工人大会,不久,即发表工人阶级组织的新纲领,宣布无产者阶级的目的,是要保证每人获得其劳动应得的报酬,要改造社会,换言之,要废止利润。

奥文以资本家的资格,从事废止利润,改造社会的努力,他以为他如此做,其他一切资本家也会如此做,他始终认定改造资本家的社会,应由资本家与劳动者协力合作进行。他这样做,这样想,是根据他的"人类性情形成论"的出发点,他以为"人类的性情,是从外界输入的";"人的性格,是一种结果,在这上面,人的本身,也只是一种原料";资本家其所以把劳动者看得比之他的机器,他的原料还轻,只是由于他没有知识。"一切罪恶的原因在于愚蠢",于是在他晚年,也就以宣传人道,宣传人类社会革新的知识,为他的改造的实践。他也就通过这多的实际努力,而变为乌托邦主义者。

这三位空想的社会主义者,实在是很特别的。圣西门以贵族而专门集中其攻击于贵族僧侣阶级;傅利叶以商人的家世,而百般痛骂商人阶级;奥文做到了大资本家,却像故意同资本家捣蛋。圣西门把他的攻击对象,放在不劳而获的地租形态上,傅利叶反对工资制度,奥文却以利润为死对头,他们分别给了以后社会主义者诸多极重要的启示。他们之所以流于空想,照恩格斯的评判,是由于时代使然。"所谓不成熟的理论,正和不成熟的资本主义的生产状态,不成熟的阶级情形相适应。解决社会问题的方法,既然还隐藏于不发达的经济关系之中,所以他们就不能不从脑子里想出这样的方法来。"①

第三节　小生产者社会主义派

正如空想的社会主义派一样,所谓小生产的或小资产阶级的社会主义派这个名色,是卡尔·马克思首先提论到的(见马、恩《论路易·布朗》)。但对于空想的社会主义的人物,大家已经固定的或明确的会数到我们上述的三大空想社会主义者,而对于隶属小生产社会主义派的人物,除了路易·布朗、约翰·格雷以外,蒲鲁东是照例算在里面。西斯孟第原系小生产的礼赞者,但在他的全思想体系中,实在不易找出多少社会主义的成分,所以我只好把他放在前面,作为李嘉图的反对论者来叙述。

路易·布朗(Louis Blanc)是一个历史学家,当作社会主义者来考察,乃因为他是《工人组织》的著者,且在一八四八年的二月革命当中,依照他在那部著作中所宣传的理想,作过一些实际的社会主义活动。照他一八四〇年将以往论文集印的《工人组织》中所说:(一)一切经济上的罪恶弊害,都是由于竞争;(二)竞争不独破坏损害工人阶级,也极不利于工商阶级;(三)挽救竞争的唯一途径,就是联合,就是把各个相同的产业,分别联合起来;(四)此种联合,由国家提倡扶助,资本由国家供给,参加者皆为工人,资本家亦可以工人资格加入,他的资本,可以获得合理利息;(五)这种形式的"社会工厂"所获得的纯利益,分作三份:增加工人工资,作为老病伤亡的补助金,作为替新社员备置器具,以便事业扩充的贮备金;(六)这种性质的工厂逐渐增加,私人资本企业的工厂就会逐渐减少。以这样的社会工厂形式与私人企业工厂相竞争,就可达到"以竞争消灭竞争"的目的。

从上面的说明,就知道布朗的社会主义,并没有反对私有财产,也没有反对资本或资本家,那不过想通过"社会工厂",使工人成为小资产者,多得到一些工资,使资本家减少其对劳动者或工人的剥削机会,也使他们只能成为小资产所有者。不过他的这种小资产的主张,比我们在前面第

---

① 见吴译恩格斯著《反杜林论》第348页。

三篇所述的西斯孟第的主张,有极大的距离:西斯孟第只想把生产的方式,倒回头过去,使生产者变成分别独立的老板。而路易·布朗则企图使生产者生产方式联合起来。不但如此,西斯孟第只知道用国家的权力来促使小生产组织的实现,但布朗却想到国家并不是一个随意可以作什么的东西。"政权是一种有组织的力量","如果不克把这个政权变为自己的工具,它就会变为旁人的工具",而使自己的理想,没有实现的可能。在这一点上,他比其他空想社会主义者乃至西斯孟第进步。可是,他以为,这种政权的取得,要诉之于普选,却就想得太天真了。

约翰·格雷(John Gray)是属英国籍的一位小资产社会主义者。他于一八三一年出版《社会制度》,到了一八四八年,又沿着前书的论点,出版《论货币的性质及其用途》。在法国二月革命以后,他向法国临时政府贡献他的主张,说法国所需要的,不是像路易·布朗所鼓吹的"工人的组织",而是"交换的组织"。

他这种"交换的组织",照卡尔·马克思所指出的,在本质上,具有一个目的,就是"生产物应当作商品而生产,而不应当作商品而交换"。换言之,就是一切恶害,是从交换产生的,是从货币产生的,是从使用价值变为交换价值产生的。要免除了这一切,就等于免除了劳动者的被剥夺。然则如何免除这些呢?他设计出这样一种新的交换体系,而将其全部机轴,放在国立银行方面。国立银行以它的分行的帮助,保证为各种商品生产所使用的劳动时间。生产者在他的商品交换中,得到一张正式的价值证明书,即包含在他的商品中之劳动时间的收据。无论那收据是一日劳动券,一周劳动券,抑是一小时劳动券,均可代表由银行堆栈其他一切商品所能接受的同价值的东西。这一来,以往当作交换媒介而作用的货币,将因此失掉它对于其他商品所有的"特权",而取得或回归到"与奶油、鸡蛋、罗纱、棉布并立在市场上的位置"。这一来,我们就算免除掉了阻碍国家生产力的人为的尺度——金银,而采取了一种解放或发展国家生产力的自然的尺度——劳动了。

要之,劳动时间,是交换的直接尺度单位,是价值的自然尺度。每种商品,都直接地是货币,我们为什么要舍去自然尺度,而采行人为尺度呢?依格雷的推论,仿佛货币的出现,完全是由一些借货币发混财的人的捣鬼。他没有想到,个别具体劳动与个别具体劳动直接或通过国家银行交换起来，不会发生品质差异一些的问题么？他不能认清劳动社会化的过程，不知道商品的交换关系，是被决于商品的生产关系中。个别的、私人独立的生产，如何可以径直作着"社会的"交换呢？卡尔在他的《政治经济学批判》中，是这样结束他对格雷的批判："一切商品都可以直接为货币，这是格雷的理论，这种理论是从他对于商品之不完全的，因之错误的分析发生出来的。'劳动货币'、'国立银行'、'商品仓库'之'有机的'构造，只是一种梦想，只是将一种信条，看作普通的法则而已。以为商品就是直接的货币，或商品中所包含之个人的特殊劳动，就是直接的社会劳动。这个信条，并不因为有一个银行信奉他并照他的办法经营而变成了真理。在这种情形之下，破产就是实际批判的作用。格雷没有说以及他所不怀疑的事情——就是说：劳动货币乃是一种经济上的空话，那班有至诚的愿望的人拿来表示免除货币，免除交换价值，免除资产阶级社会的一种空话而已——这一点，在格雷以前或以后的英国几个社会主义者的著作，已经公开肯定了。但蒲鲁东及其学派，却还要认真的以为降低货币并提高商品乃是社会主义的原则，因此就将社会主义缩至于不了解商品和货币中间必然的连系性之粗浅的知识了。"①

　　蒲鲁东（Proudhon）的名字，与他所著《何谓财产》，或在那书中的答案"财产是赃物"，是相关联的。把"财产"规定为"最可恶的怪物"，为"万恶之源"，为"掠夺的把柄"，本来是历来空想社会主义者们所指摘过的，但大胆的激越的把这种意见专用一本著作来发表，这却是始于蒲鲁东。因此一提到蒲鲁东，大家就很快联想到他的《何谓财产》。其实在骨子里，他并不怎样反对私有财产，他是极端自由主义者、个人主义者。他以为，一个人依他的劳力支配有一定的财产，那并可视为他取得自由的依据。他所反对的，宁是那些财产所有者，把财产当作一种剥削他人，剥削劳动者的权力。剥削无论采取哪种方式，是地租，是利润，是利息，是回扣，都是享受他人勤劳的结果，或自由处理他人勤劳的结果。

　　然则勤劳者为什么允许资本家对他们行使剥削呢？然则这种财产关系为何能够存在呢？他以为，这样一个问题，不应当由"是否应该"这种说

---

① 见郭译本第83～87页，参照杜译本《哲学之贫困》第204页。（此处"郭译本"系指郭沫若译本《政治经济学批判》。——编者注）

明上去求答案，而必须诉之于科学。他的经济的矛盾或《贫困的哲学》，是为了这个任务而写出的。卡尔曾明白指出："蒲鲁东只是在第一本书（按即《何谓财产》）出版之后，才开始经济的研究；他认定，为要解决他所提出的问题，必须不用反对话来回答，而要用近代经济学的分析来回答。同时他想用辩证法建立经济范畴的体系……。"①可是他虽有此企图，他却完全不懂科学的辩证法，以致陷在思辨的玄论中。他对于他所要批评的经济学，特别是作为那种经济学之基础的交换价值法则，也理解得极其不够。于是，他在经济学、哲学、社会主义的纷挐而像不可究诘的混淆观念中，作了一次迂回的旅行之后，回头答复他自己所提出的问题。他在此有一奇异的解释，就是资本家对劳动者所给予的报酬，只是按照个别劳动者努力的结果给付，而不曾按照多个劳动者共同努力的结果给付。因为他设想，一定数劳动者通力合作的结果，要远较他们分别工作所得结果的总和为大。在这里，他将由分工所造成的"社会人"，命名为"普罗默德"（Prometheus），普罗默德，照例要生产出维持其消费以上的剩余或剩余劳动。假使生产者同时即是消费者，这剩余劳动，显然会为他自己所有；不幸，事物本身总存在着矛盾，他自己生产，自己消费，就难得有分工，也就难得有剩余；要分工，就要交换，就要引出把分工协作利益囊括去的资本家。即资本家凭借他所有的资本权力，把他由资本所结合起来的多数劳动者的这种合作利益，这种剩余，完全剥削去。其实，在分工发达的社会中，单个劳动者努力的结果云云，简直就是一个不可捉摸的想像；如把多数劳动者共同努力的结果，平均分摊到各个共同作业者，那已经不是各个劳动者单独努力的成果了。现在我们且不问他这种剩余劳动剥削论是否正确，姑先看他是企图用怎样的方法去消除这剥削。

当作一个社会主义者看的蒲鲁东，他很奇特的对社会主义、共产主义在作着无情尖刻的攻击，他以为"私有财产与共产主义，反正都不是折衷至当之论"；"如其说私有财产是掠夺贫者，共产主义就掠夺富者"。他的理想，是每个人都有一点财产，但却不是掠夺他人的结果。这个小生产的大理想，将如何实现呢？当然不是退回到不分工的自然状态，而是一面分

---

① 见1828年1月16日—18日《社会民主报》所公布的《马克思所批评的蒲鲁东》一文，参照杜译本《哲学之贫困》第191页。

工,一面又免去由分工所引起的不平等交换。他提出三个原则:公平、互助、自由,而其具体表现,则是为前述格雷所提议,而他却毫不惭愧的当作自己发明的"人民银行"。① 依他设想,剥削无论采取哪种方式,货币是必须看为剥削者所由实现的手段,而利息的消除,则为其他一切不劳而获的剥削方式消除的最有效的方法。由是奥文式的劳动交换银行,又被蒲鲁东作了一次无益的尝试。卡尔针对着他这种尝试说:"蒲鲁东之经济上最后的事业与动作,即是'无偿信用'(Credit gratuit)以及使之实现的'平民银行'(Banque du peuple)之发现。在我的《经济学批判》(1859年柏林出版)中(59~64页)已经证明,蒲鲁东这些观念,是由于不了解资产阶级的经济学之第一要素:即商品与货币之间的关系;而这些观念之实际的实现,只是很早而且定立很好的再生产计划而已。在十八世纪初以及现代,英国用以转移这阶级的财富给别一阶级之信用的发展,在一定的政治与经济条件下,可以促进工人阶级的解放,这是没有疑问,而且很明白的。但是把生息的资本当作资本的主要形式,而想实行信用之特殊的应用及所谓利率的废除,以为社会变革的基础——这就是所谓小资产的空想。"②

此外,还须指出,蒲鲁东因为是一个极端自由主义者,他就很容易变为否定一切权力的无政府主义者。就因此故,尽管前一位小生产社会主义者布朗力言由普选取得政权的必要,蒲鲁东却认定大家应依自由契约结合起来,战胜政权,否定政权,而不要要求政权。结局,他又变为反对革命行动的空论家了。

在资本主义生产方法形成过程中,或者在资本主义生产方法扩大过程中,小生产者必然是在没落的命运中挣扎;同时,由大生产造出的种种弊害,更给予那些憧憬小生产者以有力的反响,这是小生产者社会主义派产生的历史现实。

如其说小生产者或小资产阶级有一种特性,那就是他们的两面性。在一方面,他们对于当前的资本制,给予锋利而深入的批判;但在另一方

---

① 在《政治经济学批判》中,卡尔指出:诚实的约翰·格雷,没有想到他的《社会制度》出现(一八三一年)后十七年,同样的发明的专卖特许权,公然被大发明家蒲鲁东所剥夺了(参见郭译本第83页)。

② 见《哲学之贫困》杜译本第195~196页。

面,他们又差不多是一致的认定每个人保有小量的适度的财产,不但是无可非难的,并且是必要的。结局,他们理论上之革命性,就作了他们实践上的保守性的牺牲。

希望保有小量财产,而又希望不发生大财产的这种矛盾,使他们都不可避免的采取"回到过去"的浪漫主义的立场。

第四节　国家社会主义派

国家社会主义是被一般习用得非常含混的名词,但在经济思想史上,一谈到这个派别,大家已经明显的知道那是指着罗贝尔图和拉萨尔,而容易与他们相混的前述论坛社会主义学派,在事实上,虽然也强调国家,却并不强调社会主义,所以只算社会政策学派。

有如前述空想的和小生产者的社会主义派别一样,罗贝尔图与拉萨尔虽然同属一派,但他们之间的主张,却是极不相同的。

罗贝尔图(Rodbertus)——当作经济理论家的罗贝尔图,他是以一八四二年出版的《国家经济状态认识论》及一八五〇——八五一年出版《给克西曼(Kirchmann)的公开信》来支持其地位和主张的。虽然在一八六八——八六九年,他还刊行了两本小册子:一是《对于今日地主金融上之困难的说明与救济》,一是《标准劳动日研究》。

有如前述西斯孟第一样,他是以研究经济恐慌出名的,但他的恐慌理论,较之西斯孟第更为深入。在十九世纪中叶以前,经济恐慌已差不多成为每隔十年发生一次的有节奏的旋律。当时克西曼把贫困的原因与恐慌的原因分开来看,以为贫困的原因,当依据李嘉图的地租论来说明,即经济愈向前发展,人口不绝增加,农业上愈须耕种劣等土地,由是使资本家与劳动者的所得部分,日益减少。而恐慌的原因,则是由于:(一)在劳资分配上,资本家所得过多,劳动者所得过少,并且资本家所得部分,又因其节约倾向,不肯消费;(二)由于农业的自然特性,生产变化无常,以致一方面引起市场的扰乱现象,同时又促使社会资本,不肯投到农业上,而相率投到制造业上;(三)由于现行货币信用制度,使生产者有在一定期间内取得货币的紧迫要求存在。——对于克西曼这种贫困与恐慌二元论的说明,罗贝尔图是坚决反对的,他认为两者是出于同一原因。

他的恐慌学说,是依据他的劳动价值学说推论出来。他认定:一切商品从经济方面考察,都须看作劳动生产物,只费劳动,不费其他什么。国民劳动生产物的分配,在现代经济组织状态下,尽管劳动者生产了维持他们生活以上的价值,但因为分配采取了交换形态,受了交易的自然法则的支配;在这场合,劳动当作一种商品,随着市场供需状态而变动,其代价的工资,就难免因一无所有的劳动者所处的不利地位,而有降落的趋势。结局,劳动者就不能得到其应得的价值,而把尽够维持其生活以上的价值,当作"赢利",分归资本家及土地所有者了。并且除此经济的理由外,还有法律上的理由,使资本家及土地所有者,有享受那种"赢利"的特权。这两方面交互作用,以致社会劳动生产力虽然逐渐增加,而劳动阶级工资在国民生产中所占的部分,却继续减少:生产与购买力的背道而驰,生产与消费的脱节,却是社会大多数人贫困的说明,同时也是恐慌的说明。

在把贫困与恐慌统一加以解说当中,罗贝尔图确实触到了剩余价值的源泉的问题,他认定"包含地租和利润的所谓租金(Rente),不是起因于商品价值的"价值追加"(Wertzuschlag),却是由于工资的"价值减除"(Wertabzugs),即工资仅代表劳动生产物价值一部分的结果"。[①] 对于剩余价值的这种认识,假使略微对英国古典经济学——由威廉·配第、亚当·斯密以至李嘉图的劳动价值学说有所探究的人,就知道是再平常没有的事;但在德国人,在生活在普鲁士窄狭天地中,而很少见世面的德国人,却很可以把这看作是一种"大发现"。罗贝尔图就自己这样主张,并以为马克思所强调的剩余价值学说,完全同他所说的一样,不过没有讲得他那样"简明"。换言之,即作为马克思经济理论核心的剩余价值学说,简直是"剽窃"他的结果。他这意见,对于那被马克思批判理论搅昏了的当时德国国内外的资产阶级的学术界,当然都乐得去传播。马克思在《经济学批判》《资本论》第一卷出版后,在世界的名气和影响愈大,罗贝尔图的诽谤,就愈好被利用作为一种"批判"。恩格斯看到这种中伤的情形,认为是不宜缄默的,他于一八八四年写的《哲学的贫困》序文中,曾明白宣示罗贝尔图把他在《国家经济状态认识论》中,在《社会书简集》中,有关剩余价值

[①] 《资本论》第二卷编者序,郭王合译本第7页。

来源的说明，当作一大发现，正如同蒲鲁东把他在《贫困的哲学》中，有关价值构成的高见，当作一大发现一样。马克思对于蒲鲁东的少见多怪的指责，他觉得也应当用以指责罗贝尔图。他以为把李嘉图价值学说应用到社会主义目的上的每个英国学者，如汤姆生，如浩斯金，如爱德蒙次（T.R.Edmonds），如布列伊（Bray）……殆无一不把他的观察，引到了剩余价值的来源与性质上，而超越了李嘉图。罗贝尔图亦超越了李嘉图，但他并不曾超越那些英国学者。那些英国学者的著作，在罗贝尔图发表其上述著作以前，已经成为马克思经常接触的对象，并且马克思的研究，已超越他们好远了。恩格斯在这样指述罗贝尔图不过把英国学者们已经发现了的东西拿来再发现以后，更于翌年（一八八五年）《资本论》第二卷编者序言中，进一步说明马克思究竟超过英国社会主义者们，超过罗贝尔图的在什么地方。关于这，我想留在本篇第四章去解答，这里只想指明一点，即罗贝尔图和蒲鲁东、格雷一样，自始就想依劳动券的实行，来达成相等劳动之生产品应当与相等的劳动生产品交换的目的，亦即是应达成消除贫困与恐慌的目的。这种幻想，自始就成为他对剩余价值进一步分析的障碍。他虽然也相信要使贫困与恐慌免除，必须废除土地与资本的私有制，而施行公有制，但他认为公有制是不能一蹴而成的，他在《标准劳动日研究》中，很具体的提论到了一种改良的劳动制度，依据这种制度，（一）在全社会劳动生产物中，分配于劳动阶级的总额，必须较分配于其他阶级的为高；（二）必须按社会劳动生产力提高的比例，提高工资；（三）劳动者所得报酬，不要受市场变动影响。而为了实现这种改良的劳动制，他以为：一切物品，必须依劳动计算其价值，更制定一种适于此价值的劳动货币；最后，再设立一种使此劳动货币与实物相交换的货币贮藏所——这一切办法，都由国家来管理施行。像这样的一种措施，显然是所谓国家社会主义，但在罗氏看来，"社会主义"云云，无非是一种补偏救弊的办法，并不意味着何等全盘变革。任何性质的国家，甚至君主专制的国家，也是行得通的。一句话，他的国家社会主义，"是按照当时普鲁士国家的模型来缔造的，一切委之于官僚的判断，即由上面的权力，来决定工人对他自身劳动的生产品之股份，而以这股份无报酬的让给他。"[①]

---

① 杜译本《哲学之贫困》恩格斯序第19页。

拉萨尔(Lassalle)——当作一个社会主义者,拉萨尔的声名,是比罗贝尔图大得多,显赫得多的。但就他们在经济思想史上的贡献而言,拉萨尔就远不如罗贝尔图。他曾在一八四二年以"现代史时期与劳动阶级观念之特殊关系"为题,在柏林机械工人部作过一次讲演,而这次讲演之基本概念,则表述在此后不久刊行的《劳动者纲领》小册子中,由于这本小册子在工人中间引起了极大的共鸣,于是一八六三年在莱布尼兹①召开的全德意志劳动者会议中央委员会,就提出许多实践上的问题,请他解答。他的公开答覆发表后三月,他被拥戴为设立在莱布尼兹的独立劳动总同盟的首领了。可惜在翌年,他便以决斗的方式,结束了生命。

拉萨尔在《劳动者纲领》中,明确提出劳动者阶级的历史使命。他由于与马克思交往,接受了马克思的唯物史观的意见,他认定劳动阶级将和资产阶级代替贵族僧侣阶级一样,起来代替资产阶级。这些阶级虽然同是成就其历史任务,但当作第四阶级的劳动者阶级,却有一个与其他历史阶级根本不同的特征。那就是,它从其发生的开始,就没有要求享有何等独占,何等排他的特权;只有不劳而获的社会阶层,才需要用法律,用其他一切统治机构来维护其特殊利益。在这点认识上,他展开了劳动阶级之伦理的意义及其国家观之说明。

关于劳动阶级的伦理观念,在一般习惯或被拘束于资产阶级狭隘意识中的人们的想法,以为劳动阶级一旦变成了统治阶级,由于他们缺乏教养,那将引起社会方面的退化,拉萨尔认为这是一种偏见。一个没有排他的利己主义的社会阶级,他们将毫无顾忌,毫无阻碍的,集合大家全体的力量,来努力发展人类文化、道德以及各种学术。因为"劳动阶级为求自己阶级向上的努力,将与全国民的发展,理想的胜利,文化的进步,自由的发达相一致"。凡是不想寄生于他人劳动上的人,都将站在劳动阶级阵容中,劳动阶级将扩大为全民了。劳动阶级的利益,到这时便是全民的利益。

与伦理观一样,劳动阶级的国家观,也是与资产阶级的国家观背道而驰的。在资本阶级的社会,国家是由 10% 的资产阶级与 90% 的无产阶级所组成,这种国家的特质的功能,就在如何使此 10% 的资产者,能顺利的

---

① 指"莱比锡",下同。——编者注

行使其对于其余90％的劳动者的剥削,并如何从此10％的资产者剥削所得,能安稳的不受那90％的劳动者阶级的侵扰,正因此故,资产阶级心目中的国家,就简直成了一个职司看守者的更夫。拉萨尔以为劳动者阶级的国家观,恰恰与此相反。在劳动者理想的国家中,剥削者与被剥削者是不存在的,因之国家就不是一个为保障剥削并保障剥削成果的消极意义的东西,而是有其极大的积极性的。国家是具有发展全国民之物质的精神的力量之职分的,"国家之目的,宁在依全国民的结合,使大家达到其个人所不能达到的成就及生活阶段,使他们获得其个人所不能企图的教养及自由之总量"。

然则劳动阶级将怎样实现其所理想的国家呢？他认为劳动阶级不应把这种希望,寄托在那些抱有不同的伦理观,不同的国家观的党派方面,他并明确指出:进步党并不能给予劳动阶级多大的帮助,劳动阶级要免除其由李嘉图所定立的"工资铁则"所磨折的悲惨命运,他们必须过问政治,必须自己站立起来,组织自己的政党,要求实现一律平等直接参加的普选,以期获得政治的自由——这意见,是他在答覆前述劳动中央委员会的公开信中所明白指述到了的。在劳动者由自己的组织,依普选方式获取政权这一点上,他差不多在完全蹈袭前述路易·布朗的主张。等到他发现此路并不完全可通的时候,他也同路易·布朗一样,竟不择手段的与资产者政权妥协。

在经济理论上,罗贝尔图的学说有更大的科学性,前此空想社会主义者、小生产社会主义者的说明,是不能同他相较量的。虽然在这方面,特别在恐慌理论方面,罗贝尔图的光辉,是被他的国家社会主义者的浪漫性掩蔽不少了,这正如同前述经济学者西斯孟第的光辉,被他医治恐慌的开倒车的奇想所损害一样。

罗贝尔图的缺陷,即特别在他为改变劳动制度所提出的实行办法上的错觉,显然由拉萨尔得到了一大补救。拉萨尔的国家观,使一切空想社会主义者、小生产社会主义者对于实现社会的想法,都显得非常幼稚。自然,我们在这场合,如其忘记了拉萨尔所处时代的劳动阶级势力成长的情形,就不免失之公平。拉萨尔对于实现社会主义的更实际更明确的路径的把握,只有在把他与罗贝尔图相较量时,才能发现其优越与伟大,因为后来与他是生活在同一个国度,并且差不多是处在同一个时期。

可是我在上面强调罗贝尔图的经济理论上的强点,并不以为他的那种理论有了完全的正确性,正如同我强调拉萨尔的劳动阶级的伦理观与国家观,并不以为他关于实现社会主义的想法与做法,都很妥当一样。如其说理论与实践有了密切不可分离的关系,缺乏实际经验和没有实践决心的罗贝尔图,自不能不在他的经济理论上留下许多破绽;同样,在经济理论没有何等成就的拉萨尔,也自不能不幻想到劳动阶级可以借普选及直接选举的方式,获得政治的经济的自由。

第二章　马、恩的时代，其生世及其思想体系

第一节　马、恩的时代及其生世

马、恩生在十九世纪初期（马生于一八一八年，恩生于一八二〇年），而在同世纪八九十年代（马卒于一八八三年，恩卒于一八九五年），分别与世长辞。他们同是在四十年代开始其著作生活与社会斗争生活的。

他们所处的这个时代，我已在李嘉图以后的经济学界，在约翰·穆勒，在历史学派及奥地利学派诸篇章中，分别指述了一个轮廓，在这里，只须简括综合的讲到以次几点：首先，这是一个资本主义生产方法在以极大的速率，向前扩展的时代。像英国这种老牌资本主义国家，尽管一直在马不停蹄的继续发展，资本在大量的累积，生产技术在不绝的改进，但到八十年代以后，它已感到许多落后国家，特别是德日诸国，对于它的无情竞逐与威胁；就在殖民地带、次殖民地带，亦因生产方法或急或缓的变革，造出了资本主义母国商品的竞争者和原料供给的障碍。其次，就在资本主义全面征服落后生产形态的过程中，一个世界经济的局面，借着迅速发明与扩展各种交通工具，把全世界各国间的经济交往关系，连接在一起了。照卢逊堡女史的说法，就是"资本主义生产推广于一切国家里，不但把这些国家造成经济的同种类的东西，并且还使这些国家结成为统一的大资本主义世界经济。"[①] 可是，"统一的大资本主义世界经济"，虽如此结成了，在它内部的矛盾，在资本主义国家间的利害冲突，却亦由此造成了。而且，再其次，在十九世纪中叶以后的半世纪间，在一切欧洲的资本主义

---

① 见陈译本《新经济学》第 306 页。

国家,虽然都由资本主义生活方式的采行,化除了一切国内原有的地域性的封建性的内战,但民族形式的统一,却并不能阻止,甚且更加强了劳资社会阶级斗争。即使是在资本主义以充沛的威力向前扩展的时代,劳动阶级已经再接再厉的表示了他们的斗争力量,那种斗争,到了十九世纪中叶前后,反而因"统一的资本主义世界经济"的形成,竟突破一切国界,而变为超国家的世界性的东西。

马、恩的学说,正是如实的反映着当时整个资本主义世界的那种社会经济变化。那些小资产社会主义者、约翰·穆勒、历史学派、奥地利学派的"大权威",尽管他们前前后后是生存在同一世纪中,但因为他们所见不广,或囿于阶级利害成见,却无法看出当时整个社会经济的全景和远景。

当我们在进行马、恩生世叙述以前,应当知道,在马、恩,不仅是他们的著作,他们的社会主义运动事业,彼此不易分开,就是他们的全生活,也差不多达到抽出了一个,其他一个就不易理解的密接程度。马克思的快婿拉发格(Lafargue)对此讲得非常明白,他说:"恩格斯在实际问题上也可以被看作马克思家庭的一份子。女孩子把他当作第二个父亲。他是马克思的第二我。在德国,许多年来总把他们说在一起,作为'马克思和恩格斯',历史已经把他们的名字在他们共同著作的封面上结合在一起。在我们现时代,马克思和恩格斯实现了古典作家们所描写的友谊的理想。他们从青年时便已相识,经过平行的发展,具有最亲密的感情和思想,一同参加革命的宣传,并肩工作到尽可能的长久。假如不是环境强迫他们离别了二十年,他们大概要这样过整整的一生。在一八四八年的革命失败以后,恩格斯必须去曼彻斯特(Manchester),而马克思则不得不留住在伦敦。不过他们借了通信的方法继续分享他们的思想生活。几乎每一天他们彼此间都要写信谈论政治的和科学的事件,以及他们彼此所从事的工作。一旦恩格斯可以破除把他留在曼彻斯特的锁链,他便急急忙忙地在伦敦安下家,离他所爱的马克思只有十分钟的路。从一八七〇年起,直到一八八三年马克思死,几乎没有一天他们不相见的,不在马克思家,便在恩格斯家。"①因此,我想在这里把他们的生世放在一起来叙述②。

世所共知的科学社会主义者的鼻祖,社会主义经济学的建设者卡尔·马克思(Karl Marx),于一八一八年五月五日生于德意志之托利亚。他的父母据说是犹太人种的血统,他由一八二四年的改宗令转入基督教。父亲为一律师,一方又为福尔泰(Voltaire)及来不尼慈(Leibniz)的生徒,他对于卢梭(Rousseau)、陆克(Locke)的著述,皆有研究。母氏为荷兰的善良妇人,援助父亲营着充满了和平慈爱的家庭生活,所以次子卡尔的少年时代是极有幸福的。卡尔·马克思在少年时代,不仅因为受了父亲的影响,醉心于哲学及史学,并且因为他时常在父之亲友威斯特佛伦(Westphalen)家庭中出入,所以又感染了那里不少的文学趣味。威斯特佛伦家为特莱维(Treves)第一名门,其家世是由苏格兰的血统传下来。他家的爱女燕妮(Jenny),后来成了马克思的夫人。马克思在特莱维高等学校卒业后,即依从父的意向,入波恩(Bonn)大学学习法律。但他不愿专学法律,所以于法律学以外,更学习高等数学、历史、文学、语言学等,间或创作诗与戏曲。一年后,由波恩大学转柏林大学。他在那里研究文学似较法律学为热心。马克思在柏林大学得与向导他以黑格尔(Hegel)哲学的诸先辈,特别是布尔诺·巴维尔(Bruno Bauer)结为亲友,巴维尔与马克思皆有志于以黑格尔的急进后继者,立身学界。马克思依巴维尔的劝告,草一《德谟克利泰(Democritus)与伊壁鸠鲁(Epicurus)的自然哲学之差异》的大学教授的论文,在维也纳大学提出,于一八四一年获得博士学位。但是当时由柏林大学转为波恩大学讲师的巴维尔,亦于同时担取了这个职位,致使马克思不得不放弃其充当大学教师的希望。适会当时莱因(Rhine)地方的自由主义者们,为图反抗普鲁士政府的政治压迫而计划发行新闻。至一八四二年一月一日遂在科隆(Cologne)发刊《莱因新闻》(Rheinische Zeitung)。后来,马克思为该报的主笔。他以尖锐的论锋,直接攻讦政府。但是政府对于该新闻的压迫程度,亦与马克思的论锋成正比例而加甚。翌年三月,他遂被迫而离去主笔的地位。一八四三年

---

① 读书生活社版何封等译《卡尔·马克思——人,思想家,革命者》第136~137页。
② 本节系根据拙译高畠素之著《地租思想史》第171页以下有关马克思生世部分,何封等译《卡尔·马克思》及郭大力编译《恩格斯传》写成。(原书正文这个注释未标出。——编者注)

六月，马克思与燕妮结婚。婚后赴巴黎，遂与蒲鲁东（Proudhon）、巴枯宁（Bakunin）及诗人海涅（Heine）等交游。翌年又与亚罗尔德·卢格（Arnold Ruge）共同发刊《德法年报》。该报虽只出版一期，但马克思却由此得到了终生的盟友弗里德里希·恩格斯（Frederick Engels）。因为恩格斯曾以奥斯渥尔特（Oswald）的变名，在该志上撰著《经济学批判大纲》。就从这时起，马克思的全生命，就渗透有恩格斯的血肉关系，亦就从这时起，实质上，在一切方面的活动，已不是马克思或恩格斯，而是"马克思、恩格斯"了。

　　本来，就出身方面讲，恩格斯与马克思是颇不相同的。恩格斯的父亲是一个宗教虔诚的纺织工厂主，他对儿子的希望，是把他自己做模型。关于童年的恩格斯所遗下的报告虽不多，但知道他在 14 岁时转到易尔柏（Ellerbeld）高等学校，就因为他到学校经过工厂旁边所见到的工人阶级的悲惨景况，立即就使他这敏感而特赋人类同情心的孩子，开始怀疑工厂主的良心。他是否就因此打销他原来想学法律的决心，是否因此放弃住大学的计划，以致把尚差一年毕业的高等学校生活也停止了，不得而知。但在 17 岁时，他父亲经过长期的考虑，把他由德国纺织工业中心区的故乡巴门（Barmen）派往布列门（Bremen）①去练习生意。为了防止他儿子的生活，逾越了他自己所守的轨范，特别要他住在托里循伦拿士牧师（Pastor Treviranus）家。布列门虽然也是一个宗教空气严厉的地方，但恩格斯一离开父亲的束缚，就开始在异乡，在工作比较闲散的当中，来整理他以往不大相连续，且也不相调和的思想。在他 19 岁的一八三九年，他就在当时前进份子主编的《德意志电讯》（Telegraph für Deutschland）杂志上，以斐特烈·奥斯渥尔特（Frederick Oswald）的化名，发表反宗教的言论。不久，他就因那个杂志主编者库兹芬（Cutzkow），知道了白尔尼（Borne）；由《耶稣传》的著者斯托劳斯（Strauss），接受了黑格尔的影响。到一八四一年，他离开布列门，到当时精神斗争最激越的场所——柏林。一到那里，他就被欢迎参加"黑格尔激进派"，列在自命为"自由人"的队伍中。当时对马克思有着极大影响的名人巴维尔及史迪讷（Stirner），都是在这时变为他的亲友的。他到达柏林之顷，恰碰着新国王斐特列·威廉

---

① 现常译为"不来梅"。——编者注

四世，为了破坏青年黑格尔派，而委派黑格尔的反对者谢林（Schelling）为柏林大学教授。这当然大大激怒了青年激进的"自由人"，他们开始反攻了。一八四二年，他匿名发刊《谢林与启示》，大胆的破坏那位当时公认的权威。在许多年间，那小著被许多人误认为是巴枯宁的作品。同年，巴维尔失去了波恩大学讲师的职位，他非常愤愤不平。他著《斐特烈·威廉四世论》，指责新王扶植浪漫派国家学说的"诡辩"的企图，他说浪漫派国家学说及其"有机国家"论，不过是世袭政治的辩护。这时，他在"自由人"中，已经是一个最大胆最敢说话的人了。他不独怀疑基督教的信仰，并且进一步，因费尔巴哈所著《基督教的本质》（Das Wesen des Christentums）而怀疑一切宗教。可是，他由宗教的解放，转到一般社会问题上，却是由于另一个制造业者的儿子，《欧洲三国论》（The European Triarchy）的著者摩塞·赫斯（Moses Hess）的影响。同年（一八四二）秋，恩格斯由柏林回巴沙的途中，路过科伦，访问《莱因新闻》编辑所。赫斯当时为《莱因新闻》的投稿人，他们在那里会见了。后来赫斯曾对奥尔巴哈（Berthhold Auerbach）述说他们会见时的感想说："我们谈到当时的问题。我们会见时，恩格斯是一个澈底的革命者，他离开我时，已经是一个热烈的共产主义者了。"十月底，恩格斯离开了家。父亲希望他到曼彻斯特的欧门恩格斯工厂去完成商业训练。而他自己却另有目的，希望在工人运动中心地，观察工人阶级运动。在途中，他再访问科伦的《莱因新闻》编辑所，他同马克思就是在这次，在这里会见的。虽然他们的交谊，是往后在一八四四年，在巴黎再度会见时，才缔结在极坚固的基础上的。

由上面的说明，我们知道，当作商人的儿子，当作一个未受完全教育的"小商人"的恩格斯，当他22岁与马克思见面时，他已不仅能用25种语言讲话（见他写给妹妹的信中所说），不仅是一个文学、哲学及其他政治、军事、科学方面极有修养的人，是一个有名的青年黑格尔派中的重要人物，更进，且是一个社会主义者了。

从此以后，他们的著作生活，社会斗争生活，始终交织在一起。

一八四五年，他们第一次合作的著作《神圣家族》（Die Heilige Familie）发刊了。其中，对于黑格尔理想派辛辣的批评，已经表露了唯物史观说之萌芽。而当作社会运动之根据的，被誉称恩格斯青年时之力作的《英国劳动阶级状况》一书，亦是在同年发刊的。在此以前，马克思于从事经济学及法国革命研究之余,曾由德文刊行的《每日新闻》,与普鲁士的政府斗争。结局,因为法国政府容纳了普鲁士政府的恳请,卒于一八四五年一月把他逐出法国了。马克思离开巴黎以后,曾移居比利时之布鲁塞尔。他是在该地住了三年,才又被普鲁士的政府放逐的。一八四五年春,马克思与恩格斯共同旅行英国,开始接触该国的资本主义经济学。他以异常的兴趣,读破了恩格斯搜集的各种经济学书籍,及在曼彻斯特与其他图书馆内所藏的经济学书籍。一八四六年六月,马克思为驳击蒲鲁东的《贫困的哲学》(Philosophie de la Misère)而著《哲学的贫困》(Misére de la Philosophie)。他的小著《工资劳动与资本》(Lohnarbeit und Kapital),则是同年在布鲁塞尔劳动者协会〔演讲〕的讲稿。马克思住在巴黎时,虽曾与当时革命结社的共产主义者同盟的首领们交际,但他自移居布鲁塞尔后,始与恩格斯共同加入这个同盟。该同盟自一八一七年开第二次大会以来,其性质全然一变,至成为共产主义的宣传团体。当时大会的宣言起草,由马克思及恩格斯担任,那就是有名的《共产党宣言》。一八四八年一月,该宣言以德文脱稿,二月即在伦敦付印。

一八四八年二月在巴黎爆发的二月革命,如燎原之火,在全欧洲各处蔓延。因此,马克思遂由比利时逐放出境。他曾一度赴巴黎,但不久即归故国,借恩格斯及伍尔夫(Wolf)的协助,于一八四八年六月一日在科伦发行《新莱因新闻》(Neue Rheinische Zeitung)。可是政府把托勒斯登及莱因诸州的五月革命镇压下来之后,乃由武力禁止此种新闻发行。一八四九年五月十九日,《新莱因新闻》遂以载有悲壮短诗的赤纸终刊号宣告结束。当一八四八——一八四九年革命运动在欧洲各地卷起悲观与伤感的空气中,恩格斯认为对于革命的客观条件加以冷静的分析,是非常必要的。恩格斯于一八五〇年刊行的《德意志农民战争》(Der Deutsche Bauernkrieg),就是在这种环境下写成的。马克思结束《新莱因新闻》后,即赴巴黎,因法国政府不容,乃不能不亡命伦敦。他在伦敦所过的贫困生活,有时竟视面包及马铃薯为上品食物。一八五二年末,他由共产主义者同盟解脱出来以后,即专心从事研究,并在新闻杂志上投稿。一八五九年,有名的《政治经济学批判》(Zur Kritik der Politischen Oekonomie)刊行。他在这部书里面,不仅开始对于后来成为他的大著《资本论》之根底的价值及货币,试行分析,并且在该书的叙言中,曾开始有组织的叙述唯物史观之要领。

《资本论》第一卷（Das Kapital，Kritik der Politischen Oekonomie erster Band）出版是在一八六七年七月二十五日。他最初预定分《资本论》为三卷，第一卷论资本的生产行程，第二卷论资本的流通行程及资本的总行程，第三卷论剩余价值学说史。但不幸他仅仅完成第一卷，就死去了。后此，由恩格斯于一八八五年整理第二卷草稿上半部出版为《资本论》第二卷，又整理第二卷草稿下半部于一八九四年出版为第三卷。恩格斯以后并委托加尔·考茨基（Karl Kautsky）整理《剩余价值学说史》（Theorien über den Mehrwert），于一九〇四年——一九一〇年刊行。《资本论》第三卷是究明剩余价值被分割为利润、利息及地租的过程，而《剩余价值学说史》，则是批判重农学派至钟士的诸经济学者的剩余价值说。

在先，马克思曾以一八六四年九月设立的国际劳动者协会即第一国际的中心人物的资格，起草该会的宣言、纲领及会则等。后来由其季女爱里娜（Eleanor）所刊行的小册子《价值价格及利润》（Lohn, Preis und Prafit），即是他在该会的评议员会的讲稿。同协会因为一八七一年三月对于巴黎发生的"巴黎公社"暴动颇有效力，所以开始指导的活动。这个"公社"的性质，详见马克思所著《法兰西内战》（The Civil War in France）。国际劳动协会，自经一八七二年马克思派与巴枯宁派在海牙（Hague）开大会时完全分裂以后，不久便归消灭了。在一八七一年"巴黎公社"革命失败以后不久，改良主义的说教，就由杜林（Dühring）高举旗帜了。由于杜林的法螺，使许多革命者发生一些不良印象。于是在一八七五年，最能反映马、恩整个思想体系的《反杜林论》（Herrn Eugen Dührings Umwälzung der Wissenschaft）出版了。

此后，马克思虽专心致志于《资本论》之完成，但因多年不遇的生活，及过度的劳作，颇于健康有损。至一八八一年爱妻燕妮死去，其精神乃陷于极度的衰弱。一八八二年因为往访长女（法国社会主义者朗格特Longet之妻），并旅行非洲北岸之阿吉尔，游历瓦伊特岛之菲因托洛等地，虽略略恢复了健康，然卒于一八八三年三月十四日在伦敦与世长辞了。

马克思辞世以后，遗留给恩格斯的工作就够繁重了：国际的及德国国内的社会主义运动，需要他指导；对于他们加以无情攻击的思想斗争，需要他答辩；马克思许多未完结的著述草稿，需要他整理。在马克思去世后的翌年（一八八四年），他即依着马克思的遗言，把他们的唯物史观和莫尔根（Morgan）在《古代社会》中所提示的论点，编织成一部有名的社会史文献，即《家族私有财产及国家之起源》（des Privateigentum und des Staates）。再后四年，更为了把他同马克思的世界观的发展过程，作一明确的论述，《费尔巴哈论》（Ludwig Feuerbach und der Ausgang der Klarsischen Deutschen Philosophi）问世了。过此以往，恩格斯除了偶尔与当时从世界各地来请教他的社会主义者接触以外，就是用他的全部精力，完成马克思的《资本论》第三卷著作。这书在一八九四年出版，他突然在一八九五年谢世了。

以上所述的马、恩的生世，大体是就他们的著述生活立论的，就在这方面，有一点需要借梅因（Gustav Mayer）所著《恩格斯传》（Friedrich Engels：A Biography）中所描述的他们的差异点或其相互补充的地方，作一结束。那是说，我们必须记住："恩格斯的不完全的学校教育和长时期的商人生活，在这点上面，是很有影响的。他不是学究，也不喜欢学究的生活。他不能枯坐下来思索。他有洞察的能力，但在理论上，他是比较容易满足的。如果马克思的精神，是像大风浪，他的积极的精神，就可以和高山的瀑布相比。马克思是像雅科布和恩琪尔角斗一样，和他那时代的精神相斗争，他却坐上'未来的列车'就心安了。马克思的著作是缓缓地艰苦地产生的，思想是深刻的，透澈的，是破坏同时又建设的；恩格斯却天生是一个更实际的人，很容易发现自己的使命。他有敏锐的观察，但更少辩证法的创造性。他们在思想上显出的差别，在他们的文体上，也表现了。恩格斯的文句，无论在思想上，文字上，都是碧清如水，是流畅的，快捷的，优雅的，明白的表述作者所要表述的每一个思想。马克思的文句，却往往包含过多的思想，令人读了，像是患着思想溢出病一样。所以，在他的文句里，光彩和晦涩，是融和着。恩格斯的文句，像是顺口道出的；在马克思，却像一字一句，都是铁砧上锻炼成功的。这种种，当然只有由他们生活方式上的差别去说明。生活方式上的差别，引起性格上的差别。他喜欢侦察，更不喜欢研究；有直接得到结论的能力，但更少系统组织的能力；他喜欢读书，但消磨时间在图书馆，辛苦地搜集材料来印证自己的社会思想和历史见解，他是不高兴的。他是一个热心的骑猎者，他曾以同样的精神,'在抽象思想的高垣上面行猎'。在他不足的地方,正是马克思有余的地方。反过来,马克思不足的地方,也正是恩格斯有余的地方。他们会成为互相补足的一体,自是当然的了。"①

第二节 马、恩的全思想体系

为了说明的便利,这里且把上面分别提述过的他们的主要著作,按照发表时间的顺序,列举在下面:

a.《政治经济学论纲》—————— 一八四一年 恩
b.《黑格尔法律哲学研究》—————— 一八四三年 马
c.《神圣家族》—————— 一八四五年 马、恩
d.《英国劳动阶级状况》—————— 一八四五年 恩
e.《哲学的贫困》—————— 一八四七年 马
f.《雇佣劳动与资本》—————— 一八四七年 马
g.《共产党宣言》—————— 一八四八年 马、恩
h.《德意志农民战争》—————— 一八五〇年 恩
i.《政治经济学批判》—————— 一八五九年 马
j.《工资价格及利润》—————— 一八六五年 马
k.《资本论》—— B.1 一八六七、B.2 一八八五、B.3 一八九四年 马
l.《反杜林论》—————— 一八七八年 恩
m.《家族私有财产及国家之起源》—— 一八八四年 恩
n.《费尔巴哈论》—————— 一八八八年 恩
o.《剩余价值学说》—— B.1 一九一四、B.2 一九一〇年 马②

从这个著作表,我们至少可以得到以次几个概念:(一)恩格斯在四十年代初年有关经济的两本著述,对于马克思把研究由哲学方向移到经济学方面,是有着决定影响的。我在前面亦提到马克思到伦敦以后,曾以极

---

① 参见郭编译本《恩格斯传》第 34～35 页。
② 此处《剩余价值学说》的德文出版时间有误。该书系由考茨基根据马克思的《1861—1863 年经济学手稿》,于 1905 年至 1910 年间以《剩余价值学说史》的书名分三卷出版。——编者注

大的兴趣,读破恩格斯搜集的各种经济学书籍。自此以后,马克思陆续发表他的经济学著述,而恩格斯到后来,却只是发表了一些有关哲学及社会主义方面的东西。(二)他们所研究的内容,由其著作所示,大体是包括三个部门,其一是哲学,其二是政治经济学,其三是社会主义。在他们开始著作的四十年代,恰好是德国古典哲学,英国的政治经济学,法国的社会主义,已经大体分别近于终结的阶段。他们一方面,承着这三大思想系统所研究的成果,同时却不能不对它们的那种成果,予以合理的清算,就因此故,马、恩的理论,就不能不是批判的理论。如他们那一列著作所表示的:或是批判古典哲学,或是批判古典经济学,或是批判他们所谓旧的社会主义。

由十八世纪到十九世纪初期所分别出现的上述三大学说,即德国的古典哲学,英国的古典经济学,法国的社会主义,它们在本质上需要被清算的地方,无疑是如一般所指述的:在旧社会主义,是它的不合科学的空想性,在古典经济学,是它的布尔乔亚利益所限制的狭隘性,而在古典哲学,则是它徘徊于二元论中摇摆不定的性格。但我这里想指出:他们各别的缺陷,却正是由它们都不曾把自己的学说,放在一个大的体系中:法国的社会主义,根本就不是从古典经济学中的那一部分科学研究结论出发,英国的古典经济学,还只是把启蒙时代的自然观的经济主义的哲学作为出发点,而德国古典哲学中的具有革命性格的辩证的思考,又不能从本国落后的社会经济基础得到现实的支持,结局遂把它们脱离德国偏隘利益计较而自由展开的发展观念,停留在观念世界中。因此,马克思与恩格斯的伟大功绩,与其说是由于他们分别批判了上述三种学说,把他们不合科学的不合理成分扬弃了,却毋宁说是由于他们辨别出了那三种学说中的科学的革命的因素,并将其综合发挥成为一个更伟大更系统化的思想体系——一个包罗哲学、经济学、社会主义的思想体系。列宁曾说:"十九世纪有三种主要的观念形态的潮流,由人类中最进步的三个国家来代表,那便是德国的古典哲学,英国的古典政治经济学,和与法国革命学说相结合的法国社会主义,而马克思就是这三种潮流之天才的延续者和完成者。"①但我在这里想附带提到一点,就是最初企图把这三国学说放在一

---

① 参见何封等译《卡尔·马克思》第59页。

起来考察的人,就是分别给予了马克思和恩格斯以莫大影响的摩塞·赫斯,虽然他的《欧洲三国论》对于英国古典经济学没有怎样深入的讨论到。

就哲学上讲,大家都像很明白的知道马、恩的哲学,是唯物论的,是辩证法的,但这样来理解,并不曾把马、恩以往的唯物论者、辩证论者分开。唯物论是很早就有了的,辩证法亦是很早就被强调着应用着的,可是以往的唯物论,不失之于机械(如十八世纪的法国自然主义的唯物论者们),即失之于直觉(如德国的费尔巴哈),而到黑格尔手中达到了高度发展的辩证法,又无法从唯心论的观念世界拔脱出来,马、恩开始把唯物论与辩证法结合起来,由批判黑格尔的辩证法,同时又批判费尔巴哈,这样才成功了他们的唯物辩证论的哲学和宇宙观,把这种哲学应用到或者拓展到社会,就是为他们所发明的历史唯物论或者唯物史观。因此,当作哲学家的马、恩,他们是以这种把握着人类社会发展法则之锁钥的唯物史观,来与所有以往的哲学者、社会学者相区别的。恩格斯也明确的指示了这一点说:"马克思和我,把德意志唯心哲学的意识的辩证法,保留并移转到自然与历史的唯物观念上去。做这种工作,可以说唯一的只有我们两个人。"①

就经济学上讲,马、恩毫不掩饰他们从古典经济学那里吸收的科学研究成果,正如他们在哲学上,毫不掩饰他们曾经一度是青年黑格尔派,是费尔巴哈主义者一样,劳动价值学说以及依劳动价值学说展开的若干有关分配的正确认识,是古典经济学遗留下的宝贵遗产。可是对于那种遗产的接受或吸收,是要支付而且实在也是支付了极大的代价的。"古典经济学者们对于他们所发现的生产与交换的法则,始终不曾看为是历史上某种经济活动形式的法则,而是永久的自然的法则,并以为这些法则是从人类的天性中产生出来的。"②他们这样理解资本主义经济,从其研究的出发点讲,宁是当然的,他们不但是采取自然主义的唯物观,并且正因此故,他们的思考方法,就不得不是形而上学的,而不能是辩证法的。马、恩的经济学一开始,就得把他们这种固定化的认识从根底纠正过来,依他们的宇宙观,世界被理解为一个过程,社会被理解为一个过程,古典经济学

---

① 见吴译本《反杜林论》第三版序言第10页。
② 见前《反杜林论》中译本第184页。

所研究的对象——资本主义经济,同以往其他社会经济形态同样是一个过程。把这个过程上的秩序,看为是合理的,合乎"人的天性"的云云,那同以往社会的讴歌者,把他们所在社会看作"神定的秩序",看作道德的体现物,同样没有是处。实则它所强调的"人",无非是资产者社会的市民,而他所谓"人的天性",也无非是那些市民在他们所处特定社会生产关系下所表现的倾向。所以马、恩认为,要从各方面周到的批判资本主义的经济,只知道资本主义的生产、交换及分配,还是不够的。至少还应该扼要的考察资本主义以前的形式或同时存在于落后国家的形式,把它们用来和资本主义形式相比较。在这种认识下,或者在唯物史观的理解下,恩格斯很有创意的于研究资本社会的经济学以外,更提出有关一切社会的经济学;即在狭义经济学以外,更提出广义经济学。虽然他同马克思对于后者只提示了若干极有价值的说明,但那在资本主义之历史性格的理解上,特别是在社会主义经济形态之必然性的理解上,是有极大帮助的。

就社会主义上讲,马、恩对所谓旧社会主义的批判,就是认定所有英法空想的、小生产者的社会主义的共同缺点,在于他们对于资本主义经济,对于经济学,没有明确的理解。社会主义,是资本主义运动法则贯澈其作用的必然结果,实现社会主义的条件,或者消灭资本主义的手段,不当求之于人类的头脑,而必得以我们的头脑,从资本主义生产关系自身中去发现。当资本主义社会还没有发达到具备那些条件或那种手段的时候,社会主义是不能由若干具有高尚理想和好心肠的人去"创造"出来的。马、恩的这种社会主义的看法,不但是他们批判古典经济学的结果,还是他们依据唯物的历史观发现或曝露资本主义运动法则的结果。惟其他们采取唯物历史观,他们对于任一社会之基础的生产力,他们就不像那些古典经济学者一样,只把它看为是经济发展的动力,且更看为是社会革命的动力。资本主义社会,资本主义的生产方式,一直存在着一种不绝加速改进其劳动生产力的要求,等到那种生产力发达到非资本主义的生产方式,从而,非资本主义的生产关系所能对付的时候,它就将依无政府的生产状态所导来的恐慌,依个人占有与社会生产之矛盾所导来的劳动阶级的革命活动,而逼迫着既成社会经济秩序崩溃,使自身重新被编入一个能容许其作任何程度发展的有组织的有计划的新社会中。

由上面的说明,我们知道马、恩的整个思想体系中的三个构成部分,哲学、经济学、社会主义,只是在说明的便利上,才将其分开的,在实际上当作其哲学之最发达形态的历史唯物论或唯物史观,一开始,就是把资本主义的运动法则,作为具体的历史的考验的结果,这即是说,他们的唯物史观,离开了发现那种运动法则的经济学,就根本不能成立。事实上,唯物辩证法并不是先天存在于我们的脑中,先天存在于我们思维中,并从脑中、从思维中拿去强加到自然或历史中的东西,而是用我们的脑,用我们的思维,从自然或历史中去发现出来的东西。资本主义经济之唯物历史观的研究,就必然要引到社会主义,所以,我们殆可说:社会主义,是经济学结论的具体化。这三者的密切关系,用恩格斯评论《政治经济学批判》的话来说,就更加清楚:"……这个德意志的经济学,本质的是根基于历史的唯物论之把握。这种历史观……不但对于经济学,对于一切历史的科学(除自然科学外,一切的科学,都是历史的),都是革命的发现。它告诉我们:物质生活之生产方法规定社会的政治的及精神的生活过程一般。出现于历史中的一切社会的及政治的关系,一切宗教的法律的体系,一切理论的观念,都要在那个与其相应的物质生活条件理解了以后,才能理解,而前者又是从这些物质条件诱导来的。这个命题是这样简单,以致对于每个没有中观念论的毒的人,都是自明的道理。但不只对于理论,对于实践,也有极大的革命的关系。'社会在它发展的一定阶段上,它的物质生产力必会与它原来在其中活动着的现存的生产关系(或者只不过是它的法律表现的所有关系)相冲突。这种种关系,由它们对于生产力的发展,转变为对于生产力的桎梏的时候,社会革命就要到来。'"①要之,在马、恩的整个思想上,哲学、经济学、社会主义是结成一体的。许多市民的流俗的学者,惯常把经济学上的马克思主义与社会主义上的马克思主义对立起来,或把哲学上的马克思主义与其他两方面对立起来,以为依这种研究方法,就容易发现整个马克思主义的矛盾,而坐收到"以子之矛,攻子之盾"的便利。其实马、恩学说是整个的,从其中割裂出一部分,予以反对,或加以赞同,同样没有是处。

---

① 见彭译《费尔巴哈论》第210页。

第三章 政治经济学

第一节 马、恩政治经济学的方法论及其诸特征

在前面,我已在整个马、恩思想体系中,提论到了他们的经济学,但当作经济学说史上一个特殊系统,那种解说是颇嫌不够的。

我们在前面介绍过了的几个体系,如说明的经济理论体系,如辩护的经济理论体系,通是站在资产者的立场,而真正的明确的站在反资产者立场的马、恩经济学,它不能不在本质上对整个现代资产者的经济学,立在正相反对的地位,也许就因此故,在任何一部分资产学者的经济学说史或经济思想史中,他们便自然的被看作"异端",而他们的经济学说,便被尽情的曲解,尽情的贬抑在不足齿数的地位了。

其实,经济学直到他们(马、恩)手中,才第一次恢复其应得的科学的地位,而不再被拘囚在发财致富一类偏狭利害观念的氛围圈中,也不再被拘囚于主观的或先验的观念幻觉中。他们认为,在被看作一种科学的限内,经济学的任务,在探究资本主义经济运动的法则。资本主义经济发生发展的法则,大体虽由古典经济学者们分别发现出来了,但由资本主义经济发展到一定阶段必然呈现的没落的法则,却不但不能期之于资产阶级经济学者,也不能期之于不曾确定其社会立场的各式社会主义者,而必得马、恩来发现。所以,在这种意义上,马、恩的政治经济学,是在古典经济学工作终止了的地方开始的,是在相反的立场上,对古典经济学的继续。

特他们在历史的任务的意义上继续古典经济学,并非无条件的承认古典经济学所定立的主张或发现的诸种法则,特别是关于那些法则的说明,恰恰相反,如完全依照或承认它所发现所说明的,决计不易达成发现

资本主义没落的法则的任务。我们甚至可以说,马、恩正好是在纠正或批判古典经济学的当中,或者在清算其不合理部分,而吸收其合理的科学的成分当中,才明确把握到资本主义经济必然转趋于没落的途径的。由恩格斯的《经济学批判大纲》,到马克思的《政治经济学批判》、《资本论》,乃至《剩余价值学说》,都是做的这个批判工作。惟其如此,马、恩关于经济学的研究,一开始,就不能不在方法论上与古典经济学者相区别。自然,唯物历史观,是他们在一切研究领域所共同使用的法宝,但我们前面讲过,他们的那种唯物历史观,是从历史中,特别是从资本主义社会发展诸阶段的历史中发现出来,证验出来的。所以,马克思在一八五九年出版的《政治经济学批判》中,已经把那种研究的结果,看为唯物历史观的最直接最明确的体现。他并在当时未发表,到后来才由考茨基编录进去的《政治经济学批判导论》①中,揭出研究经济学的方法,表示(一)经济诸范畴的探讨,也如同在其他每一种历史的社会的科学中一样,无论在实际中,抑在头脑中,都有主体存在着,而这主体,就是资本者社会;因此,(二)那诸种范畴,就不过是这主体,这既定社会的表现方式,存在形态,并且往往是主体的某些侧面;②此后,在《资本论》第一卷第二版跋中,他更像很满意的引述俄国一位作者对于他在《政治经济学批判》中,在《资本论》中所用方法的描述,那是说:"在马克思,只有一件事是重要的,那就是发现所研究的现象的法则。但他认为重要的法则,不仅是已在一定时期具有完备形态且保持相互联系的现象之法则。他更着重的,是现象变化的法则,是现象发展的法则,是由一形态到他一形态,由一系列关系到他一系列关系的推移的法则。这种法则一经发现,他就进一步,详细研究这个法则在社会生活上表现的种种结果。……所以,马克思只关心一件事:那就是由严密的科学研究,证明社会关系的次序的必然性,并对于当作出发点和根据点的种种事实,尽可能予以完全的确认。为达到这个目的,他只须证明现在的秩序,有其必然性,同时又证明现在的秩序所必须推移进去的秩序,也有其必然性,至若人是否相信它,是否意识到它,那倒是一点不关紧要的。马克思认为社会的运动,是一个自然史的过程;支配它的法则,不仅

---

① 该文献现在译为《〈政治经济学批判〉导言》。——编者注
② 参见 N.Q.Stone 英译本第 302 页。

与人的意志、意识、意图相对而言时,是独立的,并且是人的意志、意识、意图所由以决定的。……意识要素在文化史上的位置既然如此低,则以文化为对象的批判,自不能以意识的任何形态或结果为基础。这就是说,能作这种批判的出发点的,不是观念,只是外部的现象。批判的职务,不是拿事实和观念来比较对照,却是拿事实和事实来比较对照。在这种批判上,最紧要的,是两种事实必须尽可能的同受正确的研究;是这两种事实必须在互相对待的限度内,成为同一发展过程上的相异的要素。但最重要的一点是,必须正确研究诸秩序的顺序,研究诸发展阶段的次序与联络。有人说,经济生活的一般法则永久是相同的,适用于过去的法则,也必适用于现在,但这正是马克思否定的事情。依他说,抽象的法则是不存在的。……依照他的意见,每一个历史时期,皆有它特有的法则。……生命通过一定的发展时期,由一阶段向他一阶段推移时,它就开始受别一些法则支配。经济生活上呈现的现象,与生物学领域内的发展史,颇相类似。……旧经济学家以经济法则比之于物理学法则或化学法则,他们是把经济法则的性质误解了。……更深刻的把现象分析一下,便知诸社会有机体间,和各种动植物有机体间一样,是有根本的差别的。……且不只此,同一的现象,也因各种有机体的全部构造不相同,因它们的个别器官不相同,因这各种器官作用的条件不相同等等,而须受支配于完全不同的法则。例如,马克思就否认人口法则是任何时任何地皆同的。他主张,各发展阶段有各自的人口法则。……生产力的发展程度不同,社会关系与支配社会关系的法则也不同。马克思的目标既然是以这个见地研究说明资本主义的经济秩序,所以他所不得不做的,只是严密地科学地,把经济生活的正确研究所必须有的这个目标,树立起来,这样一种研究的科学价值,在阐明一社会有机体的发生、生存、发展、死灭,以及由它进到高级社会有机体的演变,是受何种特殊的法则支配。"①

惟他的研究方法或出发点,具有上述的唯物辩证的实质,而当作其研究结果看的他们的政治经济学,就一定要显示出以次三种特征:

(一)看作生产力学说的特征——当作马、恩经济学之第一个特征看的,就是他们的经济学,从其所研究的对象资本主义经济所由发生发展乃

---

① 参见《资本论》第一卷第二版跋,郭王译本第10~11页。

至没落的基本动力言，殆可视为是生产力学说。前面讲过，劳动生产力的重要性，是为古典经济学者们所注意到，并强调过的。但这些经济学者只重视生产力的技术面，而不理解其推动社会发展变革的意义。把生产看为人类最基本的社会行为的马、恩，生产所需诸基本条件：劳动对象、劳动工具、劳动力所组成的生产诸力，便成为社会的基础和出发点；生产方式、生产关系，以及建于此种生产关系上的一切政治法律等制度，都将会随着生产力的变动而变动。生产力在这种意义上，是一切社会进步变革的动力，这是马、恩经济学具有广义经济学实质的根因之一，虽然他们是在用全力探究并说明资本主义社会生产力之空前巨大发展的原由。

（二）看作资本学说的特征——从另一方面讲，马、恩的经济学，又可说是资本学说。他们的经济学的代表著作，题称为《资本论》，即可见一斑。前面讲过，马克思以为研究经济上的诸范畴，应牢记由那些范畴所构成的资本家社会这个主体。在资本制生产社会，资本变成了整个经济的核心，一切的经济活动，可被理解〔为〕资本的活动。劳动者从事劳作，在他主观上也许说是为了获取工资，但在资本家眼中，劳动者的劳动力，同他的工具及原料一样，都在为他尽着资本的机能。就在资本家自己，如马克思所说，他的心，正是资本的心。资本时刻在强制资本家顺从它不绝加速扩大的欲求①。而这也正是资本社会自身所具有的客观的特殊的运动法则的基因。在马、恩作为其分析对象的资本，与古典经济学者如亚当·斯密等的解释，固大异其趣，而一般流俗学者以为渔夫猎夫的简单劳动工具，亦是资本的见解，在他们看来，那是绝对无法把握现代资本的本质的。他们以为："只有在资本一字所指示的事物本身出现之时，只有在动产剥削自由劳动者的剩余劳动，来生产商品，而更甚的带上资本职能之时，只有在这时候，近代经济学意义上的'资本'一辞，方才出现。"②这即是说："只有当剩余劳动的产品，采取剩余价值的形式，当生产手段所有者找得自由劳动者——解脱社会桎梏及自身私产而成自由的劳动者——作为剥削对象，而在商品生产剥削劳动者的时候，只有在这时候，生产手段，才采取特殊资本的性质。"他们把资本作了这样严格的科学的规定，那又表示：

---

① 《资本论》第一卷第 174 页。
② 《反杜林论》吴译本第 274 页。

资本之所以为资本，或者，商品货币等等之所以采取资本的形态，并不是因为在它本身具有什么生产性，而是因为它那被理解为价值增殖的"生产性"，是由它与活劳动交换，从而，由活劳动创造了剩余价值的结果。所以，这在结局上，必然又会使他们的经济学说，带有另一特征。那就是：

（三）看作剩余价值学说的特征——资本制经济活动的起点是资本，而每种资本活动的目的或归结则是剩余价值。正因此故，马、恩的经济学，在这种意义上，便成为剩余价值学说。剩余价值是资本主义商品生产或资本社会的秘密，这秘密曾大大的苦恼着优秀的古典经济学者们。"在他们的经济学中，资本与利润，或资本与利息，正好像因与果，父与子，昨日如今日一般，同样的相互不能分离，同样的处于相互关系之中。"他们不能发现这利息与利润的来源，究在什么地方，在某些个别场合。他们有的人，特别是如亚当·斯密、李嘉图，曾经接触到了这个秘密问题，但依旧不能把它比较明确的解释出来。马克思除了用他那三大卷的《资本论》，系统的把剩余价值的生产，剩余价值的实现，以及剩余价值的分配予以极详尽的解析外，更用《剩余价值学说》那部书（他原来的计划，是用政治经济学的名义，把《资本论》第一卷作为第一卷，第二卷第三卷作为第二卷，《剩余价值学说》，则作为第三卷），对威廉·培第以来的经济学者的有关剩余价值的见解，分别加以批判。因此，我们就说马、恩的整个经济学，是剩余价值学说，那是没有什么讲不通的。

第二节　由劳动价值学说到剩余价值学说

由古典经济学到马、恩经济学的发展，事实上，就是由劳动价值学说到剩余价值学说的发展；劳动价值学说，是古典经济学者研究的业绩，但到马、恩手中，这种学说始集大成，而予以完成。而他们对于这种学说的完成，是由劳动价值学说研究的线索，去发现资本主义商品生产的秘密——剩余价值，来完成的。所以，从一方面讲，包括有剩余价值学说在内的劳动价值学说，才算达到了最完全的形态；而从另一方面讲，马、恩的剩余价值学说，是清算并扬弃古典经济学者之劳动价值学说的结果。

自古典学派，特别是由亚当·斯密、李嘉图所发挥了的劳动价值学说,恩格斯把它归结两个重要命题:一是各种商品的价值,唯一的是由其生产所必要的劳动量来决定;一是社会全劳动生产品,由地主(地租)、资本家(利润)及劳动者(工资)三阶级来分配。① 把这两个命题合拢来看,就可知道,全生产品的价值由生产所费劳动量决定,劳动者工资以外分归地主地租、资本家利润的价值部分,就是增殖的,就是属于剩余价值部分的。所以,恩格斯在另一场合说:"我们今日呼为剩余价值的那部分生产物价值的存在,早在马克思之前,就确定了的。这个价值部分,由占有者不支付任何等价的劳动生产物构成这事实,也同样已经有多少明确的叙述。但到这里,经济学者们就止步了。其中有些如像古典的资产阶级的经济学者,至多不过研究了劳动生产物在劳动者与生产手段所有者间分配的分量的比例。同时,其他学者,即社会主义者流,则认定这种分配不公平,皆企图把这种不公平废除。他们都局限在他们当前的经济范畴中。"②关键在什么地方呢? 马克思在出版《政治经济学批判》的当时,已指出:"亚当·斯密没有把剩余价值看作本来的范畴,使它和地租与利润所采取的特殊形态分离,因此,他的研究留下了许多谬误和缺陷,在李嘉图还更是这样。"恩格斯在引述这段话之后,并还表示:"这种叙述,可逐字应用到罗贝尔图身上。他所谓'租金',不过是地租和利润之和。……反之,马克思的剩余价值,却是生产手段所有者不给付等价而占有的价值总额的一般形态。这种价值总额,系依照马克思第一次发现的极严密的法则,分裂为利润和地租的转化形态……要由剩余价值一般的理解,达到剩余价值利润化和地租化的理解,换言之,达到剩余价值在资本家阶级内部分配法则之理解,其间尚须有多少中间的联系。"③

这就是说,古典学派乃至各式社会主义者都不曾明确把握剩余价值的一般形态,以致时常把它同它的特殊表现形态利润或地租混同。为什么会这样呢? 根本的原因,乃在剩余价值形态的明确理解,为对于劳动价值学说有了明确理解的必然结果。用恩格斯的话就是:"要理解什么是剩余价值,须知道什么是价值。"④我们知道了古典派经济学者们在价值学

---

① 参见《哲学之贫困》恩格斯序言。
② 《资本论》第二卷编者序,郭王译本第13页。
③ 《资本论》第二卷编者序,郭王译本第9页。
④ 《资本论》第二卷编者序,郭王译本第14页。

说上所留下的漏洞,就明了他们何以不能完成剩余价值学的道理。

马、恩劳动价值学说,或古典派劳动价值学说,到马、恩手上的发展,是从以次几点显示出来:

第一,有关价值与交换价值的说明——自亚当·斯密表示:价值有两种不同的意义,一是表示特定物的效用,称为使用价值;一是因占有其物而取得的对于他种货物的购买力,称为交换价值,于是使用价值与交换价值对待着表现的方式,就一直固定下来,为此后李嘉图、约翰·穆勒等所毫无保留的沿袭着。这表现方式,加过一些限制说明后,原是没有什么不通的,但由于一开始,就把交换价值作为问题,提出交换价值由何决定的问题,那就无异把交换价值看为价值,把价值本体与表现价值的形态混同起来。这样做的结果,自然极容易把我们导向一种认识里,以为商品的价值,是由交换取得,而不是在生产过程中就被确定了的。斯密价值学说其所以由生产所费劳动量决定价值的观点,走到由交换所获劳动量决定价值的观点,这应该是一大原因,至于其他流俗学者常由交换关系上去考察价值,也不能不说是受了此种表现方式的影响。我们也可以说,价值与交换价值的关系,是直到马克思才明确予以科学的区分的。他说:"交换价值是价值之必然的表现方式或现象形态。"又说:"表现在商品交换关系或交换价值上的共通物,便是它们的价值。"[①]一定要把价值与交换价值的这种差别关系弄明白了,然后始能明白理解交换价值与使用价值的关系。"使用价值是交换价值的物质的担当者";"当作使用价值,各种商品是异质的,但当作交换价值,它们只是异量的,不包含一个使用价值的原子"。[②] 这即是说,"在商品的交换关系上,商品的交换价值,在我们看来,似乎与它们的使用价值完全无关,若实际把劳动生产物的使用价值抽象,我们就得到了刚才所说的那种价值"。[③] 而那种价值,表现为交换价值,为什么必得是同质异量的呢?这就引起了他们(马、恩)在劳动价值学说上对一般古典学者的又一重要区别,即:

第二,有关具体劳动与抽象劳动的说明——商品价值由其生产时所

---

① 见郭王译本《资本论》第一卷第 4 页。
② 见郭王译本《资本论》第一卷第 2~3 页。
③ 见郭王译本《资本论》第一卷第 4 页。

费劳动量决定这一问题,被古典学者提出以后,他们对于那种劳动的性质的差别,只有李嘉图涉论到了,但他不曾给予以明确的解说,即他根本不明白劳动创造价值时所有的特征,和创造使用价值时的特征,是不同的。"古典派经济学,关于价值一般,从未明白地,充分意识地,把表现为价值的劳动,和表现为生产物使用价值的同一个劳动,加以区别。当然,他们实际是这样区别了的,因为,对于劳动,他们有时从量的方面考察,有时又从质的方面考察。但他们不知道,一种劳动和别种劳动之间的量的区别,是以二者的质的同一性或平等性为前提的,从而,可以还原为抽象的人类劳动。"①这种劳动的二重性,直到马克思才发现出来。他自己也说:"对于商品中包含的劳动的二重性,我是第一个予以批判的论证的人。"他又说:"这一点是理解经济学的枢纽。"②为什么呢?因为商品社会的任一生产物,都是当作商品,都是准备拿去同其他生产物交换,才生产出来的。不同性质的生产物,它里面包含有不同性质的具体劳动,如板凳里面包含有木匠的具体劳动,大衣里面包含有裁缝的具体劳动,把大衣与板凳放在交换过程中,使它们成为商品,它们各别的具体劳动的特殊性,就被抛在一边了,一种平等的、无差别的、一般性的劳动,即社会的劳动,乃成为它们按照一定比例相互交换的共同准则。要在这种理解下,一向由劳动决定商品价值的空泛命题,乃可科学化为社会必要平均劳动量决定商品价值的严密规定了。用马克思自己的话说,就是:"一个使用价值或财货所以有价值,完全是因为有抽象的人类劳动,对象化或物质化于其中。然则,价值量如何测定呢?由其中所含的劳动(形成价值的实体)量去决定。但劳动量以劳动时间(Arbeitszeit)测定,劳动时间又以时日等等测定。

"如果商品的价值,由其生产所支出的劳动量决定,或许有人会以为,劳动者越是懒惰,越是不熟练,他的商品将越是有价值了,因其生产所必要的劳动时间将越多。但形成价值实体的劳动,是等一的人类劳动,是同一的人类劳动力的支出。社会的总劳动力,表现为商品全体的价值的,虽由无数个劳动力构成,但在此,它是被看作一个同一的人类劳动力的。不论哪一个人,只要他的劳动力有社会平均的劳动力(gesellschaftlichen

---

① 《资本论》第一卷第 40 页。
② 《资本论》第一卷第 7 页。

Durchschnitts-Arbeitskräfte）一样的性质，且当作社会平均劳动力来作用，换言之，只要他的劳动力生产一个商品所必要的劳动时间，不比平均所必要或社会所必要的劳动时间（die in Durchschnitt notwendige oder gesellschaftlich notwendige Arbeitszeit）更多，它便是同一的人类劳动力。社会所必要的劳动时间，即是在社会标准的生产条件（Produktionsbedingungen）下，用社会平均的劳动熟练程度与强度，生产一个使用价值所必要的劳动时间。英吉利采用蒸汽织机的结果，一定量的纱织成布所必要的劳动时间，也许减少了一半。英吉利的手织工人，固然还需要同从前一样多的劳动时间，但他一小时劳动的生产物，现今既不过表示二分之一小时的社会劳动，故其价值也降落，而等于从前的一半。

"由此可知，社会必要的劳动量，或生产一个使用价值社会所必要的劳动时间，决定使用价值的价值量。就这个关系说，各个商品，都是同种商品的平均的样品。含有等量劳动或能在同一劳动时间内生产的诸种商品，有相同的价值量。一商品的价值，对于他一商品的价值的比例，等于一商品生产所必要的劳动时间，对于他一商品生产所必要的劳动时间的比例。'当作价值来看，一切商品，都只是凝固的劳动时间的一定量。'"①

第三，有关劳动与劳动力的说明——商品价值由所费劳动量决定的命题，经过上述的严密规定之后，把这命题应用到工资问题上，又有一种为古典学者一点不曾突破的难关。即依古典的传统的讲法，都以为工资是劳动的价值，即是说，工资对每一劳动部分，都有了支偿。结局，资本家所得的利润，便成了无源之水的谜。又，商品价值如其说是由其生产时所费劳动量决定，劳动的价值，又由劳动者消费的生活资料生产时所费劳动量决定，那就显然成了一个无可究诘的循环，他们就在不同程度上，陷在这谜中，陷在这循环中，直到马克思发现资本家向劳动者购买的，不是劳动，而是劳动力，劳动者为资本家劳动的，是那种劳动力的支出，我们第一次始明白：资本家以工资方式，支给劳动力的价值，和劳动者支出其劳动力，或者从事劳动，为资本家造出的价值，是两个不同的量。剩余价值即此两者之差。由是，我们第一次始解明了那个"谜"，脱出了那个"循环"。恩格斯说："马克思分析货币的资本化，且论证这种转化，是以劳动力的买

---

① 《资本论》第一卷第 4~5 页。

卖为基础。在这场合,他以具有价值创造性的劳动力代替劳动,由是把那招致李嘉图派崩溃的难关之一,一下子就解决了,那个难关是资本与劳动的交换,和劳动决定价值的李嘉图的法则无法调和。"①在另一场合,恩格斯在有关问题上还更详细的指出了资本与劳动交换之"谜"或剩余价值之"谜"。他说:"劳动的本身,不能有价值,那么对于劳动力,就不是如此。劳动力一变成商品(像现在事实上所存在的那样),就获得价值,它的价值也'像任何其他商品的价值一样,是由这种特殊对象的生产及再生产所必需的劳动时间来决定的'。就是说,要看劳动者为着维持自己能够工作的状态起见以及为着传种接代起见所必需的生活资料之生产,需要多少劳动时间来决定。假定,这种生活资料,每天代表六小时劳动时间,我们新来的资本家,为经营企业起见,购买了劳动力,就是雇用了工人,在这场合上,如果他付给工人以代表六小时劳动的货币量,那么他就是付给工人以其劳动力的每天的全部价值。所以工人为这个资本家作了六小时的工作后,他就补偿了资本家为他所付的全部费用,即资本家所付的每天劳动力的价值。可是,这样,货币还没有转为资本,还没有产生任何剩余价值。所以劳动力的购买者,完全以不同态度,来观察他所缔结的交易的性质,六小时劳动,足够维持工人在二十四小时内的生活,这一事实,并不妨碍工人在二十四小时中抽出十二小时来工作。劳动力的价值,及其在生产过程中的有利的使用,完全是不同之量。货币的所有者,付了劳动力的一天的价值,所以这天内劳动力的使用权,整天的劳动,也就归属于他。劳动力的消费在一天内所创造的价值,比它自己的每天的价值多一倍,这一事实,对于劳动力的买者,是特别有利之事。可是根据商品交换的法则,这一事实,对于卖者,也不是什么不正。这样,根据我们的假定,货币所有者每天给与工人的一定数量的钱或产品,在价值上等于六小时的劳动,而工人每天提供给资本家的产品,则在价值上等于十二小时的劳动,货币所有者所得的差数,为六小时毫无报偿的剩余劳动,包含六小时劳动的毫无报偿的剩余产品。魔术于是做成了,剩余价值产生了,货币转成了资本。"②

---

① 郭王译本《资本论》第二卷编者序第 14 页。
② 吴译《反杜林论》第 266~268 页。

第四，有关不变资本与可变资本的说明——由于上述剩余价值之来源的发现，接着必然在资本问题上有一种新的理解，即在剩余价值的生产过程中，以往对生产资本，仅加以固定的与流动的区别，是不行的。他们很精密的指出，任何社会的生产，都要通过劳动过程，在这个过程中，由人类的合目的活动（劳动），用劳动工具，对劳动对象（例如原料），引起预先企图的变化，而由此所产的生产物，便是一个使用价值，一个由形态变化而与人类欲望相适合的自然物质。我们在这场合，没有把那些生产要素看作资本，但进一步到价值形成过程〔就〕不同了，这种过程，虽然是把劳动过程作为基础，但因其所生产的生产物，不全是看作使用价值，而带有商品的性质，其生产诸条件，就带有资本的性质。并且，在生产自然物质的劳动过程上，全部生产手段（劳动对象与劳动工具）都参加活动，而在生产商品的价值形成过程上，它们就只有一部分被转移到新生产物中，结局，它们在看作资本的限内，就因其价值一次被移转和多次被移转的区别，而分为固定资本与流动资本了。但固定资本也好，流动资本也好，通是移转价值，而不曾增加价值，所以，我们从简单的价值形成过程上，还不易看出剩余价值的来源，那种来源，是要到价值增殖过程才看得明白的。马克思曾比较这种关系说："试比较价值形成过程和价值增殖过程，我们就知道，价值增殖过程，不外是延长到一定点以外的价值形成过程。若仅继续到这一点，使资本购买劳动力所支付的价值，恰好由一个新的等价物来代替，那便是简单的价值形成过程。若超过这一点，那便是价值增殖过程。"[①]古典经济学者的认识，始终都逗留在价值形成过程上，而不曾再进一步，跨到价值增殖过程，虽然在现实上，这个过程，早已是明如观火的经常表现在他们（特别是斯密及其以后的经济学者）的眼前。这个过程，是把劳动力作为商品买卖这件事作为前提条件，因此，它被表现为劳动者的劳动力，由资本家购买来，加以管理，加以消费的过程，于是，对生产手段的不变资本价值而言，购买劳动力的工资这部分资本，因其如前面所说，可以增加价值，便得相对的称为可变资本价值了。到这里，我们可以总括的得出这样的基本概念：劳动过程存在于一切社会，在这一过程上，生产诸因素不被看为资本；价值形成过程系开始于小商品或商品生产初期，生

---

① 郭王译本《资本论》第一卷第 142 页。

产物带有商品性质，生产诸因素便带有资本性质，由商品价值的考察，引起了固定资本与流动资本不同的认识（在前述培第与重农诸子的著作中，已经露出了这种认识的萌芽）；最后，在价值增殖过程上，我们始看见资本主义商品生产的特质，这时，生产物完全是当作商品生产出来，生产诸因素完全是当作商品购买进来，每一度资本周转所带来的价值差额或剩余价值，引起了不变资本与可变资本对固定资本与流动资本不同的认识。照应着小商品生产是资本主义商品〔生产〕的未成熟形态，价值形成过程及其认识，也不过是价值增殖过程及其认识的未成熟形态。要之，自有了不变资本与可变资本的分别，劳动价值学说或剩余价值学说，才被安放在一个更坚固更明确的基础上了。恩格斯说："不变资本与可变资本的区别，也是由马克思确定的；……这个区别在罗贝尔图或资产阶级经济学者，都不知怎样处理才好。但这个区别，对于复杂的经济学上诸问题，却可提供一个解决的要键。……"①资产阶级经济学者不但不能分辨这种区别，有的还把马克思已经研究出的这种区别，用原有的固定资本与流动资本的区别去混同。②

  第五，有关绝对剩余价值与相对剩余价值的说明——不仅在剩余价值的来源上，就在剩余价值本身，马克思亦有他更精到的科学的解说，在前面，我们已知道，所谓剩余价值，是资本家为了购买劳动力所支付之价值，与劳动者为资本家所生产的价值之差，如其就一定时限来说，即是维持劳动力每日所费去的价值，和劳动力每日所生产的价值之差，在这种关系上，马、恩明确的规定了"劳动日"的概念。把劳动日区分为两个部分，一是必要劳动时间部分，一是剩余劳动时间部分，前者是为维持其劳动力，为维持其劳动力能继续活动，为抵偿资本家给付工资报酬，所需劳动的时间部分，后者为在抵偿工资报酬以上，无偿为资本家所劳动的时间部

---

  ① 郭王译本《资本论》第二卷编者序第 14 页。
  ② 例如在基德和理斯特（Gide &. Rist）合著《政治经济学说史》中，他们竟用下面这样的论调来介绍马克思的资本见解："马克思把资本分为两种：第一种资本是指供养劳动阶级的工资而言，旧经济学家称为工资基金，马克思叫它为'流动资本'。这种基金虽不能直接参加生产，然而给劳动者消费了，结果便会产生价值或剩余。第二种资本，是直接扶养劳动者生产的，如机器以及其他机械，马克思称为'固定资本'。这种资本并非劳动者所消费，因之不能发生剩余价值。"（参见陈于译本下册第 124 页）这样介绍马克思的资本见解，真是不知所云。而且这段话的措辞，每一句都有问题。

分。劳动者由无偿劳动时间部分所生产的价值，即为剩余价值。如其说资本家的全生命冲动，就在用不变资本，用生产手段，尽可能的吸收这种剩余劳动，增殖剩余价值，那么，他就似乎有两种方式来达到目的：其一，劳动日的必要劳动时间部分为已定时，尽量设法延长总劳动日，其二，总劳动日为已定时，尽量设法缩减必要劳动时间部分。由前一方式所获得的剩余价值，称为绝对剩余价值，由后一方式所获得的剩余价值，称为相对的剩余价值。马克思曾讲明这两者的关系说："在劳动日的一定点内，劳动者仅生产其劳动力价值的等价，把劳动日延长到这一点以上，并且把这剩余劳动归于资本家占有，那即是绝对剩余价值的生产。那是资本主义体系的一般基础，且是相对剩余价值生产之起点。在相对剩余价值的生产上，以劳动日业已分成必要劳动与剩余劳动两部分为前提。如要延长剩余劳动，就得以各种方法，使工资的等价，得在较短时间内生产，以缩减必要劳动。绝对剩余价值的生产，完全以劳动日的大小为转移；相对剩余价值的生产，则会澈底对劳动的技术过程和社会的配置，行使革命。"①在资本家，在资本不绝增殖价值的要求上，剩余价值原是愈多愈好的，但总劳动日的延长，或必要劳动时间部分的缩短，在马、恩看来，不但有一个物理的限界，还有一个社会的限界。劳动者要维持其劳动力继续活动，不但不能不有最低限的生活资料，且不能不有最低限的恢复其劳动力的休息时间。而且，资本生产方式向前发展，劳动者势力及其觉醒程度也相应提高，劳动阶级一开始向资本家阶级斗争，就是要求缩短总劳动日的斗争，在斗争过程中，总劳动日是愈来愈缩短了，但在这里就必然引起一个趋势，使已定总劳动日中的必要劳动时间部分缩短，于是，如何加强劳动，如何增进劳动生产力，愈来愈成为资本家生产的一个必要课题了，其结果就是"澈底对劳动的技术过程和社会的配置，行使革命"。事实本身的联系，要求我们把叙述移向资本的蓄积上了。恩格斯亦曾如此提示我们说：马克思在明示了不变资本及可变资本的区别后，"更进而分析剩余价值本身，发现了它的两个形态，即绝对剩余价值和相对剩余价值；他指示出这两种剩余价值，在资本主义生产的历史发展上，演了相异的，然而都是决定的作用。他在剩余价值的基础上，展开了第一个合理的工资学说，他又

---

① 郭王译本《资本论》第一卷第416页。

是第一次，为资本主义的蓄积史和资本主义蓄积的历史倾向，提出了一个概述"。①

第三节　资本蓄积理论

如其说，剩余价值学说是劳动价值学说的发展或完成，而资本蓄积学说，就是以剩余价值学说为前提的推论或剩余价值学说的应用。待我们把研究由剩余价值学说移到资本蓄积学说，还有许多中间的联结关系，须得解说明白。在上述生产过程中产生出来的剩余价值，只能算是资本利润的来源，要使剩余价值实现为利润，是非通过流通过程不可的。追求利润的资本主义生产，是以货币为其起点，货币采取资本形态，用以购买生产手段及劳动力，在这阶段，原来的货币资本生产资本化了，各种生产因素通过生产过程创出的生产物，成为商品资本，增殖的价值，就包含在它里面，必得这个商品资本再转化为货币，转化为比起点更大的货币，剩余价值实现为利润的工作，才算完成，资本蓄积的过程，才算告一段落。

因此关于始终贯澈剩余价值学说的资本蓄积理论，我们必须分别就以次诸点，顺序讲解下去：

第一，货币商品与货币资本化——关联于使用价值与价值的劳动二重性，或具体劳动与抽象劳动的区别，特别是一般的抽象劳动的发现，包含有一个社会的历史的过程，换言之，乃表示那只有商品生产最发达，劳动生产物价值形态最普遍的资本家社会，才可能，或才有必要的。在这种社会，每种劳动生产物，差不多都是当作商品，当作价值生产出来，但在这种社会，这已经当作商品，当作价值生产出来的劳动生产物，并不是拿去同其他一般劳动生产物交换，而是拿去同货币交换。在这场合，货币成为一般的等价物，即一切劳动生产物的价值的大小，都由货币来测量。"货币的第一机能，就是供商品界以价值表现的材料，换言之，把商品价值表现为同名称的量，使其在质的方面相等，在量的方面可以相互比较。"②可

---

① 郭王译本《资本论》第二卷编者序第14页。
② 郭王译本《资本论》第一卷第54页。

是，在这同一场合，一般人们乃至经济学者，很容易引起几种误解：首先，他们会以为一切商品本来不可能相互交换，交互公约，而是因为有了货币，才使交换公约成为可能，如马克思所说的，是恰恰相反："因为一切商品，当作价值，都是对象化的人类劳动，所以，它们有公约的可能，所以它们的价值，能由一个特殊的商品来计量，所以这个特殊商品能转化为共同的价值尺度，即货币。货币为价值尺度，但诸商品内在的价值尺度是劳动时间，货币仅为其必然的现象形态。"①至若这种误解的由来，主要也许是由于他们原来就误以为，当作货币的"金与银，一从地中心出来，便为人类劳动的直接体现"。②"商品成为货币好像不是因为其他一切商品的价值皆表现在这种商品上面，好像是因为这种商品是货币。"③其实当作货币的金银（以下单讲金罢），它并不"生来"就取得了这种"优越地位"，也并不像斯密所说，由人类的自利本能交换性向给予它以这种"优越"地位，而是交换发展史逐渐形成的。"它能以货币的资格，与其他各种商品相对立，是因为它原来就已经以商品的资格，与其他各种商品相对立了。像其他各种商品一样，金可以当作等价物——在个别的交换行为中，成为单一的等价物，或和其他商品等价物并列一起，而为特殊的等价物。渐渐的，它才在或广或狭的范围内，成为一般的等价物。但它一经在商品界的价值表现中，独占到这个位置，它就成了货币商品了。自从它成为货币商品的时候起（第三形态和第四形态才区分开来），一般价值形态，才转化为货币形态。"④商品货币形成，或"交换过程使商品分化为商品与货币，遂引起一种外部的对立，以表现使用价值与价值的对立。在这种对立中，当作使用价值的商品，与当作交换价值的货币对立着。就他方面说：对立的两方，都是商品，都是使用价值与价值的统一"。⑤可是，当金当作货币尽着一般等价物机能的时候，它又因其在发展过程中，愈来愈表现为货币，愈来愈不表现为商品，特别是愈加由具体升到抽象，由硬币转化为纸币的时

---

① 郭王译本《资本论》第一卷第 54 页。
② 郭王译本《资本论》第一卷第 53 页。
③ 郭王译本《资本论》第一卷第 52 页。
④ 郭王译本《资本论》第一卷第 32 页。
⑤ 郭王译本《资本论》第一卷第 63 页。

候，它便被流俗的特别是晚近的货币数量论者们①，歪解为它本身并没有价值。然而，我在这里要进一步说明的，却是这种货币商品，或这种货币的资本化。

一个社会的商品生产愈发达，货币在它与商品相对待而言，固然愈是当作货币，而愈被这当作货币的机能，掩盖了它当作商品的机能；同时在另一方面，在它与资本相对待而言，它又愈来愈是当作资本，而愈不是当作货币，换言之，即货币愈来愈资本化了。"当作货币的货币，与当作资本的货币，最先，是只由流通形态的不同去区别的。商品流通的直接形态，是 W—G—W，由商品转化为货币，再由货币转化为商品，这就是为'要买而卖'。但在这形态之旁，还有一个不同的形态，是 G—W—G′，由货币转化为商品，再由商品转化为货币，这就是为'要卖而买'（Kaufen um zu verkaufen）。依后一种方法流通的货币，转化为资本，成为资本，且在性质上，已经是资本。"②在"为卖而买"的流通形态上，货币是始点，也是终点。终点货币大于始点，即货币价值的增殖，是这种运动的担当者——货币所有者或资本家——的终极目的。一度这种目的达到，就是货币资本化，就是增殖的完成。但这种运动或这种运动的担当者，如其不是像在"为买而卖"的流通形态上，为了换得不同种类的使用价值或商品，而是为了增殖价值，只要增殖价值的要求，没有受到阻碍，那种运动，就会一直继续下去，把一次运动的终点，作为下一次运动的起点。"货币一经到运动的终末，即再为运动的开端。所以每一个循环（为要卖而买的过程，即在其内完成）的终末，都成为一个新循环的开端。简单商品流通——为要买而卖——的最后目的，是在流通之外，即使用价值之取得，欲望之满足。反之，当作资本的货币的流通，则以自身为目的。价值的增殖，发生在这种不绝更新的运动内。所以，资本的运动，是无限界的。"③我们已经明了：货币的资本化，货币当作资本，是以它通过那种流通形态而增殖其价值来衡定的。然则那种价值是怎样增殖出来的？在前述 G—W—G′的流通过程上，终点货币大于始点，似乎只有两种可能的原因，一是由 G—W，

---

① 参见本书第六篇第一章第三节。
② 见《资本论》第一卷第 100 页。
③ 见《资本论》第一卷第 104 页。

从购买增加了价值,一是由 W—G,从贩卖增加了价值,还也许可能说是同时由购买同贩卖两方面都增加了价值。在非纯粹的,即非我们用作考察对象的依照等价交换,而是一任相互欺骗的破坏那种等价交换的状态下,那几种可能原因,对于个别资本家也许存在,但从整个交换社会来看,则没有可能。"流通的价值之总和,不能由分配上的变化,增加一点点,好比犹太人虽然把安女皇时代的一个铜钱,当作一个金币卖,但国内的贵金量,仍无丝毫增加。一国资本家阶级全体,不能从他们自己全体,取不当的利得。"①"所以",马克思说:"虽不大了解价值为何物的庸俗经济学者,在考察纯粹流通现象时,也假定需要和供给相一致,假定它们的作用等于零。所以,从使用价值方面考察,交换双方当事人都有利得,但从交换价值方面考察,他们却都没有利得。在此,不如说,在等一的地方,没有利得。当然,商品售卖时的价格,可以和价值相差离,但这差离,只是交换法则被侵犯的表示。在纯粹姿态下,商品交换是等价物交换,不是价值增殖的手段。"②这一来,那末,商品价值的增加,即"剩余价值的形成,从而,货币的资本化,就不能由卖者售卖的价格高于商品价值,或买者购买价格低于商品价值的假定,来说明"。③ 一句话:"资本没有由流通发生的可能。"是不是由流通以外发生的呢?不是的,在那句话后面,马克思紧接着表示:"但也同样没有离开流通而发生的可能。它必须在流通中发生,但又不在流通中发生。"④这是怎么讲的呢,引论到这里,我们需要把这论点同前面述及了的劳动力买卖和用以购买劳动力的可变资本的问题连结起来,即,货币所有者要使货币化为资本,那仅从生产手段的购买上是办不到的,而必须除了依等价购买的生产手段以外,还在市场上遇到仅有劳动力出卖,而又有资格出卖自己劳动力的自由劳动者,把从他所购得的劳动力,当作使用价值来使用;资本家购买那种劳动力所支付的价值,和他由使用那种劳动力所产生的价值,是一个不同的量。简言之,"劳动力的消费过程,即是商品和剩余价值的生产过程"。⑤ 在究局上,资本家阶级虽

---

① 见《资本论》第一卷第 114 页。
② 见《资本论》第一卷第 110 页。
③ 见《资本论》第一卷第 112 页。
④ 见《资本论》第一卷第 116 页。
⑤ 见《资本论》第一卷第 125 页。

不能由他的货币与普通商品交换,把货币化为资本,却可以而且实在是把他的货币与特殊商品——劳动力交换,而使货币化为资本;但后一不等价交换(即可以说是由于对劳动力支付太少——在价值以下支付,本质上更可以说是由于把劳动力使用太多——在已付价值以上使用),必须由前一等价交换而得到理解。这就是马克思所说的:"货币的资本化,必须根据商品交换内在的法则来说明,从而,必须以等价物的交换为出发点。"[1]

至若劳动者阶级为什么肯在价值以下出卖其劳动力,或在价值以上使用其劳动力呢?我们在下面还有谈到的机会,这里要解明的是,剩余价值,必须通过劳动力的买卖始能形成,即必须通过消耗或使用劳动力的生产过程始能造出,但为什么在我们资本的发展史上,是先有仅属于流通形态上的商业资本与高利贷资本,然后现代始有产业资本呢?这问题,是须得解释的,我们后面将有解释。

第二,剩余价值利润化及分配法则——我们已知道剩余价值产生的过程,但这作为利润来源的剩余价值,是怎样转化为利润的呢,除了利润外,它不是还要转化为其他利息、地租等形态么?其间的曲折又是怎样?但在解答这些问题之前,还有一个当作前提障碍而存在的理论上的矛盾,即劳动价值法则与平均利润法则之间的矛盾,需要解除。当《资本论》第三卷还在恩格斯整理的过程中,资产阶级经济学者曾为这个大大苦恼过古典学者,特别是李嘉图的问题,也成为马、恩整个经济学说的需要克服的暗礁。恩格斯曾叙述其中关键说:"根据李嘉图的价值法则,如有两个资本,使用等量的劳动,且对那等量的劳动,给付等额的代价,则在其他情形不变的限度内,它们就会在同一时间,产生相同的价值生产物,产生等额的剩余价值或利润。且若使用不等量的活的劳动,则不能由此等资本,产生等额的剩余价值,或(如李嘉图派所说)等额的利润。然按诸实际,则适得其反,即等额的各资本,不论其所使用的活的劳动多少,事实上总会在同一时间内,产生等额的平均利润。在这里,又和价值法则相矛盾了。李嘉图自己已经认识这种矛盾。但他的学派,没有解决这种矛盾的力量,洛贝尔图也不能不承认这种矛盾,但他不去解决它,却把它作为他的乌托邦的起点(见《国家经济现状论》第 131 页)。马克思在他标题为《经济学

---

[1] 见《资本论》第一卷第 127 页。

批判的草稿》中,已经把这种矛盾解决了。根据《资本论》的计划,这解决,将发表于第三卷。"①李嘉图不能解决这个矛盾,根本就是由于我们一再讲过的,他不曾把剩余价值与利润的关系弄明,或者把它们混淆起来,或者,"没有说明纯粹形态的剩余价值,即是说,没有说明那种与它的特殊表现形态,如像利润、地租等相联的剩余价值"。②而马克思在《资本论》第三卷中,就曾用极多的篇幅,说明支配剩余价值率的法则,与支配利润率的法则不同。"同一的剩余价值率,可以表现为极其不同的利润率;而不同的剩余价值率,也尽可表现为同一的利润率。"③剩余价值是利润的来源,就全社会讲,有那么多的剩余价值,就有那么多的利润,但利润率在数量上与剩余价值率不同,因为前者是依总资本计算的,而后者则是依总资本中的可变资本计算的,就因此故,利润率常表现得较剩余价值率为小,站在资本家的立场,他对于它的总资本中,究有多少是不变资本,究有多少是可变资本,他并不关心;究是由不变资本产生利得,抑是由可变资本产出利得,他也不关心;究为了从不变资本抽取利得,才垫支可变资本,抑是为了从可变资本抽取利得,才垫支不变资本,他还是不关心。他们一刻不能忘怀的,只是他所费总资本价值以上生产物的价值超过额。所以,虽然在某些场合,因雇佣劳动条件影响他的利得而漠然察觉到可变资本支出最关重要,但在一般的情形下,他或他们总是把那两种资本混同起来,而他觉得"他的利益的实际程度,非由那利益对可变资本的比例决定,而是由它对总资本的比例决定,非由剩余价值率决定,乃由利润率决定。"④惟其如此,不问总资本中不变资本与可变资本的比例如何,"不问资本的有机构成如何不等,在生产垫支等量资本的诸生产部门的生产物,总归有相等的成本价格。对资本家而言,可变资本和不变资本的区别,会在成本价格上消灭。不问一〇〇镑是依 $90c+10v$ 的方法,抑是依 $10c+90v$ 的方法投下,必须垫支一百镑来生产的商品,总归是费他一〇〇镑,不更多也不更少。不问所生产的价值和剩余价值如何不等,在不同诸生产部门投下等量的资本,总会有相等成本价格。成本价格的等一,便是各种投资

---

① 《资本论》第二卷编者序第 16 页。
② 吴译《反杜林论》第 278 页。
③ 吴译《反杜林论》第 278 页。
④ 郭王译本《资本论》第三卷第 14 页。

互相竞争的基础,平均利润,就是由这种竞争成立的。"①这一来,如其说在资本家的社会,任何资本家都有权利要求与旁人同多的资本,同大的成本价格,获得相同的利得或获有一般的平均利润,那末,商品通常就不是按照不变资本价值,加可变资本价值,再加剩余价值,或照其价值移到市场,而是按照不变资本价值,加可变资本价值,再加平均利润,即按照生产价格移到市场。资本社会的交换关系愈发展,商品由价值决定售卖移向由生产价格决定售卖的情形,便愈加普遍和显著。但虽然如此,商品价值在实质上由其生产时所费社会必要平均劳动量决定的命题,却并不曾因此有丝毫改变。生产价格是价值的转形形态,利润是剩余价值的转形形态或现象形态。平均利润发生于有机构成不同的诸资本间,发生于所卖劳动量各不相等的诸资本间,那是出现在转形过程中,由本质移向现象的转形中的事,那和等量劳动产生相等价值的劳动价值法则,根本没有抵触。倒反而是只能在劳动价值法则上,在剩余价值形态上才能清楚看见资本与劳动间的剥削关系,却竟在这转形的现象形态上弄得十分蒙糊,甚且可以说是全被掩饰了。

　　然而,不同资本构成强要平均利润的竞争,或者生产价格法则的作用,又随时在逼着把那种本质的剥削关系曝露出来。这就是说,在生产价格法则作用下,或者在平均利润法则作用下,商品有时或不免在其价值以上售卖,有时或不免在其价值以下售卖,即竞争上的欺骗行为以及流通时间上发生的影响等等,都会限制剩余价值实现的程度。但虽如此,那不过表示剩余价值的分配方法不同,剩余价值之现象形态——利润,分割为利息、企业利益、商业赢利,在农业上,则由超额利润转化为地租等等方面的分配方法与比例不同,剩余价值的分量和性质,是不会因此发生一点变化的。而因此可能引起的唯一结果,也许就是使每个资本所有者,不管他把资本用在哪一方面,都企图设法从社会总剩余价值中,尽可能的获取较大的分额,因此我们在这里,需要把他们以各别不同的名义,分取那种社会总剩余价值所取的不同曲折途径,加以解说。在他们当中,"生产剩余价值的资本家,即直接榨取无偿劳动而使之固定于商品中的资本家,真的是最先的占有者,但绝不是这种剩余价值的最后的所有者。这位资本家,以

---

① 郭王译本《资本论》第三卷第146页。

后不得不把这种剩余价值与一般社会生产过程中尽其他职能的资本家,乃至地主等等来分配。所以剩余价值,就分成许多部分。它的各部分,归属于各部门的人,而获得各种不同的相互独立的形式,例如,利润、利息、商业利润、地租等等"。① 现在且依照马、恩的说明,看社会总剩余价值或其转形形态总利润,是怎样分配在产业资本家、生息资本家、商业资本家乃至地主之间的。

在资本家社会,产业资本家,是所谓直接榨取无偿劳动而使之固定于商品中的资本家,他是剩余价值的最先占有者。但剩余价值的生产和实现,在分工发达的形态下,并不是也不易由他一个人来进行,需要其他资本家帮助,即一方面,需要有人为他提供生产所需的足量资金,生产规模愈来愈大,他对于这种人的依赖,便愈加厉害;这提供他以生产资金的人,无论是他自己的,抑是受人委托的,总归是经营货币的资本家。"货币资本家在一定期间内,把他对于所贷资本的支配权让渡于产业资本家,在这期间内,由货币资本家交到产业资本家手里的,就是货币当作资本的使用价值——即生产平均利润的能力。"② 单在这所说的限内,特定生产资本所生产的剩余价值,就是产业资本家使用那资本和生息资本贷借那资本的共同产物,于是,"在那些借资本经营的生产资本家看来,总利润是分成两个部分:一部分为利息,付于贷者;利息以上的余额,便成为他自己所得的利润部分。如果一般利润率为已定的,这后一部分便由利息率决定,如果利息率为已定的,这后一部分便由利润率决定。"③ 反过来,我们知道:"利息率第一是取决于利润率,第二取决于总利润在贷者和借者间的分割比例。"④

可是在另一方面,产业资本家不但需要为他经营货币的生息资本家帮助,还得有为他经营商品的商业资本家帮助。在产业资本运动过程上,总资本不断有一部分当作商品存在市场内,要转化为货币(要卖),别一部分则当作货币存在市场内,要转化为商品(要买)。"此等资本部分,是不断在这种推转的运动中,在这种变化中,只要流通中的这种机能,竟独立

---

① 吴译《反杜林论》第 278 页。
② 郭王合译《资本论》第三卷第 277 页。
③ 郭王合译《资本论》第三卷第 296 页。
④ 郭王合译《资本论》第三卷第 283 页。

化为一个特殊资本的特殊机能,并由分工,固定为特种资本家所赋有的机能,商品资本就变成商品经营资本或商业资本了。"① 如其说,产业资本的周转,不仅受限制于生产时间,还受限制于流通时间,商业资本就无异在加速产业资本的周转,在帮同促进产业资本剩余价值的实现。在这种限内,如其商业资本家不以他的商业资本参加这种实现剩余价值的活动,产业资本家就得自己担当,相应增大其资本额,而更多的依赖生息资本家,作更多的利息分割。因此,产业资本在其所生产的剩余价值中,在其所已实现的利润总额中,就除了支付生息资本外,还须支付商业资本;除了分割为利息外,还须分割出商业资本利润。不过对于总利润的分割,商业资本是与生息资本不同的:生息资本到了产业资本家手里,变了生产资本,直接参加剩余价值的生产,而商业资本则显然不生产剩余价值,只不过帮同已经生产出的剩余价值的实现。然则它的利润(商业资本利润)是怎样来的呢?这一点,流俗学者不必说,就是很有名的古典学者也略而不谈,马克思对此有很好的说明:"产业资本家的利润,是等于商品生产价格超过其成本价格的剩余,而与这种产业利润(industriellen Profit)有区别的商业利润,则等于商品售卖价格超过其生产价格的剩余,对于商人,商品的生产价格,即是它的购买价格;但商品的现实价格,是等于商品的生产价格加商业利润。产业资本所以能实现利润,仅因为这种利润,已经当作剩余价值,包含在商品的价值中;商业资本所以能实现利润,只因为剩余价值或利润,尚未在产业资本所实现的商品价格中全部实现。所以商人的售卖价格所以会在其购买价格之上,不是因为他的售卖价格,在其总价值之上,却是因为他的购买价格,在其总价值之下。商人资本虽不参加剩余价值的生产,但会参加剩余价值到平均利润的均衡化的过程。所以,一般利润率,已经包含剩余价值中那扣留下来归属商人的部分,已经包含产业资本利润一部分的扣除。"② 而其结果,"如果商人资本竟比产业资本提供较高的百分比的平均利润,那就会有一部分产业资本转为商人资本。如果它提供较低的平均利润,那就会发生相反的过程,那就是,商人资本将有一部分转化为产业资本。没有哪一类资本,还比商人资本,更容易改

---

① 郭王合译《资本论》第三卷第 203 页。
② 《资本论》第三卷第 219~220 页。

变它的用途,更容易改变它的机能了。"①

利息及商业资本利润分取剩余价值或其转形形态总利润的道理明白了,剩下要解说的,就是土地地租这一分配形态,就是看总剩余价值怎样地租化,或者看资产者的地主,怎样获取他的所得。就分割剩余价值的过程说,产业资本利润最直接,商业资本利润较生息资本利息为曲折,而地租就更加要通过一些中间联系,才得理解了。马克思在解述地租这种所得的时候,他首先明确指出,他所考察的对象,是与以前一切历史时代存在的地租形态,有着本质的区别。在前资本社会的地租,是土地所有者直接向土地耕作者榨取得来,土地领有者与土地使用者,相互结成生产关系,而在资本社会,一切变化了,"农业资本主义生产方法的前提是:现实的土地耕作者,为工资劳动者。这些工资劳动者系为资本家即租地农业家所雇佣,后者不过把农业看为资本的特殊的榨取部门,看为特殊的生产部门而从事经营。他们为要取得在这特殊生产部门使用自己资本的允诺,对于他们所利用的土地所有者即地主,必须在一定期间内(例如逐年)支付契约所确定的一定的货币额(恰如货币资本的承借人,须按期支付一定的利息一样)。这货币额,不管是为农耕土地支付的或为建筑地、矿山、渔场、森林等支付的,统称为地租(Grundrente)。在土地所有者依契约贷与租地农业家的全时期内,后者都要付纳这种货币额。因此,所谓地租,不外是土地所有权在经济上实现自己(即成就价值增殖)的形态。而在这里,构成近世社会的骨干的三个阶级,即工资劳动者、产业资本家和土地所有者,就全部结在一块,并相互对立着了"。② 如其"我们假定资本主义生产方法控制着农业,这假定就表示:这种生产方法,已支配着生产及资产阶级社会的一切方面,且其前提条件,如诸种资本间的自由竞争,资本由一生产部门向其他生产部门移转的可能,以及平均利润的均等水准等等,也皆十分成熟"。③ 在这诸种前提假定下,马克思把现代资本制的地租,解析为两个范畴,一是绝对地租或一般地租,一是相对地租或等差地租。对于等差地租,他接受李嘉图的"地租常是使用两个等量的劳动和资

---

① 《资本论》第三卷第 216 页。
② 《资本论》第三卷第 519 页。
③ 《资本论》第三卷第 515 页。

本所获得的生产物间之差额"的说明,但他说,"在所论为地租而非剩余利润一般的限内,李嘉图必须补充说:'在同量土地之上。'"①当两个等量劳动和资本,使用在等量土地上,"所得的结果不同时,由此生出的剩余利润,就转化为地租"。② 劳动同,资本同,土地面积同,为何所得结果不同呢? 马克思认为除了李嘉图所提出的土地丰度不同,屠能所特别强调的土地地位不同外,还有赋税分配不一致,资本在农业资本家间之分配不平等,以及农业部门发展不平衡等等,而他对于最足引起那种所得结果不同的土地品质及地位的原因,也与李嘉图的说明不尽相同,这里无法深入解述。但使马克思与他以前的一切地租论者相区别的,还是他的绝对地租理论。依他说:等差地租是在同一农业生产部门中的诸资本竞争所导来的结果,而绝对地租,则是农业生产部门与工业生产部门中的诸资本竞争所导来的结果。依据自然的及一部分社会的理由,农业上的资本构成,一般较低于工业,从而,农业上的商品生产的剩余价值,一般较大于工业产品;如其工业上的剩余价值,得提供工业资本家以平均利润,农业上的较大剩余价值,就可提供农业资本家以超额利润。在资本平等竞争的条件下,农业资本家的平均利润以上的所得,必然要转化为地租,因为在这场合,土地所有权是有理由把这种超额利润,看作是利用土地的成果的。由此可知,资本制的地租的产生,无论是等差的,抑是一般的,都是由"资本有一种不断的趋势,要由竞争,使总资本所生产的剩余价值,可以在分配上发生这一种均衡,并克服这个均衡的一切阻碍。因此有一种趋势,只允许这样的剩余利润发生出来,这种剩余利润,不是由商品价值与其生产价格之差额发生,却是由一般的调节市场的生产价格,与个别生产价格之差额发生;那就是,只能容许这样的剩余利润,它只能在一定的生产部门内部发生,不能在两个不同的生产部门之间发生,从而,它不影响诸不同生产部门的一般生产价格或一般的利润率,却也许是以价值的生产价格化及一般利润率为前提"。③

像这样由平均利润法则所范围着的地租,它是显然不能像前资本社

---

① 《资本论》第三卷第546页。
② 《资本论》第三卷第543页。
③ 《资本论》第三卷第649页。

会的地租那样,可以由土地所有者随他的好恶任意决定的,那正如同资本制社会的利息或商业利润一样,它是不能像前资本社会的利息或商业利润那样,可以由高利贷业者或独立商人任意勒索欺诈的。正因为如此,我们对于所有这些分配形态的研究,就不大容易由那些比较没有客观严格规律的前资本社会起,而必得由一切经济运动皆表现出了明确规律的现社会起,正如马克思所提示的,我们是因为从资本社会知道了各种资本形态乃至地权的所得,通是由劳动剩余生产物或剩余价值或其现象形态即总利润所分出,我们这才明白前资本社会的高利贷资本利息、商业利润乃至地租等等,都不外是由农业剩余劳动生产物或其剩余价值所化生或派生的。而其基本不同点,也许是:在前资本社会,其剩余价值的代表表象形态是地租,其他所得,由地租分出,而在资本社会,则剩余价值的代表表象形态是产业利润,其他所得,由产业利润分出。

第三,资本构成与资本集中律——在资本家的社会,任一个资本家,从事任何部门的资本家,就如我们前面所说,都对同量资本要求同多报酬,或者都有权在全社会资本的总剩余价值中,要求依竞争,依平均利润法则的作用,获有同额利润。用马克思的话,就是:"如所论为利润,各个资本家等于是一个公司的股东。在这个股份公司内,资本每一〇〇为一股,利润平均分配于各股之间,所以,就不同的资本家而言,利润多寡不等,仅因各个人在社会总企业上投下了多寡不等的资本,换言之,因各人在总企业上有多寡不等的比例股份或股数。"① 可是,因诸不同部门投下的资本,有不同的不变资本与可变资本结合的比例,或因其可变资本在一定量总资本中所占的百分率不等,以致它所占取的剩余劳动量,它所生产的剩余价值量,也极不相等。结局就表示,在价值生产价格化,或剩余价值利润化的过程中,各别资本家,或各不同部门资本家,虽可由商品的售卖,收回其在商品生产上所消费的资本价值,但不能稳得他在本生产部门依商品生产所产生的剩余价值和利润;换言之,他的利润所得,可能超出他所确实生产的剩余价值或利润以上,也可能落在那种剩余价值或利润以下。虽然有时也可能按照其所生产的价值或剩余价值而实现其利润。

在资本家的生产是为了价值,为了交换价值的限内,即使如我们前面

---

① 《资本论》第三卷第 110～111 页。

所说,他对于他所获得的成本价格以上的利润,虽不关心他究是发生于成本价格中的不变资本抑是发生于其中的可变资本,但降低成本以获取较大利润,他是非常关心的。成本价格如何始可以降低呢?由购买原料,购买机具以欺骗其同侪吗?或者由商品贩卖玩弄欺骗手术,获有较多利润,因而使其成本价格相对降低么?在商品生产发达的社会,无论是商品的购买者抑是售卖者,都是比较容易了解商品行情的,因而,不论是谁,愈来愈不能靠欺骗降低成本价格或增多利润。即使是就成本价格中的可变资本那一项言,在劳动阶级势力随着商品生产发达而益增强的情形下,对于劳动力的购买,不但不能一味采取强压的方式,甚且不绝会在劳动阶级集体的要求下,把以往许多可以占便宜的条件相率取消,结局,任何资本家要降低成本或增加利润,就愈不能不在经济范围内打算盘,由是增进劳动生产力,扩大生产规模,乃至加速资本的转运,遂成为每个资本家的日常课题。

讲到这里,我们应该注意马克思所独特发挥了的资本构成理论。李嘉图在论及资本价值与利润的关系的时候,曾提出固定资本与流动资本的结合比例问题,但他提出这个问题,却不曾予以明确的解析,以致造成他价值论上更多为人指责的漏洞。反之,在马克思,却借着他精密的资本构成说,而连带把许多价值上的问题解决了。他以为所谓"资本的构成,是指资本的能动部分与其被动部分的比例,换言之,指可变资本与不变资本的比例"。① 这两者间的比例,可以从两方面去考察:从技术方面去考察的比例,形成资本之技术构成;从价值方面去考察的比例,形成资本之价值构成。就技术的比例而言,那是说,"在生产力发展的一定阶段,那比例必须认为是一定的。要在一日内(比方这样说)生产一定量生产物,必须有由一定劳动者表示的一定量劳动力,把一定量的生产手段,机械原料等推动,从而生产地把它们消费掉。有一定数的劳动者,必须相应地有一定量的生产手段,那就是一定量的活的劳动,必须相应地有一定量对象化在生产手段中的劳动"。② 就后者或价值的比例言,他说,假若有制铁与制铜两个工作部门,它们之间技术构成即使相等,但因"铜比铁贵,故在二

---

① 《资本论》第三卷第99页。
② 《资本论》第三卷第99页。

场合,可变资本与不变资本的价值关系可以有差别,从而两者总资本的价值构成也不同"。① "资本的价值构成——那是由资本技术构成决定的,且反映资本的技术构成——被我们称为资本的有机构成。"② "一种资本,与社会平均资本比较,不变资本百分率较大,可变资本百分率较小,我们称其为'高位构成'资本;反之,与社会平均资本比较,其不变资本百分率较小,可变资本百分率较大,我们称其为'低位构成'资本。最后,恰好与社会平均资本有同样构成的资本,我们称其为'平均构成'资本。"③ 如其说,平均构成资本代表社会平均劳动生产力,其所生产的商品的价值,恰好等于成本价格加平均利润,那么,高位构成的资本,即劳动生产力较大,但其中可变资本百分率较小,从而其所生产的剩余价值较小的资本,在获取平均利润上,它就显然对于那种低位构成资本,即那种劳动生产力较小,但其中可变资本百分率较大,从而其所生剩余价值较大的资本,占了不少便宜。也许就因此故,在平均利润法则或生产价格法则的作用下,每个资本家,或每个企业单位,都为了减低成本,竞相求劳动生产力的改进,求一定数劳动在一定数劳动日内,推动较大的生产手段量,换言之,即求资本有机构成提高。一切节省劳动的发明,一切加强劳动的设备,通是在这种客观要求下出现的。技术不断改进,设备不断更新,社会标准条件下所需个别资本的最低限额愈来愈形增大,剩余价值愈来愈需要资本化。结局,社会蓄积的财富,都被吸收来扩大再生产过程,扩大蓄积过程。而且为了单靠个别资本本身蓄积,不足以适应此种无限扩充需要,更半由强制,半由引诱的,通过股份公司,变更社会既成资本的分配,变更社会资本成分的量的配置,而成就集中过程。因此,竞争与信用,成为资本主义生产方法发展或资本集中的两条杠杆。

第四,利润递减法则与劳动人口律——依照前面所说,我们似又要碰到一个矛盾,资本集中运动,原是为了适应资本有机构成提高要求,或力求劳动生产力的改进,但如其说,改进劳动生产力,是期望获取更多利润,是期望在生产价格或平均利润法则作用下,获取其商品价值以上的利润,

---

① 《资本论》第三卷第 99~100 页。
② 《资本论》第三卷第 100 页。
③ 《资本论》第三卷第 115 页。

那么,增加利润,就是看作增进劳动生产力的结果。我们已经明了:劳动生产力增进,是意味着推动一定量生产手段的活劳动量减少,而这活劳动量,又是被理解为剩余价值的来源,为利润的来源,在这限度内,为什么利润来源减少,利润却倒增加起来了呢?这是不难解释的。较发达的资本社会,既然商品的售卖,不是按照个别资本生产品的价值,而是按照平均化了的许多资本的生产品的生产价格,一个资本家努力把他的资本构成提高到社会平均资本构成以上,他虽然减少了商品价值,却并不妨碍他获有较多利润。

不过,任何资本家,对于个人的计算,无论怎样精密,对于他自利打算的社会结果,他却是无法预知的。就是他们的经济学家,也是如此。每个资本家都拼命努力增进自己个别资本的劳动生产力,减低成本价格,从社会总剩余价值或总利润中获取相对的较大分额,其结局,必定使社会平均有机构成提高,从而使一定量资本所生产的总剩余价值,乃至总利润减少。马克思曾反覆论到这种关系,他说:因缩减生产成本价格竞争,引起的"那种资本构成的渐渐变化,不仅发生在若干个别的生产部门,且多少发生在一切的生产部门,或发生在有决定性的生产部门,以致该社会所有的总资本,在有机的平均构成上,发生变化。在这个假设下,与可变资本相对而言,不变资本会渐渐增加,而不变资本渐渐增加的结果,必然是:在剩余价值率不变,资本对劳动的榨取程度不变时,一般利润率会渐渐下落"。[①] 又说:"可变资本与不变资本相对而言,从而与总资本相对而言,逐渐的相对的趋于减少的现象,与社会平均资本的有机构成逐渐提高的现象,正相一致,那不过是劳动社会生产力渐次发展的又一表现;"[②] "在资本主义生产进步时,一般的平均的剩余价值率,必须表现为一个向下落的一般利润率。与所推动的对象化的劳动量相对而言,换言之,与生产地消费的生产手段相对而言,被使用的活的劳动量是不断减少的,但就因此,所以我们可以断言,活劳动中那无给的对象化为剩余价值的部分,与所使用的总资本的价值范围比例而言,将不断趋于减少。剩余价值量与

[①] 《资本论》第三卷第 156 页。
[②] 《资本论》第三卷第 156 页。

使用总资本价值的比例即是利润率，所以，利润率必定会不断趋于减少的。"① 不过，他曾提醒我们，就社会方面讲，剩余价值率的降低，并不妨碍剩余价值量的增多。他以为"利润率向下落的法则，或所占剩余劳动（与活劳动所推动的对象化劳动的量比较而言）相对减少的法则，并不排斥如下的事实，即：社会资本所推动所榨取的劳动绝对量，从而，社会所占有的剩余劳动的绝对量，可以在同时候增大；也不排斥如下的事实，即：个别资本家所支配的劳动者数不增加时，支配增量的劳动，并支配增量的剩余劳动"。② 他并对资本家应付利润率下落倾向法则，提出种种抵消原因，如劳动榨取程度的增进，把工资压在劳动价值以下，不变资本要素的低廉化，相对过剩人口、国外贸易以及股份资本的增加等等，但资本家在所有这些方面的努力，究只能妨碍利润下落倾向法则，而不能终止那种法则的作用。且就在这些方面的努力活动，实际也还存在着一个致命的矛盾或限界，那就是："劳动社会生产力的发展，是以两重的形态表示的：第一，是表现在既成的生产力的大小上，表现在生产所依以进行的诸生产条件的价值范围和数量范围上，并表现在已蓄积的生产资本的绝对数量上；第二，是表现在这个事实上，即：与总资本相比较，投在工资上面的资本部分相对的减少，那就是一定量资本再生产和价值增殖所必要的活劳动，大量生产所必要的活劳动，相对的减少。同时，那还是以资本累积为前提。"③在这两种表现中，劳动的社会生产力的发展，就包含有以次诸法则："即可变资本对总资本为相对的下落，蓄积相应的被促进，但在他方面，蓄积又反应过来，成为生产力进一步发展，可变资本进一步相对减少的起点。"④

这诸法则反覆作用下去，会发生两个显然的结果，其一是小资本家的被剥夺，其一是直接生产者或劳动者被剥夺。前者的被剥夺，是由于"跟着利润率的下落，个别资本生产地使用劳动所必要的资本最低限是会增加的（这所谓必要，意思是说，必须有这样多的资本方才能榨取劳动，并且必须有这样多的资本，才能使生产商品所使用的劳动时间，不超过生产该商品社会必要的劳动时间的平均）。同时，资本的累积也会增进，因为超

---

① 《资本论》第三卷第 157 页。
② 《资本论》第三卷第 159~160 页。
③ 《资本论》第三卷第 100 页。
④ 《资本论》第三卷第 162 页。

过一定的限界,利润率较小的大资本就会比利润率较大的小资本,以较大的速率累积。但这种增大的累积,又会在一定程度内,唤起利润率的新的下落。因此,这样分散的小资本,将大批遣往冒险的路上,例如投机、信用诈欺(Kreditschwindel)、股票诈欺(Aktienschwindel)、恐慌等等。所谓资本过充(Plethora des kapitals),在本质上,往往是指这一类资本的过充:这一类资本不能在利润率下落时,由量的增大得到补偿(这往往是指新生的资本芽)。或是指这一类资本的过充:这一类资本,不能独立自己行动,以致必须在信用形态上,委托给大产业部门的指导者支配"。① 后者即直接生产者的被剥夺,是由于"在生产发展时,与不变资本相对而言,可变资本会相对减少,会继续造成一个人为过剩人口,但又会提供劳动人口增加的刺激"。② 由是,相对的过剩人口的产生,是与劳动生产力的发展(那表现为利润率的下落),分离不开,并且相伴而起的。一个国家越是表现相对人口过剩的现象,则该国的资本主义生产方法越是发展,一方面,我们可以说,就因为有这个相对过剩的人口,所以在许多生产部门,劳动对于资本的隶属性,会继续陷于不完全的地步,并且继续到这样久,以致在最初一看之下,好像与一般的发展状态不能相容。这是因为可资利用的或游离劳动者是这样便宜,这样众多,并因为许多生产部门,依其性质,对于由手工劳动到机械劳动的转化,就有更大的反抗力。在他方面,又会有新的生产部门开放出来,尤其是,有奢侈品的生产部门开放出来,可以利用其他生产部门由不变资本增加而游离的人口作基础。这诸种生产部门,最初是以活的劳动占主要要素,到后来,才渐渐和别的生产部门踏上同一的道路。③ 如其说,小资本家的被剥夺,被淘汰,结局会从不同的方面增大劳动人口的来源,从而增大过剩人口的比例,那么,愈益集中膨大的大资本家阶级,即使可以利用这过剩劳动人口,而由压低工资增进强度,以缓和利润率下落倾向。但在另一方面,由社会资本平均有机构成不绝提高而形成的资本价值的周期的减少,直接生产者被游离出来的人数的不绝加多,终会不时扰乱资本流通过程和再生过程所依以遂行的既成的关

---

① 《资本论》第三卷第189页。
② 《资本论》第三卷第188页。
③ 《资本论》第三卷第177页。

系。资本主义的生产，无疑是在不绝造出困难危机，但同时又不绝克服困难危机而发展过来的。但我们并不因此就祝福它一直能这样维持下去。事实上，它自始就存在着一个限制，就是它生产的目的，既是在增殖价值，而它在增殖价值过程中，又因不绝改进生产技术，而把多数人口放逐到雇佣范围以外，以致"生产力越是发展，越是与消费关系所依以建立的狭隘基础相冲突"。① 申言之，就是："资本家社会的总商品，总生产物——那包含代表不变资本和可变资本的部分，也包含剩余价值的部分——是必须售卖的。如果没有实行售卖或仅实行一部分，或售卖价格在生产价格之下，劳动者固然是一样被榨取，但对于资本家，这榨取却会不能完全实现。所榨取的剩余价值，将完全不能实现或仅实现一部分，甚至使资本家蒙受一部分或全部的丧失。直接榨取的条件和实现的条件，并不是相同的，它们不仅在时间上和空间上分开，并且在观念上相互分开；前者仅受限制于社会的生产力，后者则受限制于不同诸生产部门的均衡性的社会消费力。但后者非由绝对的生产力也非由绝对的消费力决定，却是以对立分配为基础的消费力决定的。这个对立的分配关系，会使社会大多数的消费，缩减到一个只能在狭隘限界内变动的最小限。"② 一面大量蓄积化，一面贫困化，一面生产过剩，一面消费无力，这对照，这"贫困生于富厚中"的矛盾，是愈来愈明显的。

最后，我且用马克思解述资本主义生产将因以结束的基本矛盾关系，来结束他对于资产者经济学的批判：

"资本主义生产之真正的限制，是资本自身，换言之，是这个事实：即，资本及其价值的增殖，表现为这种生产的始点和终点，表现为这种生产的动机和目的；生产只是为资本的生产，而从相反的方面说，生产手段并不是为了生产者社会而使生活过程不断扩大的体系。以大多数生产者被剥夺而陷于贫困这一个事实为基础的资本价值的保存和增殖，是只能在限制之内运动的。这种限制，会不断与生产的方法——资本为其自身目的，须使用这种方法，那会作生产无限的增加，使生产以生产为自身的目的，并使劳动社会生产力无条件的发

---

① 《资本论》第三卷第 185 页。
② 《资本论》第三卷第 184 页。

展——相矛盾。这当中的手段（社会生产力的无条件的发展），会不断与有限的目的（既有资本的价值增殖）相冲突。所以资本主义生产方法，一方面，是发展物质生产力并创造世界市场（与物质生产力相适应的世界市场）的历史的手段，他方面，又是一个不断的矛盾：这个矛盾，是在它这个历史的使命和适应于它的社会生产关系之间存在的。"①

---

① 《资本论》第三卷第189页。

第四章 社会主义的经济思想

第一节 生产力与生产关系的新矛盾

在政治经济学上,我们已经看到马、恩与古典经济学者的区别了,而在社会主义上,他们对于初期社会主义者的区别,尤为显明。初期的社会主义者们,或者是站在人道的观点,或者甚至是站在宗教的观点,来强调新社会的组织应当如何;他们则不同,他们的唯物历史观,不许依理念、依理性、依奇想、依任何社会意识形态来说明,来预期将来社会生活应当如何,而认定现有的社会存在、社会组织,是将来社会必然因以转化或辩证发展成的前提条件或基础。他们的社会哲学是:"物质生活中的生产方式,决定了人类生活中社会、政治、精神等等过程的一般性质;不是人的意识决定人的社会存在,而是反过来,人的社会存在决定人的社会意识。"从这种社会哲学出发,他们所理想的社会主义、共产主义,就不是一个凭空杜撰的乌托邦,而是沿着资本主义社会发展线索,必然要引出或导来的带有极大现实性与具象性的预见物,而他们的社会主义的理论,就完全是由他们对于资本主义经济的明确认识,或由他们对于资本主义运动法则之鲜明揭露,而展开来的。因此,我们要解述的他们的社会主义的思想,特别是他们的社会主义的经济思想,一方面是当作他们的批判的政治经济学的结论,另一方面,又是当作那种政治经济学的延续。由于他们从古典经济学者中止了的地方再开始,由于经过他们的批判与分析,把资本主义发展没落的倾向,从流俗经济学者观念雾尘中呈现出来,资本主义向社会主义转化的关键,便必然成为他们注意研究的重要课题。因此,马、恩的社会主义经济理论的大贡献,与其说是由于他们对较远未来的理想主义或共产主义预示了如何有先见的天才的诸重要提示,就毋宁说是由于他们对于由资本主义经济向着社会主义经济的转化过程,作了极明确的科学分析。这即是说,他们主要在社会主义经济理论上所研究的,与其说是社会主义经济秩序下的法则,就毋宁说是社会主义经济秩序将如何由资本主义经济秩序转化成或辩证发展成的法则。

  本来,对于社会主义的历史发展,由他们得出了这样一段经典:"一种社会结构,在其尚有充分余地,允许一切生产力发展之前,决不会溃灭,而新的更高级的社会关系,在其物质的各种社会条件,在旧社会之母胎中尚未完全成熟时,也决不会出现,所以,人类所提出的,总只是自己所能解决的问题;因为较详密的省察时,你可以知道,只有在问题的解决上的各种条件已经具备了,或者是在其生存之过程中已经把握着了的时候,问题才自行发生。"[①]把这段话应用到资本主义社会来,即是说,资本主义发生,是由于在封建社会母胎内育成的社会劳动生产力,在现代开始的十七八世纪,已经不能在那种社会生产关系之下,有任何发挥余地,而适应着那种社会生产力的新社会关系,或资本的社会关系,亦已渐在其物质的各种条件进于成熟时,就被当作问题,而提出来。然而这里的说明,丝毫没有宿命的意味。一切私有的社会生产关系通是阶级关系,我们这里成为问题的封建生产关系,无论怎样不允许其胎内育成为生产力发展,而显示为近代初期的各种矛盾冲突,但因为僧侣贵族那一干人的特殊权益,是存在于那种关系中,他们便必然要拼死命的挣扎,就因此故,新社会或资本主义社会的关系的建立,就不能让资产者坐收旧社会花开蒂落的果实,他们是须得凭借其发展了的生产力,成熟了的物质条件,为他们自己的权益,而作着革命的斗争的。自从资本家所支配的社会关系,在各国,由各种不同的斗争方式和步骤,次第建立起来以后,在它这种较进步、较开明、较有容受性的生产关系下所迅速发展的生产力,在十九世纪中叶前后,已经开始在若干国家,显得与那种生产关系不大调适了。这种资本家社会关系与其中加速扩增起来的劳动生产力的矛盾,虽然由资本主义的世界展望,虽然由各别国家对于其殖民地或势力圈所挣得的营养,而在相当时期相当范围内得到和缓,但资本主义生产方法或资本主义经济运动,如前面所说,在不断强制的或离经济主体而独立的要求无限扩张,而它的商品生产

[①] 郭译本《政治经济学批判》序言第4页。

特性,即生产出来了,必须贩卖出去的特性,特别是为它担任生产增殖价值的人,同时又必须为它担任消费,并实现所增殖价值的特性,自始就注定了它在发展过程上,很快就要引起脱节与矛盾的现象。因此,同是生产力与生产关系的冲突,在自然经济基础上的封建社会,生产力比较不容易很快发展起来,从而,它也就比较不容易很快感到生产关系的束缚,这是一切民族在封建社会阶段比较逗留得更久的基本原因。资本主义恰恰相反,"它发展得很快,它的矛盾冲突也显露得快"。马、恩在一八四八年的《共产党宣言》中,已经把这关键明如观火的昭告出来了。

>"我们的时代,就是这资产阶级时代,它的特色,就是把阶级对抗弄简单了。社会全体,现已分裂成为对垒的两大阵营,互相敌视的两大阶级,这就是资产阶级与无产阶级。"

在这种阶级关系或生产关系之下,资产阶级展开了一种新的生产方法——资本主义的生产方法。它以一种新的而且在多方面非常残酷的剥削方式(雇佣劳动制)榨取自由劳动者。它非但使劳动者身体"自由",而且使他们从生产手段上,也"自由"出来。大产业依竞争,破坏了旧时手工业生产,剥夺小独立生产者的生产手段,于是大批的人民,变为"自由得一无所有"的无产者,而为资产阶级所剥削。

>"资产阶级急剧改良生产工具,不断的开拓交通,于是,一切民族,连极野蛮的,也被牵入文明之中,价廉物美的商品,就连中国的万里长城,也被它打破了……""资产阶级既使乡村屈伏于都市,同样又使野蛮和未开化的国家,屈伏于文明国家,农业国家屈伏于资本主义国家,东方屈服于西方。"

资本阶级将人口、生产手段及财产的涣散状况,渐渐除去,致人口团聚了,生产手段集中了,财产聚在少数人手里了。从此必然生出的结果,便是政治的中央集权。它将各个利害、法律、政府、税制不同的独立区域或勉强连结的区域,团结起来,合成一个政府、一样法典、一致利害、一个国境、一律税则的民族。

可是资本家的国家,资本家统一了的社会生产关系,并不曾也不能使内部不绝造成的矛盾根除。反之,它对于在它统治下,迅速发展并集中起来的生产力,"竟像术士念咒召来魔鬼,却没有镇伏它的力量。数十年来的工商史,只是近代生产力对于近代生产关系,对于资产阶级的生存和统治权的财产关系谋叛的历史。证明这个事实,只要指出商工业上的恐慌就够了;这种恐慌,隔了一定期间,便反复发生,一回凶过一回,不绝震动资产阶级社会的全部。在这种恐慌中,不但当时现存的一大部分的生产品被破坏,而且连一大部分从前造成的生产力,也要被破坏。在这种恐慌里面,发生了一种古代梦想不到的流行病——就是生产过剩的流行病。社会突然现出回到野蛮的景象,仿佛饥馑骤至,又仿佛举世大战,衣食全要断绝,一切工商业现出就要破产的状况。这是什么原因呢?这全是文明过度,生活资料过度,工业过度,商业过度的结果。社会所指挥的生产力,已不能在资产阶级财产关系中发展了。它(生产力)处在这种关系之中,变成太强大了,它受了这种关系的束缚,一旦打破了束缚,它便使资产阶级社会全部扰乱,使资产阶级的财产制度,根本动摇。资产阶级的社会制度,太过狭小,不能包含那伟大生产力所生出的财富。这样,资产阶级怎样逃出这种恐慌呢?它不外:一方面用强压力量,毁坏一大部分生产力,他方面开辟新市场,并尽量榨取旧市场;这可以说,正是朝着更广大、更凶猛的恐慌走去,而减少防止恐慌的手段。"①

生产力在发展上所遭遇的阻碍(如我们前面所叙述过的),在各自拼命争取利得,以致在生产上引起无政府的资本社会,如不能全面突破生产关系,就只好个别进一步求生产力的发展,于是在这里就存在着一种"罪恶的循环"。恩格斯曾明快的指出了这种关键,他说:"近代机器的达于极端改善的能力,怎样因社会生产的无政府状态,转成了个别工业资本家的强制法则,使他不能不自己改善自己的机器,不得不经常提高其生产力。单纯事实上扩张自己生产的可能,也转成了他的强制的法则。大工业的巨大的扩张能力——气体的膨胀力,与之相较,简直成为儿戏——在我们之前,表现出是数量上质量上的扩张的要求,它丝毫不顾虑在其路上所遇到的任何障碍。大工业产品的消费、销路、市场,造成了这种障碍。但是市场的更广更深的扩张能力,受着别种完全不同、效力较弱的法则之支配。市场的扩张,不能与生产的扩张并行前进,冲突成为不可避免的了;因为在资本主义生产方式本身未破坏之前,它始终不能得到解决,所以它

---

① 以上参见吴黎平编《社会主义史》第 273~274 页。

(冲突)就带着周期的性质,造出新的'罪恶的循环'。"①

"在恐慌中,社会生产与资本家占有之矛盾轰然爆发起来。商品的流通,立刻停顿起来;流通的工具——货币,转成流通的障碍。商品生产及商品周转的诸法则,都颠倒错乱。经济的冲突,达于极点:生产方式,起来反对交换方式;生产力起来反对它们所已超越的生产方式。"②

第二节　新社会形态之物质的基础

在资本主义的生产力,愈来愈像向着突破它的社会生产关系发展的过程中,在马、恩看来,有一点特别值得注意,那就是从历史的任务上说,资本主义这种杀人不见血的制度,毕竟有它的进步面和光明面。马克思曾在以次一段话里,把资本主义制度的功罪,和盘托出了。他说:"资本主义生产过程,是社会过程一般的一个历史规定的形态。这个社会生产过程,是人类生活的物质生存条件的生产过程,同时又是一个在特殊的历史的经济的生产关系内进行的过程,这个过程生产并再生产这个生产关系本身以及这个过程的担当者,他们的物质生存条件,他们的相互关系,他们的一定的经济的社会形态。这种生产当事人对自然的关系,他们相互间的关系,总之,他们进行生产的各种关系的总和,就是从他们的经济构造方面考察到的社会。像一切以前的生产过程一样,资本主义生产过程也是在一定的物质条件下进行的,但这种物质条件,同时是一定的社会关系的担当者;各个人就是依赖这种关系,加入生产再生产的过程。从一方面说,这诸种条件和诸种关系是资本主义生产过程的前提;从另一方面说,它们又是资本主义生产过程的结果和创造物;它们是由它生产的,再生产的。我们又讲过,资本——资本家只是人格化的资本,在生产过程内,他只以资本担当者的资格发生机能——会在与它相照应的社会生产过程内,由直接生产者或劳动者,汲出一定量的剩余劳动来,这种剩余劳

---

① 见吴译《反杜林论》第 373～374 页。
② 见吴译《反杜林论》第 375 页。

动是没有给付任何代价的。在本质上，那依然是强制劳动，虽然它很像是自由契约的结果。这种剩余劳动表现为一个剩余价值，这个剩余价值存在一个剩余生产物内。他总归是自由劳动，是一定欲望程度以上的劳动。这种剩余劳动，在资本制度内，是同在奴隶制度内一样，只有一个对立形态，并由社会一部分人完全游惰这一件事来补足。为保障意外的事变，为使再生产过程得适应需要的发展和人口的增加而有必要的累进的扩大——从资本主义的观点说，那就是蓄积——都需要一定量的这种剩余劳动才行。资本的文明面，是在这种方法，这种条件下面，强取剩余劳动出来；在这种方法这种条件下面，和以前的奴隶形态农奴形态比较起来，它可以更有利地促进生产力的发展，促进社会关系的发展，并促进一个高级新社会层序的诸要素的形成。资本一方面引出一个阶段，在那里，社会一部分牺牲别一部分，而实行强制，并独占社会发展（那包含物质方面和知识方面的种种利益）的情形，是消灭了；在另一方面，它又创造物质的手段和一种关系的萌芽，使这种剩余劳动的提供，不妨在一个较高级的社会形态上，大大把从事物质劳动的时间减少。"①

　　这就是说：比资本主义更高级的社会的物质基础，是靠了资本的蓄积。如其说，资本主义蓄积，资本的增殖是对于人，对于活的劳动，比以前任何蓄积方式更加浪费的结果，那么，它对于以后的社会的贡献，就如马克思所说的，是"以个人发展之可惊的浪费，来保障并实行人类一般的发展"。② 特资本主义生产，对于后来社会或今后社会，并不仅单纯提供了或预备了大量物质，且还在那种蓄积贮备过程中，逐渐改变了那些物质条件的社会机能，使其更适于成为后来社会生产力的构成要素。资本主义生产对于以往社会生产的本质的区别，就是它把生产手段乃至生产本身，由以往分散的个别活动的系列，转化为社会行为系列，从个人的生产物转化为社会的生产物。当社会所生产的产品，已不是为那些真正推动生产手段，制造产品的人们所领有，而是为资本家所占有时，生产手段及生产本身，在实质上已经变为社会的了。资本家生产的社会化与其所生产的生产物之为他个人占有，在这种生产萌芽之时，业已包含着矛盾。不过，

---

① 《资本论》第三卷第 701～702 页。
② 《资本论》第三卷第 53 页。

等到生产力愈来愈扩展,那矛盾始愈趋显露。所以,恩格斯说:"强大的发展着的生产力,对于他们资本主义性质的反抗,更迫切的承认它们的社会性的要求——正是这种情形,使资本家阶级本身,在资本主义关系的一般的可能范围之内,更甚地把生产力当作社会生产力看待。产业繁荣茂盛,信用无限膨胀的时期以及迫着巨大资本企业流于破产的恐慌时期,都推动极大部分的生产手段,采取某一种社会化的形式,在我们目前,就采取了各种股份公司的形式。这些生产手段与交通工具中,有许多,例如铁路,本身已具有这样大的规模,使它除了股份公司剥削形式以外,再不能有别种资本家剥削的形式。到了一定的发展的阶段时,就是这个形式(股份公司的形式),也变成不够了,于是国家,资本社会的正式代表,不得不进去取得它的管理权。这样变为国家公产的必要性,首先表现于大规模的交通工具,邮政、电报及铁路等等上面。"①

在这种矛盾中,在这种矛盾发展过程中,"资本主义生产方法,就在资本主义生产方法之内,自行扬弃"。②"这个自行扬弃的矛盾,在表面上表现为一个到一个新生产形态的过渡点。"③关于这点,马克思曾特别就股份制度来说。他认为"股份制度,使资本主义的私产业,在资本主义制的基础上,自行扬弃。它越是扩大,越是侵入新的生产部门,它越是把私产业破坏。这点且不说,信用还会使个别资本家或被视为资本家的人,可以在一定限界之内,绝对地支配别人的资本,别人的所有,并支配别人的劳动。支配社会资本(不是个人资本)的支配权,使他对于社会劳动能够支配"。④惟其如此,他在另一场合还进一步表示:"信用制度是资本主义私有企业到资本主义股份公司的渐渐转化的主要基础,但也是国家企业渐渐扩大的手段。"⑤信用制度使资本为非所有者使用,使他在使用资本时,更不当心资本价值增殖的界限。所以,被看作生产过剩和商业过度投机的主要支点的信用制度,除了它会助成股份公司出现,扬弃资本所有权之外,还"会加速生产力的物质的发展,并加速世界市场的成立,此二者,乃

---

① 吴译《反杜林论》第 376~377 页。
② 《资本论》第三卷第 357 页。
③ 《资本论》第三卷第 357 页。
④ 《资本论》第三卷第 357 页。
⑤ 《资本论》第三卷第 359 页。

新生产形态的物质基础"。① 而"使这物质基础发展到一定的程度,乃资本主义生产的历史的使命"。②

由上面的说明,我们知道资本主义经济每向前发展一步,它就不可避免的要相应进一步社会化。不过在这里我们应随时注意这一点,即由资本主义到社会主义经济的变革,一方面固然是资本主义生产发展的必然结果,同时单靠着资本主义生产的自然的自动的转化,亦是不能成就那种变革。恩格斯明确指示我们说:"……但是,无论转为股份公司或国有产业,都没有消灭生产力的资本主义性质。对于股份公司,这是非常显明的,至于现代国家,那么它只是资产阶级社会所造成的组织,用来保护资本主义生产方式的共同的外部条件,并用来抵抗工人及个别资本家的侵害。现代国家,无论采取何种形式,它在实质上总是资本家的机器,资本家的国家,观念上集团的资本家,它(现代国家)愈是把更多的生产力掌握于自己的手中,愈是成为实际的集团资本家,愈是剥削更多的国民。工人还是雇佣劳动者、无产者,资本主义生产关系,非但没有消灭,而且更是尖锐化了。可是达到了尖锐化的最高阶段之时,这些关系,将完全要被改变。生产力之国有,没有解决矛盾,可是它却包含着这种解决的外表上的手段,这种解决的钥匙。"③

第三节　转形与突变

主要由资产阶级与劳动阶级构成的现代社会生产关系,我们已一再讲明了,那是资产阶级行使统治权的社会。社会一切利益,一切好处,就是便于他们压制剥削其对抗阶级而享有;他们与以前封建贵族比较,不但同样要求保有其既得权益,维系其既成统治关系,他们就某些方面说,也许还更有智慧,更有权力,以成就那种要求。但资本主义生产既是把劳动的榨取,作为其整个资本运动的中轴,资本的生产规模每进一步扩大,它

---

① 《资本论》第三卷第359页。
② 《资本论》第三卷第359页。
③ 吴译《反杜林论》第379页。

里面包含的生产手段,固然在量上,在技术条件上,都有增进,而同时,推动那种生产手段的劳动力,也不能不要求改变其机能与品质。事实上,资产者社会的生产手段,虽然在当作支配活劳动的手段而作用着,但单是物质的生产手段,毕竟是被动的,死的东西,或者只是社会生产力的可能条件,必须依着活的劳动,或劳动力的活动,才成为资本,成为现实的生产力,才有"生命"。资本不能离开劳动,资本的变化不能不连同劳动一齐变化,这就使资本社会,一方面发展自己,同时又发展自己的反对物;资本社会统治术进步了,统治权力增大了,在另一方面,反资本统治的势力,也在以同一的或更大的程度在发展着。然而劳动阶级的势力是怎样发展起来的呢?列宁说:"无数劳动形式社会化,乃是社会主义必然到来的物质的基础。"①

以下,是劳动阶级势力增大的全过程。

"产业愈加发达,无产阶级不但人数增加,而且渐次集中结成大团体,力量加大,对于本身的自觉也愈深了。而且机器又抹去各种劳动的差别,因此劳动阶级的利害关系和生产状况,逐渐趋于一致,工资又几乎降到同样的水平。资产阶级日益紧张的竞争,因此而生的商业恐慌,使劳动者的工资,也因此更被动摇,而且机器不断的进步,使他们的生活刻刻不安。劳动者与资本家个人间的冲突,又渐渐带着两阶级间的色彩。于是劳动者就结成了团体(联合工会)去抵抗资本家。"②

资本家阶级一方面妨阻劳动者的团结,同时在他们自己内部发生斗争,又多方利用劳动者的团结。"旧社会各种阶级里,许多冲突也多方面促进无产阶级的发展。资产阶级自己,常站在战争中间,当初与贵族战,随后,与妨碍产业发展的某部分有产阶级战;又不绝与外国资产阶级战。在这些战争里,资产阶级不得不鼓动无产阶级,求他们的帮助,因此,便将无产阶级牵入政治的漩涡中。于是,资产阶级便将自己的政治教育与普通教育,供给无产阶级,换言之,就是将那和资产阶级斗争的武器,付给无

---

① 见何封等译《卡尔·马克思》第87页。
② 《〔共产党〕宣言》,转引自吴编《社会主义史》第276页。

产阶级了。"①

　　资本主义生产方法的发展,不但使国外落后地带的生产人民,照着资本主义母国的模型"自由"无产化,且使国内农村由土地游离出来的生产人民,涌集到都市里面,增大无产者或产业预备军的队伍。加之,在资本蓄积集中过程上,大鱼吃小鱼的"夺取过程,已由直接生产者,推到小资本家和中等资本家"②了。结局,受了资本家"洗礼",在生存上感到资本主义威胁的人愈来愈多,而这些人在长期痛苦磨折中,在国内外各种形式的劳工运动的斗争过程中,不但逐渐体验到团结才有力量,并且已实在团结起来变为极大的力量了。

　　更进,资本主义的社会化形式,事实上并不只由此团结了劳动成人的队伍,连他们的妻,他们的儿女,也被卷入在那种队伍中,于是,一面妨碍着个人社会化的窄狭的家庭生活与家庭观念,就在这种情形下,被扬弃了。马克思很重视这一事实,他以为"大规模工业在社会地组织起来的生产过程中,赋与妇女与两性青年和儿童一种必须在家庭以外完成的决定的任务,于是,为家庭和两性关系之较高形式建立下一种新的经济基础。"③他甚至认为"把不同性别不同年龄的个人合成一个劳动团体——虽然在其自发地发展起来的粗野形式中(工人为生产过程而存在,并非生产过程为工人而存在)它是腐化和奴役的来源——在适当条件下,必然转变为人类进步的来源"。④惟其如此,马克思竟在工厂制度中,看出"将来教育的种子",以为"对于超过一定年龄的每一个儿童,把生产劳动与教育和体育结合起来,不仅当作一种增加生产的手段,乃当作造就充分发展的人类的唯一途径"。⑤

　　从这种种方面看来,资本家倒实在不曾想到,他们在借着工厂制度和伴随着工厂制度而发生的种种罪恶中,竟栽培出了他们自己的掘墓人,他们自己所在社会的颠覆者,同时并栽培出了新社会的创造者。

　　可是,新社会的物的基础,人的基础,虽然,像上面所说这样,已经在

---

① 《〔共产党〕宣言》,转引自吴编《社会主义史》275～276页。
② 《资本论》第三卷第358页。
③ 参照何封等译《卡尔·马克思》第88页(列宁论《卡尔·马克思》篇)。
④ 参照何封等译《卡尔·马克思》第88页(列宁论《卡尔·马克思》篇)。
⑤ 参照何封等译《卡尔·马克思》第88页(列宁论《卡尔·马克思》篇)。

资本主义的生产方法的发展中,在它的社会劳动生产力的进步中,逐渐形成了、贮备了,且已在相当范围内转化了,但如果听其自然演变,那种痛苦的过程,也许要继续拖延一个相当长久的期间。因此,由科学的理论,增进劳动者阶级的自觉与自信,指示他们以最后必然获胜的展望,叫他们意识到他们自己的力量,"意识到他们自己的地位,意识〔到〕他们自己的需要,意识到他们在何种条件下始能得到自由",就成为极端必要了。马克思在《资本论》第一卷初版序言中说:"本书的最终目的,是揭露近代社会的经济运动法则,但一个社会就令已经把自己的运动法则发现,也不能跳过或以法令废止自然的发展阶段,它只能把生育时的痛苦减少或缓和。"①在这里,这可理解为:把资本主义的运动法则提出了,它的来踪去迹明白显现了,劳动者阶级的自觉与自信增加了,他们就可把新社会生育痛苦过程大大缩短。

这就是说,劳动阶级不但从现实的社会劳动形式中武装充实了自己的反资产阶级的力量,且还由批判资产者经济学的理论斗争中,获得并充实了自己的思想武器。资产者也许瞧不起没有获得完好教育的劳动者阶级,但任何知识一旦为大众所接受,一旦变为大众的知识,它就成了一种力量。所以当作劳动者阶级的导师,马、恩是曾由其直接间接参加劳动解放运动,而提出了极多极宝贵的斗争策略的,但在介绍思想或学理的限内,我还得引述一段以万钧力量,以如火如荼词句,激励着劳动阶级奋斗遂行历史任务的文章:"当这种转变过程在其深度上阔度上都够分解旧社会时,当劳动者转化为无产者,其劳动条件转变为资本时,当资本主义生产方法,用自己的脚站起来时,劳动的进一步的社会化,土地及其他生产手段进一步化为社会利用的共同的生产手段的转化,从而,私有者的进一步的剥夺,就要采取一个新的形态。这时被剥夺的,不复是自己经营的劳动者,只是榨取多数劳动者的资本家。

"这种剥夺,是由资本主义生产的内在法则的作用,即由资本的集中,完成的。一个资本家往往使许多资本家倒毙。伴着这种集中现象(多数资本家为少数资本家所剥夺),劳动过程的合作式样,益将发展为大规模的,科学之意识的技术的应用将发达,土地的计划的利用将发达,劳动手

---

① 《资本论》郭王译本自序第3页。

段将更转化为仅能共同利用的劳动手段,一切生产手段,当作结合的社会的劳动之生产手段使用,将更加经济,一切国民在世界市场网上将更加错综:由这许多事实,资本主义的国际性将发展。在转变过程中横夺独占一切利益的大资本家数,不断减少,同时,穷乏、压迫、隶属、颓堕、榨取等等之量,将益益加大,但同时,为资本主义生产过程自身机构所训练,所统合,所组织,而人数不绝膨大的劳动者阶级的反抗,也增长。资本的独占,成了伴随此独占,并在此独占之下繁荣起来的生产方法的桎梏。生产手段的集中和劳动的社会化,一达到与资本主义外壳势难两立之点,这种外壳就要破裂。资本主义私有制度的丧钟,就响起来了。剥夺者被剥夺了。"①

简单一句话:"资本主义生产方式,把更多的人民转成无产者,因之也就造成了一种力量,这种力量,在担心着自身趋于毁灭的威胁之下,不得不起来完成这个变革。"②

第四节　预见

我已讲过,马、恩对于社会主义理论的贡献,主要在说明资本主义经济如何会必然转形变质为社会主义经济,而不在他〔们〕预测理想社会主义经济本身;但我希望我们如此立论,丝毫没有减低他们对未来社会的许多天才的明确提示的重要性。

首先,他们向我们保证,在未来的新社会中:"人对人的剥削没有了,民族对民族的剥削也就没有了,这一民族对那一民族的剥削也会没有了。"③这样,全世界的一切民族,就能紧密地结合起来。

人对人的剥削不存在,而由那种剥削关系存在所引起一切掩遮了或颠倒了人类合理结合关系的观念尘障,都将清除:"现实世界之宗教的反映,必须等实际日常生活关系,在人面前,表现为极明白极合理的人与人

---

① 《资本论》第一卷第 651~652 页。
② 吴译《反杜林论》第 381 页。
③ 《〔共产党〕宣言》,转引自吴编《社会主义史》第 279 页。

的关系,和人与自然的关系之后,才会消灭的。社会生活过程(即物质生产过程)的形式,必须当合理的人的产物,放在意识的计划的管理之下,然后才能把它的神秘的幕揭下。但要做到这样,必须社会已有一定的物质基础,或一系列的物质的生存条件。这种基础或条件,又是从一个延续的苦痛的发展史,自然发展出来的结果。"①

一切社会形式,皆取决于其中发生基本规制作用的劳动形态。人不受剥削,不受强制,必然是首先表现在自由劳动形态上。所以,"实在说来,自由的国,必须在劳动不复由必要和外部目的规定的地方,方才开始。……在这个领域内,自由不过是这一点成立:即社会化的人,协合的生产者,合理地调节他们和自然的物质代谢机能,把自然放在他们的共同管理下,不让它当着一种盲目的力来支配自己,却以最小的力的支出,在最与人性相照应相适合的条件下,实行这种机能。但这个领域,依然常常是必然的领域。在这领域的彼岸,以自身为目的的人间力的发展,真的自由国方才开始。并且,这个自由国仍须以必然国为基础,方才可以开花结果。劳动日的缩短,是根本条件"。②

在这不受强制的自由人的生产中,他们的劳动,就表现为共同的或直接社会化的劳动。马克思认为这种劳动,尽可不必向一切文明的太古时期去追溯它的自然发生形态,可以就近由一个自耕农家庭为家人需要,而生产谷物、家畜、棉纱、衣服等的家长式产业(Ländlich Patriarchalische Industrie),显示出一个轮廓。但最后,他仍推想到一个"自由人的团体"的社会劳动状况了。他说:"在这个团体内,一切生产手段,皆属共有,各个人使用共有的生产手段,意识的,把许多个人的劳动力,当作社会的劳动力来支出。在此,鲁滨孙的劳动的一切性质,皆重见了。惟在鲁滨孙,劳动是个人的;在此,是社会的。在鲁滨孙,生产物全然是个人的生产物,从而,只对于他一个人是直接的使用对象。但我们这个团体的总生产物,却是社会的生产物,这生产物的一部分,会再用作生产手段,它依然是社会的。别一部分,则当作生活资料为团体各分子所消费,所以是必须分配在他们之间的,其分配方式,将与社会生产有机体(gesellschaftlichen

---

① 《资本论》第一卷第 40 页。
② 《资本论》第三卷第 702~703 页。

Produktionsorganismus)的特殊方式,与生产者间的相应的历史发展程度,一同变化。仅为便于与商品生产相对比起见,我们假定,各生产者在生活资料中所得而有的部分,将由各人的劳动时间决定。如是,劳动时间将有二重作用:一方面,劳动时间之社会的计划的分配,将使各种劳动机能,与各种欲望,保持着一定的比例;他方面,劳动时间又当作一种尺度,一则可以计量生产者个人在总劳动中参加的部分,二则可以计量各个人在共同生产物中应得消费的部分。无论在生产方面抑在分配方面,人类对于他们的劳动和劳动生产物的社会关系,都是极单纯的。"①在这里,我得指出,《资本论》第二卷中有关资本的循环,特别是有关资本在生产手段范围与消费财范围的分配和周转状态的描述,那虽是对着资本社会立论的,但他的言外,显然表示了,那种分配周转状态的圆滑进行,只有期之于没有剥夺关系存在的更高级的社会。自然关于这方面的说明,他是不曾忘记表述他所受重农学者魁奈的《经济表》的影响的。

但是,对于马克思在《资本论》中分别描述"自由国"、"自由团体"的片断,恩格斯却用他清新的笔调,作了更生动而有力的综合。他说:"生产手段既转入社会掌握中,商品生产以及生产物对于生产者的统治,也便同时归于消灭。社会生产中的无政府状态,为有计划的自觉的组织所代替,个人的生存竞争,因而停止了。只在那时,人方在某种意义上,最后的脱离了动物界;只在那时,人方从动物的生存条件,转到真正的人的生存的条件。以前一切环绕着人,统治着人的生存条件,现在就处在人的支配及统治之下了;人类至此才开始成为自然界的自觉的及真正的主人翁,因为他们已经成了自己社会关系的主人翁。他们自己社会行动的法则直到现在都是与他们相对立,而成为一种外来的统治于他们之上的自然法则;这种社会行动的法则,现在已为人们所完全理解,而加以应用,因之也就处在他们的统治之下了。人类自身的社会结合,直到现在都与他们相对立,好像是自然及历史所强制形成的东西,这种社会结合,现在变成了他们自己的自由事业。从来统治于历史中的客观的及外来的力量,现在屈服于人的统治之下了。只从这时起,人们方才充分自觉地创造自己的历史;他们所运行的历史因素,也将以日益增加的程度,显出他们所希望的结果。这

---

① 参见明华出版社译本《家族私有财产及国家之起源》第244页。

将是人类由必然的王国进于自由的王国之飞跃。"①

在"自由王国"实现的瞬间,我们现有的国家,这个俗物,就将从根结束其历史的任务了。"以生产者自由平等结合而组织生产的社会,将把国家这部机器,送到它应到的地方去,即与纺锤与铜斧一齐送到古物博物馆去。"不过他补充说明,在那场合,国家不是由谁废止,而是自己丧失其存在的。他说:"资本主义生产方法,更利害的推动大规模的社会生产手段,转变为国有产业,因之它也就自己指示了实现这一变革的道路。无产阶级将掌握政权,而首先把生产手段转成国家的财产。可是因此,它就除去自己无产阶级的性质,消灭一切阶级的区别及阶级的对立,因之使原来的国家也趋于灭亡。……一旦社会上没有任何被压迫的阶级,一旦阶级的统治以及现代生产无政府状态所造成的个人之生存竞争,和由此产生的冲突及极端的矛盾,都一起消灭了的时候——从那时起,便无须压迫,便无须乎一种特殊的压迫权力——国家——了。当国家真正代表全体社会的时候,它以社会的名义取得生产手段的所有权,它的第一次这样的行动,同时也便是它(国家)本身最后的一个独立行动。国家的权力对于社会关系的干涉,各处各地都将成为不需要,而自行停止下来。此时物品的管理机关和生产过程的指导机关,便代替了治人的政府。国家不是被废除的,而是自行衰亡下去的。"②

不过,马克思在《哥达纲领批判》所表明的,"在真正没有阶级的高级共产社会实现以前,即在人类受制于分工原则而造成的奴役状态完全消灭之前,亦即资本主义社会与共产主义社会之间,有一个从前者变为后者的革命过渡时期。一个政治的过渡阶级,是以这个时期相符合的。而这时候的国家,除了革命的无产阶级专政之外,不许有别的形式"。

在二十世纪四十年代的今日,在将近半个世界,已在照着马、恩所理想的或急或徐的见诸实行的今日,读到他关于整个人类生活史,特别是关于由资本主义社会向着社会主义社会转化的遗教,我们该会如何为他们的伟大预期和伟大抱负所感奋呵!恩格斯在伦敦高门公园(Highgate

---

① 《反杜林论》第 386~387 页。

② 《反杜林论》第 381~382 页。

Garden)① 为马克思所致葬词,可以作为马克思和他自己对于人类,对于人类思想伟大贡献的最确切写照,那是说:

"达尔文发现了有机自然界的进化法则,马克思发现了人类历史的进化法则。马克思还发现了,现代资本主义生产方法以及这种方法所创造的资产阶级社会,是受一些什么特殊法则支配。……理论科学上的新发现,其实际应用,在今日也许还是全然不能看见的,他固然以大的乐趣去欢迎,但因这种发现,会在产业及一般历史过程中,包含一种直接的革命的变化,所以他又经验到了别样一种乐趣。……他的生命的任务,是依其方法,推翻资本主义社会所引起的政治形态,从而,解放现代的无产阶级。就是他,最先一个叫他们意识到他们自己的地位,意识到他们自己的需要,意识到在什么条件下他们才能得到自由。斗争是他的天性。他以这样的热情,这样的毅力来斗争,并获得了这样的成功,那是少有其敌的。——所以,马克思成了他那个时代最被怨恨最被中伤的一个人。政府无论是专制的,还是共和的,都把他驱逐出境。资产阶级无论是保守派还是十足的民主派,都争先恐后,把谗言堆集到他身上来,这一切,都被他摔在一边,把它当作蜘蛛网一样的东西,不理会它们,只在必要时加以反驳。现在他死了。——爱他的,敬他的,悼他的,有几百万革命的工人同志,一片哀声,从西伯利亚的矿山,到加利福尼亚,在欧洲、美洲的一切地点,他的名字,他的著作,将成为万古不磨灭的。"②

---

① 现在常译为"海格公园"。——编者注
② 见郭编译 G. Mayer 著《恩格斯传》第 158～159 页。

第六篇　当代三大经济思潮

小引——下面待讲述的当代三大经济思潮,乃是个人主义经济思潮、国家主义经济思潮、社会主义经济思潮。这里所谓当代,是指着二十世纪开始以来的这一段时间。从思潮渊源的联系上说,个人主义经济思潮,与前述奥地利学派经济学保有极其密切的关联;国家主义经济思潮,与前述历史学派经济学保有密切的关联;而社会主义经济思潮,则大体上又可以说是前述批判理论体系的继续。

二十世纪开头以来的整个世界经济学界,显然是充满了五颜六色的,"樊然杂出"的学说,但如我们"批隙导窾",沿着上面三个线索追寻下去,就不难从混乱中看出条理。设更进一步,把个人主义经济思潮与国家主义经济思潮,看作是资产阶级经济学阵营内的两个名相反而实相成的派系,那么,它们与社会主义系统,又恰好是反映着二十世纪现实劳资斗争的激越情况,而平分着经济学界的秋色了。

第一章　个人主义经济思潮

第一节　旧个人主义经济研究的没落和新个人主义经济研究的兴起

一、古典学派经济理论的落潮期

古典学派经济理论,在十九世纪二十及三十年代,可说达到了高峰,

自此以后,以提倡个人主义自由放任的古典理论,遂不免进入了它的落潮期。其所以致此之由,可分述如下:

(一)十九世纪二十年代起的古典经济理论趋于普遍化、流俗化、极端化——比较溯源的讲来,一八二六年后,亚当·斯密、李嘉图诸人的经济理论,已渐向广大的社会群传布,而达到了相当普遍的程度,本来仅见于专家学者等上层社会群的理论,已开始流向学校教室及其他社会层。普遍化的结果,使经济理论常识化、流俗化,成了弥缝敷衍的东西。另一个趋势,就是经济理论的趋向极端化。个人主义经济理论,必以自由主义作为其保证,因个人主义系对国家而言,要确保个人主义,就得从国家干涉束缚中求解放,也就是要自由。在斯密时代,斯密就为国家划定了三个活动的范围:对内,国家设警政司法,以维持社会秩序;对外,国家扩充军备以谋国防安全;同时并发展公用事业,以利人民安居乐业。除此三任务外,其他概为个人自由翱翔的天地。但到巴斯夏著作中,却将个人主义的自由,更扩充到极限,规定国家除维持公共秩序,管理公共土地外,如还兼及他务,就是侵犯个人自由。这种自由主义的极端化,显与当时的事实及人民对于国家的要求相反,特别是与资产者已在实际取得了社会政治权力以后的要求相反。到此时,个人主义经济理论本身,也就难以取信于人或成就资产者阶级的任务了。

(二)李嘉图反对派所加于个人主义经济理论的损害——极端的利用演绎法以发现经济法则是李嘉图治学的特点。他首先从人类的自利心出发,而归结到劳资双方的终必冲突,以致违反了资本家的心意。于是有同样以人类自利心为研究出发点的加雷等反对派,起而攻击李嘉图劳资不协调的理论。由于对李嘉图经济理论的局部攻击,引出了对李嘉图学说的全面批评。加雷曾说李嘉图的工作类于社会煽动家之所为,他想利用农业法及战争等以推翻现政府。这种由李嘉图理论的局部反对而引出了对于有利于资本主义社会的李嘉图经济理论的全部否定,当然会阻碍个人主义经济理论的阐扬。

(三)个人主义的社会主义之提倡——在十九世纪中叶,资本主义的缺点与弊害,已难掩世人耳目了,故作为个人主义经济理论缵承者的约翰·穆勒,亦不能不默察当时情势,在其个人主义体系内,采纳社会主义观点,他认为要使个人主义继续发展,只有使个人主义社会主义化。他提出了三项办法：

1.以生产合作组织代替工资劳动制——他以为现实的工资劳动制，使劳动者工作愈勤苦，报酬反愈少，而不劳动者报酬反愈多；工作勤劳完全没有得到激励，将使个人精神才力的发挥受到阻碍。

2.以地租国有化代替一般地租制——在一般地租制下，许多不劳而获，不能发挥个人才力。地租国有以后，土地独占取消，不劳而获者绝迹，社会幸福自将增加。

3.严格限制遗产——遗产制度最不合理，得遗产者有恃无恐，养成懒惰习惯，无遗产者失却求学及社会地位等方面的平等权利，成为人与人间先天的不平，所以应当澈底废止。

上述三点，约翰·穆勒称之为社会主义纲领。观其目的，系借此发挥个人主义，故称个人主义的社会主义。约翰的理论一面继承正统学者，一面又受当时社会主义者们否定私有财产的影响。拥护个人主义的约翰，不能不受社会主义思想的影响，可知个人主义经济理论已无法维系，实不啻为古典经济理论之一严重打击。

二、强调国家与强调社会的经济学说的抬头

（一）**在约翰·穆勒前后**——就在约翰·穆勒的经济学中，我们已可见到强调国家的历史学派理论，和强调社会的社会主义派理论的某些动态了。这两个反个人主义的体系，虽然是在约翰以后才益发昌盛起来，然而我们切不要忘记，约翰个人主义经济学中的国家的社会的不纯粹成分，已经是把他以前的空想社会主义和浪漫国家经济思想吸收或收编的结果。

（二）**不同的分野**——关于历史学派与社会主义派的经济学说，在前面已分别介绍过了。顺便要在这里指明的是，同是对于个人主义学说加以攻击，但历史学派与社会主义派有一极不宜混合而事实上一直在为人所忽视的对照：即历史学派在理论上反对的个人主义，却是他们在实践上要求被维护被保持的个人主义，他们不过认定，个人在特定国际经济关系下，在特定社会斗争场面下，由个人自己去实现个人主义，就不如由国家来为他们实现或成就个人主义；他们提倡的保护政策与社会政策，完全证示了他们的这种企图。反之，在社会主义派，则又是一个作法。他们在本

质上在最后的目的上是要否定或扬弃个人主义的,但在研究上,却认定古典学派所描摹的个人,所要求实现的个人主义的自由经济活动,正好是资本主义社会精神和社会经济运动法则的揭露。从历史的发展立场去看,非借古典经济理论明确把握资本主义的"个人"或所谓"经济人"的特质,是根本不能理解资本主义制度,从而也就不能理解资本制度自我否定的发展历程。简言之,历史学派是为了要维持并保育个人私有财产,而在研究上反对古典学派的个人主义;社会主义派则是要反对个人的私有财产,而在研究上反自愿缵承古典学派揭露的个人主义的精神。

他们分道扬镳的研究途径尽管不同,而分别在理论上实践上所给予个人主义的不利影响,则是非常明白的。我们必须能够明白这一点,才可理解为什么以复活个人主义经济研究为目的的奥地利学派,竟同时对历史学派与社会主义派都采取敌对的态度。

三、个人主义经济研究的复活

就在古典经济研究的落潮期中,强调国家的历史学派和强调社会的社会主义学派相继出现了,这对于个人主义经济当然为极大的不利。资本主义经济的发展,虽然使得资本家阶级的要求,渐渐发生变化,但资本主义制度,始终是以个人财产私有为其存在前提,个人私有或个人财产或资本的自由使用如发生问题,当为非同小可的事。在这种场合,所谓复活个人主义经济研究的奥地利学派,就以反对历史学派,在本质上,却是反对社会主义学派的十字军的姿态出现了。这就是说:物质生产手段的所有,始终是要配合精神生产手段的所有。个人主义经济的缺陷,虽已曝露得非常明白了,但旧社会经济体制的维系,仍需要意识上的理论根据,或者说,对于已经曝露得非常明白的缺陷,在理论上的弥缝和掩饰,却更显得需要。

特个人主义经济理论的复活,在消极方面,固在驳斥古典主义、历史学派和社会主义学派,但更重要的却是在积极方面,把握当时当地的新资本主义精神,建立起新的个人主义理论体系。资本主义在其发展初期和后期的精神可以说是迥不相同的。资本主义初期的资本家,是克勤克俭富于进取冒险的果敢事业家,但到了资本主义后期,产业资本已金融资本化,资本家已远离生产而成为游手好闲的金利生活者。以前者为研究对象的古典学派,自将不适用于后者,而为新个人主义经济理论所代替。

我在其他场合曾讲过:"……分配论的研究,至此终止了。在十九世纪下半世纪中,资产阶级经济学者把研究的重心,转移到消费方面了。他们之所以把视线转到这方面,大体可以说是适应着两个实践的要求:其一是,资本主义经济发展到了金融支配的阶段,大资本家们都相率离开了产业的生产领域,而以"遥领"、"遥临"的方式,站在生产领域以外,借投机及信用制度,来增大财源。他们是生活在享乐的世界中。而且,享乐与阔绰的消费,有时且成为获得信用与增进财富的必要的排场。这种明如观火的事实,被反映到经济学者的头脑中,当然会吸引他们的注意。至若他们将如何把这一事实表达出来,那就要涉及他们所须适应的另一种实践的要求。那就是,他们不能也不许缵承古典经济学的成果,在古典经济学所阐述的生产论与分配论上,作进一步的分析。为了回避现实,最好是抬出消费论来,来与金利生活者的资本家们的利益与兴趣相配合。

"他们极一般的,或者说,极其技术的,避开其当前的特定社会的一切现实经济上待决的问题,而提出一切超历史的见解。对于最基本的价值论,他们否定了古典学派的劳动价值法则,而代以主观的限界效用说。照此说法,商品的价值,不是产自生产过程,而是产自满足欲望的消费方面。一切财货生产出来,都是为了满足人类的欲望,都是为了消费。他们谈得有声有色的价值论、欲望论,结局无非是阐述他们自以为新发现的消费论。生产物品出来,是为了满足欲望,充当某种消费,那是自明的道理,最平常不过的平凡俗见。他们虽把这种"俗见"装潢在科学的框架里面,但对于其当前的现实经济问题,根本无所说明。谁都知道,资本主义的生产,并不顾及它所生产出来的物品,是为了满足谁的欲望,是拿去供谁的消费,是具有何等使用价值;它的唯一目的,只是为了交换,为了实现更大更多的交换价值。一旦流通过程发生梗滞现象,商品价格不克实现资本的平均利润,资本家就宁愿停止生产活动。有时他们为了降低市场供给数量,以便提高价格,致不惜用种种方式,把既经生产出来的货品,加以破坏消毁,这种种不合理的但却并非罕见的现象,奥地利的消费论者们,是不能给予解释的。"[①]

---

① 见拙著《经济科学论丛》第105～106页。

四、特征着奥地利学派理论的三个重点及其相互作用的后果

(一) 三个重点

奥地利学派的理论研究上，有三个像是极相矛盾，但却又像很自然的在调和作用着的重点，那，我们在前面已分别提论到了，但为了说明的联系和便利，这里无妨再简括指明出来，那三者是：

1. 心理的——享乐主义的由来

我们从高森、门格、庞巴卫克三个人的著作中即可充分理解奥地利学派经济理论的心理的基础和享乐主义经济学的由来。高森首先提出欲望饱和满足法则，认为经济学乃研究人类欲望的满足和其满足的程度，欲望的满足是基于心理的主观的因素，此种但求欲望满足的理论，亦即研究人类如何求乐的理论。此理论之引申者为杰芬斯，彼意谓经济学即如何避免痛苦，追求快乐，亦即"研究快乐与痛苦之法则"的科学，"享乐主义"的别名，乃由此而产生。门格著述中，亦谓经济学系研究人类活动的基本动因——效用、自然物、自然对于人类欲望的满足。他以欲望论冠于全书之首篇，可知其强调人类心理作用之甚。庞巴卫克是奥地利经济学派的最大理论者，他更显明地认为经济学是建筑在心理学的不可违背的基础上。

2. 数理的——数量主义的由来

近代经济法则的建立，是以价值法则作为其统御一般的总的法则而存在，故任何经济学派，其理论的强固性和科学性，都将在价值法则的建立上得到考验，这说明价值法则的论究在经济研究上的重要性，故奥地利学派亦不得不在价值的产生和判断的测量上作出抽象的理论分析。

他们首先认为效用为价值的来源，价值的大小由效用来决定，但效用是否可测量，其测量的方法又如何？成为奥地利学派各别理论家所致力的课题。他们认为欲望效用是可以测量的，"我们日常皆在测定比较评价我们最主观的欲望而从事经济活动"。杰芬斯且说："反映在心理上的快乐与痛苦都是量的，由此反映过来的效用亦是量的"，故"经济学是数量的科学"。这说明了经济效用的可测性，因此效用的大小是量的表示，但此种量是否能用具体的数字来表现，奥地利学派的理论家对此不能不有所疑惧。效用、欲望本质上虽是量的，但他们却仅用程度、重要性、单位、等级、点线、图表、代数方程式等非具体的数字来表示它，这充分说明效用只

能由图式表之,不能用数字计量。

3.技术的——机械主义的由来

先从方法论上来看:

奥地利学派以为任何事象的研究,总不外乎三种方式:一为物与物的关系的研究,属于自然科学范畴;一为通过物而作的人与人的关系的研究,属于社会科学;一为人对物的关系的研究,属于技术的范畴。从门格到庞巴卫克都是以人对物的关系研究为主,故奥地利学派的经济理论是属于技术的。

次从价值论上来看:

用点线图表和数理方式来研究价值,不能不顾到适应数学方式的技术条件,那些不能化为简单数字的人类社会的复杂因子,乃不能不将其抽象化、单纯化而削足适履地将其配合在计算的代数式中,这种代数式在交换论上更易于表现出来,故奥地利学派价值论的基础,完全放置在交换上,因为在交换过程上方能由数理方式来处理,于此亦可说奥地利学派乃至数理学派诸子为什么特别看重交换。

(二)三大重点的联同作用及其后果

1.三者内在的关联

奥地利学派的出发点是心理的分析,但心理现象最难捉摸,为了使其具体化和明朗化,只有作数理的考量,故注重心理研究,必然走上数量主义之路,为了表现其数理方法在心理上的应用,必然将经济学缩小在交换范围中,而偏向于技术方面,故从心理出发的奥地利学派,最终必走上技术之路。

由于各家研究兴趣与接触问题的不同,在经济理论研究上,每有侧重和偏向,使同为奥地利学派的学说,显示了相当程度的差异。如洛桑学派完全侧重在数理分析,它说经济学的数理的研究,不应限制在交换论的范围内,应扩至全面领域,故有人主张将奥地利学派从经济学中分立;但亦有人偏向心理分析,完全远离经济研究而成了心理学。在此等不同的各趋极端中,自难免有相互的抨击,但二者究其极是不能分立的,因其基于心理的根源是一致的。

2.全般演变倾向

A.由心理的转向技术的

基于心理数理分析的要求,交换论在奥地利学派理论体系内是最重要的,交换论的强调每会远离科学而偏向技术,这一趋势在当前是十分明显的。我们由此乃可明了,为什么后来许多缵承奥地利派丕绪或受了该派极深影响的学者,都不约而同的由主观心理出发而转到客观技术上去。如像后面待述及的里夫曼、沈伯达一干人,就是如此。

B.愈来愈为交换过程之零碎说明

惟其理论研究的技术化,把经济学当作技术来处理,于是有关交换或流通上的零碎说明或个别问题研究,就代替了整个经济学的研究。除了极流俗的教科书以外,在当前,经济学界就是重商主义时代一样到处都只充满了有关政策、统计一类题材之应用,而像卡塞尔、斐雪一流人物在"社会经济学"或"政治经济学"名义下所撰述的大著,揭开一读,也无非是那一类货色的扩大或炫博装潢罢了。

C.愈来愈离开原来的出发点

由交换中的个别零碎现象的研究,代替了昔日经济现象整体的研究,由研究愈离开原来的基于心理的出发点而走向了技术的道路;技术是客观的存在,由心理的主观的研究始,而以客观的技术终。这一看,好像是非常矛盾,但仔细研究起来,就知道这正是奥地利学派学说发展的历史的必然。

第二节　奥地利学派向英美的进出
——马夏尔与克拉克的学说

奥地利学派经济学的世界性,我们已在前面解述过了。资本主义世界在十九世纪末乃至二十世纪初还特别需要个人主义经济研究的复活,那在各国之间,并不是一致的。甚且在奥国本土,它的经济,假使在当时有复兴或发展的可能,它倒宁可接受德国历史学派的理论;换言之,强调个人主义的经济学说,最先,必须在个人主义经济尚有发达或前进展望的国家,才能生根。在十九世纪末期,德、意、日、美、俄诸国,均以不同的步骤,不同的速度,走上了资本主义的旅程,但在它们的中间,只有美国这个地大物博的青年国家,是特别要求个人主义精神的发扬。同时老牌的英国,因为它是一个大殖民帝国,它的社会内部矛盾,可由殖民地的加强利用得到缓和,而其对外的竞争力,又还因其拥有广大落后殖民地与保护势力圈,暂时不曾感到致命威胁,此外,在理论上,更因它是古典经济学的发祥地,它当然特别有理由要求复活个人主义经济的研究。

可是,不论是英国,抑是在美国,它们所要求的个人主义经济的研究,并不完全是奥地利学派为它们准备的那一套,它们已有的研究传统,特别是当时的社会经济现实条件,都说明奥地利学派经济理论,到了它们的经济学者手中,都会受到极大的修正。

一、马夏尔如何把奥地利派经济学传扬到英国

亚尔弗列德·马夏尔(Alfred Marshall)是英国约翰·穆勒以后的一位最大影响的经济学者。他的大著《经济学原理》(Principles of Economics)发刊于一八九〇年。至一九二二年,他的晚年著作《货币信用及商业》(Money, Credit and Commerce)问世。但使马夏尔成为名经济学者的代表作,仍是他的《经济学原理》。

我这里无法详细论究他的全部经济学说,如其说,经济学史的研究,最重要的是了解每个著名作者的重要论点,我就可以指出,横贯在马夏尔那部大著中的基本概念,共有三个:一是连续的概念,一是平衡的概念,一是综合的概念。他对于经济学说发展的演变,是用连续原则去解释[①],他对于社会的经济活动,亦是用连续原则解释,"自然不是飞跃的"这个命题,是他时常拿来支持他的进化渐变理论的。

平衡的概念,他讲述得更多,霍门(Homan)曾指称"他的思想系统的主要中心,厥为扩充供求平衡概念,而归结于揭示价格制度之完全的相互关系及一切经济价值在原则上之根本统一,使整个经济组织宛如一种'太阳系之平衡均势'维系基本的匀整(fundamental symmetry)"。[②] 但他想在经济生活中确立一种均衡,系出于他自己的愿望,而经济现实,却不时在打破那种为他所期待的均衡,而引起矛盾与破局。

然则他的均衡"愿望"是靠着什么建立起的呢?他自己不曾讲得明白,但我们从他全书中,可以看出他是借着以往各家经济学说之综合或折

[①] 参见本书前面第一篇第二章。
[②] 见于译霍门著《现代经济思潮》第229页。

衷来"架设"的。他一生最服膺的英国经济学者,是李嘉图,是约翰·穆勒,还有一个,是反对李嘉图和穆勒最力的杰芬斯,这已表示他企图把主观主义与客观主义综合在一起。不但此也,他对奥地利学派的限界效用学说,异常感到兴趣。但他认为历史学派也大有可取之处,因此他努力想把经济学变为福利的学问。他这样聚各家学说于一炉而冶之,凯因斯曾表示:"马夏尔的经济理论,在实质上虽站在古典学派的方针上面,但亦充分采取主观主义或限界效用派的理论,也很能看出历史学派的影响,并且也适度利用数学与图式的方法。"①

可是凯因斯这个评语,虽然说明了马夏尔的综合精神,但不曾显出他的根本思想。试想,一个"充分采取主观主义或限界效用派理论"的人,如何能"在实质上"站在古典学派的"方针上面"? 如其那"方针"不被理解为拥护资本主义,而被理解为是"研究"的方针,那就太说不通了。不过,他说马夏尔"充分采取主观主义或限界效用派理论",这一点,却是万分真确的。

比如就价值论上说,尽管他自己表示是折衷于客观主义与主观主义之间,但毕竟是偏向在后者方面。他首先提出所谓均衡价格理论(theory of equilibrium prices),以为商品的均衡价格由需要价格与供给价格所构成,当此二价格趋于一致及均衡时,这就是均衡价格。

在决定均衡价格的供给价格方面,马夏尔修正李嘉图的生产费用说。李嘉图认为商品价值,取决于生产时所费劳动量,但这个劳动量包括死的劳动与活的劳动两者,用货币计之,就是商品的生产费,故商品价值由商品生产费决定。马夏尔则以为生产费应包括两个范畴,一为货币生产费,一为实质生产费,实质生产费包括直接劳动,种种形态的资本,还有李嘉图所忽视的蓄积资本所必需的期待这一因素,这种期待完全是一种心理作用,庞巴威克说:"人们对于同量财货现在评价大于将来",这种评价差异的货币化,就是利润利息的由来,马夏尔以期待的长短来测量期待的大小,从而决定利润的大小;劳动资本是客观的,加了期待因素,即成为主观的、心理的。于此我们可见其折衷的偏向。

---

① 见凯因斯编皮古(Pigou)出版的《马夏尔回忆录》。(这里是指凯因斯撰写的《亚尔弗列德·马夏尔》一文,载于皮古编《马夏尔回忆录》一书。——编者注)

不错,在需要价格方面,他修正庞巴卫克的限界效用说。庞巴卫克以限界效用来测定价值,他以为人类消费财货时,每一单位财货所给予人的效用不等,而最后一单位的效用最小,由此最小效用以决定价值。马夏尔认为效用不能直接测量,效用本身是不能用数字测定的,他进而提出间接测定之法,即用对于该财货主观上所愿支付的价格以测定效用,愿支付价格的大小,可以反映出限界效用的大小。这种说法,很明显的落入循环论的矛盾。我们是为了测定价值价格而考虑效用的大小的,而现在却要以价格来测定效用,因果循环,始终得不到问题的解决;先说供需决定价格,现又说需要根据价格,由价格决定价格,岂不可笑。

马夏尔虽融合李嘉图及庞巴卫克各不相同的理论,但在这种折衷中,究极还是偏向于庞巴卫克的,即偏向于主观的、心理的。因为马夏尔在这种偏向中,自己还别出心裁的,另创了几种学说,那就是限界效用理论的应援和补充。

先说需要弹性说(Theory of elasticity of demand)。马夏尔大体承袭了奥地利学派的限界效用理论,他似乎觉得没有新的补充,将不足以炫耀自己,故他提出了两点补充。其一说明随着价格变动,消费者对于商品的需要,随商品的重要性而不同,亦即不同商品在不同的价格下,需要的伸缩性不等。将这因素加入考虑,使决定商品的供需二种势力,显出了差异。他的补充,实质上不过是一种点缀,对于供需价格论的主要命题显然无大关系。

其次,他提出了"消费者剩余"这一概念。他以为消费者购买时所付出货币的限界效用必小于彼所购得的商品的限界效用,此二者之差,即为消费者剩余。这种说法,可以说百分之百是站在心理的主观观点立论。

价值论如此支离,应用到分配上,当然也引起一些破绽。在分配论上,马夏尔最初由消费财价格均衡理论突跃到生产财价格均衡理论,马夏尔在分析价值时,主要以消费财立论,但在论分配时,则主要以生产财立论,此种"突变",马夏尔自己亦很少说明。

他首先以生产财为分配论的主要根据,构成生产财价值的,照马夏尔说,为劳动与期待。

马夏尔由均衡价格论引用到资本论上,就得出"利息的高低取决于资本的供需"的命题,资本的供给由期待上见之,资本的需求则由资本的生产力上求之：资本有生产力，他解释得最详，资本为间接劳动，如其他生产因素不变，资本递增，报酬必将递减，于此可测知资本的生产力。

在利润方面，他以为利润是企业收入与企业支出的差额，其差额由企业经营精力的大小与资本技术组织的良否而不同，此差额理应以利润名义给资本家与企业家分享。他将资本家理解为高等工业家，事实上，马夏尔时代，金融资本已经抬头，企业所需资本已不得不仰给于金融资本家，而这般支配经济生活的金融资本家，事实上不付出任何精神心力，他过着剪息生活，获有大量利润，可见利润非辛勤管理组织的报酬。

马夏尔在利润方面的第二个见解，是反对平均利润说。他以为利润是企业家个人才力差异的报酬，必然反对利润的平均化趋势，因为企业家的才智是不同的，利润当然亦不会相等。大规模企业利润率低，乃因固定资本大的企业，精用机械，管理单一。流动资本大的企业，所需精力大，故利润率高。至关于现代企业日趋大规模化现象，他却以人们的好逸恶劳的心理来解释，〔即，〕为了少费精力，资本家愿意固定资本所占比例大，这种说法，当然是离事实很远的，但显然更同心理学派相接近。

说到工资，马夏尔认工资为劳动力的均衡价格，亦即取决于劳动力的供需。劳动力的需要价格，由劳动力的限界生产力决定，劳动力的供给价格，基于劳动者的生育费和生存费。他也知道，在实际工资决定上，劳动者有特殊不利的地方：劳动力不比其他商品，不能待价而沽，劳动力一天不出卖，该日劳动力即白白牺牲，劳动力的供给，不能自由地适应市场需要；而且劳动者没有维持生活能力，当其出卖劳动力时，常为面包与生命之争。在这种不利条件下，劳动价格自不能与理论上应得的相一致，这时只诉之于社会立法了。马夏尔的福利经济学的闪光，就从这里透露出来。

惟其他在价值论上分配论上引入了如此浓厚的主观因素，使客观价值学说全走了样，他就照着我们前面所指出的一种研究上的必然趋势，在不知不觉中，把经济学庸俗化或狭窄化为价格学或货币学。他这种转换，是为补救或应援主观价值说而起的。他力言"效用本身不能用数量测定"，但转过来表示，这也无妨"将价格测量商品对各个购买者的限界效用"。① 价格是以货币表示的，故在他看来，"经济事务中，只有一个测量

---

① 《经济学原理》第 100 页。

的标准,即为货币"。于是照前述霍门所认识的,马氏"只就经济势力之可以货币测量者,加以研究,遂致实际上限制经济生活之科学调查于价格的研究方面"。① 而他自己也明确表示,经济动机能以货币计量,乃经济科学研究较其他社会科学更有相对准确性的地方,至若经济上不便借货币测量的,或与货币无关的事象,大可置诸不论②。

如其说,马夏尔的学说对于 20 世纪的各国经济学者有极大的影响,则他对于此后把经济学变成价格学,变成技术数量学所负的责任,就非同小可了。幸而他到晚年还有这样一种小忏悔的表示:"一千年后,一九二〇至七〇年,将为历史家之时代矣。偶一念及,不胜忧闷,余之经济学及其他类似著作,行且成为废纸,思之,思之,不知五十年后之世,将为如何也。"③

二、克拉克如何把奥地利学派经济理论接生到美国

对于经济学的看法,克拉克(John B. Clark)与马夏尔不同,马夏尔想使经济学成为解决当前经济问题的依据,政策学的意味显得浓厚,他反对自由竞争;克拉克则将经济学目为纯理化,主张自由竞争。此种差别,实由于马夏尔与克拉克所在国情的不同。

克拉克时代的美国,资本主义还能自由发展,但自南北战争以后十年,美国企业的集中与合并运动继之发生,美国国民经济有百分之十五操在大托辣斯④掌握中,托辣斯运动开始,相并存在着反托辣斯运动(Antitrust movement)。在第一次世界大战时,美国反托辣斯运动缓和,由于政府动员战时人力物力的方便计,政府有意维护托辣斯组织。第一次战后,美国反托辣斯思想又风起云涌,因当时美国自由资本主义尚有发展余地,不如英国之已临末路,克拉克即代表这时期美国经济现实而成为反托辣斯理论权威。除了美国经济学界有促使克拉克提倡新个人主义的经济思想外,美国经济意识界亦需要克拉克提倡个人主义以对抗当时弥漫美国的德国国家主义经济思想,因美国名经济学家大都留德,故其经济意识

---

① 于译霍门著《现代经济思潮》第 186 页。
② 前揭于译《现代经济思潮》第 183 页。
③ 前揭于译《现代经济思潮》第 237 页。
④ 现常译为"托拉斯"。——编者注

界颇受德国影响。一八七二年,德国经济政策学会成立,一八七五年美国即有美国经济联合会(American Economic Association)的组织,标榜历史学说,强调国家。克拉克虽亦为留德学生,但极力反对之。他不仅理解历史学派理论,且研究社会主义,但二者他都不取,而以个人主义为宗。不过,拥护个人主义,事实上不能再走斯密、李嘉图辈老路,致达出马克思的可怕结论,故在美国资本主义尚有发展前途时,克拉克乃弃劳动价值说而走上主观主义的道路。

克拉克学说在方法论上所表现的特征,厥为抽象和演绎主义,他向被目为"美国李嘉图"(The Ricardo of America)。他的研究,出发于许多假定,而将经济以外的一切社会因素摒弃。一八九九年所著《财富分配论》(The Distribution of Wealth),即根据此种方法著述者。此后在一九〇七年,他的另一部著作《经济理论纲要》(Essentials of Economic Theory)问世。他将经济学分为经济静学与经济动学,分开研究,大体上前一书在处理经济上静的法则,而后一书则在处理经济上动的法则。以李嘉图与克拉克比较,其不同之点,在于前者坚持客观主义,而克拉克所取的哲学观点,则是主观的。他采取奥地利学派的出发点、奥地利学派的逻辑程序,故与马夏尔比较,他的全部学说,殆达出了奥地利学派与杰芬斯的全部结论。

克拉克在研究方法论上,展开其经济动学与经济静学的说明。他以为要了解变动的经济事象,必先从静态的经济事象研究起。研究静态经济事象所得出的结论,就是经济静学,经济静学所研究的对象,即斯密所谓"自然",亦即自然经济状态。但在现实社会里,此种自然经济状态,必须要在许多假定下方能得到;此等假定,如人口不变,劳动供给状况不变,资本状况不变,资本结合形态不变,需要欲望不变:在此等假定下,自然法则作用可使分配得到自然;要是上述各因素有一变动,经济静态立刻破坏。我们不能直接研究动态经济,必先从研究静态经济入手,再看其因素变动的条件与程度,而作某种程度的修正,以符合动态经济的研究。我们必先借经济静学的成果,逐项研究经济动学。

主观价值论者向以界限效用的大小决定消费财的价值,此处就发生效用如何测量的难题,因效用本身是主观的,不易测定,许多主观效用论者在解决此问题时都感棘手。克拉克虽同为主观效用论者,但他却有一种新的说法；他以为效用固难测量，非效用却易于测定。效用意涵着一种快乐，非效用却为一种牺牲与痛苦；我们可从所受牺牲大小来测定非效用，而判明效用的大小。因此主观效用论者着重的是消费者，克拉克则注重生产者。消费财的生产不能不加以劳力。劳动力的支出，是一种苦事，一种牺牲。普遍人类初次工作时，其所费劳动力亦即痛苦最小，而此时之效用最大，以后逐次工作，随劳动的时间增长而痛苦加甚，到最后一小时，牺牲最大而效用最小，最后一小时工作所得的产品，为限界效用生产物，其效用大小以劳动时间亦即非效用来测定。

此种测定个人主观效用的方法，亦可用以测定社会效用，因社会是个人之积，个人方面表现的诸作用，亦可应用到社会方面去。克拉克认为在社会中亦有一个最后的劳动时间，此最后劳动时间，亦即全社会之价值尺度。

克拉克的主观价值论有许多特点和矛盾，布哈林以为奥地利学派经济学有三个特征：（一）个人的，（二）消费的，（三）主观的。克拉克对此三特征，却都有所改变，他不从个人慢慢引到社会，而直由社会是个人之积而说明社会，故比起奥地利学派的特征来，稍有不同。他的价值学说的特征，该是（一）个人的——社会的；（二）消费的——生产的；（三）主观的——客观的（注意生产一定会注意客观）。克拉克修正了奥地利学派的学说，但此后矛盾却更多，他所说的个人，是抽象的、非现实的，而且也是十分含混的。

价值由非效用决定，亦即由劳动时间的大小来测量，得出财货的自然价格（效用与痛苦交合点）。价格分解为利润、利息、地租和工资。利润在自然价格中是不存在的，只有在资本经营者利用社会上的多种变动关系以投机取巧由贱买贵卖时方能发生。贱买时则生"劳动剥削论"，为克拉克所不承认，纵然有贱买也是偶然的，在自由竞争下必不可能；贵卖则生"利润摩擦论"，在自由竞争下亦不可能。那末利润何自来？利润只是企业家的工资而已，它包括企业家的组织能力与经营能力——这是以往许多流俗学者的老调。

但一般以为克拉克的成功，不在于利润分析，却在于工资说明及动静学的探讨。

工资以一定量的货币额来表示，代表劳动者工作结果所得之一定量生产物。在从事生产过程中,其产品,部分属于资本家,部分属于劳动者,工资即代表属于劳动者的生产物部分。

属于劳动者的生产物部分究有多少,以劳动限界的生产力为断;在生产过程中,不变资本与劳动量有同一的比例。如不变资本一定,劳动者增加,其总生产量虽然增加,但每一劳动单位生产力却逐渐减少,最后一个劳动者的生产力,称限界生产力,工资即以此限界生产力为准。为什么呢?因为各个劳动者对于定量资本之配合所演重要性虽不同,但在资本家主观上,可应用代替原则及无关轻重原则给予最少的工资。所谓代替原则(The law of substitution),即指"将最需要的单位,以最不需要的单位代替之",使其主观评价降低,可以少出代价;所谓无关轻重原则①(The law of indifference),为代替原则之补充,任何单位,均可依次补充而无关轻重。

以上说法,不免牵强,应用起来,颇多问题。如在今日极度分工情形下,不可能应用代替原则,如要代替,就很有关系,不可能无关紧要。在一定资本技术构成上,生产手段量与劳动量有一定比例,生产规模之缩小与扩大,都相对地有资本之缩小与扩大相应。其次,劳动者的劳动性,是否能如上述的水准一样,劳动过程中劳动者所担任的角色是否一样,这些都成为问题。而且,克拉克强调价值论,以为效用不能测量,他反对马夏尔以价格测量效用,而代以非效用——牺牲来测量价值。以为劳动者开始工作时,所得效用最大,最后工作最疲劳时,所得效用最小,故可用时间的长短以测定其大小,当劳动者工作超过疲劳的最大限度,效用与非效用交于一点,此即劳动者应得之物。他原主张工资以劳动的限界生产力决定,此处又以劳动时间来决定,工资论与价值论显然脱节了。

关于利息,他认定资本的生产创造力是利息的基础。

劳动的限界生产力决定工资,而利息则由资本的限界生产力所决定。

劳动一定,用不等单位的资本单位来配合,其最后一资本单位的生产力即为资本的限界生产力,此限界生产力,决定利息。这完全是抄袭马夏尔的,但他添了一项"创见",以为利息是资本的使用费。他将商品的概念扩大。李嘉图以劳动(力)为商品,克拉克则以资本为商品,资本有生产性

---

① 此处"无关轻重原则",现在通常译为"无差异原则"。——编者注

能，故利用资本从事生产必须有使用费，借贷商品者即为经营商品者。此种说法之主要目的，在强调资本利息之合理，而其消极意义，则正如同强调资本生产性的托伦斯、马夏尔一样，乃反对"只有劳动能产生价值"的命题。

最后，他更把资本的商品概念，扩用到土地上，以为土地亦是商品，故土地亦有其使用费，此即地租。不过他对于地租没有多所说明。

关于克拉克学说的评价及其影响，我们可以这样来说明：当作一个经济学者，他没有马夏尔般大的声名，但他的学说，特别是他的工资说，却更普遍的为人所接受。他比马夏尔更接近奥地利学派，因此，他把奥地利经济学，更抽象化，更演绎化。我们殆可以说，晚近经济学说所蒙受奥地利学派的影响，在技术上、数量上是通过马夏尔，而在纯理论研究上则是通过克拉克。

第三节 晚近个人主义经济理论上的末流与变种——沈伯达、里夫曼、卡塞尔、斐雪、凯因斯等的学说

在晚近或近二三十年的经济论坛上，出现了不少风头人物，这些人物因为对于资本主义末期的现实经济，分别提出了不少的极端辩护性的保守性的高见或"创见"；那些高明的大意见，即使用真正的经济学的尺度测量起来，是非常俗劣可笑的东西，但因为他们颇投合资本家阶级利益的要求，且都差不多是被装潢在炫博与弄玄的文字中，于是，与其前辈比较起来，哪怕是极不足齿数的学者，也被吹嘘得超过马夏尔，超过克拉克，甚且超过李嘉图、亚当·斯密的大人物了。在这里，恕我不能用更多的篇幅，来详细介绍他们的经济理论，只分别就他们共同表现的若干重要趋势，来概括加以说明。他们的共同的重要趋向，计有三点：一是为否定因果关系而提出函数关系论；二是为根本否认价值论而提出平衡价格论；三是为解消恐慌论而提出货币数量论。

一、函数关系论

(一)所谓函数关系(Funktional-beziehung)论——函数关系论的提出,原有消极与积极两方面的意义。就消极意义上说,作此主张者,以为经济事象发生的原因,每是连续的,甲原因产生乙结果,但甲原因并非其最澈底根本的原因,甲原因背后仍有丙原因存在,如此循环不已,故要追问每一现象原因的原因,将无有底止,故经济现象无法穷根究底。凭这一理由,他们乃反对因果论。

其次,他们认为每一结果之产生,其原因并不单纯,普通都相并存在着许多原因,方产生一个或多个结果,在此场合,他以何者为主因,何者为主果,很不明确,而且此种经济事象因果发生发展经历时间之长短及范围之大小,都很难判明,故因果概念很不明白,如果研究,反将引起混乱。

最后他们又提出归属理论来,以为归属理论的依据还有问题。归属德语为 Zurechnung,价值论与分配论间,如何得到连系,亦即产品所生价值,依据何种标准分配于生产者之间;连系此等生产分配的,通常系诉之于价值,例如分配不论取何形态,其工资利润等大小,以生产过程中的价值来决定,此即所谓归属理论(Zurechnung theorie)。但奥地利学派以为生产财都为补充财,它们生产时要互相补充方能完成生产物,在一般因果论者以为由生产可以得出分配的结果,但他们则以为归属的依据和加算都大成问题,由价格论到分配,既很多问题,因果关系论在他们心目中,自然靠不住了。

以上是函数关系论者从消极方面否认因果关系论的要点。

至若函数关系论在正面在积极意义上主张的基点,则是确认既予的事实。

他们主张就事论事,就已成的经济事象加以论究,不及其他,故函数关系论者着重既给予的事实。但既给予事实有很多因素,究以何者为主呢?

他们对各种因素则同时同等的作为研究出发点,研究方法,则标榜最严密的方法亦即数学的方法。

在既予事实中所包含的许多因素,他们认为都有相互依存关系,这是他们经济认识的根底。

他们理想的经济学的研究,是将经济上各种依存关系用数学方式记录下来,这可说是研究方法论上的问题。

(二)函数关系论的系统主张者沈伯达(Schumpeter)——要追溯函数关系论的由来,当然使我们不能忘怀于法国的古诺(Cournot)。他在所著《财富之数学理论研究》中,已明白揭出"需供是价格的函数";此后,一切企图把经济学变为数量科学的学者,殆莫不注意经济上特别是价格上的函数关系的探讨。但对此加以系统主张者,却不能不说是奥地利派后起之秀的沈伯达。

沈伯达虽然是直接缵承奥地利学派底衣钵的人物,但他所受马夏尔与克拉克的影响甚深。克拉克的静学与动学的分别研究,马夏尔的平衡原理研究,对于他的函数关系理论的展开,有着决定的作用。他有两部重要著作,一是《理论国民经济学之本质及其主要内容》(Das Wesen und der Hauptinhalt der theoretischen Nationalökonomie),出版于一九○八年,一是《经济发展理论》(Theorie der wirtschaftlichen Entwicklung),出版于一九一二年。他依照克拉克的说法,把经济学分为经济静学与经济动学,前一书,大体是研究经济静态,而后一书,则大体是研究经济动态。他把经济上的静态与动态完全对立起来,以为在研究的目的上,虽然经济的动态或其发展的说明最关重要,但在研究的程序上,经济静学的说明,实应摆在首位;因为在他设想,经济动态须理解为经济静态的变象,为未复归于平衡的搅乱,所以,我们的研究,就必先把握住常态,始可确定其变态。疯子是由一般普通人来比较判定的。

然则在国民经济学上,哪些范畴是属于静学的呢?他认为价格论、货币论、归属论是应当划在静学考察的领域,而其中,又以价格论最关重要。因为所谓静态,不但是不发展的,不变化的,且得有关诸方面都趋于平衡。他认定静态是基于两种事实:其一,在继起的一定时间之内,财货的种类、品质及其使用方法,全无变化;其二,财货的数量,也全无变化。这各方面各部分是在数量上相互依存的,是在交换关系上相互依存的。在完全交换关系里面,一定量的财货,是当作一定大小的价格,来与其他一定量的财货相对待。由是,在特定继起时间内,各别财货的数量如不变,它们的需要价格与供给价格,就会保持在需要曲线与供给曲线的交会点上,而表现为一种静态的均衡。他以为,在国民经济上,只有供需函数关系均衡或依存关系(Abhängigkeitsverhältnis)表现的价格均衡,最能体现静态经济的特质。

但我们知道,函数关系是就既予的事实立论,从而,重视函数关系,就必然要排斥因果关系。又,函数关系的强调者既认定只有交换经济最适于这种研究,他们无形中,便必然是一些交换论者,而把生产论抛在一边。不重视因果关系,不重视生产关系,又必然会走到否定价值法则一条路去。沈伯达真的在这一点上,对奥地利学派经济学表示了相当距离。他公然表示:价值原则是从研究的便利上设想到的,而不是实有其事的。经济主体对于某物所作的评价,与该物在现实交换关系中被规定着的价格亦有依存关系。这一来,不是由价值导来价格,倒反而是由价格导来价值了。

可是,沈伯达虽然是由于着重静态研究,才重视函数关系,重视价格,但当他由静态研究,移到动态研究,解明"经济发展理论",他并不由此就掉转头来重视因果关系,重视价值。他自认莫大贡献的恐慌说明,无疑把经济静态或均衡如何被扰乱的许多原因,如新出品、新生产方式、新市场、新原料来源、新独占地位,以及帮同把这些因素结合成新生产手段的信用,都罗列出来了,但毕竟因为恐慌在他看来,是均衡的静态的暂时扰乱,从而就要因交换经济价格经济上的自动调节,而复归于均衡。复归于静态。所以,归根结底,复回到函数关系上去。

二、平衡价格论

由函数关系的强调,招致否定因果法则、价值法则的趋势,于是马夏尔、沈伯达以后,便公然有以价格代替价值的学说出现。虽然在渊源上,我们后面待述及的新价格论者,有的想不太远离了奥地利学派,而强调主观价格,有的想对奥地利学派表示一些"创见",而强调客观价格,但归根结底,都不外处在二十世纪的资本主义危难时代,如站在资产者阶级立场,赞成客观劳动价值学说,将为事势及"情理"所不许可,而奥地利学派为对抗客观劳动价值学说,而提出的主观限界效用的大理论,又太支离,太矛盾,于是干脆视价值学说研究为多余的妙论,就当作一个"时尚"产生了。这里介绍两位代表人物,即主张主观价格学说的里夫曼及主张客观价格学说的卡塞尔。

(一)里夫曼的主观价格论——诺贝特·里夫曼(Robert Liefmann)是一位有名的德国经济学者。就渊源上讲,他是属于后期奥地利学派的,"他在政治经济学中,是用奥地利学派的心理方法来解释经济现象的第一个人","是个人主义经济方法的极端代表者"。① 他在二十世纪初,注重现代资本主义经济组织的研究,在一九〇五年出版的《加特尔托辣斯及国民经济组织的发展》(Kartelle und Trusts und die Weiterbildung der Volkswirtschaftlichen Organization),及一九〇九年出版的《参与公司与金融公司》(Beteiligungs und Finanzierungsgesellschaften, eine Studie über den Modernen Kapitalismus und das Effektenwesen),确实对于近代独占资本的研究,提供了不少有价值的材料。但他并不以材料的提供者为满足,由一八一七——八一九年,包括两巨册的《国民经济原理》(Grundsätze der Volkswirtschaftslehre)问世了。这部书虽然使他获得了"德国李嘉图的称号"②,虽然与唯物的客观主义的李嘉图相对照,他是一个十足的主观论者。他承受了奥地利学派之经济的心理学基础,但却认为那些前辈做得不够澈底。在他看来,资本主义社会的全部经济现象,都在价格形式中表现出来了。因此,不论在主观上抑在客观上,都应将价值论从经济理论中逐出,他认为价值概念是不必要的,这是他和奥地利学派不同的第一点。同时,他又以为奥地利学派讨论价值,必先讨论效用,由效用的大小来测定价值,但限界效用测定时,必然会考虑到现有储存量这一概念,他否认此概念,否定现有储存量,因而亦否定稀少性概念,此为与奥地利学派相异之第二点。他之所以否认现有储存量,因他主张政治经济学应从心理评价出发,如由心理评价出发,可不必管现有储存量。

其次,他讨论及交换经济,以为交换经济现象包含价格、收入、资本、信用、危机各现象。政治经济学的最后目的,即在以主观的心理评价,说明交换机体、价格现象。交换最后原因,由个人对于经济判断中得到,个人经济判断为心理的判断,他并在其他许多经济行为之前,冠以"心理的"形容词。

---

① 见鲁滨著《近代西方经济学家及其理论》严译本第 334~335 页。

② 在十九世纪上半期,德国还有一位学者得到了这个"荣誉",那就是德意志曼彻斯特派的首脑人物 F. B. Hermann。

对于心理的基本经济概念，他提出三点：(一)效用(Nützen)，里氏所说的效用，与奥地利学派所说的效用没有多大区别；(二)费用(Kosten)，个人为获得欲望的满足要花费代价，代价即为费用，费用亦可由我们日常经验中体念得到；(三)收益(Ertrag)，是费用与效用比较之差，又叫比差，不同于一般习用语，不是指物价本身，而是就心理的方面而言。收益经济概念是里氏整个学说的中心。

他以为在经济上有两个基本经济范畴，即获得的经济与消费的经济。用货币收入去购取效用，表明消费经济是目的，获得经济是手段，个人计划经济只能在消费范围内进行，所以消费经济为出发点。

也许他以为经济学的"创见"，就是揭出一套新的术语，他把经济基本概念基本范畴作了上述的规定之后，接着就据以创出所谓限界收益平均律，对此，他首先解释限界收益，以为资本每部分都有其限界生产力，此限界生产力必须付最大费用，因其在经济上所花费用最多，故出卖时要最高价格，其所得收益叫限界收益。收益是心理的满足状态，效用减费用即为收益，故限界收益，也是一种心理状态。

其次再释明与此有关的限界货币收益。在交换经济内，费用与效用间，插入货币关系(费用—货币—效用)，由自然经济中的直接心理评价到交换经济中的间接心理评价——"货币被视为效用和费用之心理比较的过渡阶段"(沈伯达语)——货币只不过是抽象的计算单位。

在这种场合，限界收益就变为限界货币收益，变成了收益二元论，一方面在感觉上此种满足大于他种满足，在另一方面，表现在货币上，即一种货币收益额，大于他种货币收益额。他认为感觉上的剩余，和货币上的剩余是类似的，用货币剩余来表现感觉上的主观剩余，故归结还是心理的。

这两层关系弄清楚了，然后就明了所谓限界收益平均律，即由限界、收益、平均三概念结合而成的规律。企业家对于每单位资本生产之限界收益，均有一平均趋势，此概念所以不同于古典学派利润率平均法则之处，在于：古典学派所说的利润率平均趋势，是指社会各不同企业间利润率平均趋势，故其单位是各个别企业，而里夫曼所说，系指同一企业各单位资本间限界收益之平均化趋势。他说在自由竞争下，社会限界收益趋于平衡，此概念之提出，用意在说明其主观价格论。他现在开始讲价格是怎样形成的原因了。他套着马夏尔用价格来测量效用的公式,以为限界收益事实上为限界货币收益,货币额多少,反应限界收益大小。限界收益或收入的大小,决定经济上的需要额数。限界收益亦为最低收益,因限界收益为最低单位收益,最低收入固定额数为全部价格的调节者。因此,财货的价格由其限界费用加限界货币收益决定。

对于个人单一经济,经济学研究费用与效用关系;在交换经济中,经济学则研究需要与供给。于此,里夫曼乃应用类比方法,将交换经济中的需要,比作单一经济时的效用,而以供给比作费用。

从上面的说明,里夫曼的新价格论,除了转弯摸角提出了一些自造的词汇,支离的理解资本主义的个人经济之外,其整个精神,仍未脱出奥地利学派的窠臼。鲁滨曾这样批评他们的成就:"里夫曼在奥地利派经济学家之抽象的和无生气的心理结构上,提出极度适合于近代资本主义现象之新的心理的概念。他想造成心理的结构之'真实经验的'变相作品。如其说,奥地利派经济学家分散其主要注意于理论之基本的心理的前提之研究,而只附带提到为资本主义实际所产生的'变革',那么,里夫曼一开始,就从资本主义所借用来的特点,而带到他自己的心理学的理论中去。正因为如此,他的理论在实在论的意义上接近于实际,像是胜利了,但与奥地利派经济学比较,在逻辑的明确性和澈底性上,却是失败了。"[①]

(二)卡塞尔的客观价格论——与里夫曼的主观价格学说恰好相反,卡塞尔(Gustav Cassel)是主张客观价格学说的。他是一位瑞典的学者。在其主著《理论的社会经济学》(Theoretische Sozialökonomie)于一九一八年问世以前,他还发表了有关平衡价格理论的许多高见。而在本世纪二三十年代,他的货币意见,是风行于资本世界的,虽然那些意见,亦是对于他那主著中的基本理论的应用和发挥。

卡塞尔一开始,即以经济学的改造者自命,他以为经济学的最后目的,在发挥那些纯经济的非人类意志所能任意左右的必然趋势,他很想使经济学变成一种澈底的数量的科学。他后来有一本小著《经济学之数理的研究》,颇像是在发挥杰芬斯的高见。不过杰芬斯强调主观价值,他却标榜价值无用论,说许多学者在价值论钻研上的徒劳无功。奥地利学派

[①] 鲁滨著《近代西方经济学家及其理论》严译本第334页。

之心理价值说，将价值置于心理基础上，他是非常反对的。他以为价值研究不合乎数量分析，不能明确定其大小，那种研究，愈来愈使整个经济学蒙受极大的不利影响。照他的意见，价值可以不必讨论，因价值在经济学上并无必要，我们可以直捷了当的专注于一物的货币评价亦即价格，价格研究可省却许多麻烦，而且可符合数量分析要求。这就是说，卡塞尔在消极方面，主张排斥价值理论，在积极方面，主张确立价格理论。

他在价格论上，提出价格作用论与价格决定论来。于价格作用论的解释，是说，人类满足欲望的手段，不能无限供给，始终感到不满和稀少。由于人类欲望满足的时感不足，乃有经济现象发生。一般人以为经济为求得如何满足欲望，但还有一点未为他们所知，即经济亦有限制欲望的作用，价格的规定可使欲望得到一种限制，满足欲望在现社会必需具有在特定价格下的提供一定量货币的能力，故价格限制了欲望的满足。在这种意义下，价格作用就非常明白了。物之供给愈少，则索价愈大，反之则索价愈低。"某种价格既定，需要供给相等，则经济制度臻于平衡。"市场上商品价格既定，必有其相应的供给与需要，而使整个经济制度趋于平衡。

平衡价格作用如此，他进而讲价格决定论。在这里，他提出价格稀少性原则了。他以为稀少性原则是价格确定后表现的原则，即他认为稀少性的意义，须在价格决定后方能说明。在某一定量价格下，有某一定量的供给，此供给在某特定价格下是不能无限增加的，故表现为一种供给上的稀少性。价格确定稀少性，稀少性又确定价格，这里是一个循环。

且看他关于生产财与消费财价格决定的说明。他以为消费财价格是取决于消费财量与消费者收入量的比例，这种思想不过表现为正统学派的老调。

$$\frac{收入}{消费财量} = 价格$$

此说之不妥当处，在于他不能明辨所有收入是否都用于消费，且消费财是否可用于生产，卡塞尔亦未加说明，故由此公式决定的价格，颇有疑问。他以为，消费财量取决于生产手段量（生产要素），而生产手段价格则由消费财价格所导出。因为生产财确定，其内部的技术构成亦不变，对于消费品价格的竞争，等于其对于生产手段价格的竞争，故生产手段的价格，是由消费品的价格所导出。又，生产手段（生产要素）各有定价，其用以生产消费品,每单位所需若干,又能确定,则消费品之价格定。

在这里,我们明显的看出了卡塞尔的矛盾,他一面说明生产财价格由消费财决定,又说消费财价格由生产财决定,此种矛盾,在里夫曼学说中亦存在过。里夫曼论限界效用与费用时,究竟是供需决定价格抑价格决定供需,亦见矛盾。惟卡塞尔与一般学者不同处,乃在其有一突出矛盾之方法,此点卡塞尔自己亦深切明了,而且大吹为"大发现",即所谓"相互决定与相互一齐决定"。他以为任何经济事象没有因果关系,仅有函数关系,故一切因素都是相互决定的,小的决定在大的决定之中,小的决定无先后次序,其所以分别前后者,在求学说说明之便利,故此种关系,可以方程式来表示。原来函数关系论,有逃脱一切矛盾的好处!

不错,卡塞尔是在稀少性原理以外,更提论到费用原理的,且看他是怎样来解说两者间的关系。里夫曼说:"在交换流通社会中(有别于单一组织的社会,亦有别于自然经济社会,需要占中心的社会),供给对于价格更有决定性。"卡塞尔说:"稀少性原理,在自然条件之下,对于价格更有限制性,但在交换社会中,费用比稀少性重要,此为由生产观点所看出。"由此等语句,可知卡塞尔在稀少性原理以外,又提出费用原理来,并认定在现代交换社会,费用原理占着支配的地位。既然如此,他将怎样使他自己同他所反对的那些古典学者相区别呢?对于这个问题,他是容易答复,而且实在已经答复了。他是不要价值论的,他是认定财货的数量、价格、需要等等,都是立在相互依存关系上,从而互为决定,而不是由任何因素决定其他因素的①。

价格如此决定,事实上并不曾满足其所以提出这种价格论的要求,那就是,对于分配的合理说明。价值论的研究,本来就是要借以确定分配各形态如利润、利息、地租、工资等等的比例关系。丢开价值论,自然省事多了,然则这各种所得将如何决定呢?在这里,他又不讲费用原理,而专讲稀少性原理了。换言之,价格的决定,与所得分配的决定,没有内在关系了。现代经济的有机性,被这些流俗学者弄得支离千万了。

但卡塞尔在资本家世界的"权威",不是由于他的客观价格论,而是由于他的客观价格论所导出的货币数量论,特别的是由货币数量论所派生

---

① 参见彭译波多野鼎著《现代经济学》第 285 页。

的购买力平价论。现在且阐述如次：

货币购买力平价论的"发明权"，一直是由卡塞尔操持的，但因为货币购买力平价论必然以货币数量论为前提，所以他开始是以货币数量论者的姿态出现的。他以为货币价值是物价的倒数，他曾用金的数量说明物价水准的高低，从而说明经济恐慌之所以会发生。他由统计归纳法得出每年世界生产量必定要达到金存量的百分之三，方能维持每年增加的商品流通量，否则维持流通商品的金量即感不足，物价乃跌，因而引起恐慌。这种素朴的经济恐慌论，以及对于金在世界分配的社会条件的忽视，早已为稍有经济学 ABC 知识的人所唾弃了。但且看他权威所系的购买力平价说。货币有对内购买力与对外购买力两种：对内的购买力，由本国物价指数上见之，此即由货币数量决定；对外购买力，由本国货币与外国货币的比价见之，决定于两国的货币数量。故货币数量说如无购买力平价说再加补充，就不算完整无缺，而货币购买力平价说亦可说是货币数量说的引申。

本来在金本位制下，两国货币汇率决定于两国货币金平价，而两国汇价的变动有金点为其范围。但在纸本位制之下，金平价不存在，两国汇价决定理论，乃不得不重新研究。就在这种情形下，卡塞尔提出其购买力平价说的意见来。

购买力平价说的基本论点是说明汇价是被动因素，而物价是主动因素，汇价变动由物价变动所引起，而物价水准的变动，却是由货币数量所引起。

汇兑率或汇兑行情的变动，其限度是两国货币购买力所显示的差额，其意即指汇价决定于货币购买力的平价，但其变动，却由于货币购买力所显示的差额。

根据上述说明，卡塞尔得出如下之公式：

$$新汇率 = 旧汇率 \times 两国货币膨胀率之比$$

上式所得的结果并不是绝对的，但可代表金本位下的金点，作为汇价变动的准绳。

汇价变动落在物价水准之后，故汇价变动过程直至新汇率形成而止。

隐在汇兑行情变动后面的一种力是商品运动，由于汇率的不能与购买力平价相同，引起单方面的商品移动，使汇率得到矫正，如商品运动无穷,则汇价变动无穷。

对于这种货币购买力平价论,这里不想多加论究,但我们第一得指出:购买力平价理论的前提是不存在的。购买力平价理论必须要在各国都用纸币,且禁金出口,贸易自由的场合方能应用。但普通实行纸币国家,皆采汇兑管理及贸易统制政策。二者适相矛盾,故其先决条件即不存在。

即使各国果能相约在达到新汇率后不再施行通货膨胀,货币购买力保持不变,照例,由汇率差比而引起的商品运动应不存在。但事实上商品运动仍然继续,为什么呢?原来使商品在国际间移动的因素,并不仅是货币购买力的差比,不同使用价值的交换,进步社会与落后社会的不等交换,都可促使商品移动,然而货币购买力平价论者把它忽视了。不但如此,其次在商品运动一傍还存在着贷借资本运动。

决定汇价的除了由于商品运动所引起的外汇的供求外,还有贷借资本的运动所发生的外汇供求。贷借资本运动,是不能由商品的国内外价差来说明的。货币购买力平价论者单注意于有形商品的移动是不够的,事实上,现代国际间经济关系,贷借资本的往还又是一个很重要的因素,是决不能忽视的。此外,汇价固受物价的影响,但汇价同时亦影响物价。要之,卡塞尔的货币购买力平价说,大体是由货币数量论导来的,货币数量论上的诸般缺点,将是他的购买力平价说的考验。

三、货币数量论

一切主张放弃价值论,强调平衡价格论的学者,当作研究的必然趋势(且把对于现实的配合要求抛开不讲),都会走向货币数量论的泥淖中。沈伯达,特别是卡塞尔,虽然已为我们提供了最好的榜样,但晚近经济学的研究,愈来愈变为货币数量论的研究,那却是须得从长说明的。我们先得把货币数量论的基本概念弄明白。

(一)**货币数量论的基本论点及其由来**——由于放弃价值,专讲价格,货币本质同作用也跟着改观了,即在所谓平衡价格论中,货币只是抽象的计算单位。将货币用为抽象的计算单位,里夫曼已首先提出。此种说法,视货币为度量衡,其本身无价值,仅为价值的计算单位。且货币在流通过程中,测量价格,不在流通过程中,货币、价格、商品三者均无关系。这一来，商品就无内在价值可言了。商品在进入流通界以前，无价值且无价格。

商品在生产者手中时，只不过商品本体罢了。在商品未陈列市场前，商品只有观念的价格存在，成本亦不过是以观念的价格计算，非以现实的价格评定。

再从生产过程说，商品购进时已有价格，价格虽已存在，但其大小，乃由流通过程的供需决定。

如认流通过程以外有价格，等于承认了价值，等于得出价格由价值而来的结论，这是为货币数量论者所不取的，所以他们索兴进一步抹杀流通过程以外的商品价格，以为以一定货币额表示商品的价格，系以一定价格水准表示货币购买力。

在流通过程中，商品与货币接触而对立，于是以一定货币额表示商品价格，由货币方面说，如一顶帽子等于三元，则一顶帽是货币三元的购买力，而三元则是一顶帽的价格，故货币购买力与价格互为倒数关系，此种关系仅为数量的关系，且仅在流通过程中发生。

价格既由进入流通过程后由商品供需二方势力来决定，其本身为未知数，为未定数，必由流通过程中之其他因素决定。由什么决定呢？现在且看货币数量论的几个基本论点。货币数量论共有以次四个基本论点：

1.货币在流通中，在其他商品代置过程中，才取得价值，它没有内在价值。由于"货币价格"一名词的不合理，故在此处，他们又用"货币价值"，于此可见货币数量论者的苦心。

商品没有内在价值，货币当然更无内在价值，货币价值只有在交换过程中，亦即与商品代置过程中，方能取得价值。

货币价值以货币的购买力来决定，其意即：货币在流通过程中与商品发生量的关系，单位货币所表现的商品量即货币购买力。货币本身无价值，商品取得价格的瞬间，亦即货币取得购买力的瞬间。

2.货币价值尺度机能和货币退藏机能的否定。

就一般而论，货币机能有五：作为价值尺度、价格标准、支付手段、交换手段、储存手段。此五种货币机能，货币数量论者仅承认其三，而否认货币有价值尺度和储存手段的机能。

货币数量论者以为货币有了充作价格标准的机能，就没有充作价值尺度机能的必要。其实价值尺度与价格标准是不同的,价值尺度用以测量某物值若干,但实际上市场售价不一定是此数;价格标准则测量某物卖若干,可以不同其所值。因为所卖若干依据其所值,故价格应以价值为依据。但货币数量论者因为不承认货币有充作价值尺度机能,自亦否认货币有退藏机能。其实,货币在市上流通,若作价相对的高,货币(金银)会从其他各方面涌出;但如货币在市场上流通,作价相对的低,则货币会隐藏起来。货币数量论者不承认此事实,以为退藏不过表现为货币流通的迟缓,所有货币均在流通界,故不承认货币有退藏机能。

如承认货币有充作价值尺度和退藏机能,则货币数量论者即不能立足,因为他们认为在流通过程以外,货币无价值,如货币充作价值尺度和储藏机能,则货币在流通过程以外有价值,且商品亦有价值,与货币数量论者之假定相矛盾。

3.货币的购买力,主要在流通中受规定于货币。

4.货币数量是出发点,价格水准是结果。

上述的诸基本论点,是把货币数量论当作一个完成的学说来考察的结果,事实上,它与其他经济学说一样,也有其历史渊源。

在一七四八年孟德斯鸠(Montesquieu)在其所著《法的精神》中即已提出了以次有关的意见:

商品价格受决定于存在世界的全部商品数量与全部金银数量之间的关系。

一国的商品数量与商品价格水准间有一种机械的关系,货币增二倍,商品价格亦增两倍。

休谟的货币数量论,前面已经讲过了,那是说货币在实质上只是劳动和商品的代表,只是计算和估量商品的手段,货币之增加非国富之增加,不过是商品名义价格的增加。此点是准对重商主义的拜金主义而发的。

流通中的货币数量决定商品的价值及货币的价值(货币购买力)。

然而最关重要的,还是李嘉图,他的货币理论是对于他的价值论的一大背离。但那显然不是由于他怀疑或否定价值论,倒反而是由于他坚持或硬化了价值论,以致不能辨认纸币与硬币的差别,正如他在其他有关场合,以为劳动(力)的买卖,也同普通商品买卖一样。这从他关于由硬币到纸币的演绎过程,就非常明白。

首先从劳动价值说立论，以为金银价值与其生产及上市所费之劳动量成比例，在金价与银价之比成为 15：1 的情形下，不是因金需要大和银供给多，而是因金生产及上市所费劳动量为银所费劳动量的十五倍。

金价是银价的十五倍，一定量商品用银为货币周转时，银需要量为金需要量的十五倍。故一国货币需要量必受支配于其价值，这显然在牢牢的把握着劳动价值说。但移到铸币与金块银条之关系的说明上，他就不能支持前说了。

铸币成色如与金银同，重量亦同，且不收造铸费，则铸币与金块银条价值同。如收造币费，则按所收造币费大小而在铸币上增加其价值。造币费既可由政府财政缓急而定其高低，则造币费可不与造币时所费劳动量相等了。造币费如任意提高，即可随意提高铸币价值。更进，临到铸币与纸币的关系的说明，他更支离了。他以为纸币的全部价值可视为造币费，纸币印刷所费决没有其代表的价值大，故造币费决非由印刷的成本所决定，由国家的财政缓急所决定。这里李嘉图可说是已与劳动价值说完全脱离关系。纸币无内在价值，但可由其量的限制，而变更其价值。①

推论到这里，我们已可窥知李嘉图在货币研究上，愈来愈走向数量论的歧途了，但他还勉能支持铸币大体由生产所费劳动量决定其价值的立场。但到了他的后继者杰姆斯·穆勒，却竟一视同仁的作出这样的结论："货币价值在此理解为与商品之比例，或一定量商品与一定量货币于交换时所生之量的关系，但货币价值最后仍取决于现存货币量。"②

这种错误，乃由于他们不明白纸币价值决定法则，乃由一般货币价值决定法则派生的，正如同劳动价值决定法则，乃由一般商品价值决定法则派生的一样，它们是有关联的，但不是同一的。而且，把货币看作价值象征，看作计算尺度，而谓其没有内在价值，或无须有内在价值，那根本就反乎资本主义社会的本质。

（二）货币数量论公式化者斐雪及其同道者——在晚近，把上述货币数量论加以公式化而扩大其影响的，可以说是美国的伊尔文·斐雪（Irving Fisher），他是奥地利学派经济学在美国的修正者。一九○七年，

---

① 见郭王译本《经济学及赋税之原理》第二十七章论通货与银行。
② 参见郭译本《政治经济学批判》第 27 页。

他的《利率论》(The Rate of Interest)问世,对于庞巴卫克有关资本利息的高见,提出了新的说明。即庞氏认定利息是发生于同量现在财与将来财的"价值时差",而对于同量现在财对将来财的差价,是从技术的观点去解说的;斐雪不同,他以为应从其他两种理由立论,即现在财的借给,一般总比将来财的借给为缺乏,并且人总是重视现在,而比较不重视将来。这解释显然是比庞巴卫克还要流俗化,还要常识化的。但从心理的基础来释明利息,毕竟未离奥地利学派的主观主义。

可是,我们一再讲过,心理的主观主义的说教,到了对经济现实讲不通的时候,惯常会用技术的数理的方法来补充。斐雪在他后来出版的《经济学原理》(Elementary Principles of Economics)中,根本就不承认价值,而在有的场合,竟把价值曲解为诸价格的总称,意谓某物价格若干,某物价格若干,合起来乃有如何大的"价值"[①]。一定要在他自己的思维中,把"价值"否定到这个程度了,他对于货币数量公式的演算,才一无挂碍。

斐雪以为经济学基本原理在研究人类欲望的满足,而满足欲望之方法为购买,货币是充作购买的手段,单位货币所能购买的能力,亦即货币购买力,由下列五要素决定:

1.货币数量。指投入流通界的本位币数量。

2.银行存款。银行存款亦为货币的一种,在资本主义发达的国家,信用机构健全,支票大有代替他种货币而成为社会主要货币之势。故在决定货币价值时,银行存款一因素颇为重要。

3.货币流通速度。

4.银行存款流通速度。货币数量固定,但如定量货币在单位时间内流转的次数甚大,其结果有如货币数量的绝对增加。银行存款亦如此,故两者都应计入。

5.商品规模。指被货币流通的社会总商品量及其价格。

上述五种因素的相互关系究竟如何,斐雪拟就一代数方程式表之

$$MV = PT$$

要是将银行存款及银行存款流转速度加入考虑,则该式变为:

$$MV + M'V' = PT$$

[①] 见《经济学原理》1920 年版第 17 页。

以上 M 及 M′分别代表货币数量及银行存款数量。

V 及 V′分别代表货币流转速度及银行存款流转速度。

P 代表商品价格。T 为商品加入流通之量。由上式已可明白看出 P 受 MV 及 M′V′的影响，P 的变动为被动的，MV 及 M′V′为能动因素。但 M 及 M′为货币数量，故 P 归结到由货币数量来决定。斐雪并认为货币数量的变动，有如下数种著例：

1. 倍加货币的名目价值。
2. 把一个铸币改铸成两个铸币。
3. 倍加同种类同重量铸币。
4. 铸币数量维持原状，将其成色减去一半。

从这种公式同例解上，显然说明货币的本质，只是数量，而不是质量。可是，我们即使把质量问题抛开不讲，也得承认物价变动固可说是起于货币数量变动，但也可以说是起于商品价值的变动，或者同时起于货币价值与商品价值的变动。不错，他们是根本否认价值的，但在事实上，商品流通界的所需流通手段量，已为商品价值总量所规定。商品价格不变，流通货币量随商品量变动，这事实还不够明白吗？为什么许多鼎鼎大名的学者，硬要用这种公式来解说物价变动只是由货币数量变动引起的结论呢？把问题联想到他们的实践上，一切就清楚明白了。现代尤其晚近资本主义的经济恐慌，干脆否认似不可能，用太阳黑点说来解明，又似太陈旧，最好是从一般人不易想得穿想得透的货币数量变化上来用功夫。否则，这种在学说史上因站不住脚而不大有人注意的学说，为什么到晚近竟这样"繁昌"起来呢？其实，斐雪教授自己已为我们答复了这一点。在一九三三年，他曾在《通货膨胀》(Inflation)的小著中，利用他的货币数量理论，力言经济的恐慌，乃由于没有一个稳定的价格水准，物价高了，低了，都会破坏社会的正义与经济的平衡。不过，他认为在目前状况下，生产总量的不绝增加，如不曾伴以相应的货币增加额，就会不绝引起物价低落。所以，要挽救由物价低落所显示的危机，就须货币的增加与生产的扩张保持平衡。他的口号是："货币与货品有没有机动配合。"("If money and goods were geared.")假如所发现货币的增加，赶不上生产品的增加，就应作新的发行或扩张信用。

斐雪教授显然是一位"货币数量论的"通货膨胀论者，罗斯福总统实行新政当时的货币政策，便是依照他的高见设计出来的。

在一九三五年，约翰·斯特拉奇(John Strachey)在一部《论资本主义危机之本质》(The Nature of Capitalist Crisis)的名著中，曾就资本经济学者对于经济危机的不同看法，分成二大类：一是认定危机是发生于通货不足的，其代表人物，除了上述斐雪外，还有哈布生(J. A. Hobson)及道格拉斯(Major C. H. Douglas)；一是认定危机是发生于通货过剩的，而其代表人物，则是哈伊克博士(Dr. Hayek)。但无论是通货不足论者抑是通货过剩论者，有一点是共同的，就是他们通是货币数量论者。这里顺便把他们的高见简括指出来，加以对照，应该是颇有趣味的。

先讲哈布生。哈布生以为恐慌的发生，由于通货之不足，通货不足引起物价停滞、失业、倒闭等现象，其所以致此，是由于在"成本＝收入＝价格"的等式下，人民如以全部收入购买，价格就不会低落，现在他们以收入之一部分储蓄起来，于是收入不能等于价格。因为收入减储蓄等于不能处分的商品总价格，由于商品不能处分的商品总价格存在，恐慌因而发生。但储蓄为政府所奖励，为了弥补由储蓄引起的通货不足，他以为，只有增发通货可以补救危机。

但道格拉斯对于同一生产滞销、价格低落的恐慌现象，另有一个讲法。他以为人民或一般消费大众，并不是因为他们把收入的一部分储蓄起来了，所以没有充分的货币去购买那些为他们生产的货物，而根本是因为以工资、薪津、股息名义分配到他们手中的收入，即使全部花费去，也不够提供出那些货品的价格。为什么呢？因为每个生产机构，就它的财务或会计方面的功用说，它并不仅只支付工资、薪水、股息，还得支付这些以外的团体，即它得对提供原料的机构，对贷款的机构，以及其他方面，支出费用。这两类支出，都是要取偿于生产品价格的。如其把前一类支出作为 A，后一类支出作为 B，同时又要 A 的收入，能提供 A＋B 支出所包含的价格，那不是要 A＝A＋B 么①？他认为恐慌的关节就在这里。他还以为，经济向前发展，独占垄断的资本集中倾向愈厉害，生产在 B 方面的支出在金融等方面的支出愈益加大，工资、薪水、股息等所得愈不能依照所卖价格购买。要补救这缺陷或危机，他以为应设法使真正消费者手中有

---

① 见斯特拉奇著《论资本主义危机之本质》第19页。

更多货币,要增加他们的收入,在消极方面,就是要减少 B 方面的"中饱",减少对于银行及其他独占组织的依赖。而在最后提出了他的"社会信用"(Social Credit)的主张。他的讲法,当然比哈布生更接近问题的症结,但只是接近而已。

在上述一群经济学者,高嚷消费不足、货币不足的骚动场面下,哈伊克博士另树一帜了:"那些消费不足论者(Under-Consumptionists)昌言储蓄太多,他却力说储蓄太少;前者说货币发行太少,他却认为发行太多;前者归咎银行家收缩通货破坏了我们,他却强调破坏我们的不是通货收缩,而是通货膨胀。"①认识这样相反,无怪他相信目前大家狂呼大叫的危机,其实是应有的正常现象。生产组织进步了,生产规模扩大了,生产成本降低了,生产品价格当然要相应低落。"那种低落,一点也没有什么不好。"(There is nothing wrong with falling prices.)但物价低落或狂跌,只是恐慌的一种症候,事实上,恐慌发生,还伴有比物价惨落更不好的一些事象。哈伊克博士当然不会闭着眼不承认恐慌,他不过认定"经济的原罪"(economic original sin),就在用扩张信用去挽救物价低落。愈用这种方法去维持或安定物价,势必至把社会的一切生产都动员起来,而造成一种更深刻的危局。所以他提议采行一种中立货币政策,尽量控制货币数量,使其不致影响物价,即使物价变动不再是由于货币数量的变动。在这种限度内,他像同货币数量论者表示了一些距离,即企图使物价不受货币影响;但在另一方面,把危机归咎于货币太多,他又是在从事货币数量论的说教了。

(三)货币数量论上的压台要角凯因斯——把凯因斯(J. M. Keynes)放在这里来介绍,也许有人为他叫屈,但我希望我后面给他整个学说的解析,能够证示我并不曾特意委屈这位名噪一时,而为国内流俗论坛所特别推崇的经济学者。

其实就在英国,已经有人把他归属在货币数量论派中。约翰·斯特拉奇在前书中说:"我把美国名经济学者斐雪作为这一派的发言人。不过这派包罗很广,在一方面,它包括那些主张'消费者不足'的业余经济学者,同时,许多出名的职业经济学者,如卡塞尔教授,固不必说,就是凯因

---

① 见斯特拉奇著《论资本主义危机之本质》第43页。

斯，分析到最后，即使要作一些保留，也必须算在这个范畴里面。"①此外，关于恐慌的存在的问题，他说："当代资产阶级学者，例皆无知，就是像哈伊克、罗宾斯(Robbins)、凯因斯一干人，也只能傍敲侧击的接近这个问题。把它看为是货币理论的特殊的分枝课题。"②然而，最好还是听凯因斯爵士自己的说明。在其大著《就业利息货币通论》(The General Theory of Employment, Interest and Money)中，他明白表示："本书已发展成为一种有关决定总生产规模与总就业之间的变动的诸因素之研究；当我们已发觉货币以一种基本的特殊的姿态参组在经济机构中的时候，技术的货币的节目，就变得无关重要了。我认为：货币经济在本质上，就是这么一种经济，在这种经济中，有关将来的不断变化的见解，不仅足以影响就业方向，且能影响就业量。"③《通论》是他的代表著作，在这部书出版(一九三六年)前数年(一九三○年)问世的《货币论》(A Treatise on Money)，在他自己，虽认为那还是沿着传统路线，视货币影响为与一般供需理论不大相关联的东西④，直到写《通论》，才把它改变过来。但前述斯特拉奇氏却说："他在《货币论》中，极详尽的说明了维持储蓄与投资间的比例的问题。……他乐于显示：没有扩充信用的结果，会使储蓄超过投资，使贮蓄转变为贮藏；这样一来，失业问题就要跟着发生了，因为生产财部门没有增加，消费财部门就会缩减。"⑤而这论点，在《通论》中已表现得非常明白了。他的脍炙人口的《通论》，虽然接触到了资本主义在现阶段的若干基本问题，但那并不曾使他从一般货币数量论者区别开，反之，在研究的程序与结论上，却正好证示他是一个十足的货币数量论者。他极力强调他的研究，不但与李嘉图前后的许多古典经济学者不同，也与马夏尔、爱基乌尔兹(Edgeworth)、庇古(Prof. Pigou)等不同。他并说：他之所以把书名题称为"就业利息与货币"的论据和结论，和所有这些学者所研

---

① 见斯特拉奇著《论资本主义危机之本质》第 115 页。
② 见斯特拉奇著《论资本主义危机之本质》第 115 页。
③ 原书序言第 7 页。(此处及以下几处的"原书"，系指凯因斯著《就业利息货币通论》一书。——编者注)
④ 原书序言第 6 页。
⑤ 《论资本主义危机之本质》第 53 页脚注。

究的,全是一个对照①。我在这里不想详细解述他的论旨,我只须指出,他之所以与那些学者不同,也许正因为他是货币数量论者,而那些学者还极力避免走向这种流俗的歧途;但同时我还得指出,他与一般货币数量论者比较高明的地方,就是他还知道把当代资本主义经济的基本的恐慌问题,从就业这个基本的问题着手。在下面,我将斩除去一切枝节的论难,看他主要是怎样展开他的叙述。

按照《通论》题旨的所示,这部书显然包括有就业通论、利息通论、货币通论三个部分。他全书的章回虽然不曾像这样明白显现出来,我们却很可依着这三个论点来解说。

先从就业问题来说。

凯因斯理论的强点,就是他随时表示,他所研究的,是"我们实际生活所在的经济的社会"中的事象(虽然这强点极易转变为"只见树木不见森林"的弱点),所以,他对三十年代初困恼着英国乃至整个资本家世界的恐慌,特别是在恐慌中表现得异常有威胁性的失业现象,不像其他资产学者,回避不谈,反之,他竟以极大的勇气,从这里下手了。

他首先追问,失业现象是怎样发生的呢?在解答之前,他对失业有一前提的解释,他说所谓失业,与以前经济学者的含糊概念不同,是用一定的现实条件所规制了的"非自愿的失业"(Involuntary unemployment)。照他对这新语词所下的定义是:"假若物价对货币工资略微提高了,则愿在现行货币工资上工作的劳动总供给量及对于劳动的总需要量,都将较大于现有就业量,在这种情形下,就有非自愿的失业者。"(Men are involuntarily unemployed if, in the event of a small rise in the price of wage-goods relatively to the money-wage, both the aggregate supply of labour willing to work for the current money-wage and the aggregate demand for it at that wage would be greater than the existing volume employment.)②这个烦琐的定义,贯澈了凯因斯主义的全神髓。他由此,(一)把失业的范围缩小了,表示在现实上,那些不满意于真实工资下落而丢掉工作机会的人,不能归属在他所理解的"非自愿的失业"范畴中;(二)消弭失

---

① 原书第一章第1页。
② 原书第25页。

业的努力,应限于那些愿意以较低工资为满足的求业者,过此以往,就不是政府应设法去帮助他获得工作的对象;(三)如其劳动者要求的工资,使资本家得不到适当利润,资本家不肯从事生产,他们被雇的机会就更少了。这即是说,他之所以"肯"或"敢于"把失业问题或就业问题提出来,就因他在定义"失业"之始,就把这个问题所以发生的本质理解给堵塞住了。惟其如此,最后或在他最关重要的,就是:(四)他的"失业"认识完全停止在货币性的观点上,认为失业问题之所以发生,乃由于国民总货币所得,没有全部拿去用掉,即国民所得增加,消费量也跟着增加,但消费增加并非比例于所得增加的全部(Not to the full extent of the increase in income),换言之,总国民货币所得的一部分,被储蓄去了。在这里,我们似乎又见到了前述哈布生的"成本＝收入＝价格"的公式,不过凯因斯的说明比较深入一些(其实宁可说是比较曲折一些)罢了。

假令社会不绝增加的国民总货币所得,依储蓄限制消费程度,从而限制消费品制造,致令生产资源不能全部就业,劳动不能全部就业,那么,要使充分就业实现,或"非自愿失业"的消除,就得使其他用于某种投资财(Investment goods 新机器及补充储藏①之货物等等)制造的需要增加,而其增加的程度,能够等于新货币所得中不曾用去或被储蓄去的部分。以数字表算出来,就是国民总货币所得如为一百,消费随所得扩张而增加的消费,仅占百分之七十,其中百分之三十被储蓄去,那么,新投资需要,就得达到百分之三十的程度,才可维持消除失业的均衡。然照凯因斯的研究,一国产业愈高度发展,国民所得平均量固然增大,所得中用以储蓄的数量也比较大,从而,维持充分就业所需的新投资量也相应愈大。不幸得很,一国愈是工业化,它的有利投资出路也愈困难,所以在结局,国民新货币所得尽管增大,它不但不曾因此避免经济危机,却反而成为那种危机的诱因。而新投资大部分与股票交易所投机所结的不解之缘,以及资本所有与资本经营分离所造成的不统一状态,在他看来,均足以加重那种矛盾与困难。为什么呢?他在解答中,把就业问题与利息问题关联起来了。

现在看他关于利息的说明。

他力言实业家或制造家,新投资一种事业,他定会把那种事业的全副

---

① 此处应指"库存"。——编者注

设备的成本,及可能期待的收益加以较量。他较量的根据,就是那种新投资所给予他的纯所得,至少应相当于投资在股票证券上所能获得的红利。这种纯所得,凯因斯称之为新投资的"限界效率"(Marginal efficiency),大致等于制造业家所期望于新资本之纯利润率。

制造家除了对利润率的计较外,他还要计较一件事,那就是不论他用以增设新装备的资本,是自己的,还是借得的,他都得把通行的利息率与利润率加以比较,利润率如大于利息率,表明新投资还有利可图。因此,新投资可能扩张的极限,就是"资本的一般的限界效率",刚好和长期借款的利息率相等。这又使我们知道,对于维持一定就业水准的新投资的需要,是取决于资本一般限界效率与通行利息率之间的关系。论到这里,我们就知道前面说过的不利于新投资的诸因素,该会发生如何的作用。在凯因斯看来,资本的限界效率,与投资者对他的资本的可能预期所得,或所得预期有极密切的关系,或极大的心理的影响。他在《通论》中专章讨论到所谓"长期期望状况"(The state of long-term expectation),以为制造家或实业家对于其新投资所作的希望,是建立在他对于那种新投资的需要的预料上,一切足以增加其投资信心的因素,几乎等于加大了他所预料的新投资需要,反之,一切足以降低其投资信心的因素,又几乎等于减少了他所预料的新投资需要。现代的投资,既与股票证券交易所的投机结有不解之缘,股票交易事业愈发展,投资者就难免对于新投资本,要不绝重估其价值,换言之,就是会不绝动摇其信心。而通过股份公司组织所形成的资本所有与资本经营的分离,更使所有者对投资事业,抱有自己不易直接把握控制的疑虑或利得渺茫的感觉,同时又使经营者分心于股票证券市场的变化。结局,投资界就造成一种风习,使大家只关心短期的资本价值变动,而不肯抱长期的投资展望,只较量"资本稀少性"所可能赍来的投机利得,而不肯争取"资本生产性"所可能获致的收益,于是,投机代替了投资。于是,要人为的制造出资本资财的稀少性,以期提高资本的利润或限界效率,而不能不采取限制生产,毁弃存货,阻抑技术的下策。"社会愈富裕,它是实际生产与可能生产之间的距离愈大。……假若在一个潜在的富裕社会的投资诱力减弱了,有效需要原则的作用,将迫使它缩减实际生产额,使其达到这样一种贫困程度,即使其超过消费的剩余尽量缩减到足以刺激疲弱投资兴致的程度。"①

可是由这样反覆人为的造出新投资需要,却并不曾解决问题,只有使原有问题更加严重化;生产技术或生产规模一旦由限制生产造成的稀少性予以恢复与增进,资本资财又进一步变为丰盈,从而资本的稀少性,资本一般的限界效率,又得降低了。我们已知道:凯因斯认定新投资需要,是取决于资本的限界效率与现行利息率之间的关系,新投资扩张的可能程度,是资本一般的限界效率,刚好等于通行利息率。在一个高度工业发达的国家,即在"资本稀少性"已经减少得非常厉害的国家,要使维持充分就业水准的新投资继续进行,很快就会发现资本限界效率等于零的现象。因为实业家所关心的,除了资本的限界效率外,还有利息率,如其压低利息率,使利息率的低降,对逐渐低降的资本限界效率保持一定比例,那么资本一般的限界效率即使减落,新资本仍旧有扩充的可能。

然则这条路行得通吗?他把问题引到货币上面了。

显然的,一个人有钱在手,他是会盘算,把它贷放出去,去冒各种可能的风险,以冀获得利得好,还是把它留在自己手中,宁愿失去利得机会,以避免可能损失好。在凯因斯,货币贷放出去了,就是被放在不流动状态(illiquidity)中了,而将其保留,就是被放在流动状态(liquidity)中。人们本来就有一种宁可把货币放在流动状态中的倾向。利息实际就是使货币不被窖藏的诱力。利息率高,那种诱力愈大,反之,则那种诱力愈小。所以,他认为,要降低利息率。使资本限界效率提高,那除了利息率本身有一个不能突破的限界(即经营货币的成本费用百分之二,再加所得税和附加税),以及货币所有者阶级不容许任意"剥削"他们,必要时会出以贷放者"罢工"的抵抗手段外,事实上,在强制降低他们的利息以前,他们已不但在储蓄与消费之间有所决择,且进而在窖藏与贷放之间有所决择了。

强制降低私人利息率的路既不大能走通,剩下来就是由国家发行新货币,扩充信用,以补救私人宁肯把货币放在流动状态,把货币留在现金形态上的缺憾。投入的新货币如能达到国民总货币所得被保留在现金形态上的程度,利息率必然会降低而由是刺激新投资,俾维持住充分的就

---

① 原书第 26 页。

业。可是，对于单用这种货币政策来控制利息率的成效，他也有些怀疑了[1]。最后，他不得不把他的希望，寄托在国家身上，他认为国家可由较远大的眼光，站在一般社会利益立场，来对有组织的投资，负起较大的责任。国家可以利用发行，来扩大各种公共事业，借以补救私人投资在受到限界效率低落影响时所引起的失业危机。

在上面，我只是就凯因斯有关就业、利息、货币的论点，作了一个简括的描述。他以为就业其所以发生问题，是由于国民总货币所得，未全部耗用掉；不管他怎样像马尔萨斯在资本社会初期那样，大声疾呼的鼓励消费，但他同时也知道现代依高度生产技术生产出的大量财货或其价值代表物的大量货币，是怎样也消费不了，除非将它用来作新的投资，新社会的生产资源或劳动力，就有一部分不能完全被利用。如他所说，"在我们实际生活的经济的社会中"，资本一般的限界效率既在不绝降低，而有货币出借的人，又惯于在"见势不佳"的情形下，宁可将货币窖藏，而不欲将其贷放，于是要使社会生产资源或剩余劳动力（在他所认定的"非自愿失业的"意义上）全部得到利用，就只有国家从较广阔的视野，顾及社会一般利益，而酌量投入新货币，扩张信用，乃至扩充事业，以资补救。总之，他从头到尾，是把注意集中在货币数量的变化消长上。他虽然站在改良主义的立场，"勇敢的"承认社会财富的不均[2]，并认定让资本家个人各自为谋的干下去，其前途将愈来愈形黯淡，因而主张借国家的干预，借有组织的投资，借遗产税的课加，以缓和他们因各便私图所造成的不平与混乱，但我们并不能因此就否认他是货币数量论者。至若当作货币数量论者所有必然伴着的缺憾，我们前面已经讲过了，是用不着再多费一辞的。

---

[1] 原书第 164 页。
[2] 原书第 374 页。

第二章　国家主义经济思潮

第一节　当作个人主义经济思潮反动而出现的国家主义经济思潮

一般的讲,国家主义经济思想,在资本主义社会,曾两度露其锋芒。早在资本主义初期,重商主义就满含有国家主义的意味。强调干涉,强调保护,强调"国家至上",强调"国家万能"。一言以蔽之,强调国家以政治权力掩护促成一般国民经济的发展。这是初期国家主义经济思想的显明特征。

但我们前面一再讲过,在重商主义政策下保育起来的工商业或商工市民阶层,当他们的经济势力一发展到某一阶段,国家的保育与干涉,就变成了他们的发展的桎梏。现实社会经济的辩证的演变,对于前此的代表意识形态——国家主义,重商主义也必然加以否定,结局,个人主义经济思潮,就以不可抗拒的万钧力量,变为社会思想的主潮。在这种思想潮流下,国家权力,在经济上,被要求限制在极狭窄的范围内。英国亚当·斯密提出的国家或政府的任务,已经够狭隘了,法国巴西夏犹以为未足,要求进一步予以限制①。到了十九世纪中叶前后,国家或政府〔不〕限制个人经济活动的理想,虽然在若干先进国家已逐渐实现了,但就在这些国家,一任个人自由竞争所发生的弊害,所造成的生产上的无政府状态,已不绝惹起了许多经济学者社会学者的隐忧。但是直到那个从资本主义经济发展过程中,爬升起的劳动者阶级势力,在社会、政治、经济各方面,已经造成资本家阶层的不安与威胁之后,他们才警觉到,有赋予他们所直接

---

① 参见本篇第一章第一节。

间接控制的国家以较大政治权力或经济力的必要。于是,与自由主义个人主义对立的统制主义与国家主义,就渐渐抬起头来。大约在第一次世界大战以后,特别在苏联经济形态,已经艰困的取得生存并顺利的进于发展的时候,它所给予各资本主义国家的刺激是多方面的。各国不但为了对抗苏联,需要加强国家这个机构;为了在某种程度模仿苏联(资产者及其经济学者,差不多很少例外的认定苏联的计划经济,正是它们所强调的统制经济,虽然在他们看来,那样与它们自己的丑恶形态相同或相类似的东西,又被它们视为异端)以解除内部的危机与矛盾,以压制国内在苏联扩大影响下增强的劳动阶级势力,更需要独占国家这个机构。而在事实上,由十九世纪末期以来,就已在各资本主义国家逐渐发展起来的独占资本或金融寡头统治,业已为这种种需要或要求,准备好了技术的物质条件的基础。

照应着这种客观情势,在经济意识领域内,就必然要发生一种国家主义的思潮。特对这种思潮,我们第一应知道,在资本主义生产方法非平衡发展的各资本主义国家,并不是同样能顺利推翻或代替个人主义思潮的支配地位,换言之,它在各国是表现得极其参差的。所以,就在这种思潮盛极一时的第一次世界大战至第二次世界大战的推移过程中,它在有的资本主义国家,虽然已取得支配地位,在其他资本主义国家,却仍只能演着极其无关重要的角色。第二应知道,在资本主义始终是以个人主义或个人私有财产为其本质的内容的限内,这个思潮,只能看作是这个社会非正常发展状态下的一种产物,它在资本主义初期,乃至在其末期,都是作为一种转形或变形的意识形态。第三应知道,当作一个思潮,它并不是一下需要它,就一下可以从经济意识代表者脑中"临时赶制"出来的,有如物质基础非一蹴可几的一样,思想也是需要传统或渊源的。如其说,当作现代自由主义个人主义之策源地的英法诸国,都有其思想传统,而当作国家主义或统制主义的策源地的德意诸国,亦自有其特殊的思想渊源,虽然我们得随时注意,它们那种不同的渊源或传统,特别是那种渊源与传统之保持与发挥,仍是需要通过客观物质发展条件才能发生作用的。

第二节　德国国家主义经济思潮之浪漫主义的特质及其演变历程

一、德国与意大利

在前面，我们已知道，国家主义的经济思想，在资本主义初期及资本主义末期，是必然的要当作一个一般形态而产生的。特因各国在历史发展过程上，发生了极大的不平衡性，而由是引起极不相同的传统，于是当着一般存在的这种思想，势必在特定国家，招来特殊的存在与发展。德国与意大利，乃至在某种程度的日本，其所以国家主义思想，尤其是有关国家主义的经济思想会特别的发达，其原因是不难沿着此一线索去探寻的。

把东方的日本丢开不讲，欧洲的德意两国，在现代发展史上，原是有许多同点的。作为划时代事件的一四九二年的美洲发现，和一四九六年的印度航行成功，在大西洋沿岸的西、葡、荷、英、法诸国，虽然先后利用这世界的新拓展而变为先进国家，但原已在中世纪后期，分别利用波罗的海与地中海而成就了极大的商业资本活动的德意两国，却反而因此遭受打击，以致落在英法诸国之后了。本来欧洲落后国家，并不限于德意两国，但缵承了罗马帝国文化传统的意大利，和禀受有日耳曼帝国传统文化的德意志，显然是特别不甘落后的。于是，眼看着英法诸国政治经济上的大成就，而要求统一，而要求现代化的大展望，就不知不觉的与它们要恢复过去大罗马帝国、大日耳曼帝国的憧憬与号召，揉杂在一起了。在这里，我们已不难见到浪漫主义的历史渊源。但在德意两国之中，德国国家主义思想较之意大利又显得特别浓厚，那又不能单由上面列举的类同点得到说明，而必须由其差异点得到说明了。

就先天的禀赋或自然条件上讲，德国是远较意大利为优厚的。也许就因此故，德国经济有它落后的一面，但同时还有它进步的一面。要有了进步的这一面，它对于现代化的要求，对于全国统一的要求，对于打破落后状态的要求，乃更迫切。然则德国有哪些方面显得比意大利更进步呢？第一，德意志是原来欧洲的一个大帝国，它的大帝国分解以后，全德意志民族虽未取得统一,而其中若干邦如普鲁士,如奥地利,却非常强大,且内部相当统一;第二,除此以外,统一了的大邦,普鲁士、奥地利的经济虽然相当落后,但西南诸邦如巴伐利亚,如萨克森,如莱茵区域,商工业都早就有相当程度的发达;加之第三,在法国革命后,拿破仑亲征德国,并为了分离德国,使德国进步力量起来反抗封建力量而推行的有利于市民阶层的《拿破仑法》,亦大有造于德国现代化的要求;事实上,德国在一八〇八年的最初解放农奴令,就是在它被法国征服过程中颁发的。惟其德国已有这些可能现代化或现代化了的因素,它对于其尚未现代化,或反对现代化的因素,就更感到是一种桎梏。而同时在外国的经济与政治诸方面的拑制与分解下,它又不能像英法那样,由市民阶级从下而上的来一次全面的民主革命,反之,却得把希望寄托在君主或漠然的国家上,企图由君主或国家从上而下的来完成现代化过程。

这种特殊的现实,使德国变为国家主义思想孕育的温床,而当作国家主义之伴生物或补充物的浪漫主义,也就自始成为德国现代思想文化的一个重要组成部分了。

二、浪漫主义与国家主义

所谓浪漫主义(Romanticism),在十八世纪末十九世纪初曾经成为一个有力的思潮。这思潮开始表现在文学哲学诸方面,后来弥漫到一切社会科学部门。它的发生,本来是由于资本主义生产方法的展开,必然伴随着一种独立小生产者没落与古旧传统生活习俗解消的痛苦与动荡过程。不能适应新环境或过于为旧环境所习染的人,特别是那些敏感的思想家艺术家,他们不能向前去把握时代的新动态,便必然会回过头去迷恋旧传统。而染有此等色彩的社会学者历史学者,乃反对新资产阶级及其科学所赞成的东西,而表现为以次的共同倾向:

1. 否定客观的法则,强调主观的创造。
2. 对个人主义的原子社会观而强调有机的社会观。
3. 对启蒙者学者的人权而强调国权,以国家为至上。
4. 对外国而强调本国人种文化的优越,多半自许为国粹主义者。
5. 对当前的新社会而强调过去的文物制度。
6. 对物质而强调精神。

惟其浪漫主义具有上述的种种倾向,于是原本与国家主义非同一的,甚至在某些点上相背离的东西,乃表现为国家主义的伴生物或补充物而在资本主义末期,被利用为拥护大资本统治的理论或哲学的基础。国家主义本身的理论根据是非常薄弱的,任何方面的国家主义者,结局所以都不能不表现为浪漫主义者,其原因,就在他们离开了浪漫主义的诸教义,就空无所有了。

三、德意志经济思想上之浪漫主义的由来

当作一般的存在形态,经济学上的浪漫主义,是在一切资本主义国家都会存在,而且实际也是存在着的。当古典经济学冷酷傲岸的认定贫困与罪恶为资本主义社会不可避免的祸害时,浪漫主义者却像是以悲天悯人的心情,希望人为的来阻止或消除那祸害。

现在先来看英法两国经济学上的浪漫主义。

法国西斯孟第(Sismondi)是有名的浪漫主义经济学者,他的经济学说,我们前面已经介绍过了。另一个有名的法国浪漫主义者,是小生产的社会主义者蒲鲁东,他的高见,我们也在前面介绍过了。

再看现代古典经济学的故乡英国,英国戴上这个浪漫头衔的学者有两个,一是约翰·拉斯金(John Ruskin),一是威廉·莫理斯(William Morris)。前者为当时英国的文艺批评家,他对经济学加许多坏的形容词,例如他称经济学为"悲惨科学"(Dismal science),为"自私自利科学"(Selfish science),为"黑暗科学"(Science of darkness)。他以为这种科学都是从自利出发,都是从人性恶的一方面出发,而不知人性还有善的一面。他以为科学就应发挥这善的一面,要使自私自利变成自我牺牲,此种改造,应从经济学上的价值论开始。他假定社会生产物价值为 x,享有能力为 y,有效价值则为 xy。有价值,不一定有有效价值;享有价值大,有效价值亦大。有效价值就是财富。如何使享有能力大,他以为那属于分配问题。他要人们发挥正义以改善分配。他的这些主张,都见于其所著《给后来者》(Unto This Last)一书中。此书出后,其友人萧伯纳(B. Shaw)评其可以列于名经济学者之林,但其结果,却与杰芬斯(Jevons)一样,在英国社会并不曾发生若何重要影响。另一个英国浪漫主义者莫理斯,亦是先致力于文学,然后转入社会科学,与拉斯金如出一辙,其思想由其小

说中表现。他的理想社会,无货币存在,人与人关系非金钱关系,婚姻关系亦非以经济为基础。他的《无何有之乡》(News from Nowhere)的著作①,就充满了这种反商业货币的浪漫情调。

可是,与英法两国比较起来,德国的特殊性,就显示得非常明白了。如其说英法两国的浪漫主义经济思想像是出没荡漾在古典主义个人主义海洋中的孤岛,反之,德国的浪漫主义,就差不多浸透到了每一思想部门。有如重商主义在德国采取了"官房学"的特殊形态一样,德国的启蒙思想,也很别致的表现了两个特征:第一是两重的特征,它一方面是革新的,以世界一般发展法则为对象,但另一方面又是保守的。比如斐希特(Fichte)说:奴隶、农奴制是宗教的构成分子,这是革新的一面,但在德国,二者势力很大,故他又说农奴与奴隶制不存在时,还是需要宗教,此时宗教是自然的、道德的。又如康德(Kant)论宗教,宗教在纯理性批判上是非科学的,但在实践理性批判上,宗教又非需要不可。德国启蒙思想所表示的第二个特征就是它的半截性,即对于任何问题,都留着一个余意,他们每论到某一程度而止,这里也就很看出浪漫的性格来。惟其如此,德国哲学者们关于个人与国家的关系,就同英法学者的看法不同,他们②心目中的个人,是社会化的个人。康德以为个人的自然质素很有限,在质素以上的发展,则有赖于社会。在这种认识下,他们所强调的"自由",乃是所谓与"强制的国家权力"结合的"自由"。康德所以说人民的自由,不是脱离国家强制的自由,而是参加国家强制的自由,必须要有国家限制前提的存在,方有自由概念的存在。更进,他以为"个人"的"自由",乃赖国家而实现。国家非以福利为目的,是以发挥正义为目的,不允许少数人发展个人人格以获得自由。黑格尔(Hegel)将人类发展分为家族、市民社会、国家三个阶段;在市民社会,人人皆对其他一切之个人作斗争,国家即如何判断此斗争。斐希特在他的大著《封锁的商业国家》(Der geschlossene Handelsstaat)中,认定国家是使一切不定数的个人组织在封锁的全体中的东西,国家对于个人,要负起生存权保障的责任。

所有这些古典哲学者的见解,虽然都带有浪漫的国家主义的色调,但

---

① 该书已有中译本,书名为《乌有乡消息》。——编者注
② 此处"他们"应指"德国哲学者们"。——编者注

真正的德国浪漫主义的体系，是另有其建立者与宣扬者的。

四、德国正统的浪漫主义思想

德国浪漫主义最大代表者是亚丹·缪勒(Adam Müller)。他在一八〇九年与一八二〇年间，先后著作《国家学》(Elemente der Staatskunst, 1809)，《货币新论》(Versuch einer neuen Theorie des Geldes mit Besonderer Rücksicht auf Grossbritansin, 1816)，而最重要的是《论全国家学之神学基础的必要性》(Von der Notwendigkeit einer Theologischen Grundlage der gesamten Staatswissenschaften, 1813)。他反对机械的原子国家观，以为国家是有生命的。国家的生命，在他看来，是精神统一体。精神统一体内包括许多因素，不是自然的，亦不是生物的，而是社会的生命，例如宗教、艺术、文化各种社会因素。当时有人主张，国家如一保险公司，人类发明国家，为了保障人民利益。缪勒则反对此说，以为国家是全社会精神物质上所需要的，国家非由各个人相互作用而存在，国家非为各个人便利与利益而存在，国家自身有一目的，非以达成个人利益为目的，个人利益可说是精神统一存在后所得的附果。

他因上述这样的国家观，把论旨移到财富或经济上。他以为经济非由个人自利心出发的孤立概念，此一概念不仅是物质的，且有精神因素在内。财富有四因素：土地、劳动、物质资本和精神资本。精神资本一概念包括很广。财富不仅是物质体，有效用的市民的精神能力，更是财富。进一步说，外在的财富固为财富，维持增加物质财富的精神财富更是财富。全体国民之存在，乃国民真正之财富。从这点出发，他反对商工业的自由竞争。正统派认为自由竞争是国民经济发展的原动力。缪勒反对此说，以为自由竞争不仅非国民经济发展的动力，且易于分离社会，而形成阶级斗争的动力。他以为自由竞争是无规律的行动，应由国家使其规律化、协作化。此外，他还进一步，反对农业营利化。

缪勒的农业营利化原意，即指农产品商品化。他为了反对农奴解放，反对农村旧有传统生产关系的破坏，也就反对促使农村分化的农产品商品生产化。他反对一八〇八年的农奴解放饬令，以为农奴解放侵犯了农民与土地结合的神圣，因土地非个人所有，而系家族、氏族、民族所有，这是一种精神的结合，他反对加以破坏，因而也反对农业营利化。

以上所说诸点，大体上和他的哲学还能保持一贯。但最后他提出他的货币见解，以为货币非由机械的市场交换关系所发生，在日常生活中，一切经济财、商品、劳动都交互评价，各有货币性质，但真正的货币，却是经济上精神的统一的表现。货币因非自由个人的财产，而为共有财产，有普通妥当性。此普通妥当性即强制通用力，由国家管理。缪勒所指货币，看重其内在的精神的一面，好使其与哲学基础统一起来。其实货币由物质形态发展到观念形态，以生产品商品化为前提，他反对自由竞争，反对农产品商品化，货币将如何由物质形态上升到观念形态呢？他的这一奇想，实充满着浪漫的气息。

除缪勒外，德国还有一位真正浪漫主义代表者巴德尔（Franz von Baader）。巴德尔曾于一八三七年出版《社会哲学原理》（Grundzüge der Sozietäts-Philosophie），在这书中，提出他的独特的社会观与经济观。就前者说，他以为社会是一个共同体，是以爱为维系中心而形成的共同生活体，其反面则为以憎恶为中心的社会，此等社会即斯密、李嘉图所说的个人自利的社会；以爱为中心的社会才是自然的社会，此等社会以情感相结合而不以法来结合。但他心目中的社会也并不是人人平等的，反之，却是以结合者的不平等为前提。此结合在全体上统制部分，此统制由上而下，非由下而上，故社会上层必有权力的存在。要使社会完美，必有此一主权者；隶属社会的成立，是此种权力关系的一种表现。但国家与个人间存有一个距离，故他提出身分社会的要求，因为隶属者与主权者直接发生关系，实不方便，必须要有间接的身分制存在，方不致脱节。

至他的经济观，则主要是反对自私自利而强调公利。同时，反对农业合理化运动，他以为农业合理化的结果，将使巩固的家族相续的土地关系堕落在动的一时的投机状态中。还有一点，他强调保护小生产，反对大生产，这是浪漫主义色彩最显著的表现。

由上面的说明，我们知道德国浪漫主义的深厚渊源，而我们前面（见本书第四篇第二章）已经叙述过了的新旧历史学派的经济学说，虽然表现了非常浓厚的浪漫色调，但比起缪勒、巴德尔的说明，却宁是为十九世纪中，特别是这时以后的德国资本主义的迅速发展要求所冲淡多了。可是临到第一次世界大战以后，德国的法西斯主义的统治，却需要把旧来的一切浪漫主义教义，都"借尸还魂"似的拿来予以新的穿插与"监制"。

第三节　法西斯主义经济思潮的正体

一、经济上的国家主义与经济思想史上的国家主义

在新历史学派发生以后,欧洲适逢长期的和平,由一八七〇年到二十世纪初的将近五十年间,欧洲没有大规模的战争;这可说是欧洲各国的黄金时代,但对于将来来说,这时期却是一个十足的备战阶段。就在这和平盛世下,资本主义迅速地发展,循着它一定的法则,在产业组织上,在金融信用上都起了明显的变化。

首先是产业组织的变化。就产业组织上说,一八七〇以后,股份有限公司成为时代的宠儿,一切过去的旧式的合伙企业,相率转变成股份公司组织。在企业公司上的这一转变,在技术上乃有纺织轻工业到钢铁重工业的转变,向为史家称为第二次的产业革命。

随着产业组织的变化,信用制度亦随着转变过来。过去产业界融通资金,普通均向商业银行贷借,而其资本的贷借并不影响其产业经营权的独立性;但其后由于产业组织的股份公司化,使产业与金融结了十分密切的关系,慢慢形成银行资本控制产业资本的趋势,形成金融的寡头独占,于是使国际经济政治关系都起了一个很明显的变化。

除此以外,欧西列强对于殖民地政策,亦起了变化。初期列强的殖民政策,注重于殖民地的开发,十九世纪后叶以后,殖民地的开发与其本国的经济利益相矛盾,乃改变方策,走上保守政策一途,尽可能使殖民地保留落后的生产关系,方有利于列强经济利益的榨取。另一方面,初期殖民地政策,都是主张开放门户,但后来竞争的不均衡化和炽烈化,使殖民地母国相率采取封锁政策。

由此等变化,先天不足的资本主义国家必然发生严重问题,其资本的性格与精神亦必相应发生变化。统制主义、新国家主义、帝国主义,便从政治经济文化各方面强烈表现出来。当各先进资本主义国家厉行自由主义政策时,落后的德国,已经不能不采行反自由主义的保护政策与社会政策的措施。迨各国亦相率以不同的程度与步调走向统制保护之路,德国

"先天"缺少殖民地的资本主义的脆弱性,就更加要显得"捉襟见肘"了。在第一次世界大战以前,德国已经为了补救其资本主义的薄弱性,一方面努力化除国内的竞争,用政治权力,强制把中小企业卡特尔(Cartel)化,同时为了打破各先进国家对于它的海外市场的封锁,特别使它的产业与军国主义配合起来带有军需工业的特质。这是德国发动第一次世界大战的原因。第一次大战以后,德国资本主义发展的条件,显然是更不利了,换言之,需要以政治统制补充经济缺憾的要求更加强烈了,于是为配合法西斯主义运动,就更需要浪漫主义的哲学特别是浪漫主义的经济学了。

二、影响法西斯主义最深的斯盘的经济学说

斯盘(Othmar Spann)曾是最受德国法西斯统治尊重的经济学者,重要著作有一九一一年出版的《国民经济学上之重要理论》(Die Hauptlehren der Volkswirtschaftslehre),一九一八出版的《国民经济学基础》(Fundament der Volkswirtschaftslehre),一九三〇年出版的《社会学》(Gesellschaftslehre),尚有《四种经济形态》与《真正的国家》二小著问世。芒克(Munk)说:"斯盘的学说,不但对德国经济学界影响重大,且可左右希特勒上台以前的德国青年哲学思想。他反对个人主义、民主主义,且为全体主义的创始者。职团主义(Corporativism)采取了他的许多概念。"①斯盘大言不惭,对于他人之称其为浪漫派,颇为自得。他很崇拜缪勒,以为缪勒之哲学思想未能完成,而他完成之②。

全体主义为德国的传统思想,但由斯盘集其成。对于全体主义的意义,缪勒说:"国家是一有生命全体,非个人相互作用而使全体存立,而是

---

① 见徐译 Munk 著《武力经济学》第 32 页。
② 斯盘的《国民经济学上之主要理论》国人译为《经济学说史》,著者在该书第十六版叙言中,这样夸大的作自画脸谱的赞词「今则世人已公认浪漫主义为重要矣.经济学术自缪勒以至最新的历史学派,皆以浪漫主义为一线之连贯.不特缪勒、斐希特、巴德尔、丰斯泰因男爵、李斯特、屠伦、罗夏、喜尔德布兰德、克尼斯、本哈第(Bernhardi)、希摩勒属于一系,即喀莱尔(Carlyle)、拉基金、克雷诸子,亦皆以宇宙有机的思想发为唯心主义之理论,而与亚当·斯密、李嘉图、劳(Rau)、门格、杰芬斯、海拉因(Herein)诸子以原子的个人思想,发为唯物主义之理论相抗衡。此两派适为相反,故余首先表而出之,以明个人主义者与全体主义者对于社会学及经济学之观念固大相径庭。"[参见陈译《经济学说史》(应指陈清华译《经济学说史》,商务印书馆 1939 年版。——编者注)序言第 5~6 页]

因为全体之存立,方有个人。"斯盘则以为,"一切部分,由全体的存在,方作为全体的部分而存在"。他的这种全体主义,与一般的概念不同。全体与部分或个人的关系,他用以次的构图表达出来:

$$
全体\begin{cases}局体\\局体\\\cdots\cdots\end{cases}——全体\begin{cases}局体\\局体\\\cdots\cdots\end{cases}——全体\begin{cases}局体\\局体\\\cdots\cdots\end{cases}——全体\begin{cases}局体\\局体\\\cdots\cdots\end{cases}\cdots\cdots
$$

依此程序阶梯的统率,他说的全体并不是固定不变的;全体当其对上而言,是全体中的局体,就其对下而言,自身即成为全体,就其统属不同而分别成为全体中之局体或全体本身。其程序阶梯即根据"效能"而定。效能是看一件东西对它所要达成的目的而表现出来的功用;由效能看优先问题,上对下有领导作用,下对上有隶属关系。他更就经济上来释明此种全体统率局部的关键。

经济就是当社会全体的一部分,同时此部分又是全部,他下面所画图表,即是为了要说明此点。

$$
社会全体\begin{cases}局体\\局体\\\cdots\cdots\end{cases}——经济——全体\begin{cases}局体\\局体\\\cdots\cdots\end{cases}
$$

所有与经济处于一阶层之事象,所有与经济并列的局体,都有内在的目的,但经济本身是例外,它没有目的。经济这一局体,其整体是当作一个手段的体系,以达成其他目的。手段有两重性,一重是物质的,另一重是精神的。说它是物质的,因它有物理的自发动作,受一定目的的关联性而存在;说它是精神的,因精神的性格决定它的物质的性格。

经济由许多手段结成为一系统,此系统内有阶梯、次第,亦是以效能为原则来决定。

斯盘曾举例说明经济上逻辑的依属继起顺序。如就信用和生产来说,信用在上位,生产在下位,因为无信用,即无生产。信用所表示的效能大于生产。又如企业或工厂,应在劳动的上位。再就人的关系来说,其次序应为:金融家、企业家、劳动者,这种次序完全根据效能原则而定。

斯盘首先否认价值由劳动所创造,以为劳动必须在完成目的后才有价值;在完成某特定物质过程中,劳动才有价值,可见价值非由劳动所创造。价值系非数量的东西,其大小由效能决定之,处在逻辑上位者价值大,反之价值小,故价值由效能等级决定。

关于价值实现问题,他以为价值实现在所谓高级资本市场。他的所谓市场不仅是供需关系,包括信用贸易、市场习惯,所有的统合体,价值在此种场合实现出来,就是价格。故价格就是诸种效能综合的表现。这里斯盘亦很坦白的认为他这种说法非常勉强。因为不讲数量,似乎无法说明价格,他对于中世纪的公正价格,似乎津津乐道。他所说的正价,是市场价值,刚刚与社会效能相等。

最后讲到最关紧要的分配。他首先表明:分配非由价格决定,在非资本社会,分配不通过市场,分配由诸效能的配合所规定。按照这种说法,则劳动在对于一件商品的完成,效能表现得很显明,但资本家站在生产圈外,他对商品完成效能很小,在这种情形下,分配如何决定?斯盘以为在分配上的收入,非取决于个别工作,或个别经济行动之具体收获,而是取决于较高全体的经济行动的总收获。这种总收获当然难于精确的求得。斯盘在这里,像是有意使其问题模糊。

像这种以效能论为出发点的经济思想,显然只有在全体主义下,方可实现,但全体主义在下述四种经济形态中只有一种可以实现。(一)纯交通经济形态。此即指古典的自由放任主义经济形态,一切让那些作为原子的个人去碰运气。(二)澈底的计划经济形态。即是原子的个人机械地拘束起来。这即指共产主义经济形态,亦不能实现全体主义。(三)缓和资本主义经济形态。既不任个人自由碰运气,亦不拘束个人。此亦可称为改良资本主义,亦不能实现全体主义。(四)职团式的经济形态,如中世纪的基尔特、中世纪的合作社、卡特尔等。在这一经济形态下,方能实现全体主义的理想。

不过关于实现那种理想的具体方法,他是不曾具体说及的。而在这一方面的努力,则当期之于桑巴特。

三、新新历史学派巨头桑巴特及其对于法西斯主义经济行动的贡献

桑巴特(Sombart)和斯盘有一显明异点,对于法西斯经济制度,如其说斯盘的贡献是在学理上,而桑巴特的贡献则在实践上。

桑巴特为德国一大多产作者,其著述甚为广博。一九〇〇年出版《十九世纪社会主义与社会主义运动》(Sozialismus und Soziale Bewegung im

19 Jahrhundert），一九〇二年初版《现代资本主义》(Moderne Kapitalismus)，《市民社会》(Die Burgerlich Gesellschaft)，一九三〇年出版《三种经济学》(Die Drei Nationaloekonomie)，一九三二年著《资本主义的将来》(Die Zukunft des Kapitalismus)，一九三四年刊行《德意志社会主义》(Die Deutschen Sozialismus)。

桑巴特思想先后颇不一致。他由马克思的服膺者渐渐转变到新新历史学派的健将。开始，桑巴特以为马克思是十九世纪最伟大的社会哲学家。他自诩为自己的方法亦为效法卡尔·马克思者。他第一部著作，即《十九世纪的社会主义与社会主义运动》，采作大学教本，该书引《资本论》者很多，认《资本论》为奇伟著作。由于《资本论》以英国为背景，故他慢慢将该书扩大，书名改为《〈资本论〉扩大应用到全欧洲》。该书后分出一部分，而成为《现代资本主义》一书的雏型。《现代资本主义》叙述资本主义之发生、发展扩大的全面经济生活，列举资本主义有十四条件、十要点。于是他离马克思研究方法愈来愈远，成功为材料的堆积，但这正是历史学派的能事。

桑巴特的第二次转变，是由新新历史学派变为法西斯主义说教者。在《三种国民经济学的体系》①一书中，他批评到缪勒、斯盘诸人。缪勒以为古典学派将人生看成算术的计较例题，他却认为这不是经济学者的责任，应是资本主义的责任，经济学者不过将这一事实说明出来罢了。至对于斯盘之否认法则，他尚表示不能同意。他以为自然现象是循势的，是自然的、物理的运动，社会现象则是循志的，是心理的社会运动，系循我们的意志而变动的。否定循志的现象，实不合理。由人类预先规定一范畴做去，这是循志的现象。在这里，他的说法虽与斯盘不同，但离正确社会科学的命题，却更远了。以致在《资本主义的将来》一　　　　　是"经济不是我们的命运，经济本身没有法则，从必然的　　　　　王国，不必等待共产主义"。这种说法完全是观念的。他　　　　　展的历史规律，而强调人类意志可扭转乾坤。在《德意志社　　　　，他说："我写此书动机，不是为了逐条逐条的讨论德国当前的设施，要讨论德国当前的经济应如何做如何行，也许比讨论其他更有效果。"

---

① 该书名所指，应与前文的《三种经济学》系同一本书。——编者注

好了,"齐一变至于鲁,鲁一变至于道",什么道,希特勒之道。他的《德意志社会主义》,就是依照希特勒的愿望写出来的。且看在这里面讲的是什么。

"德意志社会主义"一名词的提出,是为了符合斯盘所提的职团经济形态。斯盘所说的四种经济形态,是英美式的,俄国式的,历史学派所主张的缓和资本主义的,还有是职团式的。桑巴特提出的"德意志社会主义",就完全是把斯盘所提倡的,意大利墨索里尼所实施的职团社会主义形态作为模型。

他在《资本主义的将来》中说,资本〔主义〕的发展有三条途径:(一)维持现状。指维持一九三四年当时的资本主义现状,当时已成为独占资本主义。(二)保护并维持过去的旧资本主义,即恢复个人自由放任经济。(三)他的计划经济。

他由是进论到社会主义本身,他以为"德意志社会主义"的正解,并不是指德国人思想上的社会主义。他以为马克思都不能算是德意志社会主义学者。德意志社会主义与德意志社会有密切连系,这是国家主义与社会主义联合的变相说明。一方面是国家主义,一方面又是社会主义,所谓德意志的社会主义,是在德意志民族中实现的社会主义。普通所说的社会主义,主要仅指属于经济领域内的社会事象的社会主义,桑巴特则以为社会主义应扩至全民族生活,不问其为政治的或经济的。这种意义的社会主义理论上的根据,与科学无关。经济学并不指示途径,要实行德意志社会主义,不是科学上的事,而是意志上的事,并且先停滞在意志上亦不行,还要行动。

桑巴特以为推行德意志社会主义的行动,完全是国家的权力问题。这个权力存在于政治家手中,"政治家创造历史"。

桑巴特也提出计划经济这一概念,但他所说的计划经济,有三大特征:(一)广概性。指这一计划经济,大体上仅决定其重要事项,次要者放任之。意即把握住重点。此重点不限于经济一面,系从整个全体主义来看。(二)统一性。一切计划经济的规定与国家民族经济生活密切符合,与优良的德国民族传统保持统一性。(三)多状性。此计划非呆板者,其内容要配合多种特殊情形而有多方面的规定。亦即由于经济区域不同,自然条件不同,顾及全国状况,而有灵活规定。

就实施方面论,桑巴特提出社会主义的各项措施,他首先主张德国应做到自给自足的境地。其实当时德国已无自由竞争存在,其他国家亦都相率走上自给自足之路,不过桑巴特将其理论化。这种自给自足,并不是与他国绝对不通商,不过在必要时,可以不依赖外国而不感到大的困难。其所说的不依赖外国,其一要不依赖外国的市场,其二不依赖外国原料。要达到此二目的,故德国应该复农,使德国工业工人回到农村去。这样以后,可以将对于外国的依赖性,减至无限小。同时对于德国的优良民族传统习惯,亦可保持。除复农外,他还主张尽量纠正错误的消费,使国民收入与支出发生一大变化。为了实行复农政策,巩固现有农村的生产关系,故奖励国内移民和采行世袭遗产制。世袭遗产不能自由买卖和借贷。桑巴特并主张维持德国的中小产业阶级,因为大工业太多,消费太大,而且对民族性的保持是一种妨碍;商工业规模扩大,会破坏农村特性。健全的国民基础应该放置在中小阶级之上。大工业还有一坏处,即将活泼的企业精神减退,因大工业重于组织及管制,会伤害活泼的企业精神;一国变成一大工业公国,其产业资本家将成为此大工业公国之王。故此大工业的存在,对整个国族经济是一个妨碍。企业家息金化与脂肪化,国民经济将益贫弱化。所以,他主张小工业限制大工业,使社会以农业者及中小工业者为主要承荷人,把家庭复元为经济职务及货物制造职务的承荷人。这样以后,就个人说,慢慢希望生产技术的改良,但就国民经济全体说,落后生产技术并不一定是损失。

"第三帝国"在第二次世界大战中的解体,使希特勒及其党徒们的违反历史的戏剧似的表演,以及他的主义说教者的浪漫主义的插曲,都告一结束。但在现代经济思想史上,我们却无法否认所谓国家主义经济思潮,到了斯盘与桑巴特,已经"发展"到了可能的高峰。由不承认历史法则,不承认社会经济自身法则,而强调国家、主权者的意志与无上命令,那已可说是极尽破坏经济科学之能事了。然而从学术的立场讲,究是像晚近个人主义经济学者们那样忸忸怩怩的矫造曲解经济学好呢?还是像这些浪漫主义者们之干脆否认经济学好呢?我们也许是难得遽下判断的。

第三章　社会主义经济思潮

第一节　理论与现实

在当代的经济思潮中,我们已讲到了个人主义思潮与国家主义思潮。这两个思潮,就其社会立场讲,都是属于资产者的或资本家的。但与这两者立在对立地位的,还有社会主义经济思潮。在发生的渊源上,我们已讲到:个人主义经济思潮沿着奥地利学派的线索下来的;国家主义经济思潮是沿着历史学派的经济思潮下来的;而当代的社会主义经济思潮,显然与马、恩社会主义理论有着相当深切的关系。一切社会事项的发展,都不能是成一直线的。而在社会意识形态的演变上,当有更多得多的曲折。

由十九世纪七十年代到二十世纪最初十余年,一般说来,那是资本主义的迅速向前发展的一个黄金时间,其间,虽然也有间歇的经济恐慌发生;虽然典型的自由主义已被逐渐蒙上了独占统制的暗影;虽然各主要资本主义国家,已在分别从政治军事外交诸方面准备着为再分割世界投资投货市场及原料取给地而大规模的厮杀,但这个时期毕竟没有发生任何有决定性的战争。特别是劳资阶级间的斗争,自一八七一年法国"巴黎公社"失败以后,每个国家的劳动者阶级,差不多都在倾向于通过议会政治,以便逐渐争取较大政治权力的比较温和步骤,由是,对于各国劳动者阶级负有联络与指导责任的国际工人协会,也不免在这一历史阶段,表现得极其散漫而没有生气。这一切,说明这是一个马、恩学说更容易被人误解,更容易引起疑虑,或更容易使一切认识不够和意志不坚定的人们的信心发生动摇的时期。因此,在十九世纪七十年代后几年中,像杜林(Eugen Dühring)那样一部"蹩脚的书",《卡勒先生的经济学革命》,不仅在资产者间引起热烈的反应,就是在社会主义者阵容内,甚至在德国社会民主党党徒间,也发生莫大的骚动,有名的社会民主党人如莫斯特(Most)、倍倍尔(Bebel),乃至李卜克内西(Liebknecht)也为杜林的改良主义的说教所迷惑。等到恩格斯的《反杜林论》出,杜林其人及其著作,以及对他本人及他那"革命体系"所生的幻想,始烟消云散了。梅耶(Gustav Mayer)曾叙述当时的情形说:"恩格斯对杜林的反驳,成了一本书;书的名称是《杜林先生的科学革命》,和杜林先生自己的著作的名称《卡勒先生的经济学革命》两相对照。在这本书内,马克思主义的内容和观点,第一次向德国社会民主党人表示出来了。他为马克思主义夺得了无数的工人,事实上还教育了好几代的工人。它第一次向下一代社会民主党的最清楚的头脑,系统地,阐述了马克思和恩格斯的见解,他们的辩证法唯物论。他教育了倍倍尔、倍伦斯泰因、考茨基、蒲列哈诺夫、阿克尔洛特(Axelrod)、阿德勒(Victor Adler);教育了全世界的工人阶级。赖有它,马克思主义有了系统的说明;赖有它,世界上第一次有了真正的马克思主义学派。从表面上看去,用这样长篇大论,去反驳一个几乎没有读者的作家,好像是极无谓的,但一个难懂的一向不被人理解的体系,还是第一次,在七十年代,灌输到群众心中。现在,赖有它,群众第一次可以了解马克思的历史观了。它讨论了哲学、经济学、社会主义各方面。"①

但由《反杜林论》到一八九四年《资本论》第三卷的问世,马、恩的经济学说,已达到了一个完成阶段,在这期间,以至此后直至二十世纪初,马克思主义的研究,几乎陷在一个停滞状态中。据卢逊堡女史(Rosa Luxemburg)说:"不少年来,马克思的学说,显然有点停滞……自从《资本论》第一卷以及恩格斯的最后著作发表以来,除了一二个别著作足以表示理论上的某种进步以外,就只有一些马克思学说的通俗化和注释的优秀著作——这是千真万确的事实。这个学说的本质,还是科学的社会主义的两位创立者所留下来的原样。"②然则为什么形成这样停滞的局面呢?她像很怀疑:"这是否因为马克思主义的体系给后继者的头脑的独立活动加了一个太严格的框子?在马克思的门徒之中,有许多人在理论的自由发

---

① 见郭编译本《恩格斯传》第149~150页。(系指郭大力编译《恩格斯传》,读书出版社1947年版。——编者注)

② 参见何封等译《卡尔·马克思》第156页。

展这一点上,受到了马克思的稍有限制性的影响,那是无可否认的。马克思与恩格斯自己都觉得对于好多自称马克思主义者的人的言论,有撇除责任的必要,保持在"马克思主义范围之内"的拘谨的努力,在某些时候,会跟另一极同样有害于思想独立过程的完整。这另一极端,是完全舍弃马克思主义的外观,以及不顾一切的宣称'思想独立'"。①

其实,照这位革命女史看来,马克思主义留给后来者发展研究的地方还多着哩。她以为,"只有在经济问题上我们才能说马克思遗给我们的主义,是多少完成了的整体。而他的全部学说里面最有价值的部分唯物辩证历史观,却不过是为我们提供了一个研究方法,提出了少数天才的卓见,它使我们能由此瞥见一个全新的世界;它启示我们独立活动无限远景;它鼓起我们勇敢的踏入未经开发领域的精神。"无奈,就在这个待继续发掘的领域,除了极少的例外,她也认定"马克思主义的遗产,也还是原封未动"。②

自然,我们如把前面述及的,这个历史时期的一般社会经济情势加入考虑,马克思主义研究的停滞,实并非偶然。而同时,正因为当时的这种客观现实,即资本主义生产在以不可抗御的巨力,突破一切障碍而向前发展的客观现实,益发使许多短视与浅视的社会经济学者,资产阶级的,准社会主义的或假社会主义的学者,像是振振有词的说马克思主义的理论,与现实并不符合,而由是簇生起大批的马、恩学说的批判者与修正者。

第二节 批判者与修正者流

由十九世纪末到二十世纪初期的马克思主义的批判者与修正者,主要还是产生在马、恩的故国,这是有它的社会的历史的原因的。

许多马克思主义者都承认,马克思主义对于英国的影响是较少的。马、恩流寓在英国,并主要以英国社会经济为背景,而形成他们的经济学说。但《资本论》问世以后,在欧洲大陆甚至美洲,立即引起莫大的冲动,

---

① 参见何封等译《卡尔·马克思》第157页。
② 参见何封等译《卡尔·马克思》第157页。

而以傲慢绅士见称的英国社会,却企图以"沉默代替批判";马、恩当时在英国的信徒或追随者,英国人也较少。后来出现在费边协会(Fabian Society)的那一群准社会主义者,他们虽然说是服膺马克思主义,但他们所信仰的马克思主义,是同马克思主义自身颇有区别的。社会改良主义本来是德国产品,是马、恩所深恶痛嫉的,可是英国自认皈依马克思主义的人们,却行所〔无〕事的在遵循社会改良主义的教义,仿佛他们只接受马克思对于资本主义经济运动的分析,但由资本主义转形到社会主义,他们却认定要采行最适于英国社会的方策和步骤。就因此故,在理论上,英国就很难找到认真的马克思主义批判者,而在这种意义上,仿佛他们又是"以行动来代替批判"。

法国原是一个社会主义运动最活跃的国家。由十九世纪初一直到普法战争结束的七十年代,法国始终在为各种各色的社会主义的学说和行动所激荡着,但到"巴黎公社"失败,资产阶级的政权第一次较稳定的确立起来,于是向被誉称为"革命试验所"的法国,在将近半世纪间,反而比其他任何国家更加平静,没有社会主义的风波;但不仅在实际行动上,就在理论上,法国人向来表现得非常显露的横溢天才和对于理想的热情,也像完全在启蒙主义运动和此后不断发生的各式革命运动过程中,完全枯竭了似的。在这里,我们是不能用中国人惯用的"人心厌乱"的笔法来判定的。社会的安定,也许可以理解为更不需要社会主义,甚至会在某种限度,妨阻对于社会主义学说的研究。但法国在这一阶段之缺乏较有系统的社会主义理论,似乎还有一个值得提到的原因。就是,现代古典经济学的主体是属于英国,而社会主义的批判经济学的主体,则是属于德国。法国在经济学上虽有重农诸子的学说,在社会主义上,虽有初期空想主义者与小生产主义者的理论,但毕竟都是属于未成熟的东西。要法国学者把贯透了古典经济理论的马、恩学说体系加以发挥或批判,那无异叫他们从事他们传统思想渊源上不大习惯的东西,那显然需要客观现实的更大的激励;但十九世纪七十年代以后的法国,是比较缺乏这种客观现实的。

在德国,我们发现它有异乎英法二国的种种社会实情。德国一踏上资本主义的旅程,就为劳资对立的关系所苦恼着(其原因见前面第四篇第二章)。代表劳动阶级的政党(至一八七五年由哥达纲领合并拉萨尔、马克思两派而形成的德意志社会民主党的前身——德意志社会主义劳动党)势力,在一直伴随德国资本主义发展而扩展起来。因为如此,在英国,改良主义的说教,是当作代表劳动者阶级的利益而登场的。在德国不同,德国的社会政策学派,却是代表资产者阶级以对付那当作劳动阶级的精神武器的社会主义理论,特别是马、恩革命理论的。也许就因此故,当英法二国对于马、恩学说采取默认或保留态度的时候,德国却在这一历史阶段,经常发生革命或改良的理论争执;这争执,不但发生在社会主义与资产者之间,且发生于社会主义者,乃至马克思主义者之间。他们的论争,差不多都限制在社会改革策略的范围内,但那显然要牵涉到经济理论,特别要牵涉到历史发展法则的认识问题上去。马、恩社会主义的批判者与修正者,本质上,至少在结局的影响上,也许没有怎样了不起的差别,但因为前者多半是一开始就扬起反马克思主义的旗帜,而后者则是在马克思主义的旗帜下,发出不满的骚音。如其说,他们有一个显明的共同点,那就是,他们有同一的哲学——即新康德哲学;还有就是,他们都企图利用这个哲学,来非难马克思主义的社会主义的实践,即非难其由资本主义社会突变到社会主义的革命策略。

现在先简括的解述批判者流的新奇见解。

本来,在前面介绍过的个人主义经济思潮及国家主义经济思潮中,几乎没有哪一位像样的资产学者,不直接间接对马克思主义大肆批击的,而我这里所说的批判者流,只触及那些社会主义者或冒牌社会主义的人物。他们勉强可以分为两个范畴,一是强调伦理的社会主义的那一群,而其他则是强调自由社会主义的。

前一范畴的学者,都簇集在新康德主义的旗帜下,其著名人物有斯丹姆勒(Stammler)、柯亨(Hermann Cohen)、佛兰德尔(Vorländer)、里刻尔特(H.Rickert)、文德尔斑(W.Windelband)等等。他们共同一致的意见,都认定马克思的理论与实践是分歧的。即在他们看来,依据唯物史观,是怎样也假设不出社会主义的实践斗争要求的。社会主义是属于理想的东西,是属于目的论的东西;而唯物历史观,则是排斥理想,排斥目的论的。唯物历史观所强调的因果必然性,就显然要让社会主义自己宿命的到来。在这种意义上,实现社会主义的斗争要求,便与理论脱节了。把这种高见烘托得最热闹的,要算斯丹姆勒,他在十九世纪末出版的《唯物史观上的经济与法律》(Wirtschaft und Recht nach der Materialischen Geschichtsauffassung)中,力言经济与法律的关系,不是基础与上层的关系,而是内容与形式的关系,两者是一个楯的两面,任何经济生活,都是不能离开那从外部予以规制的法的形式的。换言之,人类得以种种目的,对经济生活加以规定的。这一来,经济与法律倒不是一楯的两面,而变为经济是由法律,由各式主权者依他们认为"善的"认为"合理的",而加以决定的了。这样的论调,我们是从一般末期资产学者那里听得够腻了的,无庸在这里加以进一步的评论,且看他或他们怎样运用这种"主权者哲学"来批判马克思主义。依斯丹姆勒看来,"唯物史观及其实际应用的特点,乃在于它躲避着一种不可并立的选择:完全站在因果性了解的认识上呢？抑或站在那提出目的意志上呢？""谁要认为一定的结果,将以自然的必然性而到来,他便不能协助这一结果的到来。协助与推进,须具有一种观念,即认定一定目的是在干涉之下到来,所以事变被承认为自然的——必然的。这矛盾是不应躲避的:既然科学的认识了某种事变必然要以完全一定的方法而发生,则协助其发生的一定方法,便成为无意思了。我们不能组织一个党来自觉的协助那精确计算出的月蚀,在这种情形下,就只有宿命论的等待了。"①然则当一个孕妇已经表现了生育的痛苦的时候,借着产婆的"一定的催生方法"的协助,使婴孩早点生产出来,以减少生育的痛苦,果真是没有意思的么？人类社会的变革,在科学的看准了它的途径之后。予以促进,就是因果论与目的论相矛盾么？马、恩的社会主义的目的论,是由社会发展的因果法则关系中发现出来的,斯丹姆勒乃至他们这一流,却是要把社会主义的目的论,建立在他们主观的伦理要求、无上命令、主权者意志上面。所以,柯亭一再强调"社会主义是基于伦理学的理想主义而建设的",并强调"康德是德意志社会主义的创立者"。他认为在社会现象中,有不受因果解释的方面——这便是自觉的提出自己底目的的人。当我们谈到人、党、阶级的活动时,我们所应注意的,不是"何以"他们是如此而不是别样的活动着,而是他们要求得到什么,"为何他们是如此活动着"。这就是说,人的活动,人的党的活动,他们的阶级活动,可以不依据现实的条件在发展中的倾向,而凭主观价值判断,凭空创造出"伦理的社会主义"的。而当作所谓西南学派之巨头的里刻尔特与文得尔斑,他们从

---

① 参见李译《五大哲学思潮》第349～350页。

"文化价值观点"得出的许多高见,也只是要证示主观主义对于客观该有如何大的"创造"作用。

社会主义既然可以由我们"从心所欲"来"创制",历史的必然,就算不存在了;由资本主义向社会主义转形的因果关系也不存在了。结局,他们的"理想的社会主义",就可以把康德在德国封建制末期所幻想的"平等而自由"的资本主义社会作为模本。一句话,诸如此类冒名社会主义者的唯一企图,就是要取消社会主义。

除了捧康德为"社会主义创建者"的"伦理社会主义"者这一流派外,还有值得一述的"自由社会主义者",其代表人物是有名的"奥本海玛"(Franz Oppenheimer)。在国家主义盛行的德国,"自由社会主义"的传播,显然是不会像前者那样繁昌的。而另外一个理由,也许可以说是这派所师承的杜林传统,经过马、恩自己对于它的清算,已无异为其后继者加担了极大的发展障碍。但虽然如此,奥本海玛却仍由他独特的研究,在德国国境以外的资本主义经济学界,找到不少的共鸣者。

伦理的社会主义者流,主要是在哲学的领域内,耍弄着"因果论""目的论"的花枪;奥本海玛不同,他是在经济学的领域,去找寻他的社会主义的归宿。他是一个有多方面研究和多方面著作的社会科学者,而由一九一六年出版《价值与资本利润》(Wert und Kapitalprofit),则表示他自己的研究,是沿着古典经济学与马克思经济理论而来的,马克思针对古典经济学的错误,而使其向前发展,他则纠正马克思的"错误",而使其更向前一步发展。他把握价值学说为经济学的枢纽这一命题,而表述他自己是现代经济学之最后完成者的究竟。在他看来,古典学派的价值学说,是"劳动数量说"(Arbeitsmengentheorie),马克思的价值学说,是"劳动时间说"(Arbeitszeittheorie),而他自己的,方是"劳动价值说"(Arbeitswerttheorie)。古典学派的价值学说,留下了三个漏洞:一是商品的价值,由他视商品的生产费来解释,陷于循环;一是熟练劳动与简单劳动混淆不分;一是自由竞争价格的形成与垄断价格的形成,没有差别。马克思在《资本论》中的分析,把前两个漏洞弥平了,但最后一个最关紧要的漏洞,却是留给他来填补。他是如何进行这填补漏洞的工作呢?① 当然是借助于他的"劳动价值说"。他

---

① 参见严译鲁滨著《近代西方经济学家及其理论》第一篇。

以为在等一的劳动熟练程度,和垄断关系不存在的"平等社会"中,李嘉图和马克思的劳动数量说、劳动时间说,是有作用的,在这场合,生产的静止价格(价值),在实际上,是比例于生产它所耗费的劳动量或劳动时间。可是一旦移到熟练程度差别发生问题,垄断发生问题的情形下,劳动生产物的价值,就不是比例于生产它所耗费的劳动量,而是比例于这个劳动的价值。在奥本海玛,劳动自身是具有一种价值的,但那不同于旧经济学者所理解的工资,而是理解为,资本主义经济未发生前的简单商品经济中之劳动所具有的那种价值,或由独立生产者的劳力所生产的生产物之价值,即劳动的价值,等于它所生产的生产物的价值,或生产物的价值,等于生产它所消耗的劳动的价值。奥本海玛在这里似乎不觉得他已更深的陷在古典经济学者生产费说的循环中了。但他以为有了这种"新的"价值学说,才可以说明资本家剥削劳动者的关系。到了资本家的社会,生产手段被垄断了,资本家付给劳动者的工资,一般都低于劳动者应得的"劳动价值";资本家阶级愈凭借政治权力,凭借暴力,凭借各种人为组织施行垄断,对于劳动者的剥削就愈加厉害。照他所理解,一切占在垄断地位的人所获取的垄断利益,垄断收入,就是剩余价值。垄断是排斥自由竞争的,而不是阻害自由竞争的。垄断地位的造成,其归根结底的原因,应求之土地被视为私有财产,和大土地所有制的形成。因为一般人民借以独立生活的土地被兼并了,被囊括去了,他们就不得不离乡别井,到都市中去找生活,去依赖资本家的生产手段。所以,资本的垄断,是由土地垄断导来的。在这种认识下,他所理解的平等社会,第一就要由破除土地垄断而实现,第二要由破除自由竞争限制而实现。所以,他以为那种平等的社会,如其可以认为是"社会主义社会",那就算是一种自由主义的社会主义社会。要社会主义,也要自由主义的天真幻想,就这样被这位渊博学者"设计"出来了。晚近许多个人主义经济的改良家,如英国的道格拉斯、凯因斯之流,差不多是由不同的研究途径,表露出了极其相同或相似的志愿。

然而,现实社会经济的发展,是在执拗地反对他们这种微温的中小资产者的社会主义的愿望的。

由马克思主义的批判者,转到马克思主义的修正者,我们会碰到另一个研究场面。

对于马克思主义加以无情的攻击,那是各国资产学者共同的历史任务，但德国的学者们却更有成就那种任务的必要；同样，对于马克思主义的修正，也是由德国学者率先或更认真的来履行那种任务的。列宁曾说："修正主义不能仅用个人或个别派系的错误来解释，甚至不能用民族特点或遗传来解释。修正主义是一个'国际性的'现象，其根源保藏在某一时代、阶级及党的斗争的社会经济条件内……"①从这段话，我们不仅知道修正主义是"国际倾向"在德国的特殊表现，还知道，修正主义主要是发生在劳动运动中，在社会主义的实践中。如其说前述的马克思主义批判者流，特别是新康德主义者流，是把论难由理论引到实践，而修正主义者流，则是把论难由实践引到理论；发生的场合不同，研究的方法也不尽同，但我们前面讲过，两者是有其一致的同点的。先且看看列宁所描述的他们之间的密切关系。他说："在哲学范围内，修正主义是追随资产阶级教授的科学尾巴的，教授们'回到康德'，修正者则攀援着新康德主义者；教授们一千遍的重复那反对哲学唯物论的故套，修正主义则咕噜地说唯物论是早已被'推翻了的'；教授将黑格尔糟蹋得像一只'死狗'，他们自己宣传唯心论（不过比较黑格尔的唯心论要微小平凡到千百倍），同时却对于辩证法加以极端的轻蔑，修正主义者亦跟着他们跳进这哲学的泥坑，用'简单的'（与静止的）进化，来代替'精巧的'（革命的）辩证法，教授们领了公家的薪水，使他们的唯心论与'批判论'的体系适应统治着的中世纪的'哲学'（即神学），修正主义则趋承着他们……。"②

修正主义（Revisionismus）是在恩格斯死后由其不肖的大信徒，德意志社会民主党的指导者柏伦斯坦（Edward Bernstein）所倡导的。他于一八九九年出版其大作《社会主义的前提与社会民主党的任务》（Die Voraussetzungen des Sozialismus und die Aufgaben der Sozialdemokratie），再过十年的一九〇八年，他在再版序言中，这样强调着"修正主义"的精神："我在这里应申明：这本书乃由以次的见解而执笔，即劳动阶级大解放斗争之历史的理由及目的，并非依据什么已成的形式，乃是由此阶级之历史存在条件及由此条件所生的经济的政治的及伦理的要求所决定，是现实劳动阶级之理想的，而不是为了实现什么教义的。倘称此见解是

---

① 《论欧洲劳动运动中之分歧意见》，参见李译《五大哲学思潮》第204～205页。
② 全集第一二卷第185页，参照李译《五大哲学思潮》第262～263页。

'修正主义',那是很好的。马克思同恩格斯也是当时的修正主义者,是社会主义上的大修正主义者。修正主义是一切新的真理,是一切新的认识。其实,进化不知什么叫做静止。不论是斗争条件,或其他形式,同是受着变化法则所支配。所以,慢说在理论上,在实际上也存在着修正主义……"[①]然则他的修正,他的新认识是什么呢?

首先,他以为唯物史观是不妥当的。人类历史的发展,并不是如马、恩所说的,完全归因于物质的因素,特别是归因于经济的因素。人的因素、精神的因素,在人类历史展开的活动过程上,扮演着重要的作用。不仅如此,他又重复康德主义的高见说,如其社会进步,真如马、恩所说,是依据物质本身的机械的技术性的变化,那末,在封建社会的末期,就用不着资产阶级的民主革命,而在现阶段,也用不着无产阶级的社会革命了。换言之,马、恩既一面强调社会变革的必然性,同时就不该强调那种变革的阶级斗争,而应静候花开蒂落的收获了。

其次,他对马、恩所不绝宣称的资本集中运动过程中的恐慌现象,与中小资产者没落情形,也认为完全与事实不符。对应着十九世纪末期资本主义世界的暂时稳定与一般发展的现实,他以为资本家的社会,并不曾依照马、恩所预期的发生危机与迅速崩溃,反之社会财富与有产者不但不减少,且在大量的增加。

又其次,上面两点基本理论方面的修正,乃是为了"决心对于社会民主党之目的与任务,而系统的开陈其意见",换言之,是为了要改变依据"错误"主义而定的党的斗争纲领。他以为,劳动运动的目的,是为了要实施所谓协同性原则,为了要以商业改良、消费协作组织,来消灭资本阶级。用卢逊堡女士批评他的话,就是:"柏伦斯坦'英国式见解',简言之,以他所认为社会主义斗争最有力的手段,便是对于社会主义真正的阻碍,他所认为德意志社会民主主义的将来,便是使社会民主主义在发展过程中逐渐消沉到英国劳动运动的过去。"[②]

柏伦斯坦这种"修正",今日任何一个反马、恩学说的人,都像鹦鹉似的重覆着。这并不是由于柏伦斯坦的"宣传"在向全世界发展,而是因为

---

① 参见周译加田哲二著《德意志经济思想史》第 288～289 页。
② 参见周译加田哲二著《德意志经济思想史》第 312～313 页。

柏伦斯坦对于马、恩的攻击，是一切凭常识作着望文生义的和一知半解的指摘的人，都很容易做到的。所以，尽管柏伦斯坦的修正高见一发表，他的比肩战友卡尔·考茨基（Karl Kautsky）已在其所著《柏伦斯坦与社会民主党纲领》（Bernstein und Sozialdemokratische Programun）一书中，将其逐一驳斥得体无完肤。但继起非难马克思主义的人，却一点也不觉得害臊的在重覆着柏伦斯坦的错误。其实，如其说马、恩有错误，那就是他们，特别是恩格斯，竟把这样一个反覆无信的背叛者，看为自己最信托的同志。

卡尔·考茨基对于马克思主义的研究与发展，是有不少功绩的。但其所以"晚节不终"，终于走到修正主义的机会主义的路上，却早已为马、列前后指出其理论上不澈底和实践上动摇的由来了。下面是一段曝露考茨基面目的恰当描述。他是"现在德国和国际社会民主党之最著名的理论家，但从来不曾站在真正的革命的马克思主义之严格的坚定的立场。马克思在某一封信里，已曾指斥了考茨基哲学的狭窄性。而列宁在一九〇一年也已申述他的没问题的"橡皮"性。在《国家与革命》一书中，列宁考察到考茨基对于马克思主义的国家论的曲解和隐蔽时，并且为这个目的而去审查考氏的早期著作和甚至较好的著作时，他就明白昭示吾人：从考氏这一切错误、省略和隐瞒，如何产生他全部无原则的社会主义来。在很早的时候，我们也已发现考茨基曾有将马克思主义与康德主义和马赫主义调和的尝试，将布尔乔亚的均衡论拖进马克思主义中去和使社会适应自然的尝试；考氏的生物学的社会本能观以及其他对于辩证唯物论和历史唯物论的极大的曲解，为社会民主"正统派"之代表的考茨基，经过了长久动摇之后，才开始对伯伦斯坦论战，可是那种论战却带着极其无能为力的和实质上调和的性质；不仅如此，在好些原则问题上，考茨基自己也滑到柏伦斯坦的立场上去了（例如对辩证法的估量上，在否认劳工阶级贫乏化这一点上等等）……"①考茨基在一九〇二年所著《社会革命论》（Die Soziale Revolution）中，还极力强调无产阶级革命的如何重要，如何需要无产阶级的决心与奋起，但到一九二〇年，他在《恐怖主义与共产主义》（Terrorismus und Kommunismus）中，他却变成了一位疯狂的反无产阶级革命的

---

① 见沈译 M.Mitin 等著《辩证唯物论与历史唯物论》下册第 531～532 页。

急进先锋了。他以为社会主义应当是民主的,非民主的专制独裁,则不能成其为社会主义;又以为社会主义是建设的,一味破坏,更不成其为社会主义。他提出社会主义实现必须具备的物质条件与精神条件共有四个:第一,就是因大工业发达而更形增强的实现社会主义的意志;第二是资本主义劳动生产力的增进;第三是无产阶级势力随大工业展扩而增大;第四是无产阶级经营社会主义的新生力量。——这一切条件,均显示只有在和平局面下逐渐完成,因此,社会主义的变革,就必得是用和平的手段,渐进的完成。依他在所著《唯物史观》中的说法,就是"决定的政治战斗,不是用炮火的武器来进行,而是借选举票来进行"。他咒骂布尔什维克革命方式的野蛮,咒骂苏维埃政权的专制,但反过来,对于苏联军事共产的终止,他却又说那是对于官僚主义、军阀主义、资本主义的让步。这一切的非难,一方面固然是由于他在一九〇二年到一九二〇年这一段时间中,他已变成了"卡特尔主义者","超帝国主义论者",同时最本质的则是由于他的小资产阶级的两面性、不澈底性,随时都会在现实革命斗争过程中,发生动摇;而其博学的优越感,和长期的领导地位,更帮同完成了他的"大机会主义"。

当作一个修正主义者,卡尔·考茨基与柏伦斯坦的唯一不同之点,只是后者一开始就毫不隐饰的表现为马克思主义的叛徒,从而,由柏伦斯坦所生的不利影响,很快就消逝了。考茨基不同,他一直在坚持着马克思主义的旗帜,把这作为他革命的幌子,而他的渊博的大量的著述,更使正统马克思主义者的刷清工作,变得非常困难。

第三节　正统社会主义经济理论的发展

对于马克思主义,特别是对于马克思主义在归结的目的上去理解的社会主义,无论它在十九世纪中叶以后,怎样变为资产者社会"众矢之的",无论在这时以后,有多少"品类不齐"的社会主义被"设计""装扮"出来,想借以代替或压倒马、恩的"科学的社会主义",但就在这反对和"创制"的过程中,马、恩的"科学社会主义",终于在世界,更显明的在欧洲,确立了它的不可动摇的支配正统地位。而正好在这种支配的正统地位被确立之顷,从外部,从完全对敌立场来进行的正面反对论,已经显得无力了,于是,一种迂回侧击或从内部,从马克思主义阵营内发出的各种各式修正论,便代兴起来,结局,原来壁垒分明的思想斗争,乃显得非常混杂。列宁曾在《马克思主义与修正主义》中,解释此种演变历程说:"马克思主义在其诞生后的前半世纪(从十九世纪四十年代起),它跟那些根本上敌视它的理论作了斗争……但当马克思主义排除了一切比较完整的敌视它的学说(从工人运动的意识形态中排除出去——著者)时,在这些学说上所表现的倾向,就开始找寻它们傍的出路了。斗争的缘由和形式就都改变,然而斗争却依然继续着。马克思主义生存后的半世纪(从前世纪九十年代起),开始与马克思主义内部的对敌马克思主义的各种思潮作斗争。"他并结论着说:"先于马克思主义的社会主义是被击破了。从此它就不复在自己独立的基地继续斗争,而是在马克思主义的总基地上以修正主义的形式来作斗争了。"①

可是,与修正主义斗争的场面,是非常错综的。比如对于柏伦斯坦的修正论,考茨基曾奋起论争,考茨基在论争中表现的修正论,又分别由其他马克思主义者起而抨击,结局,一个像是混战的局面,就在二十世纪的最初二十年中,连续参差的表演下来。在这当中,我们见到了与社会主义实现或资本主义崩溃有较密切关系的各种特出的社会主义经济理论。值得在此提到的有:

(一)"流通观的"金融资本理论

在一九一〇年,希尔费丁(R. Hilferding)的大著《金融资本论》(Das Finanzkapital)出版。该书的附题,题称为《最新资本主义的研究》(Eine Studie über die jüngste Entwicklung des Kapitalismus),就是说,他企图对十九世纪最后数十年的资本主义新发展现象,予以科学的分析。如其说马、恩所解析的,是以工业资本主义为主体,而希尔费丁所解释的,则是以金融资本主义为主体。在这种意义上,他这部著作,便被一般强调成《资本论》的直接继续。站在马克思主义的立场上,来研究马、恩当时尚未显著发展的新资本现象,其贡献是不容忽视的。但他的研究方法,却不能不说在某种程度,离开了马克思主义,以致留下以次一些影响后来马克思

---

① 见沈译 M. Mitin 等著《辩证唯物论与历史唯物论》下册第 526~527 页。

主义的不良倾向：

其一是：他分析金融资本，虽然提论到了银行资本与其他资本，特别是与工业资本之间的关系，但归根结底他却企图从流通，从货币现象中，去说明此等关系。"此等关系，是发现于货币资本及生产资本之基本形式之中的，于是就发生了信用之本质及其作用的问题；至于此问题之答案，也只有得自关于货币作用解释中。"① "只有正确的分析货币方才可以了解信用之作用，同时，方才可以了解银行资本与工业资本间的关系之基本形式。"② 于是他的研究第一章便是从"货币的必要"开始。他这种流通观的金融资本理论，虽曾为考茨基所辩护，说研究上不妨采取这种方法，以便向这方面深入的探究，但金融资本的本质理解，却显然会因此受到损害，后来鲁滨(Rubin)把资本主义经济的重点，由生产形态移到交换形态方面，也许是受了他的不少影响。

其二，他从整个流通过程中看到金融资本的统治，遂认定它发出的组织功能，把自由竞争限制或消灭了。所谓"诸集合过程表现为'现代'资本主义的特点，一方面显露出以卡特尔及托拉斯为媒介'消灭了自由竞争'，另一方面，银行资本与工业资本间之联系更加密切起来"。③ 我们后面待述及的布哈林的"有组织的资本主义"，当然从希尔费丁著作中获得了一些概念。

其三，惟其他过分看重资本主义"组织"的一面，他不能把帝国主义看成资本主义发展的最高阶段，而仅把它看成有组织的"金融资本统治"下的一种政策。此后波格达洛夫(A. Bogdanov)在其所著《经济科学概论》(Ecomonic Science④)中，亦蹈袭此说，而在其纯依"流通观点"所分类的历史阶段——自然自给社会、商业社会、社会的组织社会——之"商业社会"的"金融资本主义时代"那一章中，就把"当作金融资本之政策的帝国主义"作为一个节目。

(二) 有"组织的资本主义"与平衡理论

关于这方面的意见，布哈林(Bucharin)发表得最多。他是一个理论

---

① 《金融资本论》王译本原著者序言第 14 页。
② 《金融资本论》王译本原著者序言第 15 页。
③ 《金融资本论》王译本原著者序言第 13 页。
④ 该书全名应为"A Short Course of Economic Science"。——编者注

上的大量生产者,他对于资本家的经济学的批判,于一九一九年写了一册有名的《有闲阶级经济学》(Die Politische Oekonomie des Rentners),这部书迄今仍有其现实意义与价值。但他的主要论著,仍是针对着马克思主义阵营内的不妥当理论。如在一九一五年出版《世界经济与帝国主义》(Die Weltwirtschaft und Imperialismus),反对考茨基的"超帝国主义论";在一九二五年出版《帝国主义与资本的蓄积》(Imperialismus und die Akkumulation des Kapitals),反对卢逊堡女史的下面待述及的《资本蓄积新论》;至若他自己在社会主义实现过程上的错误见解,如有组织的资本主义论及社会经济平衡论,大体见于其一九二〇年所著《转形期经济学》(Die Ökonomik der Transformationsperiode)中。他认定资本主义社会,或世界资本主义各国间之维持安全,是由于依金融资本统治宰制而加以组织的结果。"金融资本撤除了各个大资本主义国家内之无秩序的生产,独占的企业联合、企业结合以及银行资本对于工业之侵入等等,造出新型的生产关系,而把无组织的商品资本主义的体制,变为一种金融资本主义的组织。"①"形成近代世界经济体制的单位,不是个别的企业,而是复杂的合成体——国家资本主义托拉斯。……资本主义'国民经济'已从一个非合理的体制,变为合理的组织,从没主体的经济,化为有主体的经济。这个变化是根据金融资本主义的成长,及资产阶级的经济组织与政治组织的融合,而发生出来的。"②于是,他说:"在大战以前,世界经济的体制,乃处于可动的平衡状态。"③而"世界经济内部的诸种私人资本主义体制之所以得到稳定,是因为当战争成为具体事实的时候,它们却实行了生产关系内部改组,而化成了国家资本主义形态。所以,这些体制的稳定,大概可以说是同国家资本主义的组织化的程度,成为正比。……"④他当然也不相信这组织化的平衡安定,可以一直保持下去,由"世界价格,

---

① 同上第 7 页。(此注及随后四个脚注均出自布哈林著作。——编者注)
② 同上第 13~14 页。
③ 同上第 255 页。
④ 同上第 258 页。(本页脚注①~④,以及下一页脚注①,分别对应于原书尾注之〔注一六〕~〔注二〇〕,这五个脚注,都写"同上第×页",如此便要追溯到〔注一三〕,亦即都成了从《金融资本论》一书引出。显然是错误的,因为这五个脚注所引的是布哈林著作《转形期经济学》。——编者注)

世界的竞争世界市场,世界利润率统一化的倾向,工资的统一化及其世界统一化的倾向,以及随此而发生的由一国而至他国的劳动力的移动"而反映出的世界资本主义体制内部各国间的一般结合及相互依存状态,所造成的可动的平衡状态,因为是在充满矛盾中进行,所以其中某一环节脱除或破裂,马上就会使全体机构的平衡,归于瓦解,而爆发为世界恐慌世界战争的规模。然则那脱节的环,究会在全体机构的那一部分表现出来的,他由是归结到国家资本主义组织最薄弱的俄国。他反对考茨基的"超帝国主义",事实上,却无异在这种组织的资本主义的说明上,为超帝国主义提出了政治经济的基础;正如同他反对卢逊堡女史的新资本蓄积说,即反对把非资本主义领域的存在作为资本蓄积得以继续进行的学说,但同时却又在上述理由之外,又提出资本主义体制崩溃之最重要原因,乃是资本主义国家与其许多殖民地断绝联络。[①]

(三)资本主义自动崩溃说

卢逊堡女史(Rosa Luxemburg)是马克思主义的最忠实信徒。她在一八九九年出版《社会改良主义还是革命?》(Sozialreform oder Revolution)中,对于柏伦斯坦所提出的资本主义崩溃否定论加以无情的批判。柏伦斯坦以信用组织的发达,中层阶级的强化和无产阶级经济状态的好转,论证资本主义一般崩溃的无据。女史对于他的批评或驳斥无疑是非常激越的,但从理论上证示资本主义必然的自动的归于崩溃,却是见于其此后数年,即一九一二年刊行的有名的《资本蓄积伦》(Die Akkumulation des Kapital)中。这部书的出名,倒不是由于其分析的精辟,而是由于她在这当中对马克思的再生产行程的方式,大胆的提出了修正。她以资本主义蓄积的进行,照马克思所说,是剩余价值或利润的资本化。但体现着剩余价值或包含着利润的那一部分商品,如何能实现其价值或在利润名义上实际变为一定的货币额呢?申言之,将由谁消费那一部分商品呢?由资本家么?那将毫无蓄积可言;由劳动者么?他除了由资本家那里得到仅够维持生存的工资以外,根本没有任何购买手段。然则现实的资本蓄积,究是怎样进行的呢?在这里,她从非资本主义的领域,或殖民地的商品市场,来使她脱出这理论上的困厄,同时并由此建立她的资本主义"自动消

[①] 同上第266页。

灭论"。即，她认为要解释资本蓄积，不应当从资本主义内部规律性出发，而应从资本主义与非资本主义的环境之外部的相互关系出发。她这样说："蓄积不只是资本主义经济诸部门间的内部关系；它首先'是由资本和非资本主义的环境间的关系'……是'资本主义的和前资本主义的两种生产方式间的物质交换过程'……'所以，资本主义是要靠这些前资本主义经济形态的破坏而取得生存的；没有别的经济形式来当作环境和滋养基础，它就不能生存。'在落后国家，殖民地等小商品生产一消灭，资本主义就自动的趋于消灭。"①她这种"新蓄积理论"，曾受到列宁严厉的指责和批判。第一，由于她的过于机械的观点，看不出再生产过程中的后一周期的扩大组织，对于前一周期要追加劳动，要加雇新的劳动者，从而要发生消费资料的追加需要；第二，由于她过于看重消费，而忽视消费被决定于生产，以致把非资本主义阶层，看为资本主义发展的基本杠杆，无形中陷入了大消费论者马尔萨斯的错误，由是极表象的把资本主义社会之生产力和消费力之间的矛盾，来代替社会性生产和私人占有之间的基本矛盾；最后第三，由于她过于看重资本主义生产的外部关系，把外部非资本主义环境作为其存在条件，结局，好像资本主义只是由于榨取或剥削非资本主义社会而得到营养与生存，资本家对劳动者的剥削反而放在不重要的地位了。

一切发生于马克思主义阵营内的这些不正确见解，都是经过列宁才予以澈底清算的。因此正统的社会主义经济理论，虽然曾有许多马克思主义者予以阐扬和发挥，但其全体系的明确的发展，却应当说是列宁的业迹。

由上面的说明，我们应已察觉到，马克思主义的研究，已渐由德国移到了俄国。这种移转不是偶然的，最基本的原因，可以说是在十九世纪末二十年初②，革命斗争的舞台，已渐从德国移到了俄国。早在一九〇二年，列宁曾在其所著《怎么办》（Was tun?）一书中，极有远见的预言到了。他说："历史提出一紧急使命于俄国马克思主义者面前。这使命乃是任何国家无产阶级一切紧急使命中最革命的使命。执行这使命，即毁坏欧亚

---

① 参见《辩证唯物论与历史唯物论》沈译本下册第533～534页。
② 疑为"二十世纪初"。——编者注

反动的最坚固的炮垒,将使俄国无产阶级变成国际无产阶级的先锋,换一句话说,即革命运动的中心应该转移到了俄国。"

列宁自己显系这种转移的一大促进的动力。

由于马克思主义是如列宁所明确指出的包括有哲学、经济学、社会主义三大部门,当作马克思主义的直接继承体系的列宁主义,也无疑在这三方面都有独特的发挥。在哲学上,他的《唯物论与经验批判论》(Materialismus und Empiriokritizismus,1908)是其代表作;在经济学上,他的《帝国主义论》(Der Imperialismus als jüngste Stufe des Kapitalismus,1917)是其代表作;而在社会主义上,则是以他的《国家与革命》(Staat und Revolution,1917)及《共产党的左翼幼稚病》(Die Kinderkrankheit des "Radikalismus" im Kommunismus,1920)为其代表作。由这诸方面的理论及其在实际方面的指导策略所构成的列宁主义,《列宁主义问题》的著者[①]是这样解说它与马克思主义的关系的:"列宁主义是帝国主义和无产阶级革命时代的马克思主义。恰切的说:列宁主义是无产阶级革命的理论和策略,特别是无产阶级专政的理论和策略。马、恩生活在革命(指无产阶级革命)前帝国主义未曾发展的时代,在无产阶级准革命时代,在无产阶级革命尚未成为直接的实际的必然的事实的时代。列宁——马、恩的私淑弟子,则生活在帝国主义发展时代,这时,无产阶级革命已经在一个国家取得了胜利,毁坏了资产阶级德谟克拉西并开始无产阶级德谟克拉西的纪元,苏维埃的纪元了。因此,列宁主义是马克思主义的向前发展。"

从这里,我们可以看出,把列宁主义与马克思主义相较量,便极容易显出以次几个特征:

其一,它更表现为是动的、活生生的、实践的;

其二,它更表现得是理论与实践统一的;

其三,它更表现得是社会主义的——即就它全体的包含内容说,社会主义的比重更大了。

对于社会主义,他很实际的从帝国主义的分析着手。他不把帝国主义看为金融资本主义的一种政策,而把它看为是资本主义发展的最后阶

---

① 指斯大林。——编者注

段。因此,考茨基、希尔费丁、布哈林,把金融资本的寡头统治看作有组织的资本主义,或超帝国主义,而他则把帝国主义看成资本主义矛盾的大集合,看成资本主义矛盾性的极端限界。而以资本家与劳动者间的矛盾,各帝国主义国家间或其财团间的矛盾,以及文明统治国家与落后诸民族间的矛盾,为其具体表现。因此,到了这个新的帝国主义时代,这个在一方面充满了诸多矛盾,同时却将一切个别民族个别国家经济结成为一条统一链锁的世界经济的时代,革命的对象已经是世界的了,个别国家生产发展水准问题,或者如考茨基依生产力发展程度来测定一个国家或民族,是否接近爆发革命的理论,已经变得常套而机械了。他认为当作诸多矛盾综合体的"帝国主义底世界阵容,容易为革命方面所击破,而在个别的国家方面这一阵线之断裂,也成为很可能的了。很明显的,帝国主义的阵线在比较薄弱的地方,就容易断裂"。这即是说,"劳工变革,不一定要在工业最发达,产业工人有多少,农民有多少的地方开始,而往往要在帝国主义底阵线受打击最重,链条的环子最薄弱的地方首先开始。"①但他特别强调的指出,帝国主义列强间的这种最薄弱的环的断裂,并不是自断的,而是要人去打断的。谁去打断,这里就引出了他的社会主义变革学说的二大内容,一是关于劳工阶级在一切国民革命中演着领导作用的学说,又一是关于劳动农民有革命可能的学说。根据这种学说,他就认为在帝国主义国家中最薄弱的俄国,一方面因其有相当数量的产业工人,或无产劳动者,同时又有封建统治与国际资本统治下的大量贫困农民,可以被团结在无产劳动者的周围,而首先成就那种变革。在《反潮流》(Gegen den Storm, 1915)里,他说:"无产阶级将无所顾忌的奋斗,为夺取政权,为建立共和国,为没收土地,为求得资产阶级的俄国从军事封建'帝国主义'(沙尔主义)下,求解放运动中有'非无产阶级民众'之参加,无产阶级立刻利用资产阶级的俄国,从这沙尔主义,从地主,从土地政权求得解放的运动";在《叛徒——考茨基》(Die Diktatur des Proletariats und der Renegat, 1918)②一书中,他并还指出俄国的革命不可能单是无产阶级

---

① 参见《辩证唯物论与历史唯物论》沈译本下册第517页。
② 该书应指《无产阶级革命和叛徒考茨基》,现见于中文版《列宁全集》第35卷。——编者注

的,同时还是资产阶级的,是两种性质的革命的联合。他说:"过去的事,正如我所预言,革命的进程,证明我的论断的正确。起初,合同'一切'农民反帝制,反地主,反中世遗制(在这限内,革命是资产阶级的,是资产阶级德谟克拉西的);随后,合同贫农,合同半无产阶级,合同一切被剥削者,反对资本主义,连带也反对农村富人、富农、投机商人,在这限内,革命就变成社会主义的了。企图建立人为的万里长城于二种革命之间,企图除开无产阶级准备程度及其连合贫农程度之外,再用别的事物来隔离这种革命;这种企图,乃是过分附会马克思主义,乃是过分涂污马克思主义,乃是以自由主义代替马克思主义。"

在这种认识下,他便依据恩格斯在《农民问题》的特别提示,而主张在革命进程中,尽量设法便利小农,帮助小农。恩格斯说:"要夺取政权,党必须从城市走入乡村去,并在乡村中占有实力。"又说:"我们坚决的站在小农一边了。我们将尽可能使小农生活改善。如果他们愿意,即使如果他们尚不愿意组织,我们亦应尽力使他们能有多的时间细细去想。我们这样做,不仅因为我们认定独立劳动的小农可以转过到我们这一边来,而且因为这是直接有利于党的。无产阶级化的农民,和赞助我们的农民,其数量愈多,则社会改造的过程亦愈加迅速而容易。我们用不着资本主义的生产到处发展到极端的限度,而最后一个小手工业者和小农也成为大资本主义生产的牺牲时,然后才完成社会改造。为农民利益而使社会担负物资的损耗,这正是善于利用资本,因为这样到全体社会改造时,或者可以节省十倍的必须的费用。因此在这方面,我们可以对农民大大慷慨一下。"列宁在俄国革命过程的实际斗争中,可以说是对于恩格斯这教言,有了充分的发挥和运用。

他这种社会主义变革理论,把以前为社会民主党,为第二国际所强调所重复的诸般机械见解,通通否定了。考茨基一帮人答覆革命将在何处开始,在什么国家开始的问题,是说在工业较发展的国家;是说在无产阶级占多数的国家;是说在文化较高,德谟克拉西较普及的国家。列宁依据他所发现的帝国主义时代的资本主义的不平衡发展的法则,依据帝国主义把革命对象化成一体,同时把被压迫人民,也化成一体的全面对敌理论,而认定革命不仅可能在资本主义较不发达的帝国主义国家发生,在革命者的战略要求上,且应使其在较不发达的国家发生。正因为如此,他还确信，劳动者的文化水准的提高，政治意识的增进，管理能力的加强，只有期之于劳农联合所支配的国家，而不能期之于钝化或缓和分散革命情绪的议会政治。

要之，列宁主义对马克思主义的发展，是把马克思主义中讲得不够实际，不够具体的社会主义部分，或社会主义经济思想部分，作了更进一步的发挥。

人名译名对照表

(按译名姓氏的汉字拼音字母顺序编排)

A

阿德勒：Adler, Victor(1852—1918)

阿奎那，汤玛士：Aquinas, Thomas(1225—1274)

阿克尔洛特：Axelrod, Pavel Blisovich(1850—1928)

阿勒贝：d'Alembert, Jean le Rond(1717—1783)

爱德蒙次：Edmonds, T. R.(1803—1889，本书亦译为"爱德蒙兹")

爱德蒙兹：Edmonds, T. R.(1803—1889，本书亦译为"爱德蒙次")

爱基乌尔兹：Edgeworth, Francis Ysidro(1845—1926)

爱里娜：Marx, Eleanor(1855—1898，马克思之季女)

安东尼努斯：Antoninus(86—161)

安方丹：Enfantin, Barthélemy Prosper(1796—1864，通常称"教父安方丹"，Père Enfantin)

昂格尔：Theo Surányi-Unger(1898—1973，匈牙利人，中译本《二十世纪的经济学说》一书作者，本书亦译为"翁格尔")

昂肯：Oncken, August(1844—1911，本书亦译为"翁肯")

奥本海玛：Oppenheimer, Franz(1864—1943)

奥尔巴哈：Auerbach, Berthold(1812—1882)

奥格：Ogg, Frederic Austin(1878—1951)

奥斯渥尔特：Oswald, Frederich,(恩格斯曾用过的笔名)

奥文：Owen, Robert(1771—1858，现在常译为"欧文")

B

巴达：Baader, Franz von(1765—1841)

巴德尔：Baader, Franz von(1765—1841)

巴尔本：Barbon, Nicholas(1640—1698)

巴尔敦：（不详）

巴克尔：Buckle, Henry Thomas (1821—1862)

巴克尔公爵：Duke of Buccleuch(1746—1812，原名 Henry Scott，通常称"第三代巴克尔公爵"the Third Duke of Buccleuch)

巴枯宁：Bakunin, Mikhail Alexandrovich(1814—1876)

巴斯夏：Bastiat, Claude Frédéric (1801—1850，本书亦译为"巴西夏"）

巴西夏：Bastiat, Claude Frédéric (1801—1850，本书亦译为"巴斯夏"）

巴腾：Baden, Karl Friedrich von (1728—1811)

巴腾：Patten, Simon Nelson(1852—1922)

巴维尔，布尔诺：Bauer, Bruno(1809—1882)

巴扎尔：Bazard, Saint Armand (1791—1832)

柏赫尔：Becher(1635—1682)

柏克莱：Berkeley, George (1685—1753)

柏拉图：Plato(公元前 427—公元前 347)

柏伦斯坦：Bernstein, Edward(1850—1932，现在常被译为"伯恩斯坦"，本书亦译为"倍伦斯泰因"）

包卢斯：Paulus Prudentissimus, Julius(？—222)

保维尔：Bauer, Stephan(生卒不详)

倍倍尔：Bebel, August(1840—1913)

倍根：Bacon, Francis (1561—1626)

倍伦斯泰因：Bernstein, Edward(1850—1932，现在常被译为"伯恩斯坦"，本书亦译为"柏伦斯坦"）

本哈第：Bernhardi(全名不详、生卒不详)

俾斯麦：Bismarck, Otto Eduard Leopold von(1815—1898)

比尔：Biel, Gabriel(1420—1495)

毕尔德：Beard, Charles Austin(1874—1948)

庇古：Pigou, Arthur Cecil(1877—1959，本书亦译为"皮古"）

边沁：Bentham, Jeremy(1748—1832)

波多僧正：Abbé Baudeau(1730—1794,"僧正"即神父或教士)

波格达洛夫：Bogdanov, Anatoly(1873—1928,俄文原名 Алексá Алексáндрович Богданов)

波拉尔：Bonar, James(1852—1941,本书亦译为"波纳尔"、"波纳尔德")

勃朗：Blanc, Jean Joseph Louis(1811—1882,本书亦译为"布朗")

勃洛大哥拉斯：Protagoras(公元前490或480年—公元前420或410年,现在多译为"普罗泰戈拉")

波纳尔：Bonar, James(1852—1941,本书亦译为"波拉尔"、"波纳尔德")

波纳尔德：Bonar, James(1852—1941,本书亦译为"波拉尔"、"波纳尔")

波斯基内伯：Pierre Le Pesant, sieur de Boisguillebert(1646—1714,现在常被译为"布阿吉尔贝尔",本书亦译为"布哇基伯")

布哈林：Bukharin(1888—1938,俄文 Николай Иванович Бухарин)

布赫：Bücher, Karl Wihlem(1847—1930)

布卡南：Buchanan, David(1779—1848)

布兰基,亚朵尔夫：Branqui, Jérôme-Adolphe(1798—1854)

布朗,路易：Blanc, Jean Joseph Louis(1811—1882,本书亦译为"勃朗")

布朗,路易：Blanqui, Louis Auguste(1805—1881)

布利登,约翰：Buridan, Jean(1300—1358)

布列伊：Bray, John(1809—1897)

布洛克,查理士：Bullock, Charles Jesse(1869—1941)

布伦塔诺：Brentano, Lujo(1844—1931,此人还有一个名字是Ludwig Josef Brentano)

布哇基伯：Pierre Le Pesant, sieur de Boisguilebert(1646—1714,现在常被译为"布阿吉尔贝尔",本书亦译为"波斯基内伯")

C

柴尔德：Child, Josiah(1630—1699)

D

达芬南：Davenant, Charles(1656—1714)

道格拉斯：Douglas, Clifford Hugh(1879—1952)

德福：Defoe, Daniel(1660—1731)

德·金萨：De Quincey, Thomas(1785—1859)

德谟克利泰：Democritus(约公元前460—公元前370，现在多译为"德谟克利特"，本书亦译为"德谟克利特士")

德谟克利特士：Democratus(约公元前460—公元前370，现在多译为"德谟克利特"，本书亦译为"德谟克利泰")

迪德罗：Diderot, Denis(1713—1784，法语Dini Diderot，现在常译为"狄德罗")

杜尔阁：Turgot, Anne Robert Jacques(1727—1781)

杜林：Dühring, Karl Eugen(1833—1921)

杜伦斯：Torrens, Robert(1780—1864，本书亦译为"佗伦斯"、"托伦斯")

杜蒙：Dumont, Étienne(生卒不详，此人系Jeremy Bentham法学著述手稿的编辑出版者)

E

恩格斯：Engels, Frederick(1820—1895)

F

费伯伦：Veblen, Thorstein(1857—1929，现在常译为"凡勃伦")

费尔巴哈：Feuerbach, Ludwig Andreas(1804—1872)

斐罗：Varro, Marcus Terentius(公元前116—公元前27)

斐希特：Fichte, Johann Gottlieb(1762—1814)

斐雪：Fisher, Irving(1867—1947，本书亦译为"斐雪尔")

斐雪尔：Fisher, Irving(1867—1947，本书亦译为"斐雪"）

芬谢尔：Von Schell（全名不详、生卒不详）

丰斯泰因男爵：Baron vom und zum Stein(1757—1831)

佛兰德尔：Vorländer, Karl(1860—1928)

佛兰克林：Franklin, Benjamin(1706—1790)

福尔泰：Voltaire(1694—1778，本名 François-Marie Arouet，现在常译为"伏尔泰"，本书亦译为福禄特尔"）

弗兰克林：Franklin, Benjamin(1706—1790，本书亦译为"富兰克林"）

富兰克林：Franklin, Benjamin(1706—1790，本书亦译为"弗兰克林"）

富利叶：Fourier, Charles(1772—1837，本书亦译为"傅利叶"）

傅利叶：Fourier, Charles(1772—1837，本书亦译为"富利叶"）

福禄特尔：Voltaire［本名 François-Marie Arouet］(1694—1778，现在常译为"伏尔泰"，本书亦译为"福尔泰"）

G

高德文：Godwin, William(1756—1836)

高森：Gössen, Hermann Heinrich(1810—1858，现在常译为"戈森"）

格雷，约翰：Gray, John(1798—1850)

格洛秀士：Grotius, Hugo(1583—1645)

顾尔奈：原名 Jaques Claude Marie Vincent，(1712—1759，通常称为"顾尔奈侯爵"，Marquis de Gournay)

古诺：Cournot, Antoine Augustin(1801—1877，本书亦译为"库诺"）

H

哈布生：Hobson, John Atkinson(1858—1940)

哈格利夫，杰姆斯：Hagreaves, James(1721—1778)

哈密尔顿：Hamilton, Alexander(1755—1804)

哈其生：Hutcheson, Francis(1694—1746)

哈伊克：Hayek, Friedrich August von(1899—1992，现在常译为"哈

耶克")

海尔思,约翰:Hales,John(？—1571)

海拉因:Herein(全名不详、生卒不详)

海涅:Heine,Heinrich(1797—1856)

韩讷:Haney,Lewis H.(1882—1969,本书亦译为"汉纳")

汉纳:Haney,Lewis H.(1882—1969,本书亦译为"韩纳")

浩斯金:Hodgskin,Thomas(1783—1869)

赫拉克里特士:Heraclitus(公元前544年—公元前480年)

赫斯,摩塞:Hess,Moses(1812—1875)

黑格尔:Hegel,Georg Wilhelm Friedrich(1770—1831)

胡洛斯基:L. Wolowski(1810—1876)

华尔拉斯:Walras,Antoine Auguste(1801—1866,Léon Walras 的父亲,亦称为"老华尔拉斯")

华尔拉斯:Walras,Léon(1834—1910,现在常译为"瓦尔拉斯",Antoine Auguste Walras 的儿子,亦称为"小华尔拉斯")

华格纳:Wagner,Adolph Heinrich Gotthelf(1835—1917)

霍布生:Hobson,John Atkinson(1858—1940)

霍布士:Hobbes,Thomas(1588—1679)

霍尔林赤:Hornick, Philipp von (1640—1714)

霍门:Homan,Paul Thomas(1893—1969)

J

基得:Gide,Charles(1847—1932)

季尔德:(全名不详,生卒不详)

加兹罗夫,Козлов,А. Г. (1901—1981)

嘉尔夫:Garve(全名不详,生卒不详)

加雷:Carey,Henry Charles(1793—1879)

加利安尼:Galiani,Ferdinano(1728—1787)

加尼尔:Garnier,Germain(1754—1821)

加萨林二世:Catherine II(1729—1796,俄国皇帝,1762—1796年在位)

加塞尔:Gassar(1676—1745)

嘉特莱特:Cartwright,Edmund(1743—1823)

加托:Cato,Marcus Porcius（公元前234年—公元前149年）

杰芬斯:Jevons,William Stanley(1835—1882,现在常译为"杰文斯")

鸠斯提:Justinius(482—565,现在常译为"查士丁尼一世",罗马帝国皇帝,公元527—565在位)

居利希,古斯达夫·法:Gülich,Gustav von(1791—1847)

K

喀莱尔:Carlyle,Thomas(1795—1881)

卡兰:Cannan,Edwin(1861—1935,本书亦译为"卡南"、"阚南")

卡南:Cannan,Edwin(1861—1935,本书亦译为"卡兰"、"阚南")

卡塞尔:Cassel,Gustav(1866—1945)

卡雯:Carver,Thomas Nixon(1865—1961)

凯因斯:Keynes,John Meynard(1883—1946,现在常译为"凯恩斯")

阚南:Cannan,Edwin(1861—1935,本书亦译为"卡南"、"卡兰")

阚梯龙:Cantillon,Richard（1680—1734）

康德:Kant,Immanuel(1724—1804)

康狄拉克:Condillac,Étienne-Bonnot de(1715—1780)

康多塞:Condorcet(1743—1794,原名Marie Jean Antoine Nicolas de Caritat,通常称为Marquis de Condorcet,康多塞侯爵）

康喇:Conrad,Johannes Ernst(1839—1915)

侃宁汉:Cuningham,William(1849—1919)

考茨基,加尔:Kautsky,Karl(1854—1938,本书亦译为"卡尔·考茨基")

考茨基,卡尔:Kautsky,Karl(1854—1938,本书亦译为"加尔·考茨基")

柯柏登:Cobden,Richard(1804—1865)

柯尔柏:Colbert,Jean Baptiste(1619—1683)

柯亨:Cohen,Hermann(1842—1918)

克拉克：Clark, John Bates(1847—1938)

克赖士，约翰·勒维尔：Keynes, John Neville(1852—1949, John Meynard Keynes 的父亲)

克朗登：Crompton, Samuel(1753—1827)

克林威尔：Cromwell, Oliver(1599—1658)

克尼斯：Knies, Karl Gustav Adolf(1821—1898)

克鲁泡特金：Kropotkin, Pyotr Alexeyevich(1842—1921, 俄文原名 Пётр Алексéевич Кропóткин)

克伦威尔：Cromwell, Oliver(1599—1658)

柯沙，路易：Cossa, Luigi(1831—1896)

克西曼：Kirchmann, Julius Hermann von(1802—1884)

柯於麦拿：Columella, Lucius Junius Moderatus(4—70)

孔德：Comte, Auguste(1798—1857)

孔斯特兰：Consderant, V.(1802—1893)

库兹芬：Cutzkow, Karl Ferdinand(1811—1878)

库诺：Cournot, Antoine Augustin(1801—1877, 本书亦译为"古诺")

库斯聂：(全名不详, 生卒不详)

魁奈、佛兰苏亚·魁奈：Quesnay, Francois(1694—1774)

L

拉发格：Lafargue, Paul(1842—1911, 马克思次女的丈夫)

拉萨尔：Lassalle, Ferdinand(1825—1864, 本书亦译为"拉赛尔")

拉赛尔：Lassalle, Ferdinand(1825—1864, 本书亦译为"拉萨尔")

拉斯金：Ruskin, John(1819—1900)

来布尼慈：Leibniz, Gottfried Wilhelm(1646—1716, 通常译为"莱布尼兹")

莱普：Lieb(1670—1727)

兰格：Lange, Friedrich Albert(1828—1875)

朗格特：Longuet, Charles(1839—1903, 马克思长女的丈夫)

劳：Rau, Karl Heinrich(1792—1870)

勒鲁：Leronx, Pierre(1797—1871)

勒斯里：Leslie, Cliffe（1827—1882，原名 T. E. Cliffe Edward，又名 Thomas Edward）

雷蒙德：Raymond, Daniel（1786—1849，本书亦译为"雷孟德"）

雷孟德：Raymond, Daniel（1786—1849，本书亦译为"雷蒙德"）

里卜克内西：Liebknecht, Karl（1871—1919，本书亦译为"李卜克内西"）

李卜克内西：Liebknecht, Karl（1871—1919，本书亦译为"里卜克内西"）

里夫曼：Liefmann, Robert（1874—1941）

李嘉图：Ricardo, David（1772—1823，本书原译为"里嘉图"）

李嘉图：Ricardo, Abraham Israel（1733？—1812，David Ricardo 的父亲）

里刻尔特：Rickert, Heinrich（1863—1939）

里斯特：List, Friedrich（1789—1846，本书亦译为"李斯特"、"李士特"）

李斯特：List, Friedrich（1789—1846，本书亦译为"李士特"、"里斯特"）

李士特：List, Friedrich（1789—1846，本书亦译为"李斯特"、"里斯特"）

理斯特：Rist, Charles（1874—1955，本书亦译为"利斯特"）

利斯特：Rist, Charles（1874—1955，本书亦译为"理斯特"）

利味拉：Riviere, Mercier de la（1720—1767）

列宁：Lenin, Vladimir Ilyich Ulyanov,（1870—1924，俄文：Влади́мир Ильи́ч Улья́нов, Ле́нин）

列温斯基：Levinski, Jan（生卒不详）

留康门：Thomas Newcomen（1664—1729）

吕达：Lüder（全名不详，生卒不详）

陆克：Locke, John（1632—1704，本书亦译为"洛克"）

鲁宾：Rubin, Isaak Illich（1886—1937，本书亦译为"鲁滨"、"鲁彬"）

鲁滨：Rubin, Isaak Illich（1886—1937，本书亦译为"鲁宾"、"鲁彬"）

鲁彬：Rubin, Isaak Illich（1886—1937，本书亦译为"鲁宾"、"鲁滨"）

鲁滨生：Robinson, James Harvey(1863—1936)

鲁滨孙：Crusoe, Robinson(小说人物)

卢格：Ruge, Arnold(1802—1880)

卢森堡，罗沙：Luxemburg, Rosa(1871—1919，本书亦译为"洛萨·卢逊堡")

卢逊堡：Rosenburg, D. (1879—1950，俄文：Д. И. Розенберг，现译为卢森贝，《政治经济学说史》一书作者)

卢逊堡，洛萨：Luxemburg, Rosa(1871—1919，本书亦译为"罗沙·卢森堡")

卢梭：Rousseau, Jean Jacques(1712—1778)

罗贝尔图：Rodbertus, Johann Karl(1805—1875)

罗宾斯：Robbins, Lionel Charles(1898—1984)

洛窦德尔：Lauderdale, (1759—1839，原名 James Maitland，通常称为洛窦德尔第八伯爵 Eight Earl of Lauderdale)

洛斐特：Lovett, William(1800—1877)

洛克：Locke, John(1632—1704，本书亦译为"陆克")

罗斯：Rose, J. H.(生卒不详)

罗斯福：Roosevelt, Franklin Delano (1882—1945，美国总统，又称"小罗斯福")

罗雪：Roscher, Wilhelm Georg Friedrich(1817—1894，本书亦译为"罗雪尔")

罗雪尔：Roscher, Wilhelm Georg Friedrich(1817—1894，本书亦译为"罗雪")

M

马尔萨斯，达尼尔：Malthus, Daniel (1730—1800，Thomas Robert Malthus 的父亲)

马尔萨斯：Malthus, Thomas Robert(1766—1834)

马格努斯，阿尔柏塔斯：Magnus, Albertus(1200—1280)

马克洛克：McCulloch, John Ramsay(1789—1864，现在常译为"麦克库洛赫"，本书亦译为"麦克洛克")

马克思：Marx, Karl Heinrich(1818—1883,本书原译为"马克斯")

马希：Massie, Joseph(？—1794)

马雪尔：Marshall, Alfred(1842—1924,通常译为"马歇尔",本书亦译为"马夏尔")

马夏尔：Marshall, Alfred(1842—1924,通常译为"马歇尔",本书亦译为"马雪尔")

麦克洛克：Mc'Culloch, John Ramsay(1789—1864,现在常译为"麦克库洛赫",本书亦译为"马克洛克")

曼,汤姆士：Mun, Thomas(1571—1641,本书亦译为"汤姆斯·曼")

曼,汤姆斯：Mun, Thomas(1571—1641,本书亦译为"汤姆士·曼")

曼德维：Mandeville, Bernard(1670—1733,本书亦译为"曼德维尔")

曼德维尔：Mandeville, Bernard(1670—1733,本书亦译为"曼德维")

芒克：Munk, Frank(1901—1999)

梅尔本：Melbourne(1779—1848,原名 William Lamb,通常称"梅尔本第二子爵"the 2nd Viscount Melbourne)

梅特涅：Metternich, Klemens von(1773—1859)

梅耶：Mayer, Gustav(1812—1870,本书亦译为"梅因")

梅因：Mayer, Gustav(1812—1870,本书亦译为"梅耶")

门格：Menger, Karl(1840—1921,现在常译为"门格尔")

门果提：Mengotti(全名不详,生卒不详)

孟德斯鸠：原名 Charles de Secondat(1689—1755,通常称孟德斯鸠男爵 Baron de Montesquieu)

米拉波：Mirabeau, Victor de Riquetti(1715—1789,通常称"德·米拉波侯爵"Marquis de Mirabeau)

缪勒：Müller, Adam Heinrich(1779—1829)

莫尔甘：Morgan, Lewis Henry(1818—1881,本书亦译为"莫尔根")

莫尔根：Morgan, Lewis Henry(1818—1881,本书亦译为"莫尔甘")

莫理斯：Morris, William(1834—1896)

莫斯特：Most, John Joseph(1846—1906)

墨索里尼：Mussolini, Benito Amilcare Andrea(1883—1945,本书原译为"慕沙里尼")

摩维伦:Mauvillon,Jacob(1743—1794)

穆尔顿:Moulton,Noel D..(生卒不详)

穆勒,杰姆士:Mill,James(1773—1836,本书亦译为"杰姆斯·穆勒")

穆勒,杰姆斯:Mill,James(1773—1836,本书亦译为"杰姆士·穆勒")

穆勒,约翰:Mill,John Stuart(1806—1873)

N

拿本尼乌斯:Nebenius,Carl Friedrich(1785—1857)

拿破仑:Napoléon Bonaparte(1769—1821,法兰西第一帝国皇帝,1804—1815年在位)

奈穆尔:Nemours,Du Pont de(1739—1817)

诺司:North,Dudley(1641—1692,本书亦译为"达德勒·诺斯")

诺斯,达德勒:North,Dudley(1641—1692,本书亦译为"诺司")

O

欧克雪尔,赫里特:Harriet Eckershall(生卒不详,Thomas Robert Malthus之妻)

欧文:Owen,Robert(1771—1858,本书亦译为"奥文")

P

帕特生:Patterson,Samuel Haward(1770—1831?)

庞巴卫克:Böhm-Bawerk,Eugen(1851—1914,本书亦译为"庞巴威克")

庞巴威克:Böhm-Bawerk,Eugen(1851—1914,本书亦译为"庞巴卫克")

培第,威廉:Petty,William(1623—1687,本书亦译为"威廉·配第")

配第,威廉:Petty,William(1623—1687,本书亦译为"威廉·培第")

皮底阿斯:Pedius,Sextus(50—120)

皮尔:Peer,Sir Robert(1788—1850)

皮古：Pigou, Arthur Cecil（1877—1959，本书亦译为"庇古"）

坡姆巴特尔侯爵：Marquise de Pompadour（生卒不详，现在常译为"蓬巴杜侯爵"）

普尔忒奈：Pulteney（1729—1805）

蒲列哈诺夫：Plekhanov, Georgli Valentlnovich（1856—1918，俄文原名 Георгий Валентинович Плеханов，现在常译为"普列汉诺夫"）

大小普林尼：Gaius Plinius Secundus（老普林尼，生卒 23—79）；Gaius Plinius Caecilius Secundus（小普林尼，生卒 61—113）

蒲鲁东：Proudhon, Pierre Joseph（1809—1865）

Q

乔治，亨利：George, Henry（1839—1897）

S

萨伊：Say, Jean-Baptiste（1767—1832）

桑巴特：Sombart, Werner（1863—1941）

舍拉，安东尼阿：Serra, Antonio（生卒不详，仅知其学术活跃期为 1613 年）

色林：Jselin, Isok（1728—1782）

色奈加：Seneca, Lucius Annaeus（公元前 4 年—公元 65 年）

色诺芬：Xenophon（公元前 431—公元前 354）

沙克斯：Sax, Emil（1845—1927，本书亦译为"萨克斯"）

萨克斯：Sax, Emil（1845—1927，本书亦译为"沙克斯"）

沈伯达：Schumpeter, Joseph Alois（1883—1950，现在常译为"熊彼特"）

圣伯讷尔德伊诺：Bernardinus（生卒不详）

圣喜厄诺尼玛斯：Hieronymus, Eusebius（342 或 347—420）

圣西门：Saint-Simon（1760—1825，原名 Claude-Henri de Rouvroy，通常称圣西门伯爵 Comte de Saint-Simon）

石铿多夫：Seckendorf, Vertludwig von（1626—1692）

史盘：Spann, Othmar（1878—1950，本书亦译为"斯盘"）

史迪讷：Stirner, Max(1806—1856，原名 Johann Kaspar Schmidt)

斯丹姆勒：Stammler, Rudolph(1856—1938)

斯杜亚：Steuart, James Denham(1712—1780，本书亦译为"杰姆斯·斯图尔特")

斯各特：Scott, William A.(1868—1940)

斯卡尔贞斯基：Skarżyński, Witold von(1850—1910)

斯克洛蒲：Scrope, George Poulett(1797—1876)

斯密，亚当：Smith, Adam(1723—1790，本书原译为"亚丹斯密")

斯密斯，佛郎士：J. Prince Smith(1809—1874)

斯盘：Spann, Othmar(1878—1950，本书亦译为"史盘")

斯特拉奇：Strachey, John(1901—1963)

斯图尔特，杰姆斯：Steuart, James(1712—1780，本书亦译为"斯杜亚")

斯托劳斯：Strauss, David Friedrich(1808—1874)

松勒福尔斯：Sonnenfels, Joseph Freiherr von(1717—1817)

梭伦：Solon(公元前 638—公元前 559)

索特柏尔：Soetbeer, Adolph(1814—1892，约翰·穆勒《政治经济学原理》德译本译者)

T

塔克尔：Tucker, George(1775—1861)

台尔：Thaer, Albrecht Daniel(1752—1828)

泰勒尔夫人：Taylor, Harriet(1807—1858，其名有时也写成 Harriet Taylor Mill，因她系约翰·穆勒之妻)

汤姆生：Thompson, William(1785—1833)

汤姆斯，克利马斯：Thomas, Crymas(生卒不详)

汤生德：Townsend, Joseph(1739—1816)

特利则米阿斯：Trithemius, Johannes(1462—1516)

提奥佛剌斯塔：Theophrastus(公元前 371—公元前 288)

屠伦：Thünen, Johann Heinrich von(1783—1850，本书亦译为"屠能")

屠能：Thünen, Johann Heinrich von（1783—1850，本书亦译为"屠伦"）

托里循伦拿士牧师：Pastor Treviranus（全名不详，生卒不详）

托伦斯：Torrens, Robert（1780—1864，本书亦译为"佗伦斯"、"杜伦斯"）

佗伦斯：Torrens, Robert（1780—1864，本书亦译为"托伦斯"、"杜伦斯"）

W

瓦拉斯：Wallace, Robert（1697—1771）

瓦特，杰姆斯：Watt, James（1736—1819）

威廉四世，斐特列：Frederick William IV（1795—1861，普鲁士王国国王，1840—1861年在位）

威色：Wieser, Friedrich von（1851—1926）

威斯特：West, Edward（1782—1828）

文德尔斑：Windelband, Wilhelm（1848—1915）

翁格尔：Theo Surányi-Unger（1898—1973，匈牙利人，中译本《二十世纪的经济学说》一书作者，本书亦译为"昂格尔"）

翁肯：Oncken, August（1844—1911，本书亦译为"昂肯"）

伍尔夫：Wolf, Wilhelm（1809—1864）

X

喜尔德布兰德：Hildebrand, Bruno（1812—1878）

希尔费丁：Hilferding, Rudolf（187—1941，现在常译为"希法亭"）

希勒特外因：Schlettwein, Johann August（1731—1809）

希摩勒：Schmoller, Gustav von（1838—1917，本书亦译为"希莫勒"、"希莫娄"）

希莫勒：Schmoller, Gustav von（1838—1917，本书亦译为"希摩勒"、"希莫娄"）

希莫娄：Schmoller, Gustav von（1838—1917，本书亦译为"希摩勒"、"希莫勒"）

西尼尔：Senior, Nassau William(1790—1864)

西赛禄：Cicero, Marcus Tullius(公元前106—公元前43)

西斯曼底：Sismondi, Jean Charles Leonard Simonde de(1773—1842,本书亦译为"西斯孟底"、"西斯孟第")

西斯孟底：Sismondi, Jean Charles Leonard Simonde de(1773—1842,本书亦译为"西斯曼底"、"西斯孟第")

西斯孟第：Sismondi, Jean Charles Leonard Simonde de(1773—1842,本书亦译为"西斯曼底"、"西斯孟底")

希特勒：Hitler, Adolf(1889—1945,本书原译为"希特拉")

萧伯纳：Shaw, George Bernard(1856—1950)

谢林：Schelling, Friedrich Wilhelm Joseph von(1775—1854)

休谟：Hume, David(1711—1776)

雪佛特伯尔：Shaftesbury(1671—1713,作为学者被提及,应指"雪佛特伯尔第三伯爵"the third Earl of Shaftesbury)

雪勒：Schelle, Gustav(1845—1927)

逊堡格：Schönberg, Gustav(1839—1908)

Y

亚克莱特：Arkwright, Richard(1732—1792)

亚里士多德：Aristotle(公元前384—公元前322)。

亚斯勒：Ashley, William James(1860—1927,本书亦译为"亚胥勒")

亚胥勒：Ashley, William James(1860—1927,本书亦译为"亚斯勒")

燕妮：Westphalen, Jenny von(1814—1881,马克思的妻子)

伊壁鸠鲁：Epicurus(公元前341—公元前270)

伊利沙伯：Queen Elizabeth I(1558—1603,英国女王,1558—1633年在位)

以色林：Iselin, Isaak(1728—1782)

因格拉姆：Ingram, John Kells(1823—1907)

约斯起：Justi, Johann Heinrich Gottlob von(1741—1791,本书亦译为"约斯提")

约斯提：Justi, Johann Heinrich Gottlob von(1741—1791,本书亦译

为"约斯起")

Z

钟士:Jones,Richard(1790—1855)
佐维特:Jowett,Benjamin(1817—1893)